Die Causa Austria

Res Publica

ÖFFENTLICHES UND INTERNATIONALES RECHT

Herausgegeben von Udo Fink, Dieter Dörr
und Rolf Schwartmann

Band 1

PETER LANG
Frankfurt am Main · Berlin · Bern · Bruxelles · New York · Oxford · Wien

Tim Schönborn

Die Causa Austria

Zur Zulässigkeit bilateraler Sanktionen zwischen den Mitgliedstaaten der Europäischen Union

PETER LANG
Europäischer Verlag der Wissenschaften

Bibliografische Information Der Deutschen Bibliothek
Die Deutsche Bibliothek verzeichnet diese Publikation in der Deutschen Nationalbibliografie; detaillierte bibliografische Daten sind im Internet über <http://dnb.ddb.de> abrufbar.

Zugl.: Mainz, Univ., Diss., 2004

Gedruckt mit Unterstützung des Auswärtigen Amtes.

D 77
ISSN 1614-838X
ISBN 3-631-53812-X

www.peterlang.de

Für Katharina

Vorwort

Die vorliegende Arbeit wurde im Sommersemester 2004 vom Fachbereich Rechts- und Wirtschaftswissenschaften der Johannes Gutenberg-Universität Mainz als Dissertation angenommen. Das Manuskript wurde Mitte Februar 2004 abgeschlossen. Für die Drucklegung ist sie nochmals überarbeitet und vereinzelt Literatur und Rechtsprechung ergänzt worden.

Die Idee zu dieser Untersuchung hat ihren Ursprung in meiner Zeit als Rechtsreferendar an der deutschen Botschaft in Wien 1999/2000, die es mir erlaubte, den „Fall Österreich" aus nächster Nähe mitzuerleben.

Mein herzlicher Dank gilt zunächst meinem Doktorvater, Herrn Prof. Dr. Udo Fink. Er ermöglichte es mir, die aus Wien mitgebrachten Anregungen umzusetzen, betreute die Arbeit mit großem Interesse und Wohlwollen und hat deren Entstehung durch seine wertvollen Hinweise entscheidend vorangebracht. Für die zügige Erstellung des Zweitgutachtens danke ich Herrn Prof. Dr. Dieter Dörr. Außerdem bin ich beiden sowie Herrn Prof. Dr. Rolf Schwartmann dafür verbunden, dass sie ihre Schriftenreihe „Öffentliches und Internationales Recht" mit dieser Arbeit eröffnen.

Einen Großteil der Recherchen konnte ich während meiner Tätigkeit für den Wissenschaftlichen Dienst des Europäischen Gerichtshofes in Luxemburg durchführen. Dafür möchte ich mich bei Herrn Dr. Andreas Knapp und Herrn Prof. Dr. Christian Kohler bedanken. Dank schulde ich darüber hinaus Frau Generalanwältin Dr. Christine Stix-Hackl sowie Herrn Richter am Gericht erster Instanz Dr. Josef Azizi für ihre Gesprächsbereitschaft.

Herrn Botschaftsrat Michael Cantzler gebührt besonderer Dank für die tatkräftige Unterstützung bei der Organisation eines Forschungsaufenthalts in Wien im Jahr 2001. In dessen Rahmen durfte ich mit der damaligen Botschafterin der Bundesrepublik Deutschland in Österreich, Frau Wiltrud Holik, sprechen. Weitere hilfreiche Anregungen gaben mir Gespräche mit Herrn Prof. Dr. Peter Fischer und Herrn Prof. Dr. Günther Winkler sowie Herrn Prof. Dr. Lothar Höbelt von der Universität Wien. Gleichermaßen zu danken habe ich Herrn Christian Kunstmann von der ÖVP und dem österreichischen Bundesministerium für auswärtige Angelegenheiten für die großzügig überlassenen Materialien. Nicht zuletzt bleibt Frau Dr. Natascha Solar, LL.M. zu erwähnen, die mir bei der Literaturbeschaffung über meinen Aufenthalt in Wien hinaus eine große Hilfe war.

Das mühevolle Korrekturlesen des Manuskripts hat Frau Isabell Schweda übernommen. Dafür spreche ich nochmals meinen herzlichen Dank aus.

Schließlich möchte ich ganz besonders Frau Ass. iur. Katharina Schweda danken. Ohne ihre grenzenlose Unterstützung und ihr enormes Verständnis wäre diese Arbeit nicht möglich gewesen.

Das Auswärtige Amt hat dankenswerterweise die Veröffentlichung mit einem Druckkostenzuschuss gefördert.

Mainz, im Dezember 2004 *Tim Schönborn*

Inhaltsverzeichnis

Zweiter Teil

Rechtliche Bewertung des Handelns der Institutionen der Europäischen Union und der Regierungen der 14 EU-Mitgliedstaaten

Dritter Teil

Die Ergänzung des Sanktionsmechanismus nach Art. 7 EUV durch den Vertrag von Nizza

Abkürzungsverzeichnis

AA	Ars Aequi
a.A.	andere Ansicht
a.a.O.	am angegebenen Ort
ABl.	Amtsblatt der Europäischen Gemeinschaften
Abs.	Absatz
Abschn.	Abschnitt
AdG	Archiv der Gegenwart
AdR	Ausschuss der Regionen
AETR	Europäisches Übereinkommen über die Arbeit der im internationalen Straßenverkehr beschäftigten Fahrzeugbesatzungen
a.F.	alte Fassung
AFP	Agence France Presse
AfP	Archiv für Presserecht (nunmehr: Zeitschrift für Medien- und Kommunikationsrecht)
AG	Aktiengesellschaft
AJIL	American Journal of International Law
AKP-Staaten	afrikanische, karibische und pazifische Staaten
Alt.	Alternative
Anl.	Anlage
AO	Abgabenordnung
AöR	Archiv des öffentlichen Rechts
APA	Austrian Press Agency
ApZ	Aus Politik und Zeitgeschichte
Art.	Artikel
ASIL	American Society of International Law
AStV	Ausschuss der Ständigen Vertreter
Aufl.	Auflage
BayVBl	Bayerische Verwaltungsblätter
Bd.	Band
BGBl.	Bundesgesetzblatt
BlgNR	Beilagen zu den Stenographischen Protokollen des Nationalrates
BMaA	Bundesministerium für auswärtige Angelegenheiten
BRD	Bundesrepublik Deutschland
BSP	Bruttosozialprodukt
Bsp.	Beispiel
BT	Bundestag

BullEWG	Bulletin der Europäischen Wirtschaftsgemeinschaft
BullBReg.	Bulletin des Presse- und Informationsdienstes der Bundesregierung
BullEG	Bulletin der Europäischen Gemeinschaft
BullEU	Bulletin der Europäischen Union
BVerfGE	Entscheidungen des Bundesverfassungsgerichtes
B-VG	Bundes-Verfassungsgesetz
BYIL	The British Yearbook of International Law
bzgl.	bezüglich
bzw.	beziehungsweise
CdR	Comité des régions
CDU	Christlich Demokratische Union
CEE	Communauté Economique Européenne
CEPS	Centre for European Policy Studies
CJEL	Columbia Journal of European Law
CMLR	Common Market Law Review
CSU	Christlich Soziale Union
d.h.	das heißt
Dok.	Dokument
DÖV	Die Öffentliche Verwaltung
DVBl	Deutsche Verwaltungsblätter
DVU	Deutsche Volksunion
EA	Europa-Archiv
EAG	Europäische Atomgemeinschaft
EAGV	Vertrag zur Gründung der Europäischen Atomgemeinschaft
EC	European Community
ECLN	European Constitutional Law Network
ECT	European Central Time
Ed.	Editor / Editors
EEC	European Economic Community
EFTA	European Free Trade Association
EG	Europäische Gemeinschaft(en)
EGKS	Europäische Gemeinschaft für Kohle und Stahl
EGKSV	Vertrag zur Gründung der Europäischen Gemeinschaft für Kohle und Stahl
EGMR	Europäischer Gerichtshof für Menschenrechte
EGV	Vertrag zur Gründung der Europäischen Gemeinschaften
ELRev	European Law Review
EMRK	Europäische Menschenrechtskonvention

endg.	endgültig
EP	Europäisches Parlament
EPIL	Encyclopedia of Public International Law
EPZ	Europäische Politische Zusammenarbeit
et al.	et alia / et alii
etc.	et cetera
EU	Europäische Union / European Union
EuG	Gericht erster Instanz der Europäischen Gemeinschaften
EuGH	Gerichtshof der Europäischen Gemeinschaften
EuGRZ	Europäische Grundrechte-Zeitschrift
EuGVÜ	Europäisches Gerichtsstands- und Vollstreckungsübereinkommen
EuR	Europarecht
EUV	Vertrag über die Europäische Union
EuZW	Europäische Zeitschrift für Wirtschaftsrecht
EVP	Europäische Volkspartei
EWG	Europäische Wirtschaftsgemeinschaft
EWGV	Vertrag zu Gründung der Europäischen Wirtschaftsgemeinschaft
EWR	Europäischer Wirtschaftraum
EZB	Europäische Zentralbank
f.	folgende
ff.	folgende
FIDE	Fédération Internationale pour le Droit Européen
FIW	Forschungsinstitut für Wirtschaftsverfassung und Wettbewerb
Fn.	Fußnote
FPÖ	Freiheitliche Partei Österreichs
FS	Festschrift
GA Res.	General Assembly Resolution
gem.	gemäß
GG	Grundgesetz
GO	Geschäftsordnung
GP	Gesetzgebungsperiode
GPÜ	Gemeinschaftspatentübereinkommen
GS	Gedächtnisschrift
GZ	Geschäftszeichen
Hrsg.	Herausgeber
HS.	Halbsatz

ICAO	International Civil Aviation Authority
ICJ	International Court of Justice (s. IGH)
ICJ Rep.	ICJ Reports of Judgments, Advisory Opinions and Orders
IDHEAP	Institut de Hautes Edutes en Administration Publique
IGH	Internationaler Gerichthof
ILC	International Law Commission (Völkerrechtskommission)
ILM	International Legal Materials
IPbpR	Internationaler Packt über bürgerliche und politische Rechte
i.S.d.	im Sinne des/der
i.S.v.	im Sinne von
i.V.m.	in Verbindung mit
IWF	Internationaler Währungsfonds
i.w.S.	im weiteren Sinne
JCMSt	Journal of Common Market Studies
JöR n.F.	Jahrbuch des öffentlichen Rechts (neue Folge)
JRP	Journal für Rechtspolitik
JuS	Juristische Schulung
JWTL	Journal of World Trade Law
JZ	Juristenzeitung
Kap.	Kapitel
KOM	Kommission (so zitiert in ihren Dokumenten)
KPD	Kommunistische Partei Deutschlands
KSZE	Konferenz über Sicherheit und Zusammenarbeit in Europa
lt.	laut
MdEP	Mitglied des Europäischen Parlaments
MJECL	Maastricht Journal of European and Comperative Law
MNR	Mouvement National Républicain
MSI	Movimento Sociale Italiano
m.w.N.	mit weiteren Nachweisen
NATO	North Atlantic Treaty Organization
NGO	Non-governmental Organization
NJW	Neue Juristische Wochenschrift
NPD	Nationaldemokratische Partei Deutschlands
NStZ	Neue Zeitschrift für Strafrecht
NVwZ	Neue Zeitschrift für Verwaltungsrecht
NYIL	Netherlands Yearbook of International Law

o.ä.	oder ähnliche
ÖBGBl.	Österreichisches Bundesgesetzblatt
ÖJIP	Österreichisches Jahrbuch für internationale Politik
ÖJZ	Österreichische Juristenzeitung
ORF	Österreichischer Rundfunk
OSZE	Organisation für Sicherheit und Zusammenarbeit in Europa
ÖVP	Österreichische Volkspartei
ÖZöRV	Österreichische Zeitschrift für öffentliches Recht und Völkerrecht (ab 1996: ZÖR)
ÖZP	Österreichische Zeitschrift für Politikwissenschaft
PDS	Partei des demokratischen Sozialismus
PE	Parlement Européen
PJZS	Polizeiliche und justitielle Zusammenarbeit in Strafsachen
PPI	Partito Popolare Italiano
RdC	Recueil des Cours de l'Académie de Droit International
Rdnr.	Randnummer
RDUE	Revue du Droit de l'Union européenne
Rev. Europ.	Revue Européenne
RH	Rechnungshof
RIAA	Reports of International Arbitral Awards
RIW	Recht der Internationalen Wirtschaft
RIW/AWD	Recht der Internationalen Wirtschaft, Außenwirtschaftsdienst des Betriebs-Beraters
RMC	Revue du Marché Commun
Rs.	Rechtssache
Rspr.	Rechtsprechung
RTDE	Revue trimestrielle du droit européen
S.	Satz / Seite
s.	siehe
SGB X	Zehntes Buch Sozialgesetzbuch
Slg.	Amtliche Sammlung der Rechtsprechung des Gerichtshofes der Europäischen Gemeinschaften
sog.	sogenannte
Sp.	Spalte
SPD	Sozialdemokratische Partei Deutschlands
SPÖ	Sozialdemokratische Partei Österreichs
Spstr.	Spiegelstrich
StGBl.	Staatsgesetzblatt
Suppl	Supplementum

ThürVBl	Thüringer Verwaltungsblätter
u.a.	unter anderem / und andere
UAbs.	Unterabsatz
UDF	Union pour la Démocratie Française
UN	United Nations
UNHCR	United Nations High Commissioner for Refugees
UNO	United Nations Organization
verb. Rs.	verbundene Rechtssachen
vgl.	vergleiche
VN	Vereinte Nationen
VO	Verordnung
Vol.	Volume
Vorb.	Vorbemerkungen
VVDStRL	Veröffentlichungen der Vereinigung der Deutschen Staatsrechtslehrer
VwVfG	Verwaltungsverfahrensgesetz
WEU	Westeuropäische Union (Vertrag über wirtschaftliche, soziale und kulturelle Zusammenarbeit und über kollektive Selbstverteidigung, sog. Brüsseler Vertrag)
WSA	Wirtschafts- und Sozialausschuss
WÜD	Wiener Übereinkommen über diplomatische Beziehungen
WVK	Wiener Vertragsrechtskonvention
YB	Yearbook
YBILC	Yearbook of the International Law Commission
ZaöRV	Zeitschrift für ausländisches öffentliches Recht und Völkerrecht
z.B.	zum Beispiel
ZEuS	Zeitschrift für Europäische Studien
ZfRV	Zeitschrift für Rechtsvergleichung
ZHR	Zeitschrift für das gesamte Handelsrecht und Wirtschaftsrecht
Ziff.	Ziffer
zit.	zitiert
ZÖR	Zeitschrift für öffentliches Recht
ZRP	Zeitschrift für Rechtspolitik

Einleitung

„Dieser Schutzmechanismus widerspricht in hohem Ausmaß – auf die aktuelle Situation bezogen – dem Grundrhythmus der europäischen Integration, spannt ein Sicherheitsnetz dort, wo längst schon fester Boden eingezogen wurde. Ein Regelungsbedarf für eine Norm wie Art. F.1 EUV kann nach dem bisher Gesagten gegenwärtig und für die absehbare Zeit nicht ausgemacht werden. Allenfalls könnte diese Bestimmung eine Vorsorge für erst in entfernterer Zukunft liegende Anwendungsfälle darstellen. [...] Zum anderen stellt sich die Frage – und das ist eine rein politische – ob die Mitgliedstaaten die Entschlossenheit und Einheit aufweisen, um einen der ihren dermaßen anzuprangern, auch verbunden mit der Befürchtung, selbst genauso hart behandelt zu werden.“[1]

Nicht allein dem Verfasser dieser Zeilen schien es im Jahr 1998 „schwer vorstellbar, dass einer der 15 Staaten, die ja allesamt mit stabilen demokratischen Regierungssystemen ausgestattet und Vertragsparteien der Europäischen Menschenrechtskonvention (EMRK) sind, in näherer Zukunft als Kandidat für eine Anwendung des Art. F.1 EUV in Frage käme“.[2] Nach dieser erst mit dem Vertrag von Amsterdam[3] zunächst als Art. F.1, dann im Gefolge der Neunummerierung als Art. 7 in den EU-Vertrag eingeführten Vorschrift können für den Fall, dass ein Mitgliedstaat die in dem gleichzeitig eingefügten Art. 6 Abs. 1 EUV verankerten Grundsätze – Freiheit, Demokratie, Achtung der Menschenrechte und Grundfreiheiten, Rechtsstaatlichkeit – schwerwiegend und anhaltend verletzt, in einem geordneten Verfahren bestimmte Rechte des betreffenden Staates, einschließlich der Stimmrechte im Ministerrat, ausgesetzt werden.[4] Doch bereits zwei Jahre später wurde die gesamte europäische Öffentlichkeit eines Besseren belehrt und der Sanktionsmechanismus des Art. 7 EUV rückte in das Rampenlicht der politischen und juristischen Debatte.

---

1 Leidenmühler, Die Union 1/1998, 101 + 106.

2 Leidenmühler, Die Union 1/1998, 106; in diesem Sinne auch Stein, FS für Jaenicke, S. 898. Ebenso ging Kluth, in: Calliess/Ruffert, EUV/EGV 1. Aufl., Art. 7 EUV, Rdnr. 20, davon aus, dass die Regelung ihre Wirkung in der Praxis eher durch ihre „symbolische Drohkraft“ und nicht so sehr durch zahlreiche Anwendungsfälle entfalten dürfte.

3 ABl. 1997 Nr. C 340, S. 1 ff. Der Vertrag von Amsterdam ist am 01.05.1999 in Kraft getreten, ABl. 1999 Nr. C 120, S. 24.

4 Ursprünglich ist die Vorschrift vor allem im Hinblick auf die bevorstehende Osterweiterung der EU und der damit verbundenen Aufnahme „junger“ Demokratien, deren verfassungsrechtliche Stabilität noch nicht dauerhaft gesichert ist, in das Unionsrecht eingefügt worden; vgl. Kluth, in: Calliess/Ruffert, EUV/EGV, Art. 7 EUV, Rdnr. 1; Thun-Hohenstein, Der Vertag von Amsterdam, S. 25.

Auslöser war die Regierungsbildung in Österreich nach der dortigen Parlamentswahl am 3. Oktober 1999. Als Ergebnis langwieriger Sondierungsverhandlungen, an denen auch die bis dahin mitregierende SPÖ beteiligt war, begann sich Ende Januar 2000 eine Koalition zwischen der konservativen ÖVP und der FPÖ des Rechtspopulisten Jörg Haider anzubahnen, die im Ausland unerwartet heftige Kritik hervorrief.

Die entschiedensten Reaktionen auf die Bildung einer ÖVP-FPÖ-Regierung sind dabei innerhalb der Europäischen Union erfolgt. Noch vor dem Abschluss der Koalitionsvereinbarung verkündete die damalige portugiesische EU-Präsidentschaft in einer offiziellen Stellungnahme, dass alle übrigen 14 Mitgliedstaaten für den Fall einer Regierungsbeteiligung der FPÖ bilaterale Maßnahmen ergreifen würden. Im Einzelnen handelte es sich um die Verweigerung bilateraler politischer Kontakte mit der österreichischen Regierung, die Nichtunterstützung österreichischer Kandidaten für Positionen bei internationalen Organisationen und den Empfang österreichischer Botschafter lediglich auf technischer Ebene. Die Kommission teilte die dieser Entscheidung zugrundeliegende Besorgnis und neben dem Europäischen Parlament äußerte schließlich auch der Ausschuss der Regionen Bedenken gegen die Beteiligung der FPÖ an der neuen österreichischen Bundesregierung. Zur Begründung der in der Sache einmütigen europäischen Kritik wurde darauf verwiesen, dass die Einbindung der FPÖ in die Regierung mit dem Geist und den Werten der Europäischen Union nicht vereinbar sei, da die Partei rechtsextreme, fremdenfeindliche und rassistische Positionen vertrete. Mit der Angelobung der Koalitionsregierung aus ÖVP und FPÖ unter Bundeskanzler Wolfgang Schüssel am 4. Februar 2000 wurden die angedrohten „Sanktionen“ dann tatsächlich in Kraft gesetzt.

In Österreich empfanden breite Kreise das Vorgehen der EU und der anderen Mitgliedstaaten als Einmischung in die inneren Angelegenheiten. Aber auch in vielen anderen EU-Staaten und bei den mittel- und osteuropäischen Beitrittskandidaten stieß das Verhalten auf Ablehnung und Unverständnis. Dennoch kam es erst am 12. September 2000 zur endgültigen Aufhebung der Maßnahmen gegen Österreich, nachdem die sog. „Drei Weisen“ im Auftrag des Präsidenten des Europäischen Gerichtshofes für Menschenrechte ihren Bericht über das Verhältnis der österreichischen Bundesregierung zu den „gemeinsamen europäischen Werten“ und zur „Entwicklung der politischen Natur der FPÖ“ vorgelegt hatten.

Die Frage nach der rechtlichen Zulässigkeit der „Sanktionen“ blieb jedoch bestehen – zumal eine derartige Vorgangsweise gegen einen Mitgliedstaat wegen einer politisch nicht erwünschten Regierungsbildung einen in der Geschichte der europäischen Integration bislang einzigartigen Schritt darstellte. Lediglich nach der Machtübernahme der Obristen in Griechenland am 21. April 1967 wurden die Rechtsbeziehungen Griechenlands zur damaligen Europäischen Wirtschaftsgemeinschaft während der dortigen Militärdiktatur bis 1974 zum Ruhen gebracht. Allerdings war Griechenland zu diesem Zeitpunkt noch kein Mitgliedstaat, sondern stand nur in einer Beitrittsassoziierung zur Gemeinschaft.[5]

In diesem Zusammenhang verdient die in den bisherigen Beziehungen der EU-Mitgliedstaaten völlig beispiellose Konfrontation zwischen der Republik Österreich und ihren 14 Partnerstaaten umso mehr Aufmerksamkeit, als sie über den Einzelfall hinaus erhebliche Auswirkungen auf die langfristigen Entwicklungsperspektiven der Union haben dürfte. In diesem Sinne erklärte auch Kommissionspräsident Romano Prodi bereits kurz nach dem Inkrafttreten der Maßnahmen gegen Österreich, es werde in Zukunft viele Fälle geben, bei denen die Union mit Sanktionen gegen Mitgliedstaaten drohen werde, schließlich gebe es im künftigen Europa, nach einer Aufnahme von bis zu 13 Beitrittskandidaten, jeden Monat eine größere Wahlentscheidung. Prodi meinte weiter, die gegenüber Österreich angewandten „ernsten Prinzipien" würden künftig für den gesamten Bereich der EU gelten. „Diese Doktrin wird für alle Länder angewendet, nicht nur für Österreich. Das entspricht der neuen Realität in Europa. Es ist gut, darüber einmal nachzudenken."[6]

Schon wenig später gab es hierzu reichlich Gelegenheit. Den Nationalratswahlen in Österreich folgte nämlich europaweit eine ganze Reihe von Wahlerfolgen rechtspopulistischer Parteien.[7]

In Italien unterlag bei den Parlamentswahlen im Mai 2001 die Mitte-Links-Koalition „Ulivo" von Ministerpräsident Giuliano Amato dem Mitte-Rechts-Bündnis „Casa delle Libertà" unter Führung des Medienunternehmers Silvio Berlusconi. Dazu gehören die rechtsnationale Lega Nord des Umberto Bossi und die postfaschistische Alleanza Nazionale von Gianfranco Fini. Der seinerzeit amtierende schwedische EU-Ratspräsident Göran Persson teilte daraufhin mit, man werde entsprechend den beim EU-Gipfeltreffen in Nizza für den Fall festgelegten Regeln, dass eine Regierung nicht die grundlegenden Werte der EU

5 Das Assoziationsabkommen der Europäischen Wirtschaftsgemeinschaft mit Griechenland vom 09.07.1961 (ABl. 1963, S. 294 ff.) wurde nach dem griechischen Militärputsch nur noch insoweit durchgeführt, wie es den Abbau der Zölle und mengenmäßigen Beschränkungen seitens der Gemeinschaft gegenüber Griechenland betraf. Die Durchführung der im Abkommen vorgesehenen Finanzhilfen und gemeinsamen Politiken wurde dagegen auf Veranlassung der Kommission ausgesetzt; s. Gesamtbericht der Kommission Nr. I (1967) Tz. 431; Nr. II (1968) Tz. 484; Nr. III (1969) Tz. 383; BullEG 4-1971, S. 47; dazu Krenzler, EA 1971, 144; Oppermann, Europarecht, Rdnr. 1890; Schorkopf, Homogenität in der EU, Ziff. 76 + 168. Aus denselben Gründen wurde auch mehrfach die Durchführung des Assoziationsabkommens mit der Türkei vom 12.09.1963 ausgesetzt, zuletzt nach der Machtübernahme der türkischen Militärs am 12.09.1980; vgl. Vedder, in: Grabitz/Hilf, Das Recht der EU A II, Art. 238 EGV, Rdnr. 40 b.

6 EU-Sanktionen sind „Doktrin", Der Standard vom 11.02.2000.

7 vgl. auch Neue Furcht vor dem Erstarken der Rechten, Frankfurter Neue Presse vom 23.04.2002, S. 4.

teile, verfahren. „Ob das in Italien der Fall sein wird, wissen wir noch nicht." Sofern aber ein Land die Frage etwaiger Maßnahmen aufgreifen wolle, sei dies durchaus möglich. „Wenn eines der Mitgliedsländer darüber eine Diskussion haben will, werden wir das tun." Von seiner Seite schloss er aber eine Handlungsinitiative aus.[8]

In Dänemark bildete der Rechtsliberale Anders Fogh Rasmussen eine von der rechtspopulistischen Dänischen Volkspartei unter Pia Kjaersgaard gestützte Regierung. Sie trat an die Stelle der von Poul Nyrup Rasmussen geführten sozialliberalen Koalition und gewann die Wahlen im November 2001 mit der unverhohlenen Ankündigung einer schärferen Ausländerpolitik.[9]

Bei den Präsidentschaftswahlen in Frankreich wurde zwar der Konservative Jacques Chirac wiedergewählt, allerdings erst nachdem der rechtsextreme Chef der Front National, Jean-Marie Le Pen, im April 2002 überraschend den sozialistischen Premierminister Lionel Jospin im ersten Wahlgang überrundet hatte. Jospin kündigte danach seinen Rückzug aus der Politik an.[10]

Kurz darauf erlangte die erst drei Monate alte Partei des unmittelbar vor den niederländischen Wahlen im Mai 2002 bei einem Attentat getöteten Rechtspopulisten Pim Fortuyn nach den Christdemokraten die meisten Sitze im Parlament und übernahm ebenfalls Regierungsverantwortung. Fortuyn hatte zuvor Stimmungen in der Bevölkerung gegen Einwanderer und die Furcht vor zunehmender Kriminalität aufgegriffen.[11]

---

8 Rechts-Bündnis siegt in Italien und Italiens Rechte jubelt, Frankfurter Neue Presse vom 15.05.2001, S. 1 + 5. Ausführlich zur Entwicklung in Italien Hummer, The European Legal Forum 2003, 241 ff.; Palme, Blätter für deutsche und internationale Politik 2003, 456 ff. Zur Medienpolitik Berlusconis s. jetzt auch die Entschließung des Europäischen Parlaments vom 22.04.2004 zu Gefahren der Verletzung des Rechts auf freie Meinungsäußerung und Informationsfreiheit (Artikel 11 Absatz 2 der Charta der Grundrechte) in der EU, vor allem in Italien (2003/2237 (INI)) und den zugrunde liegenden Bericht des Ausschusses für die Freiheiten und Rechte der Bürger, Justiz und innere Angelegenheiten vom 05.04.2004, PE 339.618 (A5-0230/2004) sowie den Entschließungsantrag von Sylviane H. Ainardi und 37 anderen EP-Abgeordneten vom 09.07.2003 zu der Gefahr eines schwerwiegenden Verstoßes gegen das Grundrecht auf freie Meinungsäußerung und Informationsfreiheit in Italien, PE 334.335 (B5-0363/2003). Vgl. in diesem Zusammenhang ebenfalls die Entschließung 1387 (2004) der Parlamentarischen Versammlung des Europarates vom 24.06.2004 „Die Monopolisierung der elektronischen Medien und die Möglichkeit des Machtmissbrauchs in Italien" und den zugehörigen Bericht des Ausschusses für Kultur, Wissenschaft und Bildung vom 03.06.2004, Dok. 10195.

9 Hetze gegen Fremde in Dänemarks Wahlkampf, Frankfurter Neue Presse vom 13.11.2001, S. 4; „Haider-Gespenst" soll Machtverlust verhindern, Frankfurter Neue Presse vom 20.11.2001, S. 2; Dänische Härte, Frankfurter Neue Presse vom 28.11.2001, S. 4.

10 Schock für Europa, Frankfurter Neue Presse vom 23.04.2002, S. 4; Historischer Wahlsieg für Chirac und Die nächste Wahl droht, Frankfurter Neue Presse vom 06.05.2002, S. 1 + 5.

11 Die Abwahl der Besserwisser, Frankfurter Neue Presse vom 17.05.2002, S. 5.

Auch wenn sich in all diesen Fällen auf europäischer Ebene bis jetzt kein Protest regte, der mit der früheren Aufregung nach den Nationalratswahlen 1999 in Österreich vergleichbar wäre, so wird doch deutlich, dass die Thematik aufgrund des zunehmenden Einflusses von „Flügelparteien" in Europa jederzeit erneut aktuell werden kann. Wie schnell es dabei innerhalb der Europäischen Union abermals zu ernsthaften diplomatischen Unstimmigkeiten kommen kann, hat erst in jüngster Vergangenheit der Eklat beim Auftritt des italienischen Ministerpräsidenten Silvio Berlusconi im Europäischen Parlament anlässlich der Übernahme der Ratspräsidentschaft durch Italien gezeigt.[12]

Vor diesem Hintergrund gibt der Fall Österreich deshalb nicht nur erstmalig praktischen Anlass zu einer kritischen Auseinandersetzung mit der bislang eher theoretischen Frage, wie die Europäische Union und ihre Mitgliedstaaten mit einem Unionsstaat umgehen dürfen, in dem die Gefahr besteht, dass wesentliche Elemente der Zugehörigkeit zu diesem Staatenverbund nicht mehr gegeben sind. Vielmehr erscheint eine Untersuchung im Hinblick auf die mögliche Statuierung eines Präzedenzfalles, der die Typisierung für zukünftige Sanktionierungen liefert, zudem dringend geboten.

Mit der vorliegenden Fallstudie sollen daher die Reaktionen auf den Einzug der FPÖ in das österreichische Regierungskabinett einer völker- und europarechtlichen Analyse unterzogen werden. Die Problematik führt insofern zu grundsätzlichen Aspekten wie der mitgliedstaatlichen Autonomie, der Legitimität europäischen und staatlichen Handelns sowie dem Verhältnis von Souveränitätsverzicht und Souveränitätsverschränkung in der Europäischen Union. Gleichzeitig möchte die Betrachtung der rechtlichen Grundlagen des Vorgehens gegen Österreich wichtige Argumente für den künftigen Umgang zwischen den Mitgliedstaaten der Europäischen Union an die Hand geben.

Zu diesem Zweck wird im ersten Teil der Arbeit zunächst an die wichtigsten Fakten des Falles Österreich in ihrem zeitlichen Ablauf erinnert. In die Darstellung des Sachverhalts sind dabei alle wesentlichen Dokumente des Falles eingearbeitet.

Darauf aufbauend folgt im zentralen zweiten Teil die rechtliche Beurteilung der offiziellen Erklärungen und Maßnahmen der handelnden Regierungen und Institutionen in der Europäischen Union. Der Schwerpunkt der Prüfung liegt hier auf der bereits erwähnten Stellungnahme der portugiesischen EU-Präsidentschaft mit den drei in ihr genannten bilateralen Maßnahmen der Mitgliedstaaten. Ausgehend von einer Untersuchung der Struktur der Stellungnahme steht zu Beginn deren rechtliche Qualifikation im Mittelpunkt. Danach wird kurz die Rolle

---

12 s. hierzu Hummer, The European Legal Forum 2003, 246.

der portugiesischen Präsidentschaft beleuchtet, bevor sodann das Hauptaugenmerk auf der Rechtmäßigkeit der Stellungnahme aus europarechtlicher sowie völkerrechtlicher Perspektive ruht. Im Anschluss daran werden die Reaktionen der Kommission, des Europäischen Parlaments und des Ausschusses der Regionen auf ihren juristischen Gehalt hin überprüft.

Der dritte Teil ist schließlich der Ergänzung des Sanktionsverfahrens nach Art. 7 EUV durch den Vertrag von Nizza als Konsequenz aus den Erfahrungen mit der „Causa Austria" auf europäischer Ebene gewidmet. Eine Schilderung der Entstehungsgeschichte wurde der detaillierten Exegese der Neuregelung vorausgeschickt. Auf dieser Grundlage schließt eine auf die Zukunft ausgerichtete Würdigung der Reform die Arbeit ab.

Erster Teil

Der Fall Österreich – eine Chronologie

A. Wahlkampf und Nationalratswahl 1999 in Österreich

Am 3. Oktober 1999 fanden in der Republik Österreich Wahlen zum Nationalrat[13] statt. Der Wahlkampf war zunächst von einer stark an sachpolitische Positionierungen anknüpfenden Konfrontation zwischen den beiden Regierungsparteien, der Sozialdemokratischen Partei Österreichs (SPÖ) und der konservativen Österreichischen Volkspartei (ÖVP), gekennzeichnet.[14] In den zahlreichen unterschiedlichen Standpunkten zu innen- wie außenpolitischen Themen[15] traten gewisse „Abnutzungserscheinungen" der seit nunmehr 13 Jahren regierenden „großen Koalition" zwischen SPÖ und ÖVP offen zu Tage.[16] Diese Situation nutzte die rechtsgerichtete Freiheitliche Partei Österreichs (FPÖ), indem sie auf eine diffuse Veränderungsstimmung aufbauen konnte.[17]

Anfang September 1999 führte die Veröffentlichung von Umfrageergebnissen, die einen großen Vorsprung der FPÖ vor der ÖVP als bislang zweitstärkster Partei sahen, zu einem Wandel in Themenlandschaft und Stimmungslage. Spekulationen über den Wahlausgang und denkbare Koalitionsmöglichkeiten beherrschten die Diskussion, während Sachfragen – ausgenommen das Ausländerthema – eine geringere Rolle spielten. Als die FPÖ schließlich am 19. September 1999 bei den Vorarlberger Landtagswahlen starke Zugewinne auf Kosten beider „Traditionsparteien" erzielte, änderte vor allem die ÖVP ihre Wahlkampfstrategie. Nachdem Außenminister und ÖVP-Obmann Dr. Wolfgang

---

13 Der Nationalrat ist gem. Art. 24 des österreichischen Bundes-Verfassungsgesetzes (B-VG) jenes Organ, das gemeinsam mit dem Bundesrat als „zweite Kammer" (Länderkammer) die Gesetzgebung des Bundes ausübt. Er ist ein allgemeiner Vertretungskörper (Gesetzgebungskörperschaft, Parlament), dessen Mitglieder (Abgeordnete, Mandatare) durch Wahl des Bundesvolkes bestellt werden; vgl. Adamovich/Funk, Österreichisches Verfassungsrecht, S. 167 + 184; Öhlinger, Verfassungsrecht, Rdnr. 372.

14 Plasser/Ulram/Sommer, Nationalratswahl 1999, S. 4.

15 Außenpolitisch ist in erster Linie die Sicherheits- und Neutralitätspolitik zu nennen. Anders als die SPÖ trat die ÖVP für eine Abkehr von der Neutralität, die Akzeptanz einer Beistandspflicht im Rahmen der WEU und eine Annäherung an die NATO ein. In diesem Zusammenhang kam es schon im März 1998 zu schweren Differenzen, als die Verabschiedung des Berichts über alle weiterführenden Optionen Österreichs im Bereich der Sicherheitspolitik („Optionenbericht") entsprechend der Koalitionsvereinbarung von SPÖ und ÖVP vom 11.03.1996 scheiterte; vgl. Hummer, Österreich zwischen Neutralität und Integration, S. 221 ff.

16 dazu Böhm/Lahodynsky, Der Österreich-Komplex, S. 109 ff.

17 Plasser/Ulram/Sommer, Nationalratswahl 1999, S. 4.

Schüssel erklärte, bei einem Zurückfallen auf den dritten Platz in die Opposition zu gehen, suchte seine Partei die direkte Konfrontation mit der FPÖ und thematisierte auch Fragen der politischen Stabilität und Berechenbarkeit.[18] Bundeskanzler und SPÖ-Obmann Viktor Klima kündigte an, nach den Wahlen lediglich mit der ÖVP koalieren zu wollen.[19] Eine Zusammenarbeit mit der FPÖ schloss er trotz inhaltlicher Übereinstimmung in verschiedenen Politikbereichen aus grundsätzlichen moralischen Erwägungen aus.

Das Wahlergebnis vom 3. Oktober 1999 brachte der SPÖ mit 33,15% der Stimmen und damit minus 4,91 Prozentpunkten große Verluste. Demgegenüber waren die Verluste der ÖVP mit 1,38 Prozentpunkten und insgesamt 26,91% der Stimmen eher moderat. Die FPÖ konnte hingegen starke Zugewinne von 5,02 Prozentpunkten verzeichnen und erreichte ebenfalls 26,91% der Stimmen. Auch die Grünen vergrößerten ihren Stimmenanteil von 4,81 auf 7,40%. Mit einem Rückgang von 1,86 Prozentpunkten auf 3,65% der Stimmen blieb das Liberale Forum unter der 4%-Grenze und war im Nationalrat nicht mehr vertreten. Von den 183 Mandaten entfielen somit 65 Sitze, sechs Mandate weniger, auf die SPÖ. ÖVP und FPÖ erzielten jeweils 52 Sitze, wobei der Mandatsstand der ÖVP gleich blieb, während die FPÖ elf Mandate hinzubekam. Die Grünen steigerten sich um fünf auf 14 Mandate. Demnach führte die Nationalratswahl zu drei annähernd gleichstarken größeren Parteien, unter denen die FPÖ erstmals den zweiten Platz einnahm. So lag sie nicht nur prozentual und nach Mandaten mit der ÖVP gleichauf, sondern hatte absolut den kleinen Vorsprung von 415 Wählerstimmen.[20]

---

18 ebenda; Schneider, integration 2000, 125.

19 Hummer/Obwexer, europa-blätter 2000, 52.

20 Piringer, FPÖ-Entwicklung, S. 440 f.; Plasser/Ulram/Sommer, Nationalratswahl 1999, S. 5 f. + 38 ff.; offizielles Ergebnis der Nationalratswahl nach den Daten des österreichischen Bundesministeriums für Inneres unter http://ln-inter1.bmi.gv.at/web/bmiwebp.nsf/AllPages/WA991220000170 und des österreichischen Bundeskanzleramtes unter http://www.austria.gv.at. Die Nationalratswahl 1999 stellte eine einschneidende Zäsur in der Geschichte des österreichischen Parteiensystems dar und war unverkennbar ein Votum für Veränderung. Die historische Figur eines von zwei dominanten, in festgefügte soziale Milieus eingebetteten Parteien in einem stabilen Gleichgewicht gehaltenen Parteiensystems war definitiv Zeitgeschichte geworden. Abgewählt wurde ein System, das nach 1945 als Reaktion auf die politische Situation der Zwischenkriegszeit entwickelt wurde. Bürgerkrieg, Ständestaat und illegaler Nationalsozialismus hatten so viel Misstrauen zwischen den politischen Lagern hinterlassen, dass Sicherungssysteme eingebaut werden mussten. Das erste Sicherungssystem war die große Koalition von Christdemokraten und Sozialdemokraten, ein weiteres die Sozialpartnerschaft, in der Interessen von Arbeitnehmern, Unternehmern und Bauern austariert wurden; vgl. Plasser/Ulram/Sommer, Nationalratswahl 1999, S. 38 f.; Burkert-Dottolo, Regierungsbildung 1999/2000, S. 23; Kopeinig/Kotanko, Eine europäische Affäre, S. 8.

B. Sondierungsgespräche, Koalitionsverhandlungen und erste Warnungen

Am 5. Oktober 1999 folgte der Rücktritt der bisherigen „rot-schwarzen“ Koalitionsregierung, die Bundespräsident Dr. Thomas Klestil beauftragte, bis zur Bildung einer neuen Regierung auf interimistischer Basis weiterzuarbeiten.[21] Hierzu verlängerten SPÖ und ÖVP ihre Koalitionsvereinbarung von 1996.[22] Als der ÖVP-Bundesvorstand nach Vorliegen des amtlichen Endergebnisses am 12. Oktober 1999 den Beschluss, in die Opposition zu gehen, bekräftigte, deutete sich eine langwierige Phase der Regierungsbildung an.[23] Israels Außenminister David Levy drohte im Fall einer FPÖ-Regierungsbeteiligung mit dem Abbruch der Beziehungen zu Österreich.[24] Wegen der schwierigen politischen Konstellation

21 „Nicht resignieren“: Wie Minister zu atypischer Beschäftigung kamen, Die Presse vom 06.10.1999; EU-Politik: Provisorium verunsichert, Die Presse vom 19.10.1999. Im Gegensatz zu Art. 69 Abs. 2 und 3 des deutschen Grundgesetzes (GG) gibt es in Österreich keine Vorschrift, der zufolge die Regierung nach Nationalratswahlen „automatisch“ aus dem Amt scheidet. Gem. Art. 74 Abs. 3 B-VG sind die Bundesregierung oder ihre einzelnen Mitglieder allerdings auf ihren Wunsch vom Bundespräsidenten des Amtes zu entheben. Der Rücktritt der Regierung nach Parlamentswahlen gehört dabei zu den Konventionen der österreichischen Verfassungswirklichkeit. Nach Art. 71 B-VG hat der Bundespräsident in dieser Situation eine provisorische Regierung zu installieren, meist ist es die alte Bundesregierung; vgl. „Klestils Fehler war, Rücktritt der Regierung angenommen zu haben“, Die Presse vom 23.11.1999; Streit der Experten: Rücktritt der Regierung notwendig oder nicht, Die Presse vom 24.11.1999, S. 9.

22 Hummer/Obwexer, europa-blätter 2000, 52.

23 Klestil mahnt, Haider frohlockt, Israel droht, Die Presse vom 13.10.1999; Schüssel will Kurs halten, Haider Regierung bilden, Die Presse vom 14.10.1999. Eine Frist für die Bildung einer neuen Regierung nach einer Nationalratswahl sieht das österreichische Bundes-Verfassungsgesetz, welches die Frage der Regierungsbildung abschließend regelt, nicht vor. Daher wurde von Verfassungsrechtlern die Möglichkeit diskutiert, die „rot-schwarze“ provisorische Regierung trotz der Wahl vom 03.10.1999 mit den Aufgaben einer definitiven Regierung einfach unbegrenzt im Amt zu belassen. Aufgrund der Mehrheitsverhältnisse im Parlament (117 Mandate für SPÖ und ÖVP zu 66 Mandaten für FPÖ und Grüne) sei nicht einmal ein Misstrauensantrag zu fürchten. Vereinzelt hieß es sogar, theoretisch hätte Klestil Bundeskanzler Klima schon im Vorfeld der Demission erklären können, er wünsche keinen Rücktritt der alten Regierung. Durch die Installation einer provisorischen Regierung, die ihr Ende in sich trage, habe Klestil nämlich seine Absicht erklärt, eine neue einsetzen zu wollen, womit für ihn die Pflicht entstanden sei, eine neue Regierung zu berufen (Gem. Art. 70 Abs. 1 S. 1 B-VG werden der Bundeskanzler und auf seinen Vorschlag die übrigen Mitglieder der Bundesregierung vom Bundespräsidenten ernannt.). Deshalb sei Bundespräsident Klestil bei der Regierungsbildung nun einem gewissen Druck ausgesetzt; vgl. „Klestils Fehler war, Rücktritt der Regierung angenommen zu haben“, Die Presse vom 23.11.1999; Streit der Experten: Rücktritt der Regierung notwendig oder nicht, Die Presse vom 24.11.1999, S. 9.

24 Klestil mahnt, Haider frohlockt, Israel droht, Die Presse vom 13.10.1999.

wurde der Vorsitzende der stimmenstärksten Partei SPÖ, Viktor Klima, am 14. Oktober 1999 von Bundespräsident Klestil angewiesen, zunächst lediglich „Sondierungsgespräche“ mit allen Parlamentsparteien über Inhalte eines künftigen Regierungsprogramms zu führen.[25]

Bereits etwas mehr als eine Woche nach den Wahlen warnte der christdemokratische Luxemburger Premier Jean-Claude Juncker anlässlich der Sondertagung des Europäischen Rates in Tampere am 15. und 16. Oktober 1999 Außenminister Wolfgang Schüssel vor den Reaktionen der EU-Partner, sollte in Wien eine Regierung mit der FPÖ unter Jörg Haider zustande kommen. Auch Italiens Außenminister Lamberto Dini, ebenfalls Christdemokrat, nutzte das Treffen, um seine Bedenken gegen eine etwaige Regierungsbeteiligung der FPÖ mitzuteilen. „Regierungsverantwortung für eine rechtsgerichtete Partei wie der FPÖ könnte in der gesamten Union rechtsextremen Gruppierungen neuen Auftrieb geben. Ich werde das gegenüber meinem Kollegen Schüssel deutlich zum Ausdruck bringen“, erklärte Dini.[26]

---

25 Piringer, FPÖ-Entwicklung, S. 442; Kopeinig/Kotanko, Eine europäische Affäre, S. 9. Bei den Sondierungsgesprächen sah sich SPÖ-Obmann Klima aufgrund innerparteilicher Kontroversen um Inhalte und letztlich auch um seine Person sowie durch die Fixierung auf eine Koalition mit der ÖVP in einer schwierigen Lage. Ein von ihm verfasstes Reformpapier zum Pensions-, Sozialversicherungs- und Kammersystem wurde insbesondere wegen Aussagen zu einem einheitlichen Pensionsrecht auch für Beamte im SPÖ-Parteipräsidium abgelehnt. Erst in geänderter Form sollte es die Basis der Verhandlungen zur Regierungsbildung darstellen. Klima wurde jedoch von der ÖVP im Rahmen der zahlreichen öffentlich ausgetragenen Divergenzen gerade zu mehr Flexibilität in wirtschaftlichen und sozialen Fragen aufgefordert. Der Druck auf die SPÖ verstärkte sich zusätzlich durch Bemerkungen der ÖVP zu inhaltlichen Übereinstimmungen mit der FPÖ bei ihren „Zukunftsgesprächen“ – so die Bezeichnung der auf Schüssels Initiative parallel zu Bundeskanzler Klimas „Sondierungsgesprächen“ geführten Konsultationen der ÖVP mit den anderen Parlamentsparteien. Neben der bestehenden Einigkeit in der Sicherheitspolitik, machte die FPÖ vor allem durch ihre erstmalige Zustimmung zur EU-Osterweiterung unter der Bedingung langer Übergangsfristen einen Schritt auf die ÖVP zu. Dabei wurde Schüssel unterstellt, durch seine Strategie der „Zukunftsgespräche“ gekoppelt mit der Oppositionsansage nicht nur möglichst viele ÖVP-Interessen gegenüber der SPÖ durchsetzen zu wollen, sondern auch das Kanzleramt für seine Person anzustreben. FPÖ-Obmann Haider versuchte indessen, die FPÖ als staatstragende Partei zu präsentieren, indem er sich am 12.11.1999 in einer Rede in der Wiener Hofburg für seine umstrittenen Äußerungen zur NS-Vergangenheit entschuldigte und sich außerdem von besonders aggressiven Wahlkampfplakaten der Wiener FPÖ zur Ausländerfrage distanzierte. Die Rede stand in Zusammenhang mit einer Großdemonstration gegen Rassismus und Fremdenfeindlichkeit in der Wiener Innenstadt, die am gleichen Tag stattfand. Schließlich erfuhr auch die Unterstützung von Jörg Haider durch die SPÖ bei der Verabschiedung des Kärntner Landeshaushalts eine bundespolitische Deutung im Sinne einer „rot-blauen“ Annäherung im Rahmen der Regierungsverhandlungen.

26 Böhm/Lahodynsky, Der Österreich-Komplex, S. 32.

Am 17. November 1999 begann in Istanbul das zweitägige Gipfeltreffen der OSZE. Dort drückte Frankreichs Präsident Jacques Chirac gegenüber Bundespräsident Klestil und Außenminister Schüssel als Vertreter Österreichs seine Sorge über die Politik der FPÖ und der Rolle von Parteichef Jörg Haider aus. Laut französischen Diplomaten versicherte Schüssel damals, er werde niemals eine Koalition mit der FPÖ eingehen.[27]

Erst am 3. Dezember 1999 gingen die Sondierungsgespräche zu Ende, nachdem Viktor Klima dem Bundespräsidenten abschließend Bericht erstattet hatte.[28] Um von der nun anstehenden Regierungsbildung nicht ausgeschlossen zu werden, verkündete ÖVP-Obmann Schüssel am 5. Dezember, die ÖVP werde sich Regierungsverhandlungen nicht weiter verschließen.[29] Am 9. Dezember 1999 erteilte Bundespräsident Klestil SPÖ-Chef Klima schließlich den Auftrag, „zum Wohle des Landes eine Bundesregierung mit klarer, solider Mehrheit im Parlament und damit Stabilität, mit Ansehen im In- und Ausland“ zu bilden.[30] Dabei galt Klestil als Befürworter einer Neuauflage der „rot-schwarzen“ Koalition.[31]

Im Rahmen des Europäischen Rates von Helsinki am 10. und 11. Dezember 1999 ersuchten der deutsche Bundeskanzler Gerhard Schröder und der französische Premierminister Lionel Jospin, beides Sozialdemokraten, abermals Luxemburgs Premier Juncker, seinem Parteifreund Schüssel die Botschaft zu überbringen, er möge keine Koalition mit der FPÖ eingehen. Gleichzeitig drohte Schröder ganz offen: „Das würde ernste Folgen in der Union haben. Dann werden wir nicht einfach zur Tagesordnung übergehen.“, während auch Frankreichs Staatspräsident Chirac dem österreichischen Außenminister in einem lautstark geführten Wortwechsel zu verstehen gab, dass eine Regierungsbeteiligung der Freiheitlichen in der EU nicht ohne Konsequenzen bleiben werde. „Der Präsident der Republik hat in Helsinki gegenüber dem österreichischen Außenminister seine Besorgnis über eine Aufwertung der FPÖ zum Ausdruck gebracht“, bestätigte später eine Sprecherin des Elysée.[32]

---

27 Böhm/Lahodynsky, Der Österreich-Komplex, S. 34 + 36; Kopeinig/Kotanko, Eine europäische Affäre, S. 17 + 89.

28 Piringer, FPÖ-Entwicklung, S. 442.

29 Piringer, FPÖ-Entwicklung, S. 447; Kopeinig/Kotanko, Eine europäische Affäre, S. 11.

30 Piringer, FPÖ-Entwicklung, S. 447 f.; Schneider, integration 2000, 125 f.; Chronik der gescheiterten Verhandlungen mit Österreich, Frankfurter Allgemeine Zeitung vom 22.01.2000, S. 2.

31 Kopeinig/Kotanko, Eine europäische Affäre, S. 8; Ein bürgerlicher Rosenkrieg, Format 46/1999 vom 15.11.1999, S.26.

32 Böhm/Lahodynsky, Der Österreich-Komplex, S. 33 f.; Kopeinig/Kotanko, Eine europäische Affäre, S. 89.

Nach dem einstimmigen Beschluss des ÖVP-Parteivorstandes vom 13. Dezember 1999 nun doch an Regierungsverhandlungen teilzunehmen, eröffneten SPÖ und ÖVP am 17. Dezember Koalitionsverhandlungen.[33] Nach neun Verhandlungsrunden waren sich die Parteiführungen am 17. Januar 2000 weitgehend einig.[34] Als jedoch am 20. Januar der Vorsitzende der Fraktion Sozialdemokratischer Gewerkschafter, Rudolf Nürnberger, dem bereits unterschriftsreifen Koalitionsübereinkommen, das er mitverhandelt hatte, die Zustimmung verweigerte, und man sich zudem nicht auf einen parteiunabhängigen Finanzminister einigen konnte, verkündete Bundeskanzler Klima in der Nacht vom 20. auf den 21. Januar 2000 überraschend das Scheitern der Verhandlungen: Die SPÖ habe „den Eindruck gewonnen, dass die ÖVP nicht ernsthaft verhandelt", er werde daher dem Bundespräsidenten die Bildung einer SPÖ-Minderheitsregierung vorschlagen.[35] Klestil beauftragte Klima erneut mit Gesprächen zur Regierungsbildung, wobei nunmehr auch die Variante einer Minderheitsregierung eingeschlossen war.[36] Ebenfalls noch am 21. Januar informierte der Bundespräsident die gesamte ÖVP-Spitze über die immer intensiver werdenden Reaktionen ausländischer Politiker im Zusammenhang mit einer ÖVP-FPÖ-Koalition.[37]

Dennoch teilte ÖVP-Obmann Schüssel zwei Tage später mit, eine Zusammenarbeit mit der FPÖ prüfen zu wollen, woraufhin beide Parteien am 25. Januar 2000 ohne offiziellen präsidialen Auftrag in Koalitionsverhandlungen eintraten, die nach maximal zehn Tagen abgeschlossen sein sollten.[38] Daraufhin warn-

---

33 Weichensteller und Prellböcke, Kurier vom 14.12.1999, S. 3; SP und VP geben sich hart in der Sache, moderat im Ton, Kurier vom 15.12.1999, S. 2.

34 Kopeinig/Kotanko, Eine europäische Affäre, S. 11 f.; Schneider, integration 2000, 126.

35 ebenda; Piringer, FPÖ-Entwicklung, S. 449.

36 Schneider, integration 2000, 126; Piringer, FPÖ-Entwicklung, S. 449. Eine SPÖ-Minderheitsregierung wurde von Bundeskanzler Klima für den Fall eines Scheiterns seiner „rotschwarzen" Koalitionspläne ausdrücklich angestrebt, von Bundespräsident Klestil aber zunächst stets abgelehnt. Die Medien räumten einer solchen Regierung, die vornehmlich Klima ein würdiges Karriereende verschafft hätte, indes keine allzu lange Lebenserwartung ein und sahen in ihr eine Vorstufe zu Neuwahlen. Das hängt damit zusammen, dass der Bundespräsident zwar nach Art. 29 Abs. 1 B-VG jederzeit den Nationalrat auflösen kann, gem. Art. 67 Abs. 1 B-VG aber nur auf Vorschlag der Bundesregierung. Zum Zwecke dieses Vorschlags hätte Klestil allerdings eine SPÖ-Minderheitsregierung als „Strohmann-Regierung" ernennen können. Umfrageergebnissen zufolge hätten Neuwahlen der SPÖ jedoch nur weitere Stimmenverluste gebracht. Da gem. Art. 70 Abs. 2 HS. 2 B-VG die Mitglieder der Bundesregierung nicht dem Nationalrat angehören müssen, war außerdem ein Kabinett parteiunabhängiger Experten im Gespräch.

37 Kopeinig/Kotanko, Eine europäische Affäre, S. 89; Dokumentation Bundespräsident Klestils zu internationalen Kontakten, Die Presse vom 09.02.2000, S. 8.

38 Piringer, FPÖ-Entwicklung, S. 450; Kopeinig/Kotanko, Eine europäische Affäre, S. 90; Schneider, integration 2000, 126; Regierungs-Suche dreht sich immer stärker um FP, Kurier vom 24.01.2000, S. 1; Haider mit Schüssel in Regierungsgesprächen, Kurier vom

te der israelische Justizminister Jossi Beillin, im Falle einer Mitgliedschaft Haiders in der Regierung werde Israel seinen Botschafter aus Wien abziehen.[39] Am 26. Januar gab Bundeskanzler Klima bekannt, für eine SPÖ-Minderheitsregierung keine ausreichende parlamentarische Mehrheit zu finden. Tags darauf kündigte SPÖ-Klubobmann Peter Kostelka schließlich die verlängerte Koalitionsvereinbarung mit der ÖVP auf und erklärte die SPÖ, nachdem sie 30 Jahre ununterbrochen Regierungsverantwortung getragen und stets den Bundeskanzler gestellt hatte, „als nunmehr in Opposition befindlich".[40]

C. Reaktionen auf die sich abzeichnende FPÖ-Regierungsbeteiligung

Ebenfalls am 26. Januar 2000 begann im Stockholmer Folkes Hus die dreitägige internationale Holocaust-Konferenz, die der Erinnerung an den Holocaust und dem Kampf gegen Rassismus und Menschenrechtsverletzungen gewidmet war und an der Delegationen aus insgesamt 47 Ländern teilnahmen, darunter 20 Staats- und Regierungschefs. Die nun zu erwartende Rechtskoalition in Österreich beherrschte das Treffen. Nicht nur an die Äußerungen Haiders von einer „ordentlichen Beschäftigungspolitik" im Dritten Reich, seine Solidaritätsbekundung an ehemalige SS-Mitglieder, die Bezeichnung von Konzentrationslagern als „Straflager", sondern auch an die Waldheim-Affäre wurde erinnert. Schon in seiner Eröffnungsrede bezeichnete der Gastgeber der Konferenz, der schwedische Ministerpräsident Göran Persson, eine Regierungsbeteiligung der FPÖ unter Jörg Haider als „Problem für Europa". Frankreichs Regierungschef Jospin drückte am Rande der Tagung in einem Interview mit der Agentur „Reuters" „seine große Sorge" über die Vorgänge in Wien aus. Das Land werde sich „in einer beklagenswerten Lage" wiederfinden. Bundeskanzler Schröder gab den österreichischen Politikern „in aller Freundschaft" den Rat: „Man muss aufpassen, dass man sich in Europa und darüber hinaus nicht isoliert." Der ebenfalls angereiste israelische Ministerpräsident Ehud Barak sprach von einem „höchst beunruhigenden Signal" für die Juden in aller Welt. Viktor Klima, als zu diesem Zeitpunkt noch amtierender österreichischer Bundeskanzler, distanzierte sich schließlich in einer Rede deutlich von Jörg Haider und der FPÖ: „Der Holocaust ist nicht nur das größte Verbrechen des 20. Jahrhunderts, er ist eine der monströsesten Untaten in der Geschichte der Menschheit. Wer das nicht klar und deutlich sagt, ist ungeeignet, öffentliche Verantwortung zu übernehmen. Er hat in

25.01.2000, S. 1; Schüssel fordert Kanzler, Haider bleibt in Kärnten, Kurier vom 26.01.2000, S. 1.

39 Nur ein Kanzler Haider würde Israel beunruhigen, Kurier vom 26.01.2000, S. 4.

40 Piringer, FPÖ-Entwicklung, S. 450; SPÖ ist mit sofortiger Wirkung in Opposition, Die Presse vom 29.01.2000, S. 10.

der Politik und in Staatsämtern nichts zu suchen." Jedoch versicherte Klima, dass Österreich ein stabiles und demokratisches Land und die FPÖ „keine Neo-Nazi-Partei" sei.[41]

Kurz darauf, am 1. Februar 2000, berichteten die dänischen Zeitungen „Jyllands-Posten" und „Ekstra-Bladet", der dänische Regierungschef Poul Nyrup Rasmussen habe in einer vertraulichen Sitzung des außenpolitischen Parlamentsausschusses erklärt, Bundeskanzler Klima hätte sich bei der Holocaust-Konferenz an die dort ebenfalls teilnehmenden sozialdemokratischen Regierungspolitiker gewandt und „um Aktionen gebeten". Der französische Premierminister Jospin sei darauf sofort positiv eingegangen. Danach habe man die Vorarbeiten zu einer Stellungnahme aufgenommen. Auch auf dem Weltwirtschaftsforum in Davos sei das Projekt dann weiter besprochen worden.[42] Bereits am 29. Januar 2000 hatte der „Guardian" verbreitet, Kanzler Klima habe befreundete Politiker gedrängt, zur Einflussnahme auf die Wiener Koalitionspolitik tätig zu werden.[43] Aus dem Bundeskanzleramt gab es alsbald Dementis der Behauptungen, Klima habe eine aktive Rolle gespielt.[44] Er mag nicht um irgendwelche Maßnahmen gegen eine „schwarz-blaue" Regierung in Wien gebeten haben, wie Michael Steiner, außenpolitischer Berater des deutschen Bundeskanzlers, später bestätigte, doch sei sein Auftritt in Stockholm einem Hilferuf gleichgekommen.[45]

Dagegen hatte bereits die Nachricht von der Verhandlungsaufnahme zwischen ÖVP und FPÖ den liberalen belgischen Premierminister Guy Verhofstadt und seinen Außenminister Louis Michel am 27. Januar 2000 veranlasst, in einem Schreiben an den portugiesischen Premierminister und derzeitigen EU-Ratspräsidenten Antonio Guterres wegen der politischen Entwicklung in Österreich um eine gemeinsame Reaktion der EU-Partner zu ersuchen. In einem weiteren Fax an die portugiesische Präsidentschaft beantragten die Belgier, so schnell wie möglich eine Sondersitzung des EU-Außenministerrates einzuberu-

---

41 Böhm/Lahodynsky, Der Österreich-Komplex, S. 39 ff.; Kopeinig/Kotanko, Eine europäische Affäre, S. 17 ff. + 90 f.; Schneider, integration 2000, 127; Aufruf zu entschlossenem Kampf gegen Rassismus, Frankfurter Allgemeine Zeitung vom 29.01.2000, S. 4.

42 Schneider, integration 2000, 127; Böhm/Lahodynsky, Der Österreich-Komplex, S. 40 ff.; Kopeinig/Kotanko, Eine europäische Affäre, S. 18 + 92; Völlig undenkbar, aber genau das, was Klestil und Klima taten, Die Presse vom 03.02.2000, S.3; Bombe oder Zeitungsente, Der Standard vom 03.02.2000, S. 5.

43 Schneider, integration 2000, 127; Immer mehr Berichte über „bestellte" EU-Sanktionen, Die Presse vom 05.02.2000, S. 5.

44 Schneider, integration 2000, 128; Böhm/Lahodynsky, Der Österreich-Komplex, S. 42; Ist das die neue Zeit?, Kurier vom 02.02.2000, S. 2.

45 Böhm/Lahodynsky, Der Österreich-Komplex, S. 41; vgl. auch Forderung nach einem U-Ausschuss anschließen, Kurier vom 08.02.2000, S. 3.

fen, damit die EU-Staaten dem österreichischen Außenminister Schüssel direkt ihre Bedenken mitteilen können.[46]

Am selben Tag brachte Frankreichs Staatspräsident Chirac in einem Telefongespräch mit Klestil erneut seine Besorgnis über eine mögliche Regierungsbeteiligung der FPÖ zum Ausdruck und betonte, diese Sorge werde auch von seinen Freunden in der deutschen CDU sowie in der spanischen Konservativen Partei geteilt. Einen Tag später rief der spanische Premierminister José Maria Aznar bei Bundespräsident Klestil an und teilte im Einklang mit der Europäischen Volkspartei ebenfalls „Bedenken" mit. Bundesminister Schüssel wurde unmittelbar danach von Klestil hierüber informiert. Gleichfalls am 28. Januar 2000 erhielt Bundespräsident Klestil einen Anruf des portugiesischen Premierministers Guterres, der offiziell die Besorgnis der EU-Ratspräsidentschaft über die innenpolitische Entwicklung in Österreich ausdrückte und Klestil – so wie bereits Chirac zuvor – über die von der belgischen Regierung verlangte gemeinsame Reaktion aller EU-Mitglieder informierte.[47]

In der Folge wurden die engsten Mitarbeiter der Regierungschefs am Wochenende von Samstag, den 29. Januar bis Montag, den 31. Januar 2000 damit betraut, in ständiger fernmündlicher Verbindung einen Maßnahmenkatalog zu erstellen, um der Bildung einer ÖVP-FPÖ-Regierung entgegenzuwirken. Verantwortlich auf deutscher Seite war Schröders außenpolitischer Berater Michael Steiner. „Es musste rasch gehandelt werden. Also haben wir über das Wochenende in enger Abstimmung mit Paris und Brüssel den Text abgestimmt", erinnerte er sich.[48] Indes verzichtete Ratspräsident Guterres auf einen außerordentlichen EU-Außenministerrat.[49] Schon in den Mittagsstunden des 29. Januar bestätigte Chiracs Sprecherin, Paris habe „bereits Vorschläge für gemeinsame Maßnahmen" gemacht. In einem Telefonat mit Guterres bezeichnete es Chirac als „unerlässlich", dass die anderen 14 EU-Staaten gegebenenfalls rasch „gemeinsame Maßnahmen" gegen eine mögliche Regierungsbeteiligung der FPÖ beschließen und unterbreitete dem EU-Ratspräsidenten eine gewisse Anzahl von

---

46 Kopeinig/Kotanko, Eine europäische Affäre, S. 20; Böhm/Lahodynsky, Der Österreich-Komplex, S. 43; Schneider, integration 2000, 127; Die Reaktionen der europäischen Schwesterparteien der ÖVP, Kurier vom 29.01.2000, S. 3; Die EU-Sanktionen: Chronologie einer einzigartigen Isolation, Kurier vom 24.03.2000, S. 2.

47 Böhm/Lahodynsky, Der Österreich-Komplex, S. 43; Kopeinig/Kotanko, Eine europäische Affäre, S. 16 + 91; Die Reaktionen der europäischen Schwesterparteien der ÖVP, Kurier vom 29.01.2000, S. 3; Paris warnt Wien vor ernsthaften „Konsequenzen", Kurier vom 30.01.2000, S. 3; Dokumentation Bundespräsident Klestils zu internationalen Kontakten, Die Presse vom 09.02.2000, S. 8; Die EU-Sanktionen: Chronologie einer einzigartigen Isolation, Kurier vom 24.03.2000, S. 2.

48 Kopeinig/Kotanko, Eine europäische Affäre, S. 21; Böhm/Lahodynsky, Der Österreich-Komplex, S. 42 + 45.

49 Schneider, integration 2000, 127; Kopeinig/Kotanko, Eine europäische Affäre, S. 22; Die Reaktionen der europäischen Schwesterparteien der ÖVP, Kurier vom 29.01.2000, S. 3.

Vorschlägen in diesem Sinn, darunter der Abzug der Botschafter aller EU-Mitgliedstaaten aus Wien.[50] Am selben Tag traf Antonio Guterres in Hannover mit dem deutschen Bundeskanzler Schröder zusammen.[51]

Zusätzlich provozierte FPÖ-Chef Haider am späten Nachmittag des 29. Januar 2000 im Rahmen der Feiern zu seinem 50. Geburtstag mit den Worten, Chirac habe „in den vergangenen Jahren so ziemlich alles falsch gemacht, was man falsch machen konnte" und Österreich verlange auch nicht „die Ablöse einer korrupten Regierung wie in Belgien". Tags darauf folgte umgehend eine Rüge durch Bundespräsident Klestil: „Diese verbalen Entgleisungen lassen jegliches Gespür für internationalen Umgang vermissen."[52]

Mittlerweile war der Text zwischen Belgien, Deutschland, Frankreich und Portugal akkordiert und die übrigen Regierungen wurden erneut kontaktiert. In großer Eile einigten sich die Staats- und Regierungschefs der 14 EU-Mitgliedstaaten im Wege eines telefonischen Kommunikationsprozesses auf gemeinsame „Reaktionen" gegenüber Österreich im Falle einer Regierungsbildung unter Einbeziehung der FPÖ.[53] Nach der Konfrontation mit einem bereits recht breiten Konsens unter den EU-Partnern stimmten letztlich auch die Skeptiker, wie der finnische Ministerpräsident Paavo Lipponen und Dänemarks Premier Poul Nyrup Rasmussen, zu. Es hieß, Rasmussen habe den Text erst Sonntagabend mit gerade einer Stunde Bedenkzeit erhalten, während der irische Premierminister Bertie Ahern mitten in der Nordirland-Krise von Guterres Anruf überrascht wor-

---

50 Kopeinig/Kotanko, Eine europäische Affäre, S. 16 + 21; Böhm/Lahodynsky, Der Österreich-Komplex, S. 43; Schneider, integration 2000, 130; Paris warnt Wien vor ernsthaften „Konsequenzen", Kurier vom 30.01.2000, S. 3; Jacques Chirac, umstrittener Leiter der EU-Strafexpedition, Die Presse vom 02.02.2000; Paris will den Druck auf Österreich weiter verstärken, Staatspräsident Chirac droht mit zusätzlichen Sanktionen, Die Presse vom 05.02.2000, S. 9.

51 Böhm/Lahodynsky, Der Österreich-Komplex, S. 43; Die Verschwörung, Focus 6/2000 vom 07.02.2000, S. 264 ff.

52 Böhm/Lahodynsky, Der Österreich-Komplex, S. 44; Kopeinig/Kotanko, Eine europäische Affäre, S. 16, 21 + 91; Schneider, integration 2000, 127 ff.; Attacken des FPÖ-Chefs gegen Paris und Brüssel – Bundespräsident distanziert sich von Haider, Süddeutsche Zeitung vom 31.01.2000, S. 8; Klestil rügt Haider wegen „verbaler Entgleisungen", Kurier vom 31.01.2000, S. 2; Proteststurm aus dem Ausland, Kurier vom 01.02.2000, S. 2; Dokumentation Bundespräsident Klestils zu internationalen Kontakten, Die Presse vom 09.02.2000, S. 8; Die EU-Sanktionen: Chronologie einer einzigartigen Isolation, Kurier vom 24.03.2000, S. 2.

53 Böhm/Lahodynsky, Der Österreich-Komplex, S. 44 ff.; Kopeinig/Kotanko, Eine europäische Affäre, S. 21; Schneider, integration 2000, 127 f.; Strafaktion per Telefon, Süddeutsche Zeitung vom 02.02.2000, S. 10; Die Verschwörung, Focus 6/2000 vom 07.02.2000, S. 264 ff.; Die EU-Sanktionen: Chronologie einer einzigartigen Isolation, Kurier vom 24.03.2000, S. 2.

den sei und einfach nicht aus der EU-Front habe ausscheren wollen.[54] Als Basis für das weitere Vorgehen sollte jedenfalls ein Aktionsprogramm der portugiesischen EU-Ratspräsidentschaft folgenden Wortlauts dienen:[55]

„Presidency's platform regarding the formation of the new Austrian Government
Based on consultations with all Heads of State and Government

> Today, Monday 31 January, the Portuguese Prime Minister will inform both the President and the Chancellor of Austria and the Portuguese Minister of Foreign Affairs will notify his Austrian counterpart of the following joint reaction agreed by XIV Member States of the European Union in case it is formed in Austria a Government integrating the FPÖ.
> Governments of XIV Member States will not promote or accept any bilateral official contacts at political level with an Austrian Government integrating the FPÖ; there will be no support in favor of Austrian candidates seeking positions in international organizations; Austrian Ambassadors in EU capitals will only be received at technical level.
> This joint reaction will be made public at a later stage when deemed appropriate or necessary.
> The Portuguese Prime Minister and the Minister of Foreign Affairs have already informed the Austrian authorities that there will be no business as usual in the bilateral relations with a Government integrating the FPÖ.
> It is the Prime Minister's intention to call the Austrian President at 12h00 Portugal's time (13h00 ECT)."

Entsprechend benachrichtigte Portugals Premierminister Guterres am 31. Januar 2000 den österreichischen Bundespräsidenten in einem Telefongespräch zunächst informell und bat Klestil, wie es Luxemburgs Regierungschef Juncker vorgeschlagen hatte, den Beschluss der 14 EU-Mitgliedstaaten den Obmännern von ÖVP und FPÖ mitzuteilen. Klestil weigerte sich jedoch, die Nachricht zu übermitteln.[56] Daraufhin gab die portugiesische Präsidentschaft noch am späten Nachmittag des 31. Januar folgende Erklärung ab[57], die in der Form diplomatischer Noten der EU-Ratspräsidentschaft[58] an den österreichischen Bundespräsidenten, den Bundeskanzler sowie den Außenminister erging und zudem über das

54 Böhm/Lahodynsky, Der Österreich-Komplex, S. 45; Schneider, integration 2000, 129 + 132; Katzenjammer bei den kleinen EU-Mitgliedern, Kurier vom 04.02.2000, S. 6; Die Verschwörung, Focus 6/2000 vom 07.02.2000, S. 264 ff.; Irland hält sich mit Kritik an Wien auffallend zurück, Der Standard vom 17.02.2000, S. 6.

55 zit. nach G. Winkler, ZÖR 2000, 236 f.

56 Böhm/Lahodynsky, Der Österreich-Komplex, S. 46; Kopeinig/Kotanko, Eine europäische Affäre, S. 22.

57 ebenda; Scheitert Schwarz-Blau?, Kurier vom 01.02.2000, S. 2; Die EU-Sanktionen: Chronologie einer einzigartigen Isolation, Kurier vom 24.03.2000, S. 2.

58 s. im Anhang S. 373.

Internet auf der homepage der portugiesischen Präsidentschaft[59] veröffentlicht wurde:[60]

„Stellungnahme der portugiesischen Präsidentschaft der Europäischen Union
im Namen von XIV Mitgliedstaaten

Heute, am Montag, den 31. Januar, hat der portugiesische Premierminister den Präsidenten und den Bundeskanzler Österreichs sowie der portugiesische Außenminister seinen österreichischen Amtskollegen über die folgende gemeinsame Reaktion in Kenntnis gesetzt, die von den Staats- und Regierungschefs von XIV Mitgliedstaaten der EU für den Fall vereinbart wurde, daß in Österreich eine Regierung mit Beteiligung der FPÖ gebildet wird.

- Die Regierungen der XIV Mitgliedstaaten werden keinerlei offizielle bilaterale Kontakte auf politischer Ebene mit einer österreichischen Regierung unter Beteiligung der FPÖ begünstigen oder akzeptieren;
- Es wird keine Unterstützung für österreichische Kandidaten geben, die sich um Posten in internationalen Organisationen bewerben;
- Die österreichischen Botschafter in den EU-Hauptstädten werden nur auf technischer Ebene empfangen.

Der Premierminister und der Außenminister Portugals haben den österreichischen Behörden bereits zu verstehen gegeben, daß es kein ‚business as usual' in den bilateralen Beziehungen mit einer Regierung unter Beteiligung der FPÖ geben wird."

Allerdings ließ der finnische Ministerpräsident Lipponen Ende Februar 2000 verlauten, Präsident Klestil habe auf alsbaldige Veröffentlichung des im Telefonrundspruchverfahren produzierten Textes gedrängt.[61] Überdies gab es zahlreiche Pressemeldungen, wonach Bundespräsident Klestil um eine konzertierte Aktion ersucht oder eine solche zumindest gefördert habe.[62] Neben bereits erwähnten diesbezüglichen Berichten in dänischen Zeitungen[63] hieß es z.B. im deutschen Nachrichtenmagazin „Focus": „Von höchstrangiger Stelle aus Wien sei die Bitte um Unterstützung gekommen."[64] Die französische Nachrichtenagentur „AFP" berichtete unter Berufung auf Regierungskreise, Klestil habe

59 http://www.portugal.ue-2000.pt/uk/news/execute/news.asp?id=425; s. im Anhang S. 374.
60 deutsche Übersetzung nach Bulletin Quotidien Europe Nr. 7645 vom 01.02.2000, S. 9.
61 Schneider, integration 2000, 128; Unklarheit um Klestils Rolle bei Veröffentlichung der EU-Drohung, Der Standard vom 24.02.2000, S. 1; Präsident Klestil hat darum gebeten, Die Presse vom 24.02.2000, S. 6; Auslandsreaktionen, Kurier vom 25.02.2000, S. 4; Dr. Klestils Telefonat, Format 9/2000, S. 32.
62 Schneider, integration 2000, 127; Haider greift Klestil, Klima an, ÖVP blockt Untersuchung ab, Die Presse vom 07.02.2000.
63 s. oben S. 38; Kopeinig/Kotanko, Eine europäische Affäre, S. 22 + 92; Schneider, integration 2000, 127.
64 Die Verschwörung, Focus 6/2000 vom 07.02.2000, S. 264 ff.

Chirac „sein Einverständnis" zu Sanktionsdrohungen gegeben.[65] Die Hofburg wies die Vorwürfe „mit aller Entschiedenheit" zurück. Der Bundespräsident habe nicht die Sanktionen verlangt, sondern nur die Veröffentlichung des Boykottbeschlusses durch die EU-Präsidentschaft erwirkt. Es könne sich bei all diesen Behauptungen und Mutmaßungen allenfalls um ein Missverständnis gehandelt haben. Klestil habe bei vielen internationalen Kontakten die innenpolitische Lage geschildert und seine Vorbehalte gegen eine „schwarz-blaue" Regierung dargelegt – dies sei möglicherweise da oder dort überinterpretiert worden. Während auch das deutsche Bundeskanzleramt dementierte, stellte die französische Präsidentschaftskanzlei in einer Mitteilung fest, Klestil habe bei Chirac „keinerlei konkrete Bitte" deponiert.[66]

Gleichfalls noch am 31. Januar 2000 zog Haider nach einem Treffen mit Thomas Klestil seine Äußerungen gegenüber Chirac und Belgien „mit Bedauern zurück", sie seien allenfalls einer „gerechten Emotion" entsprungen.[67] Derweil rief zudem der britische Premierminister Tony Blair den Bundespräsidenten an und brachte seine Besorgnis über eine FPÖ-Regierungsbeteiligung zum Ausdruck.[68]

„Die Erklärung der 14 EU-Partner steht im Widerspruch zu den Zielen der EU." Österreich sei nicht konsultiert worden, „es konnte sich nicht argumentativ äußern". Das Vorgehen könne „möglicherweise auch eine Gefährdung für die Einheit der Europäischen Union bedeuten", reagierte ÖVP-Obmann Schüssel am 1. Februar 2000.[69] „Wir haben nicht damit gerechnet, dass der EU-Rahmen derart missbraucht wird", sagte Albert Rohan, Generalsekretär im österreichischen Außenamt.[70]

Aus Brüssel hieß es: „Wir waren damit nicht befasst." Die Europäische Kommission wurde lediglich informiert, nicht aber konsultiert.[71] Noch am 1. Februar

---

65 ebenda; Kopeinig/Kotanko, Eine europäische Affäre, S. 22.

66 Kopeinig/Kotanko, Eine europäische Affäre, S. 22 f.; Schneider, integration 2000, 128; Haider greift Klestil, Klima an, ÖVP blockt Untersuchung ab, Die Presse vom 07.02.2000; Forderung nach einem U-Ausschuss anschließen, Kurier vom 08.02.2000, S. 3; Dokumentation Bundespräsident Klestils zu internationalen Kontakten, Die Presse vom 09.02.2000, S. 8.

67 Schneider, integration 2000, 128; Kopeinig/Kotanko, Eine europäische Affäre, S. 92; Scheitert Schwarz-Blau?, Kurier vom 01.02.2000, S. 2.

68 Kopeinig/Kotanko, Eine europäische Affäre, S. 92; Dokumentation Bundespräsident Klestils zu internationalen Kontakten, Die Presse vom 09.02.2000, S. 8.

69 Kopeinig/Kotanko, Eine europäische Affäre, S. 23; Wien I, Ballhausplatz 2, Kurier vom 02.02.2000, S. 2.

70 Ein Alleingang an Wien und Brüssel vorbei, Die Presse vom 02.02.2000.

71 Bulletin Quotiden Europe Nr. 7646 vom 02.02.2000, S. 3; Schneider, integration 2000, 127; Brüssel im Bann des politischen Erdbebens, Berliner Morgenpost vom 02.02.2000; Strafaktion per Telefon, Süddeutsche Zeitung vom 02.02.2000, S. 10.

2000 traf sich die Kommission jedoch zu einer Sondersitzung in Brüssel und nahm einstimmig folgende „Mitteilung“[72] an:[73]

> „Die Kommission nimmt die am 31. Januar 2000 von den 14 EU-Mitgliedstaaten angenommene gemeinsame Stellungnahme zur Kenntnis und teilt die Besorgnis, die dieser Entscheidung zugrunde liegt.
>
> Die Kommission als Hüterin der Verträge wird weiterhin ihre Pflicht erfüllen, die Regeln und Werte des EU-Vertrages, insbesondere Artikel 6 und 7, aufrechtzuerhalten. Diese Artikel sehen vor, daß die Union auf den Prinzipien von Freiheit, Demokratie, der Respektierung von Menschenrechten, auf fundamentalen Freiheiten und dem Rechtsstaate gegründet ist.
>
> Zu diesem Zeitpunkt ist die Arbeit in den europäischen Institutionen nicht betroffen. In diesem Zusammenhang wird die Kommission, in engem Kontakt mit den Regierungen der Mitgliedstaaten, die Situation aufmerksam verfolgen, während sie ihre Arbeitsbeziehungen mit den österreichischen Behörden aufrechterhält.“

Anschließend erläuterte Kommissionspräsident Romano Prodi, dass der österreichische Kommissar Franz Fischler zur Entscheidung beigetragen habe und voll zu ihr stehe. In einer tumultartigen Pressekonferenz ergänzte der Sprecher der Europäischen Kommission, auch Bundespräsident Klestil, der von Kommissionspräsident Prodi kontaktiert worden sei, unterstütze die Position der Kommission. „Österreich ist natürlich kein diktatorisches Land“, verwahrte er sich zudem gegen jeden Vergleich mit Staaten wie dem Iran oder Irak.[74]

Während der Vorsitzende der CDU/CSU-Gruppe im Europäischen Parlament, Hartmut Nassauer, kritisierte, die sozialdemokratischen Regierungschefs in der EU könnten offenbar nicht verkraften, dass die SPÖ die Macht in Wien verloren habe,[75] meinte Italiens Premier Massimo D'Alema, die EU als Wertegemeinschaft habe geradezu die Pflicht, sich einzumischen[76]. Dagegen teilte das griechische Außenministerium mit, man sei wie die anderen 13 Staaten über die Wiener Entwicklung besorgt, die von der portugiesischen Präsidentschaft angedrohten Schritte seien aber völkerrechtlich fragwürdig und kaum zweckmäßig.

---

72 IP/00/93; s. Bulletin Quotidien Europe Nr. 7646 vom 02.02.2000, S. 3.

73 EU-Kommission teilt die Besorgnis, aber Skeptiker in Europa, Die Presse vom 02.02.2000; Brüssel im Bann des politischen Erdbebens, Berliner Morgenpost vom 02.02.2000.

74 EU-Kommission teilt die Besorgnis, aber Skeptiker in Europa, Die Presse vom 02.02.2000; Griechenland schert aus der EU-Front gegen die FPÖ aus, Kurier vom 02.02.2000, S. 4; Brüssel im Bann des politischen Erdbebens, Berliner Morgenpost vom 02.02.2000.

75 Brüssel im Bann des politischen Erdbebens, Berliner Morgenpost vom 02.02.2000.

76 Rom droht mit „Quarantäne“, Kurier vom 02.02.2000, S. 4.

Die griechische Regierung sei von dem „übereilten Schnellschuss" verunsichert. Selbst wenn die Freiheitlichen zu Recht als ausländerfeindlich, rassistisch oder gar faschistoid einzustufen seien, würden erst Taten einer neuen Regierung derartige Interventionen rechtfertigen. „Österreich hat frei und demokratisch die Freiheitlichen gewählt. Ihnen jetzt das Recht auf Regierungsbeteiligung abzusprechen, stellt einen gefährlichen Präzedenzfall der Einmischung in die inneren Angelegenheiten eines freien und demokratischen EU-Mitglieds dar."[77]

Zur gleichen Zeit versuchte Präsident Klestil mit einer eigenen „Erklärung" die drohende Isolierung Österreichs abzuwenden und ersuchte die 14 EU-Mitgliedstaaten, „Österreich weiterhin als gleichberechtigten Partner in der internationalen Staatengemeinschaft zu behandeln".[78] Unterdessen kündigten allerdings auch die USA an, die Tiefe ihrer Beziehungen zu Österreich überprüfen zu wollen, falls es zu einer Regierungsbeteiligung der FPÖ komme.[79] Zudem erklärte der norwegische Außenminister Knut Vollebaeck nach einem Gespräch mit seinen Kollegen aus Portugal und den USA, sein Land unterstütze die Maßnahmen der EU.[80]

Ebenfalls am 1. Februar 2000 strebte die ÖVP auf der letzten Ministerratssitzung mit der SPÖ an, auch eine Erklärung der Bundesregierung zu verabschieden, die wie folgt lauten sollte:[81]

> „Die österreichische Bundesregierung verwahrt sich gegen Vorverurteilungen und Pauschalurteile über Österreich. Sie ersucht die Staatengemeinschaft, sich auf der Grundlage von Fakten eine Meinung zu bilden. Es ist Aufgabe einer neuen Bundesregierung, Sorgen und Befürchtungen durch ein klar akzentuiertes Arbeitsprogramm von Anfang an zu zerstreuen. Wir sind bereit zum Dialog."

Die SPÖ verweigerte sich jedoch mit der Begründung, „keinen Blankoscheck für eine ‚schwarz-blaue' Koalition" zu geben.[82] Trotz alledem brachten ÖVP und FPÖ nach lediglich einer Woche ihre Koalitionsverhandlungen zum Abschluss und gaben noch um 22.00 Uhr desselben Tages bekannt, sich auf eine

---

77 Athen skeptisch – Havel, Norwegen gegen Haider und Griechen kritisieren „Schnellschuß", Die Presse vom 02.02.2000, S. 4 + 5; Griechenland schert aus der EU-Front gegen Österreich aus, Kurier vom 02.02.2000, S. 4; Brüssel im Bann des politischen Erdbebens, Berliner Morgenpost vom 02.02.2000.

78 Klestil verzweifelt bemüht, Der Standard vom 02.02.2000, S. 3; Wien I, Ballhausplatz 2, Kurier vom 02.02.2000, S. 2.

79 Auch die USA unterstützen Isolationskurs gegen FPÖ, Kurier vom 02.02.2000, S. 4.

80 Athen skeptisch – Havel, Norwegen gegen Haider, Die Presse vom 02.02.2000, S. 4; Bombendrohung vor Debatte über FPÖ im EU-Parlament, Kurier vom 03.02.2000, S. 5.

81 Die Kurswende im internationalen Scheinwerferlicht, Der Standard vom 02.02.2000, S. 2; Schüssel will hart bleiben, Salzburger Nachrichten vom 02.02.2000, S. 2.

82 Die Kurswende im internationalen Scheinwerferlicht, Der Standard vom 02.02.2000, S. 2; Wien I, Ballhausplatz 2, Kurier vom 02.02.2000, S. 2.

gemeinsame Regierung geeinigt zu haben. ÖVP-Chef Schüssel fügte hinzu, beide Parteien hätten den Bundespräsidenten gebeten, der neuen Regierung eine „Präambel" mit auf den Weg zu geben. Damit werde versucht, die berechtigten Sorgen in Europa ernst zu nehmen und „ihnen von vornherein die Spitze abzubrechen".[83]

Am 2. Februar 2000 trugen Schüssel und Haider dem Bundespräsidenten ihr Regierungsprogramm vor und ersuchten um Ernennung der neuen Bundesregierung. Diese sollte sich aus fünf ÖVP-Ministern und fünf Ministern von der FPÖ – Justiz, Finanzen, Soziales, Verteidigung und Infrastrukturen – unter Schüssel als Bundeskanzler zusammensetzen. Für FPÖ-Chef Haider war ein Ministerposten nicht vorgesehen.[84] Bundespräsident Klestil ließ verlautbaren, von den neuen Koalitionspartnern zunächst die Unterzeichnung einer „Demokratie-Erklärung" mit verbindlichen Bekenntnissen zu den demokratischen Grundwerten und zur europäischen Orientierung zu verlangen, die dem Koalitionsabkommen – wie angeregt – als Präambel vorangehen solle.[85] Daneben erklärte er in einem Interview mit dem Magazin „News": „Wenn ich diese Regierung angeloben sollte, tue ich dies nicht aus persönlicher Überzeugung, denn ich fürchte, dass Österreich international Schaden zugefügt wird."[86]

Frankreichs Außenminister Hubert Vedrine kündigte als Reaktion eine „Reduzierung der Beziehungen zu Österreich auf das niedrigstmögliche Niveau" und eine „ständige Überwachung" Wiens an.[87] Während Israel den Rückzug seines Botschafters aus Wien verfügte,[88] deutete auch Belgiens Außenminister Michel die Bereitschaft an, den belgischen Botschafter abzuziehen – allerdings nur in einer gemeinsamen Aktion mit den anderen EU-Staaten. Außerdem riet er seinen Landsleuten in einem Fernseh-Interview von Winterurlaub in den Alpen ab. Skifahren in Österreich sei „unmoralisch".[89]

---

83 Kopeinig/Kotanko, Eine europäische Affäre , S. 23; Piringer, FPÖ-Entwicklung, S. 451; Ist das die neue Zeit?, Kurier vom 02.02.2000, S. 2; Klestil soll FPÖ Korrektur ihrer bisherigen Politik vorschreiben, Die Presse vom 03.02.2000.

84 Piringer, FPÖ-Entwicklung, S. 451 f.; Die Hofburg als Angelpunkt einer schweren Regierungsbildung, Kurier vom 03.02.2000, S. 2.

85 Schneider, integration 2000, 126; Klestil attackiert Parteien, Salzburger Nachrichten vom 03.02.2000; Die Hofburg als Angelpunkt einer schweren Regierungsbildung, Kurier vom 03.02.2000, S. 2.

86 Kopeinig/Kotanko, Eine europäische Affäre, S. 24; Piringer, FPÖ-Entwicklung, S. 451.

87 Paris stellt sich auf lange Konfrontation mit FPÖ ein, Kurier vom 03.02.2000, S. 5.

88 Haider bleibt Europas Hauptthema, Kurier vom 03.02.2000, S. 5.

89 Böhm/Lahodynsky, Der Österreich-Komplex, S. 62; Kopeinig/Kotanko, Eine europäische Affäre, S. 27; Brüssel: „Ski fahren in Österreich ist unmoralisch", Kurier vom 03.02.2000, S. 5; Zwiespältige Reaktionen, Berliner Morgenpost vom 03.02.2000; Der Preis für Schwarz-Blau, profil 6/2000 vom 06.02.2000.

Die Präsidentin des Europäischen Parlaments Nicole Fontaine meinte in einem Interview des Radiosenders „France Inter“ vom 2. Februar 2000, dass eine Regierungsbeteiligung der FPÖ „eine der schwerwiegendsten Krisen der EU heraufbeschwören würde“.[90] Indes sagte der Sprecher der Kommission im Hinblick auf die von den 14 Regierungen beschlossenen Maßnahmen, dass „bilateral“ außerhalb des EU-Rahmens bedeute, er aber nicht wisse, ob auch die Regierungskonferenz davon betroffen sei.[91]

Die Union fühle sich den Werten der „Achtung der Rechte der Minderheiten“ verpflichtet. Wer dagegen verstoße, wie die FPÖ im Wahlkampf, mit dem könnten „die EU-Partner nicht an einem Tisch sitzen“, verteidigte Bundeskanzler Schröder die Aktion gegenüber der deutschen CDU/CSU-Opposition, die eine massive Einmischung der EU in die Wiener Angelegenheiten kritisierte.[92] Im Gegensatz dazu bezeichnete der Premierminister von Luxemburg Juncker die Maßnahmen der „Vierzehn“ als „vergleichsweise überzogen“, wobei kolportiert wurde, dass er sich nicht hinreichend eingebunden gefühlt habe.[93]

Am 3. Februar 2000 „korrigierte“ Klestil zunächst mit dem Einverständnis beider Parteien einzelne Passagen des Regierungsprogramms und zwang die FPÖ, zwei ihrer Kandidaten für Ministerposten – Thomas Prinzhorn und Hilmar Kabas – aufgrund „unqualifizierter verbaler Entgleisungen“ sowie ausländerfeindlicher Wahlplakate durch andere Personen zu ersetzen. Schließlich kündigte er für zwölf Uhr des folgenden Tages die Vereidigung der neuen „schwarzblauen“ Koalitionsregierung an und beugte sich damit den parlamentarischen Mehrheitsverhältnissen[94]. Zuvor hatten die beiden Parteivorsitzenden Schüssel und Haider in Anwesenheit des Bundespräsidenten die „Demokratie-Erklärung“ unterschrieben,[95] die auszugsweise folgendermaßen lautete:[96]

---

90 Frankfurter Rundschau vom 03.02.2000, S. 8.

91 Regierungskonferenz und Grundrechtscharta der EU ohne Österreich?, Die Presse vom 03.02.2000.

92 Deutschland will die blau-schwarzen Minister ignorieren, Die Presse vom 03.02.2000; Kinkel: „Österreich darf nicht zum Outcast werden“, Kurier vom 03.02.2000, S. 5.

93 Luxemburgs Premier: „Reaktion ist überspitzt“, Die Presse vom 03.02.2000, S. 7.

94 ÖVP und FPÖ verfügen nämlich mit 103 von insgesamt 183 Mandaten im Nationalrat über die absolute Mehrheit. Theoretisch hätte Klestil sogar die regierungswillige ÖVP-FPÖ-Mehrheit zurückweisen können, da nach Art. 70 B-VG allein der Bundespräsident, ohne jegliche Beteiligung des Nationalrates, die Bundesregierung ernennt.

95 Kopeinig/Kotanko, Eine europäische Affäre, S. 24; Böhm/Lahodynsky, Der Österreich-Komplex, S. 46; Schneider, integration 2000, 126; Schüssel und Haider suchen den Weg zurück in die EU-Familie, Kurier vom 04.02.2000, S. 1 + 2.

96 zit. nach Frankfurter Allgemeine Zeitung vom 04.02.2000, S. 4; Die Presse vom 04.02.2000, S. 4; Neue Züricher Zeitung vom 05./06.02.2000, S. 4; s. auch den vollen Wortlaut im Anhang S. 374 ff.; den englischen Text enthalten zwei APA-Meldungen vom 03.02.2000 (APA377 5 AI 0677 II, APA380 5 AI 0567 II).

„Deklaration
‚Verantwortung für Österreich – Zukunft im Herzen Europas'

Die Bundesregierung bekräftigt ihre unerschütterliche Verbundenheit mit den geistigen und sittlichen Werten, die das gemeinsame Erbe der Völker Europas sind und der persönlichen Freiheit und Herrschaft des Rechts zugrunde liegen, auf denen jede wahre Demokratie beruht.
Die Bundesregierung tritt für Respekt, Toleranz und Verständnis für alle Menschen ein, ungeachtet ihrer Herkunft, Religion und Weltanschauung [...]
Die Bundesregierung arbeitet für ein Österreich, in dem Fremdenfeindlichkeit, Antisemitismus und Rassismus keinen Platz finden [...]
Die Bundesregierung bekennt sich zu den allen Mitgliedstaaten der EU gemeinsamen Prinzipien der pluralistischen Demokratie und der Rechtsstaatlichkeit, wie sie auch in der österreichischen Verfassung verankert sind und die Voraussetzung für die Mitgliedschaft im Europarat bilden. Die in Österreich verfassungsmäßig garantierten, in der EMRK niedergelegten Rechte und Freiheiten sind klarer Ausdruck dieses Bekenntnisses [...]
Die Bundesregierung ist den allen Mitgliedstaaten der EU gemeinsamen Grundsätzen der Freiheit, der Demokratie, der Achtung der Menschenrechte und Grundfreiheiten verpflichtet, wie sie in Artikel 6 des Vertrages über die Europäische Union festgeschrieben sind. In der Vertiefung der Integration und der Erweiterung der Union liegt auch Österreichs Zukunft [...]
Der Europäischen Union als Wertegemeinschaft entspricht auch ein bestimmtes Konzept der künftigen Entwicklung der europäischen Integration. Dazu gehören insbesondere die Arbeiten an der Charta der politischen und sozialen Grundrechte. Österreich unterstützt die weiteren Arbeiten zur Bekämpfung jeglicher Form von Diskriminierung im Sinne von Artikel 13 des EU-Vertrages [...]
Österreich stellt sich seiner Verantwortung aus der verhängnisvollen Geschichte des 20. Jahrhunderts und den ungeheuerlichen Verbrechen des nationalsozialistischen Regimes [...]
Das Vorhaben der Europäischen Union eines breiten, demokratischen und wohlhabenden Europas, zu dem sich die Bundesregierung vorbehaltlos bekennt, ist die beste Garantie gegen eine Wiederkehr dieses dunkelsten Kapitels der österreichischen Geschichte [...]“

Auf die Nachricht von der bevorstehenden Vereidigung erklärte das Büro des portugiesischen Ministerpräsidenten:[97]

„The Portuguese Government deeply regrets that FPÖ has been included in the newly formed Austrian Cabinet. As a consequence, Portugal will henceforth enforce the three decisions made by the 14 Member States of the EU, announced on 31 January. The Portuguese Presidency will do its best, within its competence, to uphold the values and principles of humanism and democratic tolerance underlying the European project. FPÖ and its leaders have repeatedly questioned said values and principles."

97 Busse, Österreich contra Europäische Union, S. 13; EU-Sanktionen sind ab heute in Kraft, Kurier vom 04.02.2000, S. 6.

Israel verhängte ein Einreiseverbot gegen Haider.[98] Ebenfalls am 3. Februar 2000 verabschiedete auch das Europäische Parlament mit 406 gegen 53 Stimmen bei 60 Enthaltungen folgende „Entschließung zu dem Ergebnis der Parlamentswahlen in Österreich und dem Vorschlag zur Bildung einer Koalitionsregierung zwischen der Österreichischen Volkspartei (ÖVP) und der Freiheitlichen Partei Österreichs (FPÖ)“:[99]

„*Das Europäische Parlament,*

- unter Hinweis auf Artikel 6 des Vertrages über die Europäische Union, wonach die Grundsätze der Freiheit, der Demokratie und der Achtung der Menschenrechte die Grundlage für ein modernes, demokratisches, offenes und tolerantes Europa bilden,
- unter Hinweis auf Artikel 7 des Vertrages über die Europäische Union, wonach bestimmte Rechte eines Mitgliedstaats der Union im Falle einer schwerwiegenden und anhaltenden Verletzung von in Artikel 6 genannten Grundsätzen ausgesetzt werden können,
- unter Hinweis auf die in der Europäischen Konvention zum Schutz der Menschenrechte anerkannten Grundsätze,
- unter Hinweis auf das Ergebnis der Parlamentswahlen in Österreich vom 3. Oktober 1999 und den Vorschlag vom 1. Februar 2000, eine Koalitionsregeierung zwischen ÖVP und FPÖ zu bilden,
- unter Hinweis auf die Erklärung des portugiesischen Ratsvorsitzes vom 31. Januar 2000 im Namen von 14 Staats- und Regierungschefs,
- unter Hinweis auf die Erklärung der Kommission vom 1. Februar 2000,

A. unter Hinweis auf die Ziele von Frieden und Versöhnung, die in der Zeit nach dem Zweiten Weltkrieg die Herausbildung und die Verwirklichung des politischen Projektes der Europäischen Union bestimmt haben,

B. in der Erwägung der in den Schlußfolgerungen des Europäischen Rates von Kopenhagen vom Juni 1993 festgelegten sehr strengen Bedingungen für Beitrittsstaaten, wonach diese Staaten politische Kriterien erfüllen müssen, die die Existenz stabiler Institutionen betreffen, die Demokratie, Rechtsstaatlichkeit, Menschenrechte sowie Achtung und Schutz von Minderheiten gewährleisten,

C. in der Erwägung, daß die Europäische Union von Beitrittsstaaten keine Vorgaben verlangen kann, die gegenüber Mitgliedstaaten nicht ebenso nachdrücklich Anwendung finden,

D. unter Einforderung der Förderung und des Schutzes europäischer demokratischer Werte seitens der Europäischen Union und ihrer Institutionen und in Anerkennung der Integrität der demokratischen Rechte und verfassungsmäßigen Vorrechte des österreichischen Volkes und Staates,

1. verurteilt alle beleidigenden, ausländerfeindlichen und rassistischen Aussagen, die der Vorsitzende der Freiheitlichen Partei Österreichs, Jörg Haider, über viele Jahre hinweg gemacht;

---

98 EU-Sanktionen sind ab heute in Kraft, Kurier vom 04.02.2000, S. 6.

99 B5-0101, 0102, 0103, 0106 und 0107/2000, PE 284.656, S. 58; s. auch ABl. 2000 Nr. C 309, S. 87 f. sowie EuGRZ 2000, 192.

2. vertritt die Auffassung, daß die Aufnahme der FPÖ in eine Koalitionsregierung die extreme Rechte in Europa legitimiert;
3. ist der Ansicht, daß derartige Überzeugungen auf die Entwicklung der politischen Beziehungen zwischen Österreich und der Europäischen Union keinen Einfluß nehmen dürfen, und erinnert insbesondere Herrn Schüssel als Vorsitzenden der ÖVP an seine tiefgreifende politische Verantwortung zu gewährleisten, daß jede Regierung unter seinem Vorsitz Geist und Buchstaben der grundlegenden Prinzipien des Vertrages respektieren muß;
4. begrüßt die frühzeitige politische Absicht der Erklärung des portugiesischen Ratsvorsitzes, insoweit als diese das gemeinsame Bestreben der Mitgliedstaaten bekräftigt, gemeinsame europäische Werte als Akt gestiegener notwendiger Wachsamkeit zu schützen;
5. vertraut auf die breite Mehrheit der österreichischen Bevölkerung, die nicht für die FPÖ gestimmt hat, und fordert den Rat und die Kommission auf, Aktivitäten in Österreich zur Abwehr rassistischer, ausländerfeindlicher und einwanderungsfeindlicher Ansichten ihre volle Unterstützung zu gewähren;
6. begrüßt die frühzeitige politische Absicht der Erklärung der Kommission, insoweit als diese das gemeinsame Bestreben der Mitgliedstaaten bekräftigt, gemeinsame europäische Werte als Akt gestiegener notwendiger Wachsamkeit zu schützen;
7. fordert Kommission und Rat auf, gemeinsam mit dem Parlament Entwicklungen insbesondere betreffend Rassismus und Ausländerfeindlichkeit in Österreich und ganz Europa zu überwachen;
8. fordert den Rat und die Kommission auf, im Falle einer schwerwiegenden und anhaltenden Verletzung von in Artikel 6 Absatz 1 des Vertrages über die Europäische Union genannten Grundsätzen durch welchen Mitgliedstaat auch immer darauf vorbereitet zu sein, Maßnahmen nach Artikel 7 des Vertrages zu ergreifen und nach Zustimmung des Europäischen Parlaments die sich aus der Anwendung des Vertrags ergebenden Rechte diese Mitgliedstaates auszusetzen;
9. beauftragt seine Präsidentin, diese Entschließung dem Präsidenten und der Regierung Österreichs sowie dem Rat und der Kommission zu übermitteln."

D. Angelobung der ÖVP-FPÖ-Koalitionsregierung und Inkrafttreten der Maßnahmen der 14 EU-Mitgliedstaaten

„Mit versteinerter Miene" nahm Bundespräsident Klestil am 4. Februar 2000, 124 Tage nach der Nationalratswahl, die Angelobung der ÖVP-FPÖ Koalitionsregierung – gegen seinen Willen – vor. Die Zeremonie wurde von Protestkundgebungen tausender Demonstranten auf dem Wiener Ballhausplatz begleitet, weshalb die neue Regierung die Präsidentschaftskanzlei in der Hofburg nur durch einen unterirdischen Gang betreten konnte.[100]

100 Kopeinig/Kotanko, Eine europäische Affäre, S. 24 f.; Böhm/Lahodynsky, Der Österreich-Komplex, S. 47 f.; Piringer, FPÖ-Entwicklung, S. 451.

Noch am selben Tag wurden die bislang lediglich angedrohten Maßnahmen von allen 14 EU-Mitgliedstaaten in Kraft gesetzt.[101] Portugals Premier Guterres sprach von „Strafmaßnahmen", offiziell hieß es: Die „bilateralen politischen Kontakte" werden „mit sofortiger Wirkung" eingefroren.[102] Die Maßnahmen sollten „diese Regierung auf das Schnellste zerschlagen", formulierte der belgische Außenminister Michel.[103] Jacques Chirac erklärte derweil, die Sanktionen würden aufrechterhalten, „solange eine extremistische, fremdenfeindliche Partei in der Regierung ist"[104] und warnte, dass nötigenfalls auch noch weitergehende Maßnahmen beschlossen werden könnten.[105] Entsprechend war aus Berlin von dem Staatssekretär im Auswärtigen Amt Wolfgang Ischinger zu hören, ein Einreiseverbot für Haider in ganz Europa sowie der Abzug von Botschaftern der EU-Mitgliedstaaten „trägt die Verabredung, die die portugiesische Präsidentschaft zum Wochenbeginn verkündet hat, nicht mit. Nur ist es so: [...] Jede Verabredung dieser Art kann natürlich revidiert, ergänzt, erweitert, verschärft – aber auch in die andere Richtung verändert werden. Das bleibt abzuwarten, und ich gehe davon aus, dass die EU-Partner die Gespräche darüber in den kommenden Tagen und Wochen intensiv führen werden".[106] Gleichzeitig verließ Israels Botschafter Nathan Meron tatsächlich die österreichische Hauptstadt[107], während sich auch die Regierungen der USA, Norwegens und wenig später jene Kanadas, Costa Ricas und Argentiniens dem Boykott anschlossen.[108]

Dagegen verlautbarte ein Sprecher der dänischen Regierung, mit der „Demokratie-Erklärung" habe der Druck aus Brüssel bereits sein Ziel erreicht.[109] Kritisch äußerte sich auch der Vizepräsident des Europäischen Parlaments Friedrich, gleichzeitig stellvertretender CSU-Vorsitzender, der die Maßnahmen gegen Österreich als „durch die Verträge nicht gedeckt und daher rechtswidrig"

---

101 Kopeinig/Kotanko, Eine europäische Affäre, S. 92 f.; Böhm/Lahodynsky, Der Österreich-Komplex, S. 48; Berlin: Einreiseverbot für Haider in ganz Europa ist denkbar, Kurier vom 05.02.2000, S. 5.

102 Kopeinig/Kotanko, Eine europäische Affäre, S. 92 f.

103 Kopeinig/Kotanko, Eine europäische Affäre, S. 25.

104 ebenda.

105 Paris will den Druck auf Österreich weiter verstärken, Staatspräsident Chirac droht mit weiteren Sanktionen, Die Presse vom 05.02.2000, S. 9.

106 http://www.auswaertiges-amt.de/www/de/infoservice/presse/index_html?bereich_id=4&type_id=0&archiv_id=12&detail=1; vgl. auch Schneider, integration 2000, 122; Berlin: Einreiseverbot für Haider in ganz Europa ist denkbar, Kurier vom 05.02.2000, S. 5.

107 Kopeinig/Kotanko, Eine europäische Affäre, S. 25; Böhm/Lahodynsky, Der Österreich-Komplex, S. 48; Berlin: Einreiseverbot für Haider in ganz Europa ist denkbar, Kurier vom 05.02.2000, S. 5.

108 Salzburger Nachrichten vom 10.02.2000, S. 9.

109 Berlin: Einreiseverbot für Haider in ganz Europa denkbar, Kurier vom 05.02.2000, S. 5.

klassifizierte.[110] Anderer Ansicht schien der Generalsekretär des Rates und Hohe Vertreter für die Gemeinsame Außen- und Sicherheitspolitik Javier Solana zu sein, der tags darauf sagte, der „Rat" habe sehr rasch und im Rahmen seiner Befugnisse reagiert.[111]

Am 6. Februar 2000 meinte Jörg Haider in einer Talk-Show des Berliner Senders „n-tv": „Wenn 14 Staaten sagen, mit dem Fünfzehnten reden wir nicht, dann blockiert sich das System [der EU] selbst."[112] In einem Telefonat mit Bundespräsident Klestil hatte EU-Kommissionspräsident Prodi allerdings zuvor bekräftigt, dass die Maßnahmen der 14 EU-Staaten gegenüber Wien die Arbeit der Brüsseler Institutionen nicht beeinträchtigen.[113] Am 7. Februar richtete er ein Glückwunschschreiben folgenden Wortlauts an den neuen Bundeskanzler Schüssel:[114]

> „I would like to congratulate you on your appointment as Chancellor of Austria, and I wish you every success in your new position. I am sure that, as set out in your declaration 'Responsibility for Austria – A Future in the Heart of Europe', you will demonstrate the same commitment as shown by your predecessors to the construction of Europe and the defence of the common European values of liberty, democracy, respect for human rights and fundamental freedoms and the rule of law. I look forward to a fruitful and constructive working relationship."

Schüssel gab indes zu, ihn hätte der Inhalt der Erklärung der „Vierzehn" überrascht. Zwar seien ihm Warnungen und Mahnungen allgemeiner Art zugegangen, mit einer unfreiwilligen Aufnahme der neuen Regierung habe er gerechnet, nicht aber mit so weitreichenden Maßnahmen.[115] Seine neue Außenministerin Benita Ferrero-Waldner (ÖVP) stellte aber gegenüber einem französischen Radiosender klar, Österreich wolle keine Entscheidungen in der EU mit seinem Veto blockieren.[116]

Als „diplomatischen Amoklauf" kritisierte der bayerische Ministerpräsident Edmund Stoiber die Sanktionen und kündigte Widerstand „im Kreis der Ministerpräsidenten" an.[117] Der deutsche Außenminister Joschka Fischer verteidigte

110 Busse, Österreich contra Europäische Union, S. 15.
111 Bulletin Quotidien Europe Nr. 7649 vom 05.02.2000, S. 5.
112 Die Isolation beginnt am Opernball, Kurier vom 08.02.2000, S. 4.
113 Klestil weist Vorwürfe der Intervention zurück, Kurier vom 07.02.2000, S. 4.
114 Busse, Österreich contra Europäische Union, S. 16; Die Isolation wird spürbar, Salzburger Nachrichten vom 08.02.2000; Erste Zeichen der Entspannung zwischen EU und Österreich, Die Presse vom 09.02.2000; Imagepflege per Zeitungsinserat, Kurier vom 09.02.2000, S. 4.
115 Schneider, integration 2000, 128.
116 Die Isolation beginnt am Opernball, Kurier vom 08.02.2000, S. 4.
117 SPD rechtfertigt Sanktionen der EU gegen Österreich, Die Welt vom 08.02.2000; Klestil weist Vorwürfe der Intervention zurück, Kurier vom 06.02.2000, S. 4.

hingegen die Vorgangsweise gegenüber Österreich: „Es geht um die Zukunft Europas, seine Erweiterung. Da dürfen wir nicht zusehen, wie eine fremdenfeindliche Partei mitregiert, eine antieuropäische Partei, die die nationalsozialistische Vergangenheit relativiert, und die dabei ist, ihren Einfluss zu einer Mehrheitsposition auszubauen."[118]

E. „Sanktionen" gegen Österreich

Mit der Absage des für Anfang März geplanten Staatsbesuchs von Portugals Staatspräsident Jorge Sampaio als Ehrengast des Wiener Opernballs wurde ebenfalls noch am 7. Februar 2000 die erste konkrete Maßnahme gegen Österreich verwirklicht.[119] Am 8. Februar beriefen die USA ihre Botschafterin in Wien, Kathryn Walt-Hall, zu Konsultationen nach Washington.[120] Es wurde berichtet, dass die Behörden des französischsprachigen Teils Belgiens, der Wallonie, die Schulen angewiesen haben, Skiurlaube nicht mehr in Österreich zu verbringen und dass ein österreichischer Tourismusverband von der Teilnahme an der Ferienmesse in Charleroi kurzfristig ausgeschlossen wurde.[121] Bereits zuvor hatte es erste Reisestornierungen gegeben und das Verteidigungsministerium in Brüssel hatte die Bestellung von gepanzerten Rettungswagen bei Steyr-Daimler-Puch gekündigt.[122]

Portugals Premier Guterres erklärte, Österreichs Partner müssten sehr wachsam bleiben, solange in Wien eine Regierung amtiere, der eine Partei angehöre, deren Positionen „gegen Prinzipien und Werte unserer Zivilisation verstoßen". Die bisherigen Erklärungen der Regierung würden dafür sprechen, dass Österreich sich konstruktiv verhalten werde. „Die Sanktionen, die wir verhängt haben, sind politischer und nicht juristischer Natur." Sie dürfen das Funktionieren der EU nicht beeinträchtigen. Entsprechend werde die portugiesische Ratspräsidentschaft alle österreichischen Regierungsmitglieder auch zu informellen Treffen einladen.[123]

---

118 Kopeinig/Kotanko, Eine europäische Affäre, S. 93.

119 Erster Staatsbesuch in Wien abgesagt und Die Isolation beginnt am Opernball, Kurier vom 08.02.2000, S. 1 + 4.

120 Imagepflege per Zeitungsinserat, Kurier vom 09.02.2000, S. 4; „Haiders Verhalten ist inakzeptabel", Die Presse vom 09.02.2000.

121 Belgien fordert Schulen zum Boykott auf, Kurier vom 08.02.2000, S. 15.

122 Berlin: Einreiseverbot für Haider in ganz Europa ist denkbar, Kurier vom 05.02.2000, S. 5.

123 Erste Zeichen der Entspannung zwischen EU und Österreich, Die Presse vom 09.02.2000; Imagepflege per Zeitungsinserat, Kurier vom 09.02.2000, S. 4.

Tags darauf warf Jacques Chirac Österreich „Vertragsbruch“ vor, da es einen wichtigen Verstoß gegen die Grundwerte der Europäischen Union verübt habe. „Unsere Verurteilung ist keine Einmischung. Wir erinnern Österreich an den Beitrittsvertrag, der die Entwicklung einer Ideologie, wie sie die FPÖ verbreitet, ausschließt.“[124] Die Delegationen Frankreichs, Belgiens und Andorras blieben am 10. Februar 2000 der Antrittsrede von Österreichs neuer Außenministerin Ferrero-Waldner als amtierende OSZE-Vorsitzende vor dem Ständigen Rat der OSZE in der Wiener Hofburg demonstrativ fern.[125]

Am 11. Februar 2000 fand in Lissabon das informelle Treffen des Sozialministerrates unter Beteiligung der neuen österreichischen Sozialministerin Elisabeth Sickl (FPÖ) statt. Dabei verzichtete die portugiesische Ratspräsidentschaft auf das traditionelle Begrüßungsritual vor dem Gebäude, auch das gesellschaftliche Rahmenprogramm, ein Stadtspaziergang durch Lissabon, und das „Familienphoto“ waren schon im Vorfeld abgesagt worden. Während der Rede Sickls verließen Frankreichs Ministerin Martine Aubry und ihre belgische Amtskollegin Laurette Onkelinx den Sitzungssaal. Der Aufforderung, es ihnen gleich zu tun, kamen die anderen EU-Minister aber nicht nach. Dennoch war keiner der Amtskollegen zu einem Gespräch mit Sickl bereit. Allein der portugiesische Arbeitsminister Eduardo Ferres Rodrigues als Gastgeber gab ihr die Hand und sprach mit der Österreicherin.[126]

Zu Beginn des formellen Rates der EU-Außenminister am 14. Februar 2000 in Brüssel zeigte sich so gut wie kein Minister in dem Sitzungssaal, um Österreichs Außenministerin Ferrero-Waldner nicht vor den Kameras die Hand schütteln zu müssen. Diese betonte während des Treffens, die Sanktionen der 14 seien nicht im Vertrag vorgesehen sowie „unfair und ungerecht gegenüber der österreichischen Bevölkerung“. Auch habe die neue Wiener Regierung keine Vertragsverletzung begangen. „Österreich muss an den normalen EU-Geschäften voll beteiligt werden“, was die Teilnahme an formellen wie informellen Ministerräten, Briefings in den Hauptstädten der EU-Partner und keine Diskriminierung österreichischer EU-Beamter bedeute.[127] Großbritanniens Außenminister Robin Cook erklärte, „es geht nicht nur um Österreich“. Die Maßnah-

124 Kopeinig/Kotanko, Eine europäische Affäre, S. 94.

125 OSZE: Belgien, Frankreich (und Andorra) zeigten Ferrero-Waldner die kalte Schulter, Die Presse vom 11.02.2000.

126 Kopeinig/Kotanko, Eine europäische Affäre, S. 26 + 94; Erster FP-Regierungsauftritt in der EU – Eiskalte Ächtung von Ministerin Sickl, Die Presse vom 12.02.2000; Erste Zeichen der Entspannung zwischen EU und Österreich, Die Presse vom 09.02.2000.

127 Wien kämpft gegen Ausgrenzung, Die Welt vom 15.02.2000; Ferrero-Waldner: „Lassen Sie Herrn Haider, wo er ist“, Die Presse vom 15.02.2000; Brüsseler Bewährungsprobe, Kurier vom 15.02.2000, S. 3.

men seien auch im Hinblick auf manchen osteuropäischen Beitrittsbewerber zu verstehen.[128]

Ebenfalls am 14. Februar 2000 sagte Jörg Haider seine geplante Teilnahme als Kärntner Landeshauptmann an einer Sitzung des Ausschusses der Regionen in Brüssel am 16. Februar 2000 ab.[129] Auf dieser Sitzung nahm der Ausschuss der Regionen mit 201 gegen acht Stimmen bei 13 Enthaltungen im Dringlichkeitswege die folgende „Entschließung zur Regierungskoalition in Österreich"[130] an:[131]

> „*Der Ausschuß der Regionen*
> GESTÜTZT auf die Ergebnisse der Parlamentswahl in Österreich vom 3. Oktober 1999 und der Bildung einer Koalitionsregierung zwischen ÖVP und FPÖ am 4. Februar 2000,
> GESTÜTZT auf die Erklärung des portugiesischen Ratsvorsitzes vom 31. Januar 2000,
> GESTÜTZT auf die Erklärung der Kommission vom 1. Februar 2000,
> GESTÜTZT auf die Entschließung des Europäischen Parlaments vom 3. Februar 2000,
> GESTÜTZT auf die Erklärung ‚Verantwortung für Österreich – die Zukunft im Herzen Europas', die am 3. Februar 2000 von den Vorsitzenden der beiden Koalitionsparteien unterschrieben wurde,
> GESTÜTZT auf das Schreiben von Kommissionspräsident Romano Prodi an den österreichischen Bundeskanzler vom 7. Februar 2000,
> UNTER HINWEIS, daß der Präsident der FPÖ, als Landeshauptmann von Kärnten, seit Mai 1999 Mitglied des Ausschusses der Regionen ist,
> A. in der Erwägung, daß die Gründung der Europäischen Union auf dem Streben nach Frieden, politischer Stabilität und Solidarität zwischen den Völkern nach dem Zweiten Weltkrieg beruht,
> B. in der Erwägung, daß die Europäische Union nach den Verträgen die Grundrechte, wie sie durch die Europäische Konvention der Menschenrechte und durch die gemeinsamen verfassungsrechtlichen Traditionen der Mitgliedstaaten gewährleistet sind, achtet,
> C. in der Erwägung, daß der Ausschuß der Regionen am 13. Juni 1996 eine Stellungnahme (CdR 156/96) zum ‚*Vorschlag für einen Beschluß des Rates, 1997 zum Europäischen Jahr gegen den Rassismus zu erklären*' und am 12. Juni 1997 eine Initiativstellungnahme (CdR 80/97) zum Thema ‚*Rassismus, Fremdenfeindlichkeit und Antisemitismus*' angenommen hat,
> D. in der Erwägung, daß der Ausschuß der Regionen am 9. November 1998 in Graz (Österreich) eine Erklärung abgegeben hat (CdR 427/98),

---

128 Brüsseler Bewährungsprobe, Kurier vom 15.02.2000, S. 3.

129 Haider sagt Besuch in Brüssel ab, Die Presse vom 15.02.2000.

130 CdR 59/2000; veröffentlicht auf der homepage des Ausschusses der Regionen unter http://coropinions.cor.eu.int/CORopinionDocument.aspx?identifier=cdr\resolution\2000\cdr59-2000_fin_res.doc&language=DE.

131 Resolution gegen Haider, Die Presse vom 18.02.2000, S. 10.

E. in der Erwägung, daß dem Ausschuß der Regionen als einem Organ der Europäischen Union, das die lokalen und regionalen Gebietskörperschaften repräsentiert, eine entscheidende Rolle bei der Förderung der Unionsbürgerschaft zukommt, und er sich daher bei der Bekämpfung von Rassismus und Fremdenfeindlichkeit besonders engagieren muß,
F. in der Erwägung, daß die lokalen und regionalen Gebietskörperschaften als die Regierungsebene mit der größten Bürgernähe eine konkrete und einzigartige Rolle in diesem Kampf übernehmen können, insbesondere bei der Sicherung gleichen Zugangs zu den öffentlichen Diensten,
G. in der Erwägung, daß eine Charta der politischen Parteien Europas für eine rassismusfreie Gesellschaft am 28. Februar 1998 in Utrecht angenommen wurde,

1. verurteilt nachdrücklich jede Form von Extremismus,
2. bedauert, daß an der österreichischen Regierung eine Partei beteiligt ist, die sich für Intoleranz, Fremdenfeindlichkeit, Nationalismus und Ungleichheit ausspricht,
3. verurteilt alle beleidigenden und anti-europäischen Äußerungen, die die Mitglieder der FPÖ und ihr Vorsitzender gemacht haben,
4. befürchtet, daß solche Ideen in der Zukunft verharmlost werden,
5. wird der Beachtung der Prinzipien, die in der Erklärung ,Verantwortung für Österreich – die Zukunft im Herzen Europas' festgehalten sind, große Aufmerksamkeit schenken,
6. fordert alle demokratischen Kräfte in Österreich und anderswo, vor allem die im Ausschuß der Regionen vertretenen oder nicht vertretenen lokalen und regionalen Gebietskörperschaften auf, geschlossen die Ideen, die gegen die Grundprinzipien der Europäischen Union verstoßen, zu bekämpfen, und begrüßt das Bekenntnis zu den gemeinsamen europäischen Werten in allen Mitgliedstaaten der EU,
7. fordert alle politischen Parteien auf, mehr Mut im Kampf für eine offenere, transparentere und ehrlichere politische Kultur auf allen Ebenen in Europa zu zeigen,
8. wird mit höchster Aufmerksamkeit darüber wachen, daß in seiner Institution weder durch Worte noch durch Taten gegen die grundlegenden Werte der Europäischen Union verstoßen wird,
9. unterstreicht, daß eine gute und vertrauensvolle Zusammenarbeit auf der Grundlage der europäischen und demokratischen Werte zwischen Österreich und der EU im Interesse Europas und seiner fortschreitenden Integration ist und daß die künftigen Reformen und Herausforderungen nur gemeinsam erfolgreich gemeistert werden können,
10. unterstreicht die Notwendigkeit, auf lokaler, regionaler und nationaler Ebene die Bürger besser zu informieren und den europäischen Gedanken noch stärker im Alltag der Menschen zu verankern,
11. unterstreicht die besondere Rolle der Mitglieder des Ausschusses der Regionen als Vermittler zwischen der europäischen Ebene und der Politik vor Ort und ist bereit, seiner Verantwortung für den weiteren europäischen Integrationsprozeß in den Regionen, Städten und Gemeinden gerecht zu werden und dadurch einen wesentlichen Beitrag zur Demokratisierung der Union zu leisten,
12. fordert seinen Präsidenten auf, diese Entschließung an den Präsidenten und an die Regierung Österreichs, an die österreichischen regionalen und lokalen Gebietskörperschaften, an den Rat, die Kommission und das Europäische Parlament zu übermitteln.“

In einer Debatte der italienischen Abgeordnetenkammer kritisierten Parteien wie Alleanza Nationale, Forza Italia und Lega Nord die Sanktionen der 14 EU-Staaten als ungebührliche Einmischung in die inneren Angelegenheiten eines Partnerstaates. Der deutsche Bundeskanzler Schröder drohte via "Corriere della Sera", Italien würde dasselbe Schicksal ereilen wie Österreich, sollten die Neofaschisten an der Regierung beteiligt werden.[132]

Zur gleichen Zeit bestätigte die Leiterin der integrationspolitischen Sektion im österreichischen Bundesministerium für auswärtige Angelegenheiten, Eva Nowotny, dass die Sanktionen mittlerweile auch auf technischer Ebene vollzogen werden, nachdem die Ratspräsidentschaft die Beamtin von Vorbereitungsgesprächen für den Lissabonner Sondergipfel als „zu hochrangige" Vertreterin wieder ausgeladen hatte. In diesem Zusammenhang erklärte sie, dass „es unter den 14 einen Gesprächsprozess gibt, in den wir nicht eingebunden sind. Es beginnt sich bereits der Begriff der ‚14' durchzusetzen, also 14 plus eins. Das halte ich für eine sehr gefährliche Entwicklung."[133]

Am 19. Februar 2000 mobilisierten SPÖ, Gewerkschaften, Grüne, Kommunisten und linke Splittergruppen zu einer Großdemonstration in Wien mit mehr als 200.000 Teilnehmern unter dem Motto „Widerstand gegen Schwarz-blau". Auch in Paris und anderen französischen Städten, in Brüssel und Prag wurden Demonstrationen gegen die neue österreichische Regierung durchgeführt.[134] In diesem Umfeld appellierte Belgiens Außenminister Michel erneut an seine Landsleute, keinen Skiurlaub in Österreich mehr zu verbringen, worauf unter anderem Kommissionspräsident Prodi warnte, dass man zwar auf Phänomene wie Haider nachhaltig reagieren müsse, ein Boykott gegen Österreich aber nicht die richtige Methode sei.[135] Trotzdem rief auch der italienische Parlamentsabgeordnete Paolo Cento von den mitregierenden Grünen in einer Parlamentsdebatte zum Boykott österreichischer Produkte und österreichischen Tourismus auf. Die Fraktionschefs der italienischen Regierungskoalition forderten die EU gar zur Suspendierung der Mitgliedschaft Österreichs auf, sollten die Prinzipien des Gründungsvertrages der Union auf „gravierende und kontinuierliche Weise" verletzt werden.[136]

---

132 Rom verteidigt EU-Maßnahmen, Parlament aber differenzierter, Die Presse vom 18.02.2000.

133 EU-Sanktionen gehen bereits tiefer als im Beschluß der 14, Die Presse vom 18.02.2000, S. 10.

134 Piringer, FPÖ-Entwicklung, S. 453; Kopeinig/Kotanko, Eine europäische Affäre, S. 94 f.; Belgische Härte aus Angst vor eigenen Rechtsparteien, Die Presse vom 25.02.2000, S. 11.

135 Prodi: „Boykott gegen Österreich ist nicht die richtige Methode", Die Presse vom 23.02.2000; Belgische Härte aus Angst vor eigenen Rechtsparteien, Die Presse vom 25.02.2000, S. 11.

136 Rom verteufelt Haider, aber verteidigt Fini, Die Presse vom 25.02.2000, S. 11.

Als zahlreiche belgische Schulklassen ihre Skikurse in Österreich storniert hatten, intervenierte die Europäische Kommission gegen den Erlass der wallonischen Regionalregierung, welcher Schulveranstaltungen in Österreich verbot, und verhinderte darüber hinaus die ebenfalls von der Region Wallonie beabsichtigte Kündigung von EG-Bildungsprogrammen.[137] Von mehreren französischen Schulen wurden Schüleraustauschprogramme mit österreichischen Partnerschulen gestoppt[138], während Wiener Schüler, die an einem Jugendparlament in Straßburg teilgenommen hatten, später im ORF berichteten: „Wir wurden als Rassisten und Nationalsozialisten beschimpft."[139] Am 22. Februar 2000 wurde Österreichs EU-Botschafter Gregor Woschnagg schließlich in einem offiziellen Schreiben mitgeteilt, bei der Eröffnungsfeier „Brüssel, Kulturstadt Europas 2000" seien Vertreter Österreichs „nicht erwünscht".[140]

In einer Sitzung der FPÖ-Bundesparteileitung am 28. Februar 2000 gab Jörg Haider seinen Rücktritt als Bundesparteiobmann der FPÖ bekannt, da er nicht als „Schattenkanzler" der FPÖ-ÖVP-Koalition gelten wolle. Nachfolgerin wurde seine loyale Stellvertreterin und neue Vize-Kanzlerin Dr. Susanne Riess-Passer.[141] Die portugiesische Ratspräsidentschaft erklärte umgehend, die Position der „Vierzehn" bleibe unverändert.[142]

Beim informellen Treffen der Innen- und Justizminister der EU am 3. März 2000 in Lissabon verließen die Delegationen Belgiens, Deutschlands, Frankreichs und Italiens vor der Rede des neuen österreichischen Justizministers Dieter Böhmdorfer (FPÖ) den Tagungsraum; Innenminister Ernst Strasser von der ÖVP wurde hingegen nicht „unfreundlich behandelt".[143]

---

137 Kopeinig/Kotanko, Eine europäische Affäre, S. 27; Skikurs-Stornos: Hotline und „furchtbare Optik", Kurier vom 27.02.2000, S. 9; APA-Meldung vom 28.02.2000 (APA379 5 WI 0423 CI/II); Fischlers Gratwanderung, Die Presse vom 03.03.2000, S. 2.

138 Kopeinig/Kotanko, Eine europäische Affäre, S. 27; Frankreich lädt Wiener Schüler wieder aus, Kurier vom 17.02.2000, S. 7; Schulaustausch-Boykott als „bewußte Schocktherapie", Die Presse vom 25.02.2000, S. 13.

139 Böhm/Lahodynsky, Der Österreich-Komplex, S. 62; Kopeinig/Kotanko, Eine europäische Affäre, S. 27; Österreich und die EU, Nachlese (Das Magazin des ORF) Spezial: Das große Österreichgespräch, März 2000, S. 5-8.

140 Brüssel lädt österreichischen EU-Botschafter von Feier aus, Kurier vom 24.02.2000, S. 4; Auslandsreaktionen, Kurier vom 25.02.2000, S. 4; Die nächste Demütigung, Die Presse vom 25.02.2000.

141 Piringer, FPÖ-Entwicklung, S. 453 f.; Kopeinig/Kotanko, Eine europäische Affäre, S. 95. Die Amtsübergabe wurde auf dem 25. ordentlichen Bundesparteitag am 01.05.2000 in Klagenfurt vollzogen; vgl. Piringer, FPÖ-Entwicklung, S. 454; Haider schickt seine Königs-Kobra vor, Frankfurter Neue Presse vom 02.05.2000, S. 5.

142 Kopeinig/Kotanko, Eine europäische Affäre, S. 95.

143 Dolomiten vom 04./05.03.2000, S. 1; Korrekte Behandlung von Strasser, Wien sagt Kosovo-Verstärkung zu, Die Presse vom 04.03.2000.

Am 8. März 2000 wurde bekannt, dass die Rundreise des portugiesischen Ratsvorsitzes zur Vorbereitung der außerordentlichen Tagung des Europäischen Rates von Lissabon am 23. und 24. März 2000 nicht über Wien führen würde. Stattdessen lud Antonio Guterres Bundeskanzler Schüssel zu einer Zusammenkunft in Brüssel am 13. März ein.[144] Am selben Tag stellte ein Bericht des Europäischen Parlaments fest, dass die Situation der Menschenrechte in Österreich nahezu tadellos sei.[145] Während sich in Brüssel Bundespräsident Klestil mit Kommissionspräsident Prodi traf[146], schimpfte Haider in seiner traditionellen Aschermittwoch-Rede in Ried im Innkreis: Es gebe keine Besatzungsmächte mehr in Österreich. Chirac sei „kein Filialleiter in Österreich". „Dieses Österreich braucht keinen Westentaschen-Napoleon des 21. Jahrhunderts." Chiracs „ausgestreckter Zeigefinger" sei von der „moralischen Qualität Pinocchios".[147]

Anlässlich des Finanzministerrates am 13. März 2000 in Brüssel drohte Österreichs neuer Finanzminister Karl-Heinz Grasser (FPÖ) gegenüber seinem deutschen Amtskollegen Hans Eichel mit einem Veto bei der Nominierung des Deutschen Horst Köhler für den Direktorenposten des Internationalen Währungsfonds, weil Österreich in die Konsultationen zur Kandidatenfrage nicht einbezogen worden sei. Erst in einer internen Unterredung mit Kommissionspräsident Prodi, Eichel, Grasser und dem portugiesischen Finanzminister Joaquim Pinamoura lenkte Schüssel, der sich zuvor mit Ratspräsident Guterres getroffen hatte, ein und erinnerte in einer anschließenden Pressekonferenz daran, dass „die EU nur dann funktionieren kann, wenn alle Mitglieder in den Dialog eingebunden sind. Und das sind wir zur Zeit nicht."[148]

Ebenfalls am 13. März 2000 wurde in Dänemark der sozialdemokratische Premier Rasmussen vom außenpolitischen Ausschuss des Parlaments in Kopenhagen gerügt, da er ohne vorherige Unterrichtung des Parlaments eine dänische Teilnahme an den Maßnahmen gegen Österreich zugesichert hatte. Genauso mussten sich sein finnischer Amtskollege Lipponen sowie Schwedens Premier

---

144 Parallelaktion: Schüssel, Klestil und Gusenbauer sprechen in Brüssel vor, Die Presse vom 08.03.2000, S. 6; EU-Vorsitzender meidet Wien, er trifft Schüssel in Brüssel, Kurier vom 08.03.2000, S. 2.

145 Kopeinig/Kotanko, Eine europäische Affäre, S. 95.

146 Parallelaktion: Schüssel, Klestil und Gusenbauer sprechen in Brüssel vor, Die Presse vom 08.03.2000, S. 6.

147 Kopeinig/Kotanko, Eine europäische Affäre, S. 95.

148 Österreich zeigt guten Willen – und droht erstmals mit Blockade, Die Presse vom 14.03.2000; „Ich rede die Krise nicht weg", Kurier vom 14.03.2000, S. 3.

Persson später dafür verantworten, ohne die vorgesehenen Konsultationen mit der Volksvertretung bzw. dem Präsidenten gehandelt zu haben.[149]

Außerdem wandten sich die fünf größten Fraktionen im Europäischen Parlament in einer gemeinsamen Erklärung gegen eine Diskriminierung von Österreichern[150]. Bereits kurz zuvor hatte sich der belgische Außenminister Michel nach der Androhung rechtlicher Schritte für seinen Boykottaufruf entschuldigt: „Ich habe eine Ungeschicklichkeit, fast eine Geschmacklosigkeit begangen", die ihm nun „wirklich leid" tue.[151]

Am 20. März 2000 scheiterte der Versuch der österreichischen Regierungsparteien, in einem sog. "nationalen Schulterschluss" gemeinsam mit den beiden Oppositionsparteien eine Erklärung zu verabschieden, die die Sanktionen als "ungerechtfertigt, überzogen und dem EU-Vertrag widersprechend ablehnt".[152] Daraufhin wandte sich Bundespräsident Klestil mit einem Brief an Portugals Premier Guterres und forderte ein Aussetzen der Sanktionen: "Die Maßnahmen haben wiederholt gezeigt, dass eine Trennung der bilateralen Sanktionen und der Zusammenarbeit im Rahmen der EU in der Praxis nicht möglich ist." Daher müsse es auch im EU-Interesse sein, bald einen Mechanismus zu entwickeln, um einen Ausweg aus der gegenwärtigen Situation zu finden.[153]

F. Vom Europäischen Rat von Lissabon bis zum Aktionsplan der österreichischen Bundesregierung

Beim außerordentlichen Europäischen Rat von Lissabon am 23. und 24. März 2000 plädierte Bundeskanzler Schüssel für ein Ende der Sanktionen. Ratspräsident Guterres erwiderte, es gebe keinen Grund, von den Sanktionen abzuweichen, solange sich „das Wesen der FPÖ" nicht ändere; aber man werde alles tun, um die Auswirkungen der Maßnahmen auf die Zivilbevölkerung auszuschalten. Die Maßnahmen blieben in Kraft, solange eine rechtsextreme und fremdenfeindliche Partei in der Regierung sei, betonte Chirac erneut. Die finnische Präsidentin Tarja Halonen verlieh jedoch ihrer Hoffnung Ausdruck, dass

149 Böhm/Lahodynsky, Der Österreich-Komplex, S. 45; Auslandsreaktionen, Kurier vom 25.02.2000, S. 4; „Ich rede die Krise nicht weg", Kurier vom 14.03.2000, S. 3; vgl. auch Schneider, integration 2000, 127 + Fn. 35.

150 Böhm/Lahodynsky, Der Österreich-Komplex, S. 62 f..

151 Böhm/Lahodynsky, Der Österreich-Komplex, S. 63; Kopeinig/Kotanko, Eine europäische Affäre, S. 27; „Schüssel opfert die Ehre", profil 11/2000 vom 12.03.2000.

152 Kopeinig/Kotanko, Eine europäische Affäre, S. 96; Klestil fordert in einem Brief an EU Ende der Sanktionen, Kurier vom 22.03.2000, S. 2.

153 Klestil fordert in einem Brief an EU Ende der Sanktionen, Kurier vom 22.03.2000, S. 2; für den vollen Wortlaut s. im Anhang S. 377 f.

die Maßnahmen bis Ende Juni aufgehoben seien.[154] Das „Familienfoto" am ersten Tag des Gipfels, dem lediglich Belgiens Außenminister Michel fernblieb, wurde als „Gruppenfoto" mit dem mexikanischen Präsidenten Ernesto Zedillo deklariert, um jene Regierungschefs, die nicht mit einem Österreicher abgelichtet werden wollten, aus der Pflicht zu nehmen. Guterres wies darauf hin, dass es eben einen qualitativen Unterschied zwischen einer „offenen Gruppe" und einer „Familie" gebe. Nach dem Foto versuchte Außenministerin Ferrero-Waldner einige Worte mit ihrem deutschen Amtskollegen Fischer zu wechseln, der sie allerdings hartnäckig ignorierte.[155]

Zu Beginn des Rates der Verkehrsminister am 28. März 2000 in Brüssel erklärte der französische Verkehrsminister Jean-Claude Gayssot, dass er dem österreichischen Infrastrukturminister Michael Schmid (FPÖ) nicht zuhören werde und es für ihn „unerträglich" sei, mit Schmid an einem Tisch zu sitzen. Die belgische Verkehrsministerin Isabelle Durant schloss sich an; noch vor dem Mittagessen verließ Schmid Brüssel wieder.[156]

Am 4. April 2000 wurde von der „Presse" eine Liste des Wiener Bundeskanzleramtes mit dem Titel „Maßnahmen der 14 – Konkrete Auswirkungen" veröffentlicht.[157] Neben der Erklärung der „Union der Taxigewerkschaft Brüssel", keine Österreicher mehr zu transportieren, war dort für den kulturellen Bereich beispielsweise die Absage der Lesung eines österreichischen Schriftstellers durch die Universität Paris, der Verzicht auf österreichische Theaterwochen in Frankreich oder der Ausfall eines Robert-Stolz-Konzertes in Luxemburg genannt. Auf dem Gebiet der wissenschaftlichen Kooperation habe es Probleme bei der Durchführung von „Sokrates"-Projekten gegeben und eine Beteiligung des Österreichischen Archäologischen Instituts (ÖIA) am Pilotprojekt „Area II" (Archeology in European Archives) im Rahmen des EU-Programms Kultur 2000 sei von der Maison des Sciences de l'Homme in Paris ausgeschlossen worden. Aus der Wirtschaft wurden einzelne Fälle von Störungen in Geschäftsbeziehungen aufgezählt, wie etwa Auftragsstornierungen von Abnehmern österreichischen Weines aus Belgien, Israel, Kanada, Spanien und den USA, der

154 Österreich wird ignoriert, aber nicht mehr brüskiert, Die Presse vom 24.03.2000; Nette Belgier, ungewollte Photos und andere sehr leise Signale, Die Presse vom 25.03.2000; Pattstellung bei Sanktionen bleibt: Niemand wagt den ersten Schritt, Die Presse vom 25.03.2000.

155 Böhm/Lahodynsky, Der Österreich-Komplex, S. 61 f.; Österreich wird ignoriert, aber nicht mehr brüskiert, Die Presse vom 24.03.2000; Nette Belgier, ungewollte Photos und andere sehr leise Signale, Die Presse vom 25.03.2000.

156 Eklat um Schmid in Brüssel: „Unerträglich, an einem Tisch zu sitzen", Die Presse vom 29.03.2000.

157 Die schwarze Liste der Ungerechtigkeiten, Die Presse vom 04.04.2000; vgl. auch Böhm/Lahodynsky, Der Österreich-Komplex, S. 62; APA-Meldung vom 06.04.2000 (APA260 5AI 0387 AA/II). Die Liste ist im Anhang S. 378 f. abgedruckt.

Verlust eines französischen Kunden durch einen Wildgroßhändler oder eine italienische Supermarktkette, die kein österreichisches Bier mehr führt. Gesamtwirtschaftlich sei aber nichts zu spüren, kommentierte die „Presse" unter Hinweis auf eine starke Zunahme der Aufträge aus den EU-Mitgliedstaaten im März. Der – konjunkturbedingte – Zuwachs bewege sich in Dimensionen wie in anderen europäischen Ländern. Wirklich betroffen mit bisher 50.000 Stornierungen sei allerdings das Segment des Kongresstourismus.[158]

Nachdem die EVP am 10. Februar 2000 auf Betreiben der wallonischen Christdemokraten Belgiens, der italienischen Volkspartei PPI und der französischen Zentrumspartei UDF ein umstrittenes Ausschlussverfahren gegen die ÖVP eingeleitet hatte, stimmte die ÖVP am 5. April 2000 einer Beobachtung Österreichs durch eine Delegation der EVP zu und suspendierte bis zur Vorlage eines Berichts Ende Juni ihre Mitgliedschaftsrechte.[159]

Am 7. April 2000 wurde in Wien die Europäische Stelle zur Beobachtung von Rassismus und Fremdenfeindlichkeit (EUMC) eröffnet. Nachdem die Direktorin der sog. Anti-Rassismus-Stelle, Beate Winkler, aufgrund eines einstimmigen Beschlusses des Verwaltungsrates ihr ursprüngliches Einladungskonzept geändert hatte, waren nunmehr nicht die Regierungs-, sondern die Staatschefs der EU-Mitgliedstaaten eingeladen, um nicht mit Vertretern dieser „Regierung der Schande", wie der Vorsitzende des Verwaltungsrates, Jean Kahn, formulierte[160], zusammentreffen zu müssen.[161] Außenministerin Ferrero-Waldner erschien trotzdem zur Eröffnungszeremonie, bei der Bundespräsident Klestil auf die Hilfsbereitschaft und die humanitären Leistungen der Österreicher verwies.[162]

Als Klestil am 12. April 2000 vor dem Europäischen Parlament in Straßburg um Vertrauen für sein Land warb, hielten ihm Abgeordnete Schilder mit der Aufschrift "Haider Nein" entgegen; andere Abgeordnete, vornehmlich aus Frankreich und Belgien, hatten bereits zuvor aus Protest den Plenarsaal verlassen. Wegen der Teilnahme Jörg Haiders verließen am selben Tag auch in Brüssel einzelne Mitglieder des Ausschusses der Regionen den Sitzungssaal, ein

158 Stolz-Konzert abgesagt, Weinexporte geplatzt, Eine Boykott-Liste der Merkwürdigkeiten, Die Presse vom 06.04.2000.

159 Kopeinig/Kotanko, Eine europäische Affäre, S. 29, 30 + 96.

160 Wir sind die Augen und die Ohren der EU in Wien, Die Presse vom 06.04.2000, S. 6.

161 Anti-Rassismus-Stelle verwirrt mit „Einladungsgroteske", Die Presse vom 06.04.2000, S. 6; Falscher Gast und Fremdenhaß: Eröffnung einer EU-Stelle, Die Presse vom 08.04.2000, S. 8. Umstritten waren auch die Aussagen der Leiterin des EUMC vor dem EP über den Umgang der österreichischen Bundesregierung und der Justiz mit dem österreichischen Vertreter im Verwaltungsrat, Anton Pelinka; vgl. VP attackiert Winkler: Politische Agitation, Der Standard vom 22.06.2000, S. 6; VP-Attacke gegen Leiterin der EU-Rassismusstelle in Wien, Kurier vom 23.06.2000, S. 2.

162 Kopeinig/Kotanko, Eine europäische Affäre, S. 96.

französischer Mandatsträger forderte gar den Ausschluss Haiders. Dieser betonte nach der tumultartigen Sitzung, nicht die österreichische Regierung, sondern die Sanktionen stellten eine Verletzung der europäischen Grundwerte dar.[163]

Kurz darauf drohte der österreichische Finanzminister Grasser der EU mit verzögerten Beitragszahlungen und der Blockade wichtiger Entscheidungen, sollten die 14 EU-Partner die diplomatischen Sanktionen nicht aufheben: „Ich verheimliche Ihnen nicht, dass der Erfolg des Abkommens von Nizza stark gefährdet ist durch die Art und Weise, in der Österreich von seinen Partnern – insbesondere Frankreich – behandelt wird."[164] Am 19. April 2000 rief Haider dazu auf, über einen Austritt Österreichs aus der EU nachzudenken[165], die er als „genauso unmoralisch und politisch dekadent wie das alte Rom" bezeichnete[166], und äußerte erstmals die Idee einer Volksbefragung zur Aufhebung der Sanktionen[167]. Österreich werde sicherlich keine Vertragsverletzungen begehen, distanzierte sich Schüssel von den Äußerungen, kündigte aber an, „mit voller Härte alle rechtlichen Möglichkeiten" wahrzunehmen, um gegen die politische Isolierung vorzugehen.[168] Obwohl sich mehrere führende ÖVP-Politiker gegen eine Volksbefragung aussprachen, schloss Bundeskanzler Schüssel auf einer Pressekonferenz am 3. Mai 2000 eine solche nicht von Anfang an aus: Eine Volksbefragung sei nicht von vornherein undemokratisch oder chauvinistisch, aber nicht vorrangig.[169]

In einer Sondersitzung des Ministerrates beschloss die österreichische Bundesregierung am 5. Mai 2000 ein Aktionsprogramm gegen die Sanktionen.[170] Letzter der insgesamt 17 Punkte war eine Volksbefragung. Im Anschluss an die

---

163 Nummer 116 löst Tumulte aus, Wiesbadener Tagblatt vom 13.04.2000, S. 2.

164 Wien droht der EU mit schleppenden Beitragszahlungen, Frankfurter Neue Presse vom 18.04.2000; Streit zwischen EU und Wien schärfer, Wiesbadener Tagblatt vom 18.04.2000; Reform zur EU-Erweiterung könnte an Österreich scheitern, Frankfurter Neue Presse vom 27.04.2000, S. 2; Österreich droht der EU erneut mit Blockade, Frankfurter Neue Presse vom 29.04.2000.

165 Haider: Österreich sollte über EU-Austritt nachdenken, Frankfurter Neue Presse vom 20.04.2000, S. 2; Haider stellt EU-Austritt zur Diskussion, Wiesbadener Tagblatt vom 20.04.2000.

166 Haider nennt EU unmoralisch und dekadent wie das alte Rom, Frankfurter Neue Presse vom 28.04.2000, S. 2.

167 Kopeinig/Kotanko, Eine europäische Affäre, S. 96; Haiders „emotionelle" Sprüche setzen Kanzler Schüssel zu, Frankfurter Neue Presse vom 22.04.2000, S. 2; Haider nennt EU unmoralisch und dekadent wie das alte Rom, Frankfurter Neue Presse vom 28.04.2000, S. 2.

168 s. Fn. 166.

169 Kopeinig/Kotanko, Eine europäische Affäre, S. 96-98.

170 s. im Anhang S. 380 ff.

Sitzung erklärte Bundeskanzler Schüssel: „Wenn bis zum Auslaufen der portugiesischen EU-Ratspräsidentschaft Ende Juni kein konkreter Plan zur Aufhebung der Sanktionen gegen Österreich vorliegt, wird die Regierung eine Volksbefragung für den Herbst 2000 vorbereiten." Die Fragestellung solle sowohl „ein Bekenntnis zur EU", als auch „die Forderung nach Beendigung der Sanktionen" beinhalten.[171] Von den Oppositionsparteien wurde eine Volksbefragung als Mobilisierung der antieuropäischen Stimmung in Österreich abgelehnt.[172]

G. Suche nach einer „Exit-Strategie"

Beim informellen Rat der EU-Außenminister am 6. und 7. Mai 2000 in Furnas auf der Azoren-Insel Sao Miguel betonte Außenministerin Ferrero-Waldner, dass die Weigerung der Opposition zu einem „nationalen Schulterschluss" Ursache für die Volksbefragung sei und man diese nicht als „Ultimatum" missverstehen dürfe. Während des Treffens kam es erstmals zu einer offenen Debatte über die Österreich-Politik. Dänemark, Finnland, Griechenland, Irland, Italien und Spanien hätten sich für eine Normalisierung der Beziehungen zu Österreich ausgesprochen, berichtete Ferrero-Waldner. Spaniens Europa-Staatssekretär Ramon de Miguel machte den ersten Vorstoß, indem er die Möglichkeit einer offiziellen Beobachtung Österreichs andeutete. Ferrero-Waldner nannte den Vorschlag eines „objektiven Überwachungssystems" einen „besonders interessanten" Lösungsansatz. Sie sei offen für ein monitoring durch unabhängige Experten. „Ein Bericht der Kommission könnte die Basis für eine endgültige Entscheidung sein." Gleichzeitig forderte sie aber die Suspendierung der Sanktionen während des Beobachtungsprozesses. Auch Dänemark sehe eine „demokratische Überwachung" als Ausweg, sagte Außenminister Niels Helveg Petersen. Außerdem gab es Berichte, der unter starkem innenpolitischen Druck stehende finnische Ministerpräsident Paavo Lipponen bereite eine Initiative zur Beendigung der Maßnahmen vor, die von der schwedischen Außenministerin Anna Lindh für gescheitert erklärt wurden: „Es stimmt, dass man nicht das erreicht hat, was erreicht werden sollte, nämlich die Freiheitlichen aus der Regierung herauszubekommen." Frankreich und Belgien standen hingegen unverändert zu

---

171 Kopeinig/Kotanko, Eine europäische Affäre, S. 98; Das „Ultimatum" der Regierung, Kurier vom 06.05.2000, S. 3; Österreichs Kanzler stellt Ultimatum für Aufhebung der EU-Sanktionen, Frankfurter Neue Presse vom 06.05.2000, S. 2. Die abstrakte Rechtsgrundlage für eine Volksbefragung findet sich in Art. 49b B-VG, wonach eine Volksbefragung über eine Angelegenheit von grundsätzlicher und gesamtösterreichischer Bedeutung, zu deren Regelung der Bundesgesetzgeber zuständig ist, abgehalten werden kann.

172 ebenda; Piringer, FPÖ-Entwicklung, S. 455.

den Sanktionen.[173] Entsprechend verließen beim informellen Treffen der Sportminister am 10. Mai 2000 in Lissabon die französische Sportministerin Marie-George Buffet und ihr belgischer Kollege Rudy Demotte demonstrativ den Saal, als Vizekanzlerin Riess-Passer das Wort ergriff.[174]

In einer Bilanz zu den Auswirkungen der Sanktionen im Wissenschaftsbereich nannte das österreichische Bundesministerium für Bildung, Wissenschaft und Kultur am 11. Mai 2000 fünf Kategorien von Sanktionen: Absagen innerhalb von Projekten, Probleme bei Veranstaltungen und Besuchen, Behinderung von Kooperationen und Studierenden, Absagen von Ehrungen sowie Resolutionen. Beispielsweise wurden im Büro für internationale Forschungs- und Technologiekooperation (BIT) österreichische Koordinatoren gebeten, sich von Projekten zurückzuziehen. In anderen Bereichen hätten EU-Projektkoordinatoren aus Frankreich und Großbritannien Besuche in Österreich verweigert. Spanien sagte im Rahmen des Leonardo-Mobilitätsprogramms Praktika in Österreich ab.[175] Die Kündigung gültiger Verträge über Leihgaben eines belgischen Museums zur Ausstellung über Karl V. in Wien auf Weisung der wallonischen Regierung wurde hingegen revidiert.[176]

Am 12. Mai 2000 plädierte EU-Kommissar Fischler ebenfalls für „ein Beobachtungsverfahren als Ausweg aus den Sanktionen", möglicherweise wie es die EVP gegenüber der ÖVP gefunden habe. In einem Interview erklärte er, wie wichtig es sei, ein Instrument zu finden, „bei dem niemand das Gesicht verliert". Die Sanktionen hätten in Europa den „Diskurs über europäische Werte ungemein befördert" und auch in Österreich zum Nachdenken angeregt. Mittlerweile stelle sich aber „eine gewisse Ratlosigkeit ein", wie man wieder herauskomme.[177]

Tags darauf bezeichnete FPÖ-Klubobmann Peter Westenthaler ein monitoring-Verfahren als „unvorstellbar und völlig ausgeschlossen". Zur gleichen Zeit wurde bekannt, dass Königin Beatrix I. den österreichischen Botschafter in den Niederlanden, Alexander Christiani, von der Gästeliste ihres traditionellen Di-

---

173 Kopeinig/Kotanko, Eine europäische Affäre, S. 29 + 98 f.; Sanktionen gegen Österreich überschatten EU-Ministerrat, Kurier vom 07.05.2000, S. 2; Die Front gegen Österreich beginnt zu bröckeln, Frankfurter Neue Presse vom 08.05.2000, S. 2; Die Front der 14 zeigt erste Risse, Kurier vom 08.05.2000, S. 2; Sieben EU-Länder für Ende der Sanktionen gegen Wien, Frankfurter Neue Presse vom 09.05.2000; Ferrero-Waldner im Azoren-Hoch, Kurier vom 09.05.2000, S. 3; 100 Tage in Acht und Bann, Frankfurter Neue Presse vom 11.05.2000, S. 5.

174 Neuerliche Ausladung und Brüskierung, Die Presse vom 12.05.2000, S. 12.

175 Schaden für Wissenschaft, Die Presse vom 12.05.2000, S. 12.

176 Schüssels Taktik ging nicht auf, TT vom 26.03.2000, S. 3; APA-Meldung vom 06.04.2000 (APA260 5 AI 0387 AA/II).

177 Kopeinig/Kotanko, Eine europäische Affäre, S. 31.

ners für das Diplomatische Corps streichen ließ. Diese Entscheidung stehe in Einklang mit den Beschlüssen der 14 EU-Staaten in Zusammenhang mit dem Regierungseintritt der „extremen Rechten" in Österreich, erklärte ein Sprecher des niederländischen Außenministeriums. Die österreichische Botschaft sprach von einer „völlig unnötigen Kränkung".[178]

In einem Brief an seine EU-Amtskollegen verlangte Schüssel am 16. Mai 2000 eine Aufhebung der Sanktionen bis zum EU-Gipfel in Feira am 19. und 20. Juni 2000. Einen Tag später forderte auch die Landeshauptleute-Konferenz in einer gemeinsamen Erklärung die EU-Partner auf, die Sanktionen durch „ein transparentes System gegenseitigen Verständnisses und Respekts, das für alle Mitglieder verbindlich gelten soll", abzulösen.[179]

Am 18. Mai 2000 kam es zu einem Vorstoß des dänischen Ministerpräsidenten Poul Nyrup Rasmussen. Er bescheinigte der Regierung, „die richtigen Konsequenzen" aus den Sanktionen der 14 EU-Staaten gezogen und positive Schritte eingeleitet zu haben. Kopenhagen strebe eine „konstruktive Rolle" bei der „Veränderung" der Sanktionen an.[180] Während Ratspräsident Guterres am 23. Mai 2000 Konsultationen über die Österreich-Sanktionen bestätigte, äußerte sich wenig später Ferrero-Waldner nun auch skeptisch zu einer Beobachtung Österreichs und schlug vor, die Kommission solle einen Bericht über die Ereignisse seit der Regierungsbildung anfertigen.[181]

In Brüssel trat am 6. Juni 2000 der 120-köpfige Vorstand der EVP zusammen, um über den Bericht ihrer Beobachtungsdelegation – des Deutschen Hartmut Nassauer, des Niederländers Wim Van Welzen und des Spaniers Gerardo Galeote Quecedo – abzustimmen.[182] Die drei EP-Abgeordneten empfahlen, die ÖVP zu rehabilitieren, da die Regierungspolitik der ÖVP, das Regierungsprogramm mit der Präambel und die Regierungserklärung mit den grundlegenden politischen Richtlinien der EVP übereinstimmten. Seit Amtsantritt der ÖVP-FPÖ-Regierung sei es zu „keinen Beeinträchtigungen des demokratischen Systems" gekommen. FPÖ-Minister hätten sich zwar abweichend von der Regierungspolitik geäußert, doch man vertraue darauf, dass Bundeskanzler Schüssel derartige Äußerungen künftig „rügen" und „korrigieren" werde. Positiv wurde die Verabschiedung von Gesetzen und Initiativen zur Integration von Immigranten und zur Verbesserung der Lage der Minderheiten, die Ernennung

178 Kopeinig/Kotanko, Eine europäische Affäre, S. 32 + 99 f.

179 Kopeinig/Kotanko, Eine europäische Affäre, S. 100.

180 ebenda.

181 Kopeinig/Kotanko, Eine europäische Affäre, S. 101; APA-Meldung vom 04.07.2000 (APA244 5 AI 0467 II).

182 Der volle Wortlaut des Berichts des Beobachtungskomitees der Europäischen Volkspartei über die politische Situation in Österreich vom 06.06.2000 findet sich im Anhang S. 382 ff.

von Erhard Busek zum Regierungsbeauftragten für die EU-Erweiterung sowie die „Versöhnungskonferenz" über die Entschädigung von NS-Zwangsarbeitern erwähnt. Mit Blick auf den Aktionsplan der Bundesregierung und die geplante Volksbefragung kamen die Parlamentarier zum Schluss: „Wir hoffen, dass alle in der EU beteiligten Seiten ein Verfahren beschließen, das auf einen Ausweg zielt und einen möglichen institutionellen Stillstand verhindert. Wir können nur unsere Besorgnis ausdrücken, dass eine öffentliche Befragung in Österreich zu den Sanktionen sich möglicherweise zu einem Faktor entwickeln kann, der es schwieriger machen wird, eine akzeptable Lösung zu finden: Deshalb hoffen wir, dass diese nicht stattfinden wird." Mit großer Mehrheit wurde die Resolution über die Mitarbeit der ÖVP angenommen; nur die wallonischen Christdemokraten stimmten dagegen.[183] Die ÖVP war künftig wieder voll in die EVP-Entscheidungen eingebunden.[184]

Während ein „Schulterschluss" der vier Parlamentsfraktionen erneut scheiterte, erklärten Frankreich und Deutschland am 9. Juni 2000, dass es beim EU-Gipfel Ende Juni in Feira zu keiner Änderung der Position gegenüber Österreich kommen werde. Auch Belgien blieb bei seiner ablehnenden Haltung.[185]

Nach ihrer „Image-Tour" durch Madrid, Paris und London ohne jegliche Gespräche auf Regierungsebene gelang Ferrero-Waldner auch beim EU-Außenministertreffen in Luxemburg am 12. und 13. Juni 2000 kein Durchbruch. Vielmehr kritisierte Portugal das Vorgehen Österreichs als „aggressiv".[186] Ebenfalls am 13. Juni 2000 forderte aber das Europäische Parlament im Hinblick auf die Tagung des Europäischen Rates von Feira den portugiesischen Ratsvorsitz in einer Entschließung auf, „die Beziehungen zwischen den 14 Mitgliedstaaten und Österreich zu bewerten und mit allen beteiligten Staaten in der EU ein Verfahren auszuarbeiten, das zu einer akzeptablen Lösung führt".[187]

Einen Tag später übte jedoch die Menschenrechtsorganisation Amnesty International in ihrem Jahresbericht 1999 Kritik am Nationalratswahlkampf der FPÖ. Plakate mit Slogans wie „Stop der Überfremdung" und „Stop dem Asylmissbrauch" hätten offenen fremdenfeindlichen und diskriminierenden Charakter und bedeuteten somit eine Gefahr für die Menschenrechte.[188]

---

183 Der Text der Resolution des Vorstandes der EVP zur politischen Situation in Österreich ist im Internet unter http://www.eppe.org/news/n17_de_006.asp abrufbar.

184 Kopeinig/Kotanko, Eine europäische Affäre, S. 30 f. + 101; APA-Meldung vom 04.07.2000 (APA244 5 AI 0467 II).

185 Kopeinig/Kotanko, Eine europäische Affäre, S. 102; APA-Meldung vom 04.07.2000 (APA244 5 AI 0467 II).

186 Kopeinig/Kotanko, Eine europäische Affäre, S. 102.

187 Europäisches Parlament, Plenum aktuell, Tagungswoche 13.-16.06.2000, S. 6.

188 Kopeinig/Kotanko, Eine europäische Affäre, S. 102.

Beim Europäischen Rat von Santa Maria da Feira am 19. und 20. Juni 2000 wurde die österreichische Außenministerin Ferrero-Waldner von Frankreichs Staatspräsident Chirac zwar mit „Meine Verehrung“ begrüßt und von Ratspräsident Guterres gar geküsst. Auch verließ niemand den Saal, wenn ein Österreicher redete oder blieb dem „Familienfoto“ fern. Doch die Hoffnungen der österreichischen Regierung auf eine Aufhebung der offiziell nicht auf der Tagesordnung stehenden Sanktionen in Feira erfüllten sich nicht. Allerdings gab Guterres bekannt, noch bis zum Ende der portugiesischen EU-Präsidentschaft am 30. Juni 2000 ein Initiative „zur Öffnung eines Fensters“ zu starten und mit den 13 anderen Staaten nach einer gemeinsamen Linie zu suchen. Nach einem sog. Stufenplan der Portugiesen solle zunächst eine „Analyse“ der Lage in Österreich durchgeführt werden. Ein Zusammenhang mit der anfänglichen Blockade Österreichs im Streit um eine lückenlose Zinsbesteuerung in der EU wurde von mehreren Seiten zurückgewiesen.[189]

H. Einsetzung eines „Weisenrates“ und Vorbereitungen zur Volksbefragung in Österreich

Überraschend gab Belgiens Außenminister Louis Michel am 27. Juni 2000 etwas vorschnell bekannt, dass sich die „Vierzehn“ auf den weiteren Umgang mit den Sanktionen gegen Österreich geeinigt hätten. Er zirkulierte einen Entwurf einer Vereinbarung, dem zu diesem Zeitpunkt noch der Konsens Dänemarks fehlte. Der dänische Premierminister Rasmussen wollte nämlich zum weiteren Vorgehen die Zustimmung des Parlaments einholen, die das dänische Folketing aber erst am späten Abend desselben Tages erteilte.[190] Der Entwurf hatte folgenden Wortlaut:[191]

189 EU-14 spannen Österreich auf die Folter und Feira: Die unwiderstehliche Invasion der Manner-Schnitten aus Österreich, Die Presse vom 20.06.2000; Österreich blockiert gemeinsame Zinssteuer und Die Front gegen Österreich weicht auf, Frankfurter Neue Presse vom 20.06.2000, S. 1 + 4; Sacher-Torte zur Versöhnung, Wiesbadener Tagblatt vom 20.06.2000, S. 2; Für einen Moment sprachlos, Die Presse vom 21.06.2000; Wien gibt auf EU-Gipfel nach, Wiesbadener Tagblatt vom 21.06.2000, S. 1.

190 Vorerst bleibt der Boykott, Kurier vom 28.06.2000, S. 3; Enttäuschung für Wien: Sanktionen bleiben, Die Presse vom 28.06.2000, S. 6.

191 inoffizielle deutsche Übersetzung in Anlehnung an Die Presse vom 28.06.2000, S. 6; Kleine Zeitung vom 28.06.2000; englische Originalfassung im Anhang S. 388.

„Österreich – bilaterale Maßnahmen, beschlossen von den XIV

Die XIV haben entschieden,
1) jene Maßnahmen fortzusetzen, die auf die bilateralen Beziehungen mit der österreichischen Regierung Bezug nehmen und die am 31. Januar vereinbart wurden,
2) daß der Premierminister Portugals den Präsidenten des Europäischen Gerichtshofes für Menschenrechte bitten wird, drei Persönlichkeiten zu ernennen, die auf der Grundlage von eingehenden Recherchen einen Bericht vorlegen sollen über

- die Haltung der österreichischen Regierung zu den gemeinsamen europäischen Werten, insbesondere die Rechte der Minderheiten, Flüchtlinge und Immigranten,
- die Entwicklung der politischen Natur der FPÖ.

Auf der Grundlage dieses Berichts, der (den XIV) übergeben werden soll, werden diese angemessene Vorschläge über die Gestaltung ihrer bilateralen Beziehungen zur österreichischen Bundesregierung überlegen."

Gleichfalls noch am Abend des 27. Juni 2000 betonte der Präsident des EGMR, der schweizerische Rechtsprofessor Luzius Wildhaber, in einem Telefonat mit Ratspräsident Guterres, dass die drei Persönlichkeiten von ihm nur mit Zustimmung Österreichs eingesetzt werden könnten, da nach Völkerrecht alle betroffenen Parteien zur Lösung eines Streitfalles beigezogen werden müssten. Das sei „eine Bedingung".[192] Am nächsten Tag nahm Wildhaber dann auch Kontakt mit Bundeskanzler Schüssel auf[193], während Guterres erklärte, dass es noch keine gemeinsame Position gebe und man über den Vorstoß des belgischen Außenministeriums „etwas verwundert" sei[194].

Erst am 29. Juni 2000 gelang es der portugiesischen Präsidentschaft nach schwierigen Verhandlungen eine von allen 14 Mitgliedstaaten akkordierte Fassung eines „Ausstiegs-Szenarios" herbeizuführen, in der – vor allem auf Drängen Dänemarks und Österreichs gegen den Widerstand Belgiens und Frankreichs – zwar auf den inkriminierten Einleitungssatz der Beibehaltung der Sanktionen ausdrücklich verzichtet, ansonsten aber keine wesentliche Änderung

---

192 Vorerst bleibt der Boykott, Kurier vom 28.06.2000, S. 3; Einigung auf den kleinsten gemeinsamen Nenner, Die Presse vom 28.06.2000; Gerichtshof: Nur mit Österreich gemeinsam und Wildes Tohuwabohu um Sanktionen: Doch keine gemeinsame Position?, Die Presse vom 29.06.2000, S. 6; Konfusion über die Sanktionen gegen Österreich, Neue Züricher Zeitung vom 29.06.2000, S. 1; Weise werden Österreich prüfen, Maßnahmen bleiben aufrecht, Die Presse vom 30.06.2000, S. 10.

193 Gerichtshof: Nur mit Österreich gemeinsam, Die Presse vom 29.06.2000, S. 6; Weise werden Österreich prüfen, Maßnahmen bleiben aufrecht, Die Presse vom 30.06.2000, S. 10.

194 Wildes Tohuwabohu um Sanktionen: Doch keine gemeinsame Position?, Die Presse vom 29.06.2000, S. 6.

bzw. Präzisierung vorgenommen wurde.[195] Nachmittags ließ Ratspräsident Guterres dann in einer Pressemitteilung folgendes verlautbaren:[196]

> „Der portugiesische Ministerpräsident erhielt (von den 14 EU-Staaten) das Mandat, den Präsidenten des Europäischen Gerichtshofes für Menschenrechte darum zu bitten, drei Persönlichkeiten zu nominieren, die auf der Grundlage einer detaillierten Prüfung einen Bericht zu folgenden Punkten erstellen sollen:
> - die Haltung der österreichischen Regierung bezüglich der gemeinsamen europäischen Werte und insbesondere bezüglich der Rechte von Minderheiten, Flüchtlingen und Immigranten;
> - die Entwicklung und politische Natur der FPÖ.
>
> Auf der Grundlage der Schlußfolgerungen dieses Berichts werden die 14 EU-Staaten ihre bilateralen Beziehungen zu Österreich einer erneuten Prüfung unterziehen."

Wenige Stunden später reichte Guterres jedoch eine eigene Erklärung nach, die wie folgt lautete:[197]

> „Die Maßnahmen bezüglich der bilateralen Beziehungen mit der österreichischen Regierung, auf die sich die 14 Mitgliedstaaten am 31. Januar geeinigt haben, bleiben in Kraft."

Gleichzeitig wandte sich Portugals Premier mit folgendem Brief[198] an den Präsidenten des EGMR:[199]

> „The Prime Minister of Portugal received a mandate to ask the President of the European Court of Human Rights to appoint three personalities who would deliver, on the basis of a thorough examination, a report covering:
> - the Austrian Government's commitment to the common European values, in particular concerning the rights of minorities, refugees and immigrants;
> - the evolution of the political nature of the FPÖ.
>
> Based on the consultations of this report the XIV will re-examine their bilateral relations with the Austrian Government."

Ebenfalls noch am 29. Juni 2000 reagierte Wildhaber mit diesem Antwortschreiben:[200]

---

195 Weise werden Österreich prüfen, Maßnahmen bleiben aufrecht, Die Presse vom 30.06.2000, S. 10; Kurz vor der Deadline schaffte Antonio Guterres den Durchbruch, Kurier vom 30.06.2000, S. 2.

196 ebenda; inoffizielle deutsche Übersetzung aus Die Presse vom 30.06.2000, S. 10.

197 ebenda.

198 Text zit. nach G. Winkler, ZÖR 2000, 265.

199 Weise werden Österreich prüfen, Maßnahmen bleiben aufrecht, Die Presse vom 30.06.2000, S. 10; Hummer, The European Legal Forum 2000, 77.

200 Weise werden Österreich prüfen, Maßnahmen bleiben aufrecht, Die Presse vom 30.06.2000, S. 10; Wildhaber: Bericht „so bald es technisch machbar ist", Kurier vom

„Dear Prime Minister,
I write in response to your letter of today's date in which, in accordance with the mandate you received, you ask that, as President of the European Court of Human Rights, I should appoint three personalities to draw up a report on certain aspects of the current situation in Austria, notably the Austrian government's commitment to the European values and the evolution of the political nature of the FPÖ.
I note that you have informed all the member States of the European Union of this initiative and I understand that, although the text and the mandate were agreed by fourteen of the Governments, all fifteen Governments have agreed to my exercising this function. On that basis I am prepared to accept this responsibility. You will recall that in our discussions I told you that I would not be in a position to appoint a sitting Judge of the European Court of Human Rights as one of the personalities and that otherwise my choice of the persons concerned should be completely free. It is also clear that no time frame has been established for this exercise and that accordingly I will make a recommendation to the persons appointed that they should submit their report as soon as feasibly possible. In all other respects I would stress that my responsibility will be confined to appointing the personalities and will not entail any involvement in the substantive aspects of their work.
Finally I am naturally aware that this task has been entrusted to me in recognition of the independent and impartial character as a judicial institution of the Court over which I have the honour to preside."

Demgemäß stellte Bundeskanzler Schüssel nach Erhalt der beiden Erklärungen von Guterres fest, dass der Text zwar nicht mit Österreich verhandelt worden sei, die Bundesregierung aber trotzdem mit den drei Experten kooperieren werde. Zudem äußerte er Bedenken gegen die Nichtaufhebung der Sanktionen zum jetzigen Zeitpunkt, das „Fehlen eines präzisen Terminplanes" und das „unklare Mandat" des sog. „Weisenrates".[201] Vizekanzlerin Riess-Passer erklärte, „ein Papier ohne zeitlich konkretisierten Ablauf mit einem Szenario für den Ausstieg aus den Sanktionen" nicht begrüßen zu können, weshalb sie für die Abhaltung einer Volksbefragung eintrete; die weitere Vorgangsweise solle im Koalitionsausschuss fixiert werden.[202]

Am 2. Juli 2000 bescheinigte die Leiterin der EU-Beobachtungsstelle für Rassismus und Fremdenfeindlichkeit (EUMC), Beate Winkler, der ÖVP-FPÖ-Regierung, keine fremdenfeindliche oder rassistische Initiative gesetzt zu ha-

---

30.06.2000, S. 2; Hummer, The European Legal Forum 2000, 78; Text (lt. Presseaussendung des Präsidenten des Gerichtshofes) zit. nach G. Winkler, ZÖR 2000, 265 f.; vgl. auch Neue Züricher Zeitung vom 30.06.2000, S. 2.

201 Kurz vor der Deadline schaffte Antonio Guterres den Durchbruch, Kurier vom 30.06.2000, S. 2; „Weisen-Rat" soll für die EU über Österreich befinden, Frankfurter Neue Presse vom 30.06.2000, S. 2.

202 „Kein Ausstiegsszenario", Riess-Passer tritt nun für Referendum ein, Die Presse vom 30.06.2000, S. 9; vgl. auch Spaltpilz in Österreichs Koalition, Frankfurter Neue Presse vom 30.06.2000, S. 4.

ben. Österreich sei nicht fremdenfeindlicher als irgendein anderes EU-Land.[203] Indes sagte der französische Premierminister Jospin nach der Übernahme der EU-Ratspräsidentschaft durch Frankreich, er rechne nicht damit, dass die Arbeit der „Weisen" während der französischen Präsidentschaft, also vor Jahresende, abgeschlossen werde.[204] Vizekanzlerin Riess-Passer sprach von einer „weiteren Provokation".[205] Haider drohte sogar mit dem Veto Österreichs bei wichtigen EU-Entscheidungen, zumindest bei der Osterweiterung werde „nicht so schnell etwas weitergehen, weil wir Österreicher halt dann nicht mitmachen"; die ÖVP sei „gegenüber der EU knieweich".[206] In Brüssel ermahnte Frankreichs Europaminister Pierre Moscovici Österreich zu einer „intelligenten Mitarbeit".[207] Doch schon im Laufe des nächsten Tages kündigte Haider einen Stillstand während der französischen Ratspräsidentschaft an: „Frankreich wird ein tönerner Riese sein" und „null Leistungen vollbringen", den Reform-Gipfel in Nizza am Jahresende „kann man sich im Prinzip sparen".[208] Zu Besuch in Stuttgart versuchte Schüssel zu besänftigen: „Die Erweiterung wird kein Mensch blockieren"; sie liege im österreichischen Interesse. Auch der Regierungsbeauftragte für die EU-Erweiterung, Ex-Vizekanzler Busek, wies Haiders Aussagen zurück. Diese seien ein „falsches Signal".[209]

Da bis zum Ende der portugiesischen Präsidentschaft „kein konkreter Plan für die Aufhebung der Sanktionen" vorlag, einigte sich der Koalitionsausschuss, wie im Aktionsplan der Bundesregierung vom 5. Mai 2000 vorgesehen, auf seiner Sitzung am 4. Juli 2000 auf die Abhaltung einer Volksbefragung im Herbst 2000, sofern die „Vierzehn" nicht bereits zuvor ihre Maßnahmen einstellen. Als mögliche Termine wurden der 29. Oktober oder der 26. November 2000 genannt.[210] Entsprechend erklärte Schüssel tags darauf in einer Rede im National-

203 Kopeinig/Kotanko, Eine europäische Affäre, S. 104.

204 ebenda; APA-Meldung vom 04.07.2000 (APA244 5 AI 0467 II).

205 Jörg Haider warnt die Franzosen, Frankfurter Neue Presse vom 03.07.2000, S. 1.

206 ebenda; Kopeinig/Kotanko, Eine europäische Affäre, S. 104; APA-Meldung vom 04.07.2000 (APA244 5 AI 0467 II); Viel Gegenwind für Europäer Chirac, Frankfurter Neue Presse vom 03.07.2000, S. 5.

207 Viel Gegenwind für Europäer Chirac, Frankfurter Neue Presse vom 03.07.2000, S. 5.

208 Kopeinig/Kotanko, Eine europäische Affäre, S. 104; APA-Meldung vom 04.07.2000 (APA244 5 AI 0467 II); Haider droht offen mit Blockade des EU-Reform-Gipfels, Frankfurter Neue Presse vom 04.07.2000, S. 2.

209 Kopeinig/Kotanko, Eine europäische Affäre, S. 104 f.; APA-Meldung vom 04.07.2000 (APA244 5 AI 0467 II).

210 Koalition einigte sich erst nach Stunden auf EU-Volksbefragung, Die Presse vom 05.07.2000; FPÖ und ÖVP auf dem Weg zur Volksbefragung, Neue Züricher Zeitung vom 05.07.2000, S. 2; Wien droht der EU per Volksbefragung, Frankfurter Neue Presse vom 05.07.2000, S. 1.

rat: „Wir geben den ‚Vierzehn' bis Biarritz Zeit"[211], was bedeutete, dass die Sanktionen spätestens bis zur dortigen Tagung des Europäischen Rates am 13. und 14. Oktober 2000 beendet sein sollten.

Zwar werde den „Drei Weisen" empfohlen, ihren Bericht „so schnell wie technisch möglich zu erstellen", doch werde man „von Wien kein Ultimatum akzeptieren", kommentierte das Kabinett des Präsidenten des EGMR.[212] Es könnte sogar der Fall eintreten, dass der „Weisenrat" noch die Kampagne für die Volksbefragung abwarten wird, um sich ein vollständiges Bild von der Lage in Österreich bzw. der „Entwicklung der politischen Natur der FPÖ" zu machen.[213] Abgesehen davon war seinerzeit aber auch überhaupt noch nicht sicher, ob der Bundespräsident, der sich diesbezüglich Bedenkzeit bis September 2000 erbeten hatte, die Volksbefragung tatsächlich anordnen würde.[214]

Der Hauptausschuss des Nationalrates fasste jedoch schon am 11. Juli 2000 mit den Stimmen der Regierungsparteien einen grundsätzlichen, gleichwohl nur vorläufigen Beschluss über die Abhaltung einer Volksbefragung, der allerdings noch der Bestätigung durch das Plenum des Nationalrates bedurfte.[215] Insbesondere wurde der Text der Fragestellung nach kleinen Änderungen festgelegt[216] und sollte wie folgt lauten:[217]

> „Gemäß Art. 49b B-VG wird eine Volksbefragung über die Weiterentwicklung des EU-Rechts zur Sicherstellung der Gleichberechtigung und der demokratischen Rechte aller EU-Mitgliedstaaten, zur Garantie von Grund- und Freiheitsrechten in der Europäischen Union sowie zur Schaffung eines rechtsstaatlichen Verfahrens bei behaupteter Verletzung von Grundwerten der Europäischen Union und zur sofortigen Aufhebung der Sanktionen gegen Österreich mit nachstehender Fragestellung durchgeführt:
> Soll der Bundesgesetzgeber im Zuge der bevorstehenden Reform des EU-Vertrages mit allen geeigneten Mitteln sicherstellen, daß die folgenden Zielsetzungen erreicht werden:

---

211 Kanzler Schüssel stellt den EU-14 ein Ultimatum, Die Presse vom 06.07.2000, S. 4; Schüssel setzt EU Frist, Sanktionen zu beenden, Frankfurter Neue Presse vom 06.07.2000, S. 2.

212 Rätselraten um die Weisen, Der Standard vom 08./09.07.2000, S. 7.

213 Mit der Volksabstimmung droht Wien zum Sündenbock der EU zu werden, Oberösterreichische Nachrichten vom 06.07.2000, S. 6.

214 EU-Befragung: Ruf nach Klestil, Ferrero-Brief als Beruhigung?, Die Presse vom 07.07.2000, S. 7; Ohne Anordnung Klestils keine Chance für Volksbefragung, Die Presse vom 09.07.2000, S. 2.

215 Der Text zur geplanten Volksbefragung wurde leicht abgeändert, Die Presse vom 12.07.2000; Rotter, Europäische Rundschau 2000/3, 31.

216 Der Text zur geplanten Volksbefragung wurde leicht abgeändert, Die Presse vom 12.07.2000; Der umstrittene Wortlaut, Die Presse vom 12.07.2000.

217 Ausschussbericht 268 BlgNR XXI. GP.

- sofortige Aufhebung der von den anderen Mitgliedstaaten der Europäischen Union gegen Österreich verhängten Sanktionen;
- Ausbau der Europäischen Union als umfassende Gemeinschaft gleichberechtigter Staaten, die allen Mitgliedstaaten gleiche Rechte und Pflichten garantiert und nicht die Vorherrschaft einiger weniger großer Staaten über die anderen ermöglicht;
- Sicherstellung, daß die Europäische Union das Grundrecht jedes Landes, seine Regierung auf Basis freier demokratischer Wahlen selbst zu bestimmen, den freien Wettbewerb und die Rechte aller demokratischen Parteien sowie die Einrichtungen der direkten Demokratie achtet;
- klare Aufgabenteilung zwischen der europäischen Ebene und den Mitgliedstaaten sowie Aufwertung der Regionen;
- Verpflichtung aller Einrichtungen der Europäischen Union zur Einhaltung der Grundregeln des Rechtsstaates und der Menschenrechte;
- Aufnahme eines rechtsstaatlichen Verfahrens bei behaupteter Verletzung von Grundwerten der Union mit richterlicher Kontrolle in den EU-Vertrag?

Diese Fragestellung soll einheitlich mit ‚Ja' oder ‚Nein' beantwortet werden."

Von Anfang an begegnete vor allem der „Suggestivcharakter" der ersten Frage und die Möglichkeit alle sechs Fragen nur als Block mit „Ja" oder „Nein" zu beantworten verfassungsrechtlichen Bedenken. Außerdem wurde die Vereinbarkeit der Volksbefragung mit der Präambel zum Regierungsprogramm „Verantwortung für Österreich – Zukunft im Herzen Europas" diskutiert.[218]

---

218 Der Versuch, die auftretenden Zweifelsfragen durch Beiziehung von Verfassungsexperten zu den Beratungen des Hauptausschusses zu lösen, war wenig ergiebig: Die von den Parlamentsparteien nominierten Experten kamen zu keinem einheitlichen Ergebnis, so dass keine Einigkeit über die verfassungsrechtliche Beurteilung der Volksbefragung erzielt werden konnte; vgl. das Protokoll der Ausschussberatungen IV-6 BlgNR XXI. GP; den Bericht über das Expertenhearing in der Parlamentskorrespondenz Nr. 437 vom 11.07.2000; den Ausschussbericht 268 BlgNR XXI. GP samt angeschlossenem Minderheitsbericht; Thienel, JRP 2000, 328. Zur verfassungsrechtlichen Debatte Kommenda, Massive Bedenken gegen Volksbefragung – Stoppt Klestil sie? und Schwere juristische Bedenken gegen EU-Volksbefragung, Die Presse vom 06.07.2000, S. 3; Widerspricht die Volksbefragung der Verfassung?, Kurier vom 06.07.2000, S. 4; Gasser, Massive Bedenken der Juristen, Wiener Zeitung vom 06.07.2000; Schwere Bedenken unter Verfassungsexperten, Oberösterreichische Nachrichten vom 06.07.2000, S. 6; Mayer, Klestil darf verfassungswidrige Volksbefragung nicht anordnen, Die Presse vom 10.07.2000, S. 7; Strejcek, Befindet sich das Höchstgericht neuerdings in der Hofburg?, Der Standard vom 11.07.2000; Volksbefragung in geänderter Form, Der Standard vom 12.07.2000; Der Text der geplanten Volksbefragung wurde leicht abgeändert, Die Presse vom 12.07.2000; Hauptausschuss beschließt Volksbefragung – Verfassungsexperten für Textänderungen, Wiener Zeitung vom 12.07.2000; Mayer, Volksbefragung: Wer ist Hüter der Verfassung?, Der Standard vom 13.07.2000; Lang, Rechtskontrolle liegt beim Höchstgericht, nicht beim Präsidenten, Die Presse vom 17.07.2000; Graff, Fragen zur Volksbefragung, Die Presse vom 22.07.2000; Strejcek, Nur Höchstgericht kann Volksbefragung prüfen, Der Standard vom 04.08.2000; weiterführend Thienel, JRP 2000, 327 ff.

Die EU-14 fühlten sich laut Kommissar Fischler beleidigt.[219] Deutschlands Außenminister Fischer warnte Österreich vor einer unnötigen Eskalation[220], die französische Ratspräsidentschaft sprach von „Erpressungsversuchen"[221] und Kommissionspräsident Prodi lehnte die Volksbefragung ab, weil sie zu neuen Spannungen führe.[222] „Als großes Unglück" bezeichnete sie der deutsche Völkerrechtler Jochen Abraham Frowein[223], der am 12. Juli 2000 vom Präsidenten des EGMR als eines der Mitglieder des sog. „Weisenrates" ernannt wurde. Neben dem Direktor am Max-Planck-Instituts für ausländisches öffentliches Recht und Völkerrecht in Heidelberg, Vorsitzenden der Vereinigung der deutschen Staatsrechtslehrer und vormals Vizepräsident der Europäischen Kommission für Menschenrechte nominierte Wildhaber den ehemaligen finnischen Staatspräsidenten und Balkan-Vermittler Martti Ahtisaari sowie Marcelino Oreja Agguirre, Präsident des Instituts für Europastudien der San Pablo CEU Universität und früherer Außenminister Spaniens, Generalsekretär des Europarates und EU-Kommissar.[224] Die Wahl des Gerichtspräsidenten begrüßten alle Seiten, einschließlich FPÖ, als politisch ausgewogen und unabhängig.[225]

I. Der „Weisenbericht"

Am 20. Juli 2000 traf sich das Gremium erstmals im Büro Ahtisaaris in Helsinki, um das weitere Vorgehen zu koordinieren und nahm mit der österreichischen Regierung zur Vorbereitung einer baldigen Reise nach Österreich Kontakt auf.[226] Die Bundesregierung sagte ihre volle Unterstützung zu und organisierte auf Vorschlag der „Drei Weisen" zahlreiche Gespräche, unter anderem mit Vertretern der Regierung, aller im Parlament vertretener Parteien, der Sozialpartner und Religionsgemeinschaften, die die Experten vom Abend des 27. Juli bis zum Abend des 30. Juli 2000 in Wien absolvierten. Zum Abschluss ih-

219 Format vom 11.07.2000.

220 Kleine Zeitung vom 07.07.2000.

221 Wiener Zeitung vom 06.07.2000.

222 Neue Züricher Zeitung vom 13.07.2000.

223 News vom 20.07.2000.

224 President of the Court of Human Rights, Press Release 524 vom 12.07.2000; Kopeinig/Kotanko, Eine europäische Affäre, S. 105.

225 Drei Weise wollen demnächst Wien besuchen, Die Presse vom 21.07.2000.

226 Kopeinig/Kotanko, Eine europäische Affäre, S. 105; Drei Weise wollen demnächst Wien besuchen, Die Presse vom 21.07.2000; vgl. auch die Einleitung des Berichts von Martti Ahtisaari, Jochen Frowein und Marcelino Oreja vom 08.09.2000 im Anhang S. 388.

res Besuches gaben die drei Persönlichkeiten jedoch keinerlei Erklärung zum Inhalt der Gespräche ab.[227]

Vom 28. bis zum 31. August 2000 kam die Dreierkommission im Max-Planck-Institut für ausländisches öffentliches Recht und Völkerrecht in Heidelberg zur Schlussredaktion ihres Berichtes zusammen. Dort traf sie am 29. August auf Wunsch der Platform of European Social Non Governmental Organizations, die sich insofern in einem Brief an Frankreichs Präsident Chirac gewendet hatte, noch Vertreter verschiedener österreichischer NGOs. Am Nachmittag desselben Tages fand schließlich ein Treffen mit der österreichischen Vizekanzlerin und FPÖ-Vorsitzenden Riess-Passer statt; eine Unterredung mit Jörg Haider wurde bis zuletzt abgelehnt.[228]

Nach den Gesprächen in Wien und Heidelberg und auf der Basis übermittelter schriftlicher Unterlagen fertigten die „Drei Weisen" ihren Bericht, den sie am 8. September 2000 in Paris einstimmig annahmen und um 18.00 Uhr an EU-Ratspräsident Jacques Chirac übergaben.[229]

In dem 33 Seiten langen Bericht[230] kamen die „Drei Weisen" im Hinblick auf den ersten Mandatsbereich, der Haltung der österreichischen Regierung gegenüber den gemeinsamen europäischen Werten und insbesondere bezüglich der Rechte von Minderheiten, Flüchtlingen und Immigranten, zu dem Ergebnis, dass „die österreichische Regierung für die gemeinsamen europäischen Werte eintritt". Die Rechtslage in Österreich in den Bereichen Minderheitenschutz, Flüchtlings- und Immigrationspolitik „entspricht durchaus dem in anderen EU-Mitgliedstaaten angewendeten Maßstab. In manchen Bereichen, vor allem bei den Rechten nationaler Minderheiten, können die österreichischen Standards als den in anderen EU-Staaten überlegen angesehen werden. Die Regierung hat auch praktische Maßnahmen ergriffen, um die Einhaltung dieser Werte und Maßstäbe zu verbessern, einschließlich der Umsetzung der Erklärung, die die Parteivorsitzenden der beiden Regierungsparteien am 3. Februar 2000 unter-

---

227 Kopeinig/Kotanko, Eine europäische Affäre, S. 106; Drei EU-Weise nehmen ihre Arbeit in Wien auf, Frankfurter Neue Presse vom 25.07.2000, S. 2; EU-Weisenrat prüfte Haiders Einfluss in Wien, Frankfurter Neue Presse vom 31.07.2000, S. 2; Nur mit Haider selbst nicht gesprochen, Wiesbadener Tagblatt vom 31,07.2000, S. 2; vgl. auch die Einleitung und das Programm der Gespräche in Wien in Annex I des Berichts von Martti Ahtisaari, Jochen Frowein und Marcelino Oreja vom 08.09.2000 im Anhang S. 388.

228 Kopeinig/Kotanko, Eine europäische Affäre, S. 106; vgl. auch die Einleitung und das Programm der Gespräche in Heidelberg in Annex II des Berichts von Martti Ahtisaari, Jochen Frowein und Marcelino Oreja vom 08.09.2000 im Anhang S. 388.

229 Kopeinig/Kotanko, Eine europäische Affäre, S. 32 + 106; vgl. auch die Einleitung des Berichts von Martti Ahtisaari, Jochen Frowein und Marcelino Oreja vom 08.09.2000 im Anhang S. 388.

230 vgl. im Einzelnen Bericht von Martti Ahtisaari, Jochen Frowein und Marcelino Oreja vom 08.09.2000 im Anhang S. 388 ff.

zeichnet haben[231]." Die Entschlossenheit der gegenwärtigen Bundesregierung in der Bekämpfung von Rassismus, Antisemitismus, Diskriminierung und Fremdenfeindlichkeit „muss allerdings im Zusammenhang mit dem gesehen werden, was als mehrdeutiger Sprachgebrauch durch einige hohe Parteifunktionäre der FPÖ beschrieben werden wird".

Entsprechend kritisierten die Gutachter in ihren Schlussfolgerungen in Bezug auf die Entwicklung der politischen Natur der FPÖ, dass „es Gründe gibt, die Beschreibung der FPÖ als eine rechtspopulistische Partei mit radikalen Elementen auch heute noch als zutreffend anzusehen. Die FPÖ hat fremdenfeindliche Stimmungen in ihren Wahlkämpfen ausgenutzt und gefördert. Dies hat eine Atmosphäre geschaffen, in der offen ausgesprochene Bemerkungen gegen Ausländer salonfähig wurden, wodurch Ängste hervorgerufen wurden. Die FPÖ hat außerdem versucht, durch das fortdauernde Betreiben von Beleidigungsverfahren Kritik zu unterdrücken." Im Gegensatz zu früherem FPÖ-Verhalten und zu Stellungnahmen anderer FPÖ-Funktionäre hätten aber die von der FPÖ gestellten Minister im Großen und Ganzen bei der Ausübung ihrer Regierungstätigkeit die Verpflichtungen der Regierung beachtet.

Hinsichtlich der von den „Vierzehn" getroffenen Maßnahmen hielten die „Drei Weisen" schließlich fest, dass es nicht Teil ihres Mandats sei, sich zu deren Rechtmäßigkeit zu äußern. Die Maßnahmen hätten aber „nicht nur in Österreich, sondern auch in den anderen Mitgliedstaaten das Bewusstsein für die gemeinsamen europäischen Werte gestärkt". Allerdings sei man der Auffassung, dass „die von den XIV Mitgliedsaaten getroffenen Maßnahmen kontraproduktiv wirken würden, wenn sie fortbestünden, und dass sie daher beendet werden sollten. Die Maßnahmen haben schon jetzt nationalistische Gefühle im Land geweckt, da sie in manchen Fällen fälschlicherweise als Sanktionen verstanden wurden, die sich gegen die österreichischen Bürger richten."

Etwas später sagte Gerichtspräsident Wildhaber, er selbst habe den Experten nahegelegt, ihrem Bericht auch Schlussfolgerungen über die weitere Vorgehensweise der „Vierzehn" anzuschließen.[232] Insofern gab es bald Gerüchte über Dissonanzen zwischen den „Drei Weisen", wonach Oreja als einziger eine Empfehlung zur Aufhebung der Maßnahmen befürwortet habe. Schon einen Tag vor der Übergabe in Paris war nämlich das Dokument in einer spanischen Version – wahrscheinlich durch das Büro Orejas – der Tageszeitung „El Pais" zugeleitet worden, so dass der Inhalt des „Weisenberichtes" bereits am Morgen des 8. September 2000 publik wurde. Bei der ursprünglich erst für den 8. September mittags vorgesehenen Endredaktion des Berichtes seien Ahtisaari und

231 s. oben S. 47 f.

232 Weisen-Empfehlung war Wildhabers Idee und Weisenbericht: Luzius Wildhaber riet zu Empfehlung, Die Presse vom 03.10.2000, S. 1 + 6.

Frowein so vor vollendete Tatsachen gestellt worden.[233] Nach einer anderen Darstellung hätten jedoch alle „Drei Weisen" gemeinsam die vorzeitige Veröffentlichung beschlossen, um dem befürchteten Druck der französischen Ratspräsidentschaft auf Abänderung des Reports zu entgehen.[234]

Entsprechend wurde auch berichtet, Frankreich sei verstimmt, dass die „Weisen" in ihrem Bericht die Aufhebung der Sanktionen empfohlen haben. Dem Gremium sei nur ein Mandat zur Erstellung einer Expertise übertragen worden, das keinesfalls auch die Aufforderung zu einer Formulierung politischer Stellungnahmen enthalten hätte.[235] Des Weiteren drängte vor allem Dänemark die französische Ratspräsidentschaft zu einer sofortigen Beendigung der Isolierung Österreichs. Der „Weisenbericht" sei „gut, klar und eindeutig", sagte Ministerpräsident Rasmussen, das dänische Referendum über die Einführung des EURO am 28. September 2000 vor Augen.[236] Bundeskanzler Schüssel erklärte in einer ersten Reaktion, er sei über den Bericht wirklich dankbar. „Damit ist eine Brücke gebaut."[237] Auch die FPÖ reagierte positiv.[238] Wenig später bekräftigte Schüssel seine Forderung nach vollständiger Aufhebung der Sanktionen bis zum EU-Gipfel von Biarritz.[239]

J. Aufhebung der Maßnahmen der 14 EU-Mitgliedstaaten

Frankreich, das zunächst eine weitere Observierung Österreichs angestrebt hatte, fügte sich schließlich der Überzeugung der großen Mehrheit der EU-Mitgliedstaaten, das Sanktionsregime rasch zu beenden.[240] Genauso blieb Belgien mit seiner Position, die Maßnahmen lediglich zu suspendieren, allein und lenkte ein. „Mit seiner Zustimmung sichert Belgien die Einheit der europäischen Partner", meinte Außenminister Michel.[241]

Am 12. September 2000 um 19.00 Uhr veröffentlichte sodann die französische Ratspräsidentschaft, nachdem Dänemarks Ministerpräsident Rasmussen

233 Kopeinig/Kotanko, Eine europäische Affäre, S. 32 f. + 106.

234 Kopeinig/Kotanko, Eine europäische Affäre, S. 33; Böhm/Lahodynsky, Der Österreich-Komplex, S. 67 + 69.

235 Böhm/Lahodynsky, Der Österreich-Komplex, S. 69; Österreich verlangt rasche Aufhebung der Sanktionen, Frankfurter Neue Presse vom 11.09.2000, S. 1.

236 Böhm/Lahodynsky, Der Österreich-Komplex, S. 68 f.

237 Böhm/Lahodynsky, Der Österreich-Komplex, S. 67.

238 ebenda; FPÖ jubelt über Bericht der Weisen, bekommt aber keinen Persilschein, Frankfurter Neue Presse vom 09.09.2000, S. 2.

239 Österreich verlangt rasche Aufhebung der Sanktionen und Österreich jubelt: „Wir sind nicht zu Kreuze gekrochen", Frankfurter Neue Presse vom 11.09.2000, S. 1 + 2.

240 Böhm/Lahodynsky, Der Österreich-Komplex, S. 67 f.; Österreich verlangt rasche Aufhebung der Sanktionen, Frankfurter Neue Presse vom 11.09.2000, S. 1.

241 Böhm/Lahodynsky, Der Österreich-Komplex, S. 67 f.

bereits um 18.49 Uhr im dänischen Fernsehen das Ende der Sanktionen verkündet hatte[242], auf der Internetseite des Elysée-Palastes ein „Kommuniqué der 14"[243], wonach die Maßnahmen gegenüber Österreich bedingungslos aufgehoben werden:[244]

„KOMMUNIQUE DER XIV AUFGRUND DES BERICHTES DER DREI WEISEN ÜBER DIE LAGE IN ÖSTERREICH

1. Die XIV haben den Bericht der drei Weisen über die Lage in Österreich zur Kenntnis genommen.
2. Dieser Bericht enthält im wesentlichen vier Schlußfolgerungen:
- Die Maßnahmen der EU-XIV haben sich als nützlich erwiesen.
- Die österreichische Regierung hat ihre Verpflichtungen gegenüber den gemeinsamen europäischen Werten nicht verletzt.
- Die Maßnahmen würden kontraproduktiv, falls sie weiter angewendet werden.
- Die FPÖ kann als rechtspopulistische Partei mit extremistischen Merkmalen bezeichnet werden. Ihre Entwicklung ist ungewiß.
3. Aufgrund der Schlußfolgerungen dieses Berichtes haben die EU-XIV ihre bilateralen Beziehungen zur österreichischen Regierung erneut überprüft, wie es Ende Juni beschlossen worden war.
4. Sie sind zu folgenden Schlussfolgerungen gekommen:
- Die Maßnahmen der EU waren nützlich. Sie können nun aufgehoben werden.
- Die Natur der FPÖ und ihre ungewisse Entwicklung geben weiterhin Anlaß zu ernsthafter Besorgnis. Die EU-XIV sind der Meinung, daß eine besondere Wachsamkeit gegenüber dieser Partei und ihrem Einfluß auf die Regierung, der sie angehört, ausgeübt werden muß.
- Es ist angebracht, im Rahmen der Europäischen Union weiterhin darüber Überlegungen anzustellen, wie man in ähnlichen Situationen vorbeugen, Beurteilungen abgeben und handeln soll. Die Empfehlungen im Bericht der drei Weisen sind ein nützlicher Beitrag für diese Überlegungen."

Nach 223 Tagen war die diplomatische Isolierung der österreichischen Bundesregierung damit beendet; die geplante Volksbefragung wurde abgesagt[245]. Schon am 15. September 2000 betonte Chirac allerdings erneut, im heutigen

---

242 Kopeinig/Kotanko, Eine europäische Affäre, S. 7.

243 inoffizielle deutsche Übersetzung des österreichischen Bundesministeriums für auswärtige Angelegenheiten; vgl. auch die inoffizielle deutsche Übersetzung in Deutscher Bundestag: Ausschuss für die Angelegenheiten der Europäischen Union, Der Europaausschuss und die Sanktionen gegen Österreich, S. 58 sowie den französischen Originalwortlaut im Anhang S. 417 f. und unter http://www.elysee.fr/actus/arch0009/000908-12/communique.htm bzw. Bulletin Quotidien Europe Nr. 7798 vom 14.09.2000, S. 3 und die offizielle englische Übersetzung im Anhang S. 418.

244 Kopeinig/Kotanko, Eine europäische Affäre, S. 7 + 107; Böhm/Lahodynsky, Der Österreich-Komplex, S. 67; EU hebt die Sanktionen gegen Österreich auf, Frankfurter Neue Presse vom 13.09.2000, S. 1.

245 Böhm/Lahodynsky, Der Österreich-Komplex, S. 72 f.

Europa sei „die Regierungsbeteiligung einer extremistischen und ausländerfeindlichen Partei schockierend und nicht normal“[246], während der deutsche Außenminister Fischer im Bundestag eine offizielle Entschuldigung bei Österreich mit den Worten „Ich werde einen Teufel tun“ zurückwies[247]. „Die Kommission wollte Österreich niemals isoliert sehen, und ich bin froh, dass die Sanktionen aufgehoben sind“, verkündete dagegen Kommissionspräsident Prodi.[248] „Das Verhältnis zwischen Österreich und der EU ist derart zerrüttet, dass es von Null beginnend wieder aufgebaut werden muss“, war aus Wien zu hören.[249] Luxemburgs Premierminister Juncker resümierte: „Ich gebe ja zu, dass die Sanktionen keine gehobene Staatskunst waren. Aber sie haben einen Sinn gehabt – für Europa und für Österreich. Wäre der Schaden für Österreich und die EU nicht größer gewesen, hätten die 14 nicht reagiert?“[250]

246 Chirac nennt FPÖ „extremistisch und ausländerfeindlich“, Frankfurter Neue Presse vom 16.09.2000, S. 2.

247 Böhm/Lahodynsky, Der Österreich-Komplex, S. 159; Österreich klagt über einen Scherbenhaufen, Frankfurter Neue Presse vom 14.09.2000, S. 2.

248 Böhm/Lahodynsky, Der Österreich-Komplex, S. 49; EU-Sanktionen: Haiders Triumph, Frankfurter Neue Presse vom 14.09.2000, S. 2.

249 Österreich klagt über einen Scherbenhaufen, Frankfurter Neue Presse vom 14.09.2000, S. 2.

250 Kopeinig/Kotanko, Eine europäische Affäre, S. 34.

Zweiter Teil

Rechtliche Bewertung des Handelns der Institutionen der Europäischen Union und der Regierungen der 14 EU-Mitgliedstaaten

Nach der Darstellung des Sachverhaltes sollen nunmehr die rechtlichen Rahmenbedingungen der „Causa Austria" ausgelotet werden. Das Hauptaugenmerk ist diesbezüglich auf vier offizielle Akte gerichtet, die das Verhalten gegenüber Österreich im Wesentlichen determinieren.

Allen voran ist dies die Stellungnahme der portugiesischen Präsidentschaft der Europäischen Union im Namen von 14 Mitgliedstaaten vom 31. Januar 2000, gefolgt von der Mitteilung der Kommission vom 1. Februar 2000 sowie der Entschließung des Europäischen Parlaments vom 3. Februar 2000 und nicht zuletzt die Entschließung des Ausschusses der Regionen vom 16. Februar 2000.

Der Schwerpunkt der Untersuchung liegt dabei auf besagter Stellungnahme vom 31. Januar 2000, die sich als weitreichendste und mit den meisten rechtlichen Problemen behaftete Reaktion auf den Einzug der FPÖ in das österreichische Regierungskabinett darstellt. Zu Beginn ist nochmals an deren Inhalt zu erinnern, wobei zugleich der Aufbau der Stellungnahme einer Analyse unterzogen wird.

A. Die Stellungnahme der portugiesischen Präsidentschaft der Europäischen Union im Namen von 14 Mitgliedstaaten

I. Struktur der Stellungnahme

1. Die drei Absätze der Stellungnahme

Die Stellungnahme vom 31. Januar 2000[251] setzt sich aus der Überschrift und den drei darauf folgenden Absätzen zusammen. Aus dem ersten Absatz der mit „Stellungnahme der portugiesischen Präsidentschaft der Europäischen Union im Namen von XIV Mitgliedstaaten" übertitelten Erklärung geht hervor, dass Portugals Premierminister am 31. Januar 2000 sowohl den österreichischen Bundespräsidenten als auch den österreichischen Bundeskanzler über die von den Staats- und Regierungschefs von 14 EU-Mitgliedstaaten beschlossene „Gemein-

251 s. nochmals Erster Teil, S. 42; für den vollen Wortlaut im englischen Original s. im Anhang S. 373 f.

same Reaktion“ für den Fall der Bildung einer österreichischen Bundesregierung mit Beteiligung der FPÖ informierte und dass zur gleichen Zeit auch dem österreichischen Bundesminister für auswärtige Angelegenheiten von seinem portugiesischen Amtskollegen jene „Gemeinsame Reaktion“ notifiziert wurde.

Daran schließt sich im zweiten Absatz der Stellungnahme unmittelbar die Wiedergabe der „Gemeinsamen Reaktion“ an. Das ergibt sich aus der Formulierung von Absatz 1, der von „folgende[r] gemeinsamer Reaktion“ spricht.[252] Der Inhalt der „Gemeinsamen Reaktion“ besteht aus drei voneinander unabhängigen Maßnahmen, die durch Spiegelstriche gegliedert werden.

Nach der ersten Maßnahme werden die Regierungen der 14 Mitgliedstaaten keinerlei offizielle bilaterale Kontakte auf politischer Ebene mit einer österreichischen Regierung, an der die FPÖ beteiligt ist, aufnehmen oder akzeptieren. Die zweite Maßnahme sieht vor, dass es keine Unterstützung für österreichische Kandidaten, die sich um Positionen in internationalen Organisationen bewerben, geben wird. Schließlich bestimmt die dritte Maßnahme, die österreichischen Botschafter in den EU-Hauptstädten nur auf technischer Ebene zu empfangen.

Die erste und die dritte Maßnahme zeichnen sich demnach durch eine thematische Verwandtschaft aus; in beiden Fällen geht es um die zwischenstaatlichen politischen Beziehungen. Demgegenüber nimmt die Maßnahme nach Spiegelstrich 2 eine gewisse Sonderstellung ein.

Die Stellungnahme endet mit dem dritten Absatz, in dem festgehalten wird, dass der portugiesische Premierminister und der portugiesische Außenminister die österreichischen Behörden bereits informiert hätten, es gebe kein „business as usual“ in den bilateralen Beziehungen mit einer Regierung unter Beteiligung der FPÖ. Dieser Hinweis gehört allerdings nicht mehr zu der „Gemeinsamen Reaktion“ der 14 EU-Mitgliedstaaten[253], was sich bereits aus dem zeitlich vorgelagerten „Aktionsprogramm“ der Präsidentschaft ergibt, dessen Formulierung bis auf kleine Abweichungen mit der späteren Stellungnahme übereinstimmt:[254] Eine derartige Abweichung stellt nämlich gerade der in dem „Aktionsprogramm“ direkt nach der Aufzählung der drei Maßnahmen eingefügte – und insofern klarstellende – Satz dar, wonach „diese gemeinsame Reaktion zu einem späteren Zeitpunkt, sobald es angebracht oder nützlich erscheint, veröffentlicht werden wird“.[255]

---

252 so auch H. Winkler/Schauer, Die Maßnahmen gegen Österreich, S. 124.

253 im Ergebnis auch H. Winkler/Schauer, Die Maßnahmen gegen Österreich, S. 124.

254 s. oben Erster Teil, S. 41.

255 s. ebenda. Abgesehen davon trägt das „Aktionsprogramm“ noch den Titel „Presidency's platform regarding the formation of the new Austrian Government – Based on consultations with all Heads of State and Government“ und die späteren Absätze 1 und 3 der Stellungnahme sind dementsprechend in anderen Zeitformen abgefasst (future und pre-

Auch vermag Absatz 3 der Stellungnahme nicht als „erster bilateraler Akt der Durchführung“ der „Gemeinsamen Reaktion“ angesehen werden.[256] Zunächst geht die Mitteilung, auf bilateraler Ebene werde es ganz allgemein keine üblichen Geschäftsbeziehungen geben, über den Wortlaut der „Gemeinsamen Reaktion“ hinaus. Außerdem kommt eine Durchführung der in der „Gemeinsamen Reaktion“ vorgesehenen Maßnahmen nach Absatz 1 der Stellungnahme erst dann in Betracht, sobald die FPÖ in die österreichische Bundesregierung integriert ist. Das geschah jedoch erst einige Tage später am 4. Februar 2000.[257]

Allenfalls kann der dritte Absatz daher als Bekanntgabe einer zusätzlichen, individuellen Androhung der Umsetzung der „Gemeinsamen Reaktion“ durch den Staat Portugal verstanden werden. Daneben ist aber vielmehr denkbar, dass Absatz 3 der Stellungnahme auf die vorangegangenen Gespräche des portugiesischen Premierministers und seines Außenministers mit der österreichischen Staatsspitze hinweisen soll, in denen diese offiziell die Besorgnis der EU-Ratspräsidentschaft zum Ausdruck brachten und eine bevorstehende „Gemeinsame Reaktion“ der EU-Mitgliedstaaten ankündigten.[258]

2. „Gemeinsame Reaktion“ und Rahmenerklärung

Für die Struktur der Stellungnahme ist demnach zwischen Absatz 1 und 3 und dem zweiten Absatz der Erklärung zu unterscheiden. Während Absatz 1 und 3 Informationen über den Urheber, das Zustandekommen und die Bekanntgabe der „Gemeinsamen Reaktion“ der 14 EU-Mitgliedstaaten, also reine Wissensäußerungen, enthalten, hat die Wiedergabe der „Gemeinsamen Reaktion“ in Absatz 2 den Charakter einer Willensäußerung.

Eine Ausnahme bildet dabei die Stelle in Absatz 1, wonach die „Gemeinsame Reaktion“ erst im Falle einer Beteiligung der FPÖ an der neuen österreichischen Bundesregierung vorgesehen ist. Hier wird die Wirksamkeit der „Gemeinsamen Reaktion“ nämlich von einer aufschiebenden Bedingung, der FPÖ-Regierungsbeteiligung, abhängig gemacht, wie sie nochmals implizit in der Maßnahme nach Spiegelstrich 1 in Absatz 2 der Stellungnahme ausformuliert ist.

Im Übrigen kommt Absatz 1 und 3 aber lediglich formelle Bedeutung zu; der maßgebliche materielle Gehalt der Stellungnahme findet sich im zweiten Absatz. Folglich stellt der einleitende erste Absatz zusammen mit dem dritten Ab-

---

sent perfect statt past tense und past perfect). Des Weiteren lässt das „Aktionsprogramm“ noch die Gliederung der drei Maßnahmen durch Spiegelstriche vermissen und in einem Schlusssatz wird die beabsichtigte weitere Vorgehensweise, der Anruf des portugiesischen Premiers bei Österreichs Bundespräsident am 31.01.2000, dokumentiert.

256 so aber G. Winkler, ZÖR 2000, 241 = ecolex 5/2000, Script 18, 5.

257 s. oben Erster Teil, S. 50 f.

258 s. oben Erster Teil, S. 39 sowie unten Dritter Teil, Fn. 1414.

satz als Schluss eine bloße Rahmenerklärung für die Kundgabe der „Gemeinsamen Reaktion“ in Absatz 2 dar.

II. Qualifikation der Stellungnahme

Für die weitere rechtliche Einordnung und Bewertung der Stellungnahme der portugiesischen Präsidentschaft ist zunächst von entscheidender Bedeutung, wie diese Erklärung rechtlich zu qualifizieren ist. Ihre Beispiellosigkeit in der europäischen Geschichte und die ungewöhnliche, ja atypische Erscheinungsform machen jedoch schon die Beantwortung dieser Frage äußerst problematisch.

Welchem Rechtssubjekt in welcher Rechtsgemeinschaft ist das Vorgehen zuzurechnen und welcher Rechtsordnung unterliegt es damit letztlich? Handelt es sich bei der Stellungnahme der portugiesischen Präsidentschaft überhaupt um einen rechtlich verbindlichen Akt oder liegt nur ein „rein politischer“ Akt vor, wenn Portugals Premier erklärt, es seien lediglich politische, nicht juristische Schritte gegen Österreich unternommen worden?[259] Und entfaltet die Stellungnahme in diesem Fall keinerlei Rechtswirkungen?

Im Folgenden soll die Rechtsnatur des Dokuments geklärt werden. Die rechtliche Qualifizierung eines Aktes hängt nun primär davon ab, wem er rechtlich zuzuordnen ist. Im Hinblick auf das Tätigwerden von Vertretern der Regierungen der EU-Mitgliedstaaten kommt zum einen ein Rechtsakt der Europäischen Union als Handlungseinheit[260] in Betracht, und zwar vor allem ein Akt des Rates der Europäischen Union oder sogar ein Akt des Europäischen Rates. Zum anderen kann es sich aber auch um einen gemeinsamen Akt der Mitgliedstaaten, der diesen selbst zuzurechnen ist, handeln.

Die Einbindung der portugiesischen Präsidentschaft der Europäischen Union lässt jedoch prima facie darauf schließen, dass die Stellungnahme vom 31. Januar 2000 als Handlung einer Institution der EU, also als Rechtsakt der Europäischen Union einzustufen ist. Entsprechend war auch in den Medien immer wieder von den „Sanktionen der EU“ gegen Österreich die Rede.[261]

---

259 s. oben Erster Teil, S. 53.

260 Die Völkerrechtssubjektivität der Europäischen Union ist nach wie vor umstritten; vgl. aus den zahlreichen Beiträgen etwa Busse, Völkerrechtliche Einordnung der EU; Pechstein/Koenig, Die Europäische Union, Rdnr. 56 ff.; Ress, Ist die Europäische Union eine juristische Person?, EuR Beiheft 2/1995, 27 (28); derselbe, Die Europäische Union und die neue juristische Qualität der Beziehungen zu den Europäischen Gemeinschaften, JuS 1992, 985 (986); Trüe, Verleihung von Rechtspersönlichkeit an die Europäische Union, S. 49 ff.; s. aber nunmehr auch Art. 6 des Entwurfs eines Vertrages über eine Verfassung für Europa vom 18.07.2003, CONV 850/03.

261 s. etwa oben Erster Teil, S. 49, Fn. 98.

1. Die Stellungnahme als Rechtsakt der Europäischen Union

a) Die Vielfalt der Handlungsformen der Organe der Europäischen Union

Die Organe der EU[262] können ihre Befugnisse nur nach Maßgabe der Gründungsverträge ausüben (Art. 5 EUV, Art. 7 Abs. 1 EGV, Art. 3 Abs. 1 EAGV und Art. 3 des inzwischen beendeten EGKSV).[263] Dabei haben sie die für ihr Handeln vorgesehenen Formen einzuhalten. Derartige Formvorschriften und Bestimmungen über den formal zulässigen Regelungsinhalt sind für den Bereich der Europäischen Gemeinschaft in Art. 249 EGV enthalten.[264] Als Handlungsformen der Organe der Gemeinschaft nennt Art. 249 Abs. 1 EGV Verordnungen, Richtlinien, Entscheidungen sowie Empfehlungen und Stellungnahmen. Diese Rechtsakte werden nach ihrem Adressaten und ihrer Rechtswirkung unterschieden.[265]

So sieht Art. 249 Abs. 1 EGV vor, dass Verordnungen allgemeine Geltung haben, in allen ihren Teilen verbindlich sind und unmittelbar in jedem Mitgliedstaat gelten. Die Richtlinie ist gemäß Art. 249 Abs. 3 EGV für jeden Mitgliedstaat hinsichtlich des zu erreichenden Ziels verbindlich, überlässt ihm dazu aber

262 Zur Ausführung aller Regelungsbereiche sieht der Unionsvertrag einen institutionellen Rahmen vor, der sich bis auf den vertraglich erstmals institutionalisierten Europäischen Rat der Organe der Gemeinschaft bedient. Der fehlenden ausdrücklichen Kennzeichnung der Union als Rechtspersönlichkeit entspricht dabei die fehlende ausdrückliche Qualifizierung der Gemeinschaftsorgane als Organe der Union. Soweit die Zuständigkeiten in den Gemeinschaftsverträgen betroffen sind, nehmen die Organe der Gemeinschaften diese weiterhin war. Soweit sie in den neuen Politiken und Formen der Zusammenarbeit tätig werden, reicht ihre Einordnung im Schrifttum von der Theorie der Organleihe bis zur Theorie der Vertragsorgane. Demgegenüber stellt der Europäische Rat in seiner Zusammensetzung aus den Staats- und Regierungschefs zusammen mit dem Kommissionspräsidenten ein Unikum dar; vgl. Beutler, in: Beutler/Bieber/Pipkorn/Streil, Die Europäische Union, Rdnr. 51 f.; weiterführend Blanke, in: Calliess/Ruffert, EUV/EGV, Art. 3 EUV, Rdnr. 12 ff. m.w.N.

263 Die Argumentation in dieser Untersuchung beruht auf dem Recht der Europäischen Union in der zur Zeit des Falles Österreich geltenden Fassung des Vertrages von Amsterdam. Der Vertrag von Amsterdam zur Änderung des Vertrages über die Europäische Union, der Verträge zur Gründung der Europäischen Gemeinschaften sowie einiger damit zusammenhängender Rechtsakte vom 02.10.1997 (ABl. 1997 Nr. C 340, S. 1 ff.) ist am 01.05.1999 in Kraft getreten (ABl. 1999 Nr. C 120, S. 24). Folglich werden die Vertragsartikel in dieser Arbeit grundsätzlich in ihrer Fassung nach dem Amsterdamer Vertrag zitiert. Die Nennung einer Vertragsbestimmung mit dem Zusatz „a.F." deutet darauf hin, dass das Zitat ausdrücklich auf den Norminhalt in der Fassung des Vertrages von Maastricht Bezug nimmt, während der Zusatz „n.F." auf die Fassung des Vertrages von Nizza hinweist.

264 Haag, in: Beutler/Bieber/Pipkorn/Streil, Die Europäische Union, Rdnr. 385; vgl. auch Art. 161 Abs. 1 EAGV und Art. 14 Abs. 1 EGKSV.

265 Haag, in: Beutler/Bieber/Pipkorn/Streil, Die Europäische Union, Rdnr. 386.

die Wahl der Form und der Mittel, während die Entscheidung nach Abs. 4 in allen ihren Teilen für diejenigen verbindlich ist, die sie bezeichnet. Empfehlung und Stellungnahme sind schließlich gemäß Art. 249 Abs. 5 EGV unverbindlich.

Die Bestimmungen bilden aber nur Formvorschriften. Unter welchen Voraussetzungen und mit welchem materiellen Inhalt ein Rechtsakt erlassen werden kann, bleibt offen.[266] Weitere Unsicherheit wird dadurch erzeugt, dass die in Art. 249 EGV bezeichneten Handlungsformen keineswegs die Gesamtheit der vertraglich vorgesehenen und in der Praxis entwickelten Organhandlungen umfassen. Außer diesen von ihren Wirkungen formalisierten Rechtshandlungen existieren für besondere Zwecke noch zahlreiche weitere Rechtshandlungen eigener Art.[267] Als Beispiele für Handlungsformen eigener Art, deren Reichweite und Wirkungen nirgendwo allgemein definiert werden, sondern anhand des jeweiligen Inhalts zu ermitteln sind, seien

- Rechtshandlungen, welche über stufenweise Integrationsfortschritte befinden[268],
- Rechtshandlungen, durch welche der Vertrag punktuell geändert oder ergänzt wird oder ein Verfahren zur Fortbildung der Verträge eingeleitet wird[269],
- Rechtshandlungen, die die Entscheidungsbildung der Gemeinschaftsorgane sowie deren strukturelle und personelle Organisation regeln (z.B. Geschäftsordnungen)[270],
- Handlungen zur Regelung der Beziehungen mit Drittstaaten und internationalen Organisationen, soweit sie nicht in Form der Verordnung erfolgen[271],
- Programme für Aktionen der EG[272] sowie
- „Mitteilungen" der Organe[273]

genannt.[274] Wenn diese Rechtshandlungen Rechtswirkungen entfalten sollen, werden sie vielfach unter der Bezeichnung „Beschluss" gefasst, während pro-

266 Haag, in: Beutler/Bieber/Pipkorn/Streil, Die Europäische Union, Rdnr. 385.

267 Haag, in: Beutler/Bieber/Pipkorn/Streil, Die Europäische Union, Rdnr. 387.

268 Stufenfeststellung nach Art. 121 Abs. 3 EGV.

269 vgl. z.B. Art. 222 Abs. 1 S. 2 EGV, Art. 225 a EGV, Art. 245 Abs. 2 EGV, Art. 187 EGV, Art. 229 a EGV, Art. 22 EGV und insbesondere Art. 7 EUV.

270 vgl. z.B. Art. 199 Abs. 1 EGV, Art. 207 Abs. 3 EGV, Art. 218 EGV.

271 vgl. EuGH, Rs. C-192/89 (Sevince/Staatssecretaris van Justitie), Slg. 1990, I-3461.

272 Soweit diese Programme in den Verträgen ausdrücklich vorgesehen sind, wie z.B. die Rahmen- und Durchführungsprogramme im Bereich der Forschungs- und Technologiepolitik (Art. 166, 168 EGV), binden sie die Gemeinschaftsorgane an den Planungsinhalt. Andere Programme bekunden bloß die Absicht der Gemeinschaftsorgane, entsprechend ihrem Inhalt zu handeln; vgl. Haag, in: Beutler/Bieber/Pipkorn/Streil, Die Europäische Union, Rdnr. 402.

273 vgl. zu den Grenzen der Zulässigkeit erläuternder Mitteilungen der Kommission EuGH, Rs. C-325/91 (Frankreich/Kommission), Slg. 1993, I-3283; Rs. C-57/95 (Frankreich/Kommission), Slg. 1997, I-1627.

grammatische Äußerungen in die Form einer „Entschließung" gekleidet werden.[275]

Darüber hinaus ergänzt der Unionsvertrag die Handlungsformen der Gemeinschaftsverträge durch spezifische auf die beiden anderen Säulenbereiche der Europäischen Union bezogenen Handlungsformen.[276] Im Einzelnen sieht Art. 12 EUV für den Bereich der Gemeinsamen Außen- und Sicherheitspolitik die folgenden Rechtsakte vor:

- Beschlüsse des Europäischen Rates zur Bestimmung der Grundsätze und der allgemeinen Leitlinien sowie über gemeinsame Strategien (Art. 13 EUV)[277],
- Gemeinsame Aktionen des Rates betreffend „spezifische Situationen, in denen eine operative Aktion der Union für notwendig erachtet wird" (Art. 14 EUV)[278] und
- Gemeinsame Standpunkte des Rates, in denen „das Konzept der Union für eine bestimmte Frage geographischer oder thematischer Art bestimmt" wird (Art. 15 EUV)[279].

Diese Rechtsakte sind für die Mitgliedstaaten und die Unionsorgane rechtlich bindend. Rechtlich nicht verbindlich und auch nicht speziell geregelt sind des Weiteren die in der Praxis der GASP häufig gebrauchten Instrumente der Entschließungen und der Gemeinsamen Erklärungen. In Verbindung mit dem Kohärenzgebot und der Loyalitätspflicht (Art. 3 Abs. 2, 11 Abs. 2 EUV) können aber auch sie rechtliche Wirkungen entfalten.[280]

Für die in der „dritten Säule" verbliebene polizeiliche und justitielle Zusammenarbeit in Strafsachen nennt Art. 34 Abs. 2 EUV im Übrigen Gemeinsame Standpunkte (lit. a), Rahmenbeschlüsse (lit. b), Beschlüsse (lit. c), Maßnahmen (lit. c, d) sowie Übereinkommen (lit. d). Außerdem ist nach Art. 24 EUV im Be-

---

274 vgl. auch die weiterführende Übersicht bei Haag, in: Beutler/Bieber/Pipkorn/Streil, Die Europäische Union, Rdnr. 402.

275 Haag, in: Beutler/Bieber/Pipkorn/Streil, Die Europäische Union, Rdnr. 403; vgl. auch die Antwort der Kommission auf die schriftliche Anfrage 451/83, ABl. 1983 Nr. C 246, S. 12 sowie EuGH, verb. Rs. 90 und 91/63 (Kommission/Luxemburg und Belgien), Slg. 1964, 1331, 1345.

276 Beutler/Haag, in: Beutler/Bieber/Pipkorn/Streil, Die Europäische Union, Rdnr. 53, 386 + 430.

277 z.B. Gemeinsame Strategie der EU für Russland, ABl. 1999 Nr. L 157, S. 1.

278 z.B. Gemeinsame Aktion betreffend einen Beitrag der EU zur Stärkung der Fähigkeit der georgischen Behörden, die OSZE-Beobachtermission an der Grenze der Republik Georgien mit der Tschetschenischen Republik der Russischen Föderation zu unterstützen und zu schützen, ABl. 2001 Nr. L 202, S. 2.

279 z.B. Gemeinsamer Standpunkt betreffend die Bekämpfung der Verbreitung ballistischer Raketen, ABl. 2001 Nr. L 202, S. 1.

280 Haag, in: Beutler/Bieber/Pipkorn/Streil, Die Europäische Union, Rdnr. 430.

reich der GASP und PJZS der Abschluss von Abkommen mit Drittstaaten und internationalen Organisationen vorgesehen.[281]

Die beschriebene Vielfalt der vertraglich vorgesehenen und in praxi entwickelten Handlungsformen bringt nun erhebliche Abgrenzungsschwierigkeiten mit sich, vor allem wenn – wie im vorliegenden Fall – eine rechtliche Einordnung des relevanten Aktes nicht ohne weiteres möglich ist.[282] Insbesondere die Qualifizierung jener Rechtshandlungen unter normtheoretischen Gesichtspunkten stellt sich alles andere als eindeutig dar. Klärungsbedürftig sind deshalb die maßgeblichen Kriterien, nach denen zu beurteilen ist, wann überhaupt die Handlung eines Organs der EU vorliegt, welchem Organ diese Handlung gegebenenfalls zuzurechnen ist und welche Handlungsform im Einzelnen gegeben ist.

Als Anknüpfungspunkt bietet sich insofern die in Art. 230 EGV geregelte Nichtigkeitsklage an, die der Überprüfung der Rechtmäßigkeit von Rechtsakten der Gemeinschaftsorgane dient. In Art. 230 Abs. 1 EGV ist hinsichtlich des Klagegegenstandes zunächst nur von den Handlungen unter anderem des Rates, soweit es sich nicht um Empfehlungen und Stellungnahmen handelt, und den Handlungen des Europäischen Parlaments mit Rechtswirkung gegenüber Dritten die Rede; eine Aufzählung von Handlungsformen findet dagegen nicht statt. Der Ausschluss der unverbindlichen Empfehlungen und Stellungnahmen im Sinne des Art. 249 Abs. 5 EGV erfolgt ebenso wie der Zusatz bezüglich des EP nur, um die Klagemöglichkeit auf Handlungen mit Rechtswirkung zu beschränken. Gegen einen formalen Ansatz spricht auch Art. 230 Abs. 4 Alt. 2 EGV, der für Individualklagen natürlicher oder juristischer Personen bestimmt, dass Klagegegenstand auch Entscheidungen sein können, die der Form nach als Verordnungen ergangen sind. Weitergehende Erkenntnisse lassen sich dem Wortlaut des Art. 230 EGV jedoch nicht entnehmen. Es erscheint deshalb erforderlich, die einschlägige Rechtsprechung der Gemeinschaftsgerichte zu Art. 230 EGV zu untersuchen.

b) Die einschlägige Rechtsprechung der Gemeinschaftsgerichte zu Art. 230 EGV

aa) Rechtssache 22/70 – „AETR“

1971 entschied der EuGH über eine Nichtigkeitsklage der Kommission gegen einen Beschluss des Rates vom 20. März 1970 über Aushandlung und Abschluss des Europäischen Übereinkommens über die Arbeit der im internationalen Stra-

281 Beutler/Haag, in: Beutler/Bieber/Pipkorn/Streil, Die Europäische Union, Rdnr. 53 + 430 samt Beispielen.

282 vgl. auch G. Winkler, ZÖR 2000, 239; R. Winkler, JRP 2000, 312.

ßenverkehr beschäftigten Fahrzeugbesatzungen (AETR) durch die Mitgliedstaaten der Gemeinschaft im Rahmen der UN-Wirtschaftskommission für Europa.[283] Der Rat erhob die Einrede, der Beschluss sei kein nach Art. 173 Abs. 1 EWGV anfechtbares Handeln, denn er sei weder seiner Form noch seinem Gegenstand oder Inhalt nach eine Verordnung, Entscheidung oder Richtlinie im Sinne von Art. 189 EWGV. Eigentlich sei er nur eine politische Abstimmung zwischen Mitgliedstaaten im Rahmen des Rates, die als solche kein Recht begründet, keine Verpflichtung auferlegt und keine Rechtslage verändert habe.[284] Diesbezüglich hielt der EuGH vorab fest:

> „Wie dieser Beschluss zu qualifizieren ist, hängt davon ab, wer zu dem fraglichen Zeitpunkt zuständig war, das AETR auszuhandeln und abzuschließen. Denn der Beschluss hat eine verschiedene rechtliche Tragweite, je nachdem er als Ausübung einer der Gemeinschaft verliehenen Zuständigkeit oder als Ausdruck einer Koordinierung der Ausübung der von den Mitgliedstaaten zurückbehaltenen Zuständigkeiten durch diese Staaten anzusehen ist."[285]

Kurz darauf schloss der Gerichtshof die folgenden Ausführungen an:

> „Indem dieser Artikel [Art. 173 EWGV] die Anfechtungsklage, die er den Mitgliedstaaten und den Organen eröffnet, lediglich für die – nach Art. 189 letzter Absatz nicht verbindlichen – ‚Empfehlungen oder Stellungnahmen' ausschließt, geht er davon aus, dass die Klage gegen alle Handlungen der Organe gegeben ist, die dazu bestimmt sind, eine Rechtswirkung zu erzeugen. Diese Klage soll dazu dienen, gemäß der Vorschrift von Artikel 164 die Wahrung des Rechts bei der Auslegung und Anwendung des Vertrages zu sichern. Eine die Zulässigkeitsvoraussetzungen dahin einschränkende Auslegung, dass die Klage nur gegen die in Art. 189 genannten Arten von Handlungen gegeben wäre, würde diesem Ziel zuwiderlaufen. Die Anfechtungsklage muss daher gegen alle Handlungen der Organe, die dazu bestimmt sind, Rechtswirkungen zu erzeugen, ohne Unterschied ihrer Rechtsnatur oder Form zulässig sein."[286]

Der EuGH stellte also auf Inhalt und Wirkung der streitigen Handlung ab und urteilte, „dass der Gegenstand des Beschlusses des Rates zur Zuständigkeit der Gemeinschaft gehörte und dass daher die Mitgliedstaaten nicht außerhalb des Rahmens der Gemeinschaftsorgane handeln konnten." Demnach könne der Beschluss vom 20. März 1970, was das Verhandlungsziel betraf, nicht bloß Ausdruck oder Feststellung einer freiwilligen Koordinierung sein; er habe vielmehr

---

283 EuGH, Rs. 22/70 (Kommission/Rat), Slg. 1971, 263 – „AETR".

284 EuGH, a.a.O., Rdnr. 34-37.

285 EuGH, a.a.O., Rdnr. 3 f.

286 EuGH, a.a.O., Rdnr. 38-42.

die Festlegung einer verbindlichen Verhaltensregel für die Organe und die Mitgliedstaaten zum Gegenstand, die sich später auch auf den Inhalt der Verordnung auswirken solle.[287] Da somit das Vorliegen einer rechtsverbindlichen Handlung des Rates im Sinne des Art. 230 EGV bejaht wurde, war die Klage zulässig, wurde aber letztlich als unbegründet abgewiesen.[288]

bb) Verbundene Rechtssachen C-181 und 248/91 – „Bangladesch I"

1993 gab eine Nichtigkeitsklage des Europäischen Parlaments gegen einen „Beschluss der im Rat vereinigten Mitgliedstaaten" aufgrund eines Vorschlags der Kommission im Rahmen einer Gemeinschaftsaktion, Bangladesch eine Sonderhilfe zu gewähren, sowie gegen die von der Kommission zur Durchführung dieses Aktes ergriffenen Haushaltsmaßnahmen dem Gerichtshof Anlass, seine Rechtsprechung zu präzisieren bzw. zu vertiefen.[289] Die Einrede des Rates, der streitige Akt sei nicht vom Rat, sondern von den Mitgliedstaaten erlassen worden und sei deshalb nicht mit Nichtigkeitsklage anfechtbar[290], veranlasste bereits den Generalanwalt in seinem Schlussantrag zu folgenden Ausführungen:

> „Vorab ist darauf hinzuweisen, dass der Gerichtshof bei der Bestimmung der gemäß Art. 173 EWG-Vertrag anfechtbaren Maßnahmen eine weite, auf sachliche und nicht auf förmliche Überlegungen gestützte Auslegung für richtig gehalten hat [...]. Zwar war in den angeführten Rechtssachen anders als im vorliegenden Fall nicht die Identität des handelnden Organs im Streit, sondern die Wirkungen des angegriffenen Aktes. Insbesondere im Fall AETR war [...] klar, dass die Entscheidung, deren Gültigkeit die Kommission angefochten hatte, vom Rat erlassen worden war [...]. Im vorliegenden Fall dagegen wird der angegriffene Akt als eine Entscheidung der im Rat vereinigten Mitgliedstaaten bezeichnet. Hier ist grundsätzlich zu unterscheiden zwischen Entscheidungen des Rates (der gemäß Art. 146 EWG-Vertrag aus Vertretern der Mitgliedstaaten besteht) und Entscheidungen der im Rat vereinigten Mitgliedstaaten [...]. Klar ist jedenfalls, dass die Vertreter der Mitgliedstaaten bei der Annahme solcher [letzterer] Akte nicht als Mitglieder des Rates handeln, sondern als Vertreter ihrer Regierungen,

287 EuGH, a.a.O., Rdnr. 52-54.

288 Zum einen hatte der Rat nicht gegen das Gemeinschaftsverfahren verstoßen und auch das Unterlassen einer Begründung und des Nennens einer Rechtsgrundlage sei kein Nichtigkeitsgrund, weil diese Erfordernisse nicht auf „Rechtsakte besonderer Art" ausgedehnt werden könnten; vgl. EuGH, a.a.O., Rdnr. 69-92 und 97-99.

289 EuGH, verb. Rs. C-181 und 248/91 (Parlament/Rat und Kommission), Slg. 1993, I-3685 – „Bangladesch I".

290 EuGH, a.a.O., Rdnr. 9.

die gemeinsam die Zuständigkeiten der Mitgliedstaaten wahrnehmen. Daraus folgt, dass solche Akte grundsätzlich keine Akte der Gemeinschaftsorgane sind.

Der Gerichtshof kann aber nicht allein deswegen daran gehindert sein, die Gültigkeit einer Entscheidung zu prüfen, weil sie als Entscheidung der im Rat vereinigten Mitgliedstaaten bezeichnet wird. Um zu bestimmen, ob es sich bei einem Akt, der dem Anschein nach als Akt der im Rat vereinigten Mitgliedstaaten erlassen worden ist, in Wirklichkeit um einen Ratsakt handelt, kann der Gerichtshof vielmehr den Inhalt und die Wirkungen des Aktes untersuchen sowie der Frage nachgehen, ob die Gemeinschaft für seinen Erlass ausschließlich zuständig ist [...]. Reichte die Bezeichnung einer Entscheidung als von dem im Rat vereinigten Mitgliedstaaten erlassen aus, sie dem Anwendungsbereich des Artikels 173 zu entziehen, so könnte der Gerichtshof die Rechtmäßigkeit einer Entscheidung nicht prüfen, die unter Berücksichtigung aller Umstände möglicherweise als Entscheidung des Rates anzusehen wäre."[291]

Dem schloss sich der EuGH an und bekräftigte zunächst unter Hinweis auf den Wortlaut von Art. 173 EWGV, dass „Akte der Vertreter der Mitgliedstaaten, die nicht als Ratsmitglieder, sondern als Vertreter ihrer Regierungen handeln und auf diese Weise gemeinsam Zuständigkeiten der Mitgliedstaaten ausüben, vom Gerichtshof nicht auf ihre Rechtmäßigkeit überprüft werden können"[292], um dann wie folgt fortzufahren:

„Nach ständiger Rechtsprechung ist die Nichtigkeitsklage jedoch gegen alle Handlungen der Organe, ohne Unterschied ihrer Rechtsnatur oder Form, zulässig, die dazu bestimmt sind, Rechtswirkungen zu erzeugen. Ein Akt ist folglich nicht allein deshalb der Kontrolle nach Artikel 173 EWG-Vertrag entzogen, weil er als ‚Entscheidung der Mitgliedstaaten' bezeichnet wird. Es ist vielmehr zu prüfen, ob der fragliche Akt nach seinem Inhalt und den gesamten Umständen,

291 Schlussanträge des Generalanwalts Jacobs zu EuGH, verb. Rs. C-181 und 248/91 (Parlament/Rat und Kommission), Slg. 1993, I-3685, Ziff. 16-21. Auch zu einem anstelle der Nichtigkeitsklage denkbaren Vertragsverletzungsverfahren nahm der Generalanwalt Stellung: „Es ist sicher richtig, dass die Kommission in einem Fall, in dem die Mitgliedstaaten unter Verletzung des Gemeinschaftsrechts eine gemeinsame Entscheidung erließen, gegen sie gemäß Artikel 169 EWG-Vertrag Vertragsverletzungsverfahren einleiten könnte. Klar ist aber auch, dass es dazu in einem Fall wie dem vorliegenden, in dem Einvernehmen zwischen der Kommission und den Mitgliedstaaten besteht, nicht käme. Jedenfalls wäre eine solche Klagemöglichkeit dann keine ausreichende Garantie, wenn die angefochtene Entscheidung angeblich Befugnisse des Parlaments verletzt [...]"; vgl. a.a.O., Ziff. 22.

292 EuGH, verb. Rs. C-181 und 248/91 (Parlament/Rat und Kommission), Slg. 1993, I-3685, Rdnr. 12.

unter denen er erlassen wurde, in Wirklichkeit eine Entscheidung des Rates darstellt."[293]

Unter Beachtung dieser Grundsätze zu „verschleierten Akten des Rates" qualifizierte der EuGH den streitigen Akt schließlich dennoch als einen von den Mitgliedstaaten gemeinsam erlassenen Akt und nicht als ein Handeln des Rates, im Wesentlichen weil es auf dem Gebiet der humanitären Hilfe keine ausschließliche Zuständigkeit der Gemeinschaft gibt, weshalb die Mitgliedstaaten nicht daran gehindert sind ihre Zuständigkeiten in dieser Hinsicht im Rat oder außerhalb des Rates gemeinsam auszuüben. Die Klage gegen den Rat war folglich trotz allem unzulässig.[294]

cc) Rechtssache C-316/91 – „Europäischer Entwicklungsfonds"

Ein Sonderproblem brachte kurze Zeit später eine Nichtigkeitsklage des Europäischen Parlaments gegen die vom Rat auf der Grundlage des Internen Abkommen 91/401/EWG über die Finanzierung und Verwaltung der Hilfen der Gemeinschaft im Rahmen des Vierten AKP-EWG-Abkommens erlassene Finanzregelung 91/491/EWG mit sich.[295] Auch hier machte der Rat geltend, dass die Finanzregelung keine gemäß Art. 173 EWGV anfechtbare Handlung sei. Zwar gehe es bei der Handlung um eine solche des Rates, doch sei sie nicht auf den Vertrag gestützt worden, sondern auf eine dem Rat durch eine Bestimmung einer internationalen Übereinkunft, an der alle Mitgliedstaaten teilgenommen hätten, erteilte Ermächtigung.[296]

Der EuGH wies jedoch abermals darauf hin, dass „die Nichtigkeitsklage nach ständiger Rechtsprechung gegen alle von den Organen erlassenen Bestimmungen, die Rechtswirkung erzeugen sollen, unabhängig von ihrer Rechtsnatur oder ihrer Form, gegeben sein muss" und dass eine Klage daher „unabhängig von der Frage zulässig [ist], ob die Handlung von dem Organ aufgrund von Bestimmungen des Vertrages vorgenommen worden ist".[297] Die fehlende ausschließliche Zuständigkeit der Gemeinschaft auf dem Gebiet der Entwicklungshilfe, aufgrund der die Mitgliedstaaten berechtigt sind, selbst Verpflichtungen gegenüber den Drittländern, kollektiv oder individuell und sogar zusammen mit der Gemeinschaft einzugehen, führte jedoch zur Unbegründetheit der Klage. Die Mitgliedstaaten waren daher berechtigt, die den AKP-Staaten zu gewährende Fi-

---

293 EuGH, a.a.O., Rdnr. 13 f.

294 EuGH, a.a.O., Rdnr. 16-25.

295 EuGH, Rs. C-316/91 (Parlament/Rat), Slg. 1994, I-625 – „Europäischer Entwicklungsfonds".

296 EuGH, a.a.O., Rdnr. 7.

297 EuGH, a.a.O., Rdnr. 8 f.

nanzhilfe zu übernehmen, weshalb die Ausgaben nicht in den Gemeinschaftshaushaltsplan eingestellt werden mussten.[298]

Bemerkenswert ist an dieser Stelle zudem, dass der EuGH an seine Ausführungen zur Zulässigkeit im Urteil in der Rechtssache „Bangladesch I“ anknüpfte, indem er klarstellt, dass keine Bestimmung des Vertrages die Mitgliedstaaten daran hindert, „außerhalb seines Rahmens Verfahrenselemente anzuwenden, die sich an den Vorschriften für die Gemeinschaftsausgaben orientieren, und die Gemeinschaftsorgane an einem solchen Verfahren zu beteiligen“. Insofern hatte das Parlament den Einwand erhoben, der Gemeinschaftscharakter der Ausgaben ergebe sich aus allen Aspekten des für ihre Verwaltung und Verwendung vorgesehenen Verfahrens; insbesondere aus der Entstehungsgeschichte, der äußeren Form, dem Entscheidungsverfahren sowie dem Inhalt der Finanzregelung werde deutlich, dass diese einen sehr engen Zusammenhang mit den Gemeinschaftshandlungen aufweise.[299]

dd) Rechtssache C-57/95

Ein jüngerer Anwendungsfall der Rechtsprechung des EuGH zur Anfechtbarkeit der Handlungen der Organe findet sich etwa in einer Klage Frankreichs auf Nichtigerklärung einer Mitteilung der Kommission betreffend einen Binnenmarkt für Pensionsfonds.[300] Die Kommission trug vor, die Mitteilung solle keine Rechtswirkungen erzeugen, und es sei nicht die Absicht der Kommission gewesen, den Mitgliedstaaten durch diese Mitteilungen Verpflichtungen aufzuerlegen.[301]

Der Gerichtshof machte zunächst deutlich, dass zur Beurteilung, ob die Mitteilung Rechtswirkungen erzeugt, ihr Inhalt zu prüfen ist.[302] Sodann stufte er die von der Kommission erlassene Mitteilung als anfechtbare Handlung ein und erklärte sie wegen fehlender Zuständigkeit der Kommission für nichtig.[303]

ee) Rechtssachen T-584/93 und C-253/94 sowie T-179/94 und C-264/94 P

Das Verhältnis zwischen Unionsrecht und Gemeinschaftsrecht war betroffen, als EuG und EuGH über zwei Nichtigkeitsklagen gegen Handlungen des Europäi-

298 EuGH, a.a.O., Rdnr. 24-39.
299 EuGH, a.a.O., Rdnr. 40 f.
300 EuGH, Rs. C-57/95 (Frankreich/Kommission), Slg. 1997, I-1627.
301 EuGH, a.a.O., Rdnr. 6.
302 EuGH, a.a.O., Rdnr. 9.
303 EuGH, a.a.O., Rdnr. 10-26.

schen Rates zu entscheiden hatten.[304] Die Gerichte führten aus, dass „Artikel 173 Absatz 1 des Vertrages die Handlungen des Europäischen Rates nicht in die Handlungen einbeziehe, deren Rechtmäßigkeit vom Gemeinschaftsrichter überprüft werden könne“, und wiesen darauf hin, dass „Artikel 31 der Einheitlichen Europäischen Akte, die zum Zeitpunkt der Verabschiedung der angefochtenen Erklärung gegolten habe, ausdrücklich die Anwendung der Bestimmungen des EWG-Vertrages über die Zuständigkeit der Gemeinschaftsgerichtsbarkeit auf den Europäischen Rat ausschließe und dass dieser Ausschluss durch Artikel L des Vertrages über die Europäische Union beibehalten worden sei“.[305] Allerdings war vorliegend die Zurechnung der Handlung zum Europäischen Rat und damit zum Unionsrecht unstreitig.

ff) Rechtssache C-170/96

Mehr Schwierigkeiten in dieser Hinsicht bereitete schließlich eine Nichtigkeitsklage der Kommission nach Art. 173 EGV a.F. gegen eine auf der Grundlage von Art. K.3 Absatz 2 lit. b EUV vom Rat erlassene Gemeinsame Maßnahme betreffend den Transit auf Flughäfen.[306] Der EuGH erklärte sich für zuständig, obwohl diese Bestimmung gemäß Art. L EUV an sich der Zuständigkeit des Gerichtshofes entzogen war. Er begründete seine Entscheidung insbesondere mit Art. M EUV, wonach der EG-Vertrag durch den EU-Vertrag unberührt bleibt:

Die Klage der Kommission sei darauf gerichtet, dass der streitige Rechtsakt wegen seines Gegenstandes auf die Bestimmung des Art. 100 c EGV a.F. hätte gestützt werden müssen. Sodann ergebe sich aus Art. M EUV, dass eine Bestimmung wie Art. K.3 Abs. 2 lit. b EUV nicht die Bestimmungen des EGV berühre. Daher habe der Gerichtshof „darüber zu wachen, dass die Handlungen, von denen der Rat behauptet, sie fielen unter Artikel K.3 Absatz 2 des Vertrages über die Europäische Union, nicht in die Zuständigkeiten übergreifen, die die Bestimmungen des EG-Vertrages der Gemeinschaft zuweisen“. Der EuGH sei demnach zuständig, „den Inhalt des Rechtsakts anhand des Artikels 100 c EG-Vertrag zu prüfen, um festzustellen, ob der Rechtsakt nicht die Zuständigkeit der Gemeinschaft nach dieser Bestimmung beeinträchtigt, und ihn für nichtig zu er-

---

304 vgl. die Beschlüsse EuG, Rs. T-584/93 (Roujansky/Rat), Slg. 1994, II-585 und EuGH, Rs. C-253/94 P (Roujansky/Rat), Slg. 1995, I-7 sowie EuG, Rs. T-179/94 (Bonnamy/Rat), Urteil vom 14.07.1994 (unveröffentlicht) und EuGH, Rs. C-264/94 P (Bonnamy/Rat), Slg. 1995, I-15.

305 EuG, Rs. T-584/93 (Roujansky/Rat), Slg. 1994, II-585, Rn. 12 f.; EuGH, Rs. C-253/94 P (Roujansky/Rat), Slg. 1995, I-7, Rdnr. 4 sowie Rs. C-264/94 P (Bonnamy/Rat), Slg. 1995, I-15, Rdnr. 4.

306 EuGH, Rs. C-170/96 (Kommission/Rat), Slg. 1998, I-2763.

klären, wenn sich herausstellen sollte, dass er auf Artikel 100 c EG-Vertrag hätte gestützt werden müssen".[307]

Auch im vorliegenden Fall war Urheber des streitigen Aktes zweifellos der Rat, weshalb sich eine gewisse Vergleichbarkeit mit der Rechtssache „Europäischer Entwicklungsfonds" ergibt.[308] Wie hier vertrat der Rat die Auffassung, er sei nicht im Rahmen des Vertrages tätig geworden, woraufhin der Gerichtshof entschied, die Klage sei unabhängig von der Frage zulässig, „ob die Handlung von dem Organ aufgrund von Bestimmungen des Vertrages vorgenommen worden ist".[309] Im Ergebnis kommen damit die gleichen Überlegungen zum Tragen, die schon in der Rechtssache „Bangladesch I" zur Kontrolle der lediglich dem Anschein nach als Akte der im Rat vereinigten Mitgliedstaaten erlassenen Rechtsakte geführt haben, nur dass es nun um „verschleierte" Handlungen des Rates, die sich nur zum Schein auf den EU-Vertrag stützen, geht.[310] Einmal mehr haben damit die Vertragsbestimmungen über die Zuständigkeitsverteilung die Aufgabe, die fragliche Handlung zuzuordnen. Der EuGH befand, der streitige Rechtsakt falle nicht unter Art. 100 c EGV a.F. und folglich liege keine Berührung des Gemeinschaftsrechts nach Art. M EUV vor; die Klage wurde demnach abgewiesen.[311]

gg) Zusammenfassende Stellungnahme

Zusammenfassend lässt sich festhalten, dass die Rechtsprechung des EuGH von der Notwendigkeit, den Begriff „Handlungen" unter anderem des Rates in Art. 230 EGV auszulegen, ausgeht. Gestützt auf Art. 220 EGV[312] lässt sich der Gerichtshof dabei von dem Gedanken leiten, einen spezifischen Rechtsformenmissbrauch durch Nichtigkeitsklage zu bekämpfen. Dieses Ziel wird erreicht, indem die Nichtigkeitsklage zum einen gegen alle Handlungen des Rates mit Rechtswirkung zugelassen wird, zum anderen aber auch „verschleierte Handlungen des Rates", die nur zum Schein außerhalb des Rahmens des Vertrages liegen, auf ihre Rechtmäßigkeit überprüft werden können. Der EuGH verfolgt

---

307 EuGH, a.a.O., Rdnr. 13-17.

308 so auch Generalanwalt Fennelly in seinen Schlussanträgen zu EuGH, Rs. C-170/96 (Kommission/Rat), Slg. 1998, I-2763, Ziff. 15.

309 vgl. ebenda; EuGH, Rs. C-316/91 (Parlament/Rat), Slg. 1994, I-625, Rdnr. 9 – „Europäischer Entwicklungsfonds" und oben S. 92.

310 vgl. EuGH, verb. Rs. C-181 und 248/91 (Parlament/Rat und Kommission), Slg. 1993, I-3685, Rdnr. 13 f. – „Bangladesch I" und oben S. 91 f.; R. Winkler, JRP 2000, 315 f.; Thun-Hohenstein, Der Vertrag von Amsterdam, S. 18, Fn. 13.

311 EuGH, Rs. C-170/96 (Kommission/Rat), Slg. 1998, I-2763, Rdnr. 33.

312 vgl. EuGH, Rs. 22/70 (Kommission/Rat), Slg. 1971, 263, Rdnr. 38-42 – „AETR" und die zugehörigen Schlussanträge von Generalanwalt Dutheillet de Lamothe.

also mit seiner Rechtsprechung einen funktionalen Ansatz.[313] Um dem gerecht zu werden, legt er bei der Beurteilung, ob eine anfechtbare „Handlung" vorliegt, eine materielle Betrachtungsweise an den Tag und lässt formelle Aspekte zunächst unberücksichtigt. Das steht auch im Einklang mit Art. 230 EGV, der wie bereits erwähnt keine typisierten Handlungsformen vorsieht.[314]

Ohne Zweifel bringt die Einordnung des streitigen Aktes nach den Kriterien „Inhalt und Wirkung" wegen des hohen Abstraktionsgrades gewisse Schwierigkeiten bei der Auslegung und Anwendung der Begrifflichkeiten mit sich und führt im konkreten Fall nicht immer zu klaren, schnellen Ergebnissen. Insofern ist es Sache des EuGH, die jeweiligen Maßstäbe genauer herauszuarbeiten und zu präzisieren. Jedenfalls bleibt zu bedenken, dass auch jede andere Abgrenzungsmethode Probleme bereiten würde. Wäre beispielsweise der Wille des Handelnden maßgebliches Kriterium zur Qualifikation des Aktes, bestünde neben den damit verbundenen Beweisproblemen gerade die Gefahr verbindlicher Rechtsakte im Anwendungsbereich der Verträge, die nur im Wege eines Vertragsverletzungsverfahrens angegriffen werden könnten.[315]

Welche Schlüsse lassen sich nun aus der Rechtsprechung des EuGH zu Art. 230 EGV für die Qualifizierung der Stellungnahme der portugiesischen Präsidentschaft ziehen? Zunächst dürfte für die Frage der rechtlichen Einordnung des Vorgehens in das Unions- und Gemeinschaftsrecht materiellen Gesichtspunkten gegenüber rein formellen der Vorzug zu geben sein. Da im vorliegenden Fall fraglich ist, wem die Stellungnahme grundsätzlich zuzurechnen ist, d.h. ob überhaupt die Handlung eines Organs der EU vorliegt, besteht eine ähnliche Ausgangssituation wie in der Rechtssache „Bangladesh I". Hier hatte der EuGH ebenfalls zu entscheiden, ob überhaupt eine Handlung des Rates vorlag oder bloß eine solche der „im Rat vereinigten Mitgliedstaaten" und prüfte, ob der fragliche Akt nach seinem Inhalt und den gesamten Umständen, unter denen er erlassen wurde, in Wirklichkeit eine Entscheidung des Rates darstellt.[316] Es liegt daher nahe, sich die Grundsätze zu verschleierten Akten des Rates auch bei der Bewertung der Stellungnahme zu nutze zu machen. Zwar entwickelte der EuGH

---

313 so Generalanwalt Jacobs in Ziff. 21 der Schlussanträge zu EuGH, verb. Rs. C-181 und 248/91 (Parlament/Rat und Kommission), Slg. 1993, I-3685 – „Bangladesch I". Auf diesen Ansatz verweist auch Generalanwalt Fennelly in seinen Schlussanträgen zu EuGH, Rs. C-170/96 (Kommission/Rat), Slg. 1998, I-2763, Ziff. 12.

314 s. oben S. 88; vgl. auch R. Winkler, JRP 2000, 313 f.

315 Werden dabei z.B. Anhörungsrechte des Parlaments „umgangen", so stünde diesem kein Rechtsbehelf zur Verfügung, da dem EP im Vertragsverletzungsverfahren keine Beteiligtenfähigkeit zukommt; vgl. auch Ziff. 22 der Schlussanträge des Generalanwalts Jacobs zu EuGH, verb. Rs. C-181 und 248/91 (Parlament/Rat und Kommission), Slg. 1993, I-3685 – „Bangladesch I" bzw. oben S. 90 ff. sowie R. Winkler, JRP 2000, 313 f.

316 vgl. EuGH, verb. Rs. C-181 und 248/91 (Parlament/Rat und Kommission), Slg. 1993, I-3685 – „Bangladesch I", Rdnr. 13 f.; oben S. 91 f.

diese Kriterien lediglich im Anwendungsbereich des EGV, doch dürften sie grundsätzlich auf die gesamte Unionsebene übertragbar sein.[317] Als Prüfungsmaßstab soll daher der Inhalt der Stellungnahme und die gesamten Umstände, unter denen sie erlassen wurde, dienen.

Wegen des funktionellen Ansatzes des EuGH ist aber davor zu warnen, die Rechtsprechung zu „übersystematisieren", etwa dahingehend, alle Handlungen allein nach der Zuständigkeitsverteilung zu qualifizieren und z.B. die Gemeinschaftskompetenzen überschreitende Akte des Rates stets zu völkerrechtlichen Übereinkommen der Mitgliedstaaten zu machen und umgekehrt.[318] Entsprechend untersuchte auch der EuGH in der Rechtssache „Bangladesch I" neben dem Inhalt des Aktes auch formelle Aspekte, eben die gesamten Umstände seines Erlasses.[319] Bezeichnung und Form eines Rechtsakts bleiben also immer noch ergänzend zu berücksichtigen und ihnen kommt zumindest eine wichtige Indizwirkung für dessen Rechtsnatur zu.

c) Qualifikation der Stellungnahme nach Inhalt und Umständen des Erlasses

aa) Der Inhalt der Stellungnahme

In Anlehnung an die Rechtsprechung des EuGH ist im Hinblick auf den Inhalt des fraglichen Aktes vor allem der Frage nachzugehen, wer für seinen Erlass zuständig ist. Es ist deshalb zu untersuchen, ob die Zuständigkeit für den Erlass der Stellungnahme der portugiesischen Präsidentschaft bei der Europäischen Union liegt.

Wegen der originären Hoheitsgewalt und der im Verhältnis zur EG ursprünglich umfassenden Zuständigkeit der Mitgliedstaaten ist insofern als Grundsatz von der eingeschränkten Zuständigkeitsübertragung zwischen Mitgliedstaaten

317 Allerdings könnte ein Übergriff in Zuständigkeiten nach dem EU-Vertrag wegen Art. 46 EUV vom EuGH regelmäßig nicht aufgegriffen werden. Geht man vom Fehlen einer Rechtspersönlichkeit der Union aus, stellt sich außerdem die Frage, ob eine Beeinträchtigung von Zuständigkeiten der Union überhaupt möglich ist. Da die Handlungen letztlich den Mitgliedstaaten zuzurechnen wären, ist allenfalls eine Verletzung der im EUV vorgeschriebenen Verfahren denkbar; weiterführend R. Winkler, JRP 2000, 323 f.

318 vgl. R. Winkler, JRP 2000, 314.

319 EuGH, verb. Rs. C-181 und 248/91 (Parlament/Rat und Kommission), Slg. 1993, I-3685, Rdnr. 17 ff. Gleichermaßen nahm der EuGH in der Rs. „Europäischer Entwicklungsfonds" für die Antwort auf die Frage, wer sich gegenüber den AKP-Staaten verpflichtet hat, eine Auslegung des Wortlauts des Abkommens vor, nachdem er die Verteilung der Zuständigkeiten zwischen der Gemeinschaft und den Mitgliedstaaten auf dem betreffenden Gebiet geprüft hatte; vgl. EuGH, Rs. C-316/91 (Parlament/Rat), Slg. 1994, I-625, Rdnr. 24 ff. und oben S. 92 f.

und Gemeinschaften auszugehen. Das bedeutet, dass die Gemeinschaften nur dann zur Rechtsetzung zuständig sind, wenn die Verträge ausdrücklich eine Ermächtigung zum Tätigwerden der Gemeinschaftsorgane enthalten. Erst recht gilt dies für die Unionsebene. Der Grundsatz der begrenzten Einzelermächtigung ist in den Verträgen z. B. in Art. 5 Abs. 1, 7 Abs. 1 S. 2, 249 Abs. 1 EGV, Art. 2, 5 EUV angelegt.[320] Die Suche nach einer Ermächtigungsgrundlage für den Erlass der Stellungnahme hat dabei auf der Grundlage des maßgeblichen materiellen Gehalts jenes Vorgehens – also der im zweiten Absatz der Stellungnahme enthaltenen „Gemeinsamen Reaktion“ – zu erfolgen.[321]

Eine Kompetenz der EU für den Erlass der „Gemeinsamen Reaktion“ kann sich nun aus zwei Gesichtspunkten ergeben. Einerseits könnte der Inhalt der „Gemeinsamen Reaktion“ in einen einschlägigen Sachkompetenzbereich des EU-Rechts fallen, andererseits kommt als Ermächtigungsgrundlage aber auch Art. 7 EUV in Betracht, der bei der Verletzung fundamentaler Grundsätze durch einen Mitgliedstaat die Aussetzung bestimmter Rechte ermöglicht.[322] Zunächst soll nach etwaigen Sachkompetenzen der EU gefragt werden.

(1) Betroffenheit eines Sachkompetenzbereiches der EU

Ob die „Gemeinsame Reaktion“ ein in den Verträgen geregeltes Sachgebiet betrifft, ergibt sich aus deren Inhalt, also den beschlossenen Maßnahmen nach den Spiegelstrichen 1 bis 3.[323] Insofern sind die drei Maßnahmen nun im Einzelnen zu untersuchen.

---

320 In den Gemeinschaften wurde dieser Grundsatz zunächst aus dem früheren Art. 4, jetzt Art. 7 EGV abgeleitet, nach dem die Organe der Gemeinschaften im Rahmen ihrer Zuständigkeiten tätig werden. Dieser auf die Organzuständigkeit bezogene Grundsatz wurde als Prinzip der enumerativen Einzelermächtigung auf die Verbandszuständigkeit der Gemeinschaft ausgeweitet und jetzt in Art. 5 Abs. 1 EGV als allgemeines Prinzip der Zuständigkeitsverteilung formuliert. Dem Grundsatz der begrenzten Organzuständigkeit entspricht als Prinzip der Unionsrechtsordnung jetzt die Regelung von Art. 5 EUV. Die Geltung des allgemeinen Grundsatzes der Einzelermächtigung genauso für die Union folgt aus der Geltung des Subsidiaritätsprinzips i.S.v. Art. 5 EGV gem. Art. 2 EUV a.E. auch in der Union. Der Verweis auf Art. 5 EGV umfasst dessen gesamte Kompetenzverteilungs- und Ausübungssystematik. Aus dem Grundsatz der begrenzten Einzelermächtigung folgt des Weiteren, dass die Union keine Kompetenz-Kompetenz besitzt (vgl. BVerfGE 89, 155, 195 f.), also nicht selbständig über ihre Zuständigkeit entscheiden darf; vgl. Beutler, in: Beutler/Bieber/Pipkorn/Streil, Die Europäische Union, Rdnr. 121 f.

321 s. hinsichtlich der Struktur der Stellungnahme oben S. 81 ff.

322 ähnlich Busse, Österreich contra Europäische Union, S. 20 f. sowie Hummer/Obwexer, EuZW 2000, 489 f.

323 s. oben S. 82.

(a) Die Maßnahmen nach Spiegelstrich 1 und 3

Die Maßnahme nach Spiegelstrich 1 sieht vor, dass keine bilateralen Kontakte zwischen den Mitgliedstaaten und Österreich auf der politischen Ebene unterhalten werden. Der Begriff „bilateral“ bedeutet im allgemeinen „zweiseitig“, „von zwei Seiten ausgehend“ bzw. „zwei Seiten betreffend“[324] und insbesondere im völkerrechtlichen Sprachgebrauch sind mit den „bilateralen Beziehungen“ die Beziehungen zwischen zwei Staaten bzw. Völkerrechtssubjekten gemeint.[325] Daraus folgt, dass es hier gerade nicht um die Kontakte zwischen Österreich und seinen Partnerstaaten innerhalb des multilateralen Rahmens, den die EU darstellt, gehen kann. Auch vermag die Wendung nicht dahingehend verstanden werden, dass die Beziehungen zwischen der Union einerseits und Österreich andererseits in Rede stehen. Wenn vorliegend von den offiziellen bilateralen Kontakten der Regierungen der 14 Mitgliedstaaten mit der österreichischen Bundesregierung gesprochen wird, betrifft dies vielmehr die Kontakte zwischen Österreich auf der einen Seite und jedem einzelnen der übrigen 14 Mitgliedstaaten auf der anderen Seite.

Dabei fällt auf, dass die dritte Maßnahme, wonach die Botschafter Österreichs in den Hauptstädten der Mitgliedstaaten nur auf technischer Ebene empfangen werden, an sich schon in der Maßnahme nach Spiegelstrich 1 enthalten ist. So wird der Verkehr zwischen den Staaten gerade im Wege der diplomatischen Beziehungen abgewickelt.[326] Der Empfang der Botschafter als Chefs der jeweiligen diplomatischen Mission Österreichs in den Mitgliedstaaten[327] nur mehr auf der technischen Ebene, d.h. auf der Ebene von Beamtenkontakten, und damit eben nicht auf politischer Ebene im Sinne von Ministerkontakten[328], stellt demnach lediglich einen Teilaspekt des Abbruchs der offiziellen bilateralen Kontakte auf politischer Ebene insgesamt dar. Dementsprechend werden auch

324 Stichwort: bilateral, in Duden, Wörterbuch Bd. 1, S. 531.

325 vgl. ebenda; R. Geiger, in: Tilch/Arloth, Deutsches Rechts-Lexikon, Bd. 1, S. 834, definiert in diesem Zusammenhang den Begriff „bilaterale Abkommen“ als völkerrechtliche Verträge, an denen nicht mehr als zwei Staaten beteiligt sind; ebenso Weber in: Creifelds, Rechtswörterbuch, S. 235 + 885, der zusätzlich auf den gegensätzlichen Begriff „multilaterale Abkommen“ i.S.v. mehrseitigen völkerrechtlichen Verträgen hinweist.

326 vgl. Neuhold, Stichwort: Beziehungen, zwischenstaatliche, in: Seidl-Hohenveldern, Lexikon des Rechts/Völkerrecht, S. 43.

327 Unter einer diplomatischen Mission ist eine Person oder eine Gruppe von Personen zu verstehen, die diplomatische Funktionen wahrnimmt. Letzterenfalls steht eine Mission unter der Leitung eines Missionschefs, dem ein oder mehrere weitere Beamte diplomatischen Ranges („diplomatisches Personal“) zugeteilt sind; vgl. H. Fischer, in: K. Ipsen, Völkerrecht, § 35, Rdnr. 13; Seidl-Hohenveldern/Stein, Völkerrecht, Rdnr. 983 f. sowie Art. 1 und 14 des Wiener Übereinkommens über diplomatische Beziehungen vom 18.04.1961, BGBl. II 1964, S. 959.

328 vgl. auch Hummer/Obwexer, ZÖR 2000, 280; dieselben, europa-blätter 2000, 94.

nur die Botschafter Österreichs in den EU-Hauptstädten genannt, nicht aber der Ständige Vertreter Österreichs bei der Europäischen Union.

Im Hinblick auf die zwischenstaatlichen Kontakte der Mitgliedstaaten bestimmt nun Art. 19 Abs. 1 EUV, dass die Mitgliedstaaten ihr Handeln in internationalen Organisationen und auf internationalen Konferenzen koordinieren. Doch abgesehen davon, dass die Vorschrift lediglich für das mitgliedstaatliche Zusammenwirken im Bereich der Gemeinsamen Außen- und Sicherheitspolitik gilt, zielt sie auf eine Koordinierung zwischen allen Mitgliedstaaten, weshalb es sich nicht mehr um bloß bilaterale Verhältnisse, sondern vielmehr um eine multilaterale Verständigung[329] handelt.

Gleiches gilt für Art. 20 EUV, nach dem die diplomatischen und konsularischen Vertretungen der Mitgliedstaaten in dritten Ländern und auf internationalen Konferenzen sowie ihre Vertretungen bei internationalen Organisationen sich abstimmen, um die Einhaltung und Umsetzung der vom Rat angenommenen gemeinsamen Standpunkte und gemeinsamen Aktionen zu gewährleisten, und ihre Zusammenarbeit durch Informationsaustausch, gemeinsame Bewertungen und Beteiligung an der Durchführung des Art. 20 EGV intensivieren. Was die Maßnahme nach Spiegelstrich 3 angeht, kommt hinzu, dass Art. 20 EUV auch in erster Linie gerade nicht die diplomatischen Vertretungen der Mitgliedstaaten innerhalb der Europäischen Union erfasst. Soweit der schon in Art. 20 EUV erwähnte Art. 20 EGV des Weiteren jedem Unionsbürger im Hoheitsgebiet eines dritten Landes, in dem der Mitgliedstaat, dessen Staatsangehörigkeit er besitzt, nicht vertreten ist, den diplomatischen und konsularischen Schutz eines jeden Mitgliedstaates unter denselben Bedingungen wie Staatsangehörige dieses Staates gewährt, mögen zwar in gewisser Weise die bilateralen Beziehungen zwischen Heimatstaat des Unionsbürgers und schützendem Mitgliedstaat tangiert sein, aber doch nur für diesen eingeschränkten Bereich, der jedenfalls nichts mit den hier relevanten zwischenstaatlichen politischen Kontakten zu tun hat.

Schließlich lässt sich auch den Bestimmungen über die Begründung einer verstärkten Zusammenarbeit der Art. 43 – 45 EUV nicht entnehmen, dass die Zuständigkeit zur Regelung der bilateralen Beziehungen zwischen den Mitgliedstaaten mittlerweile auf die Unionsebene verlagert wurde. Da gemäß Art. 43 Abs. 1 lit. d EUV die Zusammenarbeit mindestens die Mehrheit der Mitgliedstaaten betreffen muss, handelt es sich abermals nicht um eine bilaterale, vielmehr um eine multilaterale Zusammenarbeit.[330] Im Übrigen wollen die Vorschriften nach ihrem Sinn und Zweck ausschließlich eine über das vorhandene Niveau hinausgehende Zusammenarbeit ermöglichen, jedoch keineswegs als

329 zum Begriff „multilateral" s. auch oben Fn. 325.

330 vgl. Ruffert, in: Calliess/Ruffert, EUV/EGV 1. Aufl., Art. 43 EUV, Rdnr. 14 f., der auch von einem „multilateralen opting out" spricht.

Grundlage für die Einschränkung oder den Abbruch bereits bestehender zwischenstaatlicher Kontakte dienen.[331] Das geht auch aus Art. 43 Abs. 1 lit. f und lit. g EUV hervor, wonach die Zuständigkeiten, Rechte, Pflichten und Interessen der nicht an der Zusammenarbeit beteiligten Mitgliedstaaten nicht beeinträchtigt werden dürfen bzw. die Zusammenarbeit allen Mitgliedstaaten offen steht und es ihnen gestattet, sich der Zusammenarbeit jederzeit anzuschließen.[332]

Im Ergebnis ist daher davon auszugehen, dass die Regelung und Durchführung der bilateralen Kontakte zwischen den EU-Mitgliedstaaten als solche – einschließlich der Ausgestaltung des diplomatischen Verkehrs – nicht zu den Kompetenzen der Union gehört, sondern dieses Sachgebiet im originären Zuständigkeitsbereich der einzelnen Mitgliedstaaten verblieben ist.[333] Eine andere Frage ist in diesem Zusammenhang, inwiefern die Mitgliedstaaten bei der Ausgestaltung ihrer bilateralen Beziehungen untereinander völlig frei sind, oder ob es trotz der grundsätzlich gegebenen Zuständigkeit der Mitgliedstaaten zu Wechselwirkungen mit dem Recht der Europäischen Union kommt, die zu bestimmten Vorgaben und Beschränkungen in diesem Bereich führen können. Zu denken ist insofern vor allem an die Pflicht der Mitgliedstaaten zur Gemeinschaftstreue aus Art. 10 EGV sowie an Art. 11 Abs. 2 EUV, der davon ausgeht, dass die Mitgliedstaaten zusammenarbeiten, um ihre gegenseitige politische Solidarität zu stärken und weiterzuentwickeln. Dabei bleibt allerdings nochmals klarzustellen, dass sich hieraus keinesfalls eine Regelungskompetenz für die Union ergibt.[334]

---

331 Dies verdeutlicht auch das Konzept eines „Europas der mehreren Geschwindigkeiten" („Europe à plusieurs vitesses"), das der Debatte um die Ausgestaltung einer differenzierten Integration u.a. zugrundelag, vgl. hierzu Ehlermann, EuR 1997, 363 f.; Ost, DÖV 1997, 496; Ruffert, in: Calliess/Ruffert, EUV/EGV, Art. 43 EUV, Rdnr. 1 ff. m.w.N.

332 Die Regelungen über die verstärkte Zusammenarbeit stellen folglich ein Mittel zur Integrationsförderung dar; der „acquis communautaire" darf durch die Flexibilisierung nicht beeinträchtigt werden (s. auch Art. 43 Abs. 1 lit. e EUV); vgl. Ruffert, in: Calliess/Ruffert, EUV/EGV 1. Aufl., Art. 43 EUV, Rdnr. 9, 16 ff. + 22. Unter Wahrung der in Amsterdam festgelegten Grundkonzeption – allgemeine Ermächtigung nach Art. 43 EUV und konkreter Beschluss nach Art. 11 EGV bzw. im Bereich Justiz und Inneres – hat zwischenzeitlich der Vertrag von Nizza die verstärkte Zusammenarbeit in drei wichtigen Punkten weiterentwickelt. Ein einzelner Mitgliedstaat kann die Inanspruchnahme der verstärkten Zusammenarbeit nicht mehr durch sein Veto blockieren, die Mindestteilnehmerzahl ist nun auf 8 Mitgliedstaaten begrenzt, und die verstärkte Zusammenarbeit wurde auch im Bereich der GASP eingeführt; vgl. Art. 43 bis 45 EUV n.F. i.V.m. Art. 27a bis 27c, 40 bis 40b EUV n.F., 11 bis 11a EGV n.F.

333 so auch Hummer/Obwexer, EuZW 2000, 489 f.; Busse, Österreich contra Europäische Union, 22 f.

334 vgl. Busse, Österreich contra Europäische Union, S. 23.

(b) Die Maßnahme nach Spiegelstrich 2

Bezüglich der Maßnahme nach Spiegelstrich 2, die eine Unterstützung österreichischer Kandidaten für Posten in internationalen Organisationen ausschließt, ist zu differenzieren.[335] Für den Fall einer Kandidatur für eine Stelle innerhalb der drei Europäischen Gemeinschaften EG, EAG und (der zwischenzeitlich beendeten) EGKS selbst als „internationale Organisationen" ist es naturgemäß Sache der einzelnen Mitgliedstaaten ihren Bewerber zu unterstützen bzw. wenn es einen solchen nicht gibt, eventuell den Bewerber aus einem anderen Mitgliedstaat zu fördern. Dieser Maßstab ist ebenfalls bei Bewerbungen für sonstige im Rahmen der Europäischen Union geschaffene Funktionen anzulegen, etwa bei der Ernennung eines Sonderbeauftragten für besondere politische Fragen gemäß Art. 18 Abs. 5 EUV im Bereich der Gemeinsamen Außen- und Sicherheitspolitik.[336] Allerdings geht es dann nur noch ganz allgemein um internationale Posten und nicht mehr um Besetzungen in einer „internationalen Organisation" im eigentlichen Wortsinn.[337]

Etwas anderes gilt indes für die Unterstützung von Kandidaten für Positionen in den übrigen internationalen Organisationen, denen die einzelnen Mitgliedstaaten angehören. Die Besetzung dieser Stellen fällt nämlich grundsätzlich in die Gemeinsame Außen- und Sicherheitspolitik, weil die Union gemäß Art. 11 Abs. 1 EUV eine GASP erarbeitet und verwirklicht, die sich auf alle Bereiche der Außen- und Sicherheitspolitik erstreckt.[338]

Als konkrete Ermächtigungsgrundlage könnte erneut Art. 19 Abs. 1 EUV herangezogen werden, der bestimmt, dass die Mitgliedstaaten ihr Handeln in internationalen Organisationen koordinieren und dort für die gemeinsamen Standpunkte eintreten. Wenn der Vertrag an dieser Stelle nur von einem Eintreten für gemeinsame Standpunkte spricht, so ist dies nicht so eng auszulegen, dass lediglich gemeinsame Standpunkte nach Art. 12, 15 EUV gemeint wären. Das Eintreten für gemeinsame Standpunkte in internationalen Gremien ist vielmehr stets dann angezeigt und erforderlich, wenn in der EU-Koordinierung eine gemeinsame Linie entwickelt werden kann, z.B. für eine Eröffnungserklärung der Union in einer konkreten internationalen Verhandlung. Hierbei kann es nicht darauf ankommen, ob diese Linie in der inzwischen üblichen Rechtsförmlichkeit des gemeinsamen Standpunktes beschlossen wurde. Der Begriff gemeinsamer

---

335 ähnlich Leidenmühler, ZÖR 2000, 314; Hummer/Obwexer, europa-blätter 2000, 95 f.

336 vgl. z.B. die Gemeinsame Aktion 1999/523/GASP des Rates vom 29.07.1999 zur Bestätigung der Ernennung des Sonderbeauftragten der EU für die Funktion des Koordinators für den Stabilitätspakt für Südosteuropa, ABl. 1999 Nr. L 201, S. 2 f.

337 Hummer/Obwexer, europa-blätter 2000, 96.

338 vgl. Busse, Österreich contra Europäische Union, S. 23; zur grundsätzlichen Reichweite der Regelungen der GASP s. Busse, Völkerrechtliche Einordnung der EU, S. 170 ff.

Standpunkt in Art. 19 Abs. 1 EUV ist also formlos im Sinne des früheren Art. 116 EWGV zu verstehen.[339] Daraus folgt, dass von Art. 19 Abs. 1 EUV auch eine Koordination und das gemeinsame Eintreten bei Personalentscheidungen erfasst wird.[340] Eine weitere Rechtsgrundlage, wenn es um die Besetzung von Positionen in internationalen Gremien geht, stellt der ebenfalls schon erwähnte Art. 20 EUV dar, der die Zusammenarbeit der diplomatischen Vertretungen unter anderem bei internationalen Organisationen und Konferenzen regelt.[341]

Dass die Koordinierung nach Titel V des EU-Vertrages den Personalsektor mit einschließt, erlaubt nicht nur der Wortlaut der Art. 19 und 20 EUV; die gemeinschaftliche Praxis bestätigt ein derartiges Verständnis. Doch bleibt bei der gegenseitigen Abstimmung in Personalangelegenheiten auf der Unionsebene zu beachten, dass sich die EU-Partner noch nicht auf ein zentrales Verfahren in den Brüsseler Instanzen verständigt und bislang einzig Verhaltensrichtlinien für die Meldung von Kandidaten für Führungspositionen in den Vereinten Nationen aufgestellt haben. Es existiert aber noch kein Verfahren, das sicherstellt, dass für eine offene Position auch ein gemeinsamer Kandidat benannt wird.[342] Demnach ist das Aufstellen eines gemeinsamen Bewerbers eine bei gegebenem Anlass im jeweiligen Einzelfall immer wieder von neuem zu treffende Entscheidung. Voraussetzung ist ein gemäß Art. 23 EUV vom Rat im Rahmen der GASP gefasster Beschluss, eine bestimmte Persönlichkeit für eine bestimmte Stelle zu favorisieren und deren Kandidatur voranzutreiben. Solange jedoch ein solcher Beschluss nicht vorliegt, bleibt die Unterstützung von Kandidaten für Posten in internationalen Organisationen eine Angelegenheit allein der Mitgliedstaaten.[343] Es kann also auch in diesem Bereich allenfalls von einer konkurrierenden Zuständigkeit gesprochen werden.

Sofern sich nun aber die Maßnahme nach Spiegelstrich 2 auf alle Kandidaten mit österreichischer Staatsangehörigkeit in ganz genereller Weise bezieht und gerade nicht deren Förderung in positiver Hinsicht, sondern – ganz im Gegenteil – die Verweigerung jeglicher Unterstützung zum Ziel hat, vermag hierin nach oben Gesagtem nicht die Ausübung der entsprechenden Unionskompetenz liegen. Von vornherein Kandidaten österreichischer Herkunft für sämtliche Positionen in internationalen Organisationen die Unterstützung zu versagen, steht

339 Kaufmann-Bühler in: Grabitz/Hilf, Recht der EU A I, Art. J.2 EUV, Rdnr. 12; s. auch H. Winkler/Schauer, Die Maßnahmen gegen Österreich, S. 138.

340 wie hier H. Winkler/Schauer, Die Maßnahmen gegen Österreich, S. 138; Klaushofer, JRP 2000, 300; Busse, Österreich contra Europäische Union, S. 23.

341 Kaufmann-Bühler in: Grabitz/Hilf, Recht der EU A I, Art. J.6 EUV, Rdnr. 9; Klaushofer, JRP 2000, 300.

342 Kaufmann-Bühler, in: Grabitz/Hilf, Recht der EU A I, Art. J.6 EUV, Rdnr. 9.

343 vgl. Busse, Österreich contra Europäische Union, S. 23 + 29, der als Beispiel für eine solche Koordination die gemeinsame Benennung der beiden deutschen Kandidaten Koch-Weser und Köhler für den Direktorenposten des IWF nennt (s. hierzu auch Erster Teil, S. 59).

nämlich im Gegensatz zu Sinn und Zweck der Gemeinsamen Außen- und Sicherheitspolitik. Es widerspricht einer koordinierten und gemeinsamen Vorgehensweise im Rahmen der GASP, sich solchermaßen in seiner eigenen Auswahlmöglichkeit zu beschränken.[344] Die vorliegende Maßnahme lässt sich daher schon in materieller Hinsicht auch nicht als einschlägiger Beschluss auf dem Gebiet der GASP einordnen. Vielmehr konnte die zweite Maßnahme von ihrem Inhalt her ebenfalls nur von den Mitgliedstaaten selbständig getroffen werden.[345]

Bis hierhin ist somit zusammenzufassen, dass sich alle drei Maßnahmen nicht als Wahrnehmung einer einschlägigen Sachkompetenz der Europäischen Union darstellen. Insoweit fällt der Erlass der „Gemeinsamen Reaktion" dagegen in die Zuständigkeit der einzelnen Mitgliedstaaten.[346]

(2) Kompetenz der EU aus Art. 7 i.V.m. Art. 6 Abs. 1 EUV

Das Unionsrecht sieht in Art. 7 EUV ein Sanktionsverfahren vor, wenn ein Mitgliedstaat die Grundsätze der Europäischen Union „schwerwiegend und anhaltend" verletzt. Diese Prinzipien sind – so der Verweis in Art. 7 Abs. 1 EUV – dem Art. 6 Abs. 1 EUV zu entnehmen. Zu Beginn soll ein einleitender Überblick über den Sanktionsmechanismus in der zur Zeit der Österreich-Krise geltenden Fassung des Vertrages von Amsterdam[347] gegeben werden.

(a) Überblick: Der Sanktionsmechanismus des Art. 7 i.V.m. Art. 6 Abs. 1 EUV

(aa) Die Grundsätze der Union in Art. 6 Abs. 1 EUV

„Die Union beruht auf den Grundsätzen der Freiheit, der Demokratie, der Achtung der Menschenrechte und Grundfreiheiten sowie der Rechtsstaatlichkeit; diese Grundsätze sind allen Mitgliedstaaten gemeinsam." So bestimmt es Art. 6 Abs. 1 EUV seit seiner Änderung durch den Vertrag von Amsterdam.[348] Damit

---

344 vgl. Klaushofer, JRP 2000, 300.

345 so im Ergebnis auch Hummer/Obwexer, EuZW 2000, 490.

346 vgl. auch H. Winkler/Schauer, Die Maßnahmen gegen Österreich, S. 131 f.; Leidenmühler, ZÖR 2000, 303 f.

347 ABl. 1997 Nr. C 340, S. 1 ff. Der Vertrag von Amsterdam ist am 01.05.1999 in Kraft getreten, ABl. 1999 Nr. C 120, S. 24.

348 vgl. auch den alten Art. F Abs. 1 des Vertrages von Maastricht.

wurde das von den Vertragsparteien bereits in der Präambel des EUV niedergelegte Bekenntnis zu jenen Grundsätzen im Primärrecht verbindlich verankert.[349]

Trotz seiner etwas gewundenen und auch hier präambelhaften Formulierung ohne klaren Normadressaten[350] bringt Art. 6 Abs. 1 EUV mit der Betonung der „Gemeinsamkeit" zum Ausdruck, dass die Europäische Union, die Mitgliedstaaten untereinander wie auch im Verhältnis zur Union gleichartige Strukturprinzipien haben sollen.[351] Mit dem genannten Artikel hat die Europäische Union ein grundlegendes Ordnungsprinzip zusammengesetzter Verbände in ihre Rechtsordnung aufgenommen: das Prinzip der Homogenität.[352] Dies bedeutet nicht nur, dass grundlegende verfassungsrechtliche Leitprinzipien der Mitgliedstaaten untereinander übereinstimmen müssen.[353] Auch das Verhältnis der mitgliedstaatlichen Verfassungsstrukturen zu den Leitprinzipien der Union muss homogen sein.[354] Während in der Vergangenheit der Anspruch der Mitgliedstaaten gegenüber der Union im Vordergrund stand, hat die EU mittlerweile eine Verfasstheit erlangt, in der sie ihrerseits das Homogenitätsgebot an die Mitgliedstaaten richtet.[355]

Seinen sichtbaren Ausdruck im geltenden Primärrecht hat der Homogenitätsanspruch der Europäischen Union[356] in der Bezugnahme zweier Vertragsbestim-

349 Kingreen, in: Calliess/Ruffert, EUV/EGV 1. Aufl., Art. 6 EUV, Rdnr. 1.

350 Kingreen, in: Calliess/Ruffert, EUV/EGV, Art. 6 EUV, Rdnr. 2.

351 Schorkopf, Homogenität in der EU, Ziff. 80; derselbe, DVBl 2000, 1037; Schmahl, EuR 2000, 821; Hummer/Obwexer, EuZW 2000, 486; ähnlich Hilf, EuR 1997, 355; Hilf/Pache, NJW 1998, 706.

352 Dieser in der Lehre verwendete Begriff entstand in Anlehnung an den 1953 in Deutschland geprägten Begriff der „strukturellen Kongruenz und Homogenität"; ausführlich hierzu Schorkopf, Homogenität in der EU, Ziff. 13 ff. und Schmitz, Supranationale Union, S. 301 ff.; vgl. auch H. P. Ipsen, FS für Dürig, S. 159 ff.; Heintzen, EuR 1997, 1 ff.; Gasteyger, Politische Homogenität; Kassner, Unionsaufsicht, S. 29 ff.; Beutler, in: Groeben/Schwarze, EU-/EG-Vertrag Bd. 1, Art. 6 EUV, Rdnr. 23; kritisch allerdings Schmitt von Sydow, ebenda, Art. 7 EUV, Rdnr. 7 ff. sowie Bieber, ECLN Paper, 8 f.

353 sog. horizontale Homogenität; vgl. Schorkopf, Homogenität in der EU, Ziff. 145.

354 sog. vertikale Homogenität; vgl. Schorkopf, Homogenität in der EU, Ziff. 146 f.

355 Puttler, in: Calliess/Ruffert, EUV/EGV, Art. 6 EUV, Rdnr. 214; Huber, Recht der Europäischen Integration, § 5, Rdnr. 59.

356 Die Homogenität in der Europäischen Union hat insgesamt vier Funktionen: Sie dient erstens der Herstellung eines Konsenses zwischen den Mitgliedstaaten als Voraussetzung für einen Integrationsprozess – Konsensfunktion (zur Bedeutung eines Mindestmaßes an Wertkonsens für die Integration s. Groeben, Legitimationsprobleme, S. 51 f.; vgl. auch Everling, FS für Mosler, S. 180 f.). Zweitens soll sie die Legitimationsgrundlagen der Union sowohl im Sinne demokratischer Legitimation, als auch im Hinblick auf die Akzeptanz hoheitlicher Entscheidungen durch ihre Adressaten sichern – Legitimationsfunktion. Drittens kommt der Homogenität die Funktion zu, die europäische I-

mungen auf Art. 6 Abs. 1 EUV gefunden. Zum einen kann gemäß Art. 49 Abs. 1 EUV nur ein solcher europäischer Staat der Europäischen Union beitreten, der die in Art. 6 Abs. 1 EUV genannten Grundsätze achtet. Zum anderen können – wie bereits angesprochen – bei einer Verletzung dieser Grundsätze nach Art. 7 EUV nahezu alle Mitgliedschaftsrechte eines EU-Mitgliedstaates ausgesetzt werden. Die erstgenannte Vorschrift synchronisiert das geschriebene Recht mit den in der Rechtswirklichkeit bereits existierenden politischen Beitrittskriterien und wurde vor dem Hintergrund der bevorstehenden Osterweiterung in das Unionsrecht aufgenommen.[357] Ein deutliches Signal an die – politisch und wirtschaftlich zum Teil wenig gefestigten – neuen Mitgliedstaaten und Beitrittskandidaten wird aber auch von Art. 7 EUV ausgesendet. Darüber hinaus liegt dieser Norm die bis dahin nur vereinzelt behandelte Fragestellung[358] zugrunde, was mit einem bereits aufgenommenen, etablierten Mitgliedstaat geschehen soll, der die Grundlagen der Europäischen Union verletzt.[359]

---

dentitätsbildung als eines der Hauptziele der Europäischen Union mit materiellen Inhalten zu füllen – Integrationsfunktion (zum Begriff der Identität vgl. Hilf, GS für Grabitz, S. 163; Smith, International Affairs 1992, 60 ff.). Viertens wird die Funktionsfähigkeit der Union und der Gemeinschaften gesichert, da die jeweils unterschiedlichen Verbände im Mehrebenensystem auf der Grundlage derselben Prinzipien handeln – Sicherungsfunktion (Das Prinzip der Sicherung der Funktionsfähigkeit stellt bereits H. P. Ipsen, Europäisches Gemeinschaftsrecht, S. 280 ff., heraus.); vgl. zum Ganzen Schorkopf, Homogenität in der EU, Ziff. 25 ff.

357 Konnte nach dem Wortlaut des Art. O EUV jeder „europäische Staat [...] beantragen, Mitglied der Union zu werden", muss der Bewerberstaat nach Art. 49 EUV nunmehr auch die Bedingung des demokratischen Rechtsstaates sowie die Verwirklichung des Menschenrechts- und Minderheitenschutzes erfüllen; s. detailliert dazu die Darstellung der Kommission in der Agenda 2000, KOM (1997) 2000 endg., Bd. I, S. 47 ff. = Bull-EU Beilage 5-1997, S. 43 ff., unter Bezugnahme auf die Schlussfolgerungen des Vorsitzes des Europäischen Rates von Kopenhagen 1993, BullEU 6-1993, Ziff. I.13.

358 Vor allem in der deutschen Rechtswissenschaft finden sich einige Beiträge: Zuleeg, JöR n.F. 20 (1971), 52 ff.; derselbe, Der Staat 17 (1978), 29 ff.; derselbe, Der Bestand der Europäischen Gemeinschaft, S. 57 ff.; derselbe, EuR 1982, 25 f.; Frowein, EuR 1983, 311 ff.; Schwarze, EuR 1983, 30 f.; H. P. Ipsen, FS für Dürig, S. 159 ff.

359 vgl. Schorkopf, DVBl 2000, 1037; derselbe, in: Grabitz/Hilf, Recht der EU I, Art. 7 EUV, Rdnr. 2 + 32. Ergänzt werden diese beiden Gewährleistungsmechanismen dadurch, dass die Entwicklung und Festigung von Demokratie und Rechtsstaatlichkeit sowie die Achtung der Menschenrechte und Grundfreiheiten außerdem eine der Maximen im Rahmen der GASP (Art. 11 Abs. 1 Spstr. 5 EUV) und auf dem Gebiet der Entwicklungszusammenarbeit (Art. 177 Abs. 2 EGV) darstellt; vgl. Kingreen, in: Calliess/Ruffert, EUV/EGV, Art. 6 EUV, Rdnr. 1; Beutler, in: Groeben/Schwarze, EU-/EG-Vertrag Bd. 1, Art. 6 EUV, Rdnr. 14 + 36.

(bb) Das Sanktionsverfahren nach Art. 7 EUV

Der ebenfalls mit dem Amsterdamer Vertrag eingeführte Art. 7 EUV[360] benennt Verfahren, Tatbestandsvoraussetzungen und Rechtsfolgen für die Sanktionierung einer Verletzung der in Art. 6 Abs. 1 EUV genannten Grundsätze. Im Folgenden wird zunächst die vertragliche Ausgestaltung des Verfahrens dargestellt.

---

360 Entsprechende Anregungen waren bereits in dem Abschlussbericht der Reflexionsgruppe vom 05.12.1995 im Vorfeld der Regierungskonferenz zum Vertrag von Amsterdam (vgl. Jopp/Schmuck, Die Reform der Europäischen Union, S. 108 f.) und den Memoranden der Benelux-Staaten vom 07.03.1996 (a.a.O., S. 164) und Österreichs vom 26.03.1996 (a.a.O., S. 209) enthalten. In dem Bericht des italienischen Vorsitzes der Regierungskonferenz vom 17.06.1996 wurden diese aufgegriffen und in ihren Aufzeichnungen vom 26.07.1996 wies erstmals die irische Präsidentschaft darauf hin, dass die neu zu schaffende Vertragsbestimmung über die Grundlagen der Union (jetzt Art. 6 EUV) mit einer weiteren Bestimmung verknüpft werden solle, die ein Verfahren für die Aussetzung von Mitgliedschaftsrechten vorsehe. Konkret wurde die Schaffung eines Art. O a EUV vorgeschlagen (CONF/3879/96). Auf dieser Grundlage und unter Einbeziehung eines gemeinsamen Vorschlages der österreichischen und italienischen Delegationen vom 01.10.1996 (CONF/3940/96) unterbreitete die irische Präsidentschaft der Konferenz am 08.10.1996 einen Formulierungsvorschlag (CONF/3945/96). Der wesentliche Inhalt der heutigen Fassung fand sich schon in dem anschließenden Entwurf des irischen Vorsitzes vom 05.12.1996 als Art. F a EUV. Der am 30.05.1997 veröffentlichte Vorentwurf eines konsolidierten Vertrages (SN/600/97 [C101]), der dann mit der endgültigen Form des Art. 7 EUV übereinstimmte, brachte allerdings noch einmal erhebliche Änderungen mit sich. Einen „Vorläufer" enthielt bereits Art. 4 Abs. 4 i.V.m. Art. 44 des Entwurfs eines Vertrages zur Gründung der Europäischen Union des EP vom 14.02.1984 (ABl. 1984 Nr. C 77, S. 53 ff.; zu Einzelheiten s. Jacqué, in: Capotorti/Hilf/Jacqué/Jacobs, Vertrag zur Gründung der Europäischen Union, S. 158 ff.; Spinelli, EA 1983, 739 ff.), während das Prinzip der Aussetzung von Rechten auch schon in Art. 88 EGKSV enthalten war. Seit 1990 verstärkt die EU überdies ihre Anstrengungen, die Einhaltung von Menschenrechten weltweit zu fördern. Zu diesem Zweck hat die EG seit 1991 in alle Kooperations- und Assoziationsabkommen Klauseln aufgenommen, die erstens „die Achtung der demokratischen Grundsätze und Menschenrechte" zum wesentlichen Bestandteil der Verträge erklären und zweitens für den Fall der Verletzung dieser wesentlichen Bestandteile die Rechtsgrundlage für das Ergreifen geeigneter Maßnahmen – insbesondere die Aussetzung der Verträge – sind, so z.B. Art. 366 a Abs. 3 des geänderten Vierten AKP-EG-Abkommens von Lomé (ABl. 1991 Nr. L 229, S. 1 ff. und ABl. 1998 Nr. L 156, S. 3 ff., 28; ausführlich hierzu Hoffmeister, Menschenrechts- und Demokratieklauseln, S. 7 ff.; vgl. auch Fn. 359); eingehend zur Entstehungsgeschichte von Art. 7 EUV Schorkopf, Homogenität in der EU, Ziff. 212 ff.; derselbe, in: Grabitz/Hilf, Recht der EU I, Art. 7 EUV, Rdnr. 3 ff.; Stein, FS für Jaenicke, S. 871 ff. sowie Leidenmühler, Die Union 1998, 97 ff. Parallelregelungen in Satzungen internationaler Organisationen und die entsprechende Praxis stellen in diesem Zusammenhang ebenfalls Schorkopf, a.a.O., Ziff. 196 ff. bzw. Rdnr. 7 f. und Stein, FS für Jaenicke, S. 877 ff., vor.

(aaa) Verfahrensrechtliche Vorgaben

Das Verfahren nach Art. 7 EUV zerfällt in zwei Verfahrensschritte: einen ersten zur Feststellung der Verletzung der in Art. 6 Abs. 1 EUV genannten Grundsätze (Feststellungsbeschluss) und in einen zweiten zur Verhängung spezieller Sanktionen gegen den unbotmäßigen Mitgliedstaat (Sanktionsbeschluss).

Gemäß Art. 7 Abs. 1 EUV kann der Rat, der in der seltenen Konfiguration der Staats- und Regierungschefs tagt[361], zunächst auf Antrag eines Drittels der Mitgliedstaaten oder der Kommission und nach Zustimmung des Europäischen Parlaments[362] eine „schwerwiegende und anhaltende Verletzung" von in Art. 6 Abs. 1 EUV genannten Grundsätzen feststellen. Dieser Feststellungsbeschluss steht im Entschließungsermessen des Rates[363] und erfordert Einstimmigkeit bei der Beschlussfassung, wobei die Stimme des Regierungsvertreters des betroffenen Mitgliedstaates gemäß Art. 7 Abs. 4 S. 1 EUV unberücksichtigt bleibt. Die Stimmenthaltung von anderen anwesenden oder vertretenen Unionsstaaten hat keinen Einfluss auf die Einstimmigkeit (Art. 7 Abs. 4 S. 1 EUV). Zuvor muss dem betroffenen Mitgliedstaat Gelegenheit zur Stellungnahme eingeräumt worden sein, was aus rechtsstaatlichen Gründen geboten und auch in Art. 7 Abs. 1 EUV mitbedacht ist. Die Aufforderung zu dieser Stellungnahme hat gemäß Art. 7 Abs.1 EUV ebenfalls durch den Rat in der Zusammensetzung der Staats- und Regierungschefs zu erfolgen.[364]

---

361 In dieser Zusammensetzung entscheidet der Rat ansonsten nur im Rahmen der Wirtschafts- und Währungsunion; vgl. Art. 112 Abs. 2 lit. b, Art. 121 Abs. 2-4 und Art. 122 Abs. 2 EGV. Aus einem Vergleich mit dem Wortlaut dieser Bestimmungen ergibt sich auch eindeutig, dass es sich nicht um den Europäischen Rat i.S.d. Art. 4 EUV handelt; vgl. Schmahl, EuR 2000, 824 + Fn. 35; Schorkopf, in: Grabitz/Hilf, Recht der EU I, Art. 7 EUV, Rdnr. 16; a.A. Bergmann, in: Bergmann/C. Lenz, Der Amsterdamer Vertrag, Kap. 1, Rdnr. 23; wohl auch Manin, CJEL 1998, 23.

362 Nach Art. 7 Abs. 5 EUV beschließt das EP zu diesem Zweck mit der Mehrheit von zwei Dritteln der abgegebenen Stimmen und mit der Mehrheit seiner Mitglieder. Aufgrund dieser doppelten Zustimmungsregel, die implizit ein Präsenzquorum festlegt, könnte das Parlament bei der gegenwärtigen Mitgliederzahl von 626 folglich mit 209 Ja-Stimmen bei 314 anwesenden Mitgliedern zustimmen. Ansonsten ist das Konsenserfordernis nur von der Zahl der abgegebenen Stimmen abhängig und beträgt bei Vollbesetzung des EP 418 zustimmende Voten; vgl. Leidenmühler, ZÖR 2000, 310, Fn. 49; Schorkopf, in: Grabitz/Hilf, Recht der EU I, Art. 7 EUV, Rdnr. 13; Hummer/Obwexer, EuZW 2000, 487; a.A. Schmitt von Sydow, in: Groeben/Schwarze, EU-/EG-Vertrag Bd. 1, Art. 7 EUV, Rdnr. 61 sowie eingehend derselbe, RDUE 2/2001, 308.

363 Kluth, in: Calliess/Ruffert, EUV/EGV, Art. 7 EUV, Rdnr. 4; zur Frage der Ermessensreduzierung s. Schorkopf, in: Grabitz/Hilf, Recht der EU I, Art. 7 EUV, Rdnr. 18; derselbe, Homogenität in der EU, Ziff. 257 ff.

364 Diesbezüglich ist der Wortlaut des Art. 7 Abs. 1 EUV eindeutig: „[...] nachdem *er* die Regierung des betroffenen Mitgliedstaates zu einer Stellungnahme aufgefordert hat."

Im Anschluss an dieses Feststellungsverfahren folgt erst das eigentliche Sanktionsverfahren, für das der Rat[365] alleine zuständig ist.[366] Gemäß Art. 7 Abs. 2 EUV kann der Rat mit qualifizierter Mehrheit beschließen, Rechte des betroffenen Verletzerstaates aus dem EU-Vertrag auszusetzen.

Art. 7 Abs. 4 S. 3 EUV statuiert zu diesem Zweck, dass als qualifizierte Mehrheit derselbe Anteil der gewogenen Stimmen der betreffenden Mitglieder des Rates gilt, der in Art. 205 Abs. 2 EGV festgelegt ist. Da der Rat einen Sanktionsbeschluss nicht auf der Grundlage eines formalen Kompromissvorschlages

---

(Hervorhebung vom Verfasser); vgl. Schmahl, EuR 2000, 824 + Fn. 39; a.A., wenngleich im Ergebnis ähnlich Kluth, in: Calliess/Ruffert, EUV/EGV, Art. 7 EUV, Rdnr. 23. Der Wortlaut ist allerdings insofern auffällig, als der Rat den betroffenen Mitgliedstaat lediglich aufzufordern hat. Wie die Frist zur Stellungnahme zu bemessen ist, geht aus Art. 7 EUV nicht hervor. Die bloße Aufforderung zur Stellungnahme ohne entsprechende Fristbemessung ist auch keine sprachliche Ungenauigkeit der deutschen Textfassung. Wie der englische Text, „[...] after inviting the government of the Member State in question to submit its observations [...]", und die französische Fassung, „[...] après invité le gouvernement de cet Etat membre à présenter toute observation en la matière [...]" verdeutlichen, ist die Pflicht des Rates nach Art. 7 EUV auf die Aufforderung beschränkt. Sie umfasst nicht das Abwarten der Stellungnahme. Diese Pflicht ergibt sich allerdings aus den allgemeinen Rechtsgrundsätzen der Union, genauer dem Anspruch auf rechtliches Gehör. Nach der Rechtsprechung des EuGH sind dem Betroffenen insofern vorab die Vorwürfe mitzuteilen, damit er über eine angemessene Frist für die Vorbereitung seiner Verteidigung verfügt. Der EuGH orientiert sich bei der Bemessung dieser Frist am zweimonatigen Zeitraum nach den Bestimmungen zum Gerichtshof in Abschnitt 4, Titel 1 des fünften Teiles des EGV; vgl. EuGH, Rs. 319/85 (Misset/Rat), Slg. 1988, 1861, Rdnr. 7. Zwar kann die Grundrechtsjudikatur des EuGH nicht ohne weiteres auf die Beziehungen zwischen der Union und ihren Mitgliedstaaten übertragen werden. Doch dürfte der Rat dem betroffenen Mitgliedstaat zumindest eine angemessene Frist zur Stellungnahme zu gewähren haben; er ist allerdings nicht verpflichtet, eine unterbliebene Stellungnahme einzufordern oder auf unbestimmte Zeit zuzuwarten; vgl. Klaushofer, JRP 2000, 301; auch Schmahl, EuR 2000, 824, Fn. 38. Dagegen meint Schorkopf, in: Grabitz/Hilf, Recht der EU I, Art. 7 EUV, Rdnr. 15, dass die bloße Aufforderung zur Abgabe einer Stellungnahme für die Verfahrensfortsetzung ausreichend sei, der Rat jedoch im Interesse der Rechtssicherheit seine Aufforderung mit einer Frist verbinden sollte.

365 Wegen des engen systematischen Zusammenhangs zwischen Art. 7 Abs. 1 und Abs. 2 EUV einerseits sowie der schwerwiegenden Folgen eines Sanktionsbeschlusses andererseits ist mit Schmahl, EuR 2000, 824, Fn. 40, davon auszugehen, dass auch hier nur der Rat in der Zusammensetzung der Staats- und Regierungschefs handeln darf. Schorkopf, Homogenität in der EU, Ziff. 264 f. sowie Barents, MJECL 1997, 335, halten es indes ebenfalls für zulässig, dass der Ministerrat den Sanktionsbeschluss fasst. Dieser sei lediglich eine auf dem Feststellungsbeschluss basierende Durchführungsentscheidung.

366 Eines Vorschlags oder der Beteiligung eines anderen Organs bedarf es in dieser Phase nicht mehr.

fasst[367], bedarf es nach dem Wortlaut des Art. 205 Abs. 2 EGV einer doppelt qualifizierten Mehrheit, d.h. 62 Stimmen und der Zustimmung vom mindestens 10 Mitgliedstaaten.

Hierbei ist problematisch, dass der Rat gemäß Art. 7 Abs. 4 S. 1 EUV abermals ohne Berücksichtigung der Stimmen des Vertreters der Regierung des betroffenen Mitgliedstaates entscheidet. Da Art. 309 Abs. 4 EGV – der zur Klarstellung des ungenauen Wortlautes des Art. 7 Abs. 4 S. 3 EUV zu Hilfe zu nehmen ist – bestimmt, dass abweichend von Art. 205 Abs. 2 EGV lediglich derselbe Anteil gilt, der in Art. 205 Abs. 2 EGV festgelegt ist, kann das nur bedeuten, dass wegen der Nichtberücksichtigung der Stimme des Verletzerstaates zum einen die Gesamtzahl der Stimmen ermäßigt und entsprechend auch die Zahl der für die qualifizierte Mehrheit erforderlichen Stimmen reduziert werden muss. Für die Stimmenreduzierung kommt es darauf an, wie viele Stimmen dem betroffenen Mitgliedstaat normalerweise bei einer Beschlussfassung zustehen.[368] Das Quorum von 62 Stimmen für die qualifizierte Mehrheit[369], was 71,26% der Höchststimmzahl entspricht[370], wird also abhängig von der Anzahl der Stimmen des Verletzerstaates im Verhältnis herabgesetzt.[371]

---

367 Diese Durchbrechung des Initiativmonopols der Kommission verdeutlicht, dass es hier um besonders sensible Aspekte der nationalen Hoheitsbereiche geht, über die die Mitgliedstaaten als „Herren der Verträge“ wachen wollen; vgl. Röttinger, in: C.O. Lenz, EG-Vertrag, Art. 309 EGV, Rdnr. 12.

368 hierzu ausführlich Klaushofer, JRP 2000, 303 ff.; wie hier auch Bergmann, in: Bergmann/C. Lenz, Der Amsterdamer Vertrag, Kap. 1, Rdnr. 24; Hummer/Obwexer, EuZW 2000, 487; Koenig/Haratsch, Europarecht, Rdnr. 149; Leidenmühler, Die Union 1/1998, 102 ff.; Röttinger, in: C. O. Lenz, EG-Vertrag, Art. 309 EGV, Rdnr. 9; Schmahl, EuR 2000, 824 f.; Schorkopf, Homogenität in der EU, Ziff. 269 ff.; derselbe, in: Grabitz/Hilf, Recht der EU I, Art. 7 EUV, Rdnr. 13; Stein, FS für Jaenicke, S. 897; Thun-Hohenstein, Der Vertrag von Amsterdam, S. 24.

369 An der erforderlichen Zustimmung von mindestens 10 Mitgliedstaaten ändert sich indes nichts; vgl. Koenig/Haratsch, Europarecht, Rdnr. 149; Schmitt von Sydow, in: Groeben/Schwarze, EU-/EG-Vertrag Bd. 1, Art. 7 EUV, Rdnr. 67.

370 zur ab dem 01.01.2005 für die Abstimmung mit qualifizierter Mehrheit geltende neue Stimmengewichtung im Rat s. Pache/Schorkopf, NJW 2001, 1381 f.

371 Der „Kompromiss von Ioannina“, demzufolge die Sperrminorität im Rat auf 26 Stimmen angehoben wird, dürfte in einem solchen Fall außer Betracht bleiben; zumindest muss er an diese speziellen Verfahrensbedingungen angepasst werden; vgl. Schmahl, EuR 2000, 825; Schmitt von Sydow, in: Groeben/Schwarze, EU-/EG-Vertrag Bd. 1, Art. 7 EUV, Rdnr. 68. Zum „Kompromiss von Ioannina“, der zum Beschluss des Rates vom 29.03.1994 führte, vgl. ABl. 1994 Nr. C 105, S. 1; Neufassung: ABl. 1995 Nr. C 1, S. 1; vgl. auch Jacqué in: Groeben/Thiesing/Ehlermann, EU-/EG-Vertrag Bd. 4, Art. 148 EGV, Rdnr. 23; Hölscheidt/Schotten, ThürVBl. 1997, 7; Klaushofer, JRP 2000, 303. In der 50. Erklärung zum Amsterdamer Vertrag zum Protokoll über die Organe im Hinblick auf die Erweiterung der EU (BGBl. 1998 II, S. 387 [452]) sind die Mitgliedstaaten übereingekommen, die Geltungsdauer des „Ioannina-Kompromisses“ bis zum Zeitpunkt des Inkrafttretens der ersten „Ost-Erweiterung“ zu verlängern.

(bbb) Materielle Voraussetzungen

Inhaltlich ist für den Feststellungsbeschluss nach Art. 7 Abs. 1 EUV zunächst das Vorliegen einer „Verletzung von in Art. 6 Abs. 1 genannten Grundsätzen durch einen Mitgliedstaat" Voraussetzung. Zwar mag der Wortlaut durch die Verwendung des Plurals die Verletzung von mindestens zwei der vier Grundsätze nahe legen. Doch mangels trennscharfer Abgrenzungsmöglichkeiten des Norminhalts von Art. 6 Abs. 1 EUV, angesichts der Bedeutung jedes einzelnen Grundsatzes und im Interesse einer prinzipiellen Anwendbarkeit erscheint die Verletzung bloß eines Grundsatzes für die Tatbestandserfüllung ausreichend.[372]

Eine Verletzung durch einen Mitgliedstaat liegt vor, wenn der betroffene Mitgliedstaat selbst, d.h. durch das Handeln seiner Organe oder ihm untergeordneter Einheiten von den Inhalten der Grundsätze negativ abweicht.[373] Dies ist zum einen der Fall, wenn die rechtliche Gewährleistung einer der Grundsätze rechtsförmlich aufgehoben oder suspendiert wird. Zum anderen kann eine Verletzung der Grundsätze aber auch in Form ihrer faktischen Einschränkung durch die Staatsorgane erfolgen.[374] In Anlehnung an die jüngere Rechtsprechung des

372 Hummer/Obwexer, EuZW 2000, 487; Kluth, in: Calliess/Ruffert, EUV/EGV, Art. 7 EUV, Rdnr. 12; Manin, CJEL 1998, 23; Schmahl, EuR 2000, 822; Schorkopf, Homogenität in der EU, Ziff. 235; derselbe, in: Grabitz/Hilf, Recht der EU I, Art. 7 EUV, Rdnr. 10; Thun-Hohenstein, Der Vertrag von Amsterdam, S. 23.

373 Der in der Rechtsprechung des EuGH entwickelte Grundsatz, dass sich die Mitgliedstaaten der Union nicht auf ihre innerstaatliche Organisation berufen können, um die Nichteinhaltung von Vertragspflichten zu rechtfertigen, führt in einem föderal organisierten Staat zu einer „Haftung" des Bundes für die „Homogenitätsverletzungen" der Gliedstaaten; vgl. EuGH, Rs. C-297/95 (Kommission/Deutschland), Slg. 1996, I-6739, Rdnr. 8 f.; Rs. C-323/97 (Kommission/Belgien), Slg. 1998, I-4281, Rdnr. 8 – st. Rspr.; vgl. auch Schorkopf, DVBl. 2000, 1038 + Fn. 20; derselbe, in: Grabitz/Hilf, Recht der EU I, Art. 7 EUV, Rdnr. 10; Schmahl, EuR 2000, 822 + Fn. 28; Hummer/Obwexer, EuZW 2000, 487 + Fn. 29.

374 So wird z.B. das Demokratiegebot verletzt, wenn die Durchführung von Wahlen unterbleibt oder die Freiheit der Wahl behindert wird; vgl. Kluth, in: Calliess/Ruffert, EUV/EGV, Art. 7 EUV, Rdnr. 13. Nicht sanktionsbewehrt sind allerdings notstandsbedingte Einschränkungen von Grund- und Menschenrechten, die in der BRD z.B. gem. Art. 115 c Abs. 2 GG und Art. 12 a Abs. 6 GG möglich wären. Ein verhältnismäßiger Einsatz nationaler Notstandsgesetze – auch längerfristig – kann nicht dazu führen, dass der betreffende Staat sich einem Suspendierungsverfahren ausgesetzt sieht, vorausgesetzt der menschenrechtliche Mindeststandard wird nicht tangiert. Der sog. „noyau dur" der Menschenrechte wie etwa das Recht auf Leben und körperliche Unversehrtheit ist nämlich auch in Notstandssituationen stets zu gewährleisten; vgl. Art. 15 Abs. 2 EMRK und Art. 4 Abs. 2 IPbpR; wie hier Stein, FS für Jaenicke, S. 894; Schmahl, EuR 2000, 823 + Fn. 31 f.; vgl. auch Doehring, Völkerrecht, Rdnr. 986 ff.

EuGH[375] ist anzunehmen, dass die Verletzungshandlung sowohl durch ein Tun als auch durch Unterlassen verwirklicht werden kann.[376]

Ebenso wenig kommt es darauf an, dass sich die Verletzung auf einen Grundsatz bezieht, der in einem unions- oder gemeinschaftsrechtlichen Sektor zum Tragen kommt. Auch Verstöße in Bereichen, die vom Unions- oder Gemeinschaftsrecht nicht erfasst werden und in der einzelstaatlichen Souveränität verblieben sind, können eine Verletzung der Homogenitätskriterien des Art. 6 Abs. 1 EUV darstellen, weil diese Vorschrift einen grundlegenden europäischen Wertekatalog aufstellt.[377]

Die Wendung „dass eine [...] Verletzung [...] vorliegt" verdeutlicht allerdings, dass es sich um eine aktuell gegebene Verletzung handeln muss, die sich auf konkrete Tatsachen und Fakten stützen lässt. Bloße Befürchtungen oder Vermutungen über anstehende Rechtsbrüche reichen grundsätzlich nicht aus. Soweit Vermutungen auf einigermaßen gesicherten Indizien beruhen, ist zu prüfen, ob diese selbst eine Verletzung der genannten Grundsätze konkretisieren. Ist dies nicht der Fall, so muss das spekulative Element als überwiegend erachtet werden, das die Anwendung des Art. 7 EUV nicht rechtfertigen kann.[378]

Des Weiteren stellt der Tatbestand des Art. 7 Abs. 1 EUV an die Art und Wiese der Verletzung qualifizierte Anforderungen: Es muss sich um eine „schwerwiegende und anhaltende Verletzung" handeln. Der Inhalt der beiden Begriffe lässt sich weder aus dem Wortlaut der Vertragsbestimmung noch aus dem systematischen Zusammenhang entnehmen[379]; einige konkretisierende Aussagen sind jedoch durch den Rückgriff auf Vorarbeiten – insbesondere den Parlamentsentwurf für einen Vertrag zur Gründung der Europäischen Union von 1984[380] – und Äußerungen zu internationalen Sanktionsmechanismen möglich.

---

375 Der Gerichtshof hat entschieden, dass die Mitgliedstaaten eine Handlungspflicht trifft, Beeinträchtigungen der Warenverkehrsfreiheit durch Private zu verhindern. Folglich ist eine Verletzung der gemeinschaftlichen Verpflichtungen auch durch ein Unterlassen möglich; vgl. EuGH, Rs. C-265/95 (Kommission/Frankreich), Slg. 1997, I-6959, Rdnr. 30 ff.

376 Schorkopf, DVBl 2000, 1038 + Fn. 21; derselbe, in: Grabitz/Hilf, Recht der EU I, Art. 7 EUV, Rdnr. 10; Hummer/Obwexer, EuZW 2000, 487 + Fn. 30; Schmahl, EuR 2000, 822; Stumpf, in: Schwarze, EU-Kommentar, Art. 7 EUV, Rdnr. 5

377 Schmahl, EuR 2000, 822; vgl. auch Schorkopf, Homogenität in der EU, Ziff. 234.

378 Die Anwendung des Art. 7 EUV auf der Grundlage bloß vermuteter Entwicklungen könnte auch das Erfordernis der „schwerwiegenden und anhaltenden" Verletzung nicht erfüllen, da dieses nicht antizipierbar ist; vgl. Pernthaler/Hilpold, integration 2000, 108; Klaushofer, JRP 2000, 302; Stumpf, in: Schwarze, EU-Kommentar, Art. 7 EUV, Rdnr. 4.

379 vgl. Barents, MJECL 1997, 335; Langrish, ELVRev 23 (1998), 15; ähnlich Hummer/Obwexer, EuZW 2000, 487.

380 ABl. 1984 Nr. C 77, S. 53 ff. = BullEG 2-1984, S. 7 ff.

Diese Hinweise können jedoch nur als Indiz für die exemplarische Anwendung des Art. 7 EUV und weniger als abschließendes Entscheidungskriterium dienen.[381]

Das qualitative Kriterium der „schwerwiegenden Verletzung" muss vielmehr vor dem Hintergrund der Existenz des Vertragsverletzungsverfahrens im Gemeinschaftsrecht gesehen werden. Dieses ist für die Schlichtung eng umgrenzter, einzelner Streitfälle konzipiert[382] und funktioniert auf der Prämisse, dass der betroffene Mitgliedstaat die Integration prinzipiell bejaht.[383] Jede über eine solche „einfache" Vertragsverletzung hinausgehende finale Beeinträchtigung der Prinzipien des Art. 6 Abs. 1 EUV, die vor dem Hintergrund des Sinn und Zweck des Art. 7 EUV die europäische Integration als solche in Frage stellt[384], ist dagegen als „schwerwiegende" Verletzung einzuordnen.[385] Mit anderen Worten: Die

381 Die Formulierung für die qualifizierten Anforderungen an die Verletzung geht auf Art. 4 und 44 des Entwurfs für einen Vertrag zur Gründung der Europäischen Union des EP von 1984 zurück. In der Literatur zum Parlamentsentwurf wird in diesem Zusammenhang auf die Regelbeispiele für völkerrechtliche Verbrechen des ILC-Entwurfs für Vertragsartikel zur Staatenverantwortlichkeit (Art. 19, ILM 1998, 447) und auf die Terminologie des sog. 1503er-Verfahrens der Menschenrechtskommission der Vereinten Nationen (s. Simma/Fastenrath, Menschenrechte, S. 15 ff.) verwiesen vgl. Capotorti, in: Capotori/Hilf/Jacobs/Jacqué, Vertrag zur Gründung der Europäischen Union, S. 163 ff.; Wachsmann, RTDE 1997, 895. Der adjektivische Zusatz „schwerwiegend" wird auch zur Typisierung mitgliedstaatlicher Notstandssituationen in Art. 297 EGV verwendet; vgl. Schorkopf, in: Grabitz/Hilf, Recht der EU I, Art. 7 EUV, Rdnr. 11; derselbe, DVBl 2000, 1038.

382 Vom Vertragsverletzungsverfahren wird beispielsweise die fehlerhafte oder nicht fristgerechte Umsetzung einer Richtlinie durch einen Mitgliedstaat erfasst. Einen umfassenden Überblick über das Vertragsverletzungsverfahren und seine Anwendung gibt der Neunzehnte Jahresbericht der Kommission über die Kontrolle der Anwendung des Gemeinschaftsrechts (2001), KOM (2002) 324 endg., BullEU 6-2002, Ziff. 1.8.1.

383 zu diesem Gedanken bereits Meier, NJW 1974, 393; a.A. hingegen Frowein, EuR 1983, 311 f.

384 Eine dauerhafte Nichtbeachtung der EuGH-Urteile wird allerdings ihrerseits den Grundsatz der Rechtsstaatlichkeit in Art. 6 Abs. 1 EUV verletzen, so dass ein Sanktionsverfahren nach Art. 7 EUV möglich erscheint; vgl. Schmahl, EuR 2000, 823, Fn. 34. Einen ähnlichen Gedanken äußert Klein, in: Graf Vitzthum, Völkerrecht, 4. Abschn., Rdnr. 80.

385 Schorkopf, Homogenität in der EU, Ziff. 239; derselbe, DVBl 2000, 1038; derselbe, in: Grabitz/Hilf, Recht der EU I, Art. 7 EUV, Rdnr. 11; derselbe, Vierzehn gegen Wien, Das Homogenitätsgebot in der Europäischen Union und die Sanktionsdrohungen gegen Österreich – wer verletzt was?, Frankfurter Allgemeine Zeitung vom 14.02.2000, S. 9. In einem solchen Fall dürften die zur Durchsetzung von im Vertragsverletzungsverfahren ergangenen Urteilen in Art. 228 Abs. 2 UAbs. 2 S. 2 EGV vorgesehenen Sanktionsmöglichkeiten der Verhängung eines Pauschalbetrages oder Zwangsgeldes ohnehin wenig effektiv sein; vgl. Schmahl, EuR 2000, 823 f.; kritisch zum Verweis auf das Vertragsverletzungsverfahren als Abgrenzungskriterium Pechstein, in: Streinz, EUV/EGV, Art. 7 EUV, Rdnr. 6.

Verletzung muss den jeweiligen in Art. 6 Abs. 1 EUV geschützten Grundsatz in seinem Kern- oder Wesensgehalt beeinträchtigen[386], also nicht eine spezifische, in einigen Mitgliedstaaten vorgenommene Auslegung dieses Prinzips in einem bestimmten gesellschaftlichen Bereich.[387] Wann dieses Erfordernis erfüllt ist, kann nur für jeden Grundsatz gesondert konkretisiert werden.[388] Als zweifelsfreie Beispiele für diese Kategorie der Verfehlungen lassen sich aber etwa der Staatsstreich[389], die systematische und fortgesetzte Unterdrückung von Minderheiten, die institutionalisierte Rassendiskriminierung oder die Etablierung totalitärer Strukturen anführen.[390]

Die kumulativ zu erfüllende zeitlich-quantitative Anforderung der „anhaltenden" Verletzung vermag in erster Linie negativ eingegrenzt werden.[391] Als „anhaltend" ist eine Verletzung anzusehen, wenn sie nicht lediglich einmalig oder kurzfristig ist. Demnach kann das Sanktionsverfahren nicht bei bloß vorübergehenden Verstößen, sondern nur im Falle des Aufrechterhaltens des vertragswidrigen Zustandes über einen längeren Zeitraum in Gang gesetzt werden.[392] Wie lange eine Verletzung eines elementaren Grundsatzes andauern muss, um als „anhaltend" qualifiziert zu werden, hängt wiederum von den Umständen des Einzelfalles ab.[393]

---

386 vgl. Stein, FS für Jaenicke, S. 893; Kluth, in: Calliess/Ruffert, EUV/EGV, Art. 7 EUV, Rdnr. 16; Hummer/Obwexer, EuZW 2000, 487; Schmahl, EuR 2000, 823; Klaushofer, JRP 2000, 302 + Fn. 22.

387 vgl. Pernthaler/Hilpold, integration 2000, 107 f., die diesbezüglich anmerken, dass hier nicht ein Instrument zur Feinsteuerung der unionsweiten Homogenität in den erwähnten elementaren Bereichen der europäischen Verfassung geschaffen wurde, sondern ein Struktursicherungsverfahren, das angesichts der qualifizierten Zustimmungserfordernisse nur zentrale, konsensual determinierte Errungenschaften des europäischen ordre public zu sichern vermag, nicht aber auf eine umfassende Harmonisierung der Demokratie- und Grundrechtsprinzipien in den Mitgliedstaaten hinwirkt.

388 Kluth, in: Calliess/Ruffert, EUV/EGV, Art. 7 EUV, Rdnr. 16; Klaushofer, JRP 2000, 302.

389 Der Staatsstreich wird ausdrücklich genannt von de Gucht, Berichterstatter des EP zum Inhalt des Vorentwurfes eines Vertrages zur Gründung der Europäischen Union, EP-Dokument 1-575/83/B vom 15.07.1983, Ziff. 36. Stein, FS für Jaenicke, S. 893, spricht von einem Militärputsch „mit all seinen üblichen Konsequenzen", während Oppermann, Europarecht, Rdnr. 694, als Anwendungsfall die schwerwiegende revolutionäre oder ähnliche Abkehr von den verfassungsmäßigen Zuständen in einem Mitgliedstaat anführt.

390 Schorkopf, DVBl 2000, 1038; Schmahl, EuR 2000, 822; vgl. auch Barents, MJECL 1997, 335.

391 Kluth, in: Calliess/Ruffert, EUV/EGV, Art. 7 EUV, Rdnr. 14 f.; Klaushofer, JRP 2000, 302.

392 Kluth, in: Calliess/Ruffert, EUV/EGV, Art. 7 EUV, Rdnr. 15; Schorkopf, in: Grabitz/Hilf, Recht der EU I, Art. 7 EUV, Rdnr. 12; derselbe, DVBl 2000, 1038; Hummer/Obwexer, EuZW 2000, 487; Schmahl, EuR 2000, 823; Klaushofer, JRP 2000, 302.

393 Schmahl, EuR 2000 , 823; Klaushofer, JRP 2000, 302; Kluth, in: Calliess/Ruffert, EUV/EGV, Art. 7 EUV, Rdnr. 15.

Angesichts der hochpolitischen Brisanz der Fragestellung verfügen die von Art. 7 EUV mit der Feststellung des Vertragsverstoßes beauftragten Organe insoweit über einen Einschätzungs- und Beurteilungsspielraum.[394] Je stärker der Eingriff in einen von Art. 6 Abs. 1 EUV geschützten Grundsatz ist, desto niedriger dürften jedoch die Anforderungen an die Dauer des Eingriffs sein.[395]

Schließlich ist gemäß Art. 7 Abs. 2 S. 1 EUV der Feststellungsbeschluss nach Art. 7 Abs. 1 EUV seinerseits Voraussetzung für den Erlass des Sanktionsbeschlusses. Ein solcher darf also nur auf der Grundlage eines insofern konstitutiven Feststellungsbeschlusses ergehen.[396]

(ccc) Sanktionen

Als Sanktion im Sinne eines Rechtsnachteils für eine Zuwiderhandlung[397] ermächtigt Art. 7 Abs. 2 EUV den Rat, bestimmte Rechte, die sich aus der Anwendung des Unionsvertrages auf den betroffenen Mitgliedstaat herleiten, auszusetzen. Ausdrücklich erwähnt wird in Art. 7 Abs. 2 UAbs. 1 EUV die Aussetzung der Stimmrechte der Regierung des betroffenen Mitgliedstaates im Rat.[398] Daneben kommt die Aussetzung von sonstigen Rechten aus dem Unionsvertrag in Betracht. Möglich ist vor allem die Suspendierung von Rechten aus den Bereichen der GASP und der PJZS.[399] Aber auch der Entzug von Teilnahmerechten, etwa das Recht zur Teilnahme an Sitzungen des Rates oder das Recht, Vorschläge zu unterbreiten, ist denkbar. Betroffen sind insofern sämtliche Anwe-

---

394 Bergmann, in: Bergmann/C. Lenz, Der Amsterdamer Vertrag, Kap. 1, Rdnr. 20 + 23; Hummer, Grund- und Menschenrechte in der EU, S. 94; Schmahl, EuR 2000, 823; Stumpf, in: Schwarze, EU-Kommentar, Art. 7 EUV, Rdnr. 6; Pechstein, in: Streinz, EUV/EGV, Art. 7 EUV, Rdnr. 4 + 6; Schmitt von Sydow, in: Groeben/Schwarze, EU-/EG-Vertrag Bd. 1, Art. 7 EUV, Rdnr. 20; vgl. auch Tams, in: Simma, The Charter of the United Nations Vol. I, Art. 6, Rdnr. 10 f., bezüglich der ähnlichen Formulierung in Art. 6 der UN-Charta.

395 Schmahl, EuR 2000, 823.

396 Kluth, in: Calliess/Ruffert, EUV/EGV, Art. 7 EUV, Rdnr. 17; Hummer/Obwexer, EuZW 2000, 487.

397 zum Begriff der „Sanktion" s. Böse, Sanktionen im Gemeinschaftsrecht, S. 46 ff. m.w.N.

398 Damit wird in erster Linie auf den Rat im Sinne der Art. 202 ff. EGV Bezug genommen. Denkbar ist es jedoch auch, die Stimmrechtsaussetzung auf den Europäischen Rat zu erstrecken. Der Wortlaut steht dem nicht entgegen, des Weiteren handelt es sich bei der Stimmrechtsaussetzung lediglich um einen spezifischen Anwendungsfall der Ermächtigung zur Aussetzung von Unionsrechten; vgl. Schorkopf, in: Grabitz/Hilf, Recht der EU I, Art. 7 EUV, Rdnr. 22.

399 Pechstein/Koenig, Die Europäische Union, Rdnr. 466; Kluth, in: Calliess/Ruffert, EUV/EGV, Art. 7 EUV, Rdnr. 19; Schmahl, EuR 2000, 825.

senheits-, Rede- und Mitwirkungsrechte in den unionsvertraglich vorgesehenen Gremien.[400] Schließlich kann der Rat dem Verletzerstaat die Übernahme öffentlichkeitswirksamer Positionen, beispielsweise den Vorsitz im Rat, verweigern.[401]

Abgesehen davon vermag bereits die Feststellung einer Grundsätzeverletzung nach Art. 7 Abs. 1 EUV aufgrund des darin zum Ausdruck kommenden missbilligenden Urteils über den Unwert einer Handlung oder Situation als Sanktion im weiteren Sinn verstanden werden.[402] In diesem Zusammenhang ermöglicht es die Trennung zwischen Feststellungs- und Sanktionsbeschluss, dass man es unter Umständen bei der Feststellung der Verletzung der Grundsätze der Union bewenden lässt, ohne dass im Anschluss notwendigerweise zur zweiten Stufe, der Aussetzung von Rechten, übergegangen werden muss.[403]

Zusätzlich zu den Sanktionsmöglichkeiten des Art. 7 Abs. 2 EUV sehen die korrespondierenden Vorschriften der Art. 309 EGV, Art. 204 EAGV und Art. 96 des vor kurzem außer Kraft getretenen EGKSV[404] die Aussetzung mitgliedstaatlicher Rechte auch im Bereich der drei Europäischen Gemeinschaften vor. Die Aussetzung von Stimmrechten gemäß Art. 7 Abs. 2 UAbs. 1 EUV gilt nach diesen Vorschriften für den jeweiligen Gemeinschaftsvertrag sogar automatisch.[405] Auf der Grundlage eines Feststellungsbeschlusses nach Art. 7 Abs. 1 EUV kann

---

400 Schorkopf, DVBl 2000, 1039; derselbe, in: Grabitz/Hilf, Recht der EU I, Art. 7 EUV, Rdnr. 22; Hummer/Obwexer, EuZW 2000, 487; Schmahl, EuR 2000, 825.

401 Schorkopf, DVBl 2000, 1039; derselbe, in: Grabitz/Hilf, Recht der EU I, Art. 7 EUV, Rdnr. 22; Schmahl, EuR 2000, 825.

402 Kluth, in: Calliess/Ruffert, EUV/EGV, Art. 7 EUV, Rdnr. 4 + 18; Pernthaler/Hilpold, integration 2000, 108. Zudem hat schon die Einleitung eines Feststellungsverfahrens nach Art. 7 Abs. 1 EUV zur Folge, dass gem. Ziff. b) des Protokolls Nr. 29 zum EG-Vertrag über die Gewährung von Asyl für Staatsangehörige von Mitgliedstaaten der Europäischen Union (Asylprotokoll, ABl. 1997 Nr. C 340, S. 103 f.; BGBl. 1998 II, S. 466) die für den betroffenen Mitgliedstaat geltende Vermutung, sicherer Herkunftsstaat zu sein, entfällt und folglich alle anderen Mitgliedstaaten berechtigt sind, Asylanträge von Staatsangehörigen dieses Staates zu berücksichtigen oder zumindest deren Bearbeitung zuzulassen. Nach dem einzigen Artikel des Asylprotokolls betrachten sich die Mitgliedstaaten nämlich grundsätzlich für alle rechtlichen und praktischen Zwecke im Zusammenhang mit Asylfragen als sichere Herkunftsstaaten. Dasselbe gilt freilich erst recht, wenn der Rat gem. Art. 7 Abs. 1 EUV festgestellt hat, dass tatsächlich eine schwerwiegende und anhaltende Verletzung gegeben ist; vgl. Schorkopf, Homogenität in der EU, Ziff. 261 f.; derselbe, DVBl 2000, 1039, Fn. 30; derselbe, in: Grabitz/Hilf, Recht der EU I, Art. 7 EUV, Rdnr. 19; Schmahl, EuR 2000, 827, Hummer/Obwexer, EuZW 2000, 487.

403 Leidenmühler, ZÖR 2000, 311; Pernthaler/Hilpold, integration 2000, 108.

404 Gem. Art. 97 EGKSV endete die Geltungsdauer dieses Vertrages am 23.07.2002.

405 vgl. Art. 309 Abs. 1 EGV, Art. 204 Abs. 1 EAGV und Art. 96 Abs. 1 EGKSV. Durch diese ausdrücklichen Bindungsübernahmekauseln wird dem Kohärenzprinzip des Art. 3 EUV Rechnung getragen; vgl. Pechstein/Koenig, Die Europäische Union, Rdnr. 468.

der Rat darüber hinaus im dem akzessorischen Gemeinschaftsverfahren gemäß Art. 309 Abs. 2 EGV, Art. 204 Abs. 2 EAGV bzw. Art. 96 Abs. 2 EGKSV bestimmte aus der Mitgliedschaft in den drei Gemeinschaften fließende Rechte des betroffenen Mitgliedstaates aussetzen.[406] In Frage kommt abermals der Entzug von Teilnahmerechten (z.B. Teilnahme an Sitzungen des Rates, Unterbreitung von Vorschlägen, Ernennung von Mitgliedern der Organe), vor allem aber die Aussetzung finanzieller Ansprüche, darunter die Nichtgewährung von Finanzmitteln aus den Strukturfonds der Europäischen Gemeinschaft, sowie – als ultima ratio – die Suspendierung der Klageberechtigung vor dem EuGH.[407]

Unabhängig davon, welche Rechte der Rat in concreto aussetzt, sind die sich aus dem jeweiligen Vertrag ergebenden Verpflichtungen des betroffenen Mitgliedstaates für diesen gemäß Art. 7 Abs. 2 UAbs. 2 EUV bzw. Art. 309 Abs. 2 UAbs. 2 EGV[408] auf jeden Fall weiterhin verbindlich. Die Entscheidung über Art und Umfang der auszusetzenden Rechte steht dabei im Ermessen des Rates.[409] Bei der Aussetzung hat er jedoch den Grundsatz der Verhältnismäßigkeit zu wahren; insbesondere muss die Einbuße an Rechten des betroffenen Mitgliedstaates zur Schwere und Intensität der ihm zu Last gelegten Verstöße in einem angemessenen Verhältnis stehen.[410] Daneben deutet die Formulierung

406 Hummer/Obwexer, EuZW 2000, 488; Pernthaler/Hilpold, integration 2000, 108; Kluth, in: Calliess/Ruffert, EUV/EGV, Art. 309 EGV, Rdnr. 3; Schorkopf, in:Grabitz/Hilf, Recht der EU I, Art. 7 EUV, Rdnr. 19; derselbe, Homogenität in der EU, Ziff. 293 ff. Die Verfahrensmodalitäten sind hierbei die gleichen wie bei einem Sanktionsbeschluss im Rahmen des Art. 7 Abs. 2 EUV; irreführend insofern Kluth, a.a.O., Rdnr. 4 f., der meint, ein Beschluss gem. Art. 309 Abs. 2 EGV über die Aussetzung weiterer Stimmrechte, die nicht bereits nach Absatz 1 automatisch erfolgt sei, bedürfe nach Absatz 4 UAbs. 2 der Einstimmigkeit. Art. 309 Abs. 4 UAbs. 2 EGV, der sich ausdrücklich nur auf die Stimmrechtsaussetzung nach Absatz 1 bezieht, gilt jedoch lediglich für die Rechtsfolgenseite.

407 vgl. Barents, MJECL 1997, 335; Verhoeven, ELRev 1998, 223; Pechstein/Koenig, Die Europäische Union, Rdnr. 469; Kluth, in: Calliess/Ruffert, EUV/EGV, Art. 309 EGV, Rdnr. 3 f.; Röttinger, in: C. O. Lenz, EG-Vertrag, Art. 309 EGV, Rdnr. 6; Schorkopf, Homogenität in der EU, Ziff. 298 ff.; derselbe, DVBl 2000, 1040; Hummer/Obwexer, EuZW 2000, 488; Schmahl, EuR 2000, 826. Eine Aussetzung von Rechten aus dem EGV dürfte wegen der wirtschaftlichen Auswirkungen auf den Verletzerstaat deutlich spürbarer als eine Suspendierung von EU-Vertragsrechten sein; vgl. Schmahl, a.a.O.; ähnlich Kluth, a.a.O., Rdnr. 2.

408 bzw. Art. 204 Abs. 2 UAbs. 2 EAGV oder Art. 96 Abs. 2 UAbs. 2 EGKSV.

409 Kluth, in: Calliess/Ruffert, EUV/EGV, Art. 7 EUV, Rdnr. 20; Schmahl, EuR 2000, 826.

410 Koenig/Haratsch, Europarecht, Rdnr. 147; Schmahl, EuR 2000, 826; ausführlich zur Verhältnismäßigkeit der Aussetzung von Rechten Klaushofer, JRP 2000, 302 f.

„bestimmte Rechte“ darauf hin, dass eine pauschale Aussetzung aller Rechte nicht möglich ist.[411]

Außerdem ist der Rat gehalten, bei seiner Ermessensausübung auf die Rechte und Pflichten natürlicher und juristischer Personen Rücksicht zu nehmen (Art. 7 Abs. 2 S. 2 EUV, Art. 309 Abs. 2 S. 2 EGV[412]). Diese „Unionsbürger-Schutzklausel“ verhindert nicht, dass Sanktionsbeschlüsse Auswirkungen auf den betroffenen Personenkreis haben.[413] Der Rat wird lediglich zu einer Folgenabschätzung verpflichtet, die sich rechtlich in einem Gebot zur Wahl des jeweils mildesten Mittels materialisiert, d.h. vorrangig sind Rechte auszusetzen, die ausschließlich Rechte des Mitgliedstaates als juristische Person betreffen.[414]

Im Übrigen unterliegt der inhaltliche Umfang eines Sanktionsbeschlusses vertragsimmanenten Grenzen. So folgt aus Art. 6 Abs. 1 EUV, wonach auch die Union gegenüber den Mitgliedstaaten verpflichtet ist, die Homogenitätsprinzipien zu wahren, dass die Einbeziehung von anderen Organen in die Sanktionswirkung unzulässig ist. Etwa darf der Rat die Mitglieder des EP nicht zeitweise von ihren Aufgaben suspendieren. Dies würde nämlich nicht nur das institutionelle Gleichgewicht der Organe beeinträchtigen, sondern zudem die organisationsrechtliche Stellung des Parlaments beseitigen, dessen Abgeordnete gerade nicht von den Mitgliedstaaten ernannt, sondern von den Völkern der Mitgliedstaaten gemäß Art. 190 Abs. 1 EGV direkt gewählt werden und die dem gemeinschaftlichen Handeln unmittelbare demokratische Legitimation[415] vermit-

---

411 Pernthaler/Hilpold, integration 2000, 108; a.A. wohl Schorkopf, in: Grabitz/Hilf, Recht der EU I, Art. 7 EUV, Rdnr. 28.

412 bzw. Art. 204 Abs. 2 S. 2 EAGV sowie Art. 96 Abs. 2 S. 2 EGKSV.

413 So betrifft die Aussetzung von Vertragsrechten im Rahmen des EGV stets auch den Bürger, und zwar ebenfalls die Staatsangehörigen anderer Mitgliedstaaten. Das Gemeinschaftsrecht begründet nämlich nicht nur Rechtsverhältnisse zwischen Mitgliedstaaten und Gemeinschaftsorganen, sondern in nachhaltiger Weise auch unmittelbare Rechte und Pflichten seiner Bürger. Außerdem gefährdet eine Aussetzung die in der EMRK und im IPbpR verbürgten Menschenrechte und Grundfreiheiten; vgl. Schmahl, EuR 2000, 826; Stein, FS für Jaenicke, S. 895; zu den Rechten der Unionsbürger auch N. Reich, Bürgerrechte in der EU, S. 1 ff.

414 Schorkopf, in: Grabitz/Hilf, Recht der EU I, Art. 7 EUV, Rdnr. 23; Schmahl, EuR 2000, 826; Klaushofer, JRP 2000, 302 f.; Hummer/Obwexer, EuZW 2000, 488; vgl. auch Capotorti, in: Capotorti/Hilf/Jacobs/Jacqué, Vertrag zur Gründung der Europäischen Union, S. 166; Verhoeven, ELRev 1998, 223.

415 zur demokratischen Legitimation Kluth, Demokratische Legitimation der EU, passim; Classen, Integration, AöR 119 (1994), 238 ff. Eine mit Blick auf das Demokratieprinzip des Art. 6 Abs. 1 EUV ebenfalls zweifelhafte Folge tritt auch bei der Aussetzung von Stimmrechten im Rat ein. Die Staatsangehörigen des Verletzerstaates wären dann gegebenenfalls an einen gemeinschaftlichen Rechtsakt gebunden (Art. 7 Abs. 2 UAbs. 2 EUV), ohne dass ihr demokratisch mittelbar legitimierter Minister an dessen Erlass mitgewirkt hätte; vgl. Schmahl, EuR 2000, 827, Fn. 57.

teln.[416] Außerdem kann ein Sanktionsbeschluss nicht das Erfordernis der Ratifikation auch durch den mit der Suspendierung belegten Mitgliedstaat außer Kraft setzen.[417]

Dem Sinn und Zweck einer einstweiligen Aussetzung von Rechten entspricht es, dass der Rat gemäß Art. 7 Abs. 3 EUV zu einem späteren Zeitpunkt die nach Absatz 2 beschlossenen Sanktionen abändern oder aufheben kann, wenn sich die Lage im Verletzerstaat, die zur Verhängung der Sanktionen geführt hat, ändert.[418] Der Rat bleibt auch hier „Herr“ des Sanktionsverfahrens;[419] ein Initiativrecht zur Aufhebung oder zur Abänderung der verhängten Sanktionen steht weder der Kommission noch dem betroffenen Mitgliedstaat zu; beide können allenfalls eine derartige Beschlussfassung anregen.[420] Im Übrigen gelten die gleichen Entscheidungsmodalitäten wie bei Art. 7 Abs. 2 EUV.[421]

416 vgl. Schorkopf, Homogenität in der EU, Ziff. 308 ff.; derselbe, in: Grabitz/Hilf, EUV/EGV, Art. 7 EUV, Rdnr. 24; Schmahl, EuR 2000, 826 f.; wohl auch Bergmann, in: Bergmann/C. Lenz, Der Amsterdamer Vertrag, Kap. 1, Rdnr. 23. Röttinger, in: C. O. Lenz, EG-Vertrag, Art. 309 EGV, Rdnr. 6, weist in Bezug auf Art. 309 EGV darauf hin, dass grundsätzlich alle Rechte aus dem Gemeinschaftsvertrag aussetzbar sind, wobei aber Art. 6 Abs. 1 EUV zu wahren sei und dann, wenn Rechte und Pflichten natürlicher und juristischer Personen tangiert würden, eine Verhältnismäßigkeitsabwägung vorzunehmen sei.

417 Betroffen sind z.B. Ratsentscheidungen über eine Vertragsänderung (Art. 48 Abs. 3 EUV) oder über den Beitritt neuer Mitglieder (Art. 49 Abs. 2 EUV); vgl. Schorkopf, in: Grabitz/Hilf, Recht der EU I, Art. 7 EUV, Rdnr. 24; Pechstein/Koenig, Die Europäische Union, 467; Schmahl, EuR 2000, 825, Fn. 45.

418 vgl. auch Art. 309 Abs. 3 EGV, Art. 204 Abs. 3 EAGV und Art. 96 Abs. 3 EGKSV.

419 Bergmann, in: Bergmann/C. Lenz, Der Amsterdamer Vertrag, Kap. 1, Rdnr. 24; Schmahl, EuR 2000, 827; ähnlich Röttinger, in: C. O. Lenz, EG-Vertrag, Art. 309 EGV, Rdnr. 8.

420 Vor dem Hintergrund des Auftrages zur Integration, der Bindung der Union an Grundrechte und an das Rechtsstaatsprinzip (Art. 6 Abs. 1 EUV) sowie des Grundsatzes der loyalen Zusammenarbeit (Art. 10 EGV) wird der Ermessensspielraum des Rates jedoch entsprechend reduziert sein, wenn der betroffene Mitgliedstaat auf Verbesserungen bei der Einhaltung der Grundsätze des Art. 6 Abs. 1 EUV verweisen kann; vgl. Schorkopf, in: Grabitz/Hilf, Recht der EU I, Art. 7 EUV, Rdnr. 23; Schmahl, EuR 2000, 827, Fn. 61. Die Abänderungsbefugnis gem. Art. 7 Abs. 3 EUV bezieht sich allerdings nur auf den Sanktionsbeschluss; der Feststellungsbeschluss nach Art. 7 Abs. 1 EUV bleibt insoweit unberührt; weiterführend zur Beendigung des Sanktionsverfahrens Schorkopf, in: Grabitz/Hilf, Recht der EU I, Art. 7 EUV, Rdnr. 23 + 25.

421 So handelt der Rat wiederum mit der durch Art. 7 Abs. 4 EUV vorgeschriebenen qualifizierten Mehrheit; vgl. Schmahl, EuR 2000, 827.

(b) Die „Gemeinsame Reaktion“ als Sanktion gemäß Art. 7 EUV?

Eine Kompetenz zum Erlass der „Gemeinsamen Reaktion“ aus Art. 7 EUV wäre zunächst dann gegeben, wenn sich die „Gemeinsame Reaktion“ als im Rahmen des Art. 7 EUV vorgesehene Sanktion darstellen würde. Das setzt wiederum voraus, dass die in der „Gemeinsamen Reaktion“ enthaltenen Maßnahmen nach den Spiegelstrichen 1 bis 3 unter die Sanktionsmöglichkeiten auf der Grundlage des Art. 7 EUV fallen.

Aber weder das Einstellen der offiziellen bilateralen Kontakte auf politischer Ebene zwischen den Mitgliedstaaten und Österreich, noch die Verweigerung einer Unterstützung österreichischer Kandidaten für internationale Organisationen sowie der Empfang von Österreichs Botschaftern in den Hauptstädten der Mitgliedstaaten nur noch auf technischer Ebene hat etwas mit der Aussetzung der Stimmrechte im Rat, dem Entzug irgendwelcher Teilnahmerechte in vertraglich vorgesehenen Gremien oder der Suspendierung finanzieller Ansprüche usw. zu tun, wie sie soeben als denkbare Sanktionen nach Art. 7 Abs. 2 EUV, aber auch Art. 309 Abs. 2 EGV, Art. 204 Abs. 2 EAGV bzw. Art. 96 Abs. 2 EGKSV vorgestellt wurden.[422] Auch eine bloße Feststellung der Verletzung irgendeiner der in Art. 6 Abs. 1 EUV genannten Grundsätze als Sanktion im weiteren Sinn wird an keiner Stelle getroffen.

Zwar erscheinen im Rahmen der oben beschriebenen Grenzen auf der Basis von Art. 7 EUV grundsätzlich alle Rechte aus dem Unions- und den Gemeinschaftsverträgen aussetzbar. Doch besagt die sowohl in Art. 7 Abs. 2 EUV als auch in den korrespondierenden Bestimmungen der drei Gemeinschaftsverträge zu findende Formulierung „bestimmte Rechte“, dass die ausgesetzten Rechte wenigstens präzise benannt werden müssen. Wenn die Rechte im Sinne notwendiger Flexibilität – mit Ausnahme der Stimmrechtsaussetzung – schon vorab

422 Insbesondere im Hinblick auf die Maßnahme nach Spstr. 2 könnte eine Aussetzung mitgliedstaatlicher Rechte nicht einmal in der ausbleibenden Unterstützung der Bewerbung natürlicher Personen mit der Staatsangehörigkeit des betroffenen Mitgliedstaates für Stellen in Organen und Institutionen der Europäischen Union gesehen werden. Zwar leiten die Mitgliedstaaten aus ihrer Mitgliedschaft in der EU als solcher das Recht her, in den Organen und Institutionen der Europäischen Union mit ihren Staatsangehörigen proportional zu ihrer Größe und Bedeutung vertreten zu sein. Dieses Interesse ist jedoch nur ein mittelbares und trägt nicht die Vermutung, die Einzelpersonen seien lediglich Sachwalter der Mitgliedstaaten. Die Beamten und sonstigen Beschäftigten der EU sind auf das gemeinschaftsrechtliche Interesse ihrer nationalen Dienstherren verpflichtet, das insofern höher wiegt; vgl. dazu Schorkopf, Homogenität in der EU, Ziff. 290; Capotorti, in: Capotorti/Hilf/Jacobs/Jacqué, Vertrag zur Gründung der Europäischen Union, S. 166.

nicht im Einzelnen benannt werden konnten, so folgt dies im Übrigen auch aus dem Grundsatz der Rechtssicherheit.[423]

Eine in diesem Sinne hinreichend bestimmte Bezeichnung sonstiger von einer Aussetzung betroffener Vertragsrechte lässt die „Gemeinsame Reaktion" mit ihren drei einzelnen Maßnahmen allerdings ebenso vermissen. Der Beschluss suspendiert nicht ausdrücklich irgendwelche aus der Mitgliedschaft Österreichs in der Europäischen Union fließenden Rechte, insbesondere fehlt eine Bezugnahme auf die Verträge bzw. bestimmte Einzelnormen. Dieses Ergebnis wird zudem dadurch bestätigt, dass keine der Maßnahmen nach den Spiegelstrichen 1 bis 3 einem Sachkompetenzbereich der Union zugeordnet werden konnte.

Daraus darf jedoch nicht geschlossen werden, dass die „Gemeinsame Reaktion" nicht in Unions- bzw. Gemeinschaftsrecht eingreift. Es kann lediglich nicht von einem unmittelbaren Entzug von Rechten Österreichs gesprochen werden. Eine mittelbare Beeinträchtigung von Vertragsrechten bleibt zu untersuchen. Bis hierhin ist jedenfalls festzuhalten, dass die „Gemeinsame Reaktion" nicht zu den durch Art. 7 EUV eingeräumten Sanktionsvarianten zählt,[424] weshalb Art. 7 i.V.m. Art. 6 Abs. 1 EUV als Ermächtigungsgrundlage auszuscheiden scheint.

(c) Die „Gemeinsame Reaktion" als „Vorfeldmaßnahme" gemäß Art. 7 EUV?

Die Unbestimmtheit und der Abstraktionsgrad der Tatbestandsvoraussetzungen des Art. 7 Abs. 1 EUV führen zu einer sehr hohen Aufgriffsschwelle für mitgliedstaatliches Fehlverhalten.[425] Gerade im Hinblick auf die diesbezügliche Situation im Mitgliedstaat Österreich stellt sich daher die Frage, ob Art. 7 EUV auch unterhalb der Schwelle einer schwerwiegenden und anhaltenden Verletzung der in Art. 6 Abs. 1 EUV genannten Grundsätze ein Tätigwerden der Union ermöglicht. Sollte dies grundsätzlich zu bejahen sein, wäre in einem zweiten Schritt zu prüfen, inwiefern die „Gemeinsame Reaktion" als eine solche Maßnahme im Vorfeld einer Homogenitätsverletzung in Betracht kommt. Zuerst ist demnach ganz abstrakt die Zulässigkeit von „Vorfeldmaßnahmen" im Rahmen des Art. 7 EUV zu klären.

---

423 vgl. Stein, FS für Jaenicke, S. 895.

424 zu diesem Ergebnis kommen auch H. Winkler/Schauer, Die Maßnahmen gegen Österreich, S. 132.

425 Schorkopf, Homogenität in der EU, Ziff. 335.

(aa) Die Zulässigkeit von „Vorfeldmaßnahmen" im Rahmen des Art. 7 EUV

(aaa) Die Unionsaufsicht als Ausgangspunkt

Das Sanktionsverfahren wird formal durch einen Vorschlag der Kommission oder eines Drittels der Mitgliedstaaten in Gang gesetzt. Materiell setzt dieser Schritt voraus, dass die Vorschlagsberechtigten zu der Auffassung gelangt sind, der betroffene Mitgliedstaat habe gegen seine unionsrechtliche Verpflichtung aus Art. 6 Abs. 1 EUV verstoßen. Um diese Voraussetzung zu erfüllen, bedarf es einer fortlaufenden Beobachtung der mitgliedstaatlichen Rechtsordnungen und Rechtswirklichkeiten.

Anders als im Geltungsbereich des Gemeinschaftsrechts, wo die Kommission im Rahmen ihrer „Hüterfunktion" (Art. 211 EGV, Art. 124 EAGV, Art. 8 EGKSV) eine umfassende Kontrolle über die Einhaltung gemeinschaftsrechtlicher Verpflichtungen durch die Mitgliedstaaten ausübt[426], mag die Intensität der Beobachtung auf der Unionsebene geringer sein: Einerseits werden mitgliedstaatliche Homogenitätsverletzungen aufgrund der sie begleitenden tatsächlichen Umstände den Akteuren des Integrationsprozesses und der Öffentlichkeit selten verborgen bleiben. Andererseits erlangt die Kommission bereits bei der Ausübung ihrer „Hüterfunktion" im Anwendungsbereich des Gemeinschaftsrechts einen ausreichenden Einblick in die Situation der Mitgliedstaaten, der ihr auch zu beurteilen ermöglicht, inwieweit ein Mitgliedstaat die Homogenitätsanforderungen des Unionsrechts erfüllt.[427] Das ändert jedoch nichts daran, dass mit der Aufnahme des Art. 7 EUV und der Änderung des Art. F Abs. 1 EUV a.F. organisatorisch eine weitere Aufsichtsfunktion geschaffen wurde, die die Konformität mitgliedstaatlichen Handelns in Bezug auf unionsrechtliche Pflichten zum Aufsichtsgegenstand hat.

Die Aufsicht über die Mitgliedstaaten hinsichtlich der Einhaltung des Homogenitätsgebotes ergänzt das Sanktionsverfahren. Während mit letzterem die Berichtigung etwaiger Verletzungen der in Art. 6 Abs. 1 EUV genannten Grundsätze unternommen werden soll, ist die Beobachtung seine notwendige Voraussetzung. Die Aufsicht ist ein der Sanktion vorgeschaltetes Stadium und damit Teil des Gewährleistungsmechanismus insgesamt. Die schon bestehende, von der Kommission – und auch von den Mitgliedstaaten[428] – ausgeübte „Gemeinschaftsaufsicht" über die Mitgliedstaaten wird somit auf die Unionsebene aus-

---

426 umfassend zur Kommissionsaufsicht Gil Ibáñez, The Jean Monnet Working Paper 12/98, S. 66 ff.

427 Schorkopf, Homogenität in der EU, Ziff. 358.

428 vgl. Art 227 EGV.

gedehnt, weshalb sich auch von der Existenz eines Instruments der „Unionsaufsicht“[429] sprechen lässt.[430]

Ausgehend von ihrer Rolle als Hüterin der Verträge im Gemeinschaftsrecht obliegt auch die Unionsaufsicht in erster Linie der Kommission, allerdings kommt ihr kein „Aufsichtsmonopol“ zu. Sie hat diese Aufgabe - dem intergouvernementalen Charakter des Unionsrechts entsprechend – mit den Mitgliedstaaten zu teilen, die ihrerseits ebenfalls berufen sind, die Einhaltung der Grundsätze der Union zu überprüfen. Die Kompetenz ergibt sich in beiden Fällen aus der in Art. 7 Abs. 1 EUV verankerten Zuständigkeit, das Sanktionsverfahren einzuleiten. Insofern besteht eine Parallele zum Vertragsverletzungsverfahren des Gemeinschaftsrechts, das sowohl die Kommission (Art. 226 EGV) als auch die Mitgliedstaaten (Art. 227 EGV) als Kläger kennt. Neben den vorschlagsberechtigten Institutionen (Kommission und Mitgliedstaaten) sind wohl auch die gemäß Art. 7 EUV beschlussfassenden Organe, d.h. Europäisches Parlament und Rat, befugt, die Situation in einem Mitgliedstaat zu überwachen. Ihre Aufsichtskompetenz ergibt sich aus der Zuständigkeit, die Verletzung von Grundsätzen des Art. 6 Abs. 1 EUV festzustellen und gegebenenfalls einen Sanktionsbeschluss zu fassen bzw. einen solchen abzuändern.[431]

---

429 Unter dem Begriff „Gemeinschaftsaufsicht“ werden im Schrifttum die Aufsicht der Kommission über die mitgliedstaatliche Einhaltung des Gemeinschaftsrechts und die Möglichkeit des Vertragsverletzungsverfahrens zusammengefasst; vgl. Zuleeg, JöR n.F. 20 (1971), 52 ff.; Bandell, Aufsicht, S. 5 ff. Dazu werden drei Stadien der Gemeinschaftsaufsicht unterschieden: Beobachtung, Berichtigung und Exekution. Ausdruck des letzteren Stadiums ist ein Feststellungsurteil des EuGH im Verfahren nach Art. 226, 227 EGV, wobei eine tatsächliche Vollstreckung der Urteile mangels Zwangsgewalt der Gemeinschaften nicht vorgesehen ist. Zu den drei Stadien siehe auch H. P. Ipsen, Europäisches Gemeinschaftsrecht, S. 234 ff. Im Gegensatz zur „Gemeinschafsaufsicht“ umfasst die „Unionsaufsicht“ selbstverständlich nicht die für erstere charakteristische Befugnis, gegen einen vertragsbrüchigen Mitgliedstaat den Rechtsweg zum Gerichtshof zu beschreiten.

430 Schorkopf, Homogenität in der EU, Ziff. 358 f.; derselbe DVBl 2000, 1040. In dieser Eigenschaft stehen Art. 6 Abs. 1, Art. 7 EUV für die zusätzliche Verschränkung von Unions- und Gemeinschaftsebene und liefern darüber hinaus ein Argument, die EU als handelnden Verband anzuerkennen; vgl. hierzu ausführlich Pechstein/Koenig, Die Europäische Union, Rdnr. 56 ff.; Bogdandy/Nettesheim, EuR 1996, 3 ff.; s. auch Schorkopf, Homogenität in der EU, Ziff. 362 m.w.N.

431 vgl. Hummer/Obwexer, EuZW 2000, 488. Dagegen spricht Schorkopf, Homogenität in der EU, Ziff. 358 f. und DVBl 2000, 1040, von einer erweiterten Aufsicht über die Mitgliedstaaten lediglich durch die Kommission.

(bbb) „Vorfeldmaßnahmen" der Europäischen Union

Vor diesem Hintergrund ist nunmehr zu beurteilen, ob für Maßnahmen der Union die Pflichtenverletzung eines Mitgliedstaates erst das Stadium der „schwerwiegenden und anhaltenden" Verletzung erreicht haben muss. Auf der Grundlage der fortlaufenden Beobachtung der mitgliedstaatlichen Verhältnisse liegt ein Unionshandeln bereits unterhalb der tatbestandlichen Aufgriffsschwelle von Art. 7 Abs. 1 EUV, d.h. bei einer bloß „einfachen" Verletzung der Grundsätze des Art. 6 Abs. 1 EUV oder lediglich der Gefahr einer homogenitätsrelevanten Pflichtverletzung, nahe.

Denn es entspricht nicht dem Sinn und Zweck des Art. 7 EUV, wenn erst eine „schwerwiegende und anhaltende" Verletzung abzuwarten ist, um darauf dann repressiv mittels Sanktionen zu reagieren. Obwohl in Art. 7 EUV explizit nichts geregelt ist, muss schon im Vorfeld einer Homogenitätsverletzung die Möglichkeit bestehen, die Zustände in einem Mitgliedstaat im Rahmen der Unionsaufsicht aufzugreifen und in die europäische Öffentlichkeit zu bringen. Derartige „Vorfeldmaßnahmen" dienen nämlich dazu, eine Verletzung von in Art. 6 Abs. 1 EUV genannten Grundsätzen bereits präventiv zu bekämpfen. Das verlangt aber nicht nur die Geltung des ebenfalls primärrechtlich verankerten allgemeinen Grundsatzes der Verhältnismäßigkeit[432], sondern auch die von der Europäischen Union mit Art. 7 EUV übernommene Aufgabe, den Homogenitätsanspruch in der vertikalen Ebene dieses Ordnungsprinzips effektiv durchzusetzen, also der „effet utile" der Bestimmung.[433]

Eine Kompetenz der Union zum Erlass von „Vorfeldmaßnahmen" lässt sich demnach aus der „implied-powers"-Lehre des EuGH[434] herleiten. Danach stehen

432 Der Grundsatz der Verhältnismäßigkeit ist nunmehr ausdrücklich in Art. 5 Abs. 3 EGV enthalten.

433 vgl. auch Schorkopf, DVBl 2000, 1040 f.; derselbe, Maßnahmen der XIV, S. 65 ff.; derselbe, in: Grabitz/Hilf, Recht der EU I, Art. 7 EUV, Rdnr. 26; derselbe, Vierzehn gegen Wien, Das Homogenitätsgebot in der Europäischen Union und die Sanktionsdrohungen gegen Österreich – wer verletzt was?, Frankfurter Allgemeine Zeitung vom 14.02.2000, S. 9; Hummer/Obwexer, EuZW 2000, 488 f.; Busse, Österreich contra Europäische Union, 20 ff.; Schmitt von Sydow, in: Groeben/Schwarze, EU-/EG-Vertrag Bd. 1, Art. 7 EUV, Rdnr. 47; Pernthaler/Hilpold, integration 2000, 109, sprechen insofern von einem „Frühwarnmechanismus" zur wirksamen Anwendung des Art. 7 EUV; ausführlich jetzt auch Hau, Sanktionen und Vorfeldmaßnahmen, S. 137 ff.; gegen „Vorfeldmaßnahmen" der Union H. H. Rupp, FS für Rudolf, S. 179; wohl auch Leidenmühler, ZÖR 2000, 312.

434 EuGH, Rs. 8/55 (Fédéchar/Hohe Behörde), Slg. 1956, 297, 311 f.; verb. Rs. 281, 283-285 und 287/85 (Deutschland, Frankreich, Niederlande, Dänemark, Vereinigtes Königreich/Kommission), Slg. 1987, 3203, Rdnr. 28 – „Einwanderungspolitik". Die „implied-powers"-Lehre ist eine Ausprägung der integrationsfreundlichen und an der praktischen Wirksamkeit des Gemeinschaftsrechts („effet utile") orientierten Rechtsprechung des EuGH; grundlegend bis heute Nicolaysen, EuR 1966, 129 ff.

der Gemeinschaft ungeachtet des Wortlauts einer Ermächtigungsnorm all jene Kompetenzen zu, die zur wirksamen und sinnvollen Erfüllung der bereits ausdrücklich eingeräumten Befugnis[435] ergänzend erforderlich sind.[436]

Mithin können „Vorfeldmaßnahmen" der Union auf Art. 7 EUV gestützt werden, womit allerdings noch nichts über deren Reichweite gesagt ist. Bis zum Inkrafttreten des Vertrages von Amsterdam enthielt das kodifizierte Recht der Union keinerlei Vorschrift, nach der die Homogenitätsverletzung eines Mitgliedstaates hätte sanktioniert werden können. Diese Vertragslücke wurde von den Mitgliedstaaten bewusst geschlossen, um so eine unbestreitbare Handlungskompetenz für die Union zu schaffen. Daher ist davon auszugehen, dass mit der Aufnahme des Art. 7 EUV in das Primärrecht abschließend geregelt worden ist, unter welchen tatbestandlichen Voraussetzungen eine Suspendierung von EU- und EG-Mitgliedschaftsrechten durch die Union stattfinden darf. Somit steht es den Organen der EU nicht zu, außerhalb des Verfahrens des Art. 7 EUV – und abgesehen von Art. 228 Abs. 2 S. 4 EGV sowie Art. 88 EGKSV – die Beschränkung mitgliedstaatlicher Rechte anzuordnen.[437] Dafür spricht zudem, dass es sich im Hinblick auf die prinzipiell geltende Vertragstreue bei Art. 7 EUV um eine Ausnahmevorschrift handelt, die dementsprechend eng auszulegen ist.[438]

---

435 Ein praktisch wichtiger Anwendungsfall der „implied-powers"-Lehre liegt im Bereich der Außenkompetenzen der Gemeinschaft. Die Kompetenz zum Abschluss völkerrechtlicher Verträge ist nur vereinzelt der Gemeinschaft ausdrücklich zugewiesen (z.B. Art. 133 Abs. 3 EGV „Handelsabkommen", Art. 310 EGV „Assoziierungsabkommen"). Die Gemeinschaft ist jedoch auch dann befugt, völkerrechtliche Verträge mit Drittstaaten oder internationalen Organisationen abzuschließen, wenn sie in einem Sachgebiet die Rechtsetzungskompetenz für den Innenbereich der Gemeinschaft besitzt („Schluss von der Innen- auf die Außenkompetenz"); vgl. EuGH, Rs. 22/70 (Kommission/Rat), Slg. 1971, 263, Rdnr. 15-19 – „AETR"; Schweitzer/Hummer, Europarecht, Rdnr. 655.

436 Schweitzer/Hummer, Europarecht, Rdnr. 338. Aus innerstaatlicher Sicht ähnelt die „implied-powers"-Lehre der „Kompetenz kraft Sachzusammenhangs" bzw. „Annexkompetenz" im Gesetzgebungsverfahren des Bundes; vgl. Beutler, in: Beutler/Bieber/Pipkorn/Streil, Die Europäische Union 4. Aufl., S. 84; in diesem Sinne auch Busse, Österreich contra Europäische Union, S. 22, der anmerkt, dass sich „Vorfeldmaßnahmen" aus der Natur der Sache ergeben; wie hier jetzt auch Schmitt von Sydow, in: Groeben/Schwarze, EU-/EG-Vertrag Bd. 1, Art. 7 EUV, Rdnr. 48.

437 vgl. auch Schmahl, EuR 2000, 830; ähnlich, aber zu weitgehend indes Schorkopf, Homogenität in der EU, Ziff. 321; derselbe, DVBl 2000, 1041 sowie Busse, Österreich contra Europäische Union, S. 22; s. hierzu auch unten S. 203 f. + 217 ff.

438 vgl. Busse, Österreich contra Europäische Union, S. 22; so schon der EuGH, Rs. 20/59 (Italien/Hohe Behörde) Slg. 1960, 681, 713, zu Art. 88 EGKSV: „Art. 88 eröffnet ein Vollstreckungsverfahren und stellt somit die ultima ratio zum Schutz der im Vertrag verankerten Belange der Gemeinschaft gegen die Untätigkeit oder den Widerstand der Mitgliedstaaten dar. [...] Infolgedessen ist Art. 88 eng auszulegen."

Folglich finden auch unionsrechtliche „Vorfeldmaßnahmen" ihre Grenze an dem Sanktionsrahmen des Art. 7 EUV. Unterhalb der tatbestandlichen Aufgriffsschwelle einer „schwerwiegenden und anhaltenden" Verletzung von Unionsgrundsätzen dürfen von der Europäischen Union keine Maßnahmen ergriffen werden, durch die mitgliedstaatliche Rechte ausgesetzt werden. Außerdem müssen Maßnahmen im Vorfeld einer sanktionswürdigen Homogenitätsverletzung derart in ihrer Wirkung beschränkt sein, dass sie im Ergebnis nicht wirkungsgleich mit den im Rahmen des Art. 7 EUV vorgesehenen Sanktionen sind.[439]

Diese Schlussfolgerung wird durch die gravierende Bedeutung der Sanktionierung eines Mitgliedstaates bestärkt. Die Durchführung eines Sanktionsverfahrens gemäß Art. 7 EUV kann die Zufügung von schwersten Nachteilen für den jeweiligen Mitgliedstaat bedeuten und vermag sogar in Rechte der Unionsbürger und Unternehmen einzugreifen. Das Anordnen von Sanktionen muss also gleichermaßen aus der Perspektive des betroffenen Mitgliedstaates – als einem Inhaber von Rechten – gesehen werden, was vor allem auch der Fall Österreich deutlich vor Augen führt. Entscheidungen nach Art. 7 EUV sind jedoch nicht justiziabel. Beschlüsse auf der Grundlage der Art. 7 Abs. 1 und 2 EUV fallen nämlich nicht in den Katalog der Bestimmungen, auf die sich gemäß Art. 46 EUV die Gerichtsbarkeit des EuGH erstreckt. Die für einen solchen Extremfall zu stellenden Anforderungen an die Rechtssicherheit[440] garantiert allein Art. 7 EUV selbst, indem die Sanktionierung in ein detailliert geregeltes Verfahren gekleidet ist, das – bis auf den Gerichtshof – alle Organe in den Entscheidungsprozess einbindet und insbesondere dem betroffenen Mitgliedstaat rechtliches Gehör gewährt. Insofern kommt in Art. 7 EUV der Grundsatz der Rechtsstaatlichkeit zum Ausdruck. Das bedeutet aber, dass jeder Mitgliedstaat einen Anspruch darauf hat, dass nur unter den vertraglich festgeschriebenen Voraussetzungen und Verfahrensmodalitäten jene Sanktionen gegen ihn ergriffen werden. Es wäre letztlich mit dem Rechtsstaatsprinzip unvereinbar, dieselben bereits als „Vorfeldmaßnahmen" zuzulassen.[441]

Ebenfalls als Ausfluss des Rechtsstaatsprinzips ergibt sich darüber hinaus die Bindung etwaiger „Vorfeldmaßnahmen" selbst an den Grundsatz der Verhält-

439 vgl. Schorkopf, DVBl 2000, 1041; derselbe, in: Grabitz/Hilf, Recht der EU I, Art. 7 EUV, Rdnr. 26; derselbe, Vierzehn gegen Wien, Das Homogenitätsgebot in der Europäischen Union und die Sanktionsdrohungen gegen Österreich – wer verletzt was?, Frankfurter Allgemeine Zeitung vom 14.02.2000, S. 9; Hummer/Obwexer, EuZW 2000, 488; Schmahl, EuR 2000, 830.

440 zum Grundsatz der Rechtssicherheit in der ständigen Rechtsprechung des Gerichtshofes s. EuGH, Rs. 13/61 (De Geus en Uitdenbogerd/Bosch u.a.), Slg. 1962, 97, 113; Rs. 43/75 (Defrenne/SABENA), Slg. 1976, 455, Rdnr. 74 f.; s. zusammenfassend die Nachweise bei Pernice/Mayer, in: Grabitz/Hilf, Recht der EU I, nach Art. 6 EUV, Rdnr. 291 ff.

441 vgl. Schorkopf, DVBl 2000, 1041; derselbe, Homogenität in der EU, Ziff. 180 ff. + 187; ferner Busse, Österreich contra Europäische Union, S. 22.

nismäßigkeit. Sie müssen also zur Erreichung des Zieles geeignet sein und dürfen nicht über das hinausgehen, was zur Zielerreichung erforderlich ist.[442]

Sind nach allem „Vorfeldmaßnahmen" der Europäischen Union innerhalb der beschriebenen Schranken grundsätzlich zulässig, lässt sich im Einzelnen zwischen „Aufsichtsmaßnahmen" und „Abschreckungsmaßnahmen" unterscheiden.[443] In engem Zusammenhang mit der „Unionsaufsicht" kann die Europäische Union als „Aufsichtsmaßnahme" im Vorfeld einer Verletzung von Art. 6 Abs. 1 EUV ihre Besorgnis über die Entwicklung in dem betreffenden Mitgliedstaat zum Ausdruck bringen. Weiter kann sie diesen Mitgliedstaat auffordern, die gemeinsame „Werteplattform" nicht zu verlassen und – unter Hinweis auf mögliche Sanktionen nach Art. 7 EUV – eindringlich davor warnen, die Grundsätze der Union zu verletzen. Unter diesen Umständen darf der betroffene Mitgliedstaat auch einem gezielten „monitoring" unterworfen werden. „Aufsichtsmaßnahmen" kommen folglich in der Form von Erklärungen, Mitteilungen, Stellungnahmen, öffentlichen Diskussionen und Warnungen sowie schließlich „monitoring" in Betracht.[444] Zuständig für eine derartige „beobachtende Kontrolle" sind sämtliche Organe und Institutionen, denen bereits die Ausübung der „Unionsaufsicht" obliegt.[445] Daraus folgt, dass auch den Mitgliedstaaten selbst das Ergreifen von „Vorfeldmaßnahmen" im Sinne vorgenannter „Aufsichtsmaßnahmen" zuzubilligen ist, wobei diese unionsrechtliche Handlungskompetenz aus Art. 7 EUV sowohl alleine als auch kollektiv wahrgenommen werden kann.[446]

Überdies ist auf der Grundlage des Art. 7 EUV der Erlass sog. „Abschreckungsmaßnahmen" möglich, um eine „schwerwiegende und anhaltende" Verletzung von in Art. 6 Abs. 1 EUV genannten Grundsätzen zu vermeiden. Diese „berichtigende Kontrolle" geht über reine „Aufsichtsmaßnahmen" hinaus. Als „Vorfeldmaßnahmen" im Sinne von „Abschreckungsmaßnahmen" sind in erster Linie konkrete Empfehlungen für das künftige Verhalten an den betroffenen Mitgliedstaat zu richten, aber auch das Herabstufen der diplomatischen Beziehungen im multilateralen Bereich der EU, soweit dies ohne Einfluss auf die Arbeit in den EU-Institutionen bleibt[447], ist vorstellbar.[448] In Anbetracht der gegen-

---

442 vgl. Hummer/Obwexer, europa-blätter 2000, 101; dieselben, EuZW 2000, 488.

443 Hummer/Obwexer, EuZW 2000, 488 f.

444 vgl. ebenda sowie Schorkopf, DVBl 2000, 1041; derselbe, in: Grabitz/Hilf, Recht der EU I, Art. 7 EUV, Rdnr. 26 und Busse, Österreich contra Europäische Union, S. 22.

445 so auch Hummer/Obwexer, EuZW 2000, 488 und im Ergebnis ebenfalls Schorkopf, DVBl 2000, 1041; derselbe, in: Grabitz/Hilf, Recht der EU I, Art. 7 EUV, Rdnr. 26.

446 vgl. Schorkopf, DVBl 2000, 1041; derselbe, in: Grabitz/Hilf, Recht der EU I, Art. 7 EUV, Rdnr. 26.

447 zu den damit verbundenen Problemen s. unten S. 276 ff.

448 Zu weit gehen indes Hummer/Obwexer, EuZW 2000, 489, wenn sie als „Abschreckungsmaßnahme" ganz allgemein das Herabstufen der diplomatischen Beziehungen

über „Aufsichtsmaßnahmen“ gesteigerten Wirkung von „Abschreckungsmaßnahmen“ spricht dabei vieles dafür, das für Sanktionsmaßnahmen in Art. 7 EUV vorgesehene Verfahren analog anzuwenden, weshalb im Ergebnis allein der Rat für deren Erlass zuständig wäre.[449]

(bb) Die „Gemeinsame Reaktion“ – „unionsrechtliche Vorfeldmaßnahme“?

Nun bleibt zu untersuchen, ob die „Gemeinsame Reaktion“ als auf Art. 7 EUV gestützte „Vorfeldmaßnahme“ der Europäischen Union ergehen konnte. Zunächst überschreiten die drei einzelnen Maßnahmen der „Gemeinsamen Reaktion“ jedoch offensichtlich das Maß dessen, was als „Aufsichtsmaßnahme“ nach Art. 7 EUV einzuordnen ist. So wird der Besorgnis über die innenpolitische Entwicklung in Österreich überhaupt nicht mehr explizit Ausdruck verliehen.[450] Auch ein Hinweis auf die mögliche Einleitung eines Sanktionsverfahrens gemäß Art. 7 EUV ist nicht enthalten. Vielmehr verkörpert die „Gemeinsame Reaktion“ selbst gerade das, wovor die Staatsspitze Österreichs vorab in zahlreichen Gesprächen und Telefonaten mit Nachdruck gewarnt wurde.[451]

Insofern liegt die „Gemeinsame Reaktion“ aber auch außerhalb des Rahmens einer zulässigen unionsrechtlichen „Abschreckungsmaßnahme“. Im Gegensatz zu einer bloßen Empfehlung für das künftige Verhalten des betroffenen Mitgliedstaates werden Österreich bei einer Beteiligung der FPÖ an einer neuen Bundesregierung zumindest faktische Nachteile in Aussicht gestellt. Diese betreffen zudem Sachbereiche, für die eine Regelungskompetenz auf Unionsebene zu verneinen ist. Insbesondere die Maßnahmen nach den Spiegelstrichen 1 und 3 beschränken das Herabstufen der diplomatischen Beziehungen ausdrücklich auf die bilateralen Kontakte, was darauf schließen lässt, dass gerade die multilateralen Beziehungen im EU-Bereich außen vor bleiben sollen.

Somit kommt die „Gemeinsame Reaktion“ nicht als „Vorfeldmaßnahme“ der Europäischen Union in Betracht.[452] Auch unter diesem Aspekt stellt Art. 7 EUV demnach keine taugliche Ermächtigungsnorm dar.

---

anführen. Wenn schon „echte“ Sanktionen im Rahmen des Art. 7 EUV lediglich in Rechte aus den Verträgen eingreifen dürfen, erscheint es nicht angebracht, dass unionsrechtliche „Vorfeldmaßnehmen“ auch Bereiche betreffen, die vom Unionsrecht grundsätzlich nicht erfasst werden; vgl. hierzu auch sogleich Gliederungspunkt (bb).

449 Davon gehen auch Hummer/Obwexer, EuZW 2000, 489, aus, allerdings ohne dies näher zu begründen.

450 missverständlich insofern Schorkopf, DVBl 2000, 1042.

451 s. oben Erster Teil, S. 39 ff.

452 im Ergebnis ebenso Busse, Österreich contra Europäische Union, S. 22; Schorkopf, in: Grabitz/Hilf, Recht der EU I, Art. 7 EUV, Rdnr. 30.

An dieser Stelle ist daher zusammenzufassen, dass sich eine Zuständigkeit für den Erlass der „Gemeinsamen Reaktion“ auf der Unionsebene weder aus entsprechenden Sachkompetenzen noch aus Art. 7 i.V.m. Art. 6 Abs. 1 EUV herleiten lässt. Dieses Ergebnis deutet darauf hin, dass die Stellungnahme der portugiesischen Präsidentschaft vom 31. Januar 2000 nicht als EU-Rechtsakt zu qualifizieren ist.

bb) Die Umstände des Erlasses der Stellungnahme

Nach der Analyse des Inhalts der Stellungnahme bleiben aber noch ergänzend die Umstände deren Erlasses zu prüfen. Insofern soll zwischen Aspekten des Verfahrens und Aspekten der äußeren Form unterschieden werden.

(1) Aspekte des Verfahrens

Eine flüchtige Betrachtung des Zustandekommens der Stellungnahme vermittelt zunächst den Eindruck, es handele sich dabei um einen EU-Rechtsakt. Ein Kontext zur EU wird vor allem dadurch hergestellt, dass sämtliche Mitgliedstaaten der Europäischen Union[453] in die Ausarbeitung der Maßnahmen eingebunden waren, aber auch eben nur diese, und sich schließlich einvernehmlich auf eine gemeinsame Reaktion gegenüber Österreich geeinigt haben. Andere europäische und außereuropäische Staaten waren dabei nicht involviert.

Hinzu kommt die Beteiligung der Präsidentschaft der Europäischen Union bereits anlässlich der Entstehung der Stellungnahme. So war es die portugiesische Präsidentschaft, die von der belgischen Regierung erstmals um eine gemeinsame Reaktion der EU-Partner ersucht wurde und dies mit dem Ausdruck der Besorgnis über die innenpolitische Entwicklung Österreichs offiziell Bundespräsident Klestil mitteilte. Bevor sich Ratspräsident Guterres danach mit dem deutschen Bundeskanzler Schröder traf, hatte ihm Paris schon Vorschläge für „gemeinsame Maßnahmen“ gemacht. Auch bei der abschließenden telefonischen Abstimmung zwischen den 14 EU-Mitgliedstaaten hatte die portugiesische Ratspräsidentschaft eine federführende Rolle inne und hielt das Ergebnis der Willensübereinkunft in dem entsprechenden „Aktionsprogramm“ der Präsidentschaft fest.[454]

Dabei verbirgt sich hinter der gängigen Bezeichnung „Präsidentschaft“ eine wichtige Leitungsfunktion innerhalb der EU. Im Primärrecht ist dieser Begriff

---

453 zur Beteiligung Österreichs s. sogleich unten S. 131 + 134 f.

454 s. oben Erster Teil, S. 38 ff.

jedoch – zumindest in der deutschen Fassung – nicht vorgesehen. In den die EU begründenden Verträgen ist im authentischen deutschen Text lediglich vom „Vorsitz“ und vom „Präsidenten“ des Rates die Rede. So bestimmt Art. 203 S. 2 EGV: „Der Vorsitz im Rat wird von den Mitgliedstaaten nacheinander für je sechs Monate wahrgenommen [...].“[455] Gemäß Art. 204 Alt. 1 EGV wird der Rat „von seinem Präsidenten einberufen“. Für den Europäischen Rat ergänzt Art. 4 S. 4 EUV: „Der Europäische Rat tritt mindestens zweimal jährlich unter dem Vorsitz des Staats- und Regierungschefs des Mitgliedstaats zusammen, der im Rat den Vorsitz innehat.“[456] Demnach ist die „Präsidentschaft der Europäischen Union“ kein selbständiges Organ der EU – wie es im Übrigen auch die Aufzählung in Art. 230 EGV nahe legt – sondern nur die Bezeichnung für den jeweiligen Vorsitz im Rat der Europäischen Union und im Europäischen Rat.[457]

Dass der portugiesische Ministerpräsident nicht als solcher das Vorgehen gegen Österreich koordinierte, vielmehr in seiner Funktion als amtierender EU-Ratspräsident tätig wurde, stellt vor diesem Hintergrund und mit Blick auf die gewählte Entscheidungsebene der Staats- und Regierungschefs der 14 Mitgliedstaaten somit zunächst ein Indiz für die Zurechnung der Stellungnahme vom 31. Januar 2000 zum Europäischen Rat dar. Gemäß Art. 4 S. 2 EUV kommen nämlich im Europäischen Rat gerade die Staats- und Regierungschefs unter dem nach dem EUV zu bestimmenden Vorsitz zusammen.

---

455 s. den Beschluss 95/2/EG, Euratom, EGKS des Rates vom 01.01.1995 zur Festlegung der Reihenfolge für die Wahrnehmung des Vorsitzes im Rat (ABl. 1995 Nr. L 1, S. 220). Demgemäß nahm Portugal im ersten Halbjahr 2000 den Vorsitz wahr; zuvor hatte Finnland die Präsidentschaft inne; im zweiten Halbjahr 2000 wurde sie von Frankreich besorgt. Österreich absolvierte im zweiten Halbjahr 1998 seine erste Ratspräsidentschaft; dazu Schallenberg/Thun-Hohenstein, Die EU-Präsidentschaft Österreichs.

456 Auch die Geschäftsordnung des Rates (s. Fn. 469) kennt nur dessen „Präsident“; vgl. etwa Art. 1 Abs. 1, Art. 3 Abs. 1 GO Rat.

457 Nicht erfasst ist ebenfalls die Vorsitzführung in den anderen Haupt- und Nebenorganen der EU, wie z.B. in der Kommission, im EP, im EuGH und im EuG, im RH, in der EZB, im WSA und im AdR. Dennoch hat sich in der Praxis – wohl in Anlehnung an die Termini „présidence“ und „presidency“ in der französischen bzw. englischen Fassung der Verträge der Begriff „Präsidentschaft der EU“ durchgesetzt. Rechtlich korrekt müsste allerdings vom „Vorsitz des Rates der EU“ bzw. (zumindest) von der „Präsidentschaft des Rates der EU“ oder „EU-Ratspräsidentschaft“ gesprochen werden; ausführlich hierzu Hummer/Obwexer, EuR 1999, 410 ff.; vgl. auch H. Winkler/Schauer, Die Maßnahmen gegen Österreich, S. 126; Busse, Österreich contra Europäische Union, S. 24 sowie unten S. 164 ff.

Gegen einen Akt des Europäischen Rates spricht jedoch, dass das Organ in diesem Fall nicht in der rechtlich gebotenen Zusammensetzung agiert hätte.[458] Ein Beschluss des Europäischen Rates setzt voraus, dass die Staats- und Regierungschefs aller 15 Mitgliedstaaten gemeinsam handeln. Inwiefern Österreich als eigentlich betroffener Mitgliedstaat am Zustandekommen der Stellungnahme beteiligt war, ist aber nach wie vor unklar und höchst umstritten. Zumindest was die endgültige Einigung der Mitgliedstaaten über eine gemeinsame Reaktion gegenüber Österreich betrifft, lässt sich eine Mitwirkung des Bundespräsidenten Klestil bzw. des aus dem Amt scheidenden Bundeskanzlers Klima nicht zweifelsfrei nachweisen.[459] Insofern kann für den Gang der Untersuchung daher nur die gesicherte Beteiligung der 14 anderen Mitgliedstaaten zugrundegelegt werden.[460] Neben den Staats- und Regierungschefs sämtlicher Mitgliedstaaten gehört zur formal vollständigen Besetzung des Europäischen Rates laut Art. 4 S. 2 EUV außerdem der Präsident der Kommission.[461] Nach Art. 4 S. 3 EUV werden diese zudem durch die Außenminister und ein Mitglied der Kommission unterstützt. Vorliegend war allerdings auch weder Kommissionspräsident Prodi, noch ein sonstiges Kommissionsmitglied, geschweige denn alle Außenminister der 15 Mitgliedstaaten in die Entstehung der Stellungnahme eingebunden.[462]

Darüber hinaus scheidet eine Zurechnung zum Europäischen Rat schließlich deshalb aus, weil die Ankündigung konkreter „Reaktionen" gegenüber einem bestimmten Mitgliedstaat der Europäischen Union gänzlich außerhalb seines vertraglichen Aufgabenfeldes läge.[463] Gemäß Art. 4 S. 1 EUV gibt der Europäische Rat der Union die für ihre Entwicklung erforderlichen Impulse und legt die allgemeinen politischen Zielvorstellungen für diese Entwicklung fest. Seine Aufgabe ist es demnach, die großen Leitlinien der Politik festzulegen und Grundsatzentscheidungen zu treffen[464]; lediglich ausnahmsweise bezeichnen die Verträge eine dem Europäischen Rat vorbehaltene Einzelzuständigkeit.[465]

---

458 Zu diesem Ergebnis kommen ebenso Hummer/Obwexer, EuZW 2000, 490; Leidenmühler, ZÖR 2000, 302 f.; R. Winkler, JRP 2000, 325; H. Winkler/Schauer, Die Maßnahmen gegen Österreich, S. 131.

459 vgl. oben Erster Teil, S. 42 f.

460 Entsprechend ist auch in dem „Aktionsprogramm" der Präsidentschaft lediglich von einer „joint reaction agreed by XIV Member States of the European Union" die Rede; s. oben Erster Teil, S. 41.

461 Pechstein/Koenig, Europäische Union, Rdnr. 168, sehen allerdings in der Nennung des Kommissionspräsidenten lediglich ein „primärrechtlich garantiertes Anwesenheitsrecht".

462 vgl. oben Erster Teil, insbesondere S. 43: Die Kommission wurde informiert, nicht aber konsultiert; a.A. G. Winkler, ZÖR 2000, 247 + 251.

463 Hierauf weisen gleichfalls G. Winkler, ZÖR 2000, 248; H. H. Rupp, FS für Rudolf, S. 176 sowie Hummer/Obwexer, EuZW 2000, 490, hin.

464 Dabei äußert sich der Europäische Rat zumeist in Form von Schlussfolgerungen „nur" politischer Natur. Bieber, in: Beutler/Bieber/Pipkorn/Streil, Die Europäische Union,

Die Staats- und Regierungschefs können allerdings durchaus auch als Rat der Europäischen Union zusammenkommen.[466] Dabei stellt gerade das Sanktionsverfahren nach Art. 7 EUV einen der seltenen Fälle dar, der eine Tagung des Rates in der Zusammensetzung der Staats- und Regierungschefs verlangt.[467] Nach wie vor ist deshalb eine Einordnung der Stellungnahme als „einfacher" Ratsbeschluss denkbar. Jedenfalls ließe sich so die fehlende Beteiligung des Kommissionspräsidenten sowie der 15 Außenminister erklären.[468]

Gleichermaßen zu prüfen bleibt aber, ob ein gemeinsames Handeln von lediglich 14 Mitgliedstaaten dem Rat der Europäischen Union zugerechnet werden kann. Gemäß Art. 203 Abs. 1 EGV besteht der Rat „aus je einem Vertreter jedes Mitgliedstaates auf Ministerebene". Grundsätzlich ist mithin eine Zurechnung zum Rat ebenfalls nur möglich, wenn alle 15 Mitgliedstaaten zusammen tätig werden. Doch legt bereits Art. 9 Abs. 4 GO Rat[469] hinsichtlich der Beschlussfähigkeit des Rates fest, dass nur die Anwesenheit der Mehrheit der gemäß den Verträgen stimmberechtigten Ratsmitglieder, also derzeit die Vertreter von acht

---

Rdnr. 223, räumt jedoch ein, dass diese Texte vielfach außerordentlich detailliert sind und den ausführenden Organen der EG kaum noch Spielraum belassen, weshalb sich die Verantwortlichkeiten verwischen und das institutionelle System des Vertrages ausgehöhlt wird. Dazu gehört auch die Entwicklung des Europäischen Rates zu einem Gremium, das in der Praxis in letzter (politischer) Instanz zahlreiche Einzelfragen aus dem Verantwortungsbereich der Organe entscheidet oder jedenfalls koordiniert.

465 so etwa die Festlegung von „Grundsätzen", „allgemeinen Leitlinien" und „Gemeinsamen Strategien" im Bereich der GASP; s. Art. 13 EUV.

466 Insofern ist die These von der Identität des Rates in der Zusammensetzung der Staats- und Regierungschefs mit dem Europäischen Rat abzulehnen. Abgesehen davon, dass die Formulierungen in den Verträgen der europäischen Integrationsgemeinschaften das Ergebnis sorgsam gewählter Kompromisse zwischen den Verhandlungsparteien sind, ist die Zusammensetzung beider Gremien von vornherein unterschiedlich, da auch der Kommissionspräsident Mitglied des Europäischen Rates ist, weshalb sich eine Gleichstellung verbietet; vgl. Hilf/Pache, in: Grabitz/Hilf, Recht der EU A I, Art. D EUV, Rdnr. 31; Schweitzer/Hummer, Europarecht, Rdnr. 189; Glaesner, EuR 1994, 25; derselbe, Der Weg nach Maastricht, Europarecht Beiheft 2/1995, 146; a.A. Bieber, in: Beutler/Bieber/Pipkorn/Streil, Die Europäische Union 4. Aufl., S. 132 f.; abweichend wohl jetzt die 5. Aufl., Rdnr. 223.

467 s. oben S. 108 + Fn. 361.

468 vgl. auch Leidenmühler, ZÖR 2000, 303. Allerdings ist die Kommission gem. Art. 4 Abs. 3, 4 GO Rat (s. auch die folgende Fn.) gleichwohl zur Teilnahme an den Tagungen des Rates eingeladen, wobei die Mitglieder der Kommission zu ihrer Unterstützung Beamte hinzuziehen können. Nach Abs. 3 kann der Rat jedoch beschließen, in Abwesenheit der Kommission zu beraten.

469 zur zum relevanten Zeitpunkt geltenden Geschäftsordnung des Rates s. Beschluss 1999/385/EG, EGKS, Euratom des Rates zur Festlegung seiner Geschäftsordnung vom 31.05.1999, ABl. 1999 Nr. L 147, S. 13 ff.

Mitgliedstaaten, erforderlich ist.[470] Hinzu kommt, dass die fehlende Beteiligung eines Mitgliedstaates nach dem Inhalt der jeweiligen Handlung differenziert beurteilt werden muss.[471] So sieht etwa Art. 122 Abs. 5 i.V.m. Abs. 3 EGV für den Bereich der Währungsunion bei Beschlüssen des Rates nach den Art. 104 Abs. 9 und 11, Art. 105 Abs. 1 bis 3 und 5, Art. 106, Art. 110, Art. 111 sowie Art. 112 Abs. 2 lit. b EGV ein Ruhen des Stimmrechts derjenigen Mitgliedstaaten vor, für die eine Ausnahmeregelung gilt (die also die gemeinsame Währung nicht eingeführt haben).[472] Aber auch speziell im Falle der Sanktionierung eines Mitgliedstaates auf der Grundlage von Art. 7 EUV handelt der Rat – wie bereits beschrieben – nach Art. 7 Abs. 4 EUV bzw. den ergänzenden Bestimmungen der Art. 309 Abs. 3 EGV, Art. 204 EAGV sowie Art. 96 EGKSV ohne Berücksichtigung der Stimme des Vertreters der Regierung des betroffenen Mitgliedstaats.[473] Insbesondere ein Beschluss von bloß 14 Mitgliedstaaten, der bestimmte Sanktionen gegenüber dem fünfzehnten Mitgliedstaat vorsieht, lässt sich dementsprechend rein formal als Ratshandeln qualifizieren, weil solche Maßnahmen nach den Verträgen gerade unter Ausschluss des betroffenen Mitgliedstaates getroffen werden sollen.

In diesem Zusammenhang muss jedoch Folgendes beachtet werden: Sofern bestimmte Mitgliedstaaten in diesen Bereichen bei Ratsentscheidungen ausgeschlossen bleiben, so bezieht sich dies jedoch allein auf die Ausübung des Stimmrechts. Das Anwesenheitsrecht der Delegationen jener Mitgliedstaaten in den Sitzungen des Rates der Europäischen Union sowie das Rederecht der Vertreter der Regierungen dieser Mitgliedstaaten werden dadurch nicht berührt.[474]

---

470 Für einstimmige Beschlüsse des Rates ist jedoch erforderlich, dass alle Mitglieder des Rates anwesend oder durch andere Mitglieder vertreten sind; vgl. Bieber, in: Beutler/Bieber/Pipkorn/Streil, Die Europäische Union, Rdnr. 242.

471 Dies übersehen Hummer/Obwexer, EuZW 2000, 250, wenn sie eine Handlung des Rates unter Beteiligung von nur 14 Mitgliedstaaten kategorisch ausschließen.

472 Ein verbindliches Übereinkommen der Mitgliedstaaten, die die gemeinsame Währung eingeführt haben, z.B. betreffend ein „Wechselkurssystem [...] gegenüber Drittlandswährungen" i.S.d. Art. 111 EGV (oder in anderen Währungsfragen) wird daher als Handlung dem Rat zuzurechnen sein, da der Rat nach dem EGV mit den Stimmen eben dieser Mitgliedstaaten handeln würde; vgl. R. Winkler, JRP 2000, 325.

473 s. oben S. 108.

474 Es gelten insofern lediglich die Einschränkungen des Art. 16 samt Anhang I der Geschäftsordnung des Rates vom 05.06.2000 (s. Beschluss 2000/396/EG, EGKS, Euratom vom 05.06.2000, ABl. 2000 Nr. L 149, S. 21 ff., geändert durch Beschluss vom 19.03.2001, ABl. 2001 Nr. L 81, S. 30), nach dem bei ihrer Anwendung die Fälle gebührend zu berücksichtigen sind, in denen ein oder mehrere Ratsmitglieder gemäß den Verträgen nicht an der Abstimmung teilnehmen können (vormals Art. 14 GO Rat). Allerdings legt die Erklärung lit. h zu Art. 16 und Anhang I der Geschäftsordnung ausdrücklich Folgendes fest: „Der Rat kommt überein, dass die Bestimmung von Art. 16 und Anhang I für die Rechtsakte gelten, für deren Annahme bestimmte Mitglieder des Rates gemäß den Verträgen nicht stimmberechtigt sind. *Der Fall, in dem Art. 7 des Ver-*

Das bedeutet, dass der Rat auch in diesen Fällen grundsätzlich in seiner normalen Besetzung – also vollzählig – tagt und berät.[475]

Ob dem Mitgliedstaat Österreich aber wenigstens entsprechende Teilnahmerechte im Verfahren zum Erlass der Stellungnahme gewährt wurden, erscheint äußerst fraglich. Hier kommen erneut die Probleme auf tatsächlicher Ebene, was die Beteiligung Österreichs am Zustandekommen der Stellungnahme vom 31. Januar 2000 angeht, zum Tragen. Bislang wurde lediglich zugrundegelegt, dass Österreich an der endgültigen Abstimmung über die Maßnahmen nicht mitgewirkt hat.[476] Davon, dass der Mitgliedstaat Österreich in keiner Weise in das Zustandekommen der Stellungnahme involviert war, d.h. völlig außen vor blieb, kann jedoch nicht ausgegangen werden.[477] Andererseits ist insoweit allerdings auch nicht anzunehmen, dass Österreich in gleichem Maße wie die anderen 14 Mitgliedstaaten in die Willensbildung einbezogen wurde. So hatte Österreich beispielsweise keine Gelegenheit, an der Ausarbeitung der konkreten Maßnahmen zu partizipieren; vielmehr wurde Bundespräsident Klestil von Ratspräsident Guterres erst angerufen, nachdem die übrigen 14 Mitgliedstaaten ihr gemeinsames Vorgehen in Bezug auf Österreich bereits beschlossen hatten.[478] Jedwede gegenteilige Behauptung ist abermals zumindest nicht erwiesen und muss deshalb außer Betracht bleiben.[479] Als gegeben können allenfalls Kontakte informativer Art, insbesondere mit dem österreichischen Bundespräsidenten, angesehen werden, die diesem bestenfalls die Möglichkeit zur Darstellung der Position Ös-

---

trages über die Europäische Union Anwendung findet, fällt jedoch nicht unter diese Bestimmungen." (Hervorhebungen vom Verfasser); vgl. hierzu H. H. Rupp, FS für Rudolf, S. 179 + Fn. 26.

475 ähnlich Busse, Österreich contra Europäische Union, S. 26 + Fn. 10. Selbst wenn einem Mitgliedstaat das Stimmrecht für einen bestimmten Bereich als Sanktion nach Art. 7 EUV entzogen worden ist, besitzt dieser Mitgliedstaat ein Recht auf Anwesenheit und damit auch auf Einbindung in die Vorbereitungsmaßnahmen; vgl. Schorkopf, Homogenität in der EU, Ziff. 278 + 303; Busse, a.a.O.; zu der Unterscheidung zwischen Stimmrechten und Teilnahmerechten im Bereich der Sanktionsmöglichkeiten des Art. 7 EUV s. auch oben S. 115 ff.

476 also im Sinne des Art. 7 Abs. 4 EUV „ohne Berücksichtigung der Stimme des Vertreters der Regierung des betroffenen Mitgliedstaats" nur 14 Repräsentanten von EU-Mitgliedstaaten stimmenmäßig in Erscheinung traten; s. soeben S. 131; zu diesem Ansatz auch G. Winkler, ZÖR 2000, 245 + 250 sowie Busse, Österreich contra Europäische Union, S. 26.

477 vgl. auch R. Winkler, JRP 2000, 325, Fn. 103; so aber wohl Hummer/Obwexer, EuZW 2000, 490; Leidenmühler, ZÖR 2000, 302; H. Winkler/Schauer, Die Maßnahmen gegen Österreich, S. 131.

478 s. nochmals oben Erster Teil, S. 41.

479 Zu weit geht deshalb G. Winkler, ZÖR 2000, 245 ff., wenn er vertritt, dass die Willensübereinkunft auch unter der konstruktiv konsultativ-kommunikativen Mitwirkung des Bundespräsidenten und des Bundeskanzlers, für Österreich als fünfzehntem Mitgliedstaat, formlos herbeigeführt worden sei.

terreichs eröffnet haben dürften.[480] Von einer vollumfänglichen Einbindung Österreichs in das Zustandekommen der Stellungnahme – von der Ausübung des Stimmrechts ganz abgesehen – vermag indes aber gar keine Rede sein.

Diese Einschätzung wird bestätigt, sobald man sich die zahlreichen Verfahrensvorschriften vor Augen führt, die bei einem Handeln des Rates der Europäischen Union grundsätzlich zu beachten sind, im vorliegenden Fall jedoch offensichtlich verletzt worden wären, was auch für sich gesehen schon gegen eine Zurechnung der Stellungnahme zum Rat der Europäischen Union ins Feld geführt werden kann.[481] Neben einschlägigen Normen des Primärrechts ist diesbezüglich vor allem die Geschäftsordnung des Rates von Relevanz, die sich dieser gemäß Art. 207 Abs. 3 EGV in verbindlicher Weise für sich selbst gibt.[482]

Zunächst erfolgte entgegen Art. 204 EGV und Art. 1 Abs. 1 GO Rat schon keine ordnungsgemäße Einberufung des Organs.[483] Sodann hätte das Gremium unter dem Vorsitz des jeweiligen Vertreters der Präsidentschaft (Art. 203 S. 2 EGV) an einem der Tagungsorte des Art. 1 Abs. 3 GO Rat zu einer Sitzung zusammenkommen und dort gemäß Art. 2 GO Rat auf der Basis einer Tagesordnung und auf Grund der den Tagesordnungspunkten angeschlossenen Dokumente beraten und beschließen müssen. Eine solche Tagung fand aber niemals statt; es gab keine Tagesordnung, keine Unterlagen, kein kollegiales Hearing mit dem Betroffenen und schließlich keine formelle Abstimmung im Sinne des Art. 9 GO Rat über die „Gemeinsame Reaktion" und die weitere Vorgangsweise. Vielmehr handelten die Staats- und Regierungschefs der EU-Mitgliedstaaten aus örtlicher Distanz zueinander, im Wege telefonischer Umfragen sowie persönlicher fernmündlicher Gespräche, eventuell unterstützt durch Fax-Übermittlungen und e-mail-Kontakte. Die kollektive Willensübereinkunft hinsichtlich der „Gemeinsamen Reaktion" und deren Erlass in Form der „Stellungnahme der portugiesischen Präsidentschaft" wurde also durch formlose konsultative Kommunikationen herbeigeführt und fand einen schriftlichen Niederschlag zunächst lediglich in dem „Aktionsprogramm" der portugiesischen Präsidentschaft vom 31. Januar 2000.[484] Dementsprechend existiert auch kein Protokoll im Sinne des Art. 11 GO Rat, das über jede Tagung anzufertigen ist und in dem in der Regel die dem Rat vorgelegten Schriftstücke, die gefassten Beschlüsse oder die Schlussfolgerungen und die vom Rat abgegebenen Erklärungen sowie jene Erklärungen ver-

480 s. ergänzend unten Dritter Teil, Fn. 1414.

481 zu diesem Gesichtspunkt vgl. Hummer/Obwexer, EuZW 2000, 490; H. Winkler/Schauer, Die Maßnahmen gegen Österreich, S. 131; Rotter, Europäische Rundschau 2000/3, 24.

482 Bieber, in: Beutler/Bieber/Pipkorn/Streil, Die Europäische Union, Rdnr. 240; zu der zum maßgeblichen Zeitpunkt geltenden Fassung s. Fn. 469.

483 wie hier Leidenmühler, ZÖR 2000, 303; G. Winkler, ZÖR 2000, 249.

484 s. oben Erster Teil, S. 38 ff. sowie G. Winkler, ZÖR 2000, 249 ff.

zeichnet sind, deren Aufnahme von einem Ratsmitglied oder von der Kommission beantragt worden ist.[485]

Zwar können Rechtsakte des Rates über eine dringende Angelegenheit gemäß Art. 10 Abs. 1 GO Rat auch durch schriftliche Abstimmung angenommen werden. Voraussetzung dafür ist allerdings, dass der Rat oder der AStV die Anwendung des schriftlichen Verfahrens vorab einstimmig beschließt oder – wenn der Ratspräsident die Anwendung des schriftlichen Verfahrens vorgeschlagen hat, wozu dieser „unter besonderen Umständen" ebenfalls berechtigt ist – dass sich alle Mitgliedstaaten mit diesem Verfahren einverstanden erklären. Ganz abgesehen davon, würde der telefonische Kommunikationsprozess im Fall Österreich wohl kaum den Anforderungen einer schriftlichen Abstimmung gerecht. So lässt denn auch das nach Art. 10 Abs. 3 GO Rat allmonatlich zu erstellende Verzeichnis der im schriftlichen Verfahren erlassenen Rechtsakte einen einschlägigen Eintrag vermissen.[486]

Darüber hinaus hätten in jedem Fall nach Art. 207 Abs. 3 UAbs. 2 S. 3 EGV i.V.m. Art. 7 Abs. 1 GO Rat die Abstimmungsergebnisse und die Erklärungen der Ratsmitglieder zur Stimmabgabe bzw. die Erklärungen zum Ratsprotokoll sowie die im Ratsprotokoll enthaltenen und die Verabschiedung von Rechtsetzungsakten betreffenden Punkte veröffentlicht werden müssen[487], sofern der Rat

---

485 In der Rs. „Bangladesch I" konnte das EP wenigstens – wenn auch ohne Erfolg – darauf hinweisen, dass der streitige Akt in der 1487. ordentlichen Sitzung des Rates, an der u.a. alle Außenminister der Mitgliedstaaten teilgenommen hatten, erlassen worden war und unter Punkt 12 des Protokolls über diese Sitzung Erwähnung fand; vgl. EuGH, verb. Rs. C-181 und 248/91 (Parlament/Rat und Kommission), Slg. 1993, I-3685, Rdnr. 2 + 10 sowie oben S. 90 ff.

486 Gem. Art. 10 Abs. 4 der Geschäftsordnung kann der Rat zur Durchführung der hier nicht einschlägigen gemeinsamen Außen- und Sicherheitspolitik auf Veranlassung des Vorsitzes auch im Wege des vereinfachten schriftlichen Verfahrens (COREU) tätig werden. In diesem Fall gilt der Vorschlag nach Ablauf der vom Vorsitz entsprechend der Dringlichkeit der Angelegenheit festgesetzten Frist als angenommen, wenn kein Ratsmitglied einen Einwand erhebt. In diesem Zusammenhang mag auch Art. 22 Abs. 2 EUV erwähnt werden, wonach in den Fällen der GASP, in denen eine rasche Entscheidung notwendig ist, der Vorsitz von sich aus oder auf Antrag der Kommission bzw. eines Mitgliedstaats innerhalb von 48 Stunden, bei absoluter Notwendigkeit in kürzerer Zeit, eine außerordentliche Tagung des Rates einberuft.

487 zum Zugang der Öffentlichkeit zu den Dokumenten des Rates s. auch Art. 8 GO Rat sowie den Beschluss 93/731/EG des Rates vom 20.12.1993 über den Zugang der Öffentlichkeit zu Ratsdokumenten (ABl. 1993 Nr. L 340, S. 43), geändert durch den Beschluss 96/705/EG (ABl. 1996 Nr. L 325, S. 19) und den Beschluss 2000/23/EG vom 06.12.1999 zur Verbesserung der Information über die Gesetzgebungstätigkeit des Rates und das öffentliche Register der Ratsdokumente (ABl. 2000 Nr. L 9, S. 22), beide Rechtsakte inzwischen geändert durch Beschluss 2000/527/EG des Rates vom 14.08.2001 (ABl. 2001 Nr. L 212, S. 9). Allgemein zum Recht auf Zugang zu Dokumenten vgl. Art. 255 EGV und die VO (EG) Nr. 1049/2001 vom 30.05.2001 über den

als Gesetzgeber tätig geworden wäre.[488] Schließlich fällt weiter auf, dass das Generalsekretariat des Rates überhaupt nicht in das Zustandekommen der Stellungnahme eingebunden war, obwohl es den Rat gemäß Art. 207 Abs. 2 UAbs. 1 S. 1 EGV, Art. 20 Abs. 1 GO Rat bei seiner Arbeit zu unterstützen hat und beispielsweise nach Art. 11 Abs. 2 GO Rat den Entwurf des Tagungsprotokolls erstellt und zur Genehmigung vorlegt oder gemäß Art. 10 Abs. 6 GO Rat den Abschluss eines schriftlichen Verfahrens feststellt.[489]

Im Falle der Qualifikation der Stellungnahme als Akt des Rates der Europäischen Union wäre folglich eine nahezu vollständige Missachtung der Regeln der Geschäftsordnung des Rates zu verzeichnen. Die Reihe schwerwiegender Verfahrensfehler setzt sich dabei noch fort, wenn das Tätigwerden ganz konkret als „Abschreckungsmaßnahme“ oder Sanktion gegen den Mitgliedstaat Österreich auf der Grundlage des Art. 7 EUV eingestuft würde.[490]

Selbst wenn die für einen Feststellungsbeschluss nach Art. 7 Abs. 1 EUV erforderliche Einstimmigkeit gegeben gewesen wäre, weil alle 14 EU-Mitgliedstaaten ausnahmslos mit dem Vorgehen gegen Österreich einverstanden waren, hätte zumindest die obligatorische Zustimmung des Europäischen Parlaments gefehlt. Überdies vermag im Hinblick auf das Zustandekommen der Stellungnahme schon gar nicht das für eine Sanktionierung im Rahmen des Art. 7 EUV vorgesehene zweistufige Verfahren mit seiner Trennung zwischen Feststellungs- und „eigentlichem“ Sanktionsbeschluss ausgemacht werden. Ganz im Gegenteil beschlossen die Staats- und Regierungschefs unmittelbar die in der „Gemeinsamen Reaktion“ enthalten Maßnahmen gegen Österreich, ohne vorab in irgendei-

---

Zugang der Öffentlichkeit zu Dokumenten des Europäischen Parlaments, des Rates und der Kommission (ABl. 2001 Nr. L 145, S. 43) sowie die Gemeinsame Erklärung der Organe hierzu (ABl. 2001 Nr. L 173, S. 5).

488 Nach Art. 207 Abs. 3 UAbs. 2 S. 2 EGV i.V.m. Art. 6 der Geschäftsordnung wird der Rat aber gerade dann als Gesetzgeber i.S.d. Art. 207 Abs. 3 UAbs. 2 EGV tätig, wenn er auf der Grundlage der einschlägigen Bestimmungen der Verträge im Wege von Verordnungen, Richtlinien, Rahmenbeschlüssen oder Entscheidungen Vorschriften erlässt, die in den Mitgliedstaaten oder für die Mitgliedstaaten rechtlich bindend sind; ausgenommen sind hierbei Entscheidungsprozesse, die zum Erlass von internen Maßnahmen, von Verwaltungsakten oder Haushaltsmaßnahmen, von Rechtsakten betreffend die interinstitutionellen oder die internationalen Beziehungen oder von nicht bindenden Rechtsakten (wie Schlussfolgerungen, Empfehlungen oder Entschließungen) führen.

489 Hierauf weisen ebenso Hummer/Obwexer, EuZW 2000, 490, hin; a.A. abermals G. Winkler, ZÖR 2000, 247 + 251.

490 Das erkennen auch H. Winkler/Schauer, Die Maßnahmen gegen Österreich, S. 125.

ner Weise über eine „schwerwiegende und anhaltende Verletzung" der Unionsgrundsätze zu befinden.[491]

Abschließend erscheint aufgrund jener großen Anzahl erheblicher verfahrensrechtlicher Mängel, und hier insbesondere der unzureichenden Einbindung Österreichs in den Entscheidungsprozess, eine Zurechnung zum Rat der Europäischen Union unter verfahrensrechtlichen Gesichtspunkten ebenfalls fernliegend. In diesem Zusammenhang soll nicht zuletzt noch auf das folgende nicht zu unterschätzende Indiz dafür, dass sich die Stellungnahme nicht als Ergebnis einer Wahrnehmung der Organfunktion Rat darstellt, hingewiesen werden: Ratspräsident Guterres verzichtete ausdrücklich auf die Einberufung einer Sondersitzung des Rates der Europäischen Union anlässlich der Situation in Österreich nachdem die belgische Regierung am 27. Januar 2000 in einem Schreiben an die portugiesische Präsidentschaft gemäß Art. 1 Abs. 1 GO Rat einen entsprechenden Antrag gestellt hatte.[492]

(2) Aspekte der äußeren Form

Neben den verfahrensrechtlichen Gesichtspunkten des Erlasses der Stellungnahme sind weiterhin die Aspekte der äußeren Form zu untersuchen. Zu solchen äußeren Gesichtspunkten zählen in erster Linie das äußere Erscheinungsbild selbst – wie etwa der Erlass in Schriftform, die Bezeichnung des fraglichen Aktes sowie der sonstige Wortlaut –, aber auch das Vorliegen einer Begründung und die Art und Weise der Veröffentlichung. Zuerst folgen einige Anmerkungen zum äußeren Erscheinungsbild der Stellungnahme.

(a) Äußeres Erscheinungsbild der Stellungnahme

Bei näherer Betrachtung des Wortlauts der schriftlich vorliegenden Stellungnahme vom 31. Januar 2000[493] fällt zunächst auf, dass in dem Text selbst kein EU-Organ genannt wird. In dem einleitenden ersten Absatz der Stellungnahme[494] ist von „folgender Gemeinsamer Reaktion, die von den Staats- und Regierungschefs von XIV Mitgliedstaaten der Europäischen Union vereinbart wurde", die Rede.

---

491 wie oben S. 127 f. beschrieben, finden die verfahrensrechtlichen Vorgaben des Art. 7 EUV (dazu oben S. 108 ff.) ja auch beim Erlass von „Abschreckungsmaßnahmen" analoge Anwendung.

492 s. oben Erster Teil, S. 38 f.; wie hier Leidenmühler, ZÖR 2000, 304.

493 s. oben Erster Teil, S. 42 sowie im Anhang, S. 373 f.

494 zur Struktur der Stellungnahme s. oben S. 81 ff.

Zwar scheint die Bezeichnung als „joint reaction" dem Unionsrecht nachempfunden, das als Handlungsform „joint actions" (gemeinsame Aktionen)[495] kennt.[496] Auch mag die Formulierung „agreed by the Heads of State and Government" unverkennbar dem Vokabular des EUV[497] und des EGV[498] entnommen und auf der völkerrechtlichen Ebene ungewöhnlich sein.[499] Das darf jedoch nicht darüber hinwegtäuschen, dass dieser Passus als Urheber der „Gemeinsamen Reaktion" unmissverständlich die 14 EU-Mitgliedstaaten als solche, vertreten durch ihre Staats- und Regierungschefs, nennt und gerade nicht den Rat der Europäischen Union oder den Europäischen Rat.[500]

Allerdings taucht in der Überschrift der Erklärung vom 31. Januar 2000 mit der Präsidentschaft eine Institution der EU auf: „Stellungnahme der portugiesischen Präsidentschaft der Europäischen Union im Namen von XIV Mitgliedstaaten". Dieser Umstand diente nun oftmals als Anknüpfungspunkt, die Stellungnahme vom 31. Januar 2000 mitsamt der in ihr enthaltenen „Gemeinsamen Reaktion" als Rechtsakt der Europäischen Union zu qualifizieren.[501] Berücksichtigt man zudem, dass die Namen der 14 Mitgliedstaaten der Europäischen Union, für welche die Erklärung abgegeben wurde, in der Stellungnahme und damit auch im Text der „Gemeinsamen Reaktion" nicht explizit offengelegt werden, sondern lediglich aus dem Gesamtzusammenhang hervorgehen, ist einzuräumen, dass diese Vorgehensweise in der Tat an den Usus des einheitlichen Auftretens der Europäischen Union gegenüber Drittstaaten im Rahmen der GASP erin-

---

495 s. Art. 12 und Art. 14 EUV sowie oben S. 87.

496 so auch H. Winkler/Schauer, Die Maßnahmen gegen Österreich, S. 131; ähnlich G. Winkler, ZÖR 2000, 243.

497 s. Art. 4 und Art. 7 EUV.

498 s. Art. 121 Abs. 2, 3 EGV.

499 Rotter, Europäische Rundschau 2000/3, 24. So machte auch das Parlament in der Rs. „Bangladesch I" geltend, der streitige Akt sehe vor, dass die Sonderhilfe „nach dem BSP-Schlüssel" aufgeteilt werde, was ein typischer Gemeinschaftsbegriff sei. Der Gerichtshof stellte hierzu jedoch lediglich fest, dass die Mitgliedstaaten nach dem EWGV aber nicht daran gehindert seien, außerhalb des Gemeinschaftsrahmens Kriterien aus haushaltsrechtlichen Vorschriften zu verwenden, um finanzielle Verpflichtungen, die sich aus den Entscheidungen ihrer Vertreter ergeben, aufzuteilen; vgl. EuGH, verb. Rs. C-181 und 248/91 (Parlament/Rat und Kommission), Slg. 1993, I-3685, Rdnr. 21 f. sowie oben S. 90 ff. + 93.

500 vgl. hierzu auch H. Winkler/Schauer, Die Maßnahmen gegen Österreich, S. 131.

501 An dieser Stelle ist nochmals daran zu erinnern, dass nach der Rechtsprechung des EuGH die Bezeichnung des Aktes allein nicht ausschlaggebend ist. Obwohl sich das Parlament in der Rs. „Bangladesch I" auf dessen Titel „Hilfe für Bangladesch – Schlussfolgerungen des Rates" berief, qualifizierte der EuGH die Handlung als Beschluss der im Rat vereinigten Mitgliedstaaten und damit nicht als Akt eines Gemeinschaftsorgans; vgl. EuGH, verb. Rs. C-181 und 248/91 (Parlament/Rat und Kommission), Slg. 1993, I-3685, Rdnr. 10 + 25 sowie oben S. 90 ff.

nert.[502] In Angelegenheiten der Gemeinsamen Außen- und Sicherheitspolitik wird nämlich gemäß Art. 18 Abs. 1 EUV die Union von dem Vorsitz – also der Präsidentschaft der Europäischen Union – vertreten.[503]

Was die „Gemeinsame Reaktion“ anbelangt, so kann diese Einschätzung jedoch schon mittels folgender systematischer Betrachtung entkräftet werden: Die Analyse des Aufbaus der Stellungnahme führte zu dem Ergebnis, dass die „Gemeinsame Reaktion“ zwar in Absatz 2 der Stellungnahme enthalten ist, aber derart, dass der Beschluss lediglich im Text der Stellungnahme wiedergegeben wird.[504] Wenn nun in der Überschrift von einem Tätigwerden der portugiesischen Präsidentschaft die Rede ist, bezieht sich dies folglich mitnichten auf die „Gemeinsame Reaktion“ an sich, auf deren Entstehung, sondern allenfalls auf die Rahmenerklärung und kann deshalb, wenn überhaupt, nur indirekt etwas über die rechtliche Qualifizierung der „Gemeinsamen Reaktion“ aussagen.[505]

Abgesehen davon bleibt auch hier noch folgender entscheidender Einwand zu beachten. Die portugiesische Präsidentschaft gibt überhaupt nicht vor, hinsichtlich der Stellungnahme die Union vertreten zu haben. Nach dem Titel der Erklärung handelt es sich dagegen um eine Stellungnahme der Präsidentschaft „im Namen von XIV Mitgliedstaaten“. Die Präsidentschaft sprach demnach nicht für „die Union“, und zwar weder in der „ersten Säule“ für die drei Europäischen Gemeinschaften, noch in der „zweiten“ und „dritten Säule“ für die Gesamtheit aller 15 EU-Mitgliedsaaten. Vielmehr handelte sie ebenfalls ausdrücklich für bloß 14 von insgesamt 15 EU-Mitgliedstaaten, wie sie sodann im ersten Absatz der Stellungnahme in Zusammenhang mit der „Gemeinsamen Reaktion“ nochmals Erwähnung finden. Daran vermag auch der Hinweis auf die Mitgliedschaft dieser 14 Staaten in der Europäischen Union und die fehlende Benennung der einzelnen Staaten nichts ändern.[506] Ganz im Gegenteil ist festzuhalten, dass die portugiesische Präsidentschaft die Stellungnahme gerade nicht „im Namen

---

502 vgl. H. Winkler/Schauer, Die Maßnahmen gegen Österreich, S. 124 f.

503 vgl. z.B. die Erklärung des Vorsitzes im Namen der EU zur Abschaffung der Todesstrafe in Zypern (Dok. 5564/00, P 11/00); beachte in diesem Zusammenhang auch die Übersetzung des im Originalwortlaut der Stellungnahme gebrauchten Begriffs „on behalf of“ bei Romain/Bader/Byrd, Dictionary, S. 83, mit: „im Namen von, für, in Vertretung von“. Bei PONS, Fachwörterbuch, S. 32, finden sich zu dem Stichwort die Wendungen „für, im Namen von, im Auftrag von“.

504 s. oben S. 83 f.

505 ähnlich H. Winkler/Schauer, Die Maßnahmen gegen Österreich, S. 125, 130 + Fn. 4, die allerdings noch weitergehen und im Folgenden strikt zwischen der Urheberschaft bezüglich der „Erklärung“ einerseits und jener bezüglich der „Gemeinsamen Reaktion“ differenzieren, was jedoch schon den tatsächlichen Gegebenheiten beim Zustandekommen der Stellungnahme kaum gerecht werden dürfte.

506 so aber G. Winkler, ZÖR 2000, 244 + 248 f., der daraufhin schreibt: „Die Präsidentschaft trat erklärtermaßen unter dem Namen der EU auf.“

einer der Gemeinschaften bzw. der Europäischen Union, insbesondere des Rates oder des Europäischen Rates“ abgegeben hat.[507]

Mithin deutet auch das äußere Erscheinungsbild der Stellungnahme eher auf eine Handlung der 14 Mitgliedstaaten als auf einen Rechtsakt der Europäischen Union hin[508], wobei zugegebenermaßen vor allem der Titel der Erklärung zu Missverständnissen führen kann, indem er in gewisser Weise einen Bezug zur Europäischen Union herstellt.[509] Dazu trägt wohl zusätzlich noch die Bezeichnung der Erklärung der portugiesischen Präsidentschaft in der deutschen Übersetzung als „Stellungnahme“ bei, denkt man in diesem Zusammenhang doch unweigerlich an die in Art. 249 Abs. 5 EGV genannte Handlungsform. Da die Erklärung in der englischen Originalfassung allerdings als „Statement“ bezeichnet ist und die Stellungnahme des Art. 249 Abs. 5 EGV in der englischen Fassung des Vertrages „opinion“ genannt wird[510], verbieten sich insofern aber jegliche rechtliche Schlussfolgerungen.[511]

Untermauert wird das Ergebnis abermals durch einen Blick in die Geschäftsordnung des Rates. So entspricht das äußere Erscheinungsbild der Stellungnahme schließlich keineswegs den gemäß Art. 24 GO Rat in Anhang II enthaltenen Bestimmungen über die Form der Rechtsakte; des Weiteren fehlt die Unterzeichnung durch das Generalsekretariat nach Art. 13 GO Rat.

(b) Begründung

Gemäß Art. 253 EGV sind die verbindlichen Rechtsakte der Gemeinschaft (Verordnung, Richtlinie, Entscheidung) mit Gründen zu versehen und müssen auf die vertraglich einzuholenden Vorschläge (etwa der Kommission) oder Stellungnah-

507 vgl. hierzu Hummer/Obwexer, ecolex 2000, 250; H. Winkler/Schauer, Die Maßnahmen gegen Österreich, S. 125 + 130.

508 so auch Busse, Österreich contra Europäische Union, S. 20.

509 Nicht zu Unrecht sprechen Hummer/Obwexer, ecolex 2000, 250, daher von einem „Etikettenschwindel“.

510 Der Begriff der „Stellungnahme“ in Art. 249 Abs. 5 EGV wird von der französischen Fassung mit „les avis“ und von der spanischen mit „los dictámenes“ wiedergegeben.

511 Im Übrigen wird der Begriff der „Stellungnahme“ in der deutschen Fassung der Verträge auch nicht einheitlich verwendet. Neben dem so benannten Rechtsakt in Art. 249 Abs. 5 EGV bezeichnet er sowohl eine bestimmte Handlung der Kommission im Vertragsverletzungsverfahren (Art. 226 Abs. 1, 227 EGV), als auch eine der Handlungsformen des Europäischen Parlaments im Gesetzgebungsverfahren (Art. 251 Abs. 2 UAbs. 1, 252 lit. a EGV). In Art. 7 Abs. 1 EUV meint der Begriff schließlich – wie oben erwähnt – die Gewährung rechtlichen Gehörs gegenüber dem betroffenen Mitgliedstaat.

men (z.B. des EP, WSA oder AdR) Bezug nehmen.[512] Ihren zentralen „verfassungsrechtlichen“ Anknüpfungspunkt findet die Begründungspflicht im Rechtsstaatsprinzip.[513] Indem letzteres die Organe der EU dazu verpflichtet, den geltenden Rechtssätzen genügende und in diesem Sinne „richtige“ Entscheidungen und Normen zu erlassen, sind verfahrensmäßige Vorkehrungen gefordert. Die Begründungspflicht ist aufgrund des ihr innewohnenden Selbstkontrollmechanismus eine solche Vorkehrung. Dabei korrespondiert der rechtsstaatlichen Selbstkontrolle nicht nur eine nach innen gerichtete, „staatsinterne“ Begründungsfunktion, sondern – vermittelt über die Grundrechte sowie einfachgesetzliche Schutznormen – auch eine an die betroffenen Individuen gerichtete „staatsexterne“ Begründungsfunktion.[514] So soll die Begründungspflicht den Adressaten eines Rechtsaktes in die Lage versetzen, die entscheidenden Gesichtspunkte für seinen Erlass, insbesondere in Hinblick auf die Rechtsverteidigung, kennen zu lernen und in der Folge dem EuGH eine effektive Ausübung seiner Rechtskontrolle ermöglichen.[515] Demgemäß wurde die Begründungspflicht vom EuGH – über Art. 253 EGV hinaus – unter rechtsvergleichender Bezugnahme auf die nationalen Rechtsordnungen[516] auch als allgemeiner Rechtsgrundsatz anerkannt.[517] Einen entsprechenden allgemeinen Grundsatz „guter Verwaltung“ postuliert seit dem Jahr 2000 auch Art. 41 der EU-Grundrechtecharta.[518]

---

512 Nach Art. 15 Abs. 1 EGKSV, der sinngemäß dasselbe sagt, wird die Begründungspflicht aber auch auf unverbindliche Stellungnahmen erstreckt. Überdies finden sich im gemeinschaftlichen Primär- und Sekundärrecht für den Bereich des gemeinschaftsunmittelbaren Vollzuges des Kartell-, Antidumping- und Beamtenrechts spezielle Vorschriften über eine Begründungspflicht; vgl. hierzu Müller-Ibold, Begründungspflicht, S. 36 ff.

513 s. Art. 6 Abs. 1 EUV; dazu Scheffler, Pflicht zur Begründung, S. 44 ff.; Zuleeg, NJW 1994, 545.

514 Lücke, Begründungszwang und Verfassung, S. 46; Koenig, AöR 117 (1992), 524; Calliess, in: Calliess/Ruffert, EUV/EGV, Art. 253 EGV, Rdnr. 2.

515 EuGH, Rs. 45/86 (Kommission/Rat), Slg. 1987, 1493, Rdnr. 5; Calliess, in: Calliess/Ruffert, EUV/EGV, Art. 253 EGV, Rdnr. 4 ff.; s. auch EuGH, Rs. C-213/87 (VIA/Kommission), Slg. 1990, I-221, Ziff. 2.

516 s. etwa § 39 Abs. 1 S. 1 VwVfG, § 121 Abs. 1 AO, § 35 Abs. 1 S. 1 SGB X des deutschen Rechts: „Ein schriftlich erlassener oder schriftlich bestätigter Verwaltungsakt ist schriftlich zu begründen.“; vgl. hierzu Ule/Laubinger, Verwaltungsverfahrensrecht, § 1, Rdnr. 10.

517 vgl. z.B. Ziff. 1a) der Schlussanträge des Generalanwalts Reischl zu EuGH, Rs. 25/80 (de Briey/Kommission), Slg. 1981, 637; EuGH, verb. Rs. 43, 45 und 48/59 (von Lachmüller u.a./Kommission), Slg. 1960, 965, 989 f.; Calliess, in: Calliess/Ruffert, EUV/EGV, Art. 253 EGV, Rdnr. 2; ausführlicher Überblick bei Müller-Ibold, Begründungspflicht, S. 53 ff.; s. auch H. H. Rupp, FS für Rudolf, S. 177.

518 ABl. 2000 Nr. C 364, S. 1; vgl. Bieber, in: Beutler/Bieber/Pipkorn/Streil, Die Europäische Union, Rdnr. 471. Indem die Begründungspflicht das Ziel verfolgt, die Motive und Hintergründe, die zum Erlass der Maßnahme geführt haben, transparent zu machen, kor-

Der Umfang der Begründungspflicht reicht mit Blick auf die Art der Maßnahme unterschiedlich weit, je nachdem, ob es sich um einen allgemein gefassten Rechtsakt (Normativakt) oder um einen Rechtsakt handelt, der einen Sachverhalt detailliert regelt (Einzelakt). Maßnahmen mit allgemeinem Anwendungsbereich, also insbesondere Verordnungen und Richtlinien, bedürfen regelmäßig einer weniger ausführlichen Begründung als Maßnahmen, die einen konkreten Einzelfall betreffen.[519] Für Einzelakte gilt darüber hinaus eine besonders weitgehende Begründungspflicht, wenn diese dem Adressaten eine Belastung von gewisser Relevanz auferlegen.[520]

Nicht erforderlich ist jedoch, dass die Begründung sämtliche tatsächlich und rechtlich erheblichen Gesichtspunkte angibt[521]; vielmehr reicht aus, wenn sie die eine Maßnahme tragenden Gründe beinhaltet[522]. Allerdings muss die Begründung grundsätzlich die Vertragsartikel, auf die die Maßnahme gestützt wurde, richtig benennen[523], es sei denn, sie lässt sich anhand anderer Anhaltspunkte, die sich aus dem Rechtsakt selbst ergeben, bestimmen.[524] Umgekehrt ist ebenfalls unzureichend, wenn ein Rechtsakt lediglich auf die zugrundeliegende Ermächtigungsnorm verweist.[525]

---

respondiert sie überdies dem gemeinschaftsrechtlichen – nunmehr in Art. 1 Abs. 2 EUV („möglichst offen") und Art. 255 EGV ausdrücklich im Vertrag verankerten – Transparenzprinzip; vgl. Calliess, in: Calliess/Ruffert, EUV/EGV, Art. 253 EGV, Rdnr. 2; Bieber, a.a.O.

519 EuGH, Rs. 18/62 (Barge/Hohe Behörde), Slg. 1963, 561, 602; verb. Rs. 292 und 293/81 (Lion u.a./F.I.R.S.), Slg. 1982, 3887, Rdnr. 18 f.; verb. Rs. 311/81 und 30/82 (Klöckner-Werke/Kommission), Slg. 1983, 1549, Rdnr. 32; Calliess, in: Calliess/Ruffert, EUV/EGV, Art. 253 EGV, Rdnr. 3 + 13 ff.; Schweitzer/Hummer, Europarecht, Rdnr. 393 ff.

520 EuGH, verb. Rs. 33 und 75/79 (Kuhner/Kommission), Slg. 1980, 1677, Rdnr. 14. Diese reduziert sich allerdings dann, wenn der Betroffene am Verfahren beteiligt war und er Gelegenheit zur Äußerung hatte. Dann darf die Behörde an diesen Meinungsbildungsprozess anknüpfen und braucht Umstände, die dem Betroffenen schon bekannt sind, nicht näher darlegen; vgl. EuGH, Rs. 791/79 (Demont/Kommission), Slg. 1981, 3105, Rdnr. 12; ähnlich verb. Rs. 275/80 und 24/81 (Krupp/Kommission), Slg. 1981, 2489, Rdnr. 13.

521 EuGH, Rs. C-84/94 (Vereinigtes Königreich/Rat), Slg. 1996, I-5755, Rdnr. 74 = EuZW 1996, 751 mit Anmerkung Calliess.

522 so explizit EuGH, Rs. 6/54 (Niederlande/Hohe Behörde), Slg. 1954, 213, 232; vgl. auch Rs. 37/83 (Rewe-Zentrale/Landwirtschaftskammer Rheinland), Slg. 1984, 1229, Rdnr. 13.

523 EuGH, Rs. 158/80 (Rewe/Hauptzollamt Kiel), Slg. 1981, 1805, Rdnr. 23 ff.; Rs. 203/86 (Spanien/Rat), Slg. 1988, 4563, Rdnr. 36 ff.

524 EuGH, Rs. 45/86 (Kommission/Rat), Slg. 1987, 1493, Rdnr. 9; Schweitzer/Hummer, Europarecht, Rdnr. 397.

525 EuGH, Rs. 248/84 (Deutschland/Kommission), Slg. 1987, 4013, Rdnr. 20 ff.

Auch vor diesem Hintergrund erscheint die Stellungnahme der portugiesischen Präsidentschaft rechtlich in höchstem Maße mangelhaft – wäre sie ein EU-Rechtsakt. Nicht nur, dass an keiner Stelle der Erklärung eine Rechtsgrundlage aus den Verträgen – in Frage käme am ehesten Art. 7 EUV – angeführt wird, wobei sich eine solche gerade in einem von derartigen Unsicherheiten gekennzeichneten Fall wie dem vorliegenden auch mitnichten aus dem Rechtsakt selbst ergibt. Vielmehr lässt die Stellungnahme, die wohl als Österreich intensiv belastender Einzelakt zu qualifizieren wäre, eine der Erklärung angefügte schriftliche Begründung völlig vermissen.[526] Sofern aus dem Text der Stellungnahme lediglich indirekt die drohende FPÖ-Regierungsbeteiligung als Anlass herausgelesen werden kann, dürfte dies kaum den in einem solchen Fall an Vollständigkeit und Schlüssigkeit der Begründung zu stellenden Anforderungen genügen.[527]

(c) Veröffentlichung

Art. 254 EGV bezeichnet diejenigen Gemeinschaftsrechtsakte, zu deren Wirksamkeit eine Veröffentlichung bzw. Bekanntgabe erforderlich ist.[528] Hinsichtlich der Anforderungen ist nach Art und Zustandekommen des betreffenden Rechtsaktes zu unterscheiden.

---

526 Insbesondere fehlt eine Bezugnahme auf etwaige Vorschläge oder eine denkmögliche Stellungnahme Österreichs i.S.d. Art. 7 EUV, was auch eine Art amtliche Feststellung darstellen würde, dass die dort vorgeschriebene Beteiligung erfolgt ist; vgl. hierzu Calliess, in: Calliess/Ruffert, EUV/EGV, Art. 253 EGV, Rdnr. 24. Auch in der Rs. „Bangladesch I“ wies das EP darauf hin, in dem streitigen Akt werde auf einen Vorschlag der Kommission Bezug genommen, was dafür spreche, dass angesichts des beim Erlass des Aktes angewandten Verfahrens der Rat und nicht die Mitgliedstaaten gehandelt hätten. Allerdings hielt der EuGH diese Argumentation nicht für zwingend: Nicht jeder Vorschlag der Kommission stelle notwendigerweise einen Vorschlag i.S.d. Art. 149 EWGV dar, es könne sich auch um eine einfache Initiative in Form eines formlosen Vorschlags handeln; vgl. EuGH, verb. Rs. C-181 und 248/91 (Parlament/Rat und Kommission), Slg. 1993, I-3685, Rdnr. 17 f. sowie oben S. 90 ff.

527 ähnlich H. H. Rupp, FS für Rudolf, S. 177 f.; im Ergebnis auch P. Fischer, Wiener Blätter zur Friedensforschung 103 (2/2000), 37; Hummer/Obwexer, EuZW 2000, 490; H. Winkler/Schauer, Die Maßnahmen gegen Österreich, S. 131; vgl. außerdem Adamovich, EuGRZ 2001, 89.

528 Bieber, in: Beutler/Bieber/Pipkorn/Streil, Die Europäische Union, Rdnr. 473; s. auch Art. 163 EAGV. Ein nicht ordnungsgemäß veröffentlichter oder bekanntgegebener Rechtsakt ist nicht rechtswidrig oder nichtig, sondern inexistent und soll nach der Rechtsprechung des EuGH nicht mit der Nichtigkeitsklage anfechtbar (weil nicht anfechtungsbedürftig) sein, vgl. Ruffert, in: Calliess/Ruffert, EUV/EGV, Art. 254 EGV, Rdnr. 6 + 10.

Der Veröffentlichung im Amtsblatt der Europäischen Gemeinschaften bedürfen nach Art. 254 Abs. 1 und 2 EGV alle Verordnungen, Richtlinien und Entscheidungen, die im Verfahren der Mitentscheidung (Art. 251 EGV) angenommenen wurden sowie alle sonstigen Verordnungen und die an alle Mitgliedstaaten gerichteten Richtlinien. Die nicht von Absatz 1 und 2 erfassten Rechtsakte sind nicht veröffentlichungsbedürftig, sondern müssen bekannt gegeben werden. Dies gilt zunächst für Richtlinien, die nicht an alle Mitgliedstaaten gerichtet sind. Absatz 3 spricht des Weiteren von „die Entscheidungen", nicht von „die anderen Entscheidungen", so dass alle Entscheidungen – auch solche, die bereits veröffentlichungsbedürftig sind, weil sie im Verfahren nach Art. 251 EGV angenommen wurden – erst mit Bekanntgabe wirksam werden.[529]

Davon abgesehen werden allein zu Informationszwecken in der Regel alle Richtlinien und Entscheidungen, aber auch Empfehlungen und Stellungnahmen, die von allgemeinem Interesse sind, im Amtsblatt der EU veröffentlicht.[530] Auch die sonstigen Beschlüsse und Entschließungen der Organe der Europäischen Union werden nach den Vorgaben des Art. 17 GO Rat zumeist im Amtsblatt veröffentlicht, obwohl dies keine Wirksamkeitsvoraussetzung ist.[531]

Eine Veröffentlichung der Stellungnahme vom 31. Januar 2000 im Amtsblatt der Europäischen Union erfolgte jedoch nicht.[532] Der Öffentlichkeit aller EU-Mitgliedstaaten, Österreich eingeschlossen, wurde die Stellungnahme von der portugiesischen Präsidentschaft lediglich über das Internet kundgemacht.[533]

Für eine rechtliche Qualifikation als EU-Rechtsakt lässt sich insofern auch nicht anführen, dass diese Veröffentlichung auf der homepage der EU-Präsidentschaft unter der Rubrik „Pressemitteilung" stattfand. So war auch in der Rechtssache „Bangladesch I" der im Laufe der 1487. Sitzung des Rates erlassene Akt über die Gewährung einer Sonderhilfe für Bangladesch nur im Sitzungsprotokoll

529 Diese Regelung ist vor den Rechtsschutzinteressen der Betroffenen gerechtfertigt und nicht lediglich als Redaktionsversehen zu betrachten, vgl. Ruffert, in: Calliess/Ruffert, EUV/EGV, Art. 254 EGV, Rdnr. 7; so aber Schmidt, in: Groeben/Thiesing/Ehlermann, EU-/EG-Vertrag Bd. 4, Art. 191 EGV, Rdnr. 2.; beachte allerdings auch den insofern problematischen Wortlaut von Art. 18 Abs. 1 und 3 GO Rat.

530 s. Art. 17 Abs. 2 lit. d GO Rat.

531 Bieber, in: Beutler/Bieber/Pipkorn/Streil, Die Europäische Union, Rdnr. 473; weiterführend Grabitz, in: Grabitz/Hilf, Recht der EU A II, Art. 191 EWGV, Rdnr. 4; s. auch EuGH, verb. Rs. 73 und 74/63 (Internationale Crediet- en Handelsvereenigung „Rotterdam" u.a./Minister für Landwirtschaft und Fischerei), Slg. 1964, 1, 29 – „Aktiengesellschaft".

532 Schorkopf, DVBl 2000, 1036, Fn. 1 und 1042, Fn. 39; Schmahl, EuR 2000, 832, Fn. 93.

533 s. oben Erster Teil, S. 41 f. sowie im Anhang S. 374; vgl. G. Winkler, ZÖR 2000, 240 + 246; beachte auch die Formulierung in dem „Aktionsprogramm" der Präsidentschaft, oben Erster Teil, S. 41: „This joint reaction will be made public at a later stage when deemed appropriate or necessary."

festgehalten worden und sodann Gegenstand einer Pressemitteilung des Generalsekretariats.[534] Doch weder der Generalanwalt, noch die Richter maßen diesem Umstand in irgendeiner Weise Entscheidungserheblichkeit bei und sahen sich nicht gehindert, die streitige Handlung letztlich als Beschluss der im Rat vereinigten Mitgliedstaaten und damit nicht als Beschluss eines EU-Organs einzuordnen.[535]

Allerdings wurde die Stellungnahme dem Mitgliedstaat Österreich außerdem in der Form diplomatischer Noten, die an den Bundespräsidenten, den Bundeskanzler sowie den Außenminister Österreichs gerichtet waren, individuell mitgeteilt.[536] Die diplomatische Note trägt dabei den Briefkopf des Büros des portugiesischen Ministerpräsidenten, mit dem Staatswappen von Portugal und ausdrücklichen Hinweisen auf die Ratspräsidentschaft sowie das Kabinett des Ministerpräsidenten.[537] Der Ministerpräsident Portugals tritt derart als staatsrechtlich legitimierter portugiesischer Vertreter des Vorsitzes im Rat der Europäischen Union auf. Auch die diplomatischen Noten wurden demnach von Portugal in Ausübung seiner Funktion als seinerzeitige Präsidentschaft der Europäischen Union erlassen.[538]

Hierin könnte nun aber eine Bekanntgabe im Sinne des Art. 254 Abs. 3 EGV liegen.[539] Gleichermaßen werden gemäß Art. 18 Abs. 2 GO Rat auch Empfehlungen, Gemeinsame Strategien, Gemeinsame Aktionen und Gemeinsame Standpunkte nach Art. 12 und 34 Abs. 2 EUV sowie Maßnahmen zu deren Durchführung bekanntgegeben, wenn sie nicht im Amtsblatt veröffentlicht werden. Dabei erfolgt die Bekanntgabe an den oder die Adressaten („denjenigen, für die sie bestimmt sind"), also vorliegend den Mitgliedstaat Österreich, und nicht an Personen, die ein Rechtsakt lediglich erwähnt oder die er betrifft.[540]

---

534 Nr. 6004/91, Presse 60-c; vgl. EuGH, verb. Rs. C-181 und 248/91 (Parlament/Rat und Kommission), Slg. 1993, I-3685, Rdnr. 2 – „Bangladesch I".

535 s. EuGH, a.a.O. sowie oben S. 90 ff.; wie hier H. Winkler/Schauer, Die Maßnahmen gegen Österreich, S. 129 f.; vgl. auch R. Winkler, JRP 2000, 324 f.

536 s. oben Erster Teil, S. 41 + S. 81 f.

537 s. den Wortlaut der diplomatischen Note im Anhang S. 373. Ansonsten stimmt der Text der diplomatischen Note mit dem im Internet verlautbarten Text der Stellungnahme wörtlich überein.

538 vgl. G. Winkler, ZÖR 2000, 240 ff.; so wohl auch H. H. Rupp, FS für Rudolf, S. 176.

539 Dies vertritt G. Winkler, ZÖR 2000, 249 + 251.

540 vgl. Ruffert, in: Calliess/Ruffert, EUV/EGV, Art. 254 EGV, Rdnr. 8; Grabitz, in: Grabitz/Hilf, Recht der EU A II, Art. 191 EWGV, Rdnr. 3. G. Winkler, ZÖR 2000, 242 ff., sieht darüber hinaus die 14 Mitgliedstaaten der EU als aktive Adressaten der Stellungnahme in der Form ihrer gesetzesförmigen Kundmachung im Internet, neben Österreich als passivem Adressaten der Stellungnahme, der insofern die rechtliche Bedeutung eines rechtsstaatswidrigen Individual- und Maßnahmegesetzes zukomme. Dies stützt er auf seine These der Stellungnahme als multilaterale europarechtliche Entscheidung des Ra-

Jedoch herrscht keine Klarheit, was die Art der Bekanntgabe anbelangt. Rechtssicherheit und Begründungspflicht lassen nur die schriftliche Bekanntgabe als möglich erscheinen.[541] Besondere Formen der Bekanntgabe (Zustellung, Einschreiben, Rückschein) sieht Art. 254 EGV nicht vor[542]; sie empfehlen sich allenfalls aus Gründen der Rechtssicherheit und Beweissicherung.[543] Es kommt daher, unabhängig von den Selbstverpflichtungen der Organe, lediglich darauf an, dass der Rechtsakt seinem Adressaten zugeht und dieser in die Lage versetzt wird, von ihm Kenntnis zu nehmen.[544]

Zwar mögen diese Voraussetzungen im Fall Österreich erfüllt sein; eine ordnungsgemäße Bekanntgabe wäre dennoch zu verneinen. Zum einen hat die Bekanntgabe in der Amtssprache des Adressaten zu erfolgen.[545] Vorliegend war das Dokument der Kundmachung aber nicht in deutsch, sondern in englisch abgefasst. Zum anderen wird die Bekanntgabe gemäß Art. 18 GO Rat in jedem Fall vom Generalsekretär, dem Stellvertretenden Generalsekretär oder einem in ihrem Namen handelnden Generaldirektor vorgenommen, nicht jedoch – wie hier – von der Präsidentschaft der Europäischen Union. Und schließlich bleibt nach wie vor zuzugeben, dass die Übermittlung der Stellungnahme durch diplo-

---

tes der Europäischen Union, die jedoch unmittelbar zu setzende multilaterale, europarechtliche Maßnahmen der EU nicht erfasse. Vielmehr sei die Stellungnahme ein entscheidungsförmiger Beschluss mit der verbindlichen Ermächtigung und dem Auftrag an die einzelnen Mitgliedstaaten der EU, die abstrakt festgelegten Sanktionen bilateral konkret zu verhängen. Dadurch sei das Statement für die EU-Mitgliedstaaten in einer ähnlichen Weise verbindlich geworden wie Gemeinsame Aktionen im Rahmen der GASP.

541 Ruffert, in: Calliess/Ruffert, EUV/EGV, Art. 254 EGV, Rdnr. 9.

542 Art. 15 Abs. 2 EGKSV bestimmt dagegen, dass individuelle Entscheidungen und Empfehlungen zugestellt werden müssen, um Wirksamkeit zu erlangen. Dieser terminologische Unterschied, der zu Missverständnissen führt, ist jedoch eine Besonderheit der deutschen Fassung der Verträge. In der französischen wie in der englischen Fassung, aber auch in Art. 18 GO Rat, wird einheitlich der Begriff „notification" bzw. „Notifikation" gebraucht, so dass man davon ausgehen kann, dass alle drei Verträge eine gleiche Regelung enthalten und demzufolge auch eine einheitliche Handhabung erfordern. Eine Notifikation entspricht aber mehr der einfachen Bekanntgabe, die in ihrer Wortbedeutung im Gegensatz zur Zustellung keinen besonderen Formzwang enthält; vgl. Grabitz, in: Grabitz/Hilf, Recht der EU A II, Art. 191 EWGV, Rdnr. 3.

543 Ruffert, in: Calliess/Ruffert, EUV/EGV, Art. 254 EGV, Rdnr. 9. So hat die Kommission in ihrer Entscheidung Nr. 22/60 (ABl. 1960, S. 1248), die aufgrund Art. 15 Abs. 4 EGKSV ergangen ist, selbst festgelegt, dass individuelle Rechtshandlungen formgerecht zugestellt werden (Art. 4).

544 EuGH, Rs. 6/72 (Europemballage und Continental Can/Kommission), Slg. 1973, 215, Rdnr. 10; Rs. 48/69 (ICI/Kommission), Slg. 1972, 619, Rdnr. 39 ff.

545 EuGH, verb. Rs. 40-48, 50, 54-56, 111, 113 und 114/73 (Suiker Unie u.a./Kommission), Slg. 1975, 1663, Rdnr. 113.

matische Noten stark an völkerrechtliche Handlungsformen erinnert, einen Rechtsakt der Europäischen Union dagegen eher fernliegend erscheinen lässt.[546]

d) Zusammenfassende Würdigung: Kein EU-Rechtsakt

Nach eingehender Prüfung des Inhalts der Stellungnahme vom 31. Januar 2000 und der gesamten Umstände, unter denen sie erlassen wurde, sollen die im Einzelnen gewonnenen Erkenntnisse nunmehr in einer Zusammenschau betrachtet werden. Insofern lässt sich festhalten, dass die Stellungnahme nicht nur inhaltlich nicht in eine auf der Unionsebene eingeräumte Zuständigkeit fällt, sondern darüber hinaus auch noch nahezu sämtliche Umstände des Erlasses gegen eine Einordnung als EU-Rechtsakt sprechen. Somit wird das Ergebnis der Untersuchung in materieller Hinsicht – dem nach der Rechtsprechung des EuGH ohnehin schon bedeutendes Gewicht zukommt[547] – im vorliegenden Fall sogar ganz wesentlich von den formellen Gesichtspunkten unterstützt, weshalb sich für die rechtliche Qualifikation der Stellungnahme ein einheitliches, klares Bild ergibt.

Die Gesamtwürdigung muss folglich dazu führen, dass die Stellungnahme der portugiesischen Präsidentschaft vom 31. Januar 2000 nicht als Rechtsakt der Europäischen Union angesehen werden kann.[548] Und zwar ist weder von einer

546 zur Notifikation als einseitiges völkerrechtliches Rechtsgeschäft, mit dem der Notifizierende anderen Völkerrechtssubjekten das Bestehen eines Zustandes oder einer Tatsache zur Kenntnis bringt s. Seidl-Hohenveldern/Stein, Völkerrecht, Rdnr. 179.

547 s. oben S. 95 f.

548 so aber – mit staatsrechtlichen Argumenten – G. Winkler, ZÖR 2000, 239 ff.; derselbe, Geheimes Scherbengericht über Österreich, Neue Züricher Zeitung vom 14.04.2000. Anknüpfend an die Tatsache, dass die gegenständliche Erklärung vom Büro des portugiesischen Ministerpräsidenten unter ausdrücklicher Bezugnahme auf die portugiesische EU-Ratspräsidentschaft verlautbart sowie schriftlich ausgefertigt worden sei, qualifiziert er das Handeln der „Vierzehn" sowohl formell- als auch materiell-rechtlich als Rechtsakt des Rates der EU und in der Folge als der EU zurechenbar. Während Winkler, a.a.O., 243, die Stellungnahme als „rechtlichen Mischakt besonderer Art" bezeichnet, spricht H. H. Rupp, FS für Rudolf, S. 177, sogar von einer „offenbar im Sinne des Art. 249 Satz 1, Satz 4 EGV" zu qualifizierenden Entscheidung des Rates der EU. Von einem Ratsbeschluss geht auch Regan, ZÖR 2000, 328, aus, bleibt mit seinen rechtlichen Schlussfolgerungen allerdings im Konjunktiv. R. Winkler, JRP 2000, 325 ff., lässt die Frage letztlich offen, sieht eine Qualifikation als Handlung des Rates aber als „durchaus vertretbar" an. Eine Zurechnung zur Union vertritt ebenfalls Stein, Kreuzzug gegen Österreich, S. 12; wohl auch P. Fischer, Wiener Blätter zur Friedensforschung, 103 (2/2000), 32 ff. Dieser Ansicht scheint auch der Generalsekretär des Rates und Hohe Vertreter für die Gemeinsame Außen- und Sicherheitspolitik, Javier Solana, zu sein, der gegenüber der Presse erklärte, dass der Rat sehr rasch und im Rahmen seiner Befugnisse reagiert habe, vgl. oben Erster Teil, S. 52.

Handlung eines EU-Organs, also insbesondere des Rates der Europäischen Union[549] sowie des Europäischen Rates, noch von mitgliedstaatlichem Tätigwerden im Rahmen der Union auszugehen. Dabei bezieht sich letzteres vor allem auf das Ergreifen von „Vorfeldmaßnahmen" durch die Mitgliedstaaten auf der Grundlage von Art. 7 EUV.

Mithin verbleibt nur die Möglichkeit, dass es sich bei der Stellungnahme um ein Vorgehen der Mitgliedstaaten in ihrer Eigenschaft als Völkerrechtssubjekte auf bilateraler Ebene handelt.[550] Der Begriff „bilateral" ist in dieser Hinsicht so

---

549 s. auch die Antwort des Rates vom 22.12.2000 auf die schriftliche Anfrage E-2911/00 des EP-Abgeordneten Michl Ebner (PPE-DE) vom 20.09.2000, ABl. 2001 Nr. C 151E, S. 22 f.: „Die Erklärung, auf die sich der Herr Abgeordnete bezieht, wurde vom Premierminister Portugals im Namen der Regierungen von vierzehn Mitgliedstaaten abgegeben. Vom Rat ist sie nicht erörtert worden. Der Rat kann auf die inhaltlichen Aspekte der vom Herrn Abgeordneten aufgeworfenen Fragen nicht eingehen, da er zu diesen Fragen nie Stellung genommen hat." Vgl. ebenso die schriftliche Anfrage P-0641/00 des EP-Abgeordneten Paul Rübig (PPE-DE) an den Rat vom 25.02.2000, ABl. 2001 Nr. C 103E, S. 3 f.

550 Zu diesem Ergebnis kommen auch Busse, Österreich contra Europäische Union, S. 23; Doerfert, Europarecht, S. 8; Hatje, Loyalität, S. 80 f.; Huber, Recht der Europäischen Integration, § 5, Rdnr. 59; Hummer, Neue Züricher Zeitung vom 24.02.2000, S. 5; derselbe, Wiener Journal, März 2000, 16 f.; derselbe, Europäische Rundschau 2000/2, 16; Hummer/Obwexer, ecolex 2000, 250 f.; dieselben, europa-blätter 2000, 54 f.; dieselben, ZÖR 2000, 275; dieselben, EuZW 2000, 489 f.; Köck, Österreich – Partner oder Prügelknabe, Die Presse vom 08.02.2000, S. 2; Köck/Hintersteininger, Sanktionen gegen Österreich, S. 479; Längle, ecolex 2000, 274 f.; Leidenmühler, ZÖR 2000, 304 f.; Mock, Global View 04/2000, 18 f.; Rotter, Der Standard vom 08.02.2000, S. 31; derselbe, Europäische Rundschau 2000/3, 24; Schmahl, EuR 2000, 832; Schmitt von Sydow, in: Groeben/Schwarze, EU-/EG-Vertrag Bd. 1, Art. 7 EUV, Rdnr. 103; Schneider, Die Furche vom 10.02.2000, S. 3; Schorkopf, Vierzehn gegen Wien, Das Homogenitätsgebot in der Europäischen Union und die Sanktionsdrohungen gegen Österreich – wer verletzt was?, Frankfurter Allgemeine Zeitung vom 14.02.2000, S. 9; derselbe, DVBl 2000, 1042; derselbe, in: Grabitz/Hilf, Recht der EU I, Art. 7 EUV, Rdnr. 30 f.; Schwarzenegger, ZfRV 2000, 124; Schweitzer, Background Europe 71 (2000), 4; Streinz, Europarecht, S. 40, Fn. 23; Toggenburg, Diritto pubblico comparato ed europeo 2001 (2), 736 ff.; Vitali, La communità internazionale (55) 2000, 637; Wilhelm, ecolex 2000, 181; H. Winkler/Schauer, Die Maßnahmen gegen Österreich, S. 129 ff.; Pernthaler/Hilpold, integration 2000, 106, vermeiden dagegen eine genaue Einordnung, während sich auch der Präsident des österreichischen Verfassungsgerichtshofes, Ludwig Adamovich, in seinem Bericht zur Lage in Österreich vor der EU-Delegation des französischen Senats (abgedruckt in EuGRZ 2000, 399 ff.) darauf beschränkte, den Beschluss von Lissabon als „juristisches Dokument" zu bezeichnen; vgl. auch Adamovich, EuGRZ 2001, 89 ff. Besondere Beachtung verdient schließlich die rechtliche Beurteilung des Völkerrechtsbüros des österreichischen Bundesministeriums für auswärtige Angelegenheiten, wie sie in einem Thesenpapier zu den Maßnahmen der 14 EU-Mitgliedstaaten sowie einer Sprachregelung für die österreichischen Vertretungsbehörden (GZ 2355.98/0142e-I.4/2000) festgehalten ist. In den weitgehend übereinstimmenden Dokumenten, die dem

zu verstehen, dass die Mitgliedstaaten allein auf der völkerrechtlichen Ebene agieren, in Abgrenzung zur „multilateralen" europäischen Ebene, die durch den Geltungsbereich sämtlichen Primärrechts umrissen wird. Insofern soll ausdrücklich klargestellt werden, dass es bei dieser Unterscheidung nicht um die für das Recht der Europäischen Union charakteristische Trennung zwischen vergemeinschafteten Kompetenzbereichen in der „ersten Säule" der EU und der intergouvernementalen Zusammenarbeit im Sinne des Völkerrechts in der „zweiten" und „dritten Säule" geht. Betroffen ist vielmehr der Anwendungsbereich des gesamten Unionsrechts, d.h. sowohl Gemeinschaftsverträge als auch Unionsvertrag in vollem Umfang.[551]

Demnach ist die Stellungnahme der portugiesischen Präsidentschaft einschließlich der darin wiedergegebenen „Gemeinsamen Reaktion" gänzlich außerhalb des rechtlichen Rahmens der EU anzusiedeln. Mit anderen Worten hat dieser Akt in den EU-Rechtsbestand – den sog. „acquis communautaire" – keinen Eingang gefunden; er ist nicht Teil dieser Rechtsordnung.

Allein dadurch, dass sich die 14 Mitgliedstaaten der portugiesischen Präsidentschaft der Europäischen Union bedient haben, vermag ein entsprechender Konnex zur Union nicht hergestellt werden.[552] Zwar war dieses Vorgehen geeignet, in der Öffentlichkeit den Eindruck zu erwecken, als handle im Fall Österreich der Rat der Europäischen Union oder gar der Europäische Rat, doch kann dieser Umstand letztlich nicht all jene Gründe überlagern, denen zufolge eine Einordnung als Rechtsakt der Union nicht in Frage kommt.[553]

Verfasser freundlicherweise überlassen wurden, heißt es: „Die ‚Erklärung der portugiesischen Präsidentschaft der Europäischen Union im Namen von 14 Mitgliedstaaten' erging im intergouvernementalen Bereich und außerhalb des einheitlichen institutionellen Rahmens der Europäischen Union. Sie kann u.a. wegen der Nichtteilnahme Österreichs keinem Gemeinschafts- oder Unionsorgan, insbesondere nicht dem Rat oder dem Europäischen Rat zugerechnet werden und deshalb auch nicht als EG- oder EU-Rechtsakt qualifiziert werden [...]", (Punkt 1 des Thesenpapiers). Im Übrigen ist auch auf den Beschluss der 4. Kammer des Zweiten Senats des Bundesverfassungsgerichts vom 14.08.2001 – 2 BvR 1140/00, NJW 2001, 3534 = NStZ 2001, 658, hinzuweisen, wonach die „gegen die Republik Österreich gerichteten Maßnahmen [...] jedenfalls auch Handlungen der ‚XIV', also der Bundesrepublik Deutschland und 13 anderer Staaten als Völkerrechtssubjekte auf der völkerrechtlichen Ebene [waren].", (s. ausführlich Fn. 1211).

551 vgl. Schorkopf, DVBl 2000, 1041; ausführlich zur Rechtsnatur des EU-Rechts s. unten S. 174 ff.

552 vgl. hierzu Hummer/Obwexer, EuZW 2000, 489 f.; H. Winkler/Schauer, Die Maßnahmen gegen Österreich, S. 130 f.

553 Selbst wenn man in der Stellungnahme einen EU-Rechtsakt sehen will, wäre aufgrund des äußerst fehlerbehafteten Tätigwerdens wohl von einem sog. inexistenten Rechtsakt („Nichtakt") auszugehen. Ein solcher „Nichtakt" liegt in Abgrenzung zu „nur" fehlerhaften, rechtswidrigen Akten dann vor, wenn eine Handlung mit besonders schweren und offensichtlichen Fehlern behaftet ist. Grundsätzlich gilt für Rechtsakte der Gemein-

Da die Mitgliedstaaten nach alledem jeweils auf „bilateraler" Ebene, aber dennoch kollektiv tätig wurden[554], erscheint die Stellungnahme als das Ergebnis der koordinierten Willensbildung von 14 europäischen Staaten und damit als völkerrechtliche Übereinkunft, die eine konzertierte Vorgehensweise eben dieser Staaten gegenüber Österreich zum Gegenstand hat.[555] In Ausübung seiner Funktion als amtierende Präsidentschaft der Europäischen Union ist der Mitgliedstaat

---

schaftsorgane nämlich die Vermutung der Gültigkeit, und sie entfalten daher selbst dann, wenn sie fehlerhaft sind, Rechtswirkungen, solange sie nicht aufgehoben oder zurückgenommen werden. Als Ausnahme von diesem Grundsatz entfalten allerdings Rechtsakte, die offenkundig mit einem derart schweren Fehler behaftet sind, dass die Gemeinschaftsordnung ihn nicht tolerieren kann, nicht – nicht einmal vorläufig – Rechtswirkung, sind also rechtlich inexistent. Insbesondere ist eine gegen einen inexistenten Rechtsakt gerichtete Nichtigkeitsklage unzulässig. Der Gemeinschaftsrichter stellt dann allerdings fest, dass der Akt inexistent ist; vgl. dazu EuGH, verb. Rs. 15-33, 52, 53, 57-109, 116, 117, 123, 132 und 135-137/73 (Kortner-Schots u.a./Rat, Kommission und Parlament), Slg. 1974, 177, Rdnr. 9/10 + 33; EuG, verb. Rs. T-79, 84-86, 89, 91, 92, 94, 96, 98, 102 und 104/89 (BASF u.a./Kommission), Slg. 1992, II-315, Rdnr. 68 und Tenor; EuGH, Rs. C-137/92 P (Kommission/BASF u.a.), Slg. 1994, I-2555, Rdnr. 48 ff.; Rs. C-135/93 (Spanien/Kommission), Slg. 1995, I-1651, Rdnr. 18. Da eine Inexistenz vor allem bei offensichtlicher Zuständigkeitsüberschreitung in Betracht kommt (vgl. insofern mit ausführlichen Nachweisen aus der Rechtsprechung sowie weiterführend Annacker, EuZW 1995, 755 ff.), wird vom EuGH hier in gewisser Weise das für kompetenzwidrige Akte geltende ultra-vires Modell funktionalisiert (a.A. G. Winkler, ZÖR 2000, 257). Nach dieser aus dem angloamerikanischen Rechtskreis übernommenen Lehre basiert der ultra-vires-Akt auf einer so gravierenden und evidenten Kompetenzüberschreitung, dass eine dezentralisierte Kompetenz zur Nichtigerklärung besteht. Dabei ist die Abgrenzung des nichtigen Aktes im Sinne des ultra-vires Modells vom sog. a priori nichtigen Akt überaus problematisch. Letzterer tritt möglicherweise mit dem Anspruch auf, eine auf Grund einer bestimmten Rechtsnormerzeugungsregel erzeugte Rechtsnorm zu sein, braucht aber von niemandem dafür angesehen zu werden, ohne dass eine besondere Ermächtigung durch die Rechtsordnung hierzu nötig wäre. Diese Nichtigkeit a priori fällt außerhalb des Rechtsbereiches, ja es ist gar nicht möglich, diese Fälle rechtlich zu bestimmen. Ein Nichtakt wäre etwa anzunehmen bei fehlender Organqualität oder mangelnder Ernsthaftigkeit der Handelnden; aber auch in Ermangelung eines subjektiven Elements, wenn der Akt sich seinem subjektiven Sinn nach nicht als Organverhalten darstellt. Anschauliches Beispiel für einen a priori nichtigen Akt ist Kelsens im Irrenhaus Internierter, der ein „Gesetz" erlässt (s. Kelsen, Reine Rechtslehre, S. 281); vgl. hierzu Leidenmühler, ZÖR 2000, 302 ff. + Fn. 11, der im vorliegenden Fall einen „a prori nichtigen Akt" annimmt und deshalb eine Zurechnung zur EU ablehnt. Eine ultra-vires Handlung erwägen dagegen Pernthaler/Hilpold, integration 2000, 106.

554 Insofern ist sehr wohl von „multilateralem" Handeln der 14 Staaten zu sprechen.

555 ähnlich Leidenmühler, ZÖR 2000, 305; Hummer/Obwexer, EuZW 2000, 490. Nach Schorkopf, DVBl 2000, 1042, handelt es sich bei den Sanktionen um eine kollektiv vorgenommene unilaterale Oktroi, an denen Österreich nicht mitgewirkt hat.

Portugal hierbei lediglich als „Koordinator“ und „Sprecher“ der 14 Staaten aufgetreten.[556]

Die Inanspruchnahme der portugiesischen Präsidentschaft ist allerdings Ausdruck eines bestimmten politischen Willens, nämlich des „gemeinsamen Auftretens der 14 Mitgliedstaaten der Europäischen Union“.[557] Entsprechend stellt es sich auch als politisch nachvollziehbar dar, dass sich der Kreis der Erklärenden auf alle EU-Mitgliedstaaten – Österreich freilich ausgenommen – erstreckt, aber eben auch nur auf diese. Rechtlich ist dies jedoch keineswegs zwingend. Wegen der vom unionsrechtlichen Rahmen gelösten Form des Handelns hätten sich durchaus auch andere europäische und außereuropäische Staaten der Stellungnahme anschließen können, vorausgesetzt die Erklärenden hätten eine solche Erweiterung gewollt. Genauso wäre stattdessen möglich gewesen, dass nur ein Teil der 14 EU-Mitgliedstaaten das Vorgehen gegen Österreich beschlossen hätte.[558]

Das bis hierhin gefundene Ergebnis wird gleich in doppelter Hinsicht bekräftigt, wenn man zur Auslegung der Stellungnahme vom 31. Januar 2000 zusätzlich die beiden folgenden Gesichtspunkte heranzieht: Zum einen bleiben noch die in der Folgezeit nach dem Erlass der Stellungnahme von den beteiligten Staats- und Regierungschefs, aber auch von anderen hochrangigen Vertretern der Regierungen der 14 Mitgliedstaaten abgegebenen öffentlichen Erklärungen und Erläuterungen zu sehen. Mehr noch als schon der Wortlaut der Stellungnahme selbst lassen diese aber darauf schließen, dass die Mitgliedstaaten auch zu keiner Zeit die Absicht hatten, einen Rechtsakt der Europäischen Union zu erzeugen.[559]

---

556 Den Begriff des „Sprechers“ der „Vierzehn“ gebrauchen auch Schorkopf, DVBl 2000, 1042 und Köck/Hintersteininger, Sanktionen gegen Österreich, S. 479. Nicht unzutreffend spricht Rotter, Europäische Rundschau 2000/3, 24, gar von der Rolle des Herolds. Sofern nämlich die portugiesische Präsidentschaft die Stellungnahme „im Namen von XIV Mitgliedstaaten“ abgab, ist dies allenfalls in einem politischen Sinn korrekt. Eine Vertretung rechtlicher Natur kann hierin indes nicht gesehen werden, übermittelte der Vorsitz doch lediglich den gemeinsamen Willen der 14 Mitgliedstaaten, wie er bereits in deren zuvor gefasstem Beschluss festgelegt worden war; s. hierzu nochmals das „Aktionsprogramm“ vom 31.01.2000, oben Erster Teil, S. 41, das dementsprechend mit „Based on consultations with all Heads of State and Government“ überschrieben ist. Die Situation ist demnach der in Art. 18 Abs. 2 EUV vergleichbar, wenn der Vorsitz in internationalen Organisationen und auf internationalen Konferenzen den „Standpunkt der Union“ darlegt, was er jedoch ebenfalls nur im Rahmen seiner Aufgabe vornimmt, die im Rahmen der GASP gefassten Beschlüsse durchzuführen; vgl. hierzu Cremer, in: Calliess/Ruffert, EUV/EGV, Art. 18 EUV, Rdnr. 1 f.

557 zur Rechtmäßigkeit dieser Vorgehensweise s. sogleich unten S. 164 ff.

558 vgl. auch Leidenmühler, ZÖR 2000, 305.

559 Da es nach der Rspr. des EuGH jedoch grundsätzlich nicht auf die beabsichtigte Handlungsweise ankommt (s. oben S. 95 f.), erscheint es bedenklich, wenn Rotter, Europäi-

Zwar ist richtig, dass sich die portugiesische Präsidentschaft sowie einige Mitgliedstaaten zur Rechtfertigung des kollektiven Vorgehens wiederholt darauf berufen haben, dass sich sämtliche Mitgliedstaaten zur Verteidigung gemeinsamer europäischer Grundwerte gegen die Geschehnisse in Österreich wenden und dass hierdurch in gewisser Hinsicht ein Bezug zur EU – insbesondere zu den in Art. 6 Abs. 1 EUV verankerten Grundprinzipien – hergestellt wurde.[560] Auf der anderen Seite haben jedoch alle 14 Mitgliedstaaten stets betont, es handele sich um „rein bilaterale Maßnahmen" – im oben beschriebenen Sinn – zwischen jedem einzelnen von ihnen und Österreich; der EU- bzw. EG-Bereich solle dadurch nicht berührt werden.[561]

Hier wird deutlich, dass die 14 beteiligten Staaten ganz bewusst auf „bilateraler" Ebene als Völkerrechtssubjekte vorgehen wollten.[562] Das bedeutet, die Stellungnahme der portugiesischen Präsidentschaft gehört selbst nach ihrem subjektiven Sinn, also dem Willen der Handelnden, nicht zum Geltungsbereich der Verträge.[563]

Zum anderen ist eine Zurechnung zur Union schließlich auch nach einer Betrachtung der Vorgehensweise bei der Aufhebung der Maßnahmen abzuleh-

---

sche Rundschau 2000/3, 24, einen solchen Rechtserzeugungswillen als unerlässliche Voraussetzung dafür ansieht, den Beschluss der „Vierzehn" überhaupt als Ratsbeschluss zu qualifizieren. Das voluntative Element ist allenfalls – wie hier – ergänzend zu berücksichtigen.

560 s. dazu etwa oben Erster Teil, S. 44, 47 + 48. Hierauf weisen auch Busse, Österreich contra Europäische Union, S. 20; G. Winkler, ZÖR 2000, 258 und Köck/Hintersteininger, Sanktionen gegen Österreich, S. 480, hin.

561 vgl. z.B. EU-Kommission bleibt vorsichtig, Der Standard vom 02.02.2000, S. 5; Eine Situation, in der niemand gewinnen kann, Die Presse vom 02.02.2000, S. 3; Österreich wird EU-Mitglied zweiter Klasse, Die Presse vom 05.02.2000, S. 10; Erster Test für künftige EU-Kooperation, Der Standard vom 07.02.2000, S. 5; EU-Sanktionen beginnen „ohne weitere Gespräche", Der Standard vom 07.02.2000, S. 1; Eiszeit längst nicht zu Ende, Der Standard vom 09.02.2000, S. 5. Diesen Umstand betonen ebenfalls Busse, Österreich contra Europäische Union, S. 20 sowie Köck/Hintersteininger, Sanktionen gegen Österreich, S. 479 f.

562 so auch der Präsident des österreichischen Verfassungsgerichtshofs, Adamovich, EuGRZ 2001, 89: „Es kann keinem Zweifel unterliegen, dass die Urheber der sogenannten ‚Sanktionen' gegen Österreich keinen Rechtsakt, und insbesondere keinen Akt im Rahmen des Gemeinschaftsrechts setzen wollten."

563 Das bedeutet, dieser Akt beansprucht gar nicht, im Rahmen der Unionsrechtsordnung rechtlich zu existieren. Er will gar nicht auf Grund dieser Rechtsordnung beurteilt und legitimiert werden, wie Leidenmühler, ZÖR 2000, 304, Fn. 20, schreibt, der seine Einordnung als „a priori nichtigen Akt" (vgl. Fn. 553) u.a. hierauf stützt; zur Bedeutung des subjektiven Sinns des Rechtsnormerzeugungsorgans für die Frage der Eingliederung seiner Akte in eine bestimmte Rechtsordnung vgl. Kelsen, Was ist ein Rechtsakt, S. 1389 f.; derselbe, Über Staatsunrecht, S. 1031 ff.

nen.[564] Wohl forderte am 13. Juni 2000 das Europäische Parlament im Hinblick auf die Tagung des Europäischen Rates von Feira den portugiesischen Vorsitz in einer Entschließung auf, „die Beziehungen zwischen den 14 Mitgliedstaaten und Österreich zu bewerten und mit allen beteiligten Staaten in der EU ein Verfahren auszuarbeiten, das zu einer akzeptablen Lösung führt". Allerdings standen die Sanktionen auch dort nicht auf der offiziellen Tagesordnung und der Beschluss über die Einsetzung eines „Weisenrates" erfolgte erst nach Feira am 29. Juni 2000.

Darüber hinaus erging dieser Beschluss nicht mehr als „Erklärung der portugiesischen Präsidentschaft", verzichtete im Gegensatz zur Stellungnahme ebenso auf eine verwirrende Rahmenerklärung und trägt den unverfänglichen und vor allem klarstellenden Titel „Austria – Bilateral Measures adopted by the XIV".[565] Die Entscheidung, die Nominierung der Mitglieder der Dreierkommission gerade dem derzeitigen Präsidenten des Europäischen Gerichtshofes für Menschenrechte, Luzius Wildhaber, und nicht etwa dem Präsidenten des EuGH oder der Kommission zu übertragen, bringt ebenfalls das Bestreben der 14 Mitgliedstaaten zum Ausdruck, eine Verbindung zum Unionsrecht wenn irgend möglich zu vermeiden. Entsprechend fehlt in dem Text auch nach wie vor ein ausdrücklicher Hinweis auf Art. 6 oder 7 EUV. Das Vorgehen der Mitgliedstaaten bleibt außerhalb des EU-Rechts auf der völkerrechtlichen Ebene.[566]

Offenbar der Einfachheit halber fungierte Ratspräsident Guterres in diesem Zusammenhang weiterhin als Organisator bzw. Wortführer der Vierzehn und erhielt insbesondere das Mandat, den Präsidenten des EGMR um die Ernennung der drei Persönlichkeiten zu ersuchen. Soweit ersichtlich trat der portugiesische Ministerpräsident nunmehr aber als solcher und nicht länger als derzeitiger Repräsentant der portugiesischen Präsidentschaft der Europäischen Union auf. In diesem Sinne erschien der Beschluss vom 29. Juni 2000 auch nicht auf der homepage der Präsidentschaft.

Nach Vorliegen des „Weisenberichtes" kam der „bilaterale" Charakter des mitgliedstaatlichen Handelns schließlich nochmals in aller Deutlichkeit bei der Aufhebung der Maßnahmen am 12. September 2000 zur Geltung. In dem mit „Communiqué des XIV suite au rapport remis par les trois Sages au sujet de la situation autrichienne" übertitelten actus contrarius zur Stellungnahme vom 31.

---

564 vgl. oben Erster Teil, S. 64 ff.

565 s. oben Erster Teil, S. 68 ff. sowie im Anhang S. 388.

566 wie hier Rotter, Europäische Rundschau 2000/3, 29; H. Winkler/Schauer, Die Maßnahmen gegen Österreich, S. 129; a.A. G. Winkler, ZÖR 2000, 267, der den Beschluss der „Vierzehn" abermals dem Rat der EU zurechnet, da „nach dem Wortlaut der Entscheidung kein Zweifel daran bestehen [kann], dass die Vertreter der 14 EU-Mitgliedstaaten im Rat mit diesem Beschluss die seinerzeit schon rechtswidrige kollektive Entscheidung in einer vergleichbar rechtswidrigen und für die EU rechtserheblichen Weise unverändert verlängert haben".

Januar 2000 taucht wiederum an keiner Stelle mehr die EU-Präsidentschaft auf. Vielmehr wird festgehalten, dass „die EU-XIV ihre bilateralen Beziehungen zur österreichischen Regierung erneut überprüft [haben]" und dass „sie zu folgenden Schlussfolgerungen gekommen [sind]: Die Maßnahmen der EU-XIV waren nützlich. Sie können nun aufgehoben werden."[567] Allein der Umstand, dass das „Kommuniqué der 14" sodann unglücklicherweise von der mittlerweile amtierenden französischen Präsidentschaft der Europäischen Union veröffentlicht wurde – allerdings nicht auf der offiziellen homepage der französischen Präsidentschaft, sondern lediglich auf der Internetseite des Elysée-Palastes – vermag an der rechtlichen Einordnung nichts zu ändern.

Abschließend bleibt deshalb darauf hinzuweisen, dass der in der Diskussion immer wieder gebrauchte Terminus der „EU-Sanktionen" gegen Österreich in der Bedeutung von im Rahmen der Europäischen Union beschlossener Sanktionen nicht korrekt ist.[568]

2. Die Stellungnahme als „bilaterales" Handeln der Mitgliedstaaten

Nachdem die Stellungnahme als außerhalb der Integration stehende völkerrechtliche Übereinkunft der 14 Mitgliedstaaten eingeordnet wurde, bleibt noch die Frage nach ihrer formalen Qualifikation, d.h. ihrer Rechtsnatur, zu beantworten. Als Vereinbarung, mit denen Staaten ihre Beziehungen auf völkerrechtlicher Ebene regeln, könnte die Stellungnahme einen völkerrechtlichen Vertrag darstellen.[569]

---

567 s. oben Erster Teil, S. 79 und im Anhang S. 417 f.

568 so auch Leidenmühler, ZÖR 2000, 305; Hummer/Obwexer, EuZW 2000, 490; H. Winkler/Schauer, Die Maßnahmen gegen Österreich, S. 132.

569 Insofern ist an dieser Stelle auf die Ähnlichkeit mit dem sog. begleitenden Gemeinschaftsrecht hinzuweisen. Darunter versteht man alle Normen, die in zwischen den Mitgliedstaaten abgeschlossenen völkerrechtlichen Verträgen enthalten sind und der Förderung der Ziele der Gemeinschaft dienen. Solche „Rechtsakte der Gesamtheit der Mitgliedstaaten", die diese gemeinsam in Angelegenheiten der EG vornehmen, sind teilweise in den Verträgen ausdrücklich vorgesehen, wie z.B. die in Art. 293 EGV erwähnten Übereinkommen. Aber auch unabhängig davon können die Mitgliedstaaten ihre völkerrechtlichen Kompetenzen nutzen, um Vereinbarungen zu treffen, mit denen die Verwirklichung eines Vertragsziels auf Gebieten gefördert werden soll, die in ihrem Zuständigkeitsbereich verblieben sind oder auf denen die Gemeinschaftsorgane von den ihnen zustehenden Kompetenzen noch keinen Gebrauch gemacht haben. Genauso wenig, wie sich das Zustandekommen dieser Abkommen nach Gemeinschaftsrecht richtet, sondern eine völkerrechtliche Einigung der Staaten voraussetzt, sind jene Rechtsakte Bestandteil des Gemeinschaftsrechts. Hierher gehören auch die Akte der „im Rat vereinigten Vertreter der Regierungen der Mitgliedstaaten", die diesfalls als Teilnehmer einer Staatenkonferenz und nicht als Mitglieder des – personengleichen – Gremiums Rat tätig

a) Völkerrechtlicher Vertrag und außerrechtliche zwischenstaatliche Abmachung

Ein völkerrechtlicher Vertrag ist – unabhängig von Bezeichnung, Form oder Inhalt – in jeder zwischen zwei oder mehreren Staaten bzw. anderen vertragsfähigen Völkerrechtssubjekten getroffenen Vereinbarung, die dem Völkerrecht unterliegt, zu sehen.[570] Hinsichtlich des Begriffsmerkmals „Vereinbarung" ist allerdings wesentlich, dass der Einigung nach Absicht der Parteien Verbindlichkeit zukommt. Fehlt es daran, so handelt es sich nicht um einen völkerrechtlichen Vertrag, sondern um andere Kommunikationsformen der internationalen Zusammenarbeit, die zwar in Struktur und Funktion den völkerrechtlichen Verträgen gleichen mögen, denen aber gewöhnlich nur „politische" oder „moralische" Wirkung zukommt.[571]

In diese Kategorie der sog. außerrechtlichen zwischenstaatlichen Abmachungen[572] fallen zunächst die Schlusserklärungen nach Staatsbesuchen oder interna-

---

werden. Ihre als „uneigentlichen Ratsbeschlüsse" bezeichneten Übereinkommen werden häufig bei Zweifeln über die Reichweite der EG-Zuständigkeit gleichzeitig mit einem Rechtsakt des Rates (als Gemeinschaftsorgan handelnd) gefasst; vgl. dazu jeweils mit Beispielen Schweitzer/Hummer, Europarecht, Rdnr. 19, 182 ff.; Haag, in: Beutler/Bieber/Pipkorn/Streil, Die Europäische Union, Rdnr. 370 f. + 405 ff. sowie bereits oben S. 90 f.; weiterführend Kaiser, FS für Ophüls, S. 107 ff.; Everling, GS für L.-J. Constantinesco, S. 133 ff.

570 Heintschel von Heinegg, in: K. Ipsen, Völkerrecht, § 9, Rdnr. 1; vgl. auch die Definition in Art. 2 Abs. 1 lit. a des Wiener Übereinkommens über das Recht der Verträge vom 23.05.1969 (Wiener Vertragsrechtskonvention – WVK, BGBl. 1985 II, S. 926), das weithin schon gewohnheitsrechtlich geltende Regeln kodifiziert, aber auf schriftlich zwischen Staaten geschlossene Verträge beschränkt ist: „... eine in Schriftform geschlossene und vom Völkerrecht bestimmte internationale Übereinkunft zwischen Staaten, gleichviel ob sie in einer oder in mehreren zusammengehörigen Urkunden enthalten ist und welche besondere Bezeichnung sie hat [...]".

571 Trotz des Fehlens der rechtlichen Verbindlichkeit sind sie jedoch nicht schlechthin unverbindlich. Zwar schaffen sie keine rechtlich gesicherten Verhaltenserwartungen, aber sie schaffen Verhaltenserwartungen. Sie erzeugen „Verpflichtungen", nur eben keine solchen rechtlichen Charakters; vgl. Heintschel von Heinegg, in: K. Ipsen, Völkerrecht, § 9, Rdnr. 3; Karl, in: Neuhold/Hummer/Schreuer, Völkerrecht I, Rdnr. 548; Bothe, FS für Schlochauer, S. 768.

572 vgl. Rotter, FS für Verdross, S. 414 ff. In der völkerrechtlichen Praxis hat sich für solche Regelungen auch der Ausdruck „soft law" eingebürgert. Er ist nicht glücklich gewählt, da er das mit ihm zu beschreibende Phänomen nur unvollkommen wiedergibt. Es handelt sich nicht um „law", sondern um Normen nicht-rechtlicher Art, die je nach dem politischen Kontext mehr oder weniger gewisse Verhaltenserwartungen schaffen, in diesem Sinne also mehr oder weniger „hard" oder „soft" sein können, vgl. Bothe, FS für Schlochauer, S. 769.

tionalen Konferenzen, wie etwa die KSZE-Schlussakte von 1975.[573] Obwohl einem Vertrag in manchem ähnlich, sind sie politische Absichtserklärungen, aus denen keine Rechtspflichten folgen.[574] Ähnlich verhält es sich mit den sog. gentlemen's agreements. Bei diesen handelt es sich um persönliche Absprachen zwischen Organwaltern – meist maßgebende Politiker – verschiedener Staaten in außenpolitischen Fragen, die keine rechtliche Bindungswirkung gegenüber den Staaten entfalten.[575] Allenfalls haben sie eine auf guten Sitten beruhende Bindungswirkung.[576]

Ob es sich bei der Stellungnahme nun um eine rechtlich verbindliche Vereinbarung handelt, mit der die 14 Mitgliedstaaten insbesondere zur „Gemeinsamen Reaktion" verpflichtet werden, erscheint jedoch fraglich. Andernfalls wäre sie wohl als „gentlemen's agreement" einzustufen, bei dem ein einseitiges Abgehen vom beschlossenen Verhaltenskodex gegenüber Österreich für einzelne Mitgliedstaaten jederzeit ohne rechtliche Konsequenzen und ohne besondere Begründung möglich wäre.[577]

Die Abgrenzung zwischen unverbindlicher außerrechtlicher zwischenstaatlicher Abmachung einerseits und rechtsverbindlichem völkerrechtlichem Vertrag andererseits erweist sich im Einzelfall als schwierig. Das Vorliegen einer Bindungswirkung ist zu bejahen, wenn die völkerrechtlich zuständigen Staatsorgane

---

573 Schlussakte der Konferenz über Sicherheit und Zusammenarbeit in Europa von Helsinki 1975, BullBReg. 1975, Nr. 102, S. 965 ff.; ILM 14 (1975), S. 1292 ff.; dazu Schweisfurth, ZaöRV 36 (1976), 681 ff.

574 Ebenfalls hierhin gehört etwa der Luxemburger Kompromiss von 1966 (BullEWG 1966 Nr. 3, S. 5-11), in dem Frankreich und die übrigen EG-Mitgliedstaaten ihre unterschiedlichen Positionen zur Handhabung des Mehrheitsprinzips bei Fragen von grundlegender Bedeutung für einen Mitgliedstaat angenähert haben; dazu Mosler, ZaöRV 26 (1966), 6 ff.; Bothe, FS für Schlochauer, S. 763 ff.; vgl. auch die Nachweise bei Everling, GS für L.-J. Constantinesco, S. 137.

575 Ein Beispiel ist das Moskauer Memorandum von 1955; dazu Rotter, FS für Verdross, S. 416 ff. Auch das von den im Rat vereinigten Vertretern 1973 verabschiedete Informations- und Stillhalteabkommen für umweltpolitische Maßnahmen (ABl. 1969 Nr. C 76, S. 9) wird in einer Fußnote, die Bestandteil des Beschlusses ist, ausdrücklich als „gentlemen's agreement" bezeichnet.

576 vgl. Karl, in: Neuhold/Hummer/Schreuer, Völkerrecht I, Rdnr. 550 f.; Heintschel von Heinegg, in: K. Ipsen, Völkerrecht, § 9, Rdnr. 14 f.; Seidl-Hohenveldern/Stein, Völkerrecht, Rdnr. 194 f.; Herdegen, Völkerrecht, § 15, Rdnr. 2.

577 Eine Nichteinhaltung könnte allenfalls mit einer Retorsion beantwortet werden, während bei der Nichteinhaltung von Verträgen die Sanktionen der Rechtsordnung Platz greifen, vgl. Karl, in: Neuhold/Hummer/Schreuer, Völkerrecht I, Rdnr. 553; ferner Bothe, FS für Schlochauer, S. 770 f.; ausführlich hierzu auch unten S. 320 ff.; zum Rechtsschutz im Falle von Rechtsakten der Gesamtheit der Mitgliedstaaten s. Wuermeling, EuR 1987, 237 ff.

ihren jeweiligen Mitgliedstaat rechtlich verpflichten wollten. Für den Nachweis dieses Verpflichtungswillens ist grundsätzlich auf den Inhalt der Übereinkunft abzustellen. Aufklärung über die maßgebliche „intention of the parties“ kann insofern nur eine Inhaltsanalyse liefern.[578] Eine solche objektivierende Sichtweise liegt auch einer Entscheidung des Internationalen Gerichtshofes zugrunde, die sich ebenfalls in erster Linie an dem von den Parteien gebilligten Text, aber auch am äußeren Geschehensablauf orientiert. Das subjektive Element – also die Vorstellungen der jeweiligen Vertreter – tritt in den Hintergrund.[579]

b) Qualifikation als gentlemen's agreement

Ausgehend von diesen Vorgaben fällt in dem Text der Stellungnahme zunächst die Wendung „joint reaction agreed by“ auf. Der Begriff „agreed“ könnte dabei auf den Willen der Parteien, eine rechtliche Verpflichtung einzugehen, hindeuten. Eindeutig ist die Formulierung allerdings nicht.[580] Auch dem übrigen Wortlaut der Übereinkunft lässt sich ein klar geäußerter Wille zur Vertragsbindung nicht entnehmen.[581] Andererseits vermag ein solcher Verpflichtungswille nicht gänzlich ausgeschlossen werden, weshalb zudem der äußere Geschehensablauf, d.h. das Zustandekommen der Stellungnahme, zu betrachten ist.

In diesem Zusammenhang verdient die Tatsache Beachtung, dass sich einige Regierungschefs der 14 EU-Staaten später dafür verantworten mussten, das gemeinsame Vorgehen gegen Österreich ohne Ermächtigung seitens ihres Staatsoberhauptes bzw. ihrer Volksvertretung beschlossen zu haben. So wurde Schwedens Premier vorgeworfen, er habe nicht rechtzeitig die Zustimmung des Präsidenten eingeholt, während sowohl der dänische als auch der finnische Premier dafür gerügt wurden, dass sie ohne vorherige Unterrichtung des Parlaments die Teilnahme an den Maßnahmen zugesichert hatten.[582]

Da die Bestimmungen der Verfassungen der einzelnen Staaten über die zum Abschluss völkerrechtlicher Verträge berechtigten Organe und das dabei einzuhaltende Verfahren jedoch von Staat zu Staat variieren und ihnen lediglich gemeinsam ist, dass diese Regeln relativ kompliziert sind und eine Reihe von Un-

---

578 vgl. Zemanek, in: Neuhold/Hummer/Schreuer, Völkerrecht I, Rdnr. 288 f.

579 Maritime Delimitation and Territorial Questions between Qatar and Bahrain (Qatar v. Bahrain), ICJ Rep. 1994, 112; s. auch Herdegen, Völkerrecht, § 15, Rdnr. 2 f.

580 a.A. R. Winkler, JRP 2000, 324 sowie P. Fischer, Wiener Blätter zur Friedensforschung 103 (2/2000), 36, der die Stellungnahme deshalb als völkerrechtlichen Vertrag versteht.

581 ähnlich Hummer/Obwexer, EuZW 2000, 490. Dagegen meint Busse, Österreich contra Europäische Union, S. 27 f., die getroffene Vereinbarung sei von ihrem Wortlaut her bindend.

582 s. oben Erster Teil, S. 59 f.

sicherheitsfaktoren enthalten, hat sich in der Staatenpraxis hinsichtlich der Vertragsabschlusskompetenz aber die gewohnheitsrechtliche Regel entwickelt, dass eine Vermutung besteht, dass Staatsoberhäupter, Regierungschefs oder Außenminister kraft Amtes befugt sind, für ihren Staat bindende Erklärungen abzugeben. Dieses ius omnimodo repraesentationis hat seinen Niederschlag auch in Art. 7 Abs. 2 lit. a WVK gefunden.[583] Die völkerrechtliche Vertretungsbefugnis nach außen ist demnach von der staatsrechtlichen Ermächtigung nach innen zu unterscheiden. Das kann jedoch – wie möglicherweise im vorliegenden Fall – dazu führen, dass ein Organ, welches auf der Ebene des Völkerrechts als befugt anzusehen ist, seinen Staat zu verpflichten, gemäß den innerstaatlichen Kompetenznormen diese Befugnis gerade nicht besitzt.

Grundsätzlich ist die formelle Verfassungswidrigkeit eines Vertrages auf völkerrechtlicher Ebene aber unbeachtlich. Nur dann, wenn die Verletzung offenkundig war und eine innerstaatliche Rechtsvorschrift von grundlegender Bedeutung betraf, kommt einer Überschreitung des innerstaatlichen Kompetenzgefüges für die Gültigkeit des Vertrages eine Bedeutung zu.[584] Diese sog. Evidenztheorie liegt auch Art. 46 WVK zugrunde[585], wobei nach Art. 46 Abs. 2 WVK eine Verletzung offenkundig ist, wenn sie für jeden Staat, der sich hierbei im Einklang mit der allgemeinen Übung und nach Treu und Glauben verhält, objektiv erkennbar ist. Andernfalls gilt Art. 27 S. 1 WVK, wonach sich ein Staat gegenüber vertraglichen Verpflichtungen nicht auf sein innerstaatliches Recht berufen kann.[586]

Bis hierhin lässt sich festhalten, dass eine Missachtung innerstaatlicher Regelungen zum Abschluss völkerrechtlicher Verträge, wie etwa eine Überschreitung der organisationsrechtlichen Ermächtigung oder die fehlende Mitwirkung sons-

---

583 Seidl-Hohenveldern/Stein, Völkerrecht, Rdnr. 207 ff. + 244 ff.; Heintschel von Heinegg, in: K. Ipsen, Völkerrecht, § 10, Rdnr. 3 f.; Herdegen, Völkerrecht, § 15, Rdnr. 12. Widerlegbar ist diese Vermutung nur unter den Bedingungen des Art. 46 WVK; vgl. Zemanek, in: Neuhold/Hummer/Schreuer, Völkerrecht I, Rdnr. 290 sowie sogleich unten.

584 vgl. Seidl-Hohenveldern/Stein, Völkerrecht, Rdnr. 248; Heintschel von Heinegg, in: K. Ipsen, Völkerrecht, § 15, Rdnr. 20 f.; Herdegen, Völkerrecht, § 15, Rdnr. 13; Zemanek, in: Neuhold/Hummer/Schreuer, Völkerrecht I, Rdnr. 378 + 380.

585 Die Folgen der Verletzung der innerstaatlichen Regeln über den Abschluss von Verträgen war lange Zeit umstritten. Nach der von einem Teil der Lehre vertretenen Relevanztheorie sollte ein unter Verletzung der formellen Vertragsabschlussregeln der innerstaatlichen Verfassung abgeschlossener Vertrag nicht nur innerstaatlich, sondern auch völkerrechtlich nichtig sein. Demgegenüber wirkt sich nach der insbesondere von internationalen Gerichten bevorzugten Irrelevanztheorie ein Verstoß gegen innerstaatliche Kompetenznormen im internationalen Bereich nicht aus. Die Evidenztheorie versucht, dies beiden Extreme einander anzugleichen; vgl. hierzu Heintschel von Heinegg, in: K. Ipsen, Völkerrecht, § 15, Rdnr. 21 f.; Seidl-Hohenveldern/Stein, Völkerrecht, Rdnr. 245 f.

586 Herdegen, Völkerrecht, § 15, Rdnr. 13; Zemanek, in: Neuhold/Hummer/Schreuer, Völkerrecht I, Rdnr. 290.

tiger Instanzen – insbesondere des Parlaments – der Abgabe einer für den Staat rechtlich verbindlichen Erklärung nicht von vornherein entgegensteht. Dem Grunde nach kann daher vorliegend dennoch ein völkerrechtlicher Vertrag wirksam zustande gekommen sein.

Allerdings bleibt Folgendes zu bedenken: Soweit bekannt, wurde auch in den übrigen der 14 EU-Mitgliedstaaten keine parlamentarische Vertretung in das Verfahren zum Erlass der Stellungnahme eingebunden. Klassifiziert man die Stellungnahme nun als verpflichtenden völkerrechtlichen Vertrag, so wäre aber angesichts ihres beachtlichen politischen Charakters wohl in nahezu allen der demokratischen EU-Mitgliedstaaten in irgendeinem Zeitpunkt des Vertragsabschlussverfahrens die Zustimmung des jeweiligen Parlaments zum Eingehen der völkerrechtlichen Vertragsbindung einzuholen gewesen.[587] Da eine Verletzung parlamentarischer Beteiligungsrechte jedoch in diesen Staaten zu keiner Zeit reklamiert wurde und gentlemen's agreements vor allem dann getroffen werden, wenn rechtliche oder innenpolitische Hindernisse den Abschluss eines rechtlich bindenden Vertrages nicht oder nicht so rasch zulassen würden[588] – also auch gerade der Vermeidung umständlicher innerstaatlicher Abschlussverfahren dienen[589] – ist ein Verpflichtungswille der Parteien eher fernliegend.

---

587 so auch P. Fischer, Wiener Blätter zur Friedensforschung 103 (2/2000), 36, der in der Folge den zur Anfechtung berechtigenden Ungültigkeitsgrund des Art. 46 WVK annimmt; vgl. zum Erfordernis der parlamentarischen Zustimmung auch Seidl-Hohenveldern/Stein, Völkerrecht, Rdnr. 214 ff. Für die Bundesrepublik Deutschland etwa bestimmt Art. 59 Abs. 2 S. 1 Alt. 1 GG, dass Verträge, welche die politischen Beziehungen des Bundes regeln, der Zustimmung oder der Mitwirkung der jeweils für die Bundesgesetzgebung zuständigen Körperschaften in der Form eines Bundesgesetzes bedürfen. Da bis zu einem gewissen Grad jedem Vertrag irgendeine politische Bedeutung zukommt, denkt Art. 59 GG dabei nur an politische Beziehungen von gewisser Intensität. Das sind solche, die wesentlich und unmittelbar den Bestand des Staates oder dessen Stellung und Gewicht innerhalb der Staatengemeinschaft oder die Ordnung der Staatengemeinschaft betreffen (BVerfGE 1, 372, 382). Darüber hinaus muss der Vertrag selbst eine Regelung von politischen Beziehungen zu auswärtigen Staaten enthalten oder bezwecken und nicht nur eine sekundäre, mittelbare oder reflexhafte Auswirkung auf diese Beziehungen haben; vgl. Gloria, in: K. Ipsen, Völkerrecht 3. Aufl., § 74, Rdnr. 34 ff.; Seidl-Hohenveldern/Stein, a.a.O., Rdnr. 225 + 227 f.

588 Seidl-Hohenveldern/Stein, Völkerrecht, Rdnr. 195.

589 Karl, in: Neuhold/Hummer/Schreuer, Völkerrecht I, Rdnr. 549. Das Bestreben zur Umgehung der Schwierigkeiten des Rechtsbildungsprozesses, insbesondere von Problemen innerstaatlicher Art, als Grund für die Schaffung nicht-rechtlicher Normen kommt auch bei Bothe, FS für Schlochauer, S. 770, zum Ausdruck: „Die Regierungen einigen sich in nicht-rechtlicher Form und brauchen dann nicht die Zustimmung ihrer Parlamente, derer sie für einen völkerrechtlichen Vertrag bedürften." Als Beispiel hierfür aus der EG-Praxis nennt er das oben in Fn. 575 angesprochene Informations- und Stillhalteabkom-

Umgekehrt wäre die offizielle (innerstaatliche) Ratifikation der zwischenstaatlichen Abmachung gemäß den Erfordernissen der jeweiligen Verfassungen ein schwer entkräftbares Indiz dafür, dass die Parteien mit dieser Abmachung völkerrechtliche Rechtsfolgen erzeugen wollten.[590] Für die gegenteilige Absicht der 14 Staaten spricht allerdings zusätzlich das Fehlen eines von den Parteien unterzeichneten Dokumentes (Art. 10 lit. b, Art. 12 WVK) bzw. die mangelnde Zustimmung zur vertraglichen Bindung in Form der (völkerrechtlichen) Ratifikation mittels Hinterlegung von Ratifikationsurkunden (Art. 14 Abs. 1 i.V.m. Art. 16 lit. b WVK).[591]

Während abschließend ein ergänzender Blick auf vorbereitende Arbeiten (travaux préparatoires)[592] versperrt bleibt, weil etwaige Materialien zumindest nicht an die Öffentlichkeit gedrungen sind, lassen sich hingegen in dem nachfolgenden Verhalten der 14 Mitgliedstaaten noch einige Anhaltspunkte ausmachen,

---

men für umweltpolitische Maßnahmen, gegen das z.B. von Italien verfassungsrechtliche Bedenken erhoben wurden.

590 Rotter, FS für Verdross, S. 432.

591 Auf das Nichtvorliegen einer dem Staat zurechenbaren Verpflichtungserklärung als Merkmal einer außerrechtlichen zwischenstaatlichen Abmachung weist auch Karl, in: Neuhold/Hummer/Schreuer, Völkerrecht I, Rdnr. 548, hin. Im Hinblick auf Beschlüsse der im Rat vereinigten Vertreter der Mitgliedstaaten merkt Bothe, FS für Schlochauer, S. 766, im Übrigen an, dass diese häufig auch unter dem Vorbehalt der Ratifikation oder notwendigen Zustimmung der zuständigen innerstaatlichen Organe gefasst werden, was eindeutig für ihren Vertragscharakter, für den Bindungswillen der Staaten spreche. Oft sei der Bindungswille jedoch ebenso klar auszuschließen. Dies sei dann der Fall, wenn eine Entschließung ausdrücklich als unverbindlich bezeichnet werde oder die Bezeichnung des Beschlusses („Erklärung", „Empfehlung") dies nahe lege. Everling, GS für L.-J. Constantinesco, S. 149 ff., ergänzt, dass auch die Angabe der Regierungsvertreter neben dem Rat als Autoren eines solchen Aktes gegen einen Bindungswillen spreche. Abgesehen davon möchte er die Frage nach einem völkerrechtlichen Bindungswillen und seinen vertraglichen Folgen überhaupt erst bei einer gewissen Distanz zu den Gemeinschaftsorganen, den Gemeinschaftsregelungen und Gemeinschaftsmaterien stellen. Je näher der betreffende Akt zu den Zielen des Vertrages und den auf ihm gestützten Regelungen stehe, desto größer sei dagegen der Grad der Einwirkung durch das Gemeinschaftsrecht. Dabei werde man vielfach berücksichtigen müssen, dass gerade in der Distanz zu den Gemeinschaftsformen zugleich oft auch das Fehlen eines Bindungswillens zum Ausdruck komme. Wenn die üblichen Abschlussformen für völkerrechtliche Verträge – anders als bei den Übereinkommen nach Art. 293 EGV – nicht erfüllt seien, werde eine Rechtswirkung in diesen Fällen wohl nur aus dem Zusammenhang mit allgemeinen Regeln des Völkerrechts abzuleiten sein. Eine solche Prüfung nimmt Hailbronner, RIW 1982, 111 ff., für den EG-Südafrika-Kodex mit negativem Ergebnis vor.

592 s. hierzu Art. 32 WVK sowie Herdegen, Völkerrecht, § 15, Rdnr. 28 ff.; Seidl-Hohenveldern/Stein, Völkerrecht, Rdnr. 357 ff.

die Schlüsse auf die Intentionen der Parteien zulassen[593]. So erklärte der finnische Ministerpräsident Lipponen am 6. März 2000, „die Sanktionen könnten nur nach einem übereinstimmenden Beschluss der 14 EU-Partner aufgehoben werden“[594], was wiederum darauf hindeutet, dass sich die Mitgliedstaaten an die Übereinkunft gebunden fühlen und davon ausgehen, ein abweichendes Verhalten sei nur nach einer Revision bzw. Aufhebung der Stellungnahme möglich. Bei einem verbindlichen völkerrechtlichen Vertrag wäre die Zurücknahme oder die Änderung des Inhalts der abgegebenen Erklärungen nämlich nur mehr in den Fällen zulässig, die das völkerrechtliche Vertragsrecht vorsieht.[595] Entsprechend wurde der „Ausstieg aus den Sanktionen“ auch tatsächlich von allen 14 Mitgliedstaaten zusammen durchgeführt, indem sie zunächst allesamt übereinkamen, zur Bewertung der Lage eine Dreierkommission einzusetzen[596], um schließlich auf der Grundlage des Berichts der „drei Weisen“ einvernehmlich die Aufhebung der Maßnahmen zu beschließen. Allerdings ließe sich diese Vorgehensweise auch als politisch motiviert erklären.

Auf der anderen Seite bleibt neben Guterres Aussage, die Sanktionen seien politischer und nicht juristischer Natur[597], jedoch besonders Griechenlands willentliches Abweichen von dem in der „Gemeinsamen Reaktion“ festgelegten Verhalten zu sehen. Nachdem die griechische Regierung die Stellungnahme bereits kurz nach deren Erlass als völkerrechtlich fragwürdigen und kaum zweckmäßigen „Schnellschuss“ kritisiert hatte[598], lud Athen nämlich am 7. März 2000 den österreichischen Botschafter „ausdrücklich“ zur Vereidigung des neuen griechischen Präsidenten ein.[599]

Auch eine übereinstimmende nachfolgende Praxis der Parteien, die ein gesichertes und feststellbares Indiz für deren gemeinsamen Willen darstellen würde, ist mithin nicht erkennbar. Vielmehr muss bis hierhin zusammengefasst werden, dass ein Wille der 14 Staaten, eine völkerrechtliche Verpflichtung einzugehen,

---

593 s. Art. 31 Abs. 3 lit. a und b WVK und Seidl-Hohenveldern/Stein, Völkerrecht, Rdnr. 366; Heintschel von Heinegg, in: K. Ipsen, Völkerrecht, § 11, Rdnr. 14.

594 Standard weekly vom 10.03.2000, S. 1.

595 vgl. aber auch die Stellungnahme des Staatssekretärs im Auswärtigen Amt, Ischinger, oben Erster Teil, S. 51: „[...] Jede Verabredung dieser Art kann natürlich revidiert, ergänzt, erweitert, verschärft – aber auch in die andere Richtung verändert werden [...]“.

596 wobei Dänemarks Premier Rasmussen zu diesem Beschluss auch vorab die Zustimmung des dänischen Folketings einholte; s. oben Erster Teil, S. 68.

597 s. oben Erster Teil, S. 53.

598 s. oben Erster Teil, S. 44 f.

599 Die EU-Sanktionen: Chronologie einer einzigartigen Isolation, Kurier vom 24.03.2000, S. 2. Hummer/Obwexer, EuZW 2000, 490, gehen dagegen davon aus, dass sich die „Vierzehn“ bislang jedenfalls ohne Ausnahme an die Vereinbarung gehalten haben.

...undest nicht mit Sicherheit nachgewiesen werden kann.[600] Die Stellungnahme vom 31. Januar 2000 ist deshalb im Ergebnis als rechtlich unverbindliches gentlemen's agreement zu qualifizieren.[601]

Mit der Charakterisierung solcher Akte als politisch, nicht-rechtlich ist indes noch nicht notwendigerweise gesagt, dass diese auch rechtlich unerheblich sind. Deren rechtliche Bedeutung wird allerdings unterschiedlich beurteilt.

Einigkeit herrscht darin, dass sie auf längere Sicht zur Entstehung von Rechtsnormen beitragen können (ius in statu nascendi) und mitunter auch Anknüpfungspunkt eines bindenden „estoppel" sind. Strittig ist hingegen, ob sie darüber hinaus auch unmittelbare rechtliche Bedeutung haben. Dies wird von den Anhängern der traditionellen Dichotomie – d.h. Rechtsverbindlichkeit gegenüber völliger (Rechts-)Unverbindlichkeit – rundweg verneint, während ihnen die Vertreter einer gleitenden Rechtswerteskala auch gewisse Rechtswirkungen zuerkennen.[602]

Unabhängig davon unterliegen selbstverständlich alle Handlungen einer juristischen Beurteilung, müssen sich also am Maßstab von Recht und Unrecht messen lassen. So kann auch ein „rein politischer" Akt, der selbst keine Rechts-

---

600 Handelte es sich hingegen um einen völkerrechtlichen Vertrag, so wäre in diesem allerdings nicht ein solcher zu Lasten Dritter zu sehen, den die WVK nach Art. 34 und 35 nur mit Zustimmung des dritten Staates – vorliegend also Österreich – zulässt. Die Konvention meint nämlich nur eine rechtliche Bindung des Dritten an den Vertrag unter anderen Staaten, nicht aber eine rein faktische Belastung, die zu einer direkten Rechtsbeeinträchtigung nicht führen kann. Nicht erfasst ist auch der Fall, dass die Vereinbarung von Staaten zu einer Intervention in die inneren Angelegenheiten eines dritten Staates führt. Zwar liegt insofern eine Rechtsverletzung vor, doch kommt dann allenfalls die Bestimmung der Vertragskonvention über die Nichtigkeit von Verträgen, die gegen zwingendes Recht verstoßen, zur Anwendung; vgl. Doehring, Völkerrecht, Rdnr. 347; s. in diesem Zusammenhang aber auch unten S. 306 ff. Im Übrigen könnte aufgrund des beim Zustandekommen der Stellungnahme auf einige Staats- und Regierungschefs offenbar ausgeübten Drucks (s. oben Erster Teil, S. 40 f.) auch nicht das Vorliegen eines Ungültigkeitsgrundes nach Art. 51 WVK (Zwang gegen den Staatenvertreter) oder Art. 52 WVK (Zwang gegen den Staat) bejaht werden, da dieser kaum das für Vertragsverhandlungen übliche Maß überschritten hat. Abgesehen davon ist schon sehr umstritten, ob das Postulat der Unverbindlichkeit „ungleicher Verträge" nicht nur Vereinbarungen erfasst, die einem Staat mit militärischem Druck aufgezwungen wurden, sondern auch politischen oder wirtschaftlichen Druck zum Abschluss eines Vertrages verurteilt; vgl. hierzu Seidl-Hohenveldern/Stein, Völkerrecht, Rdnr. 375 ff. und Heintschel von Heinegg, in: K. Ipsen, Völkerrecht, § 15, Rdnr. 27 ff.

601 so auch Leidenmühler, ZÖR 2000, 305; vgl. auch Adamovich, EuGRZ 2001, 90: „Dass die ‚Sanktionen' kein Wort der Begründung enthalten, dass die inkriminierte österreichische Regierung nicht angehört wurde, erklärt sich offenbar aus ihrer (von den handelnden Staaten angenommenen) rein politischen Natur."

602 Karl, in: Neuhold/Hummer/Schreuer, Völkerrecht I, Rdnr. 554.

positionen gestaltet, im konkreten Fall sehr wohl einen Rechtsverstoß bewirken.[603] Das wird noch zu zeigen sein.

III. Rechtmäßigkeit des Verhaltens der portugiesischen Präsidentschaft der Europäischen Union

Bevor jedoch der materielle Gehalt der Stellungnahme einer rechtlichen Würdigung unterzogen wird, soll zunächst geklärt werden, inwiefern das damit verbundene Auftreten der portugiesischen Präsidentschaft der Europäischen Union rechtlichen Bedenken begegnet. Wie bereits erläutert[604] handelt es sich bei der Präsidentschaft nicht um eine eigenständige Institution der EU, sondern primär um den Vorsitz im Rat der EU, also lediglich um eine Art „Hilfsorgan" des Rates. Gleichwohl hat der jeweilige Mitgliedstaat in seiner Eigenschaft als Vorsitz stets im Einklang mit den Gemeinschaftsverträgen und dem Unionsvertrag zu agieren, womit er in seinem diesbezüglichen Handeln vollumfänglich an das EU-Recht gebunden ist.[605] Demzufolge vermag auch das Verhalten der portugiesischen Präsidentschaft im Fall Österreich ohne weiteres auf seine Vereinbarkeit mit dem Recht der Europäischen Union untersucht werden. In diesem Zusammenhang erscheint es angebracht, vorab ganz allgemein die Funktionen und die rechtlichen Grundlagen der Präsidentschaft der Europäischen Union kurz zu beleuchten.

1. Die Funktionen und Rechtsgrundlagen der Präsidentschaft der Europäischen Union

Im Rahmen des Integrationsprozesses kommt der Präsidentschaft als der Summe der vom jeweiligen Vorsitz im Rat der EU wahrzunehmenden Funktionen[606] eine große Bedeutung zu. Der Vorsitz ist als „primus inter pares" für das geordnete Funktionieren des Rates, des Europäischen Rates sowie der dem Rat nachgeordneten Ausschüsse und Arbeitsgruppen verantwortlich. Dementsprechend muss er für eine gute Organisation und einen geordneten Ablauf der Arbeiten sorgen.[607]

603 so auch Adamovich, EuGRZ 2001, 89 f.; ferner H. H. Rupp, FS für Rudolf, S. 176 f.; s. dazu auch unten S. 192 f.

604 s. oben S. 129 f.

605 vgl. H. Winkler/Schauer, Die Maßnahmen gegen Österreich, S. 126.

606 vgl. Antwort des Rates vom 18.08.1992 auf die Schriftliche Anfrage Nr. 1157/92 von Lord O'Hagan (ED), ABl. 1992 Nr. C 247, S. 48 f.

607 Jacqué, in: Groeben/Thiesing/Ehlermann, EU-/EG-Vertrag Bd. 4, Art. 146 EGV, Rdnr. 33.

Die vielfältigen Funktionen der Präsidentschaft lassen sich grundsätzlich in folgende fünf Kategorien zusammenfassen: Management des Europäischen Rates und des Rates der EU, Lancieren politischer Initiativen, Aushandeln von „Verhandlungs-Paketen", Kontaktnahme mit anderen Gemeinschaftsinstitutionen und Außenvertretung.[608] Dazu kommt noch die besondere Funktion der Präsidentschaft bei der Novellierung der Gründungsverträge. Die Hauptfunktion der Präsidentschaft liegt dabei ohne Zweifel in der Vorsitzführung im Rat sowie in allen anderen mit diesem Organ zusammenhängenden Institutionen.[609]

Die Rechtsgrundlagen der Funktionen und Aufgaben der Präsidentschaft sind ebenfalls vielfältig, verstreut und auf unterschiedlichen Ebenen angesiedelt. Einige davon sind in den Gründungsverträgen niedergelegt, andere sind in der GO des Rates enthalten und wieder andere wurden aus der Praxis des Rates heraus entwickelt.[610]

Zunächst beinhalten sowohl der EUV als auch die Verträge zur Gründung der drei Europäischen Gemeinschaften eine Reihe von Bestimmungen zu der Rolle des Vorsitzes im Rat und zu den Bedingungen, unter denen der Vorsitz wahrgenommen wird.[611] Neben den bereits zitierten Normen der Art. 203 S. 2 EGV und Art. 4 S. 4 EUV[612] wird in anderen Artikeln die Rolle des Vorsitzes in den einzelnen Bereichen oder Sektoren behandelt.[613] Besondere Bedeutung kommt dem Vorsitz insofern im Bereich der GASP zu, wo er die Union gemäß Art. 18 EUV vertritt, für die Durchführung sämtlicher GASP-Beschlüsse verantwortlich ist und daher auch den Standpunkt der Union in internationalen Organisationen und auf internationalen Konferenzen darlegt.[614] Nach Art. 24 EUV kann der Rat außerdem, wenn zur Durchführung der GASP der Abschluss einer Übereinkunft mit einem oder mehreren (dritten) Staaten bzw. internationalen Organisationen erforderlich ist, den Vorsitz durch einstimmigen Beschluss ermächtigen, zu diesem Zweck Verhandlungen aufzunehmen. Solche Übereinkünfte werden vom Rat auf der Grundlage eines einstimmigen Beschlusses auf Empfehlung des Vorsitzes abgeschlossen.[615] Die allgemeine Funktion des Vor-

608 Edwards/Wallace, Die Präsidentschaft im Ministerrat, S. 51 ff.; Hayes-Renshaw/Wallace, The Council of Ministers, S. 139 ff.; Kirchner, Decisions-making in the European Community, S. 79.

609 ausführlich zu den Funktionen der Präsidentschaft, jeweils mit Beispielen, Hummer/Obwexer, EuR 1999, 431 ff.

610 Hummer/Obwexer, EuR 1999, 422; vgl. auch Rat der Europäischen Union, Leitfaden für den Vorsitz, S. 3 f.

611 s. die Aufstellung bei Hummer/Obwexer, EuR 1999, 423 ff.

612 s. oben S. 130.

613 s. etwa Art. 99 Abs. 4 UAbs. 2 EGV für das Gebiet der Wirtschaftspolitik.

614 s. schon oben S. 139 f. und Fn. 556.

615 vgl. auch Art. 24 Abs. 2 i.V.m. Art. 38 EUV, wonach in Übereinkünften nach Art. 24 EUV auch Angelegenheiten der PJZS geregelt werden können, sowie Art. 37 EUV.

sitzes, die sich aus seinen Aufgaben ergibt, wird in den Verträgen allerdings nicht beschrieben.[616]

Der in den Gründungsverträgen vorgegebene Rahmen wird nun durch die GO des Rates, in der die Aufgaben des Präsidenten während der gesamten Dauer des Beschlussfassungsprozesses im Rat und in seinen vorbereitenden Gremien genannt werden, ergänzt und präzisiert.[617] Zu den dort vorgesehenen Kompetenzen des Vorsitzes kommen noch all diejenigen Aufgaben hinzu, die der Präsidentschaft im Laufe der Zeit zugewachsen sind. Diese Befugnisse sind in unterschiedlichen Rechtsgrundlagen niedergelegt.[618] Dazu zählen Erklärungen in einer Schlussakte[619], interinstitutionelle Vereinbarungen[620], Beschlüsse des Europäischen Rates[621] und Beschlüsse des Rates „Allgemeine Angelegenheiten“[622]. Nicht zuletzt ist in diesem Zusammenhang aber auch die ständige Übung, die sich „in praxi“ herausgebildet hat, zu erwähnen.

Zur ständigen Übung gehört beispielsweise die Übernahme einzelner Agenden von der vorhergehenden Präsidentschaft entsprechend dem Grundsatz der Kontinuität[623] und vor allem die dem Vorsitz zukommende Funktion, als „ehrlicher Makler“ einen Ausgleich zwischen den widerstreitenden Interessen der ein-

616 Rat der Europäischen Union, Leitfaden für den Vorsitz, S. 3.

617 ebenda, S. 4; s. auch die Aufstellung bei Hummer/Obwexer, EuR 1999, 426 ff. sowie oben S. 135 ff.

618 Hummer/Obwexer, EuR 1999, 428 ff.

619 z.B. die Erklärung zum Dritten Teil Titel VII EGV in der Schlussakte des Maastrichter Vertrages (ABl. 1992 Nr. C 191, S. 98), wonach der Präsident des Europäischen Rates die Wirtschafts- und Finanzminister zur Teilnahme an den Tagungen des Europäischen Rates einladen wird, wenn dieser Fragen der Wirtschafts- und Währungsunion erörtert.

620 Die interinstitutionell akkordierten Modalitäten für die Abwicklung der Arbeiten des in Art. 251 EGV vorgesehenen Vermittlungsausschusses (ABl. 1993 Nr. C 329, S. 141) sehen im Rahmen des „Ko-Dezisionsverfahrens“ vor, dass der Vorsitz im Ausschuss vom Präsidenten des EP und vom Präsidenten des Rates gemeinsam wahrgenommen wird.

621 Der Europäische Rat hat z.B. am 29. und 30. Juni 1977 in London die Gestaltung seiner (künftigen) Tagungen einvernehmlich festgelegt. Dabei wurde der jeweils amtierenden Präsidentschaft die Aufgabe übertragen, die Tagungen vorzubereiten und bei den Beratungen, die zu Beschlüssen oder zu Erklärungen führen sollen, ein Protokoll in Form von Schlussfolgerungen zu erstellen und unter seiner Verantwortung herauszugeben (sog. Schlussfolgerungen des Vorsitzes); dazu auch Glaesner, EuR 1994, 28 ff.

622 Der Rat „Allgemeine Angelegenheiten“ hat sich beispielsweise am 18. und 19. Oktober 1975 in Lucca auf das sog. „La Marlia-Verfahren“ geeinigt, um die Koordinierung der einzelnen Ressortminister-Räte zu verbessern. Demnach muss der Rat „Allgemeine Angelegenheiten“ vor jeder seiner Sitzungen über die Vorgänge in den einzelnen Fachminister-Räten „gebrieft“ werden; vgl. BullEG 11-1975, Ziff. 2425 und Ziff. 2054.

623 vgl. Hummer/Obwexer, EuR 1999, 430 + 434; Rat der Europäischen Union, Leitfaden für den Vorsitz, S. 5.

zelnen EU-Mitgliedstaaten zu finden und so tragfähige Kompromisse zu erzielen, die dann in konkrete Rechtsakte umgesetzt werden können. Die Prärogativen des Vorsitzes reichen nämlich keinesfalls so weit, als dass der jeweilige Vorsitzstaat seine Interessen bevorrangt durchsetzen könnte.[624] Vielmehr ist der Vorsitz schon definitionsgemäß zu Neutralität und Unparteilichkeit verpflichtet. Er übernimmt bei den Beratungen eine Vermittlerrolle und darf sich somit weder für seine eigenen Präferenzen noch die eines bestimmten Mitgliedstaates einsetzen. Erforderlich sind daher sowohl eine gute Koordination mit den Sprechern des eigenen Staates, damit diese den einzelstaatlichen Standpunkt vertreten, ohne die Arbeit des Vorsitzes zu behindern[625], als auch eine angemessene Berücksichtigung aller Standpunkte nach Maßgabe der jeweiligen Problemstellung.[626]

Die ständige Übung des Vorsitzes, und damit auch der Grundsatz der Unparteilichkeit, beruht – soweit der Rat allein betroffen ist – auf der internen Organisationsgewalt des Rates[627] und – soweit auch andere Gemeinschaftsorgane davon erfasst sind – auf der in Art. 10 EGV verankerten Pflicht zu redlicher Zusammenarbeit.[628] Ob diese langjährige (gleichförmige) Praxis durch das Hinzutreten von „opinio iuris" gegebenenfalls zur Bildung entsprechenden Gemeinschaftsgewohnheitsrechts geführt hat, ist fraglich. Dieses Gewohnheitsrecht würde sich zwar im Rahmen des primären EU-Rechts halten und wäre demzufolge als systemkonform („intra constitutionem") einzustufen. Im Lichte der einschlägigen Rechtsprechung des EuGH ist die Bildung von Gemeinschaftsgewohnheitsrecht jedoch eher zu verneinen. Der Gerichtshof hat bislang zwar verschiedentlich gewohnheitsrechtliche Erwägungen anklingen lassen[629], sich aber nie näher zu dessen Zulässigkeit und Entstehungsvoraussetzungen im Gemeinschaftsrecht geäußert.[630] Damit kommt der ständigen Praxis des Vorsitzes wohl keine (selbständige) Bindungswirkung zu, was aber nicht bedeutet, dass sie ü-

---

624 vgl. Ludlow, CEPS Special Report No. 6/1995, 157: „The Presidency is first and foremost an office of the Union: it is not an instrument with which to pursue national objectives."

625 Die nationale Interessenlage des Mitgliedstaates, der den Vorsitz ausübt, wird in den diversen Gremien von einer eigenen Delegation wahrgenommen.

626 vgl. Rat der Europäischen Union, Leitfaden für den Vorsitz, S. 5 f.; Hummer/Obwexer, EuR 1999, 434 f.; Edwards/Wallace, Die Präsidentschaft im Ministerrat, S. 56.

627 vgl. EuGH, Rs. C-58/94 (Niederlande/Rat), Slg. 1996, I-2169, Rdnr. 37.

628 vgl. EuGH, Rs. C-65/93 (Parlament/Rat), Slg. 1995, I-643, Rdnr. 23 sowie Bogdandy, in: Grabitz/Hilf, Recht der EU I, Art. 10 EGV, Rdnr. 19.

629 vgl. EuGH, Rs. 230/81 (Luxemburg/Parlament), Slg. 1983, 255, Rdnr. 44; Rs. 68/86 (Vereinigtes Königreich/Rat), Slg. 1988, 855, Rdnr. 24; Rs. C-327/91 (Frankreich/Kommission), Slg. 1994, I-3641, Rdnr. 36.

630 vgl. Läufer, Organe der EG-Rechtsetzung, S. 290 ff.; in diesem Sinne auch Haag, in: Beutler/Bieber/Pipkorn/Streil, Die Europäische Union, Rdnr. 382 f.; s. auch Bleckmann, in: derselbe, Europarecht, Rdnr. 559 ff.

berhaupt keine Rechtswirkungen entfaltet. Sie ist jedenfalls zur Auslegung der primär- und sekundärrechtlichen Bestimmungen betreffend die Präsidentschaft heranzuziehen.[631]

2. Verstoß der portugiesischen Präsidentschaft gegen EU-Recht

Vor diesem Hintergrund ist nunmehr zu beurteilen, ob das Verhalten der portugiesischen Präsidentschaft im konkreten Fall gegen EU-Recht verstößt. Die Koordination des Zustandekommens der Stellungnahme vom 31. Januar 2000 sowie deren Erlass im Namen von 14 Mitgliedstaaten einschließlich Bekanntgabe fällt zunächst nicht unter die üblichen Aufgaben und Befugnisse einer EU-Präsidentschaft, wie sie soeben beschrieben wurden.

Der jeweils vorsitzführende Mitgliedstaat darf nämlich – seiner institutionellen Stellung entsprechend – grundsätzlich nur dann in seiner Funktion als EU-Präsidentschaft handeln, wenn er als Vorsitzender des Rates der EU oder des Europäischen Rates für die Union tätig wird. Oben wurde aber bereits festgestellt, dass die Stellungnahme gerade kein EU-Rechtsakt, insbesondere kein Handeln des Rates oder des Europäischen Rates darstellt; vielmehr agierte die portugiesische Präsidentschaft lediglich für 14 der EU-Mitgliedstaaten.

Grundsätzlich ist der Vorsitz aber bei all seinem Tun stets an die Zustimmung des Rates gebunden. So muss der Rat nicht nur sämtlichen Erklärungen und Schreiben des Vorsitzes, mit denen der Standpunkt des Rates – auch in dessen Beziehungen zu den anderen Organen und Einrichtungen – dargelegt wird, zustimmen, auch kann jede Verfahrensentscheidung des Vorsitzes vom Rat mit einfacher Mehrheit rückgängig gemacht werden. Selbst im Anwendungsbereich des Art. 18 EUV darf die Präsidentschaft nicht ohne einen Beschluss des Rates tätig werden.[632]

In diesem Zusammenhang ist allerdings denkbar, dass der Rat beschließt, die Präsidentschaft solle etwas koordinieren und verkünden, was nicht vom Rat, sondern nur von den Mitgliedstaaten in ihrer Gesamtheit beschlossen wird. Dies mag dann, wenn der EU die notwendige Kompetenz für eine bestimmte Maßnahme fehlt oder diese zumindest umstritten ist, zweckmäßig sein, um das einheitliche europäische Erscheinungsbild nach außen zu gewährleisten.[633] Auch

---

631 vgl. EuGH, Rs. 30/70 (Scheer/Einfuhr- und Vorratsstelle Getreide), Slg. 1970, 1197, Rdnr. 15; Hummer/Obwexer, EuR 1999, 431.

632 vgl. Rat der Europäischen Union, Leitfaden für den Vorsitz, S. 6 sowie Busse, Österreich contra Europäische Union, S. 25 ff.

633 so etwa regelmäßig bei Akten der im Rat vereinigten Vertreter der Regierungen der Mitgliedstaaten; vgl. Hummer/Obwexer, EuR 1999, 412; s. aber auch Rat der Europäischen Union, Leitfaden für den Vorsitz, S. 50: „Im Rat kann auch das Vorgehen der Mitglied-

einen solchen Beschluss hätte der Rat aber im „normalen" Verfahren, also insbesondere in seiner vertraglich vorgeschriebenen Besetzung, zu fassen. Doch schon weil Österreich an dem Beschluss der Mitgliedstaaten vom 31. Januar 2000 – wenn überhaupt – so zumindest nicht vollumfänglich beteiligt war, kann von einem ordnungsgemäßen Ratsbeschluss dahingehend, die portugiesische Präsidentschaft zu ermächtigen, die Entscheidung der 14 Mitgliedstaaten zu organisieren und zu übermitteln, nicht ausgegangen werden.[634]

Weiterhin wäre vorstellbar, eine Befugnis der portugiesischen Präsidentschaft zum Tätigwerden auf eine entsprechende Entscheidung der Mitgliedstaaten als solche zu stützen. In diesem Sinne bemerkte der EuGH bereits in der Rechtssache „Bangladesch I" nach einem Hinweis des Parlaments, wonach der Kommission Durchführungsbefugnisse nur mit einer Ratsentscheidung übertragen werden könnten, der Vertrag schließe nicht aus, „dass die Mitgliedstaaten die Kommission damit betrauen, für die Koordinierung einer von ihnen gemeinsam aufgrund eines Aktes ihrer im Rat vereinigten Vertreter unternommenen Aktion zu sorgen".[635] In der Rechtssache „Europäischer Entwicklungsfonds" bestätigte der Gerichtshof dahingehend, „keine Bestimmung des Vertrages [hindere] die Mitgliedstaaten daran, außerhalb seines Rahmens Verfahrenselemente anzuwenden, die sich an den Vorschriften für die Gemeinschaftsausgaben orientieren, und die Gemeinschaftsorgane an einem solchen Verfahren zu beteiligen".[636]

Zudem muss an die „gemischten Abkommen" im Bereich der Außenbeziehungen der Union erinnert werden. Hier ist vorwegzuschicken, dass sich die Außenvertretung im Rahmen der EU ausgesprochen komplex darstellt.[637] Zum einen wird sie nämlich von der Kommission wahrgenommen, zum anderen obliegt sie dem Rat und wird von dessen Präsidentschaft ausgeübt. Rat und Vorsitz kommt bei der Festlegung und der Durchführung der Außenbeziehungen der Union eine unterschiedliche Rolle zu, je nachdem, ob die Materie in die Zuständigkeiten, die im Bereich der GASP und PJZS ausgeübt werden[638], in die Zuständigkeiten der Europäischen Gemeinschaften oder aber in die Zuständigkeiten der Mitgliedstaaten, die im Rahmen des Rates tätig werden, fällt.

---

staaten als solcher in einer internationalen Organisation koordiniert werden. Der Vorsitz wird häufig beauftragt, den gemeinsamen Standpunkt der Mitgliedstaaten darzulegen [...] Diese Möglichkeit wird zu einem unabdingbaren Erfordernis, wenn die Beratungsthemen dieser internationalen Organisation unter die ausschließliche Zuständigkeit der Gemeinschaft fallen, diese jedoch nicht als solche zu den Beratungen zugelassen ist."

634 so auch Busse, Österreich contra Europäische Union, S. 26 f.

635 EuGH, verb. Rs. C-181 und 248/91 (Parlament/Rat und Kommission), Slg. 1993, I-3685, Rdnr. 19 f.; dazu schon oben S. 90 ff. + Fn. 526.

636 EuGH, Rs. C-316/91 (Parlament/Rat), Slg. 1994, I-625, Rdnr. 41; s. auch oben S. 93.

637 vgl. die Übersicht in Rat der Europäischen Union, Leitfaden für den Vorsitz, S. 45 ff.

638 s. hierzu schon oben S. 165.

Bei ausschließlich gemeinschaftlichen Abkommen in der „ersten Säule“ der EU ist der Sprecher der Gemeinschaft(en) in der Regel die Kommission.[639] Die auswärtigen Zuständigkeiten der Gemeinschaft und der Mitgliedstaaten können beim Abschluss und bei der Durchführung internationaler Abkommen – der sog. „gemischten Abkommen“ – aber auch gemeinsam wahrgenommen werden.[640] Müssen die Mitgliedstaaten bei einer solchen „geteilten Zuständigkeit“ ihre Kompetenzen noch mit einbringen, kann es vorkommen, dass der Vorsitz auch die Summe der EU-Mitgliedstaaten vertritt.[641] In diesen Fällen wird nach der sog. „Formel von Rom“ gleichsam „bicephal“ vorgegangen,[642] d.h. der Vorsitz ist ermächtigt, die Ausführungen der Kommission durch die Stellungnahmen der Mitgliedstaaten zu ergänzen.[643]

Eine entsprechende Ermächtigung der portugiesischen Präsidentschaft, Maßnahmen von Mitgliedstaaten, welche außerhalb der Verträge zustande kommen, zu koordinieren und mitzuteilen, bedürfte allerdings abermals der Zustimmung aller Mitgliedstaaten.[644] Auch hier kommt demnach die fehlende Einbindung Österreichs in den Entscheidungsprozess zum Tragen.

Dass eine Präsidentschaft nicht befugt ist, Stellungnahmen der Mitgliedstaaten als solche abzugeben, ohne hierfür den Konsens mit sämtlichen EU-Partnern herzustellen, ergibt sich schon aus dem soeben erläuterten Grundsatz der Unparteilichkeit des Vorsitzes. Als neutraler Akteur ist es der Präsidentschaft verwehrt, die Interessen lediglich einer Mehrzahl von Mitgliedstaaten zu vertreten.[645] Dies muss erst recht gelten, wenn jene Interessen dem Willen anderer Mitgliedstaaten – vorliegend Österreich – zuwiderlaufen. Bei seiner Tätigkeit muss der Vorsitz nämlich gleichermaßen sicherstellen, dass eine Diskriminie-

---

639 s. Art. 300 EGV.

640 vgl. Rat der Europäischen Union, Leitfaden für den Vorsitz, S. 45 ff.; Hummer/Obwexer, EuR 1999, 439 f.

641 Hummer/Obwexer, EuR 1999, 440.

642 Wallace H., The presidency of the Council of Ministers of the European Community: Task and Evolution, S. 19.

643 Edwards/Wallace, Die Präsidentschaft im Ministerrat, S. 68; vgl. auch Beutler/Bieber/Pipkorn/Streil, Die Europäische Union, Rdnr. 1222 sowie die den Überblick über die verschiedenen Arten von Delegationen in der Praxis bei Vedder, in: Grabitz/Hilf, Recht der EU A II, Art. 228 EWGV, Rdnr. 29.

644 Eine – jedoch vertraglich angelegte – Ausnahme mögen die Bestimmungen über eine verstärkte Zusammenarbeit der Art. 43 ff. EUV darstellen, wonach unter bestimmten Voraussetzungen auch nur ein Teil der Mitgliedstaaten die in den Verträgen vorgesehenen Organe, Verfahren und Mechanismen in Anspruch nehmen kann. Ein Fall verstärkter Zusammenarbeit wurde aber bereits oben, S. 100 f., abgelehnt; ebenso von H. Winkler/Schauer, Die Maßnahmen gegen Österreich, S. 125 + Fn. 3.

645 So vermieden es etwa die Niederlande während der Regierungskonferenz 1996, einen Vorschlag der WEU-Staaten mitzutragen, da sie damals die EU-Präsidentschaft innehatten; vgl. H. Winkler/Schauer, Die Maßnahmen gegen Österreich, S. 128, Fn. 12.

rung einzelner Mitgliedstaaten ausgeschlossen bleibt. Dabei hat er nicht nur alles zu unterlassen, was auf eine Einschränkung mitgliedstaatlicher Rechte hinauslaufen könnte, er hat vielmehr alles zu unternehmen, vermittelnd tätig zu werden und das Funktionieren der Gemeinschaft zu fördern.[646]

Im Ergebnis erscheint die Kundgabe der „Gemeinsamen Reaktion“ im Rahmen einer „Stellungnahme der portugiesischen Präsidentschaft der Europäischen Union im Namen von 14 Mitgliedstaaten“ mithin als eine Überschreitung der Kompetenzen des portugiesischen Vorsitzes des Rates der EU. Die Stellungnahme hätte von dem EU-Mitgliedstaat Portugal als solchem und als Vertreter der übrigen 13 Mitgliedstaaten unter Nichtnennung der Präsidentschaft koordiniert und mitgeteilt werden müssen.[647] In diesem Sinne wurde in der Folgezeit bei der Bezugnahme des amtierenden Vorsitzstaates auf seine Funktion als Präsidentschaft auch zunehmend größere Zurückhaltung geübt.[648]

Hinsichtlich der Zurechnung des somit rechtswidrigen Verhaltens der portugiesischen Präsidentschaft bleibt zu sagen, dass ein Handeln des Vorsitzes nur dann dem jeweiligen EU-Organ bzw. der Gesamtheit der Mitgliedstaaten zuzuschreiben ist, solange die Präsidentschaft im Rahmen ihrer Zuständigkeiten tätig wird. Begeht die Präsidentschaft dagegen – wie im vorliegenden Fall – einen Verstoß gegen EU-Recht in der Weise, dass sie ohne eine entsprechende Kompetenz in den Verträgen und ohne ausreichende Ermächtigung eigenständig handelt, so hat der betreffende Mitgliedstaat als solcher, dessen Vertreter die Befugnisse des Staates in seiner Funktion als Ratsvorsitz überschritten hat, das Tun zu verantworten.[649]

Folglich ist der in dem unzulässigen Auftreten der portugiesischen Präsidentschaft liegende Rechtsverstoß dem EU-Mitgliedstaat Portugal selbst anzulasten.[650] Hervorzuheben bleibt insofern jedoch noch, dass zwischen den Tätigkei-

646 vgl. H. Winkler/Schauer, Die Maßnahmen gegen Österreich, S. 127 f.

647 vgl. H. Winkler/Schauer, Die Maßnahmen gegen Österreich, S. 128 und Busse, Österreich contra Europäische Union, S. 27 + 37; im Ergebnis wohl auch Hummer/Obwexer, EuZW 2000, 489.

648 s. oben S. 154 f.

649 wie hier H. Winkler/Schauer, Die Maßnahmen gegen Österreich, S. 128 sowie Busse, Österreich contra Europäische Union, S. 24, der zur Illustration folgendes Beispiel anführt: „Würde etwa Deutschland im Falle seiner Präsidentschaft im Namen der EU Beschlüsse verkünden oder außenpolitische Maßnahmen ergreifen, die die EU in Gestalt ihrer Organe gar nicht getroffen hat, so würde Deutschland und nicht der Rat oder der Europäische Rat gegen EU-Recht verstoßen und mithin zu verklagen sein.“

650 Die Möglichkeit eines Vertragsverletzungsverfahrens gegen Portugal aufgrund eines Verstoßes gegen die Kompetenzen der Präsidentschaft ist dabei umstritten. Während Busse, Österreich contra Europäische Union, S. 24 ff., von der Zulässigkeit und Begründetheit einer Vertragsverletzungsklage ausgeht, bezweifeln H. Winkler/Schauer,

ten Portugals, die im Zusammenhang mit der Ausübung seiner Vorsitzfunktion stehen, und jenen, die Portugal als Staat wahrnahm, differenziert werden muss. Das bedeutet, dass die Teilnahme Portugals am Zustandekommen der Stellungnahme und insbesondere an der „Gemeinsamen Reaktion“ als einer der 14 Mitgliedstaaten an dieser Stelle nicht erfasst ist.[651]

IV. Rechtmäßigkeit der Stellungnahme

Die Rechtmäßigkeit der Vorgehensweise der 14 Partnerstaaten als solche soll indes im Folgenden beurteilt werden. Es ist also nunmehr die Frage nach der rechtlichen Zulässigkeit der Stellungnahme samt der in ihr enthaltenen „Gemeinsamen Reaktion“ an sich zu stellen.

Ist sie ohne weiteres erlaubt, weil sie rechtlich indifferent ist, also im rechtsfreien Raum bleibt und insbesondere in Rechte Österreichs nicht eingreift? Oder sind die Maßnahmen der „Vierzehn“ nicht nur politisch, sondern auch rechtlich erheblich, aber gegebenenfalls zu rechtfertigen?[652] Zur Beantwortung der gerade gestellten Fragen erscheint jedoch vorab von entscheidender Bedeutung, woran die Stellungnahme überhaupt rechtlich zu messen ist, d.h. welcher Prüfungsmaßstab vorliegend Anwendung finden kann.

1. Der Prüfungsmaßstab

a) Völkerrecht als Prüfungsmaßstab

Nachdem die Stellungnahme nicht als EU-Rechtsakt, sondern als völkerrechtliche Übereinkunft zwischen den 14 EU-Mitgliedstaaten, genauer als sog. gentlemen's agreement, klassifiziert wurde, ist das Vorgehen der „Vierzehn“ zu-

---

Die Maßnahmen gegen Österreich, S. 128 f., eine entsprechende Kompetenz des EuGH. Da sich die Stellungnahme weder formell noch nach ihrem materiellen Gehalt den Gemeinschaften (EG, EAG, EGKS) zuordnen lasse und der Präsidentschaft im Unionsgefüge außerhalb der Jurisdiktionskompetenz des EuGH Kompetenzen zukämen, sei nicht ersichtlich, auf welcher Grundlage der EuGH seine Zuständigkeit feststellen könne, zumal er nicht jeden Akt des Vorsitzes allein aus dem Grund, dass diesem im EGV Aufgaben zugewiesen würden, zu überprüfen vermöge. Eine Gemeinschaftskompetenz für den Bereich, der durch die Stellungnahme bzw. die „Gemeinsame Reaktion“ berührt werden könne, sei nicht ersichtlich, so dass es dem EuGH auch verwehrt wäre, wie in der Rs. C-170/96 (Kommission/Rat), Slg. 1998, I-2763 (s. oben S. 94 f.) zu argumentieren und sich für die Prüfung zuständig zu erklären.

651 Hierauf weisen auch H. Winkler/Schauer, Die Maßnahmen gegen Österreich, S. 125 + 128, hin.

652 Köck/Hintersteininger, Sanktionen gegen Österreich, S. 480.

nächst einmal grundsätzlich auf seine Vereinbarkeit mit dem Völkerrecht zu prüfen.[653] Neben der Legalität der gegen einen anderen EU-Mitgliedstaat gerichteten Maßnahmen im Rahmen der Völkerrechtsordnung drängt sich aber die Frage auf, ob nicht das mitgliedstaatliche Handeln auf „bilateraler" Ebene zudem einen Verstoß gegen Unions- bzw. Gemeinschaftsrecht darstellt. Doch erweist sich als problematisch, inwiefern das völkerrechtliche Vorgehen der Mitgliedstaaten auch mit dem Netz des EU-Rechts eingefangen werden kann.

b) EU-Recht als Prüfungsmaßstab

Da die Stellungnahme vom 31. Januar 2000 – wie oben ausführlich erläutert – nicht Teil der EU-Rechtsordnung geworden ist, scheint prima facie EU-Recht für das Vorgehen der „Vierzehn" nicht einschlägig zu sein. Jedenfalls scheidet eine „direkte" Beurteilung nach EU-Recht, wie sie üblicherweise bei von den Unionsorganen erlassenen Rechtsakten vorzunehmen ist, aus.[654]

Damit ist allerdings nicht gesagt, dass die Mitgliedstaaten auf „bilateraler" Ebene in der Gestaltung ihrer Beziehungen zueinander völlig frei sind; vielmehr bleibt klärungsbedürftig, ob sie auch im Rahmen „bilateraler" Kontakte verpflichtet sind, keine Handlungen zu setzen, die in ihren Wirkungen den Grundsätzen und dem Recht der Europäischen Union zuwiderlaufen.

Geht man von einer solchen Beeinflussung der „bilateralen" Beziehungen durch das Unionsrecht aus, vermag diese Rechtsordnung dennoch als Prüfungsmaßstab für die rechtliche Bewertung der Stellungnahme herangezogen werden. In einem zweiten Schritt wäre dann zu untersuchen, ob die Vorgangsweise der 14 Mitgliedstaaten in concreto Rechtswirkungen im EU-Recht entfaltet. Vorausgesetzt dies ist der Fall, müssten jene den eu-rechtlichen Vorgaben entsprechen.[655]

aa) Zum Verhältnis von Europäischer Union und Mitgliedstaaten: Staatsrecht – EU-Recht – Völkerrecht

Die Frage der grundsätzlichen Zulässigkeit „bilateralen" Handelns, aus dem sich Konsequenzen ergeben, die dem Recht der Europäischen Union widersprechen, führt zu grundlegenden Erwägungen. Betroffen ist das Verhältnis zwischen Mitgliedstaaten und Europäischer Union.

---

653 vgl. Hummer/Obwexer, EuZW 2000, 490; P. Fischer, Wiener Blätter zur Friedensforschung 103 (2/2000), 32; Hatje, Loyalität, S. 81; Unruh, EuR 2002, 44; s. unten S. 301 ff.

654 so auch Hummer/Obwexer, EuZW 2000, 490; Unruh, EuR 2002, 44.

655 ähnlich Schwarzenegger, ZfRV 2000, 124.

Die Mitgliedsaaten sind dabei nicht nur die Gründer und Träger der Union, sondern zugleich ihre Mitglieder und von der selbst geschaffenen Rechtsordnung Abhängigen.[656] Durch die Verträge sind in unterschiedlichem Umfang Zuständigkeiten und dem korrespondierend Hoheitsrechte übertragen worden, denen eine Souveränitätsbeschränkung der Mitgliedstaaten entspricht.[657] Das der Union zugrundeliegende Prinzip der Übertragung begrenzter staatlicher Aufgaben auf gemeinsame staatliche Institutionen zur eigenständigen Wahrnehmung führt wegen der Interdependenz aller öffentlicher Funktionen zwangsläufig zu Störungen und Spannungen. Denn die Mitgliedstaaten sind nicht nur in der Union Adressaten unterschiedlich intensiver Rechtsbeziehungen, sondern zugleich auch Adressaten des Völkerrechts und der eigenen Verfassungen.

Die Kernfrage des Verhältnisses von Union und Mitgliedstaaten ist damit die Auslegung der Unionsverträge im Spannungsverhältnis von eigenem Geltungsanspruch und seiner völkerrechtlichen und verfassungsrechtlichen Auslegung.[658] Im Rahmen des Zusammenspiels dieser drei Rechtskreise kommt es für die vorliegende Problematik maßgeblich auf die Zusammenhänge zwischen Unionsrecht und Völkerrecht an. Genauer ist der Gesichtspunkt von Bedeutung, wie weit das Völkerrecht noch zwischen den Mitgliedstaaten der Europäischen Union gilt, und zwar einerseits innerhalb des Kompetenzbereichs der EU und andererseits vor allem außerhalb, aber im Zusammenhang oder mit Bezug auf die Union.

bb) Zum Verhältnis von Völkerrecht und Recht der Europäischen Union

Das Verhältnis von Völkerrecht und EU-Recht und demzufolge auch die Frage der Geltung des Völkerrechts zwischen den Mitgliedstaaten hängt eng mit der Frage nach der Rechtsnatur des Rechts der Europäischen Union zusammen.[659] In der Rechtsordnung der EU lassen sich äußerlich die „Säulen“-Bereiche der Gemeinschaft(en), der polizeilichen und justitiellen Zusammenarbeit sowie der Außen- und Sicherheitspolitik unter dem gemeinsamen Dach der Union unterscheiden.

656 vgl. L.-J. Constantinesco, Das Recht der Europäischen Gemeinschaften I, S. 285.

657 so schon EuGH Rs. 26/62 (van Gend en Loos/Niederländische Finanzverwaltung), Slg. 1963, 1, 25 und Rs. 6/64 (Costa/E.N.E.L.), Slg. 1964, 1251, 1269.

658 Beutler, in: Beutler/Bieber/Pipkorn/Streil, Die Europäische Union, Rdnr. 111 ff.

659 vgl. Ruffert, in: Calliess/Ruffert, EUV/EGV, Art. 249 EGV, Rdnr. 5; Marschik, Subsysteme im Völkerrecht, S. 193 ff.

(1) Das EU-Recht als einheitliche Rechtsordnung

Ausgangspunkt ist die Gemeinschaftsrechtsordnung, die bereits quantitativ und qualitativ einen erheblichen Grad an Eigenständigkeit und Dichte erlangt hat, der sie von ihrer völkervertragsrechtlichen Grundlage weitgehend löst. Das Gemeinschaftsrecht zeichnet sich gegenüber dem herkömmlichen Völkerrecht durch eine Ausstattung der Gemeinschaften mit eigener Rechtsetzungsbefugnis, durch die Möglichkeit der Durchsetzung des Gemeinschaftsrechts, die Einsetzung eigener Organe und die Ermöglichung von Mehrheitsentscheidungen aus. Damit wird die Gemeinschaft zwar nicht zu einem Bundesstaat, trägt aber über einen Staatenbund hinausgehend den Charakter von Supranationalität und schafft auf diese Weise eine eigenständige völkerrechtliche Kategorie von Staaten- und Rechtsordnung.[660] Beim primären Gemeinschaftsrecht handelt es sich daher um ein Recht mit Doppelnatur: Es fußt im Völkerrecht, etabliert aber eine eigene supranationale Rechtsordnung, die über ein ausdifferenziertes System der Rechtsquellen verfügt.[661] Entsprechend hielt auch der Europäische Gerichtshof bereits in der Rechtssache „Costa/E.N.E.L." fest, dass der EWG-Vertrag im Unterschied zu gewöhnlichen völkerrechtlichen Verträgen eine „eigene Rechtsordnung" bzw. „autonome Rechtsquelle" geschaffen hat.[662]

Demgegenüber trägt die Einbindung der Mitgliedstaaten in die Regelungsbereiche des Unionsvertrages außerhalb der Gemeinschaft(en) noch eher traditionelle völkerrechtliche Vertragsmerkmale. Sie gehen aber in der Bindungswir-

660 Streinz, Europarecht, Rdnr. 113.

661 so die integrationsrechtliche Sichtweise, vertreten etwa von H. P. Ipsen, Europäisches Gemeinschaftsrecht, S. 7; Pescatore, Rev. Europ. 1981, 617 ff.; Kutscher, Schutz von Grundrechten, S. 35 ff.; Everling, FS für Mosler, S. 176; Schwarze, EuR 1983, 6; Borchardt, Die rechtlichen Grundlagen der Europäischen Union, S. 56 ff.; Rodrígez Iglesias, NJW 1999, 2 f.; anders dagegen die völkerrechtliche Sichtweise, vgl. z.B. Meng, Das Recht der Internationalen Organisationen, S. 119 ff. + 162 ff.; Bleckmann, DÖV 1978, 391 ff.; derselbe, in: Bleckmann, Europarecht, Rdnr. 637 ff.; Zuleeg, GS für Sasse, S. 55 ff.; Tomuschat, EuGRZ 1993, 495; s. auch den ausführlichen Überblick über die vertretenen Auffassungen bei Marschik, Subsysteme im Völkerrecht, S. 198 ff. sowie unten S. 200.

662 EuGH, Rs. 6/64 (Costa/E.N.E.L.), Slg. 1964, 1251, 1269 f. Entsprechende Formulierungen finden sich auch in der Rechtsprechung des Bundesverfassungsgerichtes; s. BVerfGE 22, 293, 296; 31, 145, 173. Die Entscheidung „Costa/E.N.E.L." gewinnt noch durch den Umstand an Bedeutung, dass der Gerichtshof in ihr seine Auffassung zum Status der Gemeinschaftsrechtsordnung revidierte. In dem Urteil des EuGH in der Rs. 26/62 (van Gend en Loos/Niederländische Finanzverwaltung) war in Bezug auf das Recht der Europäischen Wirtschaftsgemeinschaft noch von einer „neue[n] Rechtsordnung des Völkerrechts" die Rede; vgl. Slg. 1963, 1, 25. In seinem Gutachten zum Europäischen Wirtschaftsraum, erstattet am 14.12.1991 (Gutachten 1/91, Slg. 1991, I-6079, Rdnr. 21 – „EWR"), bezeichnete der Gerichtshof den EWGV sogar als „Verfassungsurkunde einer Rechtsgemeinschaft".

kung einzelner Handlungsformen für die Mitgliedstaaten in der Gemeinsamen Außen- und Sicherheitspolitik oder der polizeilichen und justitiellen Zusammenarbeit auch darüber hinaus.[663]

Diese Elemente – also einerseits der Gemeinschaftsbereich und andererseits der Unionsbereich – sind systematisch zu einer Rechtsordnung verbunden: abgesehen von der historischen Grundlage durch die Einheit des Vertragssystems und in dessen Rahmen durch die Einheit des Handlungssystems, dessen Rechtsformen und Rechtsgrundlagen. Vor dem Hintergrund dieser Systematik und der Durchmischung ihrer Elemente wäre deren Trennung in gemeinschaftsrechtliche und völkerrechtliche Elemente weder grundsätzlich geeignet noch praktisch durchführbar.[664] Die Rechtsordnung der Europäischen Union setzt allerdings völkerrechtliche (und staatsrechtliche) Rechtsordnungen voraus. Gleichzeitig unterscheidet sie sich von ihnen aber durch die besondere Verarbeitung und Wirkungsweise des Rechts.[665]

Über den Charakter der EU-Rechtsordnung als offenes oder geschlossenes System ist damit jedoch noch nichts gesagt. Bis hierhin bleibt als Ergebnis lediglich festzuhalten, dass sich das Recht der Europäischen Union nach außen als eine einheitliche Rechtsordnung darstellt, die grundsätzlich von dem Völkerrecht als der von der internationalen Rechtsgemeinschaft getragenen Rechtsordnung abzugrenzen ist. Umgekehrt bilden das supranationale Gemeinschaftsrecht und das intergouvernementale Unionsrecht freilich weiterhin getrennte Rechtsbereiche innerhalb dieser umfassenden europäischen Rahmenordnung.[666]

(2) Die Geltung des Völkerrechts zwischen den Mitgliedstaaten

Aus den bisherigen Ausführungen folgt, dass für die Beziehungen der Mitgliedstaaten zueinander im Rechtsraum der Europäischen Union zunächst einmal grundsätzlich das EU-Recht gilt, das als Sonderrecht insoweit die allgemeinen Regeln des Völkerrechts verdrängt.[667] Im Gegenzug bestimmt das Völkerrecht die Rechtsbeziehungen der Mitgliedstaaten dort, wo sie völlig außerhalb der

663 Beutler, in: Beutler/Bieber/Pipkorn/Streil, Die Europäische Union, Rdnr. 115.

664 Für die Einheitlichkeit dieser Rechtsordnung spricht auch der Begriff eines „Besitzstandes der Union" in Art. 44 Abs. 1 EUV a.E. in der Fassung des Vertrages von Nizza.

665 Beutler, in: Beutler/Bieber/Pipkorn/Streil, Die Europäische Union, Rdnr. 153.

666 s. Art. 47 EUV; vgl. auch Huber, Recht der Europäischen Integration, § 5, Rdnr. 51.

667 vgl. Arnold, GS Küchenhoff, S. 165 ff.; Everling, FS für Mosler, S. 174; derselbe, GS für L.-J. Constantinesco, S. 134; Oppermann, Europarecht, Rdnr. 597; Ruffert, in: Calliess/Ruffert, EUV/EGV, Art. 249 EGV, Rdnr. 5 sowie – allerdings zurückhaltend – EuGH, Rs. 52/69 (Geigy/Kommission), Slg. 1972, 787, Rdnr. 11.

Gründungsverträge und ohne Bezug zur Union handeln.[668] Fraglich ist aber, ob auch ein völkerrechtliches Handeln der Mitgliedstaaten außerhalb des Kompetenzbereichs der Union, das dennoch in irgendeinem Zusammenhang mit ihr steht, losgelöst vom EU-Recht beurteilt werden kann.

Zwar ist anzunehmen, dass die Regeln des Völkerrechts zwischen den Mitgliedstaaten sicher insoweit weiter anzuwenden sind, als es um Materien geht, die nicht durch die Verträge erfasst sind. Das bedeutet jedoch noch nicht, dass die Mitgliedstaaten außerhalb des Anwendungsbereichs des EU-Rechts diesem von vornherein vollständig entzogen und von dessen Bindungen völlig frei sind. Vielmehr steht zu vermuten, dass das Recht der Europäischen Union Ausstrahlungen auch über seinen eigentlichen Geltungsbereich hinaus entfalten und die Mitgliedstaaten in ihrem Tätigwerden auch über den Kompetenzbereich der Union hinaus erfassen kann.[669]

(3) Die Wechselwirkung zwischen Völkerrecht und EU-Recht

Unionsrecht und Völkerrecht stehen sich nämlich nicht unverbindlich und undurchdringlich gegenüber. Ebenso wie das Völkerrecht vielfach in die Verfassungen der Staaten hineinwirkt[670] und diese auch ihrerseits die völkerrechtliche Praxis beeinflussen,[671] so besteht auch eine Wechselwirkung zwischen Völkerrecht und Unionsrecht, die bei letzterem zu der Wechselwirkung mit dem nationalen Recht[672] hinzutritt:[673]

Das Völkerrecht wirkt in die Gemeinschaftsrechtsordnung zunächst offensichtlich soweit hinein, als es das Verhalten der Gemeinschaften als Völkerrechtssubjekte gegenüber den klassischen internationalen Organisationen und

---

668 vgl. Schwarze, EuR 1983, 5. Insoweit ist der EuGH auch nicht befugt, über die Auslegung völkerrechtlicher Bestimmungen zu entscheiden, die zwischen den Mitgliedstaaten Bindungen außerhalb des gemeinschaftsrechtlichen Bereichs schaffen; so ausdrücklich EuGH, Rs. 130/73 (Vandeweghe u.a./Berufsgenossenschaft chemische Industrie), Slg. 1973, 1329, Rdnr. 2.

669 vgl. Everling, FS für Mosler, S. 185 f.; derselbe, GS für L.-J. Constantinesco, S. 147, der dieser Frage vor allem in Hinblick auf das sog. begleitende Gemeinschaftsrecht als einer „Grauzone“ zwischen Recht und Politik, die sich um die Verträge herum gebildet hat und in der die Mitgliedstaaten zwar nicht auf der Grundlage der Bestimmungen der Verträge, aber inhaltlich in engem Zusammenhang mit diesen und zur Verwirklichung ihrer Ziele handeln, nachgeht.

670 dazu Fiedler, FS für Schlochauer, S. 57 ff.; Bernhardt, DÖV 1977, 457 ff.

671 dazu Tomuschat, VVDStRL 36 (1978), 7 ff. + 38 ff.

672 dazu Pescatore, EuR 1970, 307 ff.

673 Everling, GS für L.-J. Constantinesco, S. 147 f.

Drittstaaten zu regeln beansprucht.[674] Außerdem muss sich die interne Ausgestaltung des EU-Rechts im Rahmen der (zugegeben eng begrenzten und zum Teil umstrittenen) Sätze des völkerrechtlichen ius cogens halten, das sich durch die Gründungsverträge als völkerrechtliche Verträge nicht abbedingen lässt.[675] Schließlich können allgemeine Regeln des Völkerrechts zur Lückenfüllung der oft unvollständigen EU-Rechtsordnung herangezogen werden, soweit dies mit der Eigenständigkeit des Gemeinschaftsrechts vereinbar ist.[676] Insofern spielt das allgemeine Völkerrecht die Rolle eines „Annexrechtes" zum Recht der Europäischen Union und bestätigt so dessen ambivalente Position „zwischen" Völkerrecht und Landesrecht.[677]

Ob und in welchem Umfang andererseits EU-Recht im umgekehrten Sinne auch in die völkerrechtlichen Beziehungen der Mitgliedstaaten hineinwirkt, wenn diese europarechtliche Bezüge haben, gilt es im Folgenden zu untersuchen. Als Ausgangspunkt dafür sollen die von den Mitgliedstaaten abgeschlossenen völkerrechtlichen Verträge als der praktisch im Vordergrund stehenden Rechtsquelle des Völkerrechts[678] dienen. Hierbei ist zwischen Verträgen mit Drittstaaten und Abkommen der Mitgliedstaaten untereinander zu unterscheiden. Für den Fall Österreich liefert vor allem letztere Alternative nützliche Anhaltspunkte, so dass ihr bei den kommenden Erörterungen die größte Aufmerksamkeit zuteil wird.

---

674 vgl. EuGH, verb. Rs. 21-24/72 (International Fruit Company u.a./Produktschap voor groenten en fruit), Slg. 1972, 1219; verb. Rs. 3, 4 und 6/76 (Kramer u.a.), Slg. 1976, 1279; Rs. 104/81 (Hauptzollamt Mainz/Kupferberg), Slg. 1982, 3641; Bernhardt, EuR 1983, 199 ff.; Oppermann, Europarecht, Rdnr. 593 ff.; Bleckmann, Europarecht, Rdnr. 642 ff.

675 vgl. Oppermann, Europarecht, Rdnr. 598; Ruffert, in: Calliess/Ruffert, EUV/EGV, Art. 249 EGV, Rdnr. 5.

676 vgl. EuGH, Rs. 41/74 (van Duyn/Home Office), Slg. 1974, 1337, Rdnr. 21-23; Rs. C-162/96 (Racke/Hauptzollamt Mainz), Slg. 1998, I-3655, Rdnr. 46. Das Thema der Anwendbarkeit des allgemeinen Völkerrechts auf interne Fragestellungen der europäischen Integrationsverbände wird im Schrifttum allerdings überaus kontrovers diskutiert – vor allem in Zusammenhang mit dem Ausschluss und Austritt aus der EU sowie der Möglichkeit ihrer Auflösung. Eine Übersicht über das Meinungsspektrum findet sich bei Schwarze, EuR 1983, 5 ff.; Schweitzer/Hummer, Europarecht, Rdnr. 74 ff. und ferner bei Everling, FS für Mosler, S. 174 f.

677 Oppermann, Europarecht, Rdnr. 598.

678 vgl. Art. 38 Abs. 1 lit. a IGH-Statut.

(a) Die Zulässigkeit völkerrechtlicher Verträge der Mitgliedstaaten untereinander nach EU-Recht

(aa) Grundsätzliche Kompetenz-Kompetenz der Mitgliedstaaten

Wenn die Mitgliedstaaten der EU ihre Beziehungen untereinander durch Abkommen regeln wollen, so stellt sich zunächst die Frage nach der generellen Zulässigkeit solcher Übereinkommen. Die Mitgliedschaft in der Europäischen Union bzw. in den Europäischen Gemeinschaften steht der Fähigkeit der Mitgliedstaaten, völkerrechtlich wirksame Verträge untereinander schließen zu können, nicht generell entgegen.

Als souveräne Staaten haben die Mitgliedstaaten grundsätzlich das Recht, völkerrechtliche Verträge zu schließen. Art. 6 WVK stellt denn auch fest: „Jeder Staat besitzt die Fähigkeit, Verträge zu schließen." Zwar lässt sich dieser Norm nicht entnehmen, dass die Mitgliedstaaten nach der Gründung der Gemeinschaften bzw. nach dem Beitritt zu ihnen weiterhin in vollem Umfang zum Abschluss völkerrechtlicher Verträge berechtigt sind, da Art. 5 WVK vorsieht, dass die „einschlägigen Bestimmungen der Organisation" – und damit auch die Kompetenzverteilungsvorschriften zwischen der Europäischen Union bzw. zwischen den Gemeinschaften und den Mitgliedstaaten – der in Art. 6 WVK enthaltenen Vertragsabschlussfreiheit vorgehen.[679]

Dennoch ist nicht anzunehmen, dass die Mitgliedstaaten mit der Gründung der Gemeinschaften bzw. mit ihrem Beitritt die Kompetenz-Kompetenz aufgegeben haben, darüber zu entscheiden, welche Verpflichtungen sie untereinander durch den Abschluss von Verträgen eingehen wollen. Solche Verträge sind mithin selbst dann völkerrechtlich wirksam, wenn sie gegen Gemeinschafts- oder Unionsrecht verstoßen.[680] Von der völkerrechtlichen Frage der Wirksamkeit solcher Verträge ist aber die Frage zu unterscheiden, ob derartige Abkommen der Mitgliedstaaten eu-rechtswidrig sind.[681]

---

679 dazu Verdross/Simma, Universelles Völkerrecht, § 677. Allerdings kommt wegen des ausdrücklichen Rückwirkungsverbots des Art. 4 WVK wohl nur eine analoge Anwendung der Wiener Vertragsrechtskonvention auf die Gemeinschaftsverträge und den Unionsvertrag unter Bezugnahme auf Völkergewohnheitsrecht in Betracht; vgl. Schmahl, EuR 2000, 829; Stein, FS für Jaenicke, S. 887, Fn. 56.

680 dazu Seidl-Hohenveldern/Loibl, Recht der Internationalen Organisationen, Rdnr. 1726 ff. Da auf diese Verträge selbstverständlich die Regeln des Völkerrechts anwendbar sind, könnte hinsichtlich der völkerrechtlichen Gültigkeit entsprechend „defekter" Verträge allenfalls überlegt werden, die völkerrechtlichen Regeln über die Gültigkeit verfassungswidriger (hier: eu-rechtswidriger) Verträge heranzuziehen: Dann wäre gem. Art. 46 WVK im Interesse der Verkehrssicherheit im Zweifel von der Gültigkeit auszugehen, soweit nicht der Mangel der Abschlusskompetenz evident einsichtig gewesen sein musste; vgl. hierzu Bernhardt, EuR 1983, 206 f.; Oppermann, Europarecht, Rdnr. 608 f.

681 vgl. Kort, JZ 1997, 640 sowie Häde, EuZW 1996, 141.

(bb) Vertragsschlusskompetenz der Mitgliedstaaten nach EU-Recht

Dass Verträge zwischen den Mitgliedstaaten nicht grundsätzlich ausgeschlossen sind, ergibt sich schon aus den Bestimmungen des EGV, die selbst ausdrücklich den Abschluss von Vereinbarungen zwischen den Mitgliedern vorsehen. So verpflichtet etwa Art. 293 EGV die Mitgliedstaaten, soweit erforderlich, Verhandlungen untereinander einzuleiten, um zu einer weitergehenden Gleichstellung der Staatsangehörigen in bestimmten Bereichen zu gelangen.[682]

Allerdings wird die Frage, ob Verträge der Mitgliedstaaten untereinander, die Berührungspunkte mit dem EU-Recht aufweisen, auch über den Anwendungsbereich des Art. 293 EGV hinaus statthaft sind, kontrovers beantwortet.[683] Nach einer Ansicht[684] kommt Art. 220 EGV a.F. (jetzt Art. 293 EGV) neben Art. 8 c S. 2 EGV a.F. (jetzt Art. 20 S. 2 EGV), der den diplomatischen und konsularischen Schutz von Unionsbürgern betrifft, sowie Art. K 1 und K 3 Abs. 2 EUV a.F., die Bestimmungen über die Zusammenarbeit in den Bereichen Justiz und Inneres enthielten (vgl. nunmehr Art. 34 Abs. 2 lit. d EUV), als einzige weitere Rechtsgrundlage für Übereinkommen der Mitgliedstaaten untereinander in Betracht, da diese Normen ausdrücklich und erschöpfend die Frage regelten, für welche der von diesen Verträgen erfassten Sachbereiche die Mitgliedstaaten zur völkerrechtlichen Rechtsangleichung zuständig geblieben seien – sei es ausschließlich, sei es konkurrierend zur Zuständigkeit der Gemeinschaft zur gemeinschaftlichen Rechtsangleichung.[685] In den nicht in diesen Bestimmungen genannten Sachbereichen sei die Gemeinschaft ausschließlich zuständig geworden. Die Mitgliedstaaten haben nach dieser Auffassung ihre innerstaatliche Kompetenz aufgegeben, gemeinsam als Subjekte des Völkerrechts untereinander Verträge zu schließen. Insofern bestehe keine Wahl zwischen gemeinschaftlichem und zwischenstaatlichem Recht und Verfahren, und zwar auch nicht, so-

682 Häde, EuZW 1996, 141. Als praktisch wichtigstes Beispiel ist das Übereinkommen über die gerichtliche Zuständigkeit und die Vollstreckung gerichtlicher Entscheidungen in Zivil- und Handelssachen vom 27.09.1968 zu nennen (EuGVÜ, ABl. 1972 Nr. L 299, S. 32; BGBl. 1972 II, S. 773); ausführlich zur Gemeinschaftspraxis und der rechtlichen Einordnung solcher Übereinkommen Schwartz, FS für Grewe, S. 551 ff.

683 dazu im Überblick Wuermeling, Kooperatives Gemeinschaftsrecht, S. 25 f.; vgl. auch den Nachweis verschiedener Ansichten bei Schwartz, in: Groeben/Thiesing/Ehlermann, EU-/EG-Vertrag Bd. 5, Art. 220 EGV, Rdnr. 43 ff. Ein nicht auf Art. 220 EWGV gestütztes Übereinkommen ist etwa das Abkommen zum Gemeinschaftspatent von 1989 (GPÜ).

684 Schwartz, FS für Everling, S. 1352.

685 s. auch Schwartz, AfP 1992/93, 412.

weit die Organe der Gemeinschaft von ihrer Befugnis zur Rechtsangleichung noch keinen Gebrauch gemacht haben.[686]

Eine solche „Primärzuständigkeit" der Gemeinschaft ergibt sich jedoch aus den Bestimmungen des EGV und des EUV nicht. Weder der Zuweisung von Einzelkompetenzen noch der Zuweisung von allgemeinen Kompetenzen an die Gemeinschaft, etwa zur Rechtsangleichung oder zur Verwirklichung des Binnenmarktes, lässt sich eine Beschneidung von daneben bestehenden völkerrechtlichen Kompetenzen der Mitgliedstaaten zum Abschluss von Übereinkommen entnehmen, für die auch (aber eben nicht ausschließlich) die Gemeinschaft zuständig sein mag. Das Bestehen von primärem und sekundärem Gemeinschaftsrecht sowie die in der Präambel zum EUV enthaltene Absichtserklärung, eine immer engere Union der Völker Europas zu schaffen, führen nicht dazu, dass die Mitgliedstaaten nunmehr nur noch eingeschränkt völkerrechtlich handlungsfähig sind.[687] Dagegen ist – auch angesichts des „Maastricht-Urteils" des BVerfG[688] – davon auszugehen, dass die Mitgliedstaaten weiterhin in vollem Umfang ihre völkerrechtliche Handlungsfähigkeit behalten, sich also nicht durch den Abschluss der Verträge über die Gemeinschaften oder die Union ihrer völkerrechtlichen Handlungsfähigkeit entäußert haben.[689]

Demnach geht die Ansicht, wonach Vereinbarungen zwischen den Mitgliedstaaten überall dort nicht mehr zulässig sein sollen, wo EU-Zuständigkeiten mit entsprechenden Rechtsetzungsbefugnissen der Organe gegeben sind, zu weit.[690]

---

686 Innerhalb des von ihm ohnehin als abschließend angesehenen Bereichs des Art. 220 EGV a.F. postuliert Schwartz sogar eine gegenüber Art. 3 b Abs. 2 EGV a.F. umgekehrte Subsidiarität zugunsten der Gemeinschaft: Art. 220 EGV a.F. gehe Art. 3 b Abs. 2 EGV a.F. als lex specialis vor. Die Zuständigkeit der Gemeinschaft sei zwar im Anwendungsbereich von Art. 220 EGV a.F. nur konkurrierender Natur, jedoch habe sie auch in dessen Rahmen „primären Charakter". Daher hätten in erster Linie die Gemeinschaftsorgane ihre jeweils einschlägige Befugnis auszuüben; vgl. auch Schwartz, in: Groeben/Thiesing/Ehlermann, EU-/EG-Vertrag Bd. 5, Art. 220 EGV, Rdnr. 5.

687 Etwas anderes ergibt sich auch nicht aus den Art. 43 ff. EUV und Art. 11 EGV. Die Ermächtigung zur verstärkten Zusammenarbeit durch den Gebrauch des Begriffs „können" steht einer Deutung des Art. 43 EUV entgegen, die engere Kooperation außerhalb des institutionellen Rahmens von EU und EG ausschließt. Sofern den Mitgliedstaaten Befugnisse verblieben sind, ist eine Verletzung von Gemeinschaftskompetenzen nicht zu besorgen, wenn diese im Zusammenwirken ausgeübt werden; so aber V. Constantinesco, RDTE 33 (1997), 755; Martenczuk, ZEuS 1998, 464; wie hier Gaja, CMLR 35 (1998), 869; Ruffert, in: Calliess/Ruffert, EUV/EGV, Art. 43 EUV, Rdnr. 22 und Art. 249 EGV, Rdnr. 6.

688 BVerfGE 89, 155, 190; dazu Götz, JZ 1993, 1081; ferner Hirsch, NJW 1996, 2460.

689 Kort, JZ 1997, 642; s. auch Simma/Vedder, in: Grabitz/Hilf, Recht der EU II, Art. 281 EGV, Rdnr. 37.

690 so aber Schwartz, in: Groeben/Thiesing/Ehlermann, EWG-Vertrag, Art. 220 EWGV, Rdnr. 39 ff. + 49 ff.; Oppermann, Europarecht, Rdnr. 610.

Vielmehr wird man differenzieren müssen und Verträge dort zulassen können, wo das Unionsrecht die Hoheitsrechte der Staaten noch nicht beschränkt.[691]

Handelt es sich – wie regelmäßig – um eine konkurrierende Zuständigkeit der Union, sind die Mitgliedstaaten nicht gehindert, eigene Vorschriften zu erlassen, solange die Union von ihrer Befugnis keinen Gebrauch gemacht hat.[692] Soweit aber jeder einzelne Mitgliedstaat einen bestimmten Gegenstand noch selbst regeln kann, sollten einem koordinierten Vorgehen mehrerer Mitgliedstaaten keine Hindernisse entgegenstehen.[693] Das EU-Recht beschränkt nur dann die völkerrechtliche Vertragsschlusskompetenz der Mitgliedstaaten, wenn eine ausschließliche Zuständigkeit der Union vorliegt.[694] Sofern die Mitgliedstaaten der Union Kompetenzen zur ausschließlichen Wahrnehmung übertragen haben, sind sie zumindest gemeinschaftsrechtlich – wenn auch nicht unbedingt völkerrechtlich – gehindert, in diesen Bereichen selbst tätig zu werden.[695] Dies gilt sowohl für die Vertragsschlusskompetenz der Mitgliedstaaten gegenüber Dritten, für die auch der EuGH[696] eine Beschränkung für diejenigen Bereiche annimmt, in denen der Gemeinschaft eine ausschließliche Kompetenz zum Abschluss völkerrechtlicher Verträge zukommt, als auch für die Vertragsschlusskompetenz bei Abkommen der Mitgliedstaaten untereinander.

Dagegen sind Abkommen der Mitgliedstaaten untereinander oder mit Dritten demzufolge nicht nur im Bereich der (noch) nationalen Zuständigkeiten der Mitgliedstaaten, sondern auch im Bereich der konkurrierenden Zuständigkeiten der Mitgliedstaaten und der Union zulässig. Allerdings unterliegen sie dabei dem Gebot der Gemeinschaftstreue gemäß Art. 10 EGV und im Falle konkurrierender Zuständigkeit zusätzlich dem Subsidiaritätsprinzip nach Art. 5 Abs. 2 EGV.[697]

---

691 so Bernhardt, Die „Verfassung" der Gemeinschaft, S. 86.

692 Häde, EuZW 1996, 141; wohl auch Grabitz, in: Grabitz/Hilf, Recht der EU A II, Art. 235 EWGV, Rdnr. 69.

693 Häde, EuZW 1996, 141.

694 Hartley, European Community Law, S. 96 f.

695 Häde, EuZW 1996, 141.

696 EuGH, Gutachten 1/75, Slg. 1975, 1355; EuGH, Gutachten 1/78, Slg. 1979, 2871.

697 vgl. Kort, JZ 1997, 642; Häde, EuZW 1996, 141. Unabhängig davon bleiben vor Inkrafttreten des EWG-Vertrages geschlossene Verträge mit anderen Mitgliedstaaten oder mit Drittstaaten nach Art. 307 UAbs. 1 EGV unberührt. Damit trägt das Gemeinschaftsrecht völkerrechtlichen Prinzipien – insbesondere dem Grundsatz pacta sunt servanda (vgl. Art. 26 WVK) – Rechnung. Im EG-Bereich kann die Gemeinschaft sogar an alte multilaterale Verträge der Mitgliedstaaten gebunden sein und im Rahmen ihrer Kompetenzentwicklung anstelle der Mitgliedstaaten in Positionen solcher Verträge eintreten. Gem. Art. 307 UAbs. 2 EGV sind die Mitgliedstaaten jedoch verpflichtet alles zu tun, um etwaige Unvereinbarkeiten solcher Übereinkommen mit dem Gemeinschaftsrecht zu beheben; vgl. dazu Bernhardt, EuR 1983, 204 f.; Oppermann, Europarecht, Rdnr. 605 ff. sowie EuGH, verb. Rs. 21-24/72 (International Fruit Company u.a./Produktschap voor

(cc) Die Bedeutung des Subsidiaritätsprinzips

(aaa) Inhalt des Subsidiaritätsprinzips

Das Subsidiaritätsprinzip besagt, dass die größere Einheit Aufgaben nicht übernehmen darf, die die kleinere Einheit zufriedenstellend erfüllen kann.[698] Dieses Prinzip gilt gemäß Art. 5 Abs. 2 EGV i.V.m. Art. 2 UAbs. 2 EUV auch im Verhältnis der einzelnen Mitgliedstaaten zur Europäischen Union.

Aus dem Subsidiaritätsprinzip folgt zunächst, dass Aufgaben, die ein einzelner oder mehrere einzeln handelnde Mitgliedstaaten bürgernah erfüllen können, auf mitgliedstaatlicher Ebene und nicht auf Gemeinschaftsebene zu erfüllen sind. In solchen Fällen einer mitgliedstaatlichen Aufgabenerfüllung besteht keine Kompetenz der Gemeinschaft. Das gilt allerdings dann nicht, wenn das europäische Recht der Gemeinschaft exklusiv Rechte zuweist, also ein Tätigwerden der Mitgliedstaaten von vornherein verbietet.[699] Das Subsidiaritätsprinzip ist dagegen anwendbar, wenn Regelungsgegenstände betroffen sind, für die parallele oder konkurrierende Zuständigkeiten der Gemeinschaft und der Mitgliedstaaten bestehen. Parallele Zuständigkeiten der Gemeinschaft und der Mitgliedstaaten sind gegeben, wenn sowohl die Gemeinschaft als auch die Mitgliedstaaten rechtsetzend tätig werden können, ohne dass die Mitgliedstaaten durch die Gemeinschaftsrechtsetzung bereits weitgehend determiniert werden.[700] Bei konkurrierenden Zuständigkeiten indes sind die Mitgliedstaaten insoweit zuständig, als die Gemeinschaft noch keine abschließend regelnden Rechtsakte erlassen hat.[701]

Bei Art. 5 Abs. 2 EGV handelt es sich um eine Kompetenzausübungsregel, nicht um eine Kompetenzzuweisungsregel.[702] Art. 5 Abs. 2 EGV kann daher

---

Groenten en Fruit), Slg. 1972, 1219; Rs. 181/80 (Generalstaatsanwalt u.a./Arbelaiz-Emazabel), Slg. 1981, 2961.

698 R. Geiger, EUV/EGV, Art. 5 EGV, Rdnr. 5.

699 Schön, ZHR 160 (1996), 229; R. Geiger, EUV/EGV, Art. 5 EGV, Rdnr. 7; ferner Bermann, Columbia Law Review 94 (1994), 357 ff.; zum ausnahmsweise Tätigwerden der Mitgliedstaaten als „Sachwalter des Gemeinschaftsinteresses" bei an sich ausschließlicher Kompetenz der Gemeinschaft vgl. EuGH, Rs. 804/79 (Kommission/Vereinigtes Königreich), Slg. 1981, 1045, Rdnr. 30 ff.; dazu Pechstein, Die Mitgliedstaaten der EG als „Sachwalter des gemeinsamen Interesses".

700 Ein Anwendungsvorrang des Gemeinschaftsrechts besteht bei parallelen Kompetenzen nur im Rahmen des Art. 10 EGV. Zu den parallelen Kompetenzen gehören z.B. Kartellrecht (Art. 81 ff. EGV) und die Regionalpolitik (Art. 158 ff. EGV); vgl. R. Geiger, EUV/EGV, Art. 10 EGV, Rdnr. 13; Streinz, Europarecht, Rdnr. 136.

701 Hierzu zählen etwa Rechtsakte zur Regelung der Freizügigkeit des Personen- und Kapitalverkehrs; vgl. Streinz, Europarecht, Rdnr. 132.

702 Hailbronner, Das Subsidiaritätsprinzip als Rechtsprinzip nach dem Maastrichter Vertrag, S. 49 + 61; Zuleeg, DVBl 1992, 1336; Pernice, DVBl 1993, 915.

nicht die ansonsten im EGV enthaltene Kompetenzverteilung zugunsten der Gemeinschaft oder zugunsten der Mitgliedstaaten modifizieren.[703]

(bbb) Einfluss des Subsidiaritätsprinzips auf Abkommen der Mitgliedstaaten

Aus dem Subsidiaritätsprinzip folgt nicht automatisch, dass die Mitgliedstaaten auch zum Abschluss völkerrechtlicher Verträge berechtigt sind. Vielmehr ist zwischen Übereinkommen aller Mitgliedstaaten und bi- oder multilateralen Abkommen, an denen nicht alle Mitgliedstaaten beteiligt sind[704], zu unterscheiden.

Übereinkommen zwischen allen Mitgliedstaaten sehen sich nämlich im Hinblick auf das Subsidiaritätsprinzip dem Einwand ausgesetzt, dass der Umstand, dass an derartigen Abkommen alle Mitgliedstaaten beteiligt sind, gerade zeigt, dass eine Aufgabenerfüllung auf untergemeinschaftlicher Ebene nicht besser erreicht werden kann als auf Gemeinschaftsebene. Jedoch ergibt sich aus dem Wortlaut von Art. 5 Abs. 2 EGV, dass das Subsidiaritätsprinzip nicht nur dann Anwendung findet, wenn ein Bedürfnis für eine Regelung durch die kleinere Einheit besteht, sondern bereits dann, wenn die kleineren Einheiten eine Frage ebenso gut regeln können wie die Gemeinschaft. Eine Kompetenz zur Regelung auf Gemeinschaftsebene ist nur dann gegeben, wenn die „Ziele der in Betracht gezogenen Maßnahme auf Ebene der Mitgliedstaaten nicht ausreichend erreicht werden können und daher wegen ihres Umfangs oder ihrer Wirkungen besser auf Gemeinschaftsebene erreicht werden können".

Erste Voraussetzung für eine Kompetenz der Gemeinschaft ist es somit, dass Ziele auf der Ebene der Mitgliedstaaten nicht ausreichend erreicht werden können. Fraglich ist letztlich, ob mit der „Ebene der Mitgliedstaaten" nur einzelne Mitgliedstaaten oder auch die Mitgliedstaaten in ihrer Gesamtheit gemeint sind.[705] Für eine Auslegung des Begriffs der „Ebene der Mitgliedstaaten" auch als Ebene der gemeinsam handelnden Mitgliedstaaten lässt sich anführen, dass Art. 5 Abs. 2 EGV anders als Art. 130 r EWGV a.F. – der eine Subsidiarität des Handelns der Gemeinschaft auf dem Gebiet der Umweltpolitik vorsah und insofern als „Vorläufer" von Art. 5 Abs. 2 EGV anzusehen ist[706] – nicht von der E-

703 BVerfGE 89, 155, 210 f.; dazu Götz, JZ 1993, 1081; Thun-Hohenstein/Cede, Europarecht, S. 155; Borries, EuR 1994, 279; a.A. Merten, Subsidiarität als Verfassungsprinzip, S. 77 + 81.

704 Ein Beispiel für einen völkerrechtlichen Vertrag zwischen (ursprünglich) nicht allen Mitgliedstaaten ist das Abkommen über die Sozialpolitik vom 07.02.1992, bei dem Großbritannien bis 1997 „außen vor" blieb; dazu Koenig, EuR 1994, 175. In diesem Zusammenhang ist auch der „Stabilitätspakt" nur einiger Mitgliedstaaten im Zuge der Verwirklichung der Währungsunion zu nennen; hierzu Häde, EuZW 1996, 138 ff.

705 Kort, JZ 1997, 643.

706 dazu Schwartz, AfP 1992/93, 412.

bene der einzelnen Mitgliedstaaten spricht.[707] Versteht man demgemäß unter der „Ebene der Mitgliedstaaten" auch die Gesamtheit der Mitgliedstaaten[708], so dürfte es auch an der zweiten, zusätzlichen Voraussetzung für ein Handeln der Gemeinschaft gemäß Art. 5 Abs. 2 EGV fehlen: Maßnahmen können dann nicht wegen ihres Umfangs oder ihrer Wirkungen besser auf Gemeinschaftsebene erreicht werden.[709]

(ccc) Bedenken gegen die Anwendung des Subsidiaritätsprinzips

Ein Verständnis des Subsidiaritätsprinzips, das dahin geht, auch ein gemeinsames Handeln aller Mitgliedstaaten einzubeziehen, sähe sich allerdings dem Spannungsverhältnis zwischen Art. 5 Abs. 2 EGV und Art. 10 EGV ausgesetzt: Auf der einen Seite ist den Mitgliedstaaten bei parallelen oder konkurrierenden Zuständigkeiten mit Art. 5 Abs. 2 EGV eine Primärkompetenz eingeräumt, auf der anderen Seite fordert das in Art. 10 EGV verankerte Prinzip der Gemeinschaftstreue von den Mitgliedstaaten, alle Maßnahmen zu unterlassen, die die Verwirklichung des Vertrages gefährden könnten.[710]

Art. 10 EGV enthält eine Verpflichtung zur loyalen Zusammenarbeit der Mitgliedstaaten und der Gemeinschaft. Daraus folgt eine Kompetenzausübungsschranke für die Mitgliedstaaten.[711] Art. 10 EGV beinhaltet aber kein Verbot der zwischenstaatlichen Zusammenarbeit. Dennoch ist die Anwendung des Subsidiaritätsprinzips gemäß Art. 5 Abs. 2 EGV beim gemeinsamen Handeln aller Mitgliedstaaten im Lichte von Art. 10 EGV zu betrachten.

Hieraus folgt, dass es den Mitgliedstaaten zwar nicht untersagt ist, völkerrechtliche Abkommen abzuschließen, dass aber umgekehrt das Subsidiaritätsprinzip gemäß Art. 5 Abs. 2 EGV – obgleich vom Wortlaut her möglicherweise auf völkerrechtliche Abkommen aller Mitgliedstaaten anwendbar – nicht zu einer Kompetenzausübungsschranke im Hinblick auf ein Handeln der Gemeinschaft führt.[712] Das Subsidiaritätsprinzip schließt somit ein Handeln der Gemeinschaft im Ergebnis nicht aus. Ob man dazu den Wortlaut von Art. 5 Abs. 2 EGV so auslegt, dass mit der „Ebene der Mitgliedstaaten" nur die Ebene der einzelnen Mitgliedstaaten betroffen ist, nicht aber die Ebene der gemeinsam handelnden Mitgliedstaaten, oder aber – wie hier – angesichts von Art. 10 EGV

---

707 Lambers, EuR 1993, 236; auch Hirsch, FS für Odersky, S. 202.

708 Dafür sind Steindorff, Quo vadis Europa, S. 71; Lambers, EuR 1993, 236.

709 Kort, JZ 1997, 643.

710 ebenda.

711 Lück, Gemeinschaftstreue, S. 106 + 118; Jarass, AöR 121 (1996), 195; Hirsch, FS für Odersky, S. 207.

712 wie hier Bogdandy/Nettesheim, in: Grabitz/Hilf, Recht der EU A I, Art. 3 b EGV, Rdnr. 37.

eine teleologische Reduktion von Art. 5 Abs. 2 EGV vornimmt, bleibt im Ergebnis gleich.[713]

Beim Abschluss von völkerrechtlichen Verträgen, an denen nicht alle sondern nur einige Mitliedstaaten beteiligt sind, bleibt Art. 5 Abs. 2 EGV hingegen anwendbar.[714] Es besteht in solchen Fällen eine Kompetenzausübungsschranke für ein Handeln der Gemeinschaft, soweit die Ziele der in Betracht kommenden Maßnahmen durch Abschluss eines völkerrechtlichen Übereinkommens erreicht werden können und eine Gemeinschaftsregelung daher nicht vorzugswürdig ist. Das Vorliegen der Voraussetzungen von Art. 5 Abs. 2 EGV ist bei derartigen Abkommen somit in entsprechender Weise zu prüfen wie bei einzelstaatlichem Handeln.[715]

dd) Die Bedeutung des Grundsatzes der Gemeinschaftstreue

(aaa) Inhalt des Grundsatzes der Gemeinschaftstreue

Art. 10 EGV hält die Mitgliedstaaten der Europäischen Union an, ihre Pflichten aus dem Gemeinschaftsrecht zu befolgen, der EG die Erfüllung ihrer Aufgaben zu erleichtern, sie zu unterstützen und schädliche Maßnahmen zu unterlassen. In dieser Bestimmung ist der sog. Grundsatz der Gemeinschaftstreue niedergelegt. Der EuGH spricht von einer Pflicht zur loyalen Zusammenarbeit.[716] Die Gemeinschaftstreue ist eine selbständige Pflicht der Mitgliedstaaten.[717] Ist die Verpflichtung der Mitgliedstaaten in einer spezifischen Vorschrift des Gemeinschaftsrechts geregelt, tritt sie unterstützend hinzu.[718] Der Vertrag von Amsterdam umfasst die Europäischen Gemeinschaften. Er geht auch außerhalb des Gemeinschaftsrechts über die bloße Koordination der Mitgliedstaaten hinaus. Angesichts der weitgehenden verfassungsrechtlichen und organisatorischen Verschmelzung von Gemeinschaften und Union lässt sich ungeachtet des Fehlens einer ausdrücklichen Vorschrift die Rechtsprechung zu Art. 10 EGV auf das Verhältnis von Union und Mitgliedstaaten auch unter dem Unionsvertrag über-

---

713 Kort, JZ 1997, 644.

714 dazu auch Häde, EuZW 1996, 141 f.

715 Kort, JZ 1997, 644.

716 EuGH, Rs. 230/81 (Luxemburg/Parlament), Slg. 1983, 255, Rdnr. 37; eingehend unten S. 268 ff.

717 Söllner, Art. 5 EWG-Vertrag in der Rechtsprechung des Europäischen Gerichtshofes, S. 49; weiterführend unten S. 273 ff.

718 EuGH, verb. Rs. 332, 333 und 335/92 (Eurico Italia u.a./Ente Nazionale Risi), Slg. 1994, I-711, Rdnr. 22.

tragen.[719] Es ist daher geboten, in Zukunft auch von einer Unionstreue zu sprechen. Sie überwölbt die Gemeinschaftstreue, ohne diese zu beseitigen.[720]

(bbb) Einfluss der Gemeinschaftstreue auf Abkommen der Mitgliedstaaten

Der in Art. 10 EGV verankerte Grundsatz der Gemeinschaftstreue steht völkerrechtlichen Abkommen der Mitgliedstaaten nicht generell entgegen.[721] Art. 10 EGV lässt sich kein generelles Verbot eines gemeinsamen Handelns der Mitgliedstaaten auf Gebieten entnehmen, für die parallele oder konkurrierende Zuständigkeiten der Gemeinschaft und der Mitgliedstaaten bestehen. Bei einem gemeinsamen Handeln der Mitgliedstaaten müssen nur die durch Art. 10 Abs. 2 EGV gesetzten Grenzen eingehalten werden.[722] Das Vorgehen der Mitgliedstaaten darf daher nicht gegen die Ziele des Vertrages verstoßen.

Ein solcher Verstoß läge etwa dann vor, wenn die Mitgliedstaaten ein Übereinkommen auf einem Gebiet schließen würden, für das eine ausschließliche Gemeinschaftszuständigkeit besteht.[723] Bei konkurrierender Zuständigkeit wäre ein Verstoß gegen Art. 10 Abs. 2 EGV gegeben, wenn das Übereinkommen der Mitgliedstaaten einen Bereich beträfe, in dem die Gemeinschaft schon von ihrer Kompetenz Gebrauch gemacht hat.[724] Aber auch ein Tätigwerden in den verbliebenen Zuständigkeitsbereichen der Mitgliedstaaten hätte den gemeinschaftsrechtlichen Vorgaben zu entsprechen, sofern und soweit es Rechtswirkungen innerhalb der Gemeinschaft entfaltet. Letztlich lädt Art. 10 Abs. 2 EGV den Mitgliedstaaten dieselben Pflichten auf, die auch bei einzelstaatlichem Handeln im Verhältnis zum Gemeinschaftsrecht gelten.[725] Insofern müssen die Mitgliedstaaten nach ständiger Rechtsprechung des Gerichthofes die ihnen vorbehaltenen Befugnisse „unter Wahrung des Gemeinschaftsrechts ausüben".[726]

---

719 Bogdandy, in: Grabitz/Hilf, Das Recht der EU I, Art. 10 EGV, Rdnr. 5; s. in diesem Zusammenhang jetzt auch Art. 5 Abs. 2 und Art. 10 Abs. 2 des Entwurfs eines Vertrages über eine Verfassung für Europa vom 18.07.2003, CONV 850/03.

720 Zuleeg, NJW 2000, 2847; s. ausführlich unten S. 274 ff.

721 in diese Richtung gehend aber Bogdandy, in: Gabitz/Hilf, Recht der EU I, Art. 10 EGV, Rdnr. 33.

722 Kort, JZ 1997, 645.

723 s. bereits oben S. 182.

724 EuGH, verb. Rs. 3, 4 und 6/76 (Kramer u.a.), Slg. 1976, 1279, Rdnr. 39; Rs. 804/79 (Kommission/Vereinigtes Königreich), Slg. 1981, 1045, Rdnr. 29 f.

725 Kort, JZ 1997, 645.

726 EuGH, verb. Rs. 6 und 11/69 (Kommission/Frankreich), Slg. 1969, 523, Rdnr. 17; Rs. 57/86 (Griechenland/Kommission), Slg. 1988, 2855, Rdnr. 9; Rs. 127/87 (Kommission/Griechenland), Slg. 1988, 3333, Rdnr. 7; Rs. C-221/89 (The Queen/Secretary of State for Transport, ex parte: Factortame u.a.), Slg. 1991, I-3905, Rdnr. 14; Rs. C-

In der Rechtssache „Centro-Com“ führte der EuGH beispielsweise aus, dass die Mitgliedstaaten „nationale Maßnahmen die die Verhinderung oder Beschränkung der Ausfuhr bestimmter Güter bewirken, dem Bereich der gemeinsamen Handelspolitik nicht mit der Begründung entziehen [können], dass mit ihr außen- oder sicherheitspolitische Zwecke verfolgt würden. Daher ist es zwar Sache der Mitgliedstaaten, in Wahrnehmung ihrer nationalen Zuständigkeit Maßnahmen der Außen- und Sicherheitspolitik zu erlassen, doch müssen diese Maßnahmen im Einklang mit den von der Gemeinschaft gemäß Artikel 113 des Vertrages auf dem Gebiet der gemeinsamen Handelspolitik erlassenen Bestimmungen stehen.“[727] Dies gilt auch für den Bereich der auswärtigen Gewalt, wo es den Mitgliedstaaten ebenfalls verwehrt ist, völkerrechtliche Verpflichtungen zu übernehmen, die Gemeinschaftsrechtsnormen beeinträchtigen oder in ihrer Tragweite ändern können.[728]

Soweit nun Abkommen der Mitgliedstaaten untereinander in Rede stehen, kann auch nicht von einer entsprechenden Änderung der Gründungsverträge durch den betreffenden völkerrechtlichen Vertrag der Mitgliedstaaten ausgegangen werden.[729] Eine Vertragsänderung ist nur mittels des in Art. 48 EUV geregelten Verfahrens möglich. Die Mitgliedstaaten haben sich damit jedenfalls aus gemeinschaftsrechtlicher Sicht des Rechts begeben, die Verträge auf diese Weise zu ändern.[730]

124/95 (The Queen, ex parte: Centro-Com/HM Treasury und Bank of England), Slg. 1997, I-81, Rdnr. 25.

727 EuGH, a.a.O., Rdnr. 26 f.; vgl. auch EuGH, Rs. C-70/94 (Werner/Deutschland), Slg. 1995, I-3189, Rdnr. 10. In der Rs. „Factortame“ antwortete der Gerichtshof auf das Vorbringen einiger Mitgliedstaaten, in Bezug auf die völkerrechtliche Befugnis eines jeden Staates zur souveränen Festlegung der Bedingungen, unter denen er Schiffen das Recht zur Führung seiner Flagge einräume, gelte etwas anderes, dass es Sache der Mitgliedstaaten sei, im Einklang mit den allgemeinen Bestimmungen des Völkerrechts die Voraussetzungen festzulegen, unter denen ein Schiff in ihre Register eingetragen und diesem Schiff das Recht zur Führung ihrer Flagge eingeräumt wird, dass die Mitgliedstaaten bei der Ausübung dieser Befugnis jedoch das Gemeinschaftsrecht wahren müssen; vgl. EuGH, Rs. C-221/89 (The Queen/Secretary of State for Transport, ex parte: Factortame u.a.), Slg. 1991, I-3905, Rdnr. 15 ff.

728 EuGH, Rs. 22/70 (Kommission/Rat), Slg. 1971, 263, Rdnr. 20-22 – „AETR“; vgl. auch EuGH, verb. Rs. 3, 4 und 6/76 (Kramer u.a.), Slg. 1976, 1279, Rdnr. 39 ff.; EuGH, Rs. 804/79 (Kommission/Vereinigtes Königreich), Slg. 1981, 1045, Rdnr. 28 ff.

729 vgl. dazu auch Häde, EuZW 1996, 142; Everling, GS für L.-J. Constantinesco, S. 152.

730 EuGH, Rs. 43/75 (Defrenne/SABENA), Slg. 1976, 455, Rdnr. 56-58. Ohnehin treten nach Art. 5 WVK die allgemeinen völkerrechtlichen Regeln über die Vertragsänderung (Art. 39 ff. WVK) hinter die spezielleren Regelungen des Gemeinschaftsrechts zurück; vgl. etwa Schwarze, EuR 1983, 14 ff.; Meng, in: Groeben/Thiesing/Ehlermann, EU-/EG-Vertrag Bd. 5, Art. N EUV, Rdnr. 18 ff.; Bleckmann, in: derselbe, Europarecht, Rdnr. 643; Oppermann, Europarecht, Rdnr. 597. Selbst wenn man dem nicht zustimmt,

(ccc) Rechtssache 44/84 – „Hurd“

Die grundsätzliche Zulässigkeit von Abkommen der Mitgliedstaaten unter Beachtung von Art. 10 EGV zeigt auch die Entscheidung des EuGH aus dem Jahr 1986 in der Rechtssache „Hurd“.[731] In dieser Entscheidung ging es um die Rechtswirksamkeit einer Übereinkunft der Mitgliedstaaten über die Gründung Europäischer Schulen und die Bindung neu beitretender Mitgliedstaaten an diese Übereinkunft.

Der EuGH stellte zunächst fest, dass die Gründung Europäischer Schulen weder auf primärem Gemeinschaftsrecht noch auf Handlungen der Gemeinschaftsorgane beruhe, sondern auf völkerrechtlichen Übereinkommen der Mitgliedstaaten (der Satzung der Europäischen Schule und dem Protokoll über die Gründung Europäischer Schulen). Derartige Übereinkommen unterfielen nicht Art. 177 EWGV a.F. (jetzt Art. 234 EGV) bzw. Art. 150 EAGV.[732]

Wichtig ist festzuhalten, dass der EuGH offensichtlich von der Zulässigkeit völkerrechtlicher Abkommen mit Bezug zum Gemeinschaftsrecht ausgeht: Es handele sich bei dem Abkommen der Mitgliedstaaten über die Gründung Europäischer Schulen um Übereinkünfte, die die Mitgliedstaaten für das Funktionieren der Gemeinschaften oder in Verbindung mit deren Tätigkeit geschlossen haben.[733] Einen Primat gemeinschaftsrechtlichen Handelns in diesem Bereich nimmt der EuGH somit nicht an.

In der beim Gerichtshof in der Rechtssache „Hurd“ eingereichten Erklärung der Kommission wurde ausgeführt, dass es „besser gewesen wäre, wenn der Rat die Europäischen Schulen durch eine Gemeinschaftsrechtshandlung errichtet hätte“.[734] Hierauf ging der EuGH in den Entscheidungsgründen nicht ein. Immerhin besteht nach der Auffassung des EuGH jedenfalls – unabhängig von pragmatischen Überlegungen zur Vorzugswürdigkeit von Gemeinschaftsrecht[735] – kein rechtlicher Vorbehalt gegen ein gemeinsames Handeln der Mitgliedstaaten bei der Gründung Europäischer Schulen.

Der EuGH ordnete das der Entscheidung „Hurd“ zugrundeliegende Übereinkommen der Mitgliedstaaten über Europäische Schulen in einen größeren Zusammenhang solcher Übereinkommen, Beschlüsse, Handlungen und Stellungnahmen ein, durch welche die Mitgliedstaaten zusammenarbeiten und ihre Tä-

---

wird man jedenfalls eine Vertragsänderung durch nur einige Mitgliedstaaten ablehnen müssen; vgl. Vedder/Folz, in: Grabitz/Hilf, Recht der EU I, Art. 48 EUV, Rdnr. 46 ff.

731 EuGH, Rs. 44/84 (Hurd/Jones), Slg. 1986, 29; zur Bedeutung dieser Entscheidung s. Everling, Probleme atypischer Rechts- und Handlungsformen, S. 417 + 421 ff.

732 EuGH, a.a.O., Rdnr. 20.

733 EuGH, a.a.O., Rdnr. 28.

734 EuGH, a.a.O., 69.

735 Solche finden sich bei Kort, JZ 1997, 646.

tigkeit aufeinander abstimmen, um zum ordnungsgemäßen Funktionieren der Gemeinschaftsorgane beizutragen und diesen die Erfüllung ihrer Aufgaben zu erleichtern.[736]

Alsdann prüfte der EuGH in der Rechtssache „Hurd" die Anwendbarkeit von Art. 5 EWGV a.F. (jetzt Art. 10 EGV) auf solche Abkommen. Er stellte dabei diese Norm in den Kontext der allgemeinen Regel, dass den Mitgliedstaaten und den Gemeinschaftsorganen gegenseitige Pflichten zur loyalen Zusammenarbeit und Unterstützung obliegen.[737] Solche Pflichten bestehen nach Ansicht des EuGH jedoch nur „im Rahmen der Verträge" und können daher nicht auf gesonderte Übereinkommen zwischen den Mitgliedstaaten angewandt werden, die außerhalb dieses Rahmens gelten.

Dieser Argumentation des EuGH lässt sich die oben getroffene Feststellung[738] entgegenhalten, dass ein Handeln der Mitgliedstaaten unabhängig davon, ob es einzelstaatlich oder in Form gemeinsamen Handelns erfolgt, an Art. 10 EGV zu messen ist. Gerade weil das Handeln der Mitgliedstaaten bei einem Übereinkommen wie demjenigen zur Gründung Europäischer Schulen „außerhalb des Rahmens der Verträge" liegt, ist Art. 10 EGV einschlägig.[739] Dieser Auffassung ist im Ergebnis auch der EuGH, wenn er in der Entscheidung „Hurd" im Folgenden ausführt[740], dass eine Maßnahme zur Durchführung eines von den Mitgliedstaaten außerhalb des Anwendungsbereichs der Verträge geschlossenen Übereinkommens, die die Anwendung einer Bestimmung der Verträge oder des davon abgeleiteten Rechts oder das Funktionieren der Gemeinschaft behindern würde, als Verstoß gegen Verpflichtungen aus Art. 5 Abs. 2 EWGV a.F. anzusehen sei.[741]

---

736 EuGH, a.a.O., Rdnr. 36.

737 EuGH, a.a.O., Rdnr. 38; hierzu auch Zuleeg, in: Groeben/Thiesing/Ehlermann, EU-/EG-Vertrag Bd. 1, Art. 5 EGV, Rdnr. 11; Schima, Subsidiaritätsprinzip, S. 45 f.; Thun-Hohenstein/Cede, Europarecht, S. 150.

738 s. S. 186 ff.

739 Kort, JZ 1997, 645.

740 EuGH, a.a.O., Rdnr. 39.

741 Im Übrigen lassen sich entsprechende Überlegungen zur Zulässigkeit von Abkommen zwischen den Mitgliedstaaten und Drittstaaten gem. Art. 10 EGV unter Beachtung der Schranken des Abs. 2 dieser Norm heranziehen: Bei konkurrierender Kompetenz der Mitgliedstaaten und der Gemeinschaft zum Abschluss von Verträgen mit Drittstaaten sind die Mitgliedstaaten zum Vertragsabschluss befugt, solange und soweit die Gemeinschaft von ihrer Kompetenz keinen Gebrauch macht und damit eine Umwandlung der konkurrierenden in eine ausschließliche Kompetenz bewirkt; vgl. EuGH, verb. Rs. 3, 4 und 6/76 (Kramer u.a.), Slg. 1976, 1279, Rdnr. 39 ff.; Gutachten 1/94, Slg. 1994, I-5267, Rdnr. 77. Dabei sind die Mitgliedstaaten verpflichtet, bei der Ausgestaltung solcher völkerrechtlicher Abkommen mit Dritten dem Grundsatz der Gemeinschaftstreue gem. Art. 10 EGV Rechnung zu tragen. Allerdings bindet das EU-Recht nur die Mitgliedstaaten und gilt nicht im Verhältnis zu den Drittstaaten. In diesem „allgemeinen

(ee) Ergebnis zur Zulässigkeit von Abkommen der Mitgliedstaaten untereinander

Bis hierhin lässt sich zusammenfassen, dass völkerrechtliche Verträge der Mitgliedstaaten untereinander aus europarechtlicher Sicht grundsätzlich zulässig sind. Aus Art. 48 EUV, wonach eine Änderung der Verträge nur nach dem dort vorgeschriebenen Verfahren erfolgen kann, in Verbindung mit Art. 10 Abs. 2 EGV, wonach die Mitgliedstaaten alle Maßnahmen unterlassen, welche die Verwirklichung der Ziele des Vertrages gefährden könnten, folgt jedoch, dass keine Vorschrift eines Übereinkommens gegen die Anwendung einer Vorschrift der Verträge geltend gemacht werden kann.[742]

Im Falle eines Konflikts zwischen einem außerhalb des Anwendungsbereichs der Verträge geschlossenen Übereinkommens und dem Unionsvertrag bzw. den Gemeinschaftsverträgen gehen also die eu-rechtlichen Regelungen denen des Übereinkommens vor.[743] Soweit EU-Recht nicht entgegensteht, sind die Mitgliedstaaten aber nach wie vor nicht gehindert, völkerrechtliche Verträge untereinander abzuschließen.[744] Davon ausgehend erweist sich das EU-Recht in je-

---

Völkerrechtsraum" gilt der grundsätzliche Vorrang des Völkerrechts als des universalen Rechts auch gegenüber dem EU-Recht wie gegenüber sonstigem „Landesrecht"; vgl. Kort, JZ 1997, 646 und Bleckmann, in: derselbe, Europarecht, Rdnr. 642 ff.

742 vgl. auch Isaac/Blanquet, Droit communautaire général, S. 148 f.; Hartley, European Community Law, S. 96; Schwartz, in: Groeben/Thiesing/Ehlermann, EU-/EG-Vertrag Bd. 5, Art. 220 EGV, Rdnr. 10; Pescatore, L'ordre juridique des Communautés européennes, S. 143 f.; Wuermeling, Kooperatives Gemeinschaftsrecht, S. 205 f.

743 vgl. Isaac/Blanquet, Droit communautaire général, S. 148 f.; Hartley, European Community Law, S. 96; Schwartz, in: Groeben/Thiesing/Ehlermann, EU-/EG-Vertrag Bd. 5, Art. 220 EGV, Rdnr. 10; Klein, in: Hailbronner/Klein/Magiera/Müller-Graff, EUV/EGV Bd. 2, Art. 220 EGV, Rdnr. 9; Vedder, Einwirkungen des Europarechts, S. 15 f.; Steindorff, EG-Vertrag und Privatrecht, S. 117. Der Abschluss einer Übereinkunft zwischen den Mitgliedstaaten, die ganz oder teilweise mit dem EG-Vertrag oder ausgeübten Rechtsetzungsbefugnissen der Organe unvereinbar ist, würde gegen die Verpflichtungen der Mitgliedstaaten aus Art. 10 EGV verstoßen und könnte nach Art. 226 EGV von der Kommission oder nach Art. 227 EGV von jedem Mitgliedstaat als Verletzung des EGV vor den Gerichtshof gebracht werden; vgl. Isaac/Blanquet, Droit communautaire général, S. 149; Vedder, Einwirkungen des Europarechts, S. 15; Schwartz, in: Groeben/Thiesing/Ehlermann, EU-/EG-Vertrag Bd. 5, Art. 220 EGV, Rdnr. 11.

744 vgl. in diesem Zusammenhang auch Art. K.7 EUV a.F., der ausdrücklich darauf hinweist, dass der Titel des Unionsvertrages über die Zusammenarbeit in den noch weitgehend den Mitgliedstaaten vorbehaltenen Bereichen Justiz und Inneres „der Begründung oder der Entwicklung einer engeren Zusammenarbeit zwischen zwei oder mehr Mitgliedstaaten nicht entgegensteht, soweit sie der nach diesem Titel vorgesehenen Zusammenarbeit nicht zuwiderläuft und diese nicht behindert" bzw. Art. 134 des Schengener Durchführungsübereinkommens vom 19.06.1990 (BGBl. 1993 II, S. 1013; geändert durch VO (EG) Nr. 1091/2001 vom 28.05.2001, ABl. 2001 Nr. L 150, S. 4), der festlegt,

dem Fall als Prüfungsmaßstab für völkerrechtliche Verträge zwischen den EU-Mitgliedstaaten.[745]

(b) Übertragbarkeit auf rechtlich unverbindliche Abmachungen zwischen den Mitgliedstaaten

Nun bleibt noch die für den Fall Österreich entscheidende Frage zu beantworten, ob diese Vorgaben gleichermaßen für rechtlich unverbindliche Abmachungen der Mitgliedstaaten untereinander gelten. Die Einbindung der Mitgliedstaaten und der Gemeinschaften selbst in die Rechtsordnung der Union bedeutet jedoch, dass auch der Schaffung nicht-rechtlicher Normen in Bezug auf die Tätigkeit der Gemeinschaften und ihrer Mitglieder rechtliche Grenzen gezogen sind.

Nicht überall dort, wo rechtliche oder tatsächliche Hindernisse der Schaffung von Rechtsnormen entgegenstehen, kann einfach eine Lösung in der Schaffung von nicht-rechtlichen Normen gesucht werden. Auch nicht-rechtliche Normen sind nur praeter legem nicht contra legem rechtlich erlaubt. Es wäre demnach ebenso unzulässig, wenn sich die Staaten lediglich politisch zu einem Verhalten verpflichten, das eu-rechtlich verboten ist.[746]

Dafür spricht auch schon der Wortlaut des Art. 10 Abs. 2 EGV. Hier ist nämlich von „*allen* Maßnahmen, welche die Verwirklichung der Ziele dieses Vertrages gefährden könnten“[747] die Rede. Erfasst wird demnach jegliches Handeln der Mitgliedstaaten – gleich ob einzelstaatlich oder gemeinsam handelnd, aber auch unabhängig davon, ob rechtlich oder lediglich politisch verbindlich.

Gestützt wird diese Einschätzung nicht zuletzt von der Entscheidung des Gerichtshofes in der Rechtssache „Hurd“. Mangels Zuständigkeit musste der EuGH hier die Frage nach der bindenden rechtlichen Wirkung des streitigen Aktes offen lassen, prüfte im Anschluss aber dennoch Art. 5 EGV a.F. und stellte schließlich ganz allgemein fest, dass die Mitgliedstaaten von dessen Verpflich-

---

dass seine Bestimmungen nur anwendbar sind, soweit sie mit dem Gemeinschaftsrecht vereinbar sind; dazu Schütz, AöR 120 (1995), 537.

745 Demgemäß hat auch der EuGH in seinem „Mund“-Urteil, Rs. C-398/92 (Mund & Fester/Hatrex Internationaal Transport), Slg. 1994, I-467, Rdnr. 22 und Tenor, entschieden, dass eine von einem Übereinkommen erlaubte innerstaatliche Vorschrift gegen das Diskriminierungsverbot des Art. 6 Abs. 1 EGV a.F. verstoßen kann, d.h., dass die Diskriminierungsverbote und Grundfreiheiten nicht zur Disposition der Übereinkommensgeber stehen; vgl. überdies die Rs. 42/82 (Kommission/Frankreich), Slg. 1983, 1013, Rdnr. 13 ff., wo eine französisch-italienische Vereinbarung nicht nur nicht als Rechtfertigung für Einfuhrkontrollen, sondern als Indiz für deren Vertragswidrigkeit angesehen wird.

746 vgl. Bothe, FS für Schlochauer, S. 774.

747 Hervorhebung vom Verfasser.

tungen nicht freigestellt sind, wenn sie außerhalb des Rahmens der Gemeinschaftsrechtsordnung zusammenarbeiten.[748] Somit ist festzuhalten, dass die Mitgliedstaaten ohne Rücksicht auf die Art ihres Handelns nicht von den sich aus den Vertragsbestimmungen für sie ergebenden Verpflichtungen abweichen dürfen.[749]

cc) Ergebnis: EU-Recht ist Prüfungsmaßstab

Die Untersuchung dürfte gezeigt haben, dass das EU-Recht Wirkungen auch in Bereichen haben kann, die ihm formell und materiell nicht ohne weiteres zuzurechnen sind und in denen es mit den Regeln des Völkerrechts in Konkurrenz gerät. Dieses lässt dem EU-Recht partiell den Vortritt und nimmt dessen Ausstrahlungen vor allem in Form des Grundsatzes der Unionstreue hin.[750] Sie ist es, die die Mitgliedstaaten auch bei ihren Aktivitäten außerhalb des Anwendungsbereichs der Verträge an das EU-Recht bindet. Vor diesem Hintergrund muss sich die Stellungnahme der portugiesischen Präsidentschaft mithin nicht nur an den Regeln der Völkerrechtsordnung messen lassen, sondern vermag e-

---

748 EuGH, Rs. 44/84 (Hurd/Jones), Slg. 1986, 29, Rdnr. 31 ff.

749 Bezüglich Willensäußerungen der – innerhalb oder außerhalb des Rates vereinigten – Vertreter der Regierungen der Mitgliedstaaten in Form von Beschlüssen, Entschließungen, Erklärungen oder Vereinbarungen der verschiedensten Art fragt Everling, GS für L.-J. Constantinesco, S. 150 f., 155, darüber hinaus, ob der jeweils in dem Akt enthaltenen Erklärung, selbst wenn seine Autoren ihr keine rechtliche, sondern allenfalls eine „politische" Verbindlichkeit zuerkennen wollten, wegen der allgemeinen Mitwirkungspflicht der Mitgliedstaaten und dem Grundsatz der Gemeinschaftstreue, wie er in Art. 10 EGV zum Ausdruck kommt, nicht doch eine gewisse Bindungswirkung zukomme. Aus diesen Grundsätzen – Mitwirkungspflicht und Gemeinschaftstreue – ergebe sich, dass die Mitgliedstaaten Engagements, die sie in organisatorischem oder inhaltlichem Zusammenhang mit der Gemeinschaft eingegangen sind, nicht ohne weiteres als unerheblich ignorieren können. Ob danach bei einem dieser Akte eine rechtliche Bindung besteht, könne nur im jeweiligen Einzelfall beurteilt werden. Es hänge weitgehend von der Nähe des Aktes zur Gemeinschaft, vor allem ihren Zielen, Organen und Regelungen ab, wobei die Kriterien Urheber, Form und Inhalt des Aktes eine Orientierung geben könnten. In vielen Fällen werde jedenfalls wegen der Erwartungshaltung, die in solchen Fällen bei den Partnern erweckt wird, aus den gemeinschaftsrechtlichen Pflichten folgen, dass sich ein Mitgliedstaat nicht ohne wichtige Gründe und ohne vorherige Konsultationen von seinen früheren Erklärungen lösen darf. In diesem Zusammenhang ist auch Art. 3 Abs. 3 der ersten Beitrittsakte zu sehen, wonach die neuen Mitgliedstaaten „Grundsätze und Leitlinien beachten", die sich u.a. aus den die Europäische Gemeinschaft betreffenden Erklärungen, Entschließungen und Stellungnahmen, die von den Mitgliedstaaten im gegenseitigen Einvernehmen angenommen wurden, ergeben, „und die gegebenenfalls zu ihrer Durchführung erforderlichen Maßnahmen treffen"; vgl. hierzu auch Bothe, FS für Schlochauer, S. 772 f.

750 vgl. Everling, GS für L.-J. Constantinesco, S. 156.

benfalls auf ihre Vereinbarkeit mit dem Recht der Europäischen Union geprüft werden.[751] Im Folgenden sollen nun mögliche Berührungspunkte der Stellungnahme mit dem eu-rechtlichen Normenkomplex untersucht werden.

2. Rechtmäßigkeit nach EU-Recht

Zunächst könnte sich aus dem EU-Recht ein generelles Verbot derartiger gegen einen Mitgliedstaat gerichteter Beschlüsse ableiten lassen. So stellt sich die Frage, ob nach wie vor alle oder eine Mehrzahl der anderen Mitgliedstaaten durch abgestimmtes Verhalten gegen einen der Mitgliedstaaten vorgehen können, ohne ein Verfahren nach Art. 7 EUV einzuleiten.

a) Verstoß gegen Art. 7 EUV

Möglicherweise ergibt sich aus Art. 7 EUV, dass es den Mitgliedstaaten nunmehr verboten ist, auf die Gefahr oder den Eintritt einer schwerwiegenden Verletzung der in Art. 6 Abs. 1 EUV genannten Grundsätze in anderer Weise als durch Art. 7 EUV selbst vorgesehen zu reagieren. Klärungsbedürftig ist also, ob die Mitgliedstaaten – wie im Fall Österreich geschehen – neben oder anstelle der Union Maßnahmen der in Art. 7 EUV geregelten Art treffen dürfen, oder ob die Regelung keinen Raum für auf das Völkerrecht gestützte Maßnahmen der Mitgliedstaaten lässt.

Dies führt zu der im weiteren Sinne strukturellen Problematik, inwieweit der Vorschrift abschließender Charakter zukommt. Dabei muss zwischen einer abschließenden Wirkung für die Norm selbst, für eine weitergehende Sanktionierung im Rahmen der Union durch den Ausschluss des betroffenen Mitgliedstaates aus der EU und schließlich bezüglich „bilateraler" Maßnahmen der Mitgliedstaaten differenziert werden.

751 zu eng folglich Rotter, Standard weekly vom 18.02.2000, S. 13: „[Die Sanktionen vom 31.01.2000] erfolgten zwar unter der Führung der portugiesischen Präsidentschaft, [sind] aber kein Akt der Union als solcher und daher auch nicht am Gemeinschaftsrecht zu messen." Noch nicht weit genug geht auch die Aussage Leidenmühlers, ZÖR 2000, 308, dass es den vierzehn Mitgliedstaaten gemeinschaftsrechtlich verwehrt sei, durch ihre gegen den Mitgliedstaat Österreich gerichteten Maßnahmen dessen vertraglich verankerte Rechte zu beeinträchtigen; vielmehr sind die Mitgliedstaaten an sämtliche Verpflichtungen aus den Verträgen gebunden.

aa) Abschließende Wirkung von Art. 7 EUV?

(1) Abschließende Wirkung von Tatbestand und Rechtsfolgen

Art. 7 EUV ist in seinem Anwendungsbereich abschließend. Das Sanktionsverfahren gewährleistet ausschließlich die von Art. 6 Abs. 1 EUV genannten Grundsätze. Eine denkmögliche Erweiterung des Anwendungsbereiches auf die von Art. 49 Abs. 1 EUV nicht genannten, ungeschriebenen Beitrittsvoraussetzungen zur Europäischen Union scheitert an der Wortlautgrenze des Tatbestandes und der Entstehungsgeschichte des Art. 7 EUV. Dies gilt insbesondere für das Beitrittskriterium der wettbewerbsorientierten Marktwirtschaft sowie gleichermaßen für sonstige Kriterien, die neben den in Art. 6 Abs. 1 EUV genannten Grundsätzen als Homogenitätselemente eingeordnet werden könnten.[752]

Des Weiteren ist Art. 7 EUV ebenso in seiner Sanktionswirkung abschließend. Die Rechtsfolgen des Art. 7 EUV und der korrespondierenden Bestimmungen im Gemeinschaftsrecht erschöpfen sich – von Vorfeldmaßnahmen einmal abgesehen – in der Aussetzung von Mitgliedschaftsrechten. Die Normen stellen kein Instrument dar, um Maßnahmen, welche außerhalb der Gemeinschafts- bzw. Unionskompetenz liegen, im Rahmen der Verträge zu beschließen.[753]

Auch die Mitgliedschaft als solche wird in ihrem Bestand durch den Gewährleistungsmechanismus nicht angetastet. Anders gesagt ist die Beendigung der Zugehörigkeit eines Staates zur Europäischen Union als Sanktion von Art. 7 EUV nicht gedeckt. Außer dass es sich um eine grundsätzlich eng auszulegende Ausnahmevorschrift handelt, ergibt sich dies bereits aus der Formulierung „bestimmte Rechte auszusetzen“ im Zusammenspiel mit dem deklaratorischen Hinweis in Art. 7 Abs. 2 UAbs. 2 EUV, wonach die mitgliedstaatlichen Pflichten fortbestehen. Im Übrigen ist es nicht Sinn und Zweck der Vorschrift, den betroffenen Mitgliedstaat aus dem Integrationsprozess herauszulösen, sondern ihn zur Einhaltung der in Art. 6 Abs. 1 EUV genannten Grundsätze zu bewegen.[754] Damit ist aber noch nichts über das Verhältnis von Art. 7 EUV zur all-

752 ausführlich hierzu Schorkopf, Homogenität in der EU, Ziff. 337 ff., der als mögliche weitere Elemente europäischer Homogenität die Staatsform, den Föderalismus und die kulturell-religiösen Traditionen untersucht; vgl. auch Schmitt von Sydow, in: Groeben/Schwarze, EU-/EG-Vertrag Bd. 1, Art. 7 EUV, Rdnr. 6.

753 Eine Verknüpfung von Verstößen gegen Werte des Unions- bzw. Gemeinschaftsrechts durch einen EU-Mitgliedstaat einerseits und (bilateralen) Sanktionen seitens einzelner oder aller übrigen EU-Mitgliedstaaten andererseits kennt weder der EU- noch der EG-Vertrag; vgl. H. Winkler/Schauer, Die Maßnahmen gegen Österreich, S. 141; Köck/Hintersteininger, Sanktionen gegen Österreich, S. 491.

754 Schorkopf, Homogenität in der EU, Ziff. 291 + 316; derselbe, in: Grabitz/Hilf, Recht der EU I, Art. 7 EUV, Rdnr. 24; für den abschließenden Charakter des Art. 7 EUV auch

gemeinen Ausschluss- und Austrittsproblematik gesagt, welches im folgenden Abschnitt erörtert werden soll.

(2) Abschließende Wirkung für eine weitergehende Sanktionierung im Rahmen der Union durch den Ausschluss aus der EU

Der insoweit abschließende Charakter des Art. 7 EUV wirft als nächstes die Frage auf, ob neben diesem Mechanismus im Rahmen der Union noch Raum für eine weitergehende Sanktionierung durch die Beendigung der Mitgliedschaft verbleibt. Die Beendigung der Mitgliedschaft in der Europäischen Union wird seit jeher kontrovers diskutiert.[755]

Hierbei ist zwischen Ausschluss und Austritt des betroffenen Mitgliedstaates zu unterscheiden. Der Ausschluss wird als Ausscheiden eines Staates aus der Europäischen Union gegen dessen Willen definiert.[756] Unter Austritt ist dagegen der Rückzug aus dem Geltungsbereich der Verträge auf Betreiben des betroffenen Staates zu verstehen.[757] Letzterer lässt sich nochmals in die einseitige, gegen den Willen der Gemeinschaft und der übrigen Mitgliedstaaten erfolgende Lösung eines Mitgliedstaates und den im Einvernehmen mit den verbleibenden Mitgliedstaaten vereinbarten Austritt unterteilen.[758]

Beide Varianten des Austritts haben gemeinsam, dass das Ende der Mitgliedschaft von der Mitwirkung des betroffenen Staates abhängt. Dieser Umstand steht allerdings einer Klassifizierung als Sanktion, die sich als „Zufügung von Rechtsnachteilen" darstellt[759] und damit ein Element der Willensbeugung enthält, entgegen. Darum kommt der Austritt als Sanktionsmittel nicht in Betracht, weshalb das Hauptaugenmerk im Folgenden auf das Konkurrenzverhältnis zwi-

---

Wachsmann, RTDE 33 (1997), 896; Ukrow, ZEuS 1998, 156; Stein, FS Jaenicke, S. 882; Verhoeven, ELRev 23 (1998), 223; Bergmann, in: Bergmann/C. Lenz, Der Amsterdamer Vertrag, Kap. 1, Rdnr. 21 f.; nicht eindeutig Pechstein/Koenig, Die Europäische Union, Rdnr. 464. Vgl. dazu auch die ähnliche Problematik im Zusammenhang mit Art. 6 UN-Charta, zusammengefasst von Tams, in: Simma, The Charter of the United Nations Vol. I, Art. 6, Rdnr. 4 ff. m.w.N.

755 s. die Übersicht bei Hilf, in: Groeben/Thiesing/Ehlermann, EU-/EG-Vertrag Bd. 5, Art. 240 EGV, Rdnr. 6 ff. m.w.N.

756 allgemein zum Ausschluss von Mitgliedstaaten aus internationalen Organisationen Schermers/Blokker, International Institutional Law, §§ 138-143 + § 1475; Seidl-Hohenveldern/Loibl, Recht der Internationalen Organisationen, Rdnr. 2030 ff.

757 Schorkopf, Homogenität in der EU, Ziff. 317; grundlegend zum Austritt aus einer internationalen Organisation Feinberg, BYIL 39 (1963), 189 ff.

758 vgl. Stein, FS für Jaenicke, S. 885; Beutler, in: Beutler/Bieber/Pipkorn/Streil, Die Europäische Union, Rdnr. 66; Schorkopf, Homogenität in der EU, Ziff. 317.

759 s. oben S. 115.

schen Art. 7 EUV und dem Ausschluss aus der EU gerichtet ist.[760] Zwar wurde ein Ausschluss Österreichs aus der Europäischen Union zu keiner Zeit ernsthaft erwogen oder gar explizit angedroht. Doch kam anlässlich der Österreich-Krise sehr wohl die prinzipielle Möglichkeit einer solchen Reaktion zur Sprache[761], während umgekehrt Jörg Haider dazu aufrief, über einen Austritt Österreichs aus der EU nachzudenken.[762]

Vorwegzuschicken ist, dass die in Art. 7 Abs. 2 S. 1 EUV vorgesehene Aussetzung bestimmter Rechte an sich ebenfalls einen Unterfall der Beendigung der Mitgliedschaft in internationalen Organisationen darstellt. Sie unterscheidet sich von anderen partiellen Auflösungsakten wie Ausschluss oder Austritt lediglich dadurch, dass sie von begrenzter zeitlicher Dauer und gegebenenfalls sachlicher Tragweite ist.[763] Allerdings regelt Art. 7 EUV mit der Aussetzung bestimmter Rechte als Sanktionsmaßnahme für einen Mitgliedstaat, der sich von demokratischen oder rechtsstaatlichen Prinzipien abgewandt hat, eine gegenüber dem Ausschluss grundsätzlich weniger einschneidende Maßnahme.[764]

Der Ausschluss ist demnach das Sanktionsmittel der nächsten Eskalationsstufe. Im Hinblick auf den Grundsatz der Verhältnismäßigkeit, der gerade für die Maßnahmen im Krisenfall besondere Berücksichtigung fordert,[765] hätte die Suspendierung von Stimm- und Vertragsrechten als milderes Sanktionsmittel stets Vorrang. Es geht hier also um den Fall, dass das Sanktionsverfahren des Art. 7 EUV den Verletzerstaat nicht dazu bewegt, die Wahrung der in Art. 6 Abs. 1 EUV festgeschriebenen Grundsätze wiederherzustellen; die zeitweilige Aussetzung mithin ihre Wirkung als Beugemittel[766] verfehlt. Erst in einer derartigen Situation darf gefragt werden, ob sich die übrigen Mitgliedstaaten einseitig von dem Verletzerstaat trennen können.[767]

---

760 wie hier Schorkopf, Homogenität in der EU, Ziff. 317.

761 vgl. dazu unten Dritter Teil, S. 346.

762 s. nochmals oben Erster Teil, S. 63.

763 Stein, FS für Jaenicke, S. 877 f.

764 Stein, FS für Jaenicke, S. 882 f. Dies muss jedoch nicht immer zutreffen. Eine Suspendierung von Rechten kann einen vertragsbrüchigen Staat härter Treffen als ein Ausschluss. Bei diesem verliert er zwar die zukünftigen Vorteile der Organisation, zugleich kann er jedoch unter Fortfall aller Verpflichtungen die Vorteile aus der Vertragsverletzung behalten; vgl. Marschik, Subsysteme im Völkerrecht, S. 249.

765 dazu oben S. 117 + 126 f.; Frowein, EuR 1983, 315; EuGH, Rs. 114/76 (Bela-Mühle/Grows-Farm), Slg. 1977, 1211, Rdnr. 5 ff.

766 Darüber hinaus vermag die Aussetzung der Spezial- und Generalprävention zu dienen; vgl. Schmahl, EuR 2000, 828, Fn. 68; allgemein zu diesen Aspekten beim Ausschluss aus einer internationalen Organisation Seidl-Hohenveldern/Loibl, Recht der Internationalen Organisationen, Rdnr. 2033; Stein, FS für Jaenicke, S. 881.

767 in diesem Sinne auch Schorkopf, Homogenität in der EU, Ziff. 318 und Schmahl, EuR 2000, 828. Dagegen sieht Frowein, EuR 1983, 315 + Fn. 58, in dem Ausschluss als

Die Beendigung der Mitgliedschaft durch das Sanktionsmittel des Ausschlusses setzt nun zunächst eine Rechtsgrundlage im Recht der Europäischen Union voraus. Der Unionsvertrag und die Gemeinschaftsverträge sehen aber ein spezifisches Verfahren für die Beendigung der Mitgliedschaft im Allgemeinen ebenso wenig wie für den Ausschluss eines Mitgliedstaates im Besonderen vor.[768]

Daher ist bei der Suche nach einer Rechtsgrundlage grundsätzlich auf die allgemeinen völkerrechtlichen Regelungen zurückzugreifen.[769] Zu denken ist dabei an die Wiener Vertragsrechtskonvention. Deren Regelungen finden gemäß Art. 5 WVK auch auf die Gemeinschaftsverträge und den Unionsvertrag Anwendung.[770]

Als Ansatzpunkt könnte insofern die umstrittene, aber gewohnheitsrechtlich anerkannte und in Art. 62 WVK kodifizierte clausula rebus sic stantibus[771] dienen. Tritt in einer völkerrechtlichen Vertragsbeziehung eine grundlegende Änderung der zum Zeitpunkt des Vertragsschlusses gegebenen Umstände, die eine wesentliche Grundlage der vertraglichen Bindung gebildet haben, ein, sind nach der clausula rebus sic stantibus die Beendigung des Vertragsverhältnisses oder der Rücktritt vom Vertrag möglich.

Zwar ließe sich übertragen auf die Europäische Union anführen, dass umwälzende Vorgänge in einem Mitgliedstaat der Union – im Sinne einer Abkehr von den demokratisch-rechtsstaatlichen Homogenitätsvorstellungen – einen solchen grundlegenden Wandel darstellten.[772] Doch ermöglicht der sog. völkerrechtliche

---

schärfster und nicht korrigierbarer Maßnahme, die nur den erneuten Beitritt später offen lässt, von vornherein kein mögliches Mittel der Homogenitätsgewährleistung. Die Rückkehr zu Demokratie und Rechtsstaatlichkeit könne durch Suspendierung wohl meist eher befördert werden. In ähnlicher Weise betont auch Stein, FS für Jaenicke, S. 881, den Nachteil, dass der Ausschluss den Rechtsbrecher gerade von denjenigen Pflichten entbindet, deren Verletzung den Ausschluss herbeigeführt hat. Allerdings habe die Organisation nur auf diese Weise die Möglichkeit, sich von einem Mitglied zu befreien, das nicht bereit oder in der Lage ist, die sich aus der Satzung der Organisation ergebenden Pflichten zu erfüllen.

768 dazu Hilf, in: Groeben/Thiesing/Ehlermann, EU-/EG-Vertrag Bd. 5, Art. 240 EGV, Rdnr. 7-9; Beutler, in: Beutler/Bieber/Pipkorn/Streil, Die Europäische Union, Rdnr. 66; Stein, FS für Jaenicke, S. 887; s. neuerdings aber die Regelung eines Austrittsrechts in Art. 59 des Entwurfs eines Vertrages über eine Verfassung für Europa vom 18.07.2003, CONV 850/03.

769 s. grundlegend dazu oben S. 177 f. + Fn. 676.

770 s. schon oben S. 179 + Fn. 679.

771 hierzu Verdross/Simma, Universelles Völkerrecht, §§ 828 ff.; Berber, Völkerrecht I, S. 499; unter Berücksichtigung des Gemeinschaftsrechts Jakob, Sanktionen gegen vertragsbrüchige Mitgliedstaaten der EWG, S. 189 ff.

772 zu diesem Ansatz Herzog, in: Smit/Herzog, The Law of the European Community Vol. 6, Art. 240.06; Schermers/Blokker, International Institutional Law, § 148; Soldatos, Revue de droit international de science diplomatique et politique 47 (1969), 266 f.; Stein,

„Wegfall der Geschäftsgrundlage“ als Rechtsfolge lediglich die Beendigung oder aber die Anpassung des Vertrages an die geänderten Verhältnisse, nicht aber den Ausschluss eines Mitgliedstaates aus der Europäischen Union.[773] Um dieses Ergebnis – die Fortführung des Integrationsprozesses ohne den betroffenen Staat – zu erhalten, müssten die vertragstreuen Mitgliedstaaten auf der Grundlage der clausula rebus sic stantibus gemeinsam aus der Union austreten und diese anschließend neu gründen.[774]

Eine mögliche, für den Ausschluss eines Mitgliedstaates nutzbar zu machende Rechtsgrundlage findet sich allerdings in Art. 60 Abs. 2 lit. a) WVK.[775] Die Bestimmung gestattet es den vertragstreuen Parteien eines mehrseitigen Vertrages, das Vertragsverhältnis gegenüber einer vertragsbrüchigen Partei zu suspendieren oder zu beenden.[776] Tatbestandvoraussetzung für die Anwendung des Art. 60 WVK ist die erhebliche Verletzung (material breach) des Vertrages. Eine solche liegt nach Art. 60 Abs. 3 WVK unter anderem dann vor, wenn eine Vertragspartei „wesentliche Vertragsziele“ verletzt hat.

Da eine Verletzung des Homogenitätsgebotes die Legitimationsgrundlage und die Funktionsfähigkeit der Europäischen Union gefährden würde, könnte in einem derartigen Fall ein Verstoß gegen wesentliche Vertragsziele im Sinne der Wiener Vertragsrechtskonvention angenommen werden.[777] Der dortigen Regelung liegt letztlich der Gedanke zugrunde, dass es den Vertragspartnern, die ihre Pflichten erfüllen, auf längere Sicht nicht zuzumuten ist, mit einem Partner im Verband zu bleiben, der sich hartnäckig den vertraglichen Anforderungen widersetzt.[778]

FS für Jaenicke, S. 887 f.; Weber, Schutznormen und Wirtschaftsintegration, S. 457 f. + 460 f.; Zuleeg, GS für Sasse, S. 64.

773 Stein, FS für Jaenicke, S. 888; ähnlich Hilf, in: Groeben/Thiesing/Ehlermann, EU-/EG-Vertrag Bd. 5, Art. 240 EGV, Rdnr. 13 f.; Herdegen, Europarecht, Rdnr. 92, geht jedoch davon aus, dass auf der Grundlage des Art. 62 WVK für den Extremfall der Umwälzung der Verfassungsstruktur eines Mitgliedstaates dieser aus der Union ausgeschlossen werden kann.

774 vgl. Soldatos, Revue de droit international de science diplomatique et politique 47 (1969), 266 f.; Zuleeg, GS für Sasse, S. 64; Herzog, in: Smit/Herzog, The Law of the European Community Vol. 6, Art. 240.06. Im Übrigen gelangt die „clausula“ erst zur Anwendung, wenn die anderen Beendigungsgründe versagen; vgl. Heintschel von Heinegg, in: K. Ipsen, Völkerrecht, § 15, Rdnr. 104.

775 Zuleeg, GS für Sasse, S. 63; Stein, FS für Jaenicke, S. 888; Pechstein/Koenig, Die Europäische Union, Rdnr. 464; Streinz, Europarecht, Rdnr. 92; Schmahl, EuR 2000, 829.

776 Verdross/Simma, Universelles Völkerrecht, §§ 811 ff.; Graf Vitzthum, in: derselbe, Völkerrecht, 1. Abschn., Rdnr. 129 f.

777 so etwa Pechstein/Koenig, Die Europäische Union, Rdnr. 464; vgl. auch Schorkopf, Homogenität in der EU, Ziff. 172.

778 vgl. Zuleeg, GS für Sasse, S. 63; Stein, FS für Jaenicke, S. 888; Heintschel von Heinegg, in: K. Ipsen, Völkerrecht, § 15, Rdnr. 77.

Einer Anwendung dieser völkerrechtlichen Regelung in der EU-Rechtsordnung dürfte auch im Grundsatz nichts entgegenstehen: Hierbei kommt es nicht darauf an, ob man dem Unionsvertrag und den Gemeinschaftsverträgen wegen ihrer politischen, wirtschaftlichen und gesellschaftlichen Verflechtung quasi-verfassungsrechtlichen Charakter beimisst oder ob man die Gründungsverträge lediglich als eine besonders ausgestaltete regionale Entwicklungsstufe des Völkerrechts qualifiziert.[779] Denn in jedem Fall handelt es sich bei der Europäischen Union (noch) nicht um einen (Bundes-)Staat, während es gleichzeitig an einer gemeinschaftlichen Sondernorm über den Ausschluss eines Mitgliedstaates fehlt.[780]

Für den Fall aber, dass sich ein Mitgliedstaat trotz der gegen ihn nach Art. 7 EUV verhängten Sanktionen nach wie vor definitiv von Demokratie und Rechtsstaatlichkeit oder der Achtung der Menschenrechte abwendet, muss der Ausschluss des vertragsbrüchigen Partners gemäß Art. 60 Abs. 2 lit. a) WVK als „ultima ratio" in einer notwehrähnlichen Situation offen bleiben.[781] Ansonsten

---

779 s. zur Rechtsnatur des EU-Rechts nochmals oben S. 174 ff. + Fn. 661. A.A. Schwarze, EuR 1983, 30 ff. sowie Everling, FS für Mosler, S. 183, die eine Anwendung des allgemeinen Völkerrechts für die Europäische Gemeinschaft und ihre Untergliederungen bereits aufgrund prinzipieller Erwägungen über den Status einer supranationalen Rechtsordnung ausschließen; s. insofern aber auch sogleich unten Fn. 781.

780 Das Bundesstaatsrecht kennt selbst im Extremfall den Ausschluss eines Landes nicht. Dementsprechend verfügt z.B. in der Bundesrepublik Deutschland der Bund nur über eingeschränkte „Sanktionsmöglichkeiten" gegenüber den Ländern. Nach Art. 28 Abs. 3 GG ist er verpflichtet, die in Art. 28 Abs. 1 und 2 GG genannten Rechte und Einrichtungen zu gewährleisten. Zur Erfüllung seiner Gewährleistungsverpflichtung kann der Bund lediglich auf die Rechtsinstitute Bundesintervention (Art. 35 Abs. 3, 87a Abs. 3, 4 und Art. 91 Abs. 2 GG), Bundeszwang (Art. 37 GG) und Bundesaufsicht (Art. 84 Abs. 3, 4 und Art. 85 Abs. 3 GG) zurückgreifen; dazu Stern, Staatsrecht I, S. 713 f. Daneben besteht die Möglichkeit, das Bundesverfassungsgericht anzurufen (Art. 93 Abs. 1 Nr. 2, 3 und 4 GG). Aus der Föderation entfernen kann er jedoch selbst schwerwiegend „bundesuntreue" Länder nicht; vgl. Frowein, EuR 1983, 315; Schmahl, EuR 2000, 829 Fn. 77.

781 vgl. Schmahl, EuR 2000, 829; Stein, FS für Jaenicke, S. 889; Pechstein, in: Streinz, EUV/EGV, Art. 7 EUV, Rdnr. 15; Klein, in: Graf Vitzthum, Völkerrecht, 4. Abschn., Rdnr. 81 ff.; derselbe, VVDStRL 50 (1991), 77; Schweitzer/Hummer, Europarecht, Rdnr. 1025; Zuleeg, GS für Sasse, S. 63 ff.; Ehlermann, EuR 1984, 120; Meier, NJW 1974, 393. Auch die Ansicht, die den Rückgriff auf völkerrechtliche Regeln im Verhältnis der Europäischen Union zu den Mitgliedstaaten gänzlich ablehnt, leitet eine entsprechende Handlungskompetenz letztlich aus den ungeschriebenen, allgemeinen Rechtsgrundsätzen des Gemeinschaftsrechts her. So meint Schwarze, EuR 1983, 30 f., „ein Ausschluss als ‚ultima ratio' in Extremfällen ließe sich durchaus auf ein auch in der Gemeinschaft gültiges Recht ‚of taking emergency action' stützen" (vgl. auch Herzog, in: Smit/Herzog, The Law of the European Community Vol. 1, Art. F.01). Ebenso verweist Everling, FS für Mosler, S. 183 + 188 f., der diese Problematik im Hinblick auf die Grenzen der Verfügungsgewalt der Mitgliedstaaten über die Gemeinschaft, also ihrer

würde das in Art. 6 Abs. 1 EUV festgeschriebene Prinzip, nach dem die freiheitlichen, demokratischen und rechtsstaatlichen Regierungssysteme in den Mitgliedstaaten wesentliche und zwingende Elemente der Europäischen Union ausmachen, in letzter Konsequenz leer laufen.[782]

Aus diesem Grund widerspricht der Ausschluss eines Mitgliedstaates auch nicht dem Grundgedanken der Gründungsverträge – im Gegensatz zu einem einseitigen Austritt. Obgleich die Vorschriften der Art. 51 EUV, Art. 312 EGV und Art. 208 EAGV lediglich von einer Geltung der Verträge auf unbegrenzte Zeit,[783] nicht aber von einer Unauflöslichkeit der Union bzw. der Gemeinschaften sprechen,[784] ist nämlich an der rechtlichen Zulässigkeit eines einseitigen Austritts zu zweifeln.[785]

Eigenschaft als „Herren der Verträge", diskutiert, auf einen Ausschluss durch die anderen Mitgliedstaaten gestützt auf die allgemeinen Rechtsgrundsätze des Gemeinschaftsrechts. Ein solcher käme als letzte Konsequenz im Falle umwälzender Vorgänge in einzelnen Mitgliedstaaten, etwa der grundlegenden Änderung ihrer politischen Systeme, die die Zielsetzung der Gemeinschaft, zur Erhaltung von Friede und Freiheit in Westeuropa und in der Welt beizutragen, ernsthaft gefährden würden, in Betracht. Dies sei einer jener „außergewöhnlichen Umstände", die als Wandlungen mit revolutionärem Ausmaß einen Eingriff in die Gemeinschaft auch außerhalb des formellen Verfahrens der Vertragsänderung erlauben würden.

782 Hierauf weisen auch Stein, FS für Jaenicke, S. 889 und Schmahl, EuR 2000, 829 sowie Pechstein, in: Streinz, EUV/EGV, Art. 7 EUV, Rdnr. 15, hin. Dagegen geht Röttinger, in: C. O. Lenz, EG-Vertrag, Art. 312 EGV, Rdnr. 9, der aufgrund der Regelung des Art. 292 EGV den Ausschluss eines Mitgliedstaates für ausgeschlossen hält, davon aus, dass die Union über Zwangsmittel als Instrumentarium, um ein andauerndes vertragswidriges Verhalten eines Mitgliedstaates zu sanktionieren, nicht verfügt.

783 Lediglich der EGKS-Vertrag wurde nur für eine Dauer von 50 Jahren geschlossen und lief gem. Art. 97 EGKSV am 23.07.2002 aus.

784 Hierbei ist zu beachten, dass die ad-hoc-Versammlung für die Vorbereitung einer Europäischen Gemeinschaft in ihrem Entwurf vom 10.03.1953 zur Anpassung der geplanten Gemeinschaft an staatliche Formen vorschlug, den Begriff „unauflöslich" in den Vertrag einzuführen; vgl. Siegler, Dokumentation der Europäischen Integration, S. 73. Dass man diesen Vorschlag nicht aufgriff, sondern dem ausschließlich temporal zu verstehenden Begriff „unbegrenzt" den Vorzug gab, lässt auf einen Kompromiss schließen; vgl. Hilf, in: Groeben/Thiesing/Ehlermann, EU-/EG-Vertrag Bd. 5, Art. 240 EGV, Rdnr. 2; Stein, FS für Jaenicke, S. 885, Fn. 45. In der Literatur wird die Ansicht vertreten, dass die gewählte Formulierung darauf hindeute, dass die Verträge jederzeit kündbar seien; vgl. Dagtoglu, FS für Forsthoff, S. 82 ff.; Malawer, JWTL 1974, 32 ff. Eine Totalauflösung der Union und der Gemeinschaften durch einstimmigen actus contrarius im Sinne des Art. 54 lit. b) WVK sei jedoch grundsätzlich wegen der fortgeschrittenen europäischen Integration rechtlich nicht zulässig und praktisch-politisch ohnehin kaum denkbar; vgl. Oppermann, Europarecht, Rdnr. 220.

785 Daran ändern auch die Ausführungen des Bundesverfassungsgerichtes in seinem Urteil zum Vertrag von Maastricht (BVerfGE 89, 155, 190 ff.), wonach Deutschland die Zuge-

So gibt die systematische Stellung der genannten Regelungen innerhalb der Verträge einen Hinweis darauf, dass ein unilateraler Austritt den Zielen des Unionsvertrages sowie der Gemeinschaftsverträge zuwiderläuft.[786] Sie stehen jeweils am Ende der Verträge und bilden daher als übergreifende Schlussbestimmungen mit den jeweiligen Präambeln und Zielsetzungen der Verträge[787], die einen immer engeren Zusammenschluss der europäischen Völker anstreben und eine europäische Integration bezwecken, eine thematische Einheit[788]. Darüber hinaus lässt auch das in Art. 2 Spstr. 5 EUV normierte Ziel der Union, den gemeinschaftlichen Besitzstand zu wahren und weiterzuentwickeln, ein einseitiges Austrittsrecht eines Mitgliedstaates nicht zu.[789] Eine Erweiterung der Mitgliedschaft ist schließlich gemäß Art. 49 EUV nur aufgrund völkerrechtlicher Zustimmung aller Unionsstaaten möglich. Daher kann es im umgekehrten Fall der Kündigung kein Austrittsrecht gegen den Willen der anderen Mitgliedstaaten geben.[790] Anders als ein Ausschluss eines außergewöhnlich schwerwiegenden und beharrlichen Vertragsverletzers ist mithin ein einseitiges Loslösungsrecht des Verletzerstaates aus dem Unionsverbund mit der Natur der Verträge[791] nicht vereinbar.[792]

---

hörigkeit zur Union durch einen gegenläufigen unilateralen Akt wieder aufheben könne, nichts. Abgesehen davon, dass es angesichts Art. 220 EGV einem nationalen Gericht nicht obliegen kann, eine solche Interpretation der Verträge vorzunehmen, ließe sich durch eine Aufhebung der Zustimmungsgesetze die eingetretene völkerrechtliche Bindung nicht einseitig beseitigen. Gleichermaßen vermag der Hinweis auf die Souveränität der BRD nicht zu überzeugen, denn „Souveränität“ bedeutet nicht, dass sich ein Staat immer einseitig von vertraglichen Verpflichtungen lösen kann; vgl. Tomuschat, EuGRZ 1993, 495; Stein, FS für Jaenicke, S. 887; Zuleeg, NJW 2000, 2851.

786 Stein, FS Jaenicke, S. 885.

787 s. die Erwägungsgründe Nr. 11 und 12 der Präambel und Art. 1 Abs. 2 des EUV sowie den Erwägungsgrund Nr. 1 der Präambel des EGV.

788 vgl. R. Geiger, EUV/EGV, Art. 312 EGV, Rdnr. 8; Meier, NJW 1974, 391; Hilf, in: Groeben/Thiesing/Ehlermann, EU-/EG-Vertrag Bd. 5, Art. 240 EGV, Rdnr. 4.

789 Stein, FS für Jaenicke, S. 885.

790 Klein, in: Graf Vitzthum, Völkerrecht, 4. Abschnitt, Rdnr. 80; Pechstein/Koenig, Die Europäische Union, Rdnr. 459; Bergmann, in: Bergmann/C. Lenz, Der Amsterdamer Vertrag, Kap. 1, Rdnr. 21; Doehring, Völkerrecht, Rdnr. 364.

791 vgl. auch Art. 56 Abs. 1 lit. b WVK und die dazugehörigen Ausführungen von Schwarze, EuR 1983, 16 f.

792 so bereits H. P. Ipsen, Europäisches Gemeinschaftsrecht, S. 99 f.; L.-J. Constantinesco, Das Recht der Europäischen Gemeinschaften I, S. 180 f.; ebenso Everling, FS für Mosler, 183 f.; Schwarze, EuR 1983, 16 ff.; R. Geiger, EUV/EGV, Art. 312 EGV, Rdnr. 8; Stein, FS für Jaenicke, S. 885 f.; Schmahl, EuR 2000, 830; gegen ein einseitiges Austrittsrecht auch Meier, NJW 1974, 391 ff.; Pott, Clausula rebus sic stantibus, S. 152; Klein, in: Hailbronner/Klein/Magiera/Müller-Graf, EUV/EGV Bd. 2, Art. O EUV, Rdnr. 28; a.A. Gauland, NJW 1974, 1034; Schweitzer/Hummer, Europarecht, Rdnr. 1023. Der Austritt eines Mitgliedstaates ist deshalb nur im Wege der einvernehmlichen Entlassung mit Zustimmung der übrigen Vertragspartner möglich. Insofern würde es

Dagegen bleibt es mit Blick auf die Gesamtstruktur der Verträge zulässig, einen Mitgliedstaat, der in so erheblicher Weise vertragsbrüchig ist, dass die Vertragsverletzung einer endgültigen Ablehnung der Verträge gleichkommt und ihr mit den dort vorgesehenen Verfahren nicht mehr begegnet werden kann, aus der Union auszuschließen.[793] Erforderlich für den Ausschluss eines Mitgliedstaates wäre jedoch stets das einvernehmliche Handeln aller anderen Mitgliedstaaten; die einseitige Beendigung der Verträge durch einzelne Mitgliedstaaten wäre hingegen ebenfalls mit der den Verträgen zugrundeliegenden Gesamtauffassung nicht zu vereinen und im Ergebnis nicht anders zu bewerten als ein einseitiger Austritt.[794]

Nach diesen grundsätzlichen Erwägungen ist aber nach wie vor ungeklärt, ob sich die Sanktionierung eines Mitgliedstaates durch dessen Ausschluss aus der EU auf völkerrechtlicher Rechtsgrundlage nicht im Besonderen wegen Art. 7 EUV selbst als unzulässig erweist. Aufgrund der Einfügung des Gewährleistungsmechanismus in den Unionsvertrag könnte der Rückgriff auf die Wiener Vertragsrechtskonvention nämlich nicht mehr möglich sein:

So bleiben nach Art. 60 Abs. 4 WVK besondere Vertragsbestimmungen unberührt, die bei einer Verletzung des Vertrages anwendbar sind.[795] Da mit Art. 7

---

sich um eine Vertragsänderung nach Art. 48 EUV handeln. Die Beendigung der Mitgliedschaft durch Abschluss eines Entlassungsvertrages wird vertreten von Ehlermann, EuR 1984, 124; Everling, FS für Mosler, S. 184, Fn. 41; derselbe, DVBl 1993, 942; Hilf, in: Groeben/Thiesing/Ehlermann, EU-/EG-Vertrag Bd. 5, Art. 240 EGV, Rdnr. 8; Schmahl, EuR 2000, 831; Schorkopf, in: Grabitz/Hilf, Recht der EU I, Art. 7 EUV, Rdnr. 29; derselbe, Homogenität in der EU, Ziff. 322 m.w.N. Ungeachtet rechtlicher Fragen muss jedoch festgehalten werden, dass die EU das einseitige Ausscheiden eines Mitgliedstaates faktisch wohl kaum verhindern könnte; vgl. Everling, FS für Mosler, S. 184; Rodríguez Iglesias, EuGRZ 1996, 125; ebenso Zuleeg, NJW 2000, 2851, der diesen Schritt in den engen Grenzen des Art. 62 WVK zwar für rechtmäßig hält, eine grundlegende Änderung der beim Vertragsschluss gegebenen Umstände aber nur dann annimmt, wenn die EU die Verfassungsgrundsätze des Art. 6 EUV missachten würde. Für die Zukunft bleibt allerdings zu beachten, dass Art. 59 des Entwurfs eines Vertrages über eine Verfassung für Europa vom 18.07.2003 (CONV 850/03) nunmehr den einseitigen Austritt eines Mitgliedstaats ausdrücklich vorsieht.

793 Dagegen ist Schorkopf, Homogenität in der EU, Ziff. 187 und in: Grabitz/Hilf, Recht der EU I, Art. 7 EUV, Rdnr. 28, der Meinung, dass die einseitige Veränderung des Mitgliederbestandes der Europäischen Union generell, und damit auch der Ausschluss eines Mitgliedstaates, unzulässig sei.

794 Stein, FS für Jaenicke, S. 889 + Fn. 64; Schmahl, EuR 2000, 830.

795 Im Zuge der Arbeiten an der Vertragsrechtskonvention hatte sich nämlich als Problem herausgestellt, inwieweit die normalen Rücktritts- und Kündigungsvorschriften für völkerrechtliche Verträge auf die Gründungsverträge internationaler Organisationen ohne weiteres „passten“, was schließlich dazu führte, dass nicht nur hinsichtlich der speziellen Rücktritts- und Kündigungsvorschriften, sondern bereits in der Einleitung der Wie-

EUV ein spezielles Verfahren für Homogenitätsverletzungen in das Primärrecht eingeführt wurde, erscheint nun vorstellbar, dass in der Folge kein Raum für die Anwendung von Art. 60 Abs. 2 lit. a) WVK verbleibt.[796]

Bei genauerem Hinsehen vermag Art. 7 EUV eine solche Ausschlussfunktion allerdings nur in Bezug auf die Suspendierung von EU- und EG-Mitgliedschaftsrechten zugestanden werden. Die Aufnahme des Art. 7 EUV in das geschriebene Unionsrecht lässt zunächst lediglich darauf schließen, dass eine Beschränkung von Rechten der Mitgliedstaaten, die sich aus deren EU-Mitgliedschaft ergeben, allein unter den Voraussetzungen und nach dem Verfahren des Art. 7 EUV beschlossen werden kann. Das bedeutet vor allem, dass unterhalb der tatbestandlichen Schwelle von Art. 7 EUV keinerlei Maßnahmen ergriffen werden dürfen, durch die mitgliedstaatliche Rechte ausgesetzt werden oder die eine vergleichbare Wirkung haben wie die in Art. 7 EUV vorgesehenen Sanktionen. Mitnichten haben die primärrechtlichen Änderungen des Vertrages von Amsterdam jedoch jede denkbare Sanktionierung von besonders schweren Verletzungen mitgliedstaatlicher Verpflichtungen sowohl hinsichtlich der Voraussetzungen als auch der Rechtsfolgen abschließend geregelt. Eine Spezialregelung existiert ausschließlich für den Sonderfall der Suspendierung von Mitgliedschaftsrechten.[797]

In Anbetracht dessen ist der Ausschluss eines vertragsbrüchigen Mitglieds als zusätzliche Sanktionsmöglichkeit im Rahmen der Union auch weiterhin rechtlich zulässig, sofern eine Aussetzung der Mitgliedschaftsrechte den Verletzerstaat nicht zu einer Rückkehr zu den Homogenitätsprinzipien veranlasst. Etwas anderes ergibt sich auch nicht aus dem Umstand, dass sich die Regierungskonferenz bei der Konzeption des Gewährleistungsmechanismus bewusst gegen die Aufnahme eines Ausschlussrechtes entschieden hat und die möglichen Rechtsfolgen auf die Suspendierung begrenzen wollte.[798] Damit lässt sich allenfalls die beschränkte Sanktionswirkung des Verfahrens nach Art. 7 EUV an sich

ner Konvention mit Art. 5 ein allgemeiner Vorbehalt zugunsten der besonderen satzungsmäßigen Regeln der internationalen Organisationen aufgenommen wurde; vgl. dazu mit ausführlichen Hinweisen zu den Konventionsberatungen Wetzel/Rauschning, The Vienna Convention on the Law of Treaties – Travaux Préparatoires, zu Art. 5; speziell zu Art. 60 WVK s. die separate opinion von Judge de Castro zum Urteil des IGH im Fall Appeal Relating to the Jurisdiction of the ICAO Council (India v. Pakistan), ICJ Rep. 1972, 46, 129 f.

796 Dies vertritt Schorkopf, Homogenität in der EU, Ziff. 319; derselbe, in: Grabitz/Hilf, Recht der EU I, Art. 7 EUV, Rdnr. 28 sowie Stumpf, in: Schwarze, EU-Kommentar, Art. 7 EUV, Rdnr. 17.

797 s. Schmahl, EuR 2000, 830; H. Winkler/Schauer, Die Maßnahmen gegen Österreich, S. 141 sowie Pechstein, in: Streinz, EUV/EGV, Art. 7 EUV, Rdnr. 15.

798 vgl. diesbezüglich den Bericht der Reflexionsgruppe, S. 46, Rdnr. 33, mit dem Hinweis, dass der Aufnahme eines Ausschlussrechtes in das Primärrecht die Unwiderruflichkeit der Zugehörigkeit zur Union in Frage gestellt hätte.

begründen, nicht aber ein Verbot des subsidiären Rückgriffs auf die allgemeine völkerrechtliche Ausschlussregel des Art. 60 Abs. 2 lit. a WVK herleiten.[799] Vielmehr hat Art. 7 EUV insofern keine abschließende Natur und gestattet die weitergehende Sanktionierung durch Ausschluss des betroffenen Mitgliedstaates aus der EU.[800]

(3) Abschließende Wirkung für „bilaterale" Maßnahmen der Mitgliedstaaten

Eine ganz andere – aber für den vorliegenden Fall maßgebliche – Frage ist es schließlich, ob aus der Existenz von Art. 7 EUV das Verbot von Sanktionen außerhalb der Union abgeleitet werden kann. Es geht hier um die Problematik, ob die Mitgliedstaaten unabhängig von ihrem intergouvernementalen Zusammenschluss im Unionsverbund auf das ihnen unliebsame Verhalten eines Mitgliedstaates reagieren und zu eigenständigen Maßnahmen greifen dürfen. Anders formuliert bleibt nunmehr nach einer abschließenden Wirkung des Gewährleistungsmechanismus des Art. 7 EUV gegenüber einer „bilateralen" Sanktionierung durch die Mitgliedstaaten zu fragen.

Um zu diesem Ergebnis zu kommen, müsste allerdings eine grundlegende Voraussetzung erfüllt sein. Ein derartiges Verständnis von Art. 7 EUV würde verlangen, dass mit jener Regelung eine ausschließliche Zuständigkeit der Union im relevanten Bereich begründet wurde. Wie bereits erörtert dürfen die EU-Mitgliedstaaten nämlich allein in den ausschließlichen Zuständigkeitsbereichen der Union bzw. der Gemeinschaften nur noch unter Inanspruchnahme der vertraglich vorgesehenen Verfahren und nach Maßgabe der einschlägigen materiellen Vertragsbestimmungen tätig werden. Eigenständiges, aber auch koordiniertes mitgliedstaatliches Handeln ist damit lediglich im Bereich ausschließlicher Kompetenz der Union bzw. der Gemeinschaften überhaupt nicht mehr möglich. Etwaige Anhaltspunkte für eine ausschließliche Unionskompetenz aus Art. 7 EUV könnten zunächst den Gründungsverträgen selbst, des Weiteren der Recht-

799 so aber Schorkopf, Homogenität in der EU, Ziff. 321; derselbe, in: Grabitz/Hilf, Recht der EU I, Art. 7 EUV, Rdnr. 28.

800 ebenso Thun-Hohenstein, Der Vertrag von Amsterdam, S. 25; Schmahl, EuR 2000, 830; Schmitz, Supranationale Union, S. 358 f. + Fn. 35; Streinz, Europarecht, Rdnr. 93; Fastenrath/Müller-Gerbes, Europarecht, Rdnr. 49; R. Geiger, EUV/EGV, Art. 7 EUV, Rdnr. 3; Pechstein, in: Streinz, EUV/EGV, Art. 7 EUV, Rdnr. 15; wohl auch Pechstein/Koenig, Die Europäische Union, Rdnr. 464; Stein, FS für Jaenicke, S. 891; a.A. Bergmann, in: Bergmann/C. Lenz, Der Amsterdamer Vertrag, Kap. 1, Rdnr. 21 f., unter Hinweis auf das von der Satzung des Europarates ausdrücklich vorgesehene Ausschlussverfahren; Schorkopf, Homogenität in der EU, Ziff. 319 ff.; derselbe, in: Grabitz/Hilf, Recht der EU I, Art. 7 EUV, Rdnr. 28; Stumpf, in: Schwarze, EU-Kommentar, Art. 7 EUV, Rdnr. 17; Koenig/Haratsch, Europarecht, Rdnr. 979.

sprechung des EuGH und nicht zuletzt den einschlägigen Stellungnahmen in der wissenschaftlichen Literatur zu entnehmen sein.

(a) Interpretation von Unionsvertrag und Gemeinschaftsverträgen

Zunächst lassen weder der Wortlaut des Art. 7 EUV selbst – samt der zugehörigen Bestimmungen in den Gemeinschaftsverträgen – noch die Entstehungsgeschichte des Gewährleistungsmechanismus den Schluss zu, dass es den einzelnen Mitgliedstaaten als solchen nunmehr verwehrt ist, eigene Sanktionen zu ergreifen, solange sie nicht gegen sonstiges EU-Recht verstoßen.[801] Allein die Tatsache aber, dass Sanktionen wegen schwerer Verletzungen des Grundsatzes der Rechtsstaatlichkeit und der Menschenrechte usw. seit dem Amsterdamer Vertrag unionsrechtlich geregelt sind, verbietet den Mitgliedstaaten nicht von vornherein ebensolche Reaktionen.[802] Vielmehr sind die auf die Union übertragenen Kompetenzen nur ausnahmsweise ausschließlicher Natur.[803]

Die Begründung für eine ausschließliche Zuständigkeit der Union zur Sanktionierung von Verletzerstaaten mag auch nicht in Art. 292 EGV gesehen werden. Diese Bestimmung besagt, dass „[sich] die Mitgliedstaaten verpflichten, Streitigkeiten über die Auslegung und Anwendung dieses Vertrages nicht anders als hierin vorgesehen zu regeln".

Zugegebenermaßen stellt Art. 292 EGV tatsächlich fest, dass Streitigkeiten über die Auslegung und Anwendung nur durch die vertraglich vorgesehenen Rechtsschutzmechanismen geregelt werden sollen und könnte daher internationale Streitschlichtungsmechanismen ausschalten. Allerdings sagt Art. 292 EGV nichts darüber aus, was zu geschehen hat, wenn der Streit zwar durch den vertraglichen Mechanismus „geregelt wurde", es jedoch dadurch nicht zur Rechts-

801 vgl. Busse, Österreich contra Europäische Union, S. 28, der in diesem Zusammenhang darauf hinweist, dass auch ein deutsches Bundesland gegenüber einem anderen deutschen Bundesland solange Maßnahmen ergreifen könne, bis entweder gegen geltendes Recht verstoßen oder der Grundsatz der Bundestreue verletzt würde.

802 so jedoch Stein, Kreuzzug gegen Österreich, S. 14. Erforderlich wäre darüber hinaus – wie gesagt – eine ausschließliche Kompetenz, also eine vollständige Zuständigkeitsübertragung auf die Union, so dass allein sie zum Handeln befugt ist.

803 Ausschließliche Kompetenzen bestehen etwa für die Festlegung der Zolltarife (Art. 26 EGV), die Handelspolitik (Art. 133 EGV) sowie die gemeinsame Währungspolitik (Art. 106 ff. EGV), ferner für den Bereich des Organisationsrechts der Gemeinschaft (Kompetenz kraft Organisationsgewalt); s. dazu Zuleeg, Der rechtliche Zusammenhalt der Europäischen Gemeinschaft, S. 12.

konformität gekommen ist.[804] Konkret normiert Art. 292 EGV deshalb nur ein Monopol der Gemeinschaft zur Rechtsfindung, nicht aber die Ausschließlichkeit der Rechtsdurchsetzung.[805] Es wird lediglich der Vorrang gemeinschaftsrechtlicher Mittel vor völkerrechtlichen Durchsetzungsmaßnahmen festgeschrieben.[806]

Darüber hinaus – und dies ist letztlich entscheidend – bezieht sich Art. 292 EGV nur auf Streitigkeiten im Bereich der „Auslegung und Anwendung" des EGV.[807] Das heißt, die Mitgliedstaaten werden allein dann zur vorrangigen Einhaltung der vertraglich vorgesehenen Verfahren verpflichtet, wenn es sich um „gemeinschaftsrechtliche" Streitigkeiten handelt.[808] Gleichzeitig erstreckt sich die insofern erzeugte Spezialität auch bloß auf die im EGV enthaltenen Rechtsschutzmechanismen.

Das mit dem Amsterdamer Vertrag installierte Sanktionsverfahren zum Schutz der Homogenität in der EU gewährleistet aber zum einen ausschließlich die von Art. 6 Abs. 1 EUV genannten Prinzipien.[809] Im Falle einer Abkehr eines Mitgliedstaates von den Grundsätzen der Freiheit, der Demokratie, der Achtung der Menschenrechte und Grundfreiheiten oder der Rechtsstaatlichkeit handelt es sich also um einen Konflikt im Bereich des EU-Vertrages. Zum anderen ist der Gewährleistungsmechanismus selbst – mit dem Feststellungsbeschluss nach Art. 7 Abs. 1 EUV als konstitutiver Voraussetzung für eventuelle Sanktionsbeschlüsse auf Unions- und Gemeinschaftsebene – ein stets im EUV angelegtes Verfahren. Während sich mittels Art. 292 EGV jedoch lediglich begründen lässt, dass eine Verletzung des EGV immer zu einem Verfahren vor dem EuGH führen wird, sofern sie nicht über die Kontrollrechte der Kommission oder innerhalb

---

804 Im Übrigen lässt die Vorschrift völlig offen, ob ein Eingriff in das EG-Recht zur Durchsetzung gemeinschaftsfremder Verpflichtungen in Form einer völkerrechtlichen Repressalie zulässig ist; vgl. Marschik, Subsysteme im Völkerrecht, S. 260.

805 Gegen eine solche Interpretation spricht zudem, dass die Gemeinschaft nur sehr begrenzte Vollzugsbefugnisse besitzt; vgl. Marschik, Subsysteme im Völkerrecht, S. 260 + Fn. 4.

806 Marschik, Subsysteme im Völkerrecht, S. 211 + 253. Auch Klein, RIW/AWD 31 (1985), 296, weist auf die durch Art. 219 EGV a.F. erzeugte Spezialität hin: „Richtig ist selbstverständlich, dass die Gemeinschaftsregeln den allgemeinen Völkerrechtsnormen vorgehen. Die gewohnheitsrechtlichen Bestimmungen über die Reaktion bei Vertragsbruch und internationalem Delikt sind zweifellos verdrängt durch die Vorschriften des Gemeinschaftsrechts, die – im Anwendungsbereich des Vertrages – sowohl Mitgliedstaaten wie Gemeinschaft auf den Weg zur Streitentscheidung durch den EuGH verpflichten (Art. 219)."; a.A. beispielsweise Ortlepp, Vertragsverletzungsverfahren, S. 160 f.

807 vgl. Hausen, in: Groeben/Thiesing/Ehlermann, EU-/EG-Vertrag Bd. 5, Art. 219 EGV, Rdnr. 2.

808 Dies erkennen auch Busse, Österreich contra Europäische Union, S. 28, Fn. 16 und Schmahl, EuR 2000, 833, Fn. 101.

809 s. oben S. 195.

des Rates geahndet wird[810], fehlt es dagegen aber an einer entsprechenden Bestimmung für den Unionsvertrag.[811]

Erst recht finden sich im EUV keinerlei Bestimmungen, in denen ein Wille zur Ausschließlichkeit des Sanktionsverfahrens zum Ausdruck kommt. Die „Verwirklichung einer immer engeren Union der Völker Europas“ (Art. 1 Abs. 2 EUV) setzt dies ebenso wenig voraus wie die „Erhaltung und Weiterentwicklung der Union als Raum der Freiheit, der Sicherheit und des Rechts“ (Art. 2 UAbs. 1 Spstr. 4 EUV) oder der „einheitliche institutionelle Rahmen“, der die nachhaltige Entwicklung des gemeinschaftlichen Besitzstandes sichern soll (Art. 3 Abs. 1 EUV). Vielmehr ist festzuhalten, dass weder der Unionsvertrag noch die Gemeinschaftsverträge ausdrückliche Vorschriften enthalten, aus denen sich eine Ausschlusswirkung des Mechanismus nach Art. 7 EUV ergibt.

Ganz im Gegenteil – die im Gemeinschaftsrecht enthaltenen Notstandsklauseln[812] sprechen gerade für die Annahme, dass die Sanktionsbefugnisse den Mitgliedstaaten nicht vollständig entzogen sind. Geht es nämlich um vitale Interessen der Mitgliedstaaten, so gestatten die Art. 296 Abs. 1 lit. b und 297 EGV den Mitgliedstaaten, unter bestimmten Voraussetzungen auch ohne vorherige gemeinschaftliche Ermächtigung oder Genehmigung Maßnahmen zu ergreifen, die von den gemeinschaftsrechtlichen Verpflichtungen abweichen.

Die genannten Vorschriften entziehen bestimmte Bereiche für den Fall des Notstands von vornherein dem Anwendungsbereich des Vertrages und begründen insoweit Souveränitätsvorbehalte hinsichtlich der im EG-Vertrag geregelten Freiheitsbereiche.[813] Den Regelungen liegt die Erwägung zugrunde, dass es einem einzelnen Mitgliedstaat in bestimmten Notstandssituationen unzumutbar sein kann, sich an die vereinbarten Regelungen zu halten.[814] Gemäß Art. 297

---

810 vgl. Marschik, Subsysteme im Völkerrecht, S. 253; s. auch Simma, NYIL 16 (1985), 128 f.

811 s. insofern auch Art. 28 und Art. 41 EUV. Diese Bestimmungen zählen jene Artikel des EG-Vertrages auf, die auf die 2. und 3. Säule anwendbar sind, lassen Art. 292 EGV jedoch aus.

812 zur Terminologie s. Beutler, in: Beutler/Bieber/Pipkorn/Streil, Die Europäische Union 4. Aufl., S. 91 f., aber auch die 5. Aufl., Rdnr. 145; Gilsdorf/Kuijper, in: Groeben/Thiesing/Ehlermann, EU-/EG-Vertrag Bd. 5, vor Art. 223 bis 225 EGV, Rdnr. 2 f. m.w.N.

813 Bohr, Schutznormen im Recht der Europäischen Gemeinschaften, S. 18 f.; Koenig/Haratsch, Europarecht, Rdnr. 134; Bleckmann, in: derselbe, Europarecht, Rdnr. 2920 ff.; ausführlich Weber, Schutznormen und Wirtschaftsintegration, S. 140 ff.; Müller-Heidelberg, Schutzklauseln im Europäischen Gemeinschaftsrecht, S. 315 f. – zum möglichen Inhalt von Schutznormen ebenda, S. 135 ff.

814 hierzu Frowein, EuR 1983, 313 f., der bereits vor Abschluss des Vertrages von Amsterdam für den Fall, dass die Verfassungsverhältnisse eines Mitgliedstaates der Europäischen Gemeinschaften den Anforderungen einer freiheitlichen Demokratie nicht mehr

EGV ist insbesondere bei einer „schwerwiegenden innerstaatlichen Störung der öffentlichen Ordnung" ein eigenständiges mitgliedstaatliches Handeln möglich.[815]

Als allgemeines Prinzip mag dieser Gedanke nun ebenfalls für die vergleichbare Situation im Rahmen des Art. 7 EUV Geltung beanspruchen. Denn spätestens im Falle einer schwerwiegenden und anhaltenden Verletzung der Grundsätze des Art. 6 Abs. 1 EUV, die als solche die Funktionsfähigkeit der Europäischen Union insgesamt in Frage stellt, muss gleichermaßen von einer notstandsähnlichen Lage ausgegangen werden.[816]

(b) Rechtsprechung des EuGH

Eine ausschließliche Sanktionskompetenz auf der Grundlage von Art. 7 EUV könnte jedoch möglicherweise aus einer den Verträgen innewohnenden „Gesamtauffassung" abgeleitet werden. Jedenfalls verwendet der EuGH eine solche Formulierung in einem Urteil aus dem Jahr 1964, das die Kommission gegen Luxemburg und Belgien erstritt.[817]

In diesem Fall hat der EuGH den auf das allgemeine Völkerrecht gestützten Einwand der beklagten Staaten, der ihnen gegenüber erhobene Vorwurf einer Vertragsverletzung sei bereits deshalb unbegründet, weil die Gemeinschaft ihrerseits vertragsbrüchig geworden sei, mit dem Hinweis zurückgewiesen, „ein solcher Zusammenhang zwischen den Verpflichtungen der Rechtsunterworfenen" – der Gedanke der völkerrechtlichen Reziprozität – könne „jedoch für das Gemeinschaftsrecht nicht anerkannt werden". „Der Vertrag", so der EuGH, „schafft nicht nur wechselseitige Verpflichtungen zwischen den verschiedenen Rechtssubjekten, für die er gilt, sondern er stellt eine neue Rechtsordnung auf, nach der sich die Befugnisse, Rechte und Pflichten der Rechtssubjekte sowie die zur Feststellung und Ahndung etwaiger Rechtsverletzungen erforderlichen Verfahren bestimmen. Soweit nichts anderes vorgesehen ist, ergibt sich daher aus

---

genügen auf der Grundlage der Notstandsklauseln eine Konstruktion zur Sanktionierung von Mitgliedstaaten entwickelte. Da die Art. 224, 225 EGV a.F. gemeinsame Reaktionen der vertragstreuen Mitgliedstaaten zur Störungsabwehr ermöglichen wollten, sei die Rechtsfolge der Suspendierung von Gemeinschaftsrecht solange zulässig, wie der betroffene Mitgliedstaat den Zustand der Homogenitätsverletzung aufrecht erhalte; vgl. auch derselbe, Michigan Law Review 1984, 1319 f.; zustimmend Ehlermann, EuR 1984, 121; H. P. Ipsen, FS für Dürig, S. 180; zur Kritik an diesem Ansatz Schorkopf, Homogenität in der EU, Ziff. 161 ff.

815 Allerdings sieht Art. 298 Abs. 2 EGV eine Kontrolle der mitgliedstaatlichen Anwendung der Notstandsklauseln durch den Gerichtshof vor.

816 vgl. Schmahl, EuR 2000, 833.

817 EuGH, verb. Rs. 90 und 91/63 (Kommission/Luxemburg und Belgien), Slg. 1964, 1329.

einer dem Vertrag zugrunde liegenden Gesamtauffassung, dass es den Mitgliedstaaten verboten ist, sich selbst ihr Recht zu verschaffen."[818]

An diesem Grundsatz hat der Gerichtshof in einer Vielzahl von Entscheidungen konsequent festgehalten[819], darunter auch der „Schaffleisch-Fall", in dem der EuGH im Hinblick auf das Vertragsverletzungsverfahren wie folgt formuliert: „Auf keinen Fall ist ein Mitgliedstaat berechtigt, einseitig Ausgleichs- oder Abwehrmaßnahmen zu ergreifen, um einer möglichen Missachtung der Vertragsvorschriften durch einen anderen Mitgliedstaat entgegenzuwirken."[820]

Diese Rechtsprechung wurde nun gelegentlich in der Weise verstanden, dass den Mitgliedstaaten nur die gemeinschaftlich vorgesehenen Verfahren als mögliche Sanktionen gegenüber einem Vertragsbruch durch einzelne Mitgliedstaaten zur Verfügung stehen. Einseitige Maßnahmen eines Mitgliedstaates als Reaktion auf das vertragswidrige Verhalten eines anderen Mitgliedstaates seien von vornherein gemeinschaftsrechtswidrig. Für die Anwendung klassischer völkerrechtlicher Sanktionsmittel wie der Retorsion und der Repressalie bliebe nach der Konzeption des Gerichtshofes kein Raum.[821]

Diese Interpretation geht jedoch zu weit. Der EuGH wollte in diesem Zusammenhang lediglich zum Ausdruck bringen, dass die Mitgliedstaaten bei behaupteter Rechtsverletzung nicht sofort zur Selbsthilfe greifen dürfen.[822] Sie sind zunächst verpflichtet, die vertraglichen Rechtsschutzmechanismen auszuschöpfen.[823]

Das ergibt sich bereits aus den zugrundeliegenden Umständen in den verbundenen Rechtssachen 90 und 91/63 als „leading case". Denn dort ging es darum,

---

818 EuGH, a.a.O., 1344.

819 EuGH, Rs. 7/71 (Kommission/Frankreich), Slg. 1971, 1003, Rdnr. 38 ff. – „Versorgungsagentur"; Rs. 39/72 (Kommission/Italien), Slg. 1973, 101, Rdnr. 22 ff.; Rs. 52/75 (Kommission/Italien), Slg. 1976, 277, Rdnr. 11 f.; Rs. 78/76 (Steinike und Weinlig/Deutschland), Slg. 1977, 595, Rdnr. 24; Rs. 128/78 (Kommission/Vereinigtes Königreich), Slg. 1979, 419, Rdnr. 10 ff.; Rs. 232/78 (Kommission/Frankreich), Slg. 1979, 2729, Rdnr. 9; Rs. 95/81 (Kommission/Italien), Slg. 1982, 2187, Rdnr. 17; Rs. 42/82 (Kommission/Frankreich), Slg. 1983, 1013, Rdnr. 20 (s. bereits oben Fn. 745); Rs. C-5/94 (The Queen/Ministery of Agriculture, Fisheries and Food, ex parte: Hedley Lomas [Ireland]), Slg. 1996, I-2553, Rdnr. 20; Rs. C-265/95 (Kommission/Frankreich), Slg. 1997, I-6959, Rdnr. 63 – „Ausschreitungen".

820 EuGH, Rs. 232/78 (Kommission/Frankreich), Slg. 1979, 2729, Rdnr. 9; vgl. im „Schaffleisch"-Fall auch die spätere einstweilige Anordnung, verb. Rs. 24 und 97/80 R (Kommission/Frankreich), Slg. 1980, 1319, Rdnr. 15 ff.

821 Schockweiler, FS für Pescatore, S. 614; Ortlepp, Vertragsverletzungsverfahren, S. 159; Schwarze, EuR 1983, 21 f.; Schwarzenegger, ZfRV 2000, 125; ferner Everling, FS für Mosler, S. 182, Fn. 33.

822 ebenso Klein, RIW/AWD 31 (1985), 296, Fn. 59.

823 Marschik, Subsysteme im Völkerrecht, S. 261; ähnliche Kritik an der geläufigen Interpretation des Urteils äußert Stein, ZaöRV 47 (1987), 107, Fn. 38.

dass Luxemburg und Belgien eine rechtswidrige Maßnahme dadurch rechtfertigen wollten, dass der Rat seinen Verpflichtungen nicht nachgekommen sei.[824] Dem EuGH kam es demnach allein auf die Feststellung an, dass – sollte eine solche Verfehlung tatsächlich vorliegen – die Mitgliedstaaten nicht befugt sind, sofort einseitige Maßnahmen zu ergreifen.[825] Folglich wird abermals bloß der Vorrang der speziellen Rechtsschutzverfahren der Gemeinschaft zur Feststellung und Ahndung von Rechtsverletzungen vor den allgemeinen völkerrechtlichen Durchsetzungsmitteln herausgestellt.

Abgesehen davon, dass der Gerichtshof andernfalls den Handlungsspielraum der Mitgliedstaaten, der ihnen in ihrer Eigenschaft als souveräne Staaten nach dem Völkerrecht prinzipiell zusteht, im Ergebnis empfindlich verringern würde[826], wird die hier vertretene Ansicht zusätzlich dadurch gestützt, dass die Rechtsprechung des EuGH ihre Argumentation – wenn auch nicht ausdrücklich, so doch konkludent – der Regelung des Art. 292 EGV entlehnt.[827] Eine Ausschließlichkeit der gemeinschaftsinternen Streitschlichtungsverfahren vermag diese Vorschrift nach oben Gesagtem aber gerade nicht begründen.[828]

Art. 292 EGV bildet auch die Grundlage für die folgende Überlegung: Selbst wenn man annimmt, der Gerichtshof gehe tatsächlich von der Ausschließlichkeit gemeinschaftsinterner Streitschlichtung aus, so kann dies wegen des auf den EGV beschränkten Anwendungsbereichs jener Norm ohnehin nur für das Gemeinschaftsrecht, als einem Teilbereich der Integration, Gültigkeit beanspruchen. Dafür spricht zudem die Tatsache, dass der EuGH seine Rechtsprechung mit einem Hinweis auf den Vertrag im Sinne einer eigenständigen Rechtsordnung begründet.[829] Die innerhalb der Europäischen Union zusammengefassten Politikbereiche der GASP und der Zusammenarbeit in Strafsachen – aber eben auch der Sanktionsmechanismus des Art. 7 EUV – unterliegen dagegen inter-

---

824 EuGH, verb. Rs. 90 und 91/63 (Kommission/Luxemburg und Belgien), Slg. 1964, 1329, 1344.

825 wie hier Marschik, Subsysteme im Völkerrecht, S. 197 + 261.

826 Bemerkenswert ist in diesem Zusammenhang auch das Urteil gegen Italien von 1982, das die von Italien eingeführte Pflicht zur Stellung einer Kaution bei Vorauszahlungen auf Importe für unzulässig erklärte, den Mitgliedstaaten aber das Recht zugesteht, mit allen Mitteln, d.h. durch die eigenen Behörden, zu kontrollieren, ob die Vorauszahlungen tatsächlich für echte Geschäfte geleistet werden, unter dem Vorbehalt freilich, dass durch diese einseitigen Kontrollen der innergemeinschaftliche Warenverkehr nicht behindert werden darf; vgl. EuGH, Rs. 95/81 (Kommission/Italien), Slg. 1982, 2187, Rdnr. 17.

827 vgl. Stein, FS für Jaenicke, S. 889 f.; Schorkopf, Homogenität in der EU, Ziff. 175. Eine explizite Bezugnahme auf Art. 219 EGV a.F. findet sich allerdings in EuGH, Gutachten 1/91, Slg. 1991, I-6079, Rdnr. 35 – „EWR".

828 s. oben S. 206 ff.

829 s. nochmals EuGH, verb. Rs. 90 und 91/63 (Kommission/Luxemburg und Belgien), Slg. 1964, 1329, 1344 bzw. oben S. 209 f.

gouvernementalen Regeln, d.h. dem „besonderen Völkerrecht" des EU-Vertrages.[830] Zusammenfassend lässt sich aus der Rechtsprechung des EuGH daher ebenfalls keine ausschließliche Zuständigkeit der Union für den Bereich des Art. 7 EUV herleiten.[831]

(c) Literatur – Das Gemeinschaftsrecht als „self-contained régime"?

Zwar hat der EuGH wiederholt festgehalten, dass Verletzungen der EG-Verträge nicht unmittelbar mit Selbsthilfemaßnahmen geahndet werden dürfen. Konkret zur Zulässigkeit einer völkerrechtlichen Durchsetzung nach einem Versagen der gemeinschaftsrechtlichen Möglichkeiten hat der Gerichtshof aber nicht Stellung bezogen.[832] Die Literatur ist in der grundlegenden Frage, ob völkerrechtliche Gegenmaßnahmen auf Verletzungen der Verträge zulässig sind, indes gespalten.

Auf der einen Seite gibt es Autoren, die völkerrechtliche Maßnahmen der Mitgliedstaaten prinzipiell ablehnen.[833] So bezeichnet etwa Everling das Rechtsschutzsystem der EG als „nahezu perfekt", so dass ohnedies kaum Raum für eine Anwendung des Völkerrechts bestehe. Erst wenn das im Vertrag vorgesehene Verfahren durchgeführt worden ist und die Befolgung eines Urteils verweigert wird, könne sich überhaupt die Frage stellen, ob ein Mitgliedstaat auf Regeln des Völkerrechts zurückgreifen kann, um dem vertragswidrig handelnden Staat gegenüber Repressalien anzuwenden oder Schadensersatz zu verlangen. „Das wäre jedoch nicht mit der Rechts- und Verfassungsordnung der Gemeinschaft vereinbar. Diese lässt nach ihrer umfassenden Ausgestaltung keine Ergänzung durch andere Ordnungsprinzipien zu."[834] Als Begründung für die Geschlossenheit dient hier somit die Autonomie der Gemeinschaftsrechtsordnung.[835]

---

830 grundlegend dazu oben S. 175 f.; ähnlich Schorkopf, Homogenität in der EU, Ziff. 176. Darüber hinaus betont Stein, FS für Jaenicke, S. 890, dass ein einvernehmliches Handeln aller Mitgliedstaaten gegen einen beispielsweise in die Diktatur abgerutschten Mitgliedstaat ohnehin weder von Art. 219 EGV a.F. noch von dieser Rechtsprechung erfasst werde.

831 so im Ergebnis auch Busse, Österreich contra Europäische Union, S. 28, Fn. 16.

832 Es gab dazu noch keinen Anlass, vgl. Marschik, Subsysteme im Völkerrecht, S. 287 + Fn. 68.

833 H. P. Ipsen, Europäisches Gemeinschaftsrecht, S. 531; Everling, FS für Mosler, S. 181 ff.; Schwarze, EuR 1983, 18 ff.; Ebke, FS für Thomas, S. 6 ff.; Schockweiler, FS für Pescatore, S. 614 + 628; Ortlepp, Vertragsverletzungsverfahren, S. 159; Meron, FS für Schindler, S. 112; Weiler, The Yale Law Journal 100 (1991), 2422; Teske, EuR 1992, 266.

834 Everling, FS für Mosler, S. 178 f. + 182.

835 Das Verbot von Gegenmaßnahmen möchte Teske, EuR 1992, 266, auch aus einem der EG eigenen „Gefühl der Gemeinschaftszugehörigkeit" ableiten.

Für Schockweiler liegt der Grund für die Geschossenheit einerseits im institutionalisierten Rechtssystem der Gemeinschaft[836], andererseits – und primär – in der Eigenschaft der Gemeinschaft als „communauté des citoyens".[837] Ähnlich sieht Ortlepp das EG-System bei Zulassung von Gegenmaßnahmen in seinen Grundfesten (Gleichheit der Mitgliedstaaten und Gleichheit der Bürger) erschüttert. Die Rechtfertigung für die Anwendung des Völkerrechts als Unterstützung des Gemeinschaftsrechts sei hinfällig, weil völkerrechtliche Maßnahmen noch weniger effektiv wären, als die gemeinschaftsrechtliche Durchsetzung.[838] Auch nach Meron ist die „comprehensiveness and effectiveness" des Vertragsverletzungsverfahrens bei der Interpretation des EG-Vertrages ausschlaggebend für die Qualifizierung als „self-contained régime".[839]

Für Weiler sind schließlich ebenfalls die im „Verfassungssystem" der Gemeinschaft eingebundenen Rechtsschutzverfahren entscheidend dafür, dass eine völkerrechtliche Durchsetzung ausgeschlossen ist: „The Community legal order, on this view, is a truly self-contained regime with no recourse to the mechanisms of State responsibility, at least as traditionally understood, and therefore to reciprocity and counter-measures, even in the face of actual and potential failure." Einen Verlust in der normativen Qualität des Gemeinschaftsrechts sieht er dabei nicht.[840] Vielmehr betonen eine Reihe von Autoren, dass völkerrechtliche Sanktionen Merkmale eines primitiven Rechts seien, die keinen Platz im „sophisticated" Rechtsraum der EG hätten.[841]

---

836 Schockweiler, FS für Pescatore, S. 614; ähnlich Schwarze, FS für Pescatore, S. 641.

837 Schockweiler, FS für Pescatore, S. 628.

838 Ortlepp, Vertragsverletzungsverfahren, S. 159. Noch weiter geht Schwarze, FS für Pescatore, S. 642: „Der Rückgriff auf das allgemeine Völkerrecht würde wegen dessen notwendigerweise unbestimmten Gehalts die Durchsetzungskraft des Rechtes schwächen und es seines spezifisch instrumentalen Charakters zur weiteren Fortentwicklung berauben."

839 Meron, FS für Schindler, S. 112. Der Begriff des „self-contained régime" geht dabei auf das Urteil des IGH im „Teheraner Geisel"-Fall zurück (ICJ Rep. 1980, 3, 41). Dort bezeichnete er das Diplomatenrecht als geschlossenes System, als „self-contained régime", in dem Rechtsverletzungen nur mit den im Regime dafür vorgesehenen Maßnahmen geahndet werden können und die generellen Regeln des völkerrechtlichen Verantwortlichkeitsrechts – allein durch die „Geschlossenheit" des Systems – endgültig ausgeschlossen sind. Danach hat die Idee eines solchermaßen in sich geschlossenen Rechtssystems binnen kurzer Zeit in der Wissenschaft eine Reihe von Anhängern gefunden, von denen manche das Konzept ohne nähere Prüfung für verschiedene internationale Rechtsbereiche verwenden; sehr ausführlich hierzu Marschik, Subsysteme im Völkerrecht, S. 100 ff. + 170 ff.; s. auch unten S. 304 + 323 f.

840 Weiler, The Yale Law Journal 100 (1991), 2422.

841 s. neben Schwarze, EuR 1983, 24 f., beispielsweise Schockweiler, FS für Pescatore, S. 635: „Dans une Communauté dans laquelle le droit devrait se faire respecter par la force, on ne pourrait plus parler ni de Communauté ni de droit." Völkerrechtliche Durchsetzungsmaßnahmen werden hier mit Gewalt gleichgesetzt, obwohl diese im Völ-

Auf der anderen Seite stellt White fest, dass aus politischen Erwägungen zwar die Geschlossenheit des Systems begrüßenswert wäre, „pure legal reasoning" möglicherweise jedoch zum gegenteiligen Ergebnis führe.[842] Zu diesem Ergebnis kommt z.B. Simma: „The exclusion of the legal systems created by them from the general law of treaties and State responsibility goes as far as the six original members intended to go. An intention to exclude the applicability of the general legal consequences of internationally wrongful acts to the Community treaties under all circumstances can hardly be established through accepted methods of treaty interpretation, however."[843] Für ihn ist das Gemeinschaftsrecht daher „as far as possible a self-contained regime". Es ist jedoch nicht endgültig geschlossen und ermöglicht einen Rückfall bei Versagen der vertraglichen Mechanismen.[844]

Nach ausführlicher Studie gelangt auch Hancher zu diesem Schluss. Zwar sei die Gemeinschaftsrechtsordnung von mehreren Besonderheiten und einer prinzipiell geschlossenen Struktur gekennzeichnet. Doch „it certainly remains possible to refute the idea that it is a totally self-contained legal order, entirely distinct from international law, even if only on minor points. Nor is to be implied that in the unlikely circumstance that the Community legal system fails to provide for an effective remedy or sanction, that it would be inappropriate or impossible to fall back on the guidance of international law as a last resort".[845]

In ähnlicher Weise unterstreichen die übrigen Wissenschaftler, die völkerrechtliche Maßnahmen zur Durchsetzung des Gemeinschaftsrechts für zulässig erachten[846], dass das Völkerrecht den Rechtsschutzmechanismus der EG unterstütze, weil es bei Versagen der vertraglich vorgesehenen Verfahren EG-Recht

kerrecht prinzipiell untersagt ist. Daher sind gewaltsame Repressalien auch innerhalb der Gemeinschaft verboten. Die Sorge vor einer diesbezüglichen „Verrohung" oder „Verwilderung" der Beziehungen der Mitgliedstaaten (so aber Ortlepp, Vertragsverletzungsverfahren, S. 159) ist nicht gerechtfertigt; vgl. Marschik, Subsysteme im Völkerrecht, S. 289 + Fn. 86 sowie unten S. 323.

842 White, NYIL 16 (1985), 162.

843 Simma, NYIL 16 (1985), 127.

844 vgl. Simma, NYIL 16 (1985), 128; s. auch derselbe, FS für Heydte, S. 628.

845 Hancher, NYIL 25 (1994), 270. In einer differenzierten Untersuchung kommt des Weiteren Tomuschat, FS für Börner, S. 449 ff., zum Schluss, dass der EG-Vertrag bezüglich Ansprüchen von Einzelnen und von Mitgliedstaaten gegenüber der EG geschlossen sei, weil das Rechtsschutzsystem dort effektiv wäre. Für andere Anspruchskonstellationen sei das System jedoch offen.

846 Bleckmann, DÖV 1978, 393 ff.; derselbe, RIW/AWD 24 (1978), 94; Jacobs, European Community Law and Public International Law: two different legal orders?, S. 27 ff.; Klein, RIW/AWD 31 (1985), 296; Audretsch, Supervision in European Community Law, S. 138 f., 146; Stein, ZaöRV 47 (1987), 108; Conforti, RdC 212 (1988), 203; Oppermann, Europarecht, Rdnr. 599.

durchsetzen könne und so dessen Effektivität sichere.[847] Ein völkerrechtliches Vorgehen setze jedoch immer das Erschöpfen der gemeinschaftlichen Mittel voraus und müsse außerdem den strengen Voraussetzungen der Staatenverantwortlichkeit entsprechen.

Einige Vertreter dieser Ansicht stellen dabei noch über die allgemeinen völkerrechtlichen Bedingungen hinausgehende Anforderungen. Unter Hinweis auf Art. 88 EGKSV befürwortet Audretsch beispielsweise für das Ergreifen einer Repressalie die Autorisation des Rates.[848] Doch können für eine analoge Anwendung dieser Norm im allgemeinen Völkerrecht allenfalls rechtspolitische, aber keine juristischen Argumente ins Feld geführt werden.[849]

Bleckmann wiederum schlägt vor, dass jede Repressalie von der Kommission kontrolliert werden solle.[850] Auch dies scheint politisch sinnvoll; allerdings mangelt es abermals an einer juristischen Grundlage.[851] Beide Autoren versuchen, dass völkerrechtliche Repressalienrecht in das gemeinschaftliche System zu integrieren. Dabei wird jedoch die systematische Grenzziehung zwischen Völkerrecht und dem speziellen Verantwortungssystem verwischt.[852]

Klein hält schließlich nur Sanktionen mit „gemeinschaftswahrender Funktion" für zulässig.[853] Nichts anderes ergibt sich aber bereits aus der Bindung jeglichen mitgliedstaatlichen Handelns an den Grundsatz der Gemeinschaftstreue aus Art. 10 EGV. Soweit sich bilaterale Maßnahmen der Mitgliedstaaten innerhalb dieser Grenzen halten, ist jede Sanktion – da sie zum Zweck der Durchsetzung des Gemeinschaftsrechts ergriffen wird – „gemeinschaftswahrend".

Bis hierhin kann festgehalten werden, dass die Literatur in zwei Lager gespalten ist. Die eine Auffassung schließt völkerrechtliche Durchsetzungsmaß-

---

847 Bleckmann, DÖV 1978, 398 und Simma, NYIL 16 (1985), 127, warnen ausdrücklich vor den nachteiligen Folgen, sollte die EG ein „self-contained régime" sein. Mangels effektiver Sanktionsnormen wäre das Gemeinschaftsrecht letztendlich undurchsetzbar und damit kein „Recht"; das Völkerrecht käme daher der europäischen Integration zugute.

848 Audretsch, Supervision in European Community Law, S. 138 f., 146 + 413. Auch Simma, NYIL 16 (1985), 128, erachtet eine Kontrolle der Sanktionen ähnlich dem Verfahren nach Art. 88 EGKSV für sinnvoll.

849 vgl. Marschik, Subsysteme im Völkerrecht, S. 291.

850 Bleckmann, in: derselbe, Europarecht, Rdnr. 723.

851 Bleckmann verweist insofern auf das „institutionelle Gleichgewicht" der EG-Organe, was jedoch im Völkerrechtsraum nicht gelten kann; vgl. Marschik, Subsysteme im Völkerrecht, S. 291, Fn. 96.

852 Marschik, Subsysteme im Völkerrecht, S. 291.

853 Klein, RIW/AWD 31 (1985), 296. Ähnlich betrachtet Bleckmann, RIW/AWD 24 (1978), 94, eine Verletzung von Gemeinschaftsrecht nur dann als zulässige Repressalie, wenn die Verletzung der Durchsetzung des Gemeinschaftsrechts dient, wenn sie also im „europäischen Gesamtinteresse" ist.

nahmen kategorisch aus, die andere gestattet sie – manchmal unter bestimmten Voraussetzungen.

Jene Autoren, die völkerrechtliche Maßnahmen der Mitgliedstaaten generell für unzulässig erachten, stützen ihre Argumentation letztlich allesamt auf die besonderen Eigenschaften des Gemeinschaftsrechts als eigenständige Rechtsstruktur. Andere Gründe, weshalb eine bilaterale Durchsetzung ausgeschlossen sein soll, sind dagegen nicht rechtlicher Art. Insbesondere die Sorge um die Auswirkung auf die europäische Integration ist kein juristisches Argument für die Unzulässigkeit, sondern von subjektiven Vorstellungen über das politische Wohl Europas geprägt.[854]

Sofern nun aber darauf verwiesen wird, dass die Rechtsordnung in der Union ein eigenes, völlig autonomes Rechtssystem darstellt, kann sich dies erneut allein auf die „erste Säule" der EU, die drei Europäischen Gemeinschaften, die vereinfacht gelegentlich als „die Gemeinschaft" oder die „EG" bezeichnet werden, beziehen. In der Lehre besteht nämlich weitestgehend Einigkeit darüber, dass die Gesamtheit der Europäischen Union derzeit (noch) nicht vollumfänglich vom Völkerrecht losgelöst ist. Nach allgemeiner Auffassung sind die im EUV vorgesehenen Politiken und Formen der Zusammenarbeit keine integrierenden Bestandteile des Gemeinschaftsrechts. Vielmehr handelt es sich – wie bereits gesagt – bei den im Rahmen des EUV geregelten rechtlichen Beziehungen der Mitgliedstaaten, darunter die „zweite" und „dritte Säule" der Union (GASP und PJZS), lediglich um eine intergouvernementale Zusammenarbeit völkerrechtlicher Natur, für die die Besonderheiten des Gemeinschaftsrechts nicht gelten.[855] Supranationales Gemeinschaftsrecht und intergouvernementales Unionsrecht stellen nun einmal getrennte Rechtsbereiche dar.[856]

Ein Verbot völkerrechtlicher Durchsetzungsmaßnahmen neben dem im EUV installierten Sanktionsverfahren bei schwerwiegender und anhaltender Verletzung der Grundsätze der Union lässt sich folglich mittels jener in der Literatur vertretenen Ansicht ebenfalls nicht begründen. In Übereinstimmung hiermit fällt bei genauerer Betrachtung der wissenschaftlichen Diskussion um die Zulässigkeit völkerrechtlicher Durchsetzungsmaßnahmen der Mitgliedstaaten auch auf, dass diese stets auf die drei Gemeinschaftsverträge – also EGV, EAG und EGKS – beschränkt bleibt. Gegenstand des Meinungsstreits ist die abschließende Wirkung allein der in diesen Verträgen enthaltenen Rechtsschutzmechanismen – hauptsächlich des Vertragsverletzungsverfahrens nach dem EGV – als

854 vgl. Marschik, Subsysteme im Völkerrecht, S. 291 f.

855 s. beispielsweise Art. 35 EUV, wonach der EuGH in Anlehnung an Art. 36 Abs. 2 IGH-Statut erst durch fakultative Erklärung der Mitgliedstaaten im Wege der Vorabentscheidung über die Gültigkeit und die Auslegung der Übereinkommen nach Titel VI des EUV entscheidet.

856 s. nochmals oben S. 176.

Reaktionsmöglichkeiten auf mitgliedstaatliche Verletzungen des Gemeinschaftsrechts, nicht aber des gesamten EU-Rechts.

Von einer Geschlossenheit des Rechtsschutzsystems der Europäischen Union kann demnach – wenn überhaupt – allenfalls in Bezug auf ihren rechtlichen Kern, die drei Europäischen Gemeinschaften, ausgegangen werden.[857] Vor dem Hintergrund aber, dass selbst die Charakterisierung der Gemeinschaftsrechtsordnung als „self-contained régime“ in der Literatur nach wie vor höchst umstritten ist, verbieten sich dagegen ähnliche Überlegungen für die Bereiche des EU-Rechts, die anders als das Gemeinschaftsrecht eine geringere Integrationsdichte aufweisen. Im Ergebnis vermag daher die Idee des „self-contained régime“ im Sinne eines in sich geschlossenen Verantwortlichkeitssystems, das einen Rückfall auf die allgemeine Staatenverantwortlichkeit nicht zulässt, auf den Sanktionsmechanismus des Art. 7 EUV nicht übertragen werden.

(d) Zusammenfassende Stellungnahme

(aa) Keine ausschließliche Sanktionskompetenz aus Art. 7 EUV

Insgesamt betrachtet ist festzustellen, dass weder unmittelbar aus den vertraglichen Bestimmungen noch im Wege einer Analyse der Rechtsprechung des EuGH sowie der Auffassungen in der Literatur eine ausschließliche Zuständigkeit auf der Unionsebene zum Ergreifen von Sanktionen bei einer schwerwiegenden und anhaltenden mitgliedstaatlichen Verletzung der Homogenitätsprinzipien hergeleitet werden kann. Die soeben vorgenommene Untersuchung deutet vielmehr gerade auf das Gegenteil hin.

Bekräftigt wird diese Annahme durch die nähere Betrachtung derjenigen Ansicht, die dennoch eine abschließende Wirkung von Art. 7 EUV im Hinblick auf „bilaterale“ Maßnahmen der Mitgliedstaaten befürwortet:[858] Danach entfalte

---

857 Zur Klarstellung soll an dieser Stelle nochmals hervorgehoben werden, dass auch insofern keineswegs eine umfassende Geschlossenheit der Gemeinschaftsrechtsordnung gegenüber dem Völkerrecht in Rede steht, sondern sich die Debatte entsprechend der völkerrechtlichen Lehre des „self-contained régime“ lediglich auf die Frage der Anwendung allgemeiner völkerrechtlicher Durchsetzungsmittel bezieht; s. in diesem Zusammenhang abermals oben S. 177 f.

858 Schorkopf, DVBl 2000, 1041 f.; derselbe, Maßnahmen der XIV, S. 68 ff.; derselbe, in: Grabitz/Hilf, Recht der EU I, Art. 7 EUV, Rdnr. 31; derselbe, Vierzehn gegen Wien, Das Homogenitätsgebot in der Europäischen Union und die Sanktionsdrohungen gegen Österreich – wer verletzt was?, Frankfurter Allgemeine Zeitung vom 14.02.2000, S. 9; Stein, Kreuzzug gegen Österreich, S. 14; im Ergebnis auch Huber, Recht der Europäischen Integration, § 5, Rdnr. 59; Schmitt von Sydow, in: Groeben/Schwarze, EU-/EG-

Art. 7 EUV für seinen Anwendungsbereich eine Sperrwirkung. Da die Norm Geltung für die Unionsebene beanspruche, würden jedenfalls alle mitgliedstaatlichen Handlungen, die einen Bezug zu Kompetenzbereichen der Union aufweisen, in den Anwendungsbereich des Gewährleistungsmechanismus fallen. Der völkerrechtlichen Ebene unterfielen dagegen alle Bereiche, die nach dem Konstruktionsprinzip der begrenzten Einzelermächtigung nicht auf die europäische Ebene übertragen wurden.

Soweit das Verhalten eines Mitgliedstaates also eine Regelungsmaterie betreffe, die vom Geltungsbereich des Primärrechts erfasst wird, würden die Mitgliedstaaten die Kompetenz verlieren, ihrerseits Sanktionen gegen einen anderen Mitgliedstaat zu verhängen. Lediglich dann, wenn sie auf ein Verhalten eines Mitgliedstaates reagieren wollten, das als solches keinerlei Bezug zur Integration aufweist, verbleibe den Mitgliedstaaten die Möglichkeit, „bilaterale" Sanktionen zu verhängen.

Dieser Ansatz erscheint nun aber in sich widersprüchlich: Für die Beurteilung der Frage, inwieweit eine von Art. 7 Abs. 1 i.V.m. Art. 6 Abs. 1 EUV in den Blick genommene mitgliedstaatliche Verfehlung vorliegt, ist nämlich das Verhalten des betroffenen Mitgliedstaates insgesamt maßgeblich. Das bedeutet, dass nicht nur Verstöße gegen die Grundsätze des Art. 6 Abs. 1 EUV im Geltungsbereich der primärrechtlichen Verträge relevant sind, sondern jegliches Handeln im staatlichen Verantwortungsbereich. Darunter ist mithin auch das Handeln in Kompetenzbereichen zu subsumieren, die in die ausschließliche Zuständigkeit der Mitgliedstaaten fallen.[859]

Nach allem besteht die Sanktionsmöglichkeit nach Art. 7 EUV auch in den Fällen, in denen ein Mitgliedstaat gegen die Grundsätze des Art. 6 Abs. 1 EUV in Bereichen verstößt, die vom Unions- oder vom Gemeinschaftsrecht nicht erfasst werden und in der einzelstaatlichen Souveränität verblieben sind.[860] Konsequenterweise müsste sich dann aber auch die Ausschließlichkeit von Art. 7 EUV auf diese Gebiete erstrecken. Das hätte jedoch zur Folge, dass für Reaktionen der Mitgliedstaaten im Rahmen des Völkerrechts überhaupt kein Raum mehr bestünde.

Kann man aber tatsächlich davon ausgehen, dass die Mitgliedstaaten die Frage der Sanktionierung im Falle der Verletzung von Unionsgrundsätzen mit der Einführung von Art. 7 EUV abschließend regeln wollten, wenn die Annahme einer ausschließlichen Zuständigkeit der Union den vollumfänglichen Verlust jeg-

---

Vertrag Bd. 1, Art. 7 EUV, Rdnr. 107 sowie Unruh, EuR 2002, 65. Regan, ZÖR 2000, 328 vermeidet es dagegen, sich in der Frage endgültig festzulegen.

859 so auch Schorkopf, Homogenität in der EU, Ziff. 234; s. bereits oben S. 112; ebenso Schmahl, EuR 2000, 822.

860 wie hier Schmahl, EuR 2000, 832 f.

licher Kompetenzen der Mitgliedstaaten, in diesem Zusammenhang eigene Maßnahmen gegen einen anderen Mitgliedstaat zu ergreifen, mit sich bringen würde?

Abgesehen davon, dass eine solche Situation meist an den Grundfesten der Union rütteln dürfte, muss ein entsprechender Wille der Mitgliedstaaten schon deshalb verneint werden, weil ansonsten mitgliedstaatliche Handlungsbefugnisse selbst dann ausgeschlossen wären, wenn der Rat von einer Suspendierung nach Art. 7 EUV – aus welchen Gründen auch immer – absieht oder falls die Sanktionierung im unionsrechtlichen Rahmen nicht die gewünschte Wirkung erzielt.

Dafür, dass eine abschließende Regelung auf der Unionsebene gerade nicht beabsichtigt war, spricht außerdem vor allem der Umstand, dass Art. 7 EUV – wie gesagt – auch bei der Beeinträchtigung eines Grundsatzes, der nicht in einem unions- oder gemeinschaftsrechtlichen Sektor zum Tragen kommt, Anwendung findet. Dies würde andernfalls nämlich zu einer derart weitgehenden Beschränkung der staatlichen Souveränität führen, wie sie wohl kaum im Interesse der Mitgliedstaaten liegen kann.[861]

Gleichzeitig besitzt jedoch selbst die gemäß Art. 281 EGV mit eigener Rechtspersönlichkeit ausgestattete Gemeinschaft nach wie vor keine Kompetenz-Kompetenz, kann also nicht selbständig über den Umfang ihrer Zuständigkeiten entscheiden.[862] Hingegen bleibt auch was die Sanktionierung eines Mitgliedstaates angeht das bereits erwähnte Prinzip der begrenzten Einzelermächtigung zu beachten.[863]

Von diesen Grundsätzen ausgehend ist eine ausschließliche Sanktionskompetenz der Union wohl allenfalls im Hinblick auf die in dem Gewährleistungsmechanismus vorgesehene Rechtsfolge vertretbar. Wegen des engen sachlichen Zusammenhangs mit der Unionsebene liegt es nahe, dass eine Suspendierung von Rechten der Mitgliedstaaten, die sich aus deren EU-Mitgliedschaft ergeben, nur noch im Rahmen des Art. 7 EUV vorgenommen werden kann. Das heißt, die Befugnis zum Erlass „bilateraler" Maßnahmen, die ausdrücklich die Beschneidung solcher mitgliedstaatlicher Rechte vorsehen, dürfte den Mitgliedstaaten gänzlich entzogen sein.[864]

Demgegenüber sollte auch in diesem Kontext keine abschließende Regelung für jegliche Art von Sanktion im Falle einer Verletzung der Grundsätze des Art. 6 Abs. 1 EUV getroffen werden, weder bezüglich der Voraussetzungen noch hinsichtlich der Rechtsfolgen. Abermals mag Art. 7 EUV eine Ausschlusswir-

---

861 In diesem Sinne sind auch die Ausführungen bei Schmahl, EuR 2000, 832 f., zu verstehen.

862 weiterführend hierzu Puttler, in: Calliess/Ruffert, EUV/EGV, Art. 6 EUV, Rdnr. 221 ff.

863 s. oben S. 97 f. Hierauf macht ebenfalls Schmahl, EuR 2000, 833, aufmerksam.

864 ähnlich H. Winkler/Schauer, Die Maßnahmen gegen Österreich, S. 141.

kung lediglich für die Aussetzung von EU- und EG-Mitgliedschaftsrechten zukommen.[865] Eine allgemeine Sanktionskompetenz ausschließlicher Natur aus Art. 7 EUV bei schweren Verstößen gegen Art. 6 Abs. 1 EUV lässt sich dagegen nicht begründen.

(bb) Konkurrierende Kompetenz von Union und Mitgliedstaaten

Vielmehr ist nach allem davon auszugehen, dass Art. 7 EUV nur eine konkurrierende Zuständigkeit für seinen Anwendungsbereich begründet. Folglich kann die Union auf dem betreffenden Gebiet zwar grundsätzlich rechtsetzend tätig werden. Solange und soweit sie aber von der ihr zugestandenen Kompetenz – unter Beachtung des Subsidiaritätsprinzips (Art. 5 Abs. 2 EGV i.V.m. Art. 2 Abs. 2 EUV) – keinen Gebrauch gemacht hat, verbleibt es bei der originären Zuständigkeit der Mitgliedstaaten.

Eine „bilaterale" Sanktionierung durch die Mitgliedstaaten ist demnach nicht von vornherein verboten. Die Mitgliedstaaten sind hingegen prinzipiell befugt, im Falle schwerwiegender Verstöße eines anderen Mitgliedstaates gegen die gemeinsamen Strukturprinzipien der Union auf eigenständige völkerrechtliche Retorsionsmaßnahmen oder Repressalien[866] zurückzugreifen, solange das Suspendierungsverfahren nach Art. 7 EUV nicht in Gang gesetzt ist.[867]

Wenn nun aber schon im Falle einer schwerwiegenden und anhaltenden Verletzung der in Art. 6 Abs. 1 EUV genannten Grundsätze lediglich eine konkurrierende Zuständigkeit gegeben ist, so muss dies erst recht für ein Tätigwerden unterhalb der sehr hohen tatbestandlichen Aufgriffsschwelle von Art. 7 Abs. 1 EUV, also bei einer bloß „einfachen" Verletzung der Grundsätze des Art. 6 Abs. 1 EUV oder nur der Gefahr einer homogenitätsrelevanten Pflichtverletzung, gelten.

Abgesehen davon kommt eine ausschließliche Zuständigkeit der Union für jene „Vorfeldmaßnahmen" auch bereits deshalb nicht in Betracht, weil es dazu wohl einer ausdrücklichen Verankerung derselben im Primärrecht, zumindest aber einer entsprechenden expliziten Regelung des Rates auf der Grundlage von Art. 7 EUV bedürfte. Während Art. 7 EUV dem Rat eine derartige Rechtset-

---

865 vgl. oben S. 125 und 204.

866 weiterführend hierzu unten S. 321 ff.

867 vgl. Schmahl, EuR 2000, 833. Hat die Union im Falle konkurrierender Kompetenz von ihrer Befugnis Gebrauch gemacht und einen Bereich abschließend geregelt, so dürfen die Mitgliedstaaten hinsichtlich desselben Gegenstandes zwar grundsätzlich nicht mehr tätig werden. Versagt jedoch der Gewährleistungsmechanismus des Art. 7 EUV, ist vorstellbar, dass mitgliedstaatliche Maßnahmen ausnahmsweise – erneut in Analogie zu den gemeinschaftsrechtlichen Notstandsklauseln – weiterhin zulässig sind.

zungskompetenz jedoch nicht einräumt, würde die erste Alternative indes eine Vertragsänderung erfordern.[868]

Demnach kann den Mitgliedstaaten beim seinerzeitigen Stand des Unionsrechts genauso wenig die Kompetenz abgesprochen werden, auch Maßnahmen im Vorfeld einer Homogenitätsverletzung außerhalb des (institutionellen) Rahmens der EU, nämlich auf völkerrechtlicher Ebene – allein oder gemeinsam handelnd – zu ergreifen.[869] Daraus ergibt sich, dass zwischen der Möglichkeit „unionsrechtlicher Vorfeldmaßnahmen" der Mitgliedstaaten gestützt auf Art. 7 EUV und „bilateraler Vorfeldmaßnahmen" der Mitgliedstaaten außerhalb des Geltungsbereichs der Verträge zu differenzieren ist.

Werden schließlich durch einen Mitgliedstaat andere als in Art. 6 Abs. 1 EUV genannte Grundsätze – in welcher Form auch immer – verletzt oder bedroht, so steht Art. 7 EUV einem völkerrechtlichen Vorgehen der Mitgliedstaaten noch viel weniger entgegen. So ist kaum anzunehmen, dass die Mitgliedstaaten mit Art. 7 EUV erschöpfend festschreiben wollten, welche Arten mitgliedstaatlichen Fehlverhaltens überhaupt sanktionswürdig erscheinen, und damit in Kauf nahmen, sich jeglicher Kritikmöglichkeiten auf den dort nicht erfassten Gebieten zu entledigen. In diesen Fällen jenseits des Anwendungsbereichs des Sanktionsverfahrens hat dagegen eine Zuständigkeitsübertragung auf die Union gar nicht stattgefunden, so dass insofern von einer fortbestehenden Kompetenz allein der Mitgliedstaaten auszugehen ist.[870]

(cc) Einschränkungen aus Art. 7 EUV

Bis hierhin lässt sich daher festhalten, dass es den Mitgliedstaaten trotz der Einführung des Gewährleistungsmechanismus in das Unionsrecht grundsätzlich nicht verwehrt ist, auf das unbotmäßige Verhalten eines anderen Mitgliedstaates mittels „bilateraler" Maßnahmen zu reagieren.[871] Allerdings ergeben sich aus

868 vgl. Hummer/Obwexer, EuZW 2000, 489, die allerdings für die Verhängung von Sanktionen bei einer schwerwiegenden und anhaltenden Verletzung von „Verfassungsgrundsätzen" der EU von einer ausschließlichen Zuständigkeit der Union ausgehen.

869 Hummer/Obwexer, EuZW 2000, 489; im Ergebnis ebenso Leidenmühler, ZÖR 2000, 312.

870 vgl. insofern auch Leidenmühler, ZÖR 2000, 312.

871 Zusammengefasst werden – mehr oder weniger weitgehende – diesbezügliche Kompetenzen der Mitgliedstaaten vertreten von Bieber, ECLN Paper, 13 ff.; Busse, Österreich contra Europäische Union, S. 28; Hatje, Loyalität, S. 81; Hummer/Obwexer, EuZW 2000, 489; Leidenmühler, ZÖR 2000, 312; Schmahl, EuR 2000, 832 f.; H. Winkler/Schauer, Die Maßnahmen gegen Österreich, S. 141; R. Winkler, JRP 2000, 323, Fn. 93.

Art. 7 EUV gewisse Einschränkungen, denen die Mitgliedstaaten bei der Ausübung der ihnen verbliebenen Handlungsbefugnisse unterliegen.

Zunächst dürfen Maßnahmen der Mitgliedstaaten auf völkerrechtlicher Ebene keine der in Art. 7 EUV bzw. den korrespondierenden Bestimmungen der Gemeinschaftsverträge vorgesehenen Sanktionen zum Gegenstand haben.[872] Eine Suspendierung von Rechten, die sich aus der EU-Mitgliedschaft ergeben, ist mithin nicht zulässig. Sofern man diesbezüglich nicht schon eine ausschließliche Zuständigkeit der Union bejaht[873], folgt nämlich aus dem Grundsatz der Unionstreue, dass die Mitgliedstaaten sämtliche Maßnahmen zu unterlassen haben, die dem unionseinheitlichen Sanktionsverfahren des Art. 7 EUV zuwiderlaufen.[874] Mit Art. 7 EUV wurde nun aber wie gesagt eine Spezialnorm für die Aussetzung von Mitgliedschaftsrechten geschaffen, in der abschließend geregelt ist, unter welchen vertraglich festgeschriebenen Voraussetzungen und Verfahrensmodalitäten jene Sanktionen gegen einen Mitgliedstaat verhängt werden können.[875]

In gleicher Weise zu einer Umgehung der mit der Aufnahme des Art. 7 EUV in das geschriebene Primärrecht verfolgten Ziele würden letztlich aber auch Maßnahmen gleicher Wirkung wie die im Rahmen des Art. 7 EUV vorgesehenen Sanktionen führen.[876] Deshalb ist es den Mitgliedstaaten nicht nur untersagt, ausdrücklich irgendwelche aus der Mitgliedschaft in der Europäischen Union fließenden Rechte des betroffenen Staates zu suspendieren; genauso wenig darf ein Vorgehen außerhalb der Union eine bloß mittelbare Beeinträchtigung von Vertragsrechten zur Folge haben.[877]

Des Weiteren stellt sich die Frage, ob dem Sanktionsmechanismus des Art. 7 EUV eine Wertung dahingehend zu entnehmen ist, dass Sanktionen – im Sinne eines Rechtsnachteils für eine Zuwiderhandlung[878] – gegen einzelne Mitgliedstaaten unterhalb der tatbestandlichen Aufgriffsschwelle einer schwerwiegenden und anhaltenden Verletzung der Grundsätze des Art. 6 Abs. 1 EUV nicht ergriffen werden sollen. Das würde schließlich bedeuten, dass den Mitgliedstaaten im Wege „bilateraler Vorfeldmaßnahmen" ganz generell das Zufügen von Rechtsnachteilen nicht gestattet ist. Über die soeben angesprochene Beschneidung von EU-Mitgliedschaftsrechten hinaus wären in diesem Zusammenhang Rechtsnachteile jeglicher Art betroffen, also auch ein Eingriff in solche Rechtspositionen eines Mitgliedstaates, die auf rein völkerrechtlicher Grundlage basieren.

---

872 so auch Schmahl, EuR 2000, 834.
873 s. oben S. 219 f.
874 vgl. oben S. 125 f.
875 dazu oben S. 125, 204 + 219 f.
876 wie hier Schmahl, EuR 2000, 834.
877 vgl. in diesem Zusammenhang oben S. 126.
878 Böse, Sanktionen im Gemeinschaftsrecht, S. 46 ff.

Zumindest aber wird man aus der Regelung des Art. 7 EUV den Gedanken ableiten können, dass Maßnahmen im Vorfeld einer Homogenitätsverletzung in ihrer Wirkung beschränkt sein müssen, d.h. sie dürfen im Ergebnis nicht wirkungsgleich mit der Reaktion im Falle eines sanktionswürdigen Verstoßes gegen Art. 6 Abs. 1 EUV sein.[879] Auch mitgliedstaatliche „Vorfeldmaßnahmen" auf völkerrechtlicher Ebene haben mithin gegenüber „bilateralen" Sanktionen bei einer schwerwiegenden und anhaltenden Verletzung der Unionsgrundsätze jedenfalls stets eine geringere Intensität aufzuweisen. Über diese Vorgaben hinaus dürften „bilaterale" Maßnahmen der Mitgliedstaaten gegen einen anderen Mitgliedstaat der Europäischen Union allerdings durch das Sanktionsverfahren des Art. 7 EUV nicht determiniert sein.

bb) Die „bilaterale" Wahrung der Grundsätze des Art. 6 Abs. 1 EUV im Fall Österreich

Nun soll der Versuch unternommen werden, die soeben für „bilaterale" Maßnahmen der Mitgliedstaaten skizzierte Systematik auf das völkerrechtliche Vorgehen der Regierungen der 14 Mitgliedstaaten gegen Österreich anzuwenden. Auch wenn die Stellungnahme vom 31. Januar 2000 keine Begründung für die Ankündigung der „Gemeinsamen Reaktion" enthält[880], so wurde doch deutlich, dass sie aus der Sorge um die Achtung der in Art. 6 Abs. 1 EUV angeführten Grundsätze der EU in und durch Österreich entstanden war. Um das „bilaterale" Vorgehen der „Vierzehn" vor diesem Hintergrund rechtlich einzuordnen, ist zunächst klärungsbedürftig, inwiefern dem Mitgliedstaat Österreich in der Tat eine Beeinträchtigung der Unionsgrundsätze vorgeworfen werden konnte.

(1) Verletzung der Grundsätze des Art. 6 Abs. 1 EUV durch Österreich?

(a) Inhalt der Grundsätze

Die Frage, ob und in welchem Umfang die in Art. 6 Abs. 1 EUV genannten Grundsätze von einem Mitgliedstaat verletzt werden, lenkt den Blick unweigerlich auf den hohen Abstraktionsgrad und die damit einhergehende inhaltliche Unbestimmtheit jener Rechtsprinzipien.[881] Art. 6 Abs. 1 EUV zitiert einerseits einen Katalog gemeinsamer Prinzipien, die allgemein genug sind, um die bestehenden Unterschiede in den mitgliedstaatlichen Rechtsordnungen zu umfassen,

---

879 zu diesem Ansatz im Rahmen „unionsrechtlicher Vorfeldmaßnahmen" s. bereits oben S. 125 f.

880 s. oben S. 144.

881 vgl. Schorkopf, DVBl 2000, 1039; Schmahl, EuR 2000, 822.

die aber andererseits gleichzeitig einen hinreichend bestimmbaren Inhalt haben sollten, um ihre Funktion als Beurteilungsmaßstab für die politischen Systeme der Beitrittsbewerber und Mitgliedstaaten zu erfüllen.[882]

(aa) Methode der Inhaltsbestimmung

Da keiner dieser unionsrechtlichen Begriffe im Vertrag selbst definiert ist, muss ihr materieller Gehalt auf andere Weise ermittelt werden. Eine entsprechende Präzisierung des Inhalts der einzelnen „Verfassungsgrundsätze" wird man unter Berücksichtigung von Sinn und Zweck der Vertragsbestimmung, einer wertenden Rechtsvergleichung der mitgliedstaatlichen Verfassungsstrukturen und der Bezugnahme auf einschlägige internationalrechtliche Stellungnahmen und Verträge sowie aufgrund der bereits weit entwickelten dynamisch-integrativen Rechtsprechung des EuGH vornehmen können.[883]

Die inhaltlichen Ausformungen der Grundsätze lassen sich zunächst durch ihren Gegensatz definieren, d.h. von der Vorstellung einer Grundordnung der Europäischen Union, wie sie nicht sein soll. Diese an den Motiven der europäischen Integration („Freiheit, Frieden, Wohlstand") orientierte Subtraktionsmethode[884] wird sodann durch eine Methode der positiven Inhaltsbestimmung ergänzt.[885]

Dazu könnten die jeweiligen mitgliedstaatlichen Verfassungsordnungen daraufhin untersucht werden, inwieweit sie die normativen Strukturen der Grundsätze des Art. 6 Abs. 1 EUV enthalten und ob diese allen derzeit 15 Mitgliedstaaten gemeinsam sind. Schwierigkeiten bereitet dabei allerdings die stetig

---

882 vgl. Schorkopf, Homogenität in der EU, Ziff. 88 ff. + 386; Schmitz, Supranationale Union, S. 354 f.

883 vgl. Hummer/Obwexer, EuZW 2000, 486; Schorkopf, DVBl 2000, 1039; Schmahl, EuR 2000, 822.

884 ausführlich Schorkopf, Homogenität in der EU, Ziff. 100 ff.; allgemein zur Subtraktionsmethode Dürig/Klein, in: Maunz/Dürig, GG I, Art. 18, Rdnr. 58; Dreier, in: derselbe, GG I, Art. 1 Abs. 1, Rdnr. 37. Beispielsweise zur inhaltlichen Bestimmung der Menschenwürde greift auch das Bundesverfassungsgericht auf die Methode der Negativdefinition zurück; vgl. BVerfGE 1, 97, 104; 27, 1, 6; 72, 105, 115 ff. Als Beispiel für die Anwendung der „Subtraktionsmethode" s. Buchwald, Der Staat 37 (1998), 190. Direkt in Bezug auf Art. 6 Abs. 1 EUV wird diese Auffassung ebenso von Verhoeven, ELRev 23 (1998), 230, vertreten.

885 dazu Schorkopf, Homogenität in der EU, Ziff. 103.

wachsende Zahl der Mitgliedstaaten und mit ihr die der Amtssprachen sowie die uneinheitliche Terminologie der einzelnen Rechtskreise.[886]

Geeigneter erscheint daher der Ansatz, von den Aussagen völkerrechtlicher Stellungnahmen und Verträge zu den einzelnen in Art. 6 Abs. 1 EUV genannten Grundsätzen auf den Umfang der Gemeinsamkeiten der mitgliedstaatlichen Verfassungsordnungen zu schließen. Die Rechtsprinzipien der Freiheit, der Demokratie, der Achtung der Menschenrechte und Grundfreiheiten sind die Bestandteile der Idee des europäischen Verfassungsstaates.[887] In dieser Eigenschaft sind sie das gedankliche Fundament zahlreicher Statute internationaler Organisationen und Zusammenschlüsse und haben vor allem seit 1989/90 Eingang in Verträge und Erklärungen gefunden oder waren selbst Gegenstand internationalrechtlicher Texte. Konkret kommen unter anderem die Europäische Menschenrechtskonvention[888], die UN-Menschenrechtspakte[889], die Charta von Paris für ein neues Europa[890], die Europäische Sicherheitscharta[891] und neuerdings auch die Charta der Grundrechte der Europäischen Union[892] als Erkenntnisquellen[893] in Betracht.[894]

---

886 Schorkopf, Homogenität in der EU, Ziff. 104 ff.; vgl. etwa die Studien in Müller-Graff/Riedel, Gemeinsames Verfassungsrecht in der Europäischen Union und von Schwarze, in: derselbe, Die Europäische Dimension des Verfassungsrechts, S. 144 ff.

887 Stern, Grundideen europäisch-amerikanischer Verfassungsstaatlichkeit, S. 13 ff.; Häberle, Europäische Rechtskultur, S. 21 ff. m.w.N.; Mayer-Tasch, in: derselbe, Verfassungen der nicht-kommunistischen Staaten Europas, S. 1 ff.

888 Konvention zum Schutze der Menschenrechte und Grundfreiheiten vom 04.11.1950, BGBl. 1952 II, S. 686, 953, zuletzt BGBl. 1995 II, S. 579.

889 Internationaler Pakt über die bürgerlichen und politischen Rechte und Internationaler Pakt über wirtschaftliche, soziale und kulturelle Rechte, beide vom 19.12.1966, BGBl. 1973 II, S. 1534, 1570.

890 Charta von Paris für ein neues Europa – Erklärung des KSZE-Treffens der Staats- und Regierungschefs vom 21.11.1990, abgedruckt in BullBReg. vom 24.11.1990, Nr. 137, S. 1049 ff.

891 Europäische Sicherheitscharta vom 19.11.1999, SUM/DOC/1/99, http://www.osce.org/e/docs/summits/istadecl99e.htm. Eine deutsche Fassung findet sich unter http://www.auswaertiges-amt/3_auspol/5/3-5-4h.htm.

892 ABl. 2000 Nr. C 364, S. 1. Die Charta der Grundrechte der Europäischen Union, deren Ausarbeitung durch einen Konvent erst beim Gipfel von Köln im Juni 1999 beschlossen wurde, ist vom Europäischen Rat am 07.12.2000 in Nizza feierlich proklamiert worden; zu deren Bedeutung s. insbesondere Alber/Widmaier, EuGRZ 2000, 497 ff.; Fabio, JZ 2000, 73 ff.; Duschanek/Griller, Grundrechte für Europa; Grabenwarter, DVBl 2001, 1 ff.; Hummer, juridicum 3/2000, 163 ff.; Mahlmann, ZEuS 2000, 419 ff.; Pernice, DVBl 2000, 847 ff.; Tomasovsky, Die Union 1/2001, 21 ff. m.w.N.; Tretter, Die Union 1/2001, 44 ff. m.w.N.; Weber, NJW 2000, 537 ff.; Zuleeg, EuGRZ 2000, 511 ff.

893 Darüber hinaus nennt Schorkopf, Homogenität in der EU, Ziff. 106, die Allgemeine Erklärung der Menschenrechte der UN-Generalversammlung vom 10.12.1948 (Universal Declaration of Human Rights, GA Res. 217 [Doc. A/810], S. 71), die Satzung des Europarates, die speziellen Folgekonventionen der beiden Menschenrechtspakte – wie die

(bb) Die einzelnen Grundsätze

Davon ausgehend erfasst der Grundsatz der Freiheit zumindest den Gedanken der Selbstbestimmung des Individuums und bezeugt die Abkehr von jedweder Form der Tyrannis und freiheitszwingender Staatstheorie.[895] In dem Demokratieprinzip spiegelt sich – gegebenenfalls funktional an die rechtliche Gestalt der Union angepasst[896] – der Gedanke wider, dass die in der Union zusammengeschlossenen Völker durch eine Versammlung ihrer Vertreter an der Ausübung der hoheitlichen Gewalt beteiligt sind.[897]

Im Hinblick auf den Grundsatz der Achtung der Menschenrechte und Grundfreiheiten ermöglicht in erster Linie der Rückgriff auf die Europäische Menschenrechtskonvention (EMRK) eine deutliche Aussage, in welchem Umfang die dort normierten Menschenrechte und Grundfreiheiten gewahrt sein müssen. Von den in der EMRK verankerten Menschenrechten lässt sich der EuGH bei

---

UN-Konvention gegen Folter und andere grausame und unmenschliche oder erniedrigende Behandlung oder Strafe vom 10.12.1984 (BGBl. 1990 II, S. 246) und das Übereinkommen über die Rechte des Kindes vom 20.11.1989 (BGBl. 1992 II, S. 122) –, die Europäische Sozialcharta vom 18.10.1961, BGBl. 1964 II, S. 1262 (Das Zusatzprotokoll von 1988 enthält vier weitere wirtschaftliche und soziale Rechte und ist in European Treaty Series Nr. 118 (1988) abgedruckt.), das Dokument des Kopenhagener Treffens der Konferenz über die menschliche Dimension der KSZE vom 29.06.1990, abgedruckt in EuGRZ 1990, 239 ff., die am 15.10.1985 unterzeichnete und am 01.09.1988 in Kraft getretene Europäische Charta der kommunalen Selbstverwaltung, BGBl. 1987 II, S. 65 und BGBl. 1988 II, S. 653, sowie schließlich die primärrechtlichen Verträge im Rahmen der europäischen Integration.

894 Schorkopf, Homogenität in der EU, Ziff. 106 f.; Kassner, Unionsaufsicht, S. 85 f.; Hummer/Obwexer, EuZW 2000, 486; Nowak, Human Rights "Conditionality", S. 692 ff.; zu diesem Ansatz der inhaltlichen Spezifizierung s. auch Bieber, RMC 1993, 348.

895 Die innere Freiheitssphäre eines Staates bedeutet die Abwesenheit der Tyrannis, die äußere Freiheit die Abwesenheit von Fremdherrschaft; vgl. Krings, Stichwort: Freiheit, in: Görres-Gesellschaft, Staatslexikon Bd. 2, Sp. 702; zum Zwang zur Freiheit als Grundlage des kommunistischen Gesellschaftsmodells s. Starck, in: Isensee/Kirchhof, Handbuch des Staatsrechts II, § 29, Rdnr. 6.

896 vgl. Kassner, Unionsaufsicht, S. 84.

897 vgl. EuGH, Rs. 138/79 (Roquette Frères/Rat), Slg. 1980, 3333, Rdnr. 33; Rs. 139/79 (Maizena/Rat), Slg. 1980, 3393, Rdnr. 34; Rs. C-300/89 (Kommission/Rat), Slg. 1991, I-2867, Rdnr. 20 – „Titandioxid"; Mitteilung der Kommission über Demokratisierung, Rechtsstaatlichkeit, Menschenrechte und verantwortungsvolle Staatsführung: die Herausforderung der Partnerschaft zwischen der Europäischen Union und den AKP-Staaten, KOM (1998) 146 endg. vom 12.03.1998, S. 7 ff.; dazu auch Kaufmann, Europäische Integration und Demokratieprinzip, S. 347 ff. + 479 ff. sowie Kluth, Demokratische Legitimation der EU, S. 11 ff.

seiner Grundrechtsrechtsprechung schon seit den 70er Jahren leiten.[898] Der vom Gerichtshof entwickelte Grundrechtsschutz natürlicher und juristischer Personen gegenüber Hoheitsakten innerhalb der Europäischen Union ist mit Art. 6 Abs. 2 EUV bereits Gegenstand primärrechtlicher Regelung. Danach achtet die Europäische Union die Grundrechte, wie sie in der EMRK gewährleistet sind und wie sie sich aus den gemeinsamen Verfassungsüberlieferungen der Mitgliedstaaten als allgemeine Grundsätze des Gemeinschaftsrechts ergeben.[899]

Auf die traditionelle Unterscheidung zwischen „Menschenrechten" als völkerrechtlichem und „Grundrechten" als verfassungsrechtlichem Begriff kann es hier demnach kaum ankommen, auch wenn in Art. 6 Abs. 2 EUV auf die gemeinsamen Verfassungsüberlieferungen hingewiesen wird. Der zusätzliche Ausdruck „Grundfreiheiten", der aus der EMRK übernommen wurde und damals ihren liberalen Ursprung betonen wollte, hat heute keine über den allgemeineren Begriff „Menschenrechte" hinausgehende Bedeutung mehr.

Allerdings trägt eine Einschränkung des Bedeutungsgehalts der Menschenrechte auf die bürgerlichen und politischen Rechte der EMRK der neueren Entwicklung des internationalen und europäischen Menschenrechtsschutzes nicht in vollem Umfang Rechnung. Dies unterstreicht vor allem die Verabschiedung der EU-Charta der Grundrechte, die neben den bürgerlichen und politischen Rechten der EMRK auch eine Reihe von zusätzlichen, insbesondere wirtschaftlichen, sozialen und kulturellen Rechten aus der revidierten Europäischen Sozialcharta und anderen Verträgen übernommen hat. Auch wenn die Grundrechte-Charta noch keine Rechtsverbindlichkeit erlangt hat, ist anzunehmen, dass sich die konkrete Evaluierung des Begriffs der „Menschenrechte" in Art. 6 EUV in Zukunft primär an diesem Dokument orientieren wird, das zwar keinen ausdrücklichen Minderheitenschutz enthält, wohl aber in seinem Art. 22 die Vielfalt der Kulturen, Religionen und Sprachen achtet.[900]

---

898 vgl. nur EuGH, Rs. 29/69 (Stauder/Stadt Ulm), Slg. 1969, 419, Rdnr. 7; Rs. 4/73 (Nold/Kommission), Slg. 1974, 491, Rdnr. 12 f.; Rs. 309/96 (Annibaldi/Sindaco del Comune di Guidonia und Presidente Regione Lazio), Slg. 1997, I-7493, Rdnr. 12 – st. Rspr.

899 zu dieser Thematik vgl. aus der großen Anzahl der Veröffentlichungen etwa Rengeling, Grundrechtsschutz in der EG, S. 16 ff. mit Rechtsprechungsnachweisen zu den einzelnen Grundrechten; Gaja, FS für Schermers, S. 549 ff.; Obwexer, Status quo des Grundrechtsschutzes in der Europäischen Union, S. 53 ff.; Pauly, EuR 1998, 242 ff.; Pernice/Mayer, in: Grabitz/Hilf, Recht der EU I, nach Art. 6 EUV, Rdnr. 1 ff. m.w.N.; Schilling, EuGRZ 2000, 3 ff.

900 Da Art. 6 Abs. 2 EUV ausdrücklich den Begriff „Grundrechte" verwendet und durch den Verweis auf die EMRK sowie die gemeinsamen Verfassungstraditionen der Mitgliedstaaten näher determiniert, könnte man argumentieren, dass es sich hier tatsächlich nur um die bürgerlichen und politischen Rechte handelt. Da die wirtschaftlichen, sozialen und kulturellen Rechte trotz des Bekenntnisses zur Unteilbarkeit und Interdependenz aller Menschenrechte noch nicht Eingang in den verfassungsrechtlichen Grundrechteka-

Was schließlich den Grundsatz der Rechtsstaatlichkeit anbelangt, so bilden sich die formellen Aussagen des Rechtsstaatsprinzips in einer Reihe von konkreten Inhalten ab, von denen die Verfassungs- und Gesetzmäßigkeit der Gewaltausübung, der Rechtsschutz durch unabhängige Gerichte, die Gewaltenteilung sowie die Staatshaftung als den mitgliedstaatlichen Rechtsordnungen gemeinsam identifiziert werden können.[901] Für die Union ist weniger an die Verbindung dieses Gedankens mit der Staatlichkeit, sondern vielmehr an der Funktion der Rechtsstaatlichkeit anzuknüpfen:[902] das Vertrauen in das Recht und die Bindung aller Akte hoheitlicher Gewalt wie sie in der bisherigen Rechtsprechung des Gerichtshofes zur Rechtsstaatlichkeit[903], zur Rechtsgemeinschaft[904] und zu den Rechtsstaatsprinzipien[905] zum Ausdruck kommt.

---

talog vieler EU-Mitgliedstaaten (einschließlich Deutschland und Österreich) gefunden haben, ist es nämlich schwer, diesbezüglich von einer gemeinsamen Verfassungstradition zu sprechen. Auf der anderen Seite verwendet die Grundrechtecharta im Hinblick auf die Entwicklung in Richtung auf eine gemeinsame europäische Verfassung ausdrücklich ebenfalls den Begriff „Grundrechte", so dass zu erwarten ist, dass der EuGH im Rahmen seiner Zuständigkeit gem. Art. 46 lit. d EUV schon bald die Grundrechtecharta als weitere Referenznorm zur Interpretation des Art. 6 Abs. 2 EUV heranziehen wird. Jedenfalls hat Generalanwalt Tizzano bereits in seinen Schlussanträgen (Ziff. 26 ff.) im Fall „BECTU" (EuGH, Rs. C-173/1999 [The Queen/Secretary of State for Trade and Industry, ex parte: BECTU], Slg. 2001, I-4884) auf die Grundrechtecharta Bezug genommen. In diesem Fall ging es um einen Arbeitnehmer, der nach englischem Recht erst nach einer Mindestarbeitsdauer von 13 Wochen Anspruch auf bezahlten Jahresurlaub hatte. Der Generalanwalt führte u.a. aus, dass das Recht auf bezahlten Urlaub ein soziales Grundrecht sei, das in Art 31 Abs. 2 der Grundrechtecharta seine offizielle Bestätigung finde. Letztlich ist es jedoch Aufgabe der nächsten Regierungskonferenz, durch eine entsprechende Verankerung der Grundrechtecharta im Primärrecht Klarheit zu schaffen; vgl. Nowak, Die Union 1/2001, 10 ff.; Grabenwarter, DVBl 2001, 11; Schima, Die Union 1/2001, 43; Tretter, Die Union 1/2001, 54; Beutler, in: Groeben/Schwarze, EU-/EG-Vertrag Bd. 1, Art. 6 EUV, Rdnr. 34 + 36; Pechstein, in: Streinz, EUV/EGV, Art. 6 EUV, Rdnr. 6.

901 so Fuß, Die Europäischen Gemeinschaften und der Rechtsstaatsgedanke, S. 17; derselbe, DÖV 1964, 578; Scholz, FS für Steindorff, S. 1414; s. auch Teil I des Kopenhagener Dokuments über die menschliche Dimension der KSZE, EuGRZ 1990, 240 f. und die Charta von Paris, BullBReg. 1990, S. 1409 f.

902 Schorkopf, Homogenität in der EU, Ziff. 130.

903 EuGH, Rs. 101/78 (Granaria/Hoofproduktschap voor Akkerbouwprodukten), Slg. 1979, 623, Rdnr. 5. Demnach gilt, „dass im Hinblick auf die Wahrung des Grundsatzes der Rechtsstaatlichkeit in der Gemeinschaft zwar den Einzelnen eine Möglichkeit eröffnet wird, die Gültigkeit von Verordnungen vor Gericht in Frage zu stellen, dass dieser Grundsatz aber ebenfalls für alle dem Gemeinschaftsrecht unterstehenden Personen und Stellen die Verpflichtung mit sich bringt, die volle Wirksamkeit von Verordnungen insoweit anzuerkennen, als diese nicht von einem zuständigen Gericht für ungültig erklärt worden sind".

904 EuGH, Rs. 294/83 (Les Verts/Parlament), Slg. 1986, 1339, Rdnr. 23; Gutachten 1/91, Slg. 1991, I-6079, Rdnr. 21 – „EWR". Demnach ist die Europäische (Wirtschafts-)Ge-

Nach diesem kurzen Abriss wird bereits deutlich, dass sich die vier in Art. 6 Abs. 1 EUV genannten Grundsätze überlappen und historisch wie systematisch gegenseitig bedingen. Ohne Rechtsstaatlichkeit keine Menschenrechte, ohne Menschenrechte keine Freiheit, ohne Freiheit keine Demokratie, ohne Demokratie keine Rechtsstaatlichkeit.[906] Insbesondere ist der erste Grundsatz des Art. 6 Abs. 1 EUV – die Freiheit – so weitreichend, dass die anderen drei nur als konkrete Ausformungen eines freiheitlichen Gemeinwesens erscheinen. Die sprachliche Trennung und Unterscheidung zwischen Freiheit und Demokratie und der Achtung der Menschenrechte und Grundfreiheiten sowie der Rechtsstaatlichkeit als gemeinsamen Grundlagen reflektiert aber keine unterschiedliche normative Verbindlichkeit. Umgekehrt lassen sich deshalb alle vier Prinzipien unter dem Oberbegriff der „Grundwerte"[907] der Europäischen Union zusammenfassen.[908] Art. 6 Abs. 1 EUV kann damit auch als ein normativer Ausdruck des an Bedeutung zunehmenden integrationspolitischen Topos der Europäischen Union als einer „Wertegemeinschaft" aufgefasst werden.[909]

---

meinschaft „eine Rechtsgemeinschaft der Art, dass weder die Mitgliedstaaten noch die Gemeinschaftsorgane der Kontrolle darüber entzogen sind, ob ihre Handlungen im Einklang mit der Verfassungsurkunde der Gemeinschaft, dem Vertrag, stehen"; s. auch Hallstein, Die Europäische Gemeinschaft, S. 51; Zuleeg, NJW 1994, 545 ff.

905 s. etwa EuGH, Rs. 14/81 (Alpha Steel/Kommission), Slg. 1982, 749, Rdnr. 10; Rs. C-260/89 (ERT/DEP), Slg. 1990, I-2925, Rdnr. 41; Rs. C-308/89 (di Leo/Land Berlin), Slg. 1990, I-4185, Rdnr. 15 sowie Rs. 113/77 (NTN Toyo Bearing Company/Rat), Slg. 1979, 1185, Rdnr. 21, wo der Gerichtshof ein dem Vorrang des Gesetzes vergleichbares Rechtsinstitut geschaffen hat, durch das den Organen bei der Anwendung eines Rechtsaktes keine Abweichung von den dort genannten Regelungen gestattet wird; vgl. dazu auch Lecheler, Allgemeine Rechtsgrundsätze, S. 60 + 82; Obwexer, Status quo des Grundrechtsschutzes in der Europäischen Union, S. 58 f. sowie die Übersicht bei Schweitzer/Hummer, Europarecht, S. 198 ff.

906 ausführlich zu den einzelnen Grundsätzen Schorkopf, Homogenität in der EU, Ziff. 109 ff.

907 „Werte" vermögen als geschichtlich entstandene, kulturell relative, wandelbare und somit auch bewusst gestaltbare normative Überzeugungen hohen Abstraktionsgrads definiert werden; vgl. Speer, DÖV 2001, 981 und Bogdandy, JZ 2004, 58.

908 vgl. Beutler, in: Groeben/Schwarze, EU-/EG-Vertrag Bd. 1, Art. 6 EUV, Rdnr. 17, 20 + 25; Schmitt von Sydow, ebenda, Art. 7 EUV, Rdnr. 5. A.A. Nowak, Die Union 1/2001, 12 + 18, der die Grundsätze des Art. 6 Abs. 1 EUV auf den Menschenrechtsschutz verkürzt.

909 In diesem Sinne spricht nun auch der in dem Entwurf eines Vertrages über eine Verfassung für Europa vom 18.07.2003 (CONV 850/03) an die Stelle von Art. 6 Abs. 1 EUV getretene Art. 2 ausdrücklich von den „Werten der Union", nachdem zuvor schon in Art. 11 Abs. 1 Spstr. 1 EUV und in der ersten Präambelerwägung der Grundrechtscharta auf „gemeinsame Werte" Bezug genommen wurde. Den Begriff der „gemeinsamen europäischen Werte" in der Integrationsdiskussion verwendete bereits frühzeitig C. O. Lenz, ZRP 1988, 449 ff.; dazu auch Europäische Union – Vertretung in Österreich, Die Europäische Union als Wertegemeinschaft?, Die Union 1/2000; Köck/Hintersteininger, Eu-

(b) Unionsgrundsätze und FPÖ-Regierungsbeteiligung

Der Anlass für die von den „Vierzehn“ ergriffenen Maßnahmen war die Beteiligung der FPÖ an der österreichischen Bundesregierung. Daher ist die entscheidende Frage, inwiefern Österreich durch die Regierungsbeteiligung dieser Partei gegen die in Art. 6 Abs. 1 EUV aufgeführten grundlegenden Werte der EU verstoßen hat.

Dabei ist zunächst wesentlich, dass die Nationalratswahl, die die Koalition ermöglichte, eine freie, gleiche und geheime Wahl in einem Mitgliedstaat der Europäischen Union war und insofern keine Verletzung der demokratischen Grundsätze vorliegt.[910] Zudem ist zu berücksichtigen, dass sich die Vorsitzenden der beiden Regierungsparteien – Wolfgang Schüssel für die ÖVP und Jörg Haider für die FPÖ – mit ihrer der Koalitionsvereinbarung als Präambel vorangestellten „Deklaration“ vom 3. Februar 2000 ausdrücklich „zu den allen Mitgliedstaaten der Europäischen Union gemeinsamen Grundsätzen der Freiheit, der Demokratie, der Achtung der Menschenrechte und Grundfreiheiten sowie der Rechtsstaatlichkeit [...] wie sie in Art. 6 des Vertrages zur Gründung der Europäischen Union festgeschrieben sind“ bekannt haben.[911] Für die Einhaltung der dort genannten Prinzipien bürgt abgesehen davon ohnehin die geltende österreichische Bundesverfassung, die von der ÖVP-FPÖ-Koalition wegen des Fehlens der erforderlichen qualifizierten parlamentarischen Mehrheit allenfalls im Wege eines Staatsstreiches abgeändert werden könnte.

Folglich steht außer Frage, dass Österreich weiterhin auf den Grundsätzen der Freiheit, der Demokratie, der Rechtsstaatlichkeit und des Menschenrechtsschutzes beruht, wie dies beim österreichischen Beitritt zur Union am 1. Januar

---

ropa als Sicherheits- und Wertegemeinschaft; Speer, DÖV 2001, 980 ff.; Schmitz, Supranationale Union, S. 321 ff. sowie zuletzt Bogdandy, JZ 2004, 58 f.

910 Von einer Wahl der neuen Bundesregierung durch die österreichischen Wähler kann gleichwohl kaum gesprochen werden; ebenso wenig von einer Abwahl der seinerzeitigen Koalitionsregierung zwischen SPÖ und ÖVP. Diese hätte nämlich im Koalitionsfall gemeinsam über immerhin 117 Mandate verfügt und damit die für den Beschluss von „Verfassungsgesetzen“ notwendige Zweidrittelmehrheit nur um fünf Mandate verfehlt. Angesichts der mechanistischen Grundstrukturen parlamentarischer Demokratien zählt jedoch allein die Mehrheit in den Parlamenten, und diese ist für die neue Koalition mit 104 Mandaten jedenfalls ausreichend gegeben. Dadurch erübrigt sich auch jede Frage nach der tatsächlichen Akzeptanz einer Regierung in der Bevölkerung, auch wenn festzuhalten bleibt, dass dem FPÖ-Stimmenanteil von 26,91% eben 73,09% der gültigen Stimmen gegenüberstehen, die auf die anderen Parteien entfallen sind; vgl. Rotter, Europäische Rundschau 2000/3, 22.

911 s. dazu oben Erster Teil, S. 47 f., und den vollen Wortlaut im Anhang, S. 374 ff. Für die FPÖ unterzeichnete in der Folge auch die spätere Parteiobfrau Susanne Riess-Passer.

1995 der Fall war. Dementsprechend sind auch im Laufe der Regierungstätigkeit keine dem Staat Österreich zurechenbaren Handlungen oder Unterlassungen trotz bestehender Handlungspflichten bekannt geworden, die den Grundsätzen des Art. 6 Abs. 1 EUV widersprechen würden.[912] Nicht zuletzt gelangt neben dem Bericht des Beobachtungskomitees der Europäischen Volkspartei[913] auch der sog. „Bericht der Drei Weisen“[914] zu diesem Ergebnis.

Der Umstand, dass der über Wunsch der „EU-Vierzehn“ eingesetzte „Weisenrat“ nicht nur einen Bericht über die Haltung der österreichischen Bundesregierung gegenüber den gemeinsamen europäischen Werten, insbesondere bezüglich Minderheiten, Einwanderern und Flüchtlingen, sondern auch über die „Entwicklung der politischen Natur der FPÖ“ erstellen sollte, zeigt allerdings, dass die Frage nach der Positionierung der FPÖ im österreichischen bzw. europäischen Parteienspektrum eine weitere, wenn nicht die zentrale Frage des Sanktionenproblems darstellt.[915]

Dabei werden die Kriterien, nach denen eine Partei oder Bewegung als noch im Rahmen des rechtlich Zulässigen befindlich angesehen werden kann, regel-

---

912 Auch in seiner Eigenschaft als Landeshauptmann von Kärnten hat Jörg Haider bislang keine notorischen Rechtsverletzungen gesetzt; von Gewaltakten kann keine Rede sein; vgl. Adamovich, EuGRZ 2000, 403.

913 s. dazu oben Erster Teil, S. 66 f., und den vollen Wortlaut im Anhang, S. 382 ff.

914 s. dazu oben Erster Teil, S. 76 f., und den vollen Wortlaut im Anhang, S. 388 ff., insbesondere Ziff. 20 ff.

915 Hinsichtlich des internationalen Rahmens zur Bestimmung gemeinsamer europäischer Werte rekurrierten die „Drei Weisen“ sowohl auf die (rechtsverbindlichen) Verträge im Rahmen der Union, die EMRK (Österreich ratifizierte die EMRK im Jahr 1958 und gab ihr 1964 Verfassungsrang, den sie in keinem anderen Land der EU genießt.), die Rahmenkonvention zum Schutz nationaler Minderheiten von 1995 (Die im Rahmen des Europarates ausgearbeitete Rahmenkonvention trat für Österreich am 01.07.1998 in Kraft.) und das Abkommen über die Rechtsstellung von Flüchtlingen von 1951 (samt Änderungsprotokoll von 1967; vgl. auch die „Dubliner Asylkonvention“ von 1990). Im Bereich der rechtlich nicht verbindlichen Regelungen berücksichtigten sie die Erklärung gegen Rassismus und Fremdenfeindlichkeit, die im Juni 1986 vom Europäischen Parlament, dem Rat und der Kommission sowie den im Rat vereinigten Vertretern der Regierungen der Mitgliedstaaten gemeinsam verabschiedet wurde, ebenso wie den Entwurf der Charta der Grundrechte in der EU, den der sog. Grundrechtskonvent am 28.07.2000 vorgelegt hatte (CHARTE 4422/00) sowie den Entwurf einer Richtlinie für ein spezielles Diskriminierungsverbot gem. Art. 13 EGV (Der Rechtsakt wurde inzwischen verabschiedet: Richtlinie 2000/43/EG des Rates vom 29.06.2000 zur Anwendung des Gleichbehandlungsgrundsatzes ohne Unterschied der Rasse oder der ethnischen Herkunft, ABl. 2000 Nr. L 180, S. 22 ff.). Besondere Bedeutung wurde schließlich der Spruchpraxis der von der EMRK errichteten Organe beigemessen. Hinsichtlich der Entwicklung der politischen Natur der FPÖ beschränkten sich die „Drei Weisen“ darauf, diese „nur im Zusammenhang mit den gemeinsamen europäischen Werten“ zu untersuchen; s. im Anhang, S. 388, Ziff. 1 ff. + 65 sowie Hummer, The European Legal Forum 2000, 79.

mäßig von der jeweiligen Rechtsordnung selbst vorgegeben. Maßgeblich ist daher lediglich die Unterscheidung zwischen verfassungsmäßigen und verfassungswidrigen, allgemeiner: zwischen rechtmäßigen und rechtswidrigen Parteien oder Bewegungen.[916] Der freiheitlich-demokratische Rechtsstaat kennt seiner Natur nach keine Parteien, deren Existenz zwar rechtlich möglich, politisch aber so verwerflich ist, dass man gegen einen Staat vorgehen darf, in dem eine solche Partei an die Regierung gelangt. Die Anforderungen an eine Partei sind vielmehr von der Idee des freiheitlich-demokratischen Rechtsstaats vorgegeben und lassen sich aus derselben ableiten.[917]

Auf europäischer Ebene hat das Rechtsschutzsystem der EMRK Gelegenheit gegeben, sich mit der Frage zu beschäftigen, unter welchen Umständen eine Partei mit dem von ihr vorgegebenen Wertesystem verträglich ist.[918] Danach genügt eine Partei diesen Ansprüchen jedenfalls dann, wenn sie sich den demokratischen Spielregeln unterwirft und diese selbst sowie Freiheit und Rechtsstaatlichkeit nicht in Frage stellt.[919] Eine Partei, die jedoch die Macht auf andere

---

916 In Österreich ist in diesem Zusammenhang insbesondere auf das Bundesgesetz über die Aufgaben, Finanzierung und Wahlwerbung politischer Parteien vom 02.07.1975 (Parteiengesetz, ÖBGBl. 404/1975, zuletzt geändert durch ÖBGBl. I 130/1997) sowie das Verfassungsgesetz über das Verbot der NSDAP vom 08.05.1945 (Verbotsgesetz, StGBl. 13/1945), 1992 um das Verbot der sog. Auschwitzlüge erweitert (ÖBGBl. 148/1992), zu erwähnen. Gem. der Verfassungsbestimmung des § 1 Abs. 3 Parteiengesetz ist die Gründung politischer Parteien vorbehaltlich anderer bundesverfassungsgesetzlicher Regelung frei. Damit sind die §§ 3 ff. Verbotsgesetz sowie die im Verfassungsrang stehenden Bestimmungen der Art. 9 und 20 Staatsvertrag von Wien angesprochen. Für Deutschland ist auf Art. 21 GG hinzuweisen: „Parteien, die nach ihren Zielen oder nach dem Verhalten ihrer Anhänger darauf ausgehen, die freiheitlich demokratische Grundordnung zu beeinträchtigen oder zu beseitigen oder den Bestand der Bundesrepublik Deutschland zu gefährden, sind verfassungswidrig. Über die Frage der Verfassungswidrigkeit entscheidet das Bundesverfassungsgericht."

917 Köck/Hintersteininger, Sanktionen gegen Österreich, S. 483 f.; vgl. auch W. Schmitt Glaeser, Freiheitlicher Verfassungsstaat, S. 34: „Die Gründungsfreiheit für politische Parteien und die Wahlfreiheit des Bürgers gehören ohne Zweifel zu den Grundelementen echter Demokratie; sie ergänzen einander, und sie sind zugleich auch eine Voraussetzung offener – pluralistischer Gesellschaftsstruktur."

918 und zwar in Zusammenhang mit der Entscheidung des BVerfG, durch die die KPD aufgelöst und zur verbotenen Partei erklärt worden war; vgl. BVerfGE 5, 85, 393.

919 Die EMRK vertrat zwar ursprünglich, d.h. in den fünfziger Jahren, gestützt auf Art. 17 EMRK, die Auffassung, dass das Verbot der KPD nicht gegen die Konvention verstoße („Keine Freiheit für die Feinde der Freiheit!"); vgl. E 250/57, YB I (1955-1957), 222, 224 ff. Ihre Entscheidung wurde allerdings schon damals mit dem Hinweis kritisiert, sie habe entscheidend auf die Ziele der KPD abgestellt und nicht ausreichend in Betracht gezogen, dass es nach Art. 17 EMRK allein auf die von einer Partei gesetzten Aktivitäten ankomme. Daher dürfe eine Partei, die Ziele verfolge, welche mit den Freiheiten des demokratischen Rechtsstaates oder mit den Grundrechten der EMRK unvereinbar seien, dann nicht als konventionswidrig angesehen werden, wenn sie dies mit den Mitteln eben

Weise als durch demokratische Verfahren anstrebt und die Absicht erklärt oder erkennen lässt, den freiheitlichen Rechtsstaat zu beseitigen, verlässt den Boden des pluralistischen Konsenses und verliert damit den Schutz der von ihm getragenen Freiheiten;[920] sie kann daher gegebenenfalls verboten werden.[921] Dagegen haben die EU-Mitgliedstaaten bisher keinen Standard entwickelt, der es erlauben würde, die Regierungsbeteiligung einer Partei unter Hinweis auf die Bewahrung „europäischer Werte" in Frage zu stellen, solange diese Partei nicht gegen die demokratischen Spielregeln verstoßen hat.[922]

Eine nachvollziehbare Einschätzung der FPÖ auf dem üblichen europäischen Parteienspektrum ist nun vor allem deswegen schwierig, weil ihre Positionen zu konkreten gesellschaftlichen Problemstellungen mehr als spontane Momentauf-

---

dieses freiheitlich-demokratischen Rechtsstaates tue; vgl. in diesem Zusammenhang Dijk/Hoof, European Convention on Human Rights, S. 752.

920 „Weil die Beliebigkeitsfreiheit ebenso die Wahlfreiheit bestimmt, kann der Wähler freilich auch extremistische Parteien, also Parteien wählen, die alle Türen hinter sich zuschlagen, wenn sie die Macht errungen haben, dem Pluralismus also ganz schnell ein Ende setzen. In Deutschland ist dies anfangs der dreißiger Jahre Realität geworden, mit verheerenden Folgen. Die hohe Wahlzustimmung für die nationalsozialistische Partei führte zu Hitlers Ermächtigungsgesetz vom 23. März 1933 und zum Ende der Weimarer Demokratie."; so W. Schmitt Glaeser, Freiheitlicher Verfassungsstaat, S. 34 f.

921 „Das Grundgesetz zieht die Lehre aus dieser Erfahrung, indem es die Möglichkeit eröffnet, verfassungswidrige Parteien zu verbieten (Art. 21 Abs. 2 GG). Am Anfang der Bundesrepublik wurde von dieser Möglichkeit auch zweimal stringent Gebrauch gemacht: Zum einen bei der rechtsextremistischen ‚Sozialistischen Reichspartei' (SRP), die durch Urteil des Bundesverfassungsgerichts vom 23.10.1952 aufgelöst wird und aus dem politischen Leben auch tatsächlich verschwindet; zum anderen bei der linksextremistischen ‚Kommunistischen Partei Deutschlands' (KPD), die durch Urteil des Bundesverfassungsgerichts einige Jahre später, nämlich am 17.08.1956, für verfassungswidrig erklärt wird."; s. ebenda, S. 35. In zwei grundlegenden Entscheidungen vom 29.11.1985 (EuGRZ 1986, 138) und vom 03.03.1987 hat sich der österreichische Verfassungsgerichtshof mit der Tragweite der erwähnten Strafbestimmungen des Verbotsgesetzes, die sich gegen jede Form der nationalsozialistischen Wiederbetätigung richten, beschäftigt; in beiden Fällen zum Nachteil einer als neonazistisch eingestuften Organisation. Er hat klargestellt, dass sie auch dort unmittelbar anzuwenden sind, wo eine Rechtsvorschrift sie nicht ausdrücklich zitiert. Das bedeutet im Einzelnen: Auch wenn eine Rechtsvorschrift nicht ausdrücklich aussagt, dass eine als nationalsozialistisch zu wertende Gruppierung zu einer Wahl nicht antreten darf, ist diese Gruppierung dennoch am Verbotsgesetz zu messen; sollte das Programm einen solchen Verstoß erkennen lassen, darf sie zur Wahl nicht zugelassen werden. Dagegen kennt das österreichische Verfassungsrecht kein ausdrückliches Verbot einer politischen Partei. Die Gründung politischer Parteien ist frei, sofern sie nicht verfassungswidrig sind. Politische Parteien, deren Satzung gegen das Verbotsgesetz verstößt, kommen aber juristisch als Partei überhaupt nicht zustande, sind also rechtlich inexistent; vgl. Adamovich, EuGRZ 2000, 402.

922 hierzu Köck/Hintersteininger, Sanktionen gegen Österreich, S. 485 ff.

nahmen und weniger als Projektionen abstrakter Grundwerte auf konkrete Segmente gesellschaftlicher Wirklichkeit erscheinen.[923] Dies hängt wohl auch mit der Persönlichkeitsstruktur des ehemaligen Parteiobmanns Jörg Haider zusammen, der die Partei trotz ihrer Ausstattung mit den üblichen Gremien uneingeschränkt dominiert (hat).

Als Stilmittel in der Auseinandersetzung mit den anderen Parteien bedient sich die FPÖ – neben dem berechtigten Aufdecken von oft schwerwiegenden Mängeln der Politik der anderen Parteien – der groben Verunglimpfung[924] und im Besonderen des Schürens diffuser Ängste gegen Überfremdung oder gegen Europa als solches. Zu all dem gehört noch eine gewisse Tendenz, sich durch verharmlosende, zuweilen auch anerkennende Qualifikationen des nationalsozialistischen Deutschlands an die Reste unentwegter Sympathisanten des Nationalsozialismus anzubiedern.[925]

Als faschistische oder neofaschistische Partei ist die FPÖ deswegen allerdings nicht zu qualifizieren.[926] Dementsprechend enthält auch das Parteiprogramm der FPÖ – obwohl dessen Inhalt alles andere als zu befürworten ist – offenbar nichts, was nicht in so manchen anderen Mitgliedstaaten ebenfalls laut geäußerte politische Meinung ist („kein Einwanderungsland“, „keine multikulturellen Experimente“). Andernfalls würde sie ohnehin direkt in Konflikt mit dem sog. österreichischen Verbotsgesetz kommen, wodurch sie ipso facto den Status einer in Österreich zugelassenen politischen Partei verlieren würde.[927] Gleichzeitig hat man der FPÖ bisher weder vorgeworfen, sie strebe die Macht anders als mit demokratischen Mitteln an, noch, sie würde nach Erlangung der Macht Freiheit und Rechtsstaatlichkeit beseitigen wollen.[928] Und nicht zuletzt stellt die Re-

923 für eine umfassende Analyse der FPÖ als Partei und eine Schilderung von deren Geschichte s. Luther, Parliamentary Affairs (53) 2000, 426 ff.; Höbelt, Republik im Wandel, S. 94 ff.; ferner Adamovich, EuGRZ 2000, 402 ff. sowie vor allem Ziff. 65 ff. des „Weisenberichts“ im Anhang S. 388.

924 Beispielsweise bezeichnete der Landesparteiobmann von Wien, Hilmar Kabas, laut APA vom 06.05.2000 den Bundespräsidenten als „Lump“, weil er ihm die Ernennung zum Verteidigungsminister verweigert hat.

925 So kann es geschehen, dass der Landesobmann der niederösterreichischen FPÖ, Ernest Windholz, obgleich Jahrgang 1960, auf dem Landesparteitag in Wieselburg am 04.06.2000 verdiente Parteimitglieder mit dem SS-Leitspruch „Unsere Ehre heißt Treue!“ belobigt; vgl. Der Standard vom 07.06.2000.

926 Diese Begriffe sind allerdings, wie auch die Bezeichnungen „rechtsextrem“ bzw. „rechtsradikal“, äußerst unscharf und in ihrer Abgrenzung problematisch. Jedenfalls wird auch in dem Bericht der „Drei Weisen“, Ziff. 110, die Beschreibung der FPÖ als bloß „rechtspopulistisch“ für „zutreffend“ gehalten; s. im Anhang S. 388.

927 vgl. Rotter, Europäische Rundschau 2000/3, 22 f. sowie oben Fn. 916 + 921.

928 Allenfalls vereinzelt wurde in der Öffentlichkeit gegen die FPÖ der Vorwurf des Rassismus erhoben, so von dem französischen Transportminister Jean-Claude Gayssot (Kommunistische Partei Frankreichs) in Brüssel und in Wien von der Präsidentin des Europäischen Parlaments, Nicole Fontaine (UDF, Union pour la démocratie française, im EP:

gierungsbeteiligung einer Partei geradezu eine Vermutung dafür auf, dass dieselbe auch tragbar ist.[929]

Damit bleibt für die Beurteilung, ob eine Partei, die in einem EU-Mitgliedstaat an die Regierung gelangt, auch wirklich den in dieser Hinsicht an sie zu stellenden Anforderungen entspricht, allein der tatsächliche Effekt, den ihre Regierungsbeteiligung auf die Erfüllung jener Verpflichtungen hat, die dem betreffenden Mitgliedstaat nach EU-Recht zukommen – selbstverständlich einschließlich der Verpflichtung zur Respektierung der in Art. 6 Abs. 1 EUV niedergelegten Unionsgrundsätze. Die Regierungsbeteiligung einer den demokratischen Spielregeln verpflichteten Partei stellt demnach keine Rechtsverletzung dar, solange nicht die Regierungstätigkeit selbst zu einem tatsächlichen Verstoß gegen EU-Recht führt.

Wie gesagt lässt sich jedoch weder aus der Regierungserklärung noch aus der bisherigen Regierungspraxis überhaupt ein Element ableiten, das darauf hindeutet, die FPÖ bringe in Parlament und Regierung Österreichs demokratie-, freiheits- und rechtsstaatsfeindliche Grundsätze zur Durchsetzung. Dass aber schon die Regierungsbeteiligung der FPÖ als solche eine Verletzung der in Art. 6 Abs. 1 EUV festgeschriebenen grundsätzlichen Werte der EU darstellt, wurde selbst von den 14 Partnerstaaten Österreichs zu keiner Zeit behauptet.[930]

Davon ausgehend ist festzuhalten, dass durch die Regierungsbeteiligung der FPÖ die materiellen Voraussetzungen für das Sanktionsverfahren in Art. 7 EUV noch nicht einmal hinsichtlich einer „einfachen" Verletzung der von Art. 6 Abs. 1 EUV genannten Grundsätze durch den Mitgliedstaat Österreich erfüllt waren, geschweige denn dem Erfordernis einer „schwerwiegenden und anhaltenden" Verletzung[931] entsprochen wurde.[932] „Schwere und anhaltende Verletzungen"

Fraktion der Europäischen Volkspartei [Christdemokraten] und europäische Demokraten [Konservative]). Wäre die FPÖ tatsächlich eine rassistische Partei, würde sie zudem gegen das Bundesverfassungsgesetz vom 03.07.1973 zur Durchführung des Internationalen Abkommens über die Beseitigung aller Formen rassischer Diskriminierung verstoßen. Der Vollständigkeit halber sei noch auf § 283 des österreichischen Strafgesetzbuches bezüglich des Verbots der Verhetzung gegen Religionsgesellschaften, Rassen, Völker, etc. verwiesen; vgl. hierzu Adamovich, EuGRZ 2000, 402 f.; Köck/Hintersteininger, Sanktionen gegen Österreich, S. 487.

929 vgl. W. Schmitt Glaeser, Freiheitlicher Verfassungsstaat, S. 37. Auch hätte der Bundespräsident mit Sicherheit keiner Partei Anteil an der Regierung gegeben, der allen Ernstes solches hätte nachgesagt werden können. Dessen kritische Haltung hatte wohl in erster Hinsicht außenpolitische Gründe; vgl. Adamovich, EuGRZ 2001, 90.

930 Köck/Hintersteininger, Sanktionen gegen Österreich, S. 489.

931 s. dazu nochmals oben S. 113 ff.

932 im Ergebnis ebenso P. Fischer, Wiener Blätter zur Friedensforschung 103 (2/2000), 36; Hatje, Loyalität, S. 80; Hummer/Obwexer, EuZW 2000, 489; Leidenmühler, ZÖR 2000,

beziehen sich auf Taten, nicht auf Worte, so populistisch „rechts", ärgerlich und inakzeptabel sie sein mögen.

Dennoch fallen die mehrfach getätigten rassistischen und fremdenfeindlichen Äußerungen führender FPÖ-Politiker in diesem Zusammenhang ins Gewicht. Sind doch aus dem Auftreten der FPÖ in der Vergangenheit genügend Gründe erwachsen, die politische Entwicklung in Österreich aufmerksam zu verfolgen.[933] Die Ursache für das Vorgehen der „EU-Vierzehn" gegen Österreich ist denn auch – vor dem Hintergrund der Schrecken des Nationalsozialismus – in der ernsthaft angenommenen Gefahr für die Demokratie in Österreich und der Furcht vor der Verbreitung rechtsradikalen Gedankengutes sowie der Erstarkung entsprechender Parteien in ganz Europa zu sehen.[934]

312; Mock, Global View 4/2000, 18; Pernthaler/Hilpold, integration 2000, 108 f.; Regan, ZÖR 2000, 330; H. H. Rupp, FS für Rudolf, S. 179 f.; Schmahl, EuR 2000, 831; Schmitt von Sydow, in: Groeben/Schwarze, EU-/EG-Vertrag Bd. 1, Art. 7 EUV, Rdnr. 107; Schorkopf, Vierzehn gegen Wien, Das Homogenitätsgebot in der Europäischen Union und die Sanktionsdrohungen gegen Österreich – wer verletzt was?, Frankfurter Allgemeine Zeitung vom 14.02.2000, S. 9; derselbe, DVBl 2000, 1040; derselbe, in: Grabitz/Hilf, Recht der EU I, Art. 7 EUV, Rdnr. 30; Stein, Kreuzzug gegen Österreich, S. 12 f.; Unruh, EuR 2002, 43; G. Winkler, ZÖR 2000, 250 ff.

933 Es geht hier vor allem um die Persönlichkeit Jörg Haiders. Seine Äußerungen sind sprunghaft, widersprüchlich und manchmal unverzeihlich. Dies gilt im Besonderen für jene Äußerungen, die man mit Recht als Verharmlosung des Nationalsozialismus bewerten kann. Solche Äußerungen sind zwar selten, fallen aber besonders auf. Zweifellos macht sich hier sein familiärer Hintergrund – Haiders Vater war in der SA aktiv – bemerkbar. Während eines Treffens von Veteranen des Zweiten Weltkrieges, unter denen sich auch Mitglieder der Waffen-SS befanden, hat er im Oktober 1990 bemerkt: „Unsere Soldaten waren keine Kriminellen, die meisten waren Opfer." Im Juni 1991 sagte er im Kärntner Landtag: „Im Dritten Reich haben sie ordentliche Beschäftigungspolitik gemacht." Im Februar 1995 sprach er von den „Straflagern des Nationalsozialismus" und sagte später, er hätte „Konzentrationslager" gemeint. Im Dezember 1995 erklärte er in einem Fernsehinterview: „Die Waffen-SS war Teil der Wehrmacht, und folglich verdient sie auch alle Ehre und Respekt der Armee im öffentlichen Leben."; weiterführend zur Person Jörg Haider Adamovich, EuGRZ 2000, 402 f.; Czernin, Wofür ich mich meinetwegen entschuldige, Haider beim Wort genommen. Eine Zusammenstellung der regelmäßig zitierten Äußerungen Haiders findet sich bei Wal, Racism and xenophobia, the discourse of the Freedom Party in the year 1999; s. auch Was sagte der FPÖ-Vorsitzende wirklich?, in: Die Welt vom 08.02.2000.

934 vgl. Holik, Wiener Blätter zur Friedensforschung, 103 (2/2000), 24 f. sowie Busse, Österreich contra Europäische Union, S. 34 + Fn. 32, der interessanterweise anmerkt, dass sich in sämtlichen Fassungen der verschiedenen Präambeln der europäischen Gründungsverträge kein ausdrücklicher Hinweis auf das Ziel finde, das Wiederaufkommen faschistischer Ideologien und entsprechender Herrschaftssysteme zu vermeiden. Gleiches gelte für den Schumannplan, die Präambel des Europarates und Churchills Züricher Rede. Erst durch den Amsterdamer Vertrag sei in Art. 29 S. 1 EUV a.E. aufgenommen worden, dass die Union „Rassismus und Fremdenfeindlichkeit verhütet und bekämpft",

Es ist nicht zu bestreiten, dass diese Besorgnis wirklich bestanden hat und zu einem guten Teil in Österreich „hausgemacht“ war. Die Wurzeln sind spätestens im Jahr 1986 zu suchen, als Bundeskanzler Vranitzky die Fortsetzung der Koalition seiner Partei (SPÖ) mit einer von Jörg Haider geführten FPÖ abgelehnt hatte. Im selben Jahr war Kurt Waldheim – erkennbar auch mit den Stimmen der FPÖ-Sympathisanten – zum Bundespräsidenten gewählt worden. Die FPÖ hat – ungeachtet ihrer Ausgrenzung – bei jeder Wahl Stimmen gewonnen und wurde bei den Nationalratswahlen am 3. Oktober 1999 – wenn auch nur sehr knapp – zweitstärkste Partei. Das Entsetzen im Inland und vor allem im Ausland war groß. Die massive Identifikation der FPÖ mit ihrem Obmann Haider war geeignet, das „Gespenst des Führerprinzips“ zu wecken.[935]

Ob jene kollektiven Ängste angesichts der Regierungsbeteiligung der FPÖ tatsächlich gerechtfertigt waren, mag letztlich dahinstehen.[936] Im Rahmen solch hochpolitischer Entscheidungen verfügen die Mitgliedstaaten nämlich über einen gerichtlich nicht vollständig überprüfbaren, breiten Beurteilungs- und Ermessensspielraum. Solange deren Sorge nicht als lediglich vorgeschoben „enttarnt“ wird, um andere Ziele zu verfolgen, oder leichtfertig angenommen wurde[937], ist sie deshalb ernst zu nehmen und zu akzeptieren.[938]

---

um „den Bürgern in einem Raum der Freiheit, der Sicherheit und des Rechts ein hohes Maß an Sicherheit zu bieten“.

935 Adamovich, EuGRZ 2001, 90. Insbesondere in Frankreich zeigten die Umfragewerte eindeutig, dass man die FPÖ-Regierungsbeteiligung als eine Gefahr für die Demokratie in Europa betrachtet. Zwei von drei Franzosen teilten diese Einschätzung, bei den Sympathisanten der Sozialisten lag der Anteil gar bei 87%; vgl. Schneider, integration 2000, 130; Umfrage in Westeuropa: 50 Prozent gegen FPÖ-Regierungsbeteiligung, Der Standard vom 28.03.2000, S. 7.

936 Hummer/Obwexer, EuZW 2000, 489, halten es für sehr zweifelhaft, ob mit der Regierungsbeteiligung der FPÖ eine Verletzung der „Verfassungsgrundsätze“ der EU drohte. Nach Adamovich, EuGRZ 2001, 90, konnte von einer echten Bedrohung der in Art. 6 EUV garantierten Rechte nicht die Rede sein. Allerdings gibt er zu, dass dieses Urteil ein beträchtliches Maß an Kenntnis der innerösterreichischen Lage voraussetzt. Es sei nicht jedermanns Sache, zwischen Verbalradikalismen und echter Gewaltbereitschaft zu unterscheiden; vgl. auch H. H. Rupp, FS für Rudolf, S. 179 f. Im Übrigen wurde in Zusammenhang mit dem akkordierten Vorgehen gegen Österreich zu recht auch der Zeitpunkt des Einschreitens kritisiert: „[...] Schon seit Jahren hat sich die positive Tendenz für die FPÖ bei Wahlen abgezeichnet. Spätestens bei Bekanntwerden dieser Trends hätte die EU reagieren müssen, um heute glaubwürdig zu erscheinen“; vgl. Brauner, Der Aufstieg der FPÖ kam nicht über Nacht, Die Presse vom 09.03.2000, S. 2.

937 vgl. hierzu Kelsen, Staatsform und Weltanschauung, S. 9, der Anfang 1933 schrieb: „Man muss aber ganz besonders die Tatsache beachten, dass politische Werturteile und insbesondere die Entscheidung zwischen Demokratie und Autokratie sehr häufig weder auf gründlicher Tatsachenforschung noch auf gewissenhafter Selbstbesinnung fundiert, sondern Produkte einer augenblicklichen Lage, ja einer vorübergehenden Stimmung sind.“

(2) Die Stellungnahme als „bilaterale Vorfeldmaßnahme“

Im Ergebnis muss daher im Fall Österreich immerhin von der Gefahr einer Verletzung der in Art. 6 Abs. 1 EUV genannten Grundsätze ausgegangen werden. Folglich lässt sich das Vorgehen der Regierungen der 14 Mitgliedstaaten gegen Österreich als außerhalb des Anwendungsbereichs der Verträge liegende „bilaterale Vorfeldmaßnahme“ einordnen.

Beurteilt man nun unter Zugrundelegung der oben entwickelten Kriterien[939] das Verhalten der 14 Mitgliedstaaten anlässlich des Einzugs der FPÖ in das österreichische Regierungskabinett, so ist zunächst festzuhalten, dass zum Zeitpunkt des Erlasses der Stellungnahme der portugiesischen Präsidentschaft der Europäischen Union im Namen von 14 Mitgliedstaaten, nämlich am 31. Januar 2000, ein auf die Ermächtigungsgrundlage des Art. 7 EUV gestütztes Tätigwerden der Europäischen Union weder vorlag noch absehbar war. Zwar nahm die Kommission bereits einen Tag später eine Mitteilung zur politischen Situation in Österreich an, allerdings reagierte sie hiermit lediglich auf die vorangegangene, überraschende Erklärung der „Vierzehn“.[940] Da die EU also von ihrer konkurrierenden Kompetenz zur Wahrung der Unionsgrundsätze aus Art. 7 EUV (noch) keinen Gebrauch gemacht hatte, waren die Mitgliedstaaten als solche zur Setzung völkerrechtlicher Maßnahmen nach wie vor befugt.[941]

Dabei bleibt anzumerken, dass im vorliegenden Fall die zuständigkeitsbegrenzende Funktion des Subsidiaritätsprinzips einem Handeln der Union nicht entgegengestanden hätte. Wie bereits im Zusammenhang mit der Bedeutung des Subsidiaritätsprinzips für Abkommen der Mitgliedstaaten untereinander erläutert, führt nämlich das Subsidiaritätsprinzip bei völkerrechtlichen Abkommen aller und nicht lediglich einiger Mitgliedstaaten nicht zu einer Kompetenzausübungsschranke im Hinblick auf ein Tätigwerden der Union, schließt also eine Rechtsetzung durch die EU nicht aus.[942]

Angesichts der Tatsache, dass der Rat im Rahmen des Gewährleistungsmechanismus des Art. 7 EUV stets ohne Berücksichtigung der Stimme des Vertreters der Regierung des betroffenen Mitgliedstaats beschließt[943], dürfte in dieser Situation aber ein völkerrechtliches Vorgehen von 14 Mitgliedstaaten – was die

938 vgl. insofern auch Bergmann, in: Bergmann/C. Lenz, Der Amsterdamer Vertrag, Kap. 1, Rdnr. 20 + 23; Busse, Österreich contra Europäische Union, S. 34 + Fn. 35; Schorkopf, DVBl 2000, 1040 sowie schon oben S. 115.

939 s. nochmals oben S. 220 ff.

940 s. dazu oben Erster Teil, S. 37 ff. und ausführlich unten S. 336 ff.

941 so auch Schmahl, EuR 2000, 833 f.

942 s. oben S. 185 f.

943 s. oben S. 108.

Anwendung des Subsidiaritätsprinzips betrifft – einem Handeln aller 15 Mitgliedstaaten gleichzustellen sein. Im Falle akkordierter bilateraler Maßnahmen, an denen sich nicht alle 14, sondern nur einige der Mitgliedstaaten beteiligen, wäre Art. 5 Abs. 2 EGV dagegen anwendbar.

Unabhängig davon haben die „EU-Vierzehn" insoweit jedenfalls in grundsätzlich zulässiger Weise ihre Besorgnis gegenüber dem Geschehen in Österreich ausgedrückt. Bei der Ausübung der ihnen verbliebenen Handlungsbefugnisse waren von den 14 Mitgliedstaaten jedoch die sich aus Art. 7 EUV ergebenden Einschränkungen – wie sie weiter oben herausgearbeitet wurden – zu berücksichtigen.[944]

Zwar suspendiert die Stellungnahme der portugiesischen Präsidentschaft nicht ausdrücklich irgendwelche aus der Mitgliedschaft Österreichs in der Europäischen Union fließenden Rechte. Nach wie vor offen ist aber, ob das Vorgehen außerhalb des unionsrechtlichen Rahmens nicht eine bloß mittelbare Beeinträchtigung von österreichischen Vertragsrechten zur Folge hatte.[945] Da es sich um „bilaterale" Maßnahmen im Vorfeld einer Homogenitätsverletzung handelt, bleibt darüber hinaus deren Intensität zu untersuchen, insbesondere ob der Mitgliedstaat Österreich durch die „Gemeinsame Reaktion" nicht ganz generell Rechtsnachteile erlitten hat, d.h. auch solche rein völkerrechtlicher Natur. Zur Beantwortung dieser Fragen kommt es allerdings entscheidend auf den weiteren Verlauf der Prüfung der Rechtmäßigkeit der Stellungnahme der portugiesischen Präsidentschaft der EU im Namen von 14 Mitgliedstaaten an.

b) Verstoß gegen Art. 226, 227 EGV

Von dem Gewährleistungsmechanismus des Art. 7 EUV ist eine andere verbandsinterne Maßnahme abzugrenzen, mit der das Vorgehen der 14 Mitgliedstaaten ebenfalls in Konflikt geraten könnte. Die Rede ist von dem bereits angesprochenen Streitschlichtungsmechanismus der Art. 226 ff. EGV.[946] Um das

---

944 s. nochmals oben S. 221 ff.

945 s. hierzu bereits oben S. 121.

946 Die dortigen Bestimmungen sind auch für die Sanktionsverfahren in den beiden anderen Gemeinschaftsverträgen – Art. 141 ff. EAGV und Art. 88 f. EGKSV – prototypisch. Darüber hinaus gibt es ein besonderes Verfahren für den Fall, dass ein Mitgliedstaat jene Verpflichtungen verletzt, die sich aufgrund seiner Teilnahme an der Wirtschafts- und Währungsunion aus Art. 104 Abs. 2 EGV i.V.m. Protokoll Nr. 20 über das Verfahren bei einem übermäßigen Defizit sowie dem einschlägigen Sekundärrecht ergeben. Konkret räumt Art. 104 Abs. 11 EGV dem Rat eine Sanktionskompetenz ein, wenn der betroffene Mitgliedstaat den Empfehlungen gem. Art. 104 Abs. 7 und 9 EGV nicht nachkommt; s. dazu Häde, EuZW 1996, 139 ff. Vgl. ferner Art. 6 der VO (EG) Nr. 1164/94 des Rates vom 16.05.1994 zur Errichtung eines Kohäsionsfonds, ABl. 1994 Nr. L 130,

Verhältnis zwischen „bilateralen Vorfeldmaßnahmen“ der Mitgliedstaaten zur Sicherung der in Art. 6 Abs. 1 EUV genannten Grundsätze und dem gemeinschaftsrechtlichen Vertragsverletzungsverfahren zu ergründen, bedarf es jedoch einiger Vorüberlegungen:

Genauso wie das Sanktionsverfahren nach Art. 7 EUV hat auch das Rechtsschutzverfahren der Art. 226 ff. EGV die Verletzung des Rechts der europäischen Integrationsverbände zum Gegenstand.[947] Die Untersuchung des Tatbestandes von Art. 7 Abs. 1 EUV hat jedoch bereits gezeigt, dass die Abgrenzung der Anwendungsbereiche beider Mechanismen auf der Qualität des mitgliedstaatlichen Pflichtenverstoßes beruht.[948]

Das interne Rechtsschutzsystem des Gemeinschaftsvertrages ist – wie oben erläutert – für die Schlichtung von eng umgrenzten Einzelfällen konzipiert. Es hat die Aufgabe, bei prinzipieller Bejahung der Integration durch die Mitgliedstaaten, den Streit über die spezifischen Rechte und Verpflichtungen durch den Europäischen Gerichtshof als unabhängiger Instanz entscheiden zu lassen. Dagegen stellen homogenitätsrelevante Verstöße der Mitgliedstaaten gegen die in Art. 6 Abs. 1 EUV genannten Grundsätze das System der Integration an sich in Frage. Sie mögen sich ebenfalls in spezifischen Einzelfällen manifestieren, sind aber hinsichtlich Dauer und Schwere des Verstoßes größer dimensioniert. Die

---

S. 1 ff. Nach diesem können die Finanzierungen aus dem Kohäsionsfonds gegenüber einem Mitgliedstaat ausgesetzt werden, wenn dieser seine Verpflichtungen aus Art. 104 EGV verletzt.

947 Nach Art. 226 EGV ist die Kommission verpflichtet, gegen einen Mitgliedstaat, der seine Verpflichtungen aus dem EGV nicht erfüllt, ein Vertragsverletzungsverfahren einzuleiten. In einem ersten Schritt fordert sie den betroffenen Mitgliedstaat auf, sich zu den gegen ihn erhobenen Vorwürfen zu äußern (sog. „erstes Mahnschreiben“). Vermögen die Ausführungen des Mitgliedstaates den Verdacht einer Vertragsverletzung nicht beseitigen, gibt die Kommission im zweiten Schritt eine mit Gründen versehene Stellungnahme ab. Hilft der Mitgliedstaat dem in der Stellungnahme geäußerten vertragswidrigen Zustand nicht innerhalb der von der Kommission gesetzten Frist durch gegenteiliges Verhalten ab, kann sie in die dritte Verfahrensstufe eintreten und Klage vor dem Europäischen Gerichtshof auf Feststellung der Vertragsverletzung erheben. Hinsichtlich der Entscheidung über die Erhebung einer Klage vor dem EuGH verfügt die Kommission wegen des Wortlauts des Art. 226 Abs. 2 EGV über ein Ermessen, das sie pflichtgemäß auszuüben hat; grundlegend EuGH, Rs. 247/87 (Star Fruit/Kommission), Slg. 1989, 291, Rdnr. 11 f.; vgl. auch Ortlepp, Vertragsverletzungsverfahren, S. 76; Mögele, BayVBl N.F. 1993, 137. Eine detaillierte Übersicht über das Vertragsverletzungsverfahren mit zahlreichen Fundstellenangaben findet sich bei Marschik, Subsysteme im Völkerrecht, S. 222 ff.; ausführlich zur Durchführung des Vertragsverletzungsverfahrens in den einzelnen Bereichen des Gemeinschaftsrechts der von der Kommission vorgelegte Neunzehnte Jahresbericht über die Kontrolle der Anwendung des Gemeinschaftsrechts (2001), KOM (2002) 324 endg., BullEU 6-2002, Ziff. 1.8.1.

948 s. oben S. 113.

Union würde dem Rang und der Wichtigkeit der geschützten Homogenitätselemente nicht gerecht, wenn sie sich auf das Vertragsverletzungsverfahren beschränken würde, in dem lediglich die gemeinschaftsrechtlichen Auswirkungen einer wesentlich schwerwiegenderen Rechtsverletzung als Gegenstand eines Verfahrens vor dem Europäischen Gerichtshof – sozusagen als Nebenfolgen ihrer eigentlichen Ursache – zum Tragen kämen.[949]

Abgesehen davon, dass der Gewährleistungsmechanismus des Art. 7 EUV von seinem Zuschnitt an qualitativ höherstehende Vertragsverletzungen anknüpft, als sie von dem Rechtsschutzverfahren nach Art. 226 ff. EGV erfasst werden, wird hier des Weiteren deutlich, dass die Sanktionierung von Homogenitätsverstößen auf der Grundlage des Gemeinschaftsrechts ihre Grenze in den von der Europäischen Union umfassten intergouvernementalen Regelungsbereichen finden würde.[950] Die Gewährleistung der Homogenität ist aber mit der Mitgliedschaft als solcher verknüpft, die seit dem Inkrafttreten des EU-Vertrages ausschließlich in der Union möglich ist. Dies wird insbesondere durch die Aufnahme des Art. 6 Abs. 1 EUV, der schließlich auch jegliches Handeln im staatlichen Verantwortungsbereich umfasst[951], in Art. 49 EUV bestätigt. Während das Vertragsverletzungsverfahren des Gemeinschaftsrechts mithin nur einen Teilbe-

---

949 Im Übrigen endet ein Vertragsverletzungsverfahren gem. Art. 228 Abs. 1 EGV nur mit einem Feststellungsurteil des Gerichtshofes. Bei fortgesetztem vertragswidrigem Verhalten des verurteilten Mitgliedstaates besteht allenfalls die Möglichkeit, gem. Art. 228 Abs. 2 EGV in einem zweiten Verfahren die Zahlung eines Pauschalbetrages oder Zwangsgeldes zu verhängen. Im Falle von Vertragsverletzungen im Rahmen der Art. 226 ff. EGV wird der betroffene Mitgliedstaat, dem Selbstverständnis als Mitglied in einer Rechtsgemeinschaft folgend, den gemeinschaftsrechtswidrigen Zustand nach erfolgter Feststellung durch den EuGH in der Regel spätestens nach der Androhung eines Zwangsgeldes abstellen. Dafür sprechen die bisherigen Erfahrungen mit dem Vertragsverletzungsverfahren. Bislang hat der Gerichtshof trotz mehrfacher Anträge seitens der Kommission erst eine Entscheidung nach Art. 228 Abs. 2 EGV getroffen; vgl. EuGH, Rs. C-387/97 (Kommission/Griechenland), Slg. 2000, I-5047. Die Situation stellt sich jedoch anders dar, sobald die Intensität der Vertragsverletzung zunimmt. Handelt ein Mitgliedstaat in einer Weise vertragswidrig, deren Motivation die grundsätzliche Ablehnung des Integrationsprozesses offenbart, so bedarf es effektiverer Sanktionsmittel. Die Funktionsfähigkeit der Europäischen Union kann unter diesen Umständen lediglich durch die Feststellung eines Vertragsverstoßes und der Verhängung eines Pauschalbetrages oder Zwangsgeldes nicht aufrechterhalten werden. Keines der Mittel erscheint als angemessene Verknüpfung von Vertragsverstoß und Sanktion im Falle einer Homogenitätsverletzung; weiterführend Schorkopf, Homogenität in der EU, Ziff. 184 ff.; vgl. auch Schmahl, EuR 2000, 823 f.; Schmitz, Supranationale Union, S. 359; allgemein zur Wirkung und Durchsetzung von Urteilen nach Art. 228 EGV Marschik, Subsysteme im Völkerrecht, S. 229 ff. mit vielen weiteren Nachweisen.

950 Die Möglichkeit eines Vertragsverletzungsverfahrens besteht hier nach Maßgabe des Art. 46 EUV nur in Ausnahmefällen.

951 s. oben S. 112 + 218.

reich der Mitgliedschaft eines Staates in der Europäischen Union abdecken könnte, ist es hingegen nur folgerichtig, die Rechtsgrundlage für die Sanktionierung von Homogenitätsverstößen in Art. 7 als in den Gemeinsamen Bestimmungen des Unionsvertrages verankerter Norm zu sehen.[952]

Allerdings muss für auf Art. 7 EUV gestützte Maßnahmen der Union die Pflichtenverletzung eines Mitgliedstaates nicht erst das Stadium der „schwerwiegenden und anhaltenden" Verletzung erreicht haben. Bereits unterhalb der sehr hohen tatbestandlichen Aufgriffsschwelle von Art. 7 Abs. 1 EUV – also bei einer bloß „einfachen" Verletzung der Grundsätze des Art. 6 Abs. 1 EUV oder lediglich der Gefahr einer homogenitätsrelevanten Pflichtverletzung – sind besagte „unionsrechtliche Vorfeldmaßnahmen" möglich.[953] Nun ist aber durchaus vorstellbar, dass in einer bloß „einfachen" Beeinträchtigung der von Art. 6 Abs. 1 EUV genannten Grundsätze gleichzeitig eine „normale" Verletzung des Gemeinschaftsrechts liegt. So kann ein und dieselbe Situation – z.B. die Langsamkeit nationaler Gerichtsverfahren – sowohl einen noch nicht als schwerwiegend zu qualifizierenden Verstoß gegen das Rechtsstaatlichkeitsprinzip des Unionsvertrages als auch eine Verletzung des freien Warenverkehrs im Sinne des EG-Vertrages darstellen.[954] Gerade für diese „einfachen" Vertragsverletzungen ist im Gemeinschaftsrecht jedoch das Vertragsverletzungsverfahren der Art. 226 ff. EGV vorgesehen. Es stellt sich deshalb zunächst einmal die Frage, wie die sich für diesen Bereich ergebende Konkurrenz zwischen den beiden Rechtsschutzmechanismen zu lösen ist.

Insofern lässt sich Art. 292 EGV – wie bereits eingehend erläutert[955] – entnehmen, dass die Mitgliedstaaten verpflichtet sind, „gemeinschaftsrechtliche" Streitigkeiten vorrangig mittels der im EGV enthaltenen Verfahren zu regeln. Da die Verträge zur Gründung der Europäischen Gemeinschaften gemäß Art. 47 EUV durch den Unionsvertrag grundsätzlich unberührt bleiben[956], liegt daher nahe, dass bei einer „einfachen" Verletzung der in Art. 6 Abs. 1 EUV enthalte-

---

952 vgl. hierzu Schorkopf, Homogenität in der EU, Ziff. 7 f., 156 f. + 239. Zweifel an der Eignung des Vertragsverletzungsverfahrens für derartige Konstellationen äußern auch Bergmann, in: Bergmann/C. Lenz, Der Amsterdamer Vertrag, Kap. 1, Rdnr. 8, und Nicolaysen, Europarecht, S. 236 f.

953 dazu ausführlich oben S. 122 ff.

954 vgl. auch Schmitt von Sydow, in: Groeben/Schwarze, EU-/EG-Vertrag Bd. 1, Art. 7 EUV, Rdnr. 97; Schorkopf, Homogenität in der EU, Ziff. 239; a.A. Pechstein, in: Streinz, EUV/EGV, Art. 7 EUV, Rdnr. 14.

955 s. oben S. 206 ff.

956 Durch Art. 47 EUV soll verhindert werden, dass das intergouvernemental strukturierte Unionsrecht in den Bereich des Gemeinschaftsrechts eindringt und dessen Eigenart als „supranationales Recht" einschließlich der entsprechenden gemeinschaftsrechtlichen Rechtsetzungsverfahren durch intergouvernemental getroffene Vorentscheidungen seiner Wirkung beraubt; vgl. R. Geiger, EUV/EGV, Art. 47 EUV, Rdnr. 2.

nen Grundsätze, die zugleich eine Verletzung des Gemeinschaftsrechts darstellt, zunächst allein die Durchführung des Vertragsverletzungsverfahrens der Art. 226 ff. EGV statthaft ist. Andererseits gebietet es die Kohärenz aller Maßnahmen innerhalb der Union, bei der Auslegung gemeinschaftsrechtlicher Bestimmungen die Vorschriften des Unionsvertrages mit zu berücksichtigen, soweit sich ein entsprechender Interpretationsspielraum eröffnet.[957] In Anbetracht der herausragenden Stellung der in Art. 6 Abs. 1 EUV enthaltenen Grundsätze für den gesamten Integrationsprozess spricht dies letztlich dafür, trotz Art. 292 EGV ein Nebeneinander von „unionsrechtlichen Vorfeldmaßnahmen" auf der Grundlage von Art. 7 EUV und einem gemeinschaftsrechtlichen Vertragsverletzungsverfahren zuzulassen.[958] Die juristischen Mittel der Gemeinschaftsverträge verhindern somit nicht, auch das politische Verfahren des Art. 7 EUV voll auszuschöpfen.[959]

Etwas anderes muss aber für „bilaterale Vorfeldmaßnahmen" der Mitgliedstaaten außerhalb des Anwendungsbereichs der Verträge – wie sie anlässlich der FPÖ-Regierungsbeteiligung ergriffen wurden – gelten.[960] Jene mitgliedstaatlichen Maßnahmen auf völkerrechtlicher Ebene als Reaktion auf ein gemeinschaftsrechtswidriges Verhalten eines anderen Mitgliedstaates würden nämlich Sinn und Zweck von Art. 292 EGV, wie er in der einschlägigen Rechtsprechung des Gerichtshofes und den zugehörigen Anmerkungen der Literatur zum Ausdruck kommt, zuwiderlaufen und den Bedeutungsgehalt der Vorschrift schließlich aushöhlen.

Danach sind die Mitgliedstaaten nicht befugt, sofort einseitige Selbsthilfemaßnahmen zu ergreifen, um einer möglichen Verletzung des EGV durch einen anderen Mitgliedstaat entgegenzuwirken. Vielmehr sind sie verpflichtet, die speziellen Rechtsschutzverfahren der Gemeinschaft zur Feststellung und Ahndung von Rechtsverletzungen vor den allgemeinen völkerrechtlichen Durchsetzungsmitteln auszuschöpfen.[961]

---

957 So wäre es doch systemwidrig, wenn zwar das allgemeine Völkerrecht im Wege der völkerrechtsfreundlichen Auslegung den Inhalt von Gemeinschaftsrecht bestimmen könnte, der EUV aber als nullum zu behandeln wäre; vgl. R. Geiger, EUV/EGV, Art. 47 EUV, Rdnr. 3; a.A. wohl Cremer, in: Calliess/Ruffert, EUV/EGV, Art. 47 EUV, Rdnr. 1 ff., der aber die Berücksichtigung des Unionsrechts im Falle eines Entscheidungsspielraums der Gemeinschaftsorgane zulässt.

958 In diesem Zusammenhang bleiben auch die mit Art. 7 EUV ins Gemeinschaftsrecht eingefügten Art. 309 EGV, Art. 204 EAGV und Art. 96 EGKSV zu sehen.

959 ähnlich Schmitt von Sydow, in: Groeben/Schwarze, EU-/EG-Vertrag Bd. 1, Art. 7 EUV, Rdnr. 97.

960 zur Unterscheidung zwischen „unionsrechtlichen" und „bilateralen Vorfeldmaßnahmen" oben S. 221.

961 s. abermals die umfangreiche Darstellung oben S. 209 ff.

Daraus folgt, dass den Mitgliedstaaten bei einer „einfachen" Verletzung der in Art. 6 Abs. 1 EUV niedergelegten Grundsätze, in der gleichzeitig ein Verstoß gegen Gemeinschaftsrecht liegt, die unmittelbare Anwendung „bilateraler Vorfeldmaßnahmen" verwehrt ist. In diesem Fall wäre zunächst ausschließlich mit der Einleitung eines Vertragsverletzungsverfahrens durch die Mitgliedstaaten gemäß Art 227 EGV[962] zu reagieren.[963] Erst bei einem Versagen dieses im EGV vorgesehenen Sanktionsmechanismus wäre ein Rückgriff auf völkerrechtliche Maßnahmen der Mitgliedstaaten, also insbesondere auch „bilaterale Vorfeldmaßnahmen", zulässig.[964]

---

962 Gem. Art. 227 EGV kann das Vertragsverletzungsverfahren auch von den Mitgliedstaaten selbst betrieben werden. In der Praxis ist das Verfahren nach Art. 227 EGV aber bislang nur ganz selten zur Rechtsdurchsetzung herangezogen worden. Meistens wurde es lediglich angedroht, einmal eine Klage eingereicht, die jedoch dann wieder zurückgezogen wurde (EuGH, Rs. 58/77 [Irland/Frankreich]). Im „Cap-Caval"-Fall (EuGH, Rs. 141/78 [Frankreich/Vereinigtes Königreich], Slg. 1979, 2923) wurde eine Vertragsverletzung des Vereinigten Königreiches durch Urteil festgestellt, nachdem Frankreich im Zuge der politischen Spannungen des „guerre des moutons"-Konflikts Klage erhoben hatte. Für die Zurückhaltung der Staaten, wenn es darum geht, gegen einen anderen Mitgliedstaat ein Gerichtsverfahren einzuleiten sind einerseits politische Opportunitätsüberlegungen ausschlaggebend, andererseits die Angst, postwendend selbst vor den EuGH zitiert zu werden. Im Normalfall beschränken sich die Staaten darauf, Vertragsverletzungen anderer Mitgliedstaaten der Kommission anzuzeigen und darauf zu vertrauen, dass diese ihr Interesse vertritt. Insofern zeigt der spärliche Gebrauch des Verfahrens nach Art. 227 EGV auch, dass die Staaten mit der Arbeit der Kommission generell zufrieden sind. Entsprechend steht die Vertragsverletzungsklage der Kommission gem. Art. 226 EGV praktisch auf der Tagesordnung. Nach anfänglicher Zurückhaltung setzt sie das Verfahren seit 1977 automatisch bei jeder bedeutenden Vertragsverletzung in Gang, sofern nicht gravierende Gründe dagegensprechen; ausführlich hierzu und m.w.N. Marschik, Subsysteme im Völkerrecht, S. 223 ff.; Audretsch, Supervision in European Community Law, S. 232 ff. sowie White, State Responsibility in the Context of European Community Law, S. 307. Gegen Österreich erging das erste Vertragsverletzungsurteil des EuGH in Zusammenhang mit dem Neubau des niederösterreichischen Regierungs- und Kulturhausbezirks; vgl. EuGH, Rs. C-328/96 (Kommission/Österreich), Slg. 1999, I-7479; dazu Hintersteininger, ÖJZ 2000, 621 ff.

963 Daneben wären nach oben Gesagtem allenfalls „unionsrechtliche Vorfeldmaßnahmen" denkbar.

964 Allerdings wäre zu überlegen, ob sich politisch motivierte, planmäßige Verstöße eines Mitgliedstaates gegen seine vertraglichen Verpflichtungen nicht bereits als ein schwerwiegender und anhaltender Verstoß gegen den Grundsatz der Rechtsstaatlichkeit darstellen. Durch die Mitgliedschaft in der EU erlangt das Gemeinschaftsrecht unmittelbare Geltung und Anwendungsvorrang in den beteiligten Staaten. Das Rechtsstaatsprinzip zwingt die Träger hoheitlicher Gewalt zur Einhaltung der geltenden Gesetze, mithin auch der gemeinschaftsrechtlichen Verpflichtungen; vgl. Schorkopf, Homogenität in der EU, Ziff. 336 sowie schon oben Fn. 384.

Davon ausgehend ist für den vorliegenden Fall jedoch vorab zu fragen, ob überhaupt ein unterhalb der Stufe einer Homogenitätsverletzung liegendes gemeinschaftsrechtswidriges Verhalten des Mitgliedstaates Österreich, für welches das Vertragsverletzungsverfahren gemäß Art. 226 ff. EGV vorrangig durchzuführen gewesen wäre, vorgelegen hatte. Die Verletzung irgendeiner Verpflichtung aus dem Gemeinschaftsrecht, die die Grundlage für ein Vertragsverletzungsverfahren darstellen könnte, wurde Österreich seitens der 14 übrigen EU-Mitgliedstaaten aber weder vorgeworfen, noch lässt sich bei nüchterner Beurteilung der Umstände tatsächlich ein Zusammenhang zwischen der Regierungsbeteiligung der FPÖ und einem dem Mitgliedstaat Österreich zurechenbaren Verstoß gegen den EG-Vertrag herstellen.[965] Hiermit stimmt nicht zuletzt überein, dass in der „Causa Austria" gleichermaßen in Bezug auf die in Art. 6 Abs. 1 EUV genannten Grundsätze lediglich von einer Gefährdung und nicht von einer „einfachen" Verletzung derselben auszugehen ist. Ist demnach schon keine „einfache" Gemeinschaftsrechtsverletzung Österreichs ersichtlich, verstößt hier das „bilaterale" Vorgehen im Ergebnis auch nicht gegen die aus Art. 292 EGV folgende „Primärkompetenz" der Gemeinschaft zur Sanktionierung von Vertragsverletzungen nach Art. 226, 227 EGV.

c) Verstoß gegen Art. 12 EGV

Ein Verstoß gegen das allgemeine Diskriminierungsverbot des Art. 12 EGV kommt hinsichtlich der in der „Gemeinsamen Reaktion" der 14 EU-Mitgliedstaaten vorgesehenen Maßnahme nach Spiegelstrich 2, wonach österreichische Kandidaten für Posten in internationalen Organisationen keine Unterstützung erfahren sollen, in Betracht. Art. 12 Abs. 1 EGV verbietet jegliche Diskriminierung aus Gründen der Staatsangehörigkeit und bindet damit hauptsächlich die Mitgliedstaaten; selbstverständlich haben jedoch auch die Organe der EU beim Erlass von Rechtsakten das Verbot zu beachten.[966]

Die Bestimmung ist unmittelbar anwendbar und verdrängt aufgrund des Anwendungsvorranges entgegenstehendes mitgliedstaatliches Recht.[967] Das allge-

---

965 Dementsprechend haben die „EU-Vierzehn" ebenso wenig wie die Kommission auch nur erwogen, ein Vertragsverletzungsverfahren gegen Österreich einzuleiten; vgl. Köck/Hintersteininger, Sanktionen gegen Österreich, S. 490 ff. + Fn. 45, die in diesem Zusammenhang von den „einfachen" Werten im Gemeinschaftsrecht bzw. den in Art. 226 ff. EGV genannten Verfahren zu deren Durchsetzung im Gegensatz zu den „grundlegenden" Werten in Art. 6 Abs. 1 EUV sprechen.

966 C. O. Lenz, in: derselbe, EG-Vertrag, Art. 12 EGV, Rdnr. 11; R. Geiger, EUV/EGV, Art. 12 EGV, Rdnr. 3; Bleckmann, in: derselbe, Europarecht, Rdnr. 1764.

967 vgl. EuGH, Rs. 293/83 (Gravier/Stadt Lüttich), Slg. 1985, 593, Rdnr. 11 ff.; Rs. C-357/89 (Raulin/Minister van Onderwijs en Wetenschappen), Slg. 1992, I-1027, Rdnr. 23 ff.; R. Geiger, EUV/EGV, Art. 12 EGV, Rdnr. 15.

meine Diskriminierungsverbot gilt allerdings nur „im Anwendungsbereich des Vertrages“ und erfasst daher allein Diskriminierungen in Sachgebieten, die im EGV geregelt sind und in denen die Gemeinschaft tätig ist.[968] Voraussetzung ist aber nicht, dass es sich um Materien handelt, die den Mitgliedstaaten besondere Verpflichtungen auferlegen. Ausreichend ist vielmehr, dass der Bereich nur ganz punktuell geregelt ist.[969]

Vor diesem Hintergrund ist nun bezüglich der Maßnahme nach Spiegelstrich 2 gleich zu Beginn festzuhalten, dass der betreffende Wortlaut der Stellungnahme der portugiesischen Präsidentschaft nicht ganz eindeutig ist. Fraglich erscheint, welche internationalen Organisationen gemeint sind, für deren Posten österreichische Bewerber[970] ohne Unterstützung der übrigen 14 Mitgliedstaaten bleiben sollen.[971]

Für den Fall der Besetzung einer Stelle innerhalb der drei Europäischen Gemeinschaften selbst als „internationale Organisationen“ wäre der Anwendungsbereich des (jeweiligen) Vertrages jedenfalls ohne weiteres eröffnet. Insofern ließe sich der Beschluss, ganz gezielt sämtlichen österreichischen Kandidaten von vornherein und ausnahmslos jede Unterstützung zu verweigern, wohl nur als gemeinschaftsrechtlich verbotene „offene“ Diskriminierung aufgrund der Staatsangehörigkeit qualifizieren.[972]

Würde die Maßnahme der „Vierzehn“ dabei – über die gewöhnliche Wortbedeutung des Begriffs „internationale Organisationen“ hinaus – ganz allgemein „internationale Posten“ und somit auch im Rahmen der „zweiten“ und „dritten Säule“ der Europäischen Union geschaffene Funktionen umfassen[973], so könnte zwar für jene außerhalb des Gemeinschaftsrechts liegenden Politikbereiche nicht unmittelbar auf den Prüfungsmaßstab des Art. 12 EGV zurückgegriffen werden. Aber unabhängig davon, ob man unter Zugrundelegung der Verfassungstraditio-

---

968 Bogdandy, in: Grabitz/Hilf, Recht der EU A I, Art. 6 EGV, Rdnr. 27 ff.

969 vgl. EuGH, Rs. 293/83 (Gravier/Stadt Lüttich), Slg. 1985, 593, Rdnr. 15 ff.; Rs. C-398/92 (Mund & Fester/Hatrex Internationaal Transport), Slg. 1994, I-467, Rdnr. 12; R. Geiger, EUV/EGV, Art. 12 EGV, Rdnr. 10; Bleckmann, in: derselbe, Europarecht, Rdnr. 1765.

970 Der Begriff „Austrian candidates” im englischen Originalwortlaut der Stellungnahme der portugiesischen Präsidentschaft (s. im Anhang S. 373 f.) könnte neben Kandidaten mit österreichischer Staatsangehörigkeit auch Kandidaturen des Staates Österreich (und damit mittelbar wiederum österreichische Kandidaten) umfassen; vgl. H. Winkler/Schauer, Die Maßnahmen gegen Österreich, S. 133, Fn. 22.

971 wie hier Pernthaler/Hilpold, integration 2000, 109; s. bereits oben S. 102 ff.

972 vgl. auch Leidenmühler, ZÖR 2000, 314; zum Begriff der „offenen“ und „versteckten“ Diskriminierung s. Bleckmann, in: derselbe, Europarecht, Rdnr. 1742 ff.; R. Geiger, EUV/EGV, Art. 12 EGV, Rdnr. 9.

973 s. dazu schon oben S. 102.

nen der Mitgliedstaaten und der vielfältigen Verbote der Diskriminierung nach den Gemeinschaftsverträgen davon ausgeht, dass die Mitgliedstaaten bei ihren Handlungen mit Unionskonnex ebenfalls an das allgemeine Diskriminierungsverbot aus Gründen der Staatsangehörigkeit gebunden sind[974], läge doch in diesen Fällen zumindest eine Verletzung des Gleichheitsgrundsatzes vor[975], der im gesamten EU-Recht als allgemeiner Rechtsgrundsatz gilt.[976]

Da nach allem die Rechtswidrigkeit einer solchen Maßnahme evident wäre und die 14 Mitgliedstaaten für betreffende Fallkonstellation wohl zudem einen anderen, präziseren Wortlaut gewählt hätten, ist im Ergebnis eher auszuschließen, dass vorliegend auch Positionen in den Gemeinschaften oder der EU betroffen sein sollten. Es kann nicht davon ausgegangen werden, dass mit der „Gemeinsamen Reaktion" auf das Setzen offensichtlich eu-rechtswidriger Handlungen abgestellt wurde.[977]

Aufgrund dieser Erwägungen dürfte ebenso die Besetzung von Posten in sonstigen internationalen Organisationen, in denen eine, zwei oder alle drei der Europäischen Gemeinschaften Mitgliedschaftsstatus haben, ausscheiden. Auch hier würde die generelle Verweigerung der Unterstützung österreichischer Kandidaten wegen ihrer Staatsangehörigkeit einen Verstoß gegen das allgemeine Diskriminierungsverbot nach Art. 12 Abs. 1 EGV darstellen.

Voraussetzung wäre jedoch, dass die Bestellung „für die Gemeinschaft(en)" erfolgt. Nur dann fiele ein entsprechender Sachverhalt in den sachlichen Anwendungsbereich des jeweiligen Vertrages.[978] Als taugliches Kriterium hierfür mag der Zusammenhang mit Sachgebieten des Gemeinschaftsrechts dienen.[979]

Berücksichtigt man des Weiteren, dass in einem derartigen Fall Nominierungen von einzelnen Bewerbern durch die Gemeinschaft(en) selbst erfolgen, dass also ein formeller Entscheidungsprozess im Gemeinschaftsrahmen stattfindet, handelt es sich überdies strenggenommen schon nicht um einen „österreichischen Kandidaten" – wie es die Maßnahme nach Spiegelstrich 2 vorsieht –, son-

---

974 so Klaushofer, JRP 2000, 301.

975 ebenso Hummer/Obwexer, europa-blätter 2000, 96; dieselben, ZÖR 2000, 279.

976 vgl. EuGH, verb. Rs. 117/76 und 16/77 (Ruckdeschel u.a./Hauptzollamt Hamburg-St. Annen), Slg. 1977, 1753, Rdnr. 7. Das allgemeine Diskriminierungsverbot aus Gründen der Staatsangehörigkeit nach Art. 12 EGV ist insofern nur eine bestimmte Ausformung des allgemeinen Gleichheitssatzes; vgl. EuGH, Rs. 147/79 (Hochstrass/Gerichtshof), Slg. 1980, 3005, Rdnr. 7; R. Geiger, EUV/EGV, Art. 12 EGV, Rdnr. 1.

977 vgl. Pernthaler/Hilpold, integration 2000, 109 f.

978 so auch Hummer/Obwexer, ecolex 2000, 252 f.; dieselben, europa-blätter 2000, 95 f.; dieselben, ZÖR 2000, 279 und Leidenmühler, ZÖR 2000, 314.

979 vgl. EuGH, Rs. C-398/92 (Mund & Fester/Hatrex Internationaal Transport), Slg. 1994, I-467, Rdnr. 12. Die Freizügigkeit der Arbeitnehmer gem. Art. 39 EGV ist hingegen nicht einschlägig; vgl. EuGH, Rs. C-214/94 (Boukhalfa/Deutschland), Slg. 1996, I-2253, Rdnr. 15.

dern um einen solchen der Gemeinschaft(en).[980] Ein entsprechender – wohl regelmäßig auf der Ebene des Rates zu treffender – Beschluss, in dem – wenn auch lediglich in den Erwägungen – ein Ausschluss von Österreichern pauschal festgeschrieben oder angesprochen wäre, verstieße jedenfalls zweifelsohne gegen das in Art. 12 UAbs. 1 EGV verankerte Verbot der Diskriminierung.[981]

Damit scheint die Maßnahme, nach der österreichische Kandidaten nicht unterstützt werden sollen, nur in der Form ausgelegt werden zu können, dass sie sich auf Positionen in internationalen Organisationen bezieht, in welchen allein die Mitgliedstaaten und nicht die Gemeinschaften selbst Mitglieder sind. Lediglich die Besetzung von Stellen in diesen internationalen Organisationen hat prima vista keinen Bezug zum Gemeinschaftsrecht als Anknüpfungspunkt. Der Anwendungsbereich der Gemeinschaftsverträge wäre mithin nicht eröffnet, weshalb das allgemeine Diskriminierungsverbot gemäß Art. 12 EGV von vornherein keinerlei Geltung beansprucht. Auch die Annahme einer entsprechenden Rechtspflicht der Mitgliedstaaten wird sich in einem solchen Fall noch nicht vertreten lassen.[982]

Etwas anderes muss freilich dann gelten, wenn vom Rat der Europäischen Union im Bereich der GASP auf der Grundlage der Art. 19 Abs. 1, 20 EUV ein Beschluss gefasst wird, der einen gemeinsamen Bewerber für eine offene Position in einer internationalen Organisation benennt.[983] Insofern käme eine Benachteiligung österreichischer Kandidaten abermals mit dem allgemeinen Gleichheitssatz des EU-Rechts in Konflikt. Allerdings ginge es auch in dieser Konstellation an sich wieder nicht um einen „österreichischen Kandidaten“ sondern um einen Bewerber der Union.

Genauer gesagt sind daher lediglich Posten in internationalen Organisationen außerhalb des EU-Rahmens betroffen.[984] Als problematisch erweist sich hierbei jedoch die Situation, dass der Aufgabenbereich des Posteninhabers Sachbereiche umfasst, die Gemeinschaftskompetenzen berühren, so dass die betreffende Persönlichkeit zwar formal als Delegierter eines Mitgliedstaates auftritt, materiell

---

980 Diese Differenzierung findet sich auch bei Busse, Österreich contra Europäische Union, S. 29.

981 Im Falle einer bloß faktischen Diskriminierung aufgrund seiner Staatsangehörigkeit würde sich der Bewerber dagegen in einer schwierigen Beweislage befinden, da in diesem Rahmen keine wie auch immer gearteten Objektivierungsmechanismen existieren, wonach der bestqualifizierte Kandidat unabhängig von seiner Nationalität einen Anspruch auf Nominierung hätte; vgl. H. Winkler/Schauer, Die Maßnahmen gegen Österreich, S. 133; ferner Rotter, Europäische Rundschau 2000/3, 24.

982 Schorkopf, DVBl 2000, 1043.

983 ausführlich hierzu oben S. 102 f.

984 ebenso Pernthaler/Hilpold, integration 2000, 110; vgl. auch Schorkopf, DVBl 2000, 1043.

aber Zuständigkeitsbereiche der Gemeinschaft(en) bearbeitet. Ist die Gemeinschaft nämlich in einer derartigen internationalen Organisation nicht selbst durch den Ratsvorsitz oder die Kommission vertreten, so agiert jeder Vertreter eines Mitgliedstaates zwangsläufig auch für die Gemeinschaft. Seine Nominierung stünde folglich in engem Zusammenhang mit dem Gemeinschaftsrecht.[985]

Ob dies tatsächlich der Fall ist, lässt sich zugegebenermaßen nur anhand des jeweiligen Einzelfalles beurteilen.[986] Dennoch bleibt prinzipiell vorstellbar, dass die konkrete Vollzugspraxis, d.h. ein bestimmtes Auswahlverfahren für einen betreffenden Posten, gegebenenfalls zu einer Gemeinschaftsrechtsverletzung führt.[987] Abschließend ist deshalb festzuhalten, dass die Maßnahme nach Spiegelstrich 2 allein dann keine eu-rechtlich unzulässige Diskriminierung österreichischer Staatsangehöriger bedeutet, soweit sie sich auf Besetzungen von Positionen in internationalen Organisationen gänzlich außerhalb des Anwendungsbereichs des Primärrechts, also im rein „bilateralen" Bereich, beschränkt.[988]

---

985 Hummer/Obwexer, europa-blätter 2000, 96. Als Beispiel mag der Direktorenposten des Internationalen Währungsfonds angeführt werden, für dessen Besetzung allerdings im Rahmen der GASP ein gemeinsamer Kandidat der Europäischen Union aufgestellt wurde; vgl. nochmals Erster Teil, S. 59 sowie Fn. 343.

986 so etwa anlässlich der Nominierung eines österreichischen Mitglieds für den Ko-Vorsitz in der UN-Umwelt-Arbeitsgruppe, einem Unterausschuss der Kommission für nachhaltige Entwicklung; vgl. Nun wackelt der erste Posten für Österreich, Die Presse vom 04.03.2000, S. 12. Die Arbeitsgruppe wurde 1993 mit der Aufgabenstellung geschaffen, die Umsetzung der auf der UN-Konferenz über Umwelt und Entwicklung 1992 verabschiedeten „Agenda 21" zu überwachen, an der auch die Europäische Gemeinschaft beteiligt war; vgl. die Entschließung des Europäischen Parlaments vom 18.01.1994 zu den Folgemaßnahmen der Europäischen Gemeinschaft zur Umsetzung der von der Konferenz der Vereinten Nationen über Umwelt und Entwicklung (UNCED) verabschiedeten Agenda 21, ABl. 1994 Nr. C 44, S. 46 ff.

987 ähnlich Klaushofer, JRP 2000, 301.

988 missverständlich dagegen Stein, Kreuzzug gegen Österreich, S. 14. Andererseits ist die Unterstützung durch die einzelnen EU-Mitgliedstaaten für die Besetzung leitender Positionen in internationalen Organisationen in der Tat nicht selten entscheidend, weshalb „Sanktionen" dieser Art sicherlich schmerzhaft und in diesem Sinne wirksam sind. Trotzdem bleibt die politische Opportunität einer solchen Vorgangsweise zu hinterfragen: Sie trifft zwar auch Österreich als Staat; in zumindest demselben Maße geht sie aber zu Lasten von Einzelpersonen – unabhängig von ihrer politischen Gesinnung und vergangenen Äußerungen und Handlungen allein aufgrund ihrer nationalen Herkunft. Sie steht damit in Gegensatz zu einem grundlegenden Element der Wertepalette, die diese Maßnahme gerade verteidigen sollte, nämlich der individualistisch-rechtsstaatlichen Position, die unter anderem eine Haftung für Handlungen anderer bzw. der kollektiven Ebene ausschließt. Darüber hinaus trifft sie die gesamte Union, wenn wegen eines internen Konflikts möglicherweise ein Kandidat eines ihrer Mitgliedstaaten nicht zum Zuge kommt; vgl. Pernthaler/Hilpold, integration 2000, 110.

d) Verstoß gegen Art. 6 Abs. 3 EUV

Durch Art. 6 Abs. 3 des Maastrichter Unionsvertrages in der Fassung des Vertrages von Amsterdam wird der europarechtliche Schutz der „nationalen Identität der Mitgliedstaaten“ gewährleistet. Die Bestimmung lautet: „Die Union achtet die nationale Identität ihrer Mitgliedstaaten."[989]

Die Maßnahmen gegen den Mitgliedstaat Österreich stehen hierzu in einem Spannungsverhältnis. Zwar wird vom Vertrag nicht definiert, was genau unter „nationaler Identität“ zu verstehen ist. Nach der psychologischen Bedeutung des Begriffs „Identität“ handelt es sich dabei um die Ideengehalte, mit denen sich eine Person oder – hier – eine Nation zur Findung ihrer Selbstbestimmung und ihres Selbstverständnisses identifiziert.[990] Umfasst werden von der Achtungsverpflichtung aber jedenfalls die Staatlichkeit und die Souveränität[991] der Mitgliedstaaten.[992] Darüber hinaus gehört zur Identität auch ein Mindestbestand an Werten aus verschiedenen Bereichen menschlichen Zusammenlebens, die das Wesen und Selbstverständnis des jeweiligen Staates prägen und die etwa historischer, wirtschaftlicher, rechtlicher oder kultureller Art sein können.

Nationale Identität geht daher noch über die Verfassungsidentität[993] hinaus.[994] Letztlich ist es an dem jeweiligen Mitgliedstaat selbst zu bestimmen, wel-

989 Aus Sorge vor einer möglichen Entstaatlichung und schrittweisen Auflösung der Nationalstaaten im Rahmen der Europäischen Union wurde der Grundsatz der Achtung der nationalen Identität erstmals ausdrücklich in Art. F des EUV von 1992 verankert. Art. 6 Abs. 3 EUV ist wortgleich mit dem alten Art. F Abs. 1 HS. 1. Die in HS. 2 des vormaligen Art. F Abs. 1 EUV angesprochene Notwendigkeit homogener demokratischer Strukturen in den Mitgiedstaaten greift nunmehr Art. 6 Abs. 1 EUV auf; vgl. Puttler, in: Calliess/Ruffert, EUV/EGV, Art. 6 EUV, Rdnr. 211; Hilf, in: Grabitz/Hilf, Recht der EU A I, Art. F EUV, Rdnr. 8 ff.; Schorkopf, Homogenität in der EU, Ziff. 360.

990 Bleckmann, JZ 1997, 265.

991 zum Inhalt der Souveränität Fleiner-Gerster, Allgemeine Staatslehre, S. 145 ff. m.w.N.; speziell zur Volkssouveränität Böckenförde, in: Isensee/Kirchhof, Handbuch des Staatsrechts I, § 22, Rdnr. 3 ff.; zur Souveränität der EU-Mitgliedstaaten A. Schmitt Glaeser, Grundgesetz und Europarecht, S. 32 ff.

992 vgl. BVerfGE 89, 155, 189 („Maastricht-Urteil“); aber auch schon BVerfGE 37, 271 ff. („Solange-I-Beschluss“); Doehring, FS für Everling, S. 264.

993 dazu eingehend Kirchhof, in: Isensee/Kirchhof, Handbuch des Staatsrechts I, § 19, Rdnr. 47 ff.

994 Puttler, in: Calliess/Ruffert, EUV/EGV, Art. 6 EUV, Rdnr. 213; R. Geiger, EUV/EGV, Art. 6 EUV, Rdnr. 10, unter Hinweis auf Art. 151 Abs. 1 EGV, der von der Wahrung der nationalen und regionalen Vielfalt der Kulturen der Mitgliedstaaten spricht, und auf die Präambel des EUV, die in Abs. 5 die Achtung der Geschichte, der Kultur und der Traditionen ihrer Völker fordert; in diesem Sinne wohl auch Epiney, EuR 1994, 307 und H. H. Rupp, FS für Rudolf, S. 174. Die Zusammenhänge zwischen Art. 6 Abs. 3 EUV und der Verpflichtung der Europäischen Union auf föderative Grundsätze in der Struk-

che Merkmale sein nationales Selbstverständnis und damit seine Identität ausmachen.[995] Das Gebot zur Achtung einer in diesem Sinne ausgeformten nationalen Identität impliziert mithin ohne weiteres die Respektierung der als Ergebnis demokratischer Wahlen durchgeführten Regierungsbildung in einem Mitgliedstaat.[996]

Die von Art. 6 Abs. 3 EUV garantierte mitgliedstaatliche Definition nationaler Identität hat allerdings gewisse Grenzen. Zunächst setzt Art. 6 Abs. 3 EUV die Mitgliedschaft in der Europäischen Union voraus und geht somit davon aus, dass die Mitgliedstaaten ihre Souveränitätsrechte im Rahmen ihrer vertraglichen Einbindung wahrnehmen. Dazu gehört auch die Öffnung des „Souveränitätspanzers" gegenüber Union und Gemeinschaften sowie die Bereitschaft zur Mitwirkung an der Integration.[997]

Weitere Vorgaben wurden durch die Aufnahme der Art. 6 Abs. 1 und 7 EUV in das Primärrecht normativ abgesichert. Art. 6 Abs. 1 EUV benennt ausdrücklich Grundwerte, die in jedem Mitgliedstaat verwirklicht und daher auch Bestandteile der nationalen Identität eines jeden Mitgliedstaates sein müssen. Das Selbstverständnis aller Mitgliedstaaten hat daher in jedem Fall das Bekenntnis zu Freiheit, Demokratie, Achtung von Menschenrechten und Grundfreiheiten sowie zur Rechtsstaatlichkeit zu umfassen.[998] Indem Art. 6 Abs. 1 EUV die Konformität der mitgliedstaatlichen Verfassungen und der Verfassungswirklichkeit mit besagten Grundsätzen fordert, definiert die Bestimmung eine gemeinsame Verfassungsidentität, von der ein einzelner Mitgliedstaat – auch unter Hinweis auf seine nationalen Besonderheiten – nicht abweichen darf. Umgekehrt bedeutet dies, dass ein Mitgliedstaat die Achtung seiner nationalen Identität im Sinne von Art. 6 Abs. 3 EUV nur verlangen kann, wenn sie auf der Grundlage jener gemeinsamen Verfassungsidentität aufbaut. Insoweit ist die Verfassungsautonomie und damit die Souveränität der Mitgliedstaaten der Europäischen Union durch den materiellen Gehalt der Homogenitätsklausel eingeschränkt.[999]

Besonders augenscheinlich wird die Beschränkung der mitgliedstaatlichen Souveränität mit Blick auf die Unionsaufsicht und den Sanktionsmechanismus

---

tursicherungsklausel in Art. 23 Abs. 1 S. 1 HS. 2 GG verdeutlicht Zuleeg, NJW 2000, 2846.

995 Hilf, in: Grabitz/Hilf, Recht der EU A I, Art. F EUV, Rdnr. 8; Puttler, in: Calliess/Ruffert, EUV/EGV, Art. 6 EUV, Rdnr. 213.

996 wie hier Leidenmühler, ZÖR 2000, 315.

997 Puttler, in: Calliess/Ruffert, EUV/EGV, Art. 6 EUV, Rdnr. 214.

998 Puttler, in: Calliess/Ruffert, EUV/EGV, Art. 6 EUV, Rdnr. 214; Leidenmühler, ZÖR 2000, 315, Fn. 72; Isensee, FS für Stern, S. 1251; Beutler, FS für Böckenförde, S. 121.

999 Schorkopf, Homogenität in der EU, Ziff. 360 f.; derselbe, DVBl 2000, 1044; Hummer/Obwexer, ecolex 2000, 251; dieselben, europa-blätter 2000, 56; dieselben, EuZW 2000, 491; Beutler, in: Groeben/Schwarze, EU-/EG-Vertrag Bd. 1, Art. 6 EUV, Rdnr. 205.

des Art. 7 EUV, die der Gewährleistung dieser homogenen Struktur in der Europäischen Union dienen. Demzufolge ist es den Mitgliedstaaten angesichts des heutigen Standes der europäischen Integration auch nicht mehr möglich, in dieser Hinsicht auf die Argumentationsfigur der unzulässigen Einmischung in die inneren Angelegenheiten eines souveränen Staates zurückzugreifen.[1000] Diesbezüglich kann von einem nachhaltigen Gestaltwandel in den internationalen Beziehungen bzw. im Völkerrecht zwischen souveränen Staaten als Mitglieder der EU gesprochen werden. Galt bislang strikt das allgemeine völkerrechtliche Interventionsverbot in die inneren Angelegenheiten, so betrachten sich nunmehr die Mitglieder der EU als Teil einer „Wertegemeinschaft", die es geradezu zur Pflicht macht, Abweichler von diesem Wertekonsens zu disziplinieren, um sie wieder auf den Pfad der „demokratiepolitischen Tugend" zurückzuführen. In der Europäischen Union vermag also von einem tragenden Grundsatz des allgemeinen Völkerrechts abgewichen und zur Sicherung der Errungenschaften der Union kollektiv interveniert werden, womit der Schritt vom völkerrechtlichen Interventionsverbot zum unionsrechtlichen „Interventionsgebot" vollzogen ist.[1001]

Gleichwohl gehen diese Überlegungen im Fall Österreich von Anfang an ins Leere – selbst wenn man von einer Gefährdung der in Art. 6 Abs. 1 EUV enthaltenen Grundsätze ausgeht[1002]. Seinem Wortlaut nach wendet sich Art. 6 Abs. 3 EUV nämlich nur an die Europäische Union, nicht aber an ihre Mitgliedstaaten.[1003]

Als Grundlage der Union (Art. 1 Abs. 3 EUV) sind allenfalls noch die Gemeinschaften in die Achtungsverpflichtung miteingebunden. Zwar bleiben die Gemeinschaftsverträge gemäß Art. 47 EUV grundsätzlich unberührt, so dass aus

1000 Hummer/Obwexer, ecolex 2000, 251; dieselben, europa-blätter 2000, 56; dieselben, EuZW 2000, 491; Schorkopf, DVBl 2000, 1044; Schmahl, EuR 2000, 834 f.

1001 so Hummer/Obwexer, ZÖR 2000, 294; Hummer, Wiener Journal, März 2000, 16; derselbe, Europäische Rundschau 2000/2, 15 f., wo Hummer darüber hinaus anmerkt, dass dies von der Konzeption her nichts anderes sei, als das, was die inzwischen überholte „Breschnew-Doktrin" von der beschränkten Souveränität der sozialistischen Staaten im damaligen sozialistischen Völkerrecht gewesen wäre, nämlich die (erlaubte) kollektive Intervention der Warschauer-Pakt-Staaten in ein Land, in dem die Errungenschaften des Kommunismus bzw. Sozialismus in Gefahr waren. Ungarn (1956), die CSSR (1968) und Afghanistan (1979) seien diesbezüglich die hervorstechendsten Beispiele gewesen. Vgl. dazu auch Wistrich, Europäische Rundschau 2000/2, 62; Mock, Global View 4/2000, 19; weiterführend Uibopuu, in: Neuhold/Hummer/Schreuer, Völkerrecht I, Rdnr. 128.

1002 s. hierzu oben S. 235 ff.

1003 Puttler, in: Calliess/Ruffert, EUV/EGV, Art. 6 EUV, Rdnr. 218; Leidenmühler, ZÖR 2000, 315; Busse, Österreich contra Europäische Union, S. 27, Fn. 11; Beutler, in: Groeben/Schwarze, EU-/EG-Vertrag Bd. 1, Art. 6 EUV, Rdnr. 206, missverständlich aber in Rdnr. 202.

Art. 6 Abs. 3 EUV keine unmittelbaren Schranken für die Ausübung von Kompetenzen der EG abgeleitet werden können.[1004] Kompetenzbegrenzende Gemeinschaftsprinzipien wie das Subsidiaritätsprinzip (Art. 5 Abs. 2 EGV) und der Verhältnismäßigkeitsgrundsatz (Art. 5 Abs. 3 EGV) stehen jedoch im Dienst der nationalen Identität. Durch ihre Beachtung wird gleichzeitig die nationale Identität der Mitgliedstaaten gewahrt.[1005] Der Rechtsgedanke des Art. 6 Abs. 3 EUV kann für die Gemeinschaften zudem über eine entsprechende Auslegung des Art. 10 EGV Berücksichtigung finden, da die Achtungsverpflichtung zugleich eine Ausprägung des Grundsatzes der wechselseitigen Gemeinschaftstreue darstellt, wonach auch die Gemeinschaft gegenüber den Mitgliedstaaten zur Rücksichtnahme verpflichtet ist.[1006]

Dagegen bleibt es dabei, dass die EU-Mitgliedstaaten an sich als Adressaten des Achtungsgebots aus Art. 6 Abs. 3 EUV ausscheiden. Vorliegend sind es aber gerade die Mitgliedstaaten selbst, die die Maßnahmen gegen Österreich in Kraft gesetzt haben. Ein Handeln der Union oder der Gemeinschaften, das die nationale Identität Österreichs missachten könnte, ist nicht gegeben. Demnach lässt sich die Bestimmung des Art. 6 Abs. 3 EUV für diesen Fall nicht funktionalisieren; eine Verletzung des Gebots der Achtung der nationalen Identität der Mitgliedstaaten liegt nicht vor.[1007]

Gleichzeitig offenbart die Prüfung von Art. 6 Abs. 3 EUV allerdings folgende wichtige Zusammenhänge: Im Ergebnis ist der „domaine réservé“ der Mitgliedstaaten auch nur gegenüber der Union und den Gemeinschaften in so erheblichem Maße eingeschränkt. Das heißt, ausschließlich vor Eingriffen der Europäischen Union bzw. der Gemeinschaften genießt die nationale Identität der Mitgliedstaaten lediglich insoweit Schutz, als sie auf den in Art. 6 Abs. 1 EUV festgeschriebenen Grundprinzipien basiert. Nicht betroffen sind demgegenüber außerhalb des unionsrechtlichen Rahmens liegende Maßnahmen der Mitgliedstaaten.

1004 Außerdem nimmt Art. 46 EUV die Bestimmung des Art. 6 Abs. 3 EUV aus der Zuständigkeit des Gerichtshhofes für Auslegung und Anwendung des Gemeinschaftsrechts heraus; vgl. Puttler, in: Calliess/Ruffert, EUV/EGV, Art. 6 EUV, Rdnr. 218; Leidenmühler, ZÖR 2000, 315.

1005 BVerfGE 89, 155, 211 f.

1006 Puttler, in: Calliess/Ruffert, EUV/EGV, Art. 6 EUV, Rdnr. 218 + 212; vgl. auch Hilf, GS für Grabitz, S. 167 f. Dass die Achtung der mitgliedstaatlichen Identität eigentlich seit jeher zum unausgesprochenen Selbstverständnis der Gemeinschaft gehöre, bemerkt Pecatore, Die neue europäische Architektur – Mastricht und danach?, Cahiers de l'IDHEAP No. 90, 1992, S. 24.

1007 so auch Leidenmühler, ZÖR 2000, 315 und Busse, Österreich contra Europäische Union, S. 27, Fn. 11. Unter Annahme einer Maßnahme der EU bejahen G. Winkler, ZÖR 2000, 254 + 258 sowie H. H. Rupp, FS für Rudolf, S. 180, einen Verstoß gegen Art. 6 Abs. 3 EUV.

So wird das völkerrechtliche Interventionsverbot zugleich bloß in diesem Umfang durch die Systematik der Art. 6 Abs. 1 und 3 in Verbindung mit Art. 7 EUV ersetzt. Nur insofern mag die EU für sich in Anspruch nehmen, alle in ihren Kompetenzbereich fallenden Maßnahmen durch europarechtliche Normen abschließend geregelt zu haben, so dass ein Rückgriff auf das Völkerrecht höchstens noch ergänzend oder zur Lückenfüllung möglich ist. Dass aufgrund einer derartigen „Regelungsdichte“ auf das Nichteinmischungsgebot als allgemeiner völkerrechtlicher Regel grundsätzlich nicht mehr zurückgegriffen werden darf, gilt allerdings nicht für mitgliedstaatliche Maßnahmen auf rein „bilateraler“ Ebene, wie sie auch gegenüber Österreich zur Anwendung kamen.[1008]

e) Verstoß gegen Art. 6 Abs. 1 EUV

In nicht wenigen Stellungnahmen zur „österreichischen Causa“ wurde immer wieder betont, wenn von einem nicht korrekten, die vielbemühten „europäischen Werte“ verletzenden Verhalten die Rede sein könne, dann wohl nur auf Seiten der „EU-Vierzehn“.[1009] Gelegentlich mag dieser Vorwurf etwas unscharf zum Ausdruck gekommen sein, indem beispielsweise formuliert wurde, dass man nicht mit dem Argument des Humanismus eine Haltung einnehmen solle, die selbst nur schwer als humanistisch gewertet werden könne[1010]. An anderer Stelle heißt es dagegen mit aller Deutlichkeit, die Stellungnahme der portugiesischen Präsidentschaft im Namen von 14 Mitgliedstaaten der Europäischen Union verstoße gegen die in Art. 6 Abs. 1 EUV festgelegten fundamentalen Grundsätze, auf denen die Union gegründet ist, mithin genau jene Prinzipien, die die „Sanktionsentscheidung“ schützen wollte.[1011]

1008 in diesem Sinne auch Hummer/Obwexer, EuZW 2000, 491, wenn sie schreiben, dass das Sanktionsverfahren in Art. 7 EUV sowie die fortlaufende Beobachtung der Rechtsordnung und der Rechtswirklichkeit eines „verdächtigen“ EU-Mitgliedstaates durch die anderen EU-Mitgliedstaaten und die Kommission, aber auch durch den Rat und das Europäische Parlament – vorausgesetzt diese „Vorfeldmaßnahmen“ werden auf Art. 7 EUV gestützt – keine unzulässige Einmischung in die inneren Angelegenheiten darstelle; unklar dagegen Hummer/Obwexer, ZÖR 2000, 294; vgl. außerdem Bieber, ECLN Paper, 13 f.; Schmahl, EuR 2000, 834 f.; a.A. wohl Busse, Österreich contra Europäische Union, S. 37 ff.

1009 wie hier Köck/Hintersteininger, Sanktionen gegen Österreich, S. 503.

1010 so Adamovich, EuGRZ 2000, 404; missverständlich dagegen H. Winkler/Schauer, Die Maßnahmen gegen Österreich, S. 134 f.

1011 vgl. etwa Regan, ZÖR 2000, 335; Mock, Global View 4/2000, 19 und nicht zuletzt die rechtliche Beurteilung des Völkerrechtsbüros des österreichischen Bundesministeriums für auswärtige Angelegenheiten, enthalten in einem Thesenpapier zu den Maßnahmen der 14 EU-Mitgliedstaaten (Punkt A) 3.) sowie in einer Sprachregelung für die österreichischen Vertretungsbehörden (GZ 2355.98/0142e-I.4/2000, Punkt 3.). E-

Angeführt wurde in erster Linie der Grundsatz der Demokratie, der insbesondere die Anerkennung einer aus demokratischen Wahlen hervorgegangenen Regierung eines Rechtsstaates gebiete. Durch den Erlass der Maßnahmen vom 31. Januar 2000 mit der Zielsetzung, eine Beteiligung der FPÖ an der österreichischen Regierung zu verhindern, hätten die 14 EU-Mitgliedstaaten das Ergebnis freier und demokratischer Wahlen missachtet und so das demokratische Prinzip schwer geschädigt.[1012]

Ebenso sei das Rechtsstaatsprinzip missachtet worden, weil dem beschuldigten Mitgliedstaat Österreich keine Möglichkeit eingeräumt worden wäre, seinen Standpunkt darzulegen. Dabei wurde weniger das Ergebnis der „Sanktionen" gegen Österreich als die Vorgangsweise, dieses Ergebnis unter Verletzung des Rechtsgrundsatzes „audiatur et altera pars" zu erzielen, betont. Die Gewährung rechtlichen Gehörs entspringe dem Gebot der Fairness und Objektivität, dessen Beachtung im Rahmen der Europäischen Union von den anderen Mitgliedstaaten erwartet werden könne.[1013] In Zusammenhang mit dem Rechtsstaatsprinzip fanden im Übrigen auch die Rechtsgrundsätze „nullum crimen sine lege" und „nulla poena sine lege" Erwähnung.[1014]

Als weiterer Anknüpfungspunkt diente schließlich der Grundsatz der Gleichbehandlung. Gemessen an den Bedenken, die sich gegen die Regierungsbeteiligung rechts- bzw. linksextremer Parteien in den verschiedensten EU-Mitgliedstaaten erheben ließen, habe die Einflussnahme auf die österreichische Regierungsbildung im Jahr 2000 prima facie diskriminierenden Charakter gegenüber dem Staat Österreich.[1015]

---

benso – jedoch von einem Rechtsakt der EU ausgehend – G. Winkler, ZÖR 2000, 254 + 258 sowie H. H. Rupp, FS für Rudolf, S. 180, wobei letzterer sogar vertritt, dass „die Europäische Union ihrerseits mit der Diskriminierung Österreichs schwerwiegend und anhaltend Grundsätze ihrer eigenen Verfassung, nämlich das Prinzip der begrenzten Einzelermächtigung, das Rechtsstaatsprinzip und vor allem die Beachtung der Identität und die Achtung vor der demokratisch-freiheitlichen Autorität eines ihrer Mitgliedstaaten verletzt" habe.

1012 Regan, ZÖR 2000, 333; Mock, Global View 4/2000, 19; Pechstein, in: Streinz, EUV/EGV, Art. 6 EUV, Rdnr. 5 sowie Punkt 3. der Sprachregelung des Völkerrechtsbüros des österreichischen Bundesministeriums für auswärtige Angelegenheiten für die österreichischen Vertretungsbehörden (GZ 2355.98/0142e-I.4/2000).

1013 Regan, ZÖR 2000, 333 f.; Mock, Global View 4/2000, 19; Punkt A) 3. des Thesenpapiers und Punkt 3. der Sprachregelung (GZ 2355.98/0142e-I.4/2000) des Völkerrechtsbüros des österreichischen Bundesministeriums für auswärtige Angelegenheiten.

1014 Punkt A) 3. des Thesenpapiers des Völkerrechtsbüros des österreichischen Bundesministeriums für auswärtige Angelegenheiten.

1015 Regan, ZÖR 2000, 334.

Zuzugeben ist dieser Argumentation zunächst, dass im Gegensatz zu Art. 6 Abs. 3 EUV[1016] auch die einzelnen Mitgliedstaaten Normadressaten des Art. 6 Abs. 1 EUV sind. So ist es einerseits die Union selbst, die als Trägerin hoheitlicher Gewalt auf den Prinzipien von Freiheit, Demokratie, Menschenrechten und Rechtsstaatlichkeit „beruht", andererseits werden aber in Art. 6 Abs. 1 Hs. 2 EUV ebenso die Mitgliedstaaten mit „diesen Grundsätzen" in Verbindung gebracht.[1017]

Dabei ist die im zweiten Halbsatz enthaltene Feststellung von Gemeinsamkeiten der Mitgliedstaaten in Bezug auf die im ersten Halbsatz aufgezählten Grundsätze in ihrem Regelungsumfang zu erweitern. Sie enthält ein Sollensgebot an die Mitgliedstaaten, auch in Zukunft die Grundsätze der Freiheit, der Demokratie, des Menschenrechtsschutzes und der Rechtsstaatlichkeit einzuhalten. Ein solches Gebot wurde auch schon der Vorgängervorschrift in Art. F Abs. 1 Hs. 2 EUV beigemessen.[1018] Die Tatsache der Einfügung des Art. 7 in den EU-Vertrag, der die Verletzung der in Art. 6 Abs. 1 EUV genannten Grundsätze durch einen Mitgliedstaat unter bestimmten Voraussetzungen sanktioniert, zeigt eindeutig, dass die ständige Einhaltung der Rechtsprinzipien Voraussetzung für den Fortbestand der aktiven Mitgliedschaft eines Staates in der Europäischen Union ist.[1019]

Sofern nun dem materiellen Gehalt des Art. 6 Abs. 1 EUV gleichfalls ein an die jeweiligen Mitgliedstaaten gerichtetes Sollensgebot zu entnehmen ist, spielt für die rechtliche Bewertung des Falles Österreich außerdem eine bedeutende Rolle, dass die Rechtsprinzipien und Grundrechte nicht nur bei der Auslegung und Anwendung des Unionsvertrages zu beachten sind, sondern die Mitgliedstaaten auch in ihren eigenen Angelegenheiten – losgelöst vom sachlichen Geltungsbereich der Verträge – verpflichtet sind, diese Fundamentalnormen zu berücksichtigen. Erfasst wird also das mitgliedstaatliche Verhalten insgesamt, das bedeutet jegliches Handeln im staatlichen Verantwortungsbereich.[1020] Selbst Verstöße in Bereichen, die außerhalb eines unions- und gemeinschaftsrechtli-

---

1016 s. soeben S. 252 f.

1017 vgl. Kingreen, in: Calliess/Ruffert, EUV/EGV, Art. 6 EUV, Rdnr. 2.

1018 so etwa Klein, in: Hailbronner/Klein/Magiera/Müller-Graff, EUV/EGV Bd. 2, Art. F EUV, Rdnr. 5; Beutler, in: Groeben/Thiesing/Ehlermann, EU-/EG-Vertrag Bd. 1, Art. F EUV, Rdnr. 17.

1019 vgl. Schorkopf, Homogenität in der EU, Ziff. 96 f.; ferner Stumpf, in: Schwarze, EU-Kommentar, Art. 7 EUV, Rdnr. 5; Beutler, in: Groeben/Schwarze, EU-/EG-Vertrag Bd. 1, Art. 6 EUV, Rdnr. 37; Pechstein, in: Streinz, EUV/EGV, Art. 6 EUV, Rdnr. 3; weiterführend zum entsprechenden Sollensgebot an die Union Schorkopf, Homogenität in der EU, Ziff. 94 f.; Hilf, integration 1997, 248.

1020 wie hier Leidenmühler, Die Union 1/1998, 100; derselbe, ZÖR 2000, 320; Schorkopf, Homogenität in der EU, Ziff. 234; R. Geiger, EUV/EGV, Art. 6 EUV, Rdnr. 2; Schmahl, EuR 2000, 822; s. dazu schon oben S. 112 + 218.

chen Sektors liegen und in der mitgliedstaatlichen Souveränität verblieben sind, können demnach eine Verletzung des Art. 6 Abs. 1 EUV darstellen. Vor diesem Hintergrund kommt folglich auch das „bilaterale" Vorgehen der 14 EU-Mitgliedstaaten gegen Österreich auf völkerrechtlicher Ebene grundsätzlich als Anknüpfungspunkt für einen Verstoß gegen Art. 6 Abs. 1 EUV in Betracht.

Doch vor Beantwortung der Frage, ob die oben erwähnten diesbezüglichen Vorwürfe im Einzelnen tatsächlich zutreffen, verdient der genaue Inhalt der sich aus Art. 6 Abs. 1 EUV ergebenden rechtlichen Verpflichtung der Mitgliedstaaten gesteigerte Aufmerksamkeit. Aus der bewussten Beschränkung des Art. 6 Abs. 1 EUV auf die politisch-rechtlichen Strukturprinzipien eines Verbandes lassen sich nämlich Erkenntnisse über die Reichweite der Vorschrift gewinnen.

So erschöpft sich der Regelungsgegenstand von Art. 6 Abs.1 EUV in seiner Eigenschaft als materiell-rechtlicher Struktursicherungsnorm. Die Vorschrift legt die materiellen Anforderungen für die Ausübung von Hoheitsgewalt innerhalb der Europäischen Union fest.[1021] Die Mitgliedstaaten sind danach lediglich verpflichtet, ihr jeweiliges Regierungssystem auf der Basis freiheitlicher, demokratischer und rechtsstaatlicher Grundsätze zu organisieren.[1022] Insoweit muss die mitgliedstaatliche Hoheitsgewalt demokratisch legitimiert sein, ihre Ausübung rechtsstaatlichen Standards genügen und die Individualsphäre durch die Anerkennung von Grundrechten geschützt werden.

Die Wirkung einer internationalen Kooperationsregel kommt Art. 6 Abs. 1 EUV darüber hinaus jedoch nicht zu.[1023] Deshalb finden die Grundsätze des Art. 6 Abs. 1 EUV im Bereich der zwischenstaatlichen Beziehungen, insbesondere in den Beziehungen der Mitgliedstaaten untereinander, keine Anwendung. Etwas anderes ergibt sich auch nicht daraus, dass die Elemente der Demokratie, Rechtsstaatlichkeit sowie die Achtung der Menschenrechte und Grundfreiheiten durch Art. 11 Abs. 1 Spstr. 5 EUV und Art. 177 Abs. 2 EGV auch als Leitlinien für die Gestaltung der Außenbeziehungen formuliert werden. Denn zum einen sind hier lediglich die Beziehungen zwischen Union bzw. Gemeinschaft und Drittstaaten erfasst und zum anderen betreffen jene Normen als Zielbestimmungen im Rahmen der GASP und auf dem Gebiet der Entwicklungszusammenarbeit abermals allein die innerhalb der Drittstaaten bestehenden Strukturen und

1021 vgl. Kingreen, in: Calliess/Ruffert, EUV/EGV, Art. 6 EUV, Rdnr. 1.

1022 s. in diesem Zusammenhang auch die Vorläuferregelung in Art. F Abs. 1 EUV a.F. mit dem Gebot an die Mitgliedstaaten, ihre „Regierungssysteme" auf demokratische Grundsätze zu gründen.

1023 Insofern ist auf das Prinzip der loyalen Zusammenarbeit zu verweisen; vgl. Kingreen, in: Calliess/Ruffert, EUV/EGV, Art. 6 EUV, Rdnr. 1 sowie ausführlich unten S. 267 ff.

nicht die Art und Weise des internationalen Umgangs.[1024] Mithin folgt aus Art. 6 Abs. 1 EUV keine rechtliche Verpflichtung der Mitgliedstaaten, die dort genannten Grundsätze gleichermaßen in ihrer zwischenstaatlichen Zusammenarbeit zu beachten.

Ein derartiges Verständnis des Norminhalts des Art. 6 Abs. 1 EUV wird durch einen Blick auf den der Vorschrift innewohnenden Bedeutungsgehalt bestätigt. Hiermit ist deren Funktion als Homogenitätsklausel sowie als Verfassungsstrukturklausel angesprochen:

Art. 6 Abs. 1 EUV nimmt ausdrücklich die Verpflichtung der Europäischen Union zu den wesentlichen Inhalten des Freiheits-, Demokratie- und Rechtsstaatsprinzips sowie des Menschenrechtsschutzes in den verfügenden Teil der primärrechtlichen Verträge auf. Der materielle Gehalt der Vertragsnorm ist jedoch nicht auf grundsätzliche Aussagen über die rechtliche Struktur der Union beschränkt, sondern er bezieht auch die mitgliedstaatlichen Verfassungsstruktu-

---

1024 Die Fortentwicklung und Festigung von Demokratie, Rechtsstaatlichkeit und Menschenrechten ist schon seit geraumer Zeit Gegenstand der eigenen Entwicklungspolitik der Gemeinschaft. So hatte bereits der vierte Erwägungsgrund der Präambel des Dritten Lomé-Abkommens (ABl. 1986 Nr. L 86, S. 3 ff.) die Bedeutung der Grundrechte auch im Rahmen der Entwicklung betont. Im Vierten Lomé-Übereinkommen (ABl. 1991 Nr. L 229, S. 1 ff.) wurde die Verpflichtung der Vertragsparteien zur Einhaltung von Menschenrechten und demokratischen Prinzipien dann auch in den operationellen Teil der Vereinbarung aufgenommen. Die im Rahmen der Mid-Term-Review von Lomé IV geänderte Fassung (ABl. 1998 Nr. L 156, S. 3 ff.) stuft überdies die Achtung der Menschenrechte, der demokratischen Grundsätze und der Rechtsstaatlichkeit als wesentlichen Bestandteil des Abkommens ein und sieht im Falle schwerwiegender Verletzungen mit Art. 366 a Abs. 3 die Möglichkeit einer einseitigen Suspendierung der vertraglichen Verpflichtungen vor. Aber auch in Abkommen mit Staaten außerhalb des AKP-Bereichs wurde wiederholt der Schutz der Menschenrechte als eines der Ziele der Union festgelegt. Des Weiteren ist diese Thematik auch Inhalt zahlreicher Äußerungen der EU-Institutionen; vgl. etwa die Erklärung des Europäischen Rates von Luxemburg vom 29.06.1991 zu den Menschenrechten, die Entschließung des Rates und der im Rat vereinigten Vertreter der Mitgliedstaaten vom 28.11.1991 über Menschenrechte, Demokratie und Entwicklung, die Mitteilungen der Kommission an den Rat und das Europäische Parlament über die Berücksichtigung der Wahrung der Grundsätze der Demokratie und der Achtung der Menschenrechte in den Abkommen zwischen der Gemeinschaft und Drittländern (KOM [1995] 216 endg. vom 23.05.1995), über die Menschenrechte in den Außenbeziehungen der Europäischen Union: Von Rom zu Maastricht und danach (KOM [1995] 567 endg. vom 22.11.1995) und über die Herausforderung der Partnerschaft zwischen der Europäischen Union und den AKP-Staaten (KOM [1998] 146 endg. vom 12.03.1998) sowie den am 09.10.2001 vom Rat angenommenen dritten Jahresbericht der Europäischen Union zur Menschenrechtslage. Eingehend hierzu Benedek, Journal für Entwicklungspolitik 1994, 13 ff.; Hoffmeister, Menschenrechts- und Demokratieklauseln, S. 7 ff.; s. auch schon oben Fn. 360.

ren und deren Verhältnis zueinander ein. Indem Art. 6 Abs. 1 Hs. 2 EUV feststellt, dass den Mitgliedstaaten die Grundsätze der Freiheit, der Demokratie, der Achtung der Menschenrechte und Grundfreiheiten sowie der Rechtsstaatlichkeit gemeinsam sind, verwirklicht Art. 6 Abs. 1 EUV das Konzept des Homogenitätsprinzips. Die Bestimmung ist deshalb als Homogenitätsklausel zu verstehen.[1025] Da es sich bei den zitierten Grundsätzen um solche handelt, die üblicherweise als strukturelle Grundentscheidung Aufnahme in die Verfassung eines Staates finden, kann man hinsichtlich der Mitgliedstaaten auch von horizontaler Verfassungshomogenität sprechen.[1026]

Daneben basiert die Europäische Union mit den primärrechtlichen Verträgen auf einer geschriebenen Werte- und Institutionenordnung, die die Organisation der Europäischen Integrationsverbände verfasst. Diese Verfassung beruht zwar nicht auf einem herkömmlichen formellen verfassungsgebenden Akt, erfüllt jedoch den materiellen Gehalt einer Verfassungsordnung.[1027] Aufgrund seiner systematischen Stellung, der Aufnahme von vier allgemein als wichtig eingestuften Rechtsprinzipien in den Wortlaut und seiner Aussagen zur rechtlichen Struktur der Union und der Mitgliedstaaten beansprucht Art. 6 Abs. 1 EUV eine herausgehobene Stellung im Normengefüge des Primärrechts. Die Vorschrift lässt sich somit des Weiteren als die Verfassungsstrukturklausel der Europäischen Union bezeichnen, die zentrale Elemente moderner nationaler Verfassungsstaatlichkeit auf eine supranationale Ebene transportiert, allerdings ohne eine Entscheidung für einen europäischen Verfassungsstaat zu treffen.[1028]

Für den Fall Österreich ist nach vorstehenden Erwägungen festzuhalten, dass die Stellungnahme der portugiesischen Präsidentschaft der Europäischen Union im Namen von 14 Mitgliedstaaten samt der darin enthaltenen „Gemeinsamen Reaktion“ zwar als Handeln im staatlichen Verantwortungsbereich eben jener 14 Mitgliedstaaten zu qualifizieren ist, sich als Adressat der Stellungnahme aber der Staat Österreich als solcher erweist.[1029] Die Erklärung wurde also im zwischenstaatlichen Bereich abgegeben und berührte in erster Linie das rechtliche Verhältnis zwischen Österreich und jedem einzelnen der anderen 14 Mitglied-

---

1025 so ausdrücklich schon Frowein zu Art. F Abs. 1 EUV, Euoparecht Beiheft 1/1992, 65.

1026 eingehend Schorkopf, Homogenität in der EU, Ziff. 144 ff.; ebenso Kingreen, in: Calliess/Ruffert, EUV/EGV, Art. 6 EUV, Rdnr. 1; vgl. ebenfalls Schmitz, Supranationale Union, S. 491 ff.; s. hierzu auch nochmals oben S. 104 ff. samt zugehöriger Anmerkungen in den Fußnoten.

1027 ähnlich EuGH, Gutachten 1/91, Slg. 1991, I-6079, Rdnr. 21 – „EWR“, wo der EWGV als „Verfassungsurkunde einer Rechtsgemeinschaft“ bezeichnet wird; vgl. auch BVerfGE 22, 293, 296: „Der EWG-Vertrag stellt gewissermaßen die Verfassung dieser Gemeinschaft dar.“

1028 vgl. Schorkopf, Homogenität in der EU, Ziff. 142 f.; Kingreen, in: Calliess/Ruffert, EUV/EGV, Art. 6 EUV, Rdnr. 3.

1029 ausführlich dazu oben S. 144 ff.

staaten. Selbst wenn der gegenüber dem Mitgliedstaat Österreich ergangene Beschluss der „Vierzehn“ dennoch Auswirkungen auf natürliche und juristische Personen – zu denken ist vornehmlich an die österreichischen Bürger – gehabt haben sollte, stellen sich diese allenfalls als mittelbare Reflexwirkungen dar; eine unmittelbare und individuelle Betroffenheit[1030] derselben ist jedoch zu verneinen.[1031]

Wegen ihres höheren Konkretisierungsgrades könnte allein für die Maßnahme nach Spiegelstrich 2, nach der österreichische Kandidaten für Posten in internationalen Organisationen keine Unterstützung erfahren sollen, etwas anderes gelten. Lediglich insofern erscheint eine Missachtung der durch Art. 6 Abs. 1 EUV verbürgten Menschenrechte und Grundfreiheiten österreichischer Bewerber in Form einer Verletzung des allgemeinen Gleichheitssatzes denkbar – und dies angesichts der umfassenden Bindung der Mitgliedstaaten sogar im Falle einer Besetzung von Positionen in internationalen Organisationen außerhalb des Anwendungsbereichs des EU-Rechts.[1032] Im Übrigen fehlt es der „staatengerichteten Sanktionsentscheidung“ gegen Österreich als Völkerrechtssubjekt allerdings an der erforderlichen Individualgerichtetheit, weshalb ein Verstoß der 14 EU-Mitgliedstaaten gegen ihre Verpflichtung aus Art. 6 Abs. 1 EUV – entgegen eingangs dargestellter Ansichten – letztlich abzulehnen ist.

1030 vgl. hierzu auch die Terminologie hinsichtlich der Klagebefugnis natürlicher und juristischer Personen in Art. 230 Abs. 4 Alt. 2 EGV. Unmittelbar betroffen ist der Kläger hier durch eine an einen Dritten gerichtete Entscheidung, wenn deren Auswirkungen ihn zwangsläufig betreffen, ohne dass weitere Umstände hinzutreten müssen, deren Eintritt ungewiß ist. Es muss daher ein hinreichend konkreter Eingriff in die Rechtssphäre des Einzelnen feststellbar sein. Ein individuelles Betroffensein ist nach der Rechtsprechung des EuGH dann gegeben, wenn die Entscheidung den Kläger wegen bestimmter persönlicher Eigenschaften oder besonderer ihn aus dem Kreis aller übrigen Personen heraushebender Umstände berührt und ihn daher in ähnlicher Weise individualisiert wie den Adressaten; vgl. EuGH, Rs. 25/62 (Plaumann/Kommission), Slg. 1963, 211, 237 f.; Rs. 88/76 (Exportation des Sucres/Kommission), Slg. 1977, 709, Rdnr. 9-12; Rs. 1/84 R (Ilford/Kommission), Slg. 1984, 423, Rdnr. 5 f.; Krück, in: Groeben//Thiesing/Ehlermann, EU-/EG-Vertrag Bd. 4, Art. 173 EGV, Rdnr. 43 ff.; Booß, in: Grabitz/Hilf, Recht der EU II, Art. 230 EGV, Rdnr. 49 ff.

1031 s. in diesem Zusammenhang noch einmal die Ausführungen zur sog. „Unionsbürger-Schutzklausel“ in Art. 7 Abs. 2 S. 2 EUV oben S. 118.

1032 vgl. insofern abermals die im Rahmen der Prüfung des allgemeinen Diskriminierungsverbotes des Art. 12 Abs. 1 EGV vorgenommene Differenzierung oben S. 245 ff. und insbesondere Fn. 988.

f) Verstoß gegen die allgemeinen Rechtsgrundsätze des Gemeinschaftsrechts

Klärungsbedürftig bleibt in diesem Zusammenhang aber noch die Frage, ob eine potentielle Missachtung der Grundsätze der Freiheit, der Demokratie, der Achtung der Menschenrechte und Grundfreiheiten sowie der Rechtsstaatlichkeit durch die „EU-Vierzehn" nicht als Verstoß gegen die allgemeinen Rechtsgrundsätze des Gemeinschaftsrechts qualifiziert werden könnte. Die allgemeinen Rechtsgrundsätze des Gemeinschaftsrechts zählen zusammen mit etwaigem Gewohnheitsrecht zum sog. ungeschriebenen Gemeinschaftsrecht.[1033] Diese nicht kodifizierten Rechtsregeln des Gemeinschaftsrechts stehen im Rang dem primären Gemeinschaftsrecht gleich, gehen also jedenfalls dem abgeleiteten Gemeinschaftsrecht vor, wobei einzelne Grundsätze wohl auch dem Vertragsrecht selbst vorgehen können.[1034]

Der Begriff der „allgemeinen Rechtsgrundsätze" bezeichnet Normen, die elementare Vorstellungen von Recht und Gerechtigkeit zum Ausdruck bringen und denen jede Rechtsordnung verpflichtet ist. Das geschriebene Gemeinschaftsrecht setzt ihre Existenz voraus.[1035]

Der EuGH hat in seiner Rechtsprechung die allgemeinen Rechtsgrundsätze zur Lückenfüllung und als Auslegungshilfe entwickelt und angewendet.[1036] Die Ermittlung durch den EuGH erfolgt vorrangig im Wege der Rechtsvergleichung der Verfassungsprinzipien der Mitgliedstaaten.[1037] Große Bedeutung haben dabei Rechtsgrundsätze erlangt, die sich nicht auf einzelne Rechtsgebiete beziehen, sondern die Struktur der Rechtsordnung betreffen. Hierzu gehören neben

1033 vgl. Haag, in: Beutler/Bieber/Pipkorn/Streil, Die Europäische Union, Rdnr. 377 ff.

1034 Kutscher, EuR 1981, 403; Streil, in: Beutler/Bieber/Pipkorn/Streil, Die Europäische Union 4. Aufl., S. 242; R. Geiger, EUV/EGV, Art. 220 EGV, Rdnr. 25.

1035 vgl. etwa Art. 288 Abs. 2 EGV, Art. 188 Abs. 2 EAGV und schließlich Art. 6 Abs. 2 EUV.

1036 s. hierzu auch Streil, in: Beutler/Bieber/Pipkorn/Streil, Die Europäische Union 4. Aufl., S. 240 f.

1037 Vorausgesetzt wird hierbei nicht, dass ein Rechtsprinzip allen Verfassungen zugrunde liegt. Vielmehr ist ausreichend, dass der Grundsatz in einigen Verfassungen tatsächlich vorhanden ist, andere sich zumindest tendenziell an ihm orientieren. Zudem müssen sich die allgemeinen Rechtsgrundsätze in System, Strukturen und Ziele des Gemeinschaftsrechts einpassen; vgl. EuGH, verb. Rs. 7/56 und 3-7/57 (Algera u.a./Gemeinsame Versammlung), Slg. 1957, 83, 118 f.; Rs. 11/70 (Internationale Handelsgesellschaft/Einfuhr- und Vorratsstelle Getreide), Slg. 1970, 1125, Rdnr. 4; Rs. 110/75 (Mills/Investitionsbank), Slg. 1976, 955, Rdnr. 25-27; Rs. 155/79 (AM & S/Kommission), Slg. 1982, 1575, Rdnr. 18 ff. mit ausführlicher Rechtsvergleichung in den Schlussanträgen von Generalanwalt Warner (1619 ff.) und Slynn (1642 ff.); Schweitzer/Hummer, Europarecht, Rdnr. 16 sowie Streil, in: Beutler/Bieber/Pipkorn/Streil, Die Europäische Union 4. Aufl., S. 241.

dem Gebot der Wahrung der Grundrechte auch die allgemeinen Prinzipien der Rechtsstaatlichkeit.[1038]

Als den gemeinsamen Verfassungstraditionen der Mitgliedstaaten entsprechende Rechtsstaatsprinzipien finden sich in der Rechtsprechung des Gerichtshofes insbesondere folgende einander teilweise überschneidende Grundsätze:[1039] der Grundsatz der Gesetzmäßigkeit der Verwaltung[1040], der Grundsatz der Rechtssicherheit[1041], der Bestimmtheitsgrundsatz[1042], der Grundsatz des Vertrauensschutzes[1043], das Rückwirkungsverbot[1044] sowie der nunmehr ausdrücklich in Art. 5 Abs. 3 EGV enthaltene Grundsatz der Verhältnismäßigkeit[1045].

Was die Grundrechte anbelangt, hat der EuGH bereits frühzeitig deren Existenz auf Gemeinschaftsebene anerkannt und stetig weiterentwickelt.[1046] Ein

1038 Streil, in: Beutler/Bieber/Pipkorn/Streil, Die Europäische Union 4. Aufl., S. 240 ff.; vgl. auch R. Geiger, EUV/EGV, Art. 220 EGV, Rdnr. 25 + 33.

1039 vgl. auch die Übersichten bei Schweitzer/Hummer, Europarecht, Rdnr. 791 und R. Geiger, EUV/EGV, Art. 220 EGV, Rdnr. 25 ff., mit Verweisen auf die Rechtsprechung des EuGH.

1040 EuGH, verb. Rs. 133-136/85 (Rau/BALM), Slg. 1987, 2289, Rdnr. 29 ff.

1041 EuGH, Rs. 43/75 (Defrenne/SABENA), Slg. 1976, 455, Rdnr. 74 f.; Rs. C-314/91 (Weber/Parlament), Slg. 1993, I-1093, Rdnr. 22.

1042 EuGH, Rs. 169/80 (Zollverwaltung/Gondrand Frères u.a.), Slg. 1981, 1931, Rdnr. 17; verb. Rs. C-271, 281 und 289/90 (Spanien u.a./Kommission), Slg. 1992, I-5833, Rdnr. 29 ff.; verb. Rs. C-89, 104, 114, 116, 117 und 125-129/85 (Ahlström Osakeyhtiö u.a./Kommission), Slg. 1993, I-1307, Rdnr. 42; Rs. C-143/93 (Gebroeders van Es Douane Agenten/Inspecteur der Invoerrechten en Accijnzen), Slg. 1996, I-431, Rdnr. 27.

1043 EuGH, Rs. C-264/90 (Wehrs/Hauptzollamt Lüneburg), Slg. 1992, I-6285, Rdnr. 7 ff.; verb. Rs. C-296 und 307/93 (Frankreich und Irland/Kommission), Slg. 1996, I-795, Rdnr. 54 ff.

1044 EuGH, Rs. 99/78 (Decker/Hauptzollamt Landau), Slg. 1979, 101, Rdnr. 8; verb. Rs. C-260 und 261/91 (Diversinte und Iberlacta/Administración Principal de Aduanas de la Junquera), Slg. 1993, I-1885, Rdnr. 9 ff.; verb. Rs. C-13-16/92 (Driessen u.a./Minister van Verkeer en Waterstaat), Slg. 1993, I-4751, Rdnr. 27 ff.

1045 EuGH, verb. Rs. 41, 121 und 796/79 (Testa u.a./Bundesanstalt für Arbeit), Slg. 1980, 1979, Rdnr. 21; Rs. C-319/90 (Pressler/Bundesamt für Ernährung und Forstwirtschaft), Slg. 1992, I-203, Rdnr. 10 ff.

1046 beginnend mit dem Urteil „Stauder"; vgl. EuGH, Rs. 29/69 (Stauder/Stadt Ulm), Slg. 1969, 419, Rdnr. 7. Den Schwerpunkt der geschützten Grundrechte in der Rechtsprechung bilden die Freiheitsrechte, wie z.B. die Meinungsäußerungsfreiheit (EuGH, verb. Rs. 43 u. 63/82 [VBVB und VBBB/Kommission], Slg. 1984, 19; Rs. C-159/90 [Society for the Protection of Unborn Children Ireland/Grogan u.a.], Slg. 1991, I-4685) oder die Vereinigungsfreiheit (EuGH, Rs. C-415/93 [Union royale belge des sociétés de football association ASBL u.a./Bosman u.a.], Slg. 1995, I-4921). Hinzu kommen der Gleichheitssatz (EuGH, Rs. 810/79 [Überschär/Bundesversicherungsanstalt für Angestellte] Slg. 1980, 2747), Nicht-Diskriminierung (EuGH, Rs. 152/82 [Forcheri/Belgien], Slg. 1983, 2323) sowie die bahnbrechende Gleichbehandlung von Män-

Hilfsmittel für die Ermittlung der einzelnen Grundrechte erblickt der Gerichtshof in dem materiell-rechtlichen Teil der von allen Mitgliedstaaten ratifizierten Europäischen Menschenrechtskonvention. Die EMRK gebe Hinweise darauf, welcher Grundrechtsinhalt der gemeinsamen Verfassungstradition der Mitgliedstaaten entspricht.[1047] Mittlerweile hat diese Rechtsprechung ihren Niederschlag in der Bezugsformel des Art. 6 Abs. 2 EUV gefunden, die die Union verpflichtet, die Grundrechte zu achten, wie sie in der EMRK gewährleistet sind und wie sie sich aus den gemeinsamen Verfassungsüberlieferungen der Mitgliedstaaten als allgemeine Grundsätze des Gemeinschaftsrechts ergeben.

In Art. 6 Abs. 2 EUV kommt es damit zu einer Verklammerung des (intergouvernementalen) Unionsrechts und des (supranationalen) Gemeinschaftsrechts: Die gemeinschaftsrechtlichen Grundrechte sind – als Ausnahme von der strikten Trennung des Gemeinschaftsbereichs vom Unionsbereich in Art. 47 EUV – für die Unionsorgane bindend. Andererseits ist diese unionsrechtliche Regelung der grundrechtlichen Rechtsquellen auch für den EGV maßgebend (vgl. Art. 46 lit. d EUV). Art. 6 Abs. 2 EUV ist mithin eine der wenigen Bestimmungen, für die die Überschrift des ersten Titels des EU-Vertrages („Gemeinsame Bestimmungen") in Bezug auf alle drei „Säulen" der Union zutrifft.[1048] Sie konkretisiert den Grundrechtsschutz gegenüber der Union, der – ebenso wie die allgemeinen Prinzipien der Rechtsstaatlichkeit – Teil einer Union und Mitgliedstaaten umfassenden Grundordnung ist, wie sie jetzt in Art. 6 Abs. 1 EUV ihren Ausdruck gefunden hat.[1049] Die grundlegende Rolle des Grundrechtschutzes in der Union wird auch durch die am 7. Dezember 2000 von EP, Rat und Kommis-

---

nern und Frauen (EuGH, Rs. 43/75 [Defrenne/SABENA], Slg. 1976, 455; vgl. insofern auch Art. 141 EGV und jetzt Art. 13 EGV) und schließlich die justitiellen Grundrechte wie das Recht auf effektiven Rechtsschutz (EuGH, Rs. 222/84 [Johnston/Chief Constable of the Royal Ulster Constabulary], Slg. 1986, 1651), das Recht auf rechtliches Gehör (EuGH, Rs. 136/79 [National Panasonic/Kommission], Slg. 1980, 2033), das Recht auf fairen Prozess (EuGH, Rs. 98/79 [Pecastaing/Belgien], Slg. 1980, 691), die Rechte der Verteidigung (EuGH, Rs. C-310/93 P [BPB Industries und British Gypsum/Kommission], Slg. 1995, I-865), das Verbot der Doppelbestrafung (EuGH, Rs. 7/72 [Boehringer/Kommission], Slg. 1972, 1281) und das Rückwirkungsverbot für Strafgesetze (EuGH, Rs. 63/83 [Regina/Kirk], Slg. 1984, 2689); vgl. auch die weiterführende Übersicht bei R. Geiger, EUV/EGV, Art. 220 EGV, Rdnr. 40, jeweils mit Nachweisen aus der Rechtsprechung.

1047 EuGH, Rs. 4/73 (Nold/Kommission), Slg. 1974, 491, Rdnr. 12 f.; Rs. 44/79 (Hauer/Land Rheinland-Pfalz), Slg. 1979, 3727, Rdnr. 15.

1048 R. Geiger, EUV/EGV, Art. 6 EUV, Rdnr. 3 + 8 und Art. 220 EGV, Rdnr. 34.

1049 vgl. Beutler, in: Beutler/Bieber/Pipkorn/Streil, Die Europäische Union, Rdnr. 639, 654 + 659; R. Geiger, EUV/EGV, Art. 6 EUV, Rdnr. 1. In diesem Zusammenhang weist Kingreen, in: Calliess/Ruffert, EUV/EGV, Art. 6 EUV, Rdnr. 2, zu Recht darauf hin, dass sich nicht mit Gewissheit ausmachen lässt, ob die Verpflichtung der Gemeinschaft, diese Prinzipien zu achten, nunmehr unmittelbar aus Art. 6 Abs. 1 EUV oder aus den ungeschriebenen allgemeinen Rechtsgrundsätzen folgt.

sion proklamierten Charta der Grundrechte[1050], unbeschadet ihres endgültigen Rechtsstatus, verdeutlicht.[1051]

Soweit damit die Erwartung eines Union und Mitgliedstaaten umfassenden Grundrechtsschutzes verbunden wäre, wird diese allerdings enttäuscht. Die Vertragsformulierungen des Grundrechtsschutzes und die Grundrechtscharta schließen nämlich an einen Entwicklungsprozess an, der vor dem Hintergrund des Fehlens umfassender Grundrechtsgarantien in den Gemeinschaftsverträgen maßgeblich durch die Rechtsprechung des EuGH geprägt und von Grundrechtserklärungen der Organe und Mitgliedstaaten sowie der schrittweisen Auslegung und Kodifizierung einzelner vertraglicher Grundrechte begleitet ist.[1052]

Nach der Rechtsprechung des EuGH bezieht sich der Grundrechtsschutz aber in erster Linie auf die Kontrolle der Organe der Gemeinschaft bei Erlass sekundären Gemeinschaftsrechts. Dagegen lehnte es der Gerichtshof zunächst ohne Einschränkungen ab, mitgliedstaatliche Rechtsakte an den im Gemeinschaftsrecht anerkannten Grundrechten zu messen.[1053] Die Mitgliedstaaten sind daher grundsätzlich nicht an die Gemeinschaftsgrundrechte gebunden. Mittlerweile lässt der EuGH eine solche Prüfung lediglich dann zu, wenn mitgliedstaatliche Regelungen gemeinschaftliche Rechtsakte ausführen, bei deren Auslegung die Grundrechte zu berücksichtigen sind. Bei der Ausführung kann es sich sowohl um die Ausführung und Anwendung von sekundärem Gemeinschaftsrecht[1054] als auch um nationale Rechtsvorschriften handeln, die in Ausfüllung der mitgliedstaatlichen Vorbehalte die im EGV enthaltenen Grundfreiheiten einschränken.[1055] Die Gemeinschaftsgrundrechte können demnach nur über die Vermittlung anderweitigen Gemeinschaftsrechts für mitgliedstaatliches Recht von Bedeutung sein.[1056]

1050 ABl. 2000 Nr. C 364, S. 1; s. bereits oben S. 225 ff.

1051 Beutler, in: Beutler/Bieber/Pipkorn/Streil, Die Europäische Union, Rdnr. 638.

1052 Beutler, in: Beutler/Bieber/Pipkorn/Streil, Die Europäische Union, Rdnr. 655.

1053 EuGH, verb. Rs. 60 und 61/84 (Cinéthèque u.a./Fédération nationale des cinémas français), Slg. 1985, 2605, Rdnr. 25 f.; Rs. 12/86 (Demirel/Stadt Schwäbisch Gmünd), Slg. 1987, 3719, Rdnr. 28. Die Kommission hatte in ersterem Verfahren die entgegengesetzte These vertreten.

1054 EuGH, Rs. 5/88 (Wachauf/Bundesamt für Ernährung und Forstwirtschaft), Slg. 1989, 2609, Rdnr. 17 ff.

1055 EuGH, Rs. C-260/89 (ERT/DEP u.a.), Slg. 1991, I-2925, Rdnr. 41 ff.; Rs. C-368/95 (Vereinigte Familiapress/Bauer Verlag) , Slg. 1997, I-3689, Rdnr. 24 ff.

1056 dazu Streil, in: Beutler/Bieber/Pipkorn/Streil, Die Europäische Union 4. Aufl., S. 243 f. und Beutler in der 5. Aufl., Rdnr. 665; Kokott, AöR 121 (1996), 599 ff. Die Anwendungsrechtsprechung des EuGH ist sowohl als zu weitgehend als auch als zu kurz greifend kritisiert worden; dazu Kingreen, in: Calliess/Ruffert, EUV/EGV, Art. 6 EUV, Rdnr. 60 ff.; Weiler/Lockhart, CMLR 32 (1995), 51 ff., 579 ff.

Nichts anderes gilt im Übrigen für die vom EuGH entwickelten Rechtsstaatsprinzipien, die als allgemeine Rechtsgrundsätze des Gemeinschaftsrechts ebenfalls vor allem Maßstab zur Prüfung der Gültigkeit der Rechtsvorschriften und Verwaltungsakte der Gemeinschaft sind. Von den Mitgliedstaaten sind sie gleichermaßen nur zu beachten, wenn diese Gemeinschaftsrecht durchführen oder verwaltungs- oder strafrechtliche Maßnahmen ergreifen, die Rechtspositionen des Einzelnen berühren, die von unmittelbar anwendbaren Vorschriften des Gemeinschaftsrechts eingeräumt worden sind.[1057]

In diesem Sinne wurde denn auch die Grundrechtsordnung der Union durch Art. 6 Abs. 2 EUV als Grundrechtsschutz gegenüber der Union formuliert. Mit Art. 51 Abs. 1 der Grundrechtscharta ist er nunmehr konkret auf die Organe und Einrichtungen der Union bezogen worden.[1058] Gegenüber den Mitgliedstaaten ist die gemeinschaftliche Grundrechtskontrolle nach Art. 51 Abs. 1 der Charta – der bisherigen Rechtsprechung des Gerichtshofes folgend – ausdrücklich auf die „Durchführung des Rechts der Union“ beschränkt.[1059]

Der primäre Unionsbezug unterscheidet die Grundrechte in der Union insoweit auch begrifflich und systematisch von den Grundfreiheiten der Gemeinschaftsverträge, die sich in erster Linie und vor allem gegen einschränkende mitgliedstaatliche Maßnahmen richten. Eine wichtige Vermittlungsfunktion hat in diesem Zusammenhang das Diskriminierungsverbot. Soweit es sich als den Gleichheitssatz positivierende Bestimmung in Art. 12 Abs. 1 EGV gegen ungerechtfertigte Maßnahmen der Mitgliedstaaten aus Gründen der Staatsangehörigkeit richtet, bildet es die Grundlage der Grundfreiheiten.[1060]

1057 EuGH, Rs. 203/80 (Casati), Slg. 1981, 2595, Rdnr. 26 ff.; verb. Rs. 286/82 und 26/83 (Luisi und Carbone/Ministero del Tesoro), Slg. 1984, 377, Rdnr. 34; s. auch Rs. 63/83 (Regina/Kirk), Slg. 1984, 2689, Rdnr. 21 ff. und Streil, in: Beutler/Bieber/Pipkorn/Streil, Die Europäische Union 4. Aufl., S. 242.

1058 Damit dürfte ein umfassender Grundrechtsschutz auch außerhalb der Gemeinschaft formuliert sein, der sich gegebenenfalls auch auf den Europäischen Rat bezieht. Die Zuständigkeit des EuGH ist allerdings auf die Kontrolle der Gemeinschaftsrechtsakte und darüber hinaus im Rahmen der Union auf die durch Art. 46 EUV eingeschränkten Zuständigkeiten beschränkt; vgl. Beutler, in: Beutler/Bieber/Pipkorn/Streil, Die Europäische Union, Rdnr. 657 sowie Curtin/Ooik, MJECL (8) 2001, 104 ff.

1059 Diese Einschränkung trägt den Bedenken einzelner Mitgliedstaaten gegen eine Zuständigkeitsausweitung in diesem Zusammenhang Rechnung. Insoweit reflektiert die Charta das Bemühen der Mitgliedstaaten um eine Wahrung ihrer jeweiligen Werteordnung im Rahmen des Verfassungsverbundes der Union. Durch seine Auslegungszuständigkeit auch für die Grundrechtscharta dürfte deren Wirksamkeit auch künftig von der Rechtssprechung des Gerichtshofs abhängen, vgl. Beutler, in: Beutler/Bieber/Pipkorn/Streil, Die Europäische Union, Rdnr. 638, 653 + 658 f. sowie Besselink, CMLR 35 (1998), 629 ff.

1060 vgl. Beutler, in: Beutler/Bieber/Pipkorn/Streil, Die Europäische Union, Rdnr. 638; vgl. in diesem Kontext nochmals oben S. 245 ff.

Bis hierhin bleibt zusammenzufassen, dass sich die rechtliche Verpflichtung aus den allgemeinen Rechtsgrundsätzen des Gemeinschaftsrechts – anders als im Rahmen von Art. 6 Abs. 1 EUV[1061] – nicht prinzipiell auf jedes rechtlich oder politisch relevante Handeln der Mitgliedstaaten der Europäischen Union erstreckt. Eine diesbezügliche Bindung besteht für die Mitgliedstaaten ausschließlich bei der Durchführung von Gemeinschaftsrecht bzw. Unionsrecht.[1062]

In dem Erlass der Stellungnahme der portugiesischen Präsidentschaft der Europäischen Union im Namen von 14 Mitgliedstaaten vermag jedoch eine solche Ausführung von Recht der Union gerade nicht gesehen werden. Weder geschah das völlig außerhalb der Integration angesiedelte Vorgehen gegen Österreich unter Inanspruchnahme der mitgliedstaatlichen Kompetenz zum Ergreifen „unionsrechtlicher Vorfeldmaßnahmen" auf der Grundlage von Art. 7 EUV noch liegt darin die Ausführung und Anwendung irgendwelchen sekundären EU-Rechts.

Nach allem ist daher – zumindest an dieser Stelle[1063] – ein Verstoß gegen die allgemeinen Rechtsgrundsätze des Gemeinschaftsrechts ebenso zu verneinen[1064], insbesondere verbietet sich eine direkte Messung der Stellungnahme samt der „Gemeinsamen Reaktion" an dem in Art. 5 Abs. 3 EGV kodifizierten Grundsatz der Verhältnismäßigkeit.[1065] Auf das Folgeproblem, nämlich den Umstand, dass die allgemeinen Rechtsgrundsätze des Gemeinschaftsrechts an erster Stelle dem

---

1061 dazu oben S. 256 f.

1062 Eine umfassende Kontrolle ist gegenüber den Mitgliedstaaten daher nur im Rahmen des von der Vermittlung durch das Recht der Union unabhängigen Sanktionsverfahrens nach Art. 7 EUV möglich. Zwischen diesem Verfahren und der gemeinschaftlichen Grundrechtskontrolle bei der Ausführung des Unionsrechts in den Mitgliedstaaten ist der Grundrechtsschutz des Einzelnen nach wie vor auf die innerstaatlichen Verfahren und international auf den Grundrechtsschutz durch die EMRK angewiesen, der anders als der Grundrechtsschutz in der Union allerdings nicht in jedem Verfahrensstadium, sondern erst nach Erschöpfung des nationalen Rechtswegs gewährt wird. Insofern ist der europäische Grundrechtsschutz in der Union auch nach Verabschiedung der Grundrechtscharta weiterhin ausbaufähig; vgl. Beutler, in: Beutler/Bieber/Pipkorn/Streil, Die Europäische Union, Rdnr. 639, 658 + 666.

1063 s. aber sogleich unten S. 286 ff.

1064 so im Ergebnis auch Leidenmühler, ZÖR 2000, 312, Fn. 57, der allerdings von vornherein jegliche Bindung der Mitgliedstaaten auch im ihnen vorbehaltenen Zuständigkeitsbereich an die allgemeinen Rechtsgrundsätze der Gemeinschaftsrechtsordnung ablehnt.

1065 so aber Köck, Österreich – Partner oder Prügelknabe?, Die Presse vom 08.02.2000, S. 2; Hummer, Wiener Journal, März 2000, 17; Schorkopf, DVBl 2000, 1043 und Schmahl, EuR 2000, 834, wobei letztere sogar ausdrücklich an Art. 5 Abs. 3 EGV anknüpft, der seinem Wortlaut nach jedoch nur für Maßnahmen der Gemeinschaft gilt.

Schutz des Persönlichkeitsbereichs natürlicher und juristischer Personen dienen, also individualgerichtet sind[1066], kommt es hier mithin gar nicht mehr an.[1067]

g) Verstoß gegen die Pflicht zur loyalen Zusammenarbeit

Schließlich bleibt eine mögliche Verletzung der Verpflichtung zur loyalen Zusammenarbeit als solcher zu prüfen. Es handelt sich dabei um einen fundamentalen Grundsatz für die Funktionsfähigkeit der Europäischen Union[1068], dessen Verortung im EU-Recht von den einschlägigen Stellungnahmen jedoch nicht einheitlich vorgenommen wird.[1069]

1066 vgl. etwa Beutler, in: Beutler/Bieber/Pipkorn/Streil, Die Europäische Union, Rdnr. 638, 662, wo als Grundrechtsträger alle Unionsbürger sowie diejenigen natürlichen und juristischen Personen genannt werden, die vom Gemeinschaftsrecht betroffen sind, z.B. Staatsangehörige von Drittstaaten bei dessen exterritorialer Wirkung; s. hierzu auch Bleckmann, in: derselbe, Europarecht, Rdnr. 712. Insbesondere kommen einigen der vom EuGH angewendeten allgemeinen Rechtsgrundsätze, so dem der Verhältnismäßigkeit und dem der Rechtssicherheit nach deutschem Verständnis, nicht aber nach dem vom EuGH übernommenen Sprachgebrauch anderer Mitgliedstaaten, Grundrechtscharakter zu. Ihre Rechtsschutzfunktion im Gemeinschaftsrecht ist aber, anders als im deutschen Recht, von ihrer Qualifizierung als Grundrechte unabhängig. Während im deutschen Recht nur Grundrechte als Prüfungsmaßstab vor dem BVerfG verwendet werden können, müssen alle das Gemeinschaftsrecht anwendenden Instanzen die Handlungen der Organe sowohl an den Grundrechten als auch an allgemeinen Rechtsgrundsätzen messen, denen dieser Charakter nicht zukommt; vgl. Streil, in: Beutler/Bieber/Pipkorn/Streil, Die Europäische Union 4. Aufl., S. 244.

1067 s. auch insofern unten S. 286 f.

1068 vgl. Kahl, in: Calliess/Ruffert, EUV/EGV, Art. 10 EGV, Rdnr. 11; Woelk, ZÖR 1997, 541 ff.; ausführlich jetzt auch Hatje, Loyalität, passim.

1069 Gelegentlich wird auf Art. 1 Abs. 3 EUV hingewiesen, der zu den Aufgaben der EU auch eine „solidarische" Gestaltung der mitgliedstaatlichen Beziehungen zählt; in diesem Sinne G. Winkler, ZÖR 2000, 253. Schmahl, EuR 2000, 834, ist der Ansicht, die Loyalitätspflicht gelte „wegen der in Art. 6 Abs. 1 EUV festgeschriebenen Homogenitätskriterien wohl auch gegenüber der Union" und bezieht sich auf Hilf, in: Grabitz/Hilf, Recht der EU A I, Art. F EUV, Rdnr. 17, der bereits in dem alten Art. F Abs. 1 EUV einen derartigen Grundsatz der Unionstreue erblickte. Einen weiteren Anknüpfungspunkt liefert Art. 10 EGV, der etwa in Verbindung mit Art. 2 EGV oder Art. 205 EGV einschlägige Treuepflichten der Mitgliedstaaten begründen soll; für die Verbindung mit Art. 2 EGV Wilhelm, ecolex 2000, 181 und Leidenmühler, ZÖR 2000, 313; für eine Verbindung mit Art. 205 EGV und relevanten Bestimmungen der GO des Rates Hummer/Obwexer, EuZW 2000, 492. Ganz vereinzelt wird schließlich ein allgemeiner Rechtsgrundsatz angedeutet, der auch losgelöst von konkreten Normen des Europarechts eine gegenseitige Treueverpflichtung der Mitgliedstaaten begründen soll. So meinen Hummer/Obwexer, europa-blätter 2000, 94, dass eine gegenseitige Loyalitätspflicht der Mitgliedstaaten „wohl für die gesamte EU als allgemeiner Rechtsgrundsatz" gelten kann. Ähnlich wird in einem Papier „Handlungsmöglichkeiten bzw. Ar-

Der Fall Österreich verweist daher auf die europaweit geführte Diskussion über die Existenz und die Wirkungsweise eines allgemeinen Prinzips, das nach der Gründung der Europäischen Union mit dem Begriff der „Unionstreue“ umschrieben werden kann.[1070] Vorbehaltlich einer näheren inhaltlichen Bestimmung soll mit diesem Grundsatz eine umfassende Pflicht zur gegenseitigen Rücksichtnahme und Unterstützung verbunden sein.

aa) Die Unionstreue

(1) Normative Grundlage

Ein Rechtsgrundsatz diesen Inhalts ist jedenfalls nicht explizit im EU-Recht verankert.[1071] Allenfalls Einzelausprägungen sind greifbar.[1072]

So ergibt sich schon aus der Präambel von EU-Vertrag und EG-Vertrag, dass Unions- und Gemeinschaftsrecht eine über das normale Maß hinausgehende Zusammenarbeit unter den EU-Mitgliedstaaten fordern.[1073] Weiterhin weist Art. 1 Abs. 3 EUV der Union die Aufgabe zu, „die Beziehungen zwischen den Mitgliedstaaten sowie zwischen ihren Völkern kohärent und solidarisch zu gestalten“. Art. 6 Abs. 3 EUV verpflichtet die Union – wie bereits erläutert[1074] – zur Achtung der „Identität ihrer Mitgliedstaaten“. Gemäß Art. 11 Abs. 2 EUV soll die Zusammenarbeit der Mitgliedstaaten in den Bereichen der Außen- und Sicherheitspolitik „aktiv und vorbehaltlos im Geiste der Loyalität und der gegenseitigen Solidarität“ erfolgen. Daneben zählt Art. 2 EGV a.E. die „Förderung der

---

gumente gegenüber den anderen Mitgliedstaaten der Europäischen Union“ des Völkerrechtsbüros des österreichischen Bundesministeriums für auswärtige Angelegenheiten (Kl. 3659, 3.) ein „für die EU insgesamt geltendes, säulenübergreifendes Prinzip der gegenseitigen loyalen und solidarischen Zusammenarbeit“ erwähnt.

1070 Diese Terminologie findet sich ebenfalls bei Zuleeg, NJW 2000, 2847 und Unruh, EuR 2002, 45; s. hierzu auch schon oben S. 186 f.

1071 für eine Verankerung der Unionstreue im Gemeinschaftsrecht Jarass, AöR 121 (1996), 196 und Schmitz, Supranationale Union, S. 484.

1072 zu ausdrücklich normierten Einzelausprägungen der Unionstreue s. etwa Kahl, in: Calliess/Ruffert, EUV/EGV, Art. 10 EGV, Rdnr. 7 f.; Bogdandy, in: Grabitz/Hilf, Recht der EU I, Art. 10 EGV, Rdnr. 5 und Hatje, in: Schwarze, EU-Kommentar, Art. 10 EGV, Rdnr. 52.

1073 vgl. Präambel Abs. 1 EGV: „In dem festen Willen, die Grundlagen für einen immer engeren Zusammenschluss der europäischen Völker zu schaffen“; Präambel Abs. 1 EUV: „Entschlossen, den mit der Gründung der Europäischen Gemeinschaften eingeleiteten Prozess der europäischen Integration auf eine neue Stufe zu heben“; Präambel Abs. 5 EUV: „In dem Wunsch, die Solidarität zwischen ihren Völkern unter Achtung ihrer Geschichte, ihrer Kultur und ihrer Traditionen zu stärken“.

1074 s. oben S. 250 ff.

Solidarität zwischen den Mitgliedstaaten" zu den zentralen Aufgaben der Europäischen Gemeinschaft.

Von besonderer Bedeutung ist nicht zuletzt Art. 10 EGV, der (nur) den Mitgliedstaaten auferlegt, „alle geeigneten Maßnahmen allgemeiner oder besonderer Art zur Erfüllung der Verpflichtungen, die sich aus diesem Vertrag oder aus Handlungen der Organe der Gemeinschaft ergeben" zu treffen sowie der EG „die Erfüllung ihrer Aufgabe" zu erleichtern (Abs. 1) bzw. „alle Maßnahmen, welche die Verwirklichung der Ziele dieses Vertrages gefährden könnten" zu unterlassen (Abs. 2).[1075] Obwohl diese Vorschrift sowohl Handlungs- als auch Unterlassungspflichten in sich vereint, erlaubt deren Wortlaut zunächst keinen Rückschluss auf eine umfassende Pflicht zur Unionstreue.[1076]

Allerdings sieht der EuGH die Bestimmung des Art. 10 EGV spätestens seit seiner Entscheidung in der Rechtssache „Luxemburg/Parlament" aus dem Jahr 1983 als Ausprägung des allgemeinen Grundsatzes, „dass den Mitgliedstaaten und den Gemeinschaftsorganen gegenseitige Pflichten zur loyalen Zusammenarbeit obliegen, wie er namentlich dem Art. 5 EWG-Vertrag [nunmehr Art. 10 EGV] zugrunde liegt [...]".[1077] Gleichlautende und ähnliche Formulierungen finden sich auch in anderen Entscheidungen des EuGH, etwa im „Zwartveld-Beschluss" aus dem Jahr 1990.[1078]

Dieses Loyalitätsgebot bezieht sich nach der Rechtsprechung des Gerichtshofes nicht nur auf die in der zugehörigen Literatur im Mittelpunkt stehenden Beziehungen zwischen Mitgliedstaaten und Gemeinschaft, vielmehr muss ihm – über den eindimensionalen Charakter von Art. 10 EGV hinaus – vierdimensionale Wirkung zuerkannt werden: vertikal und horizontal und in beiden Richtungen reziprok.[1079] Es verpflichtet die Gemeinschaft zur Loyalität gegenüber den

---

1075 zu den konkreten Pflichten der Mitgliedstaaten aus Art. 10 EGV s. statt vieler Kahl, in: Calliess/Ruffert, EUV/EGV, Art. 10 EGV, Rdnr. 19 ff. m.w.N.

1076 vgl. Unruh, EuR 2002, 45; s. auch die Parallelregelungen in Art. 192 EAGV und 86 EGKSV. In diese Richtung geht aber neuerdings Art. 5 Abs. 2 i.V.m. Art. 10 Abs. 2 des Entwurfs eines Vertrages über eine Verfassung für Europa vom 18.07.2003, CONV 850/03.

1077 EuGH, Rs. 230/81 (Luxemburg/Parlament), Slg. 1983, 255, Rdnr. 37.

1078 vgl. EuGH, Rs. C-349/93 (Kommission/Italien), Slg. 1995, 343, Rdnr. 13; ähnliche Formulierung in EuGH, verb. Rs. 358/85 und 51/86 (Frankreich/Parlament), Slg. 1988, 4821, Rdnr. 34 sowie Rs. C-2/88 Imm. (Zwartveld u.a.), Slg. 1990, I-3365, Rdnr. 17.

1079 vgl. Kahl, in: Calliess/Ruffert, EUV/EGV, Art. 10 EGV, Rdnr. 14; Hatje, in: Schwarze, EU-Kommentar, Art. 10 EGV, Rdnr. 12; Pernthaler/Hilpold, integration 2000, 110. Die Simplifizierung auf einen vierdimensionalen Charakter macht zwar die Beschreibung des Loyalitätsgebots leichter verständlich, rein arithmetisch handelt es sich aber um eine „x-dimensionale" Größe, denn schon allein die Treue der Mitgliedstaaten zur Gemeinschaft ist eine fünfzehnfache; vgl. Klaushofer, JRP 2000, 298, Fn. 8.

Mitgliedstaaten sowie jeden einzelnen Mitgliedstaat zur Loyalität gegenüber den anderen Mitgliedstaaten und begründet beide Verhältnisse auf umgekehrtem Weg. Die sog. „Gemeinschaftstreue“[1080] erstreckt sich folglich auch auf das Verhältnis der Mitgliedstaaten untereinander und zwingt sie zur Zusammenarbeit.[1081]

Soweit nun der EuGH die zentrale Vorschrift des Art. 10 EGV als Ausprägung einer allgemeinen Treueverpflichtung betrachtet, lässt er jedoch bislang eine umfassende normative Begründung für die Geltung dieses Rechtsgrundsatzes vermissen. Lediglich der Entscheidung in der Rechtssache „Kommission/Italien“ aus dem Jahr 1973 kann die Andeutung eines Rückgriffs auf das Wesen der Gemeinschaft entnommen werden.[1082] Die Solidaritätspflicht ergibt sich danach aus dem „Beitritt zur Gemeinschaft“, d.h. aus der „Zugehörigkeit“ zu ihr.[1083]

Einen tauglichen Anknüpfungspunkt für die normative Grundlegung einer umfassenden Pflicht zur Unionstreue können allerdings die anerkannten Treueverpflichtungen in föderal gegliederten Verbänden, insbesondere die Rechtsfigur der Bundestreue in Bundesstaaten liefern.[1084] So vermag die normative Begründung der Bundestreue ebenso wie der Treuegedanke in anderen „verbundenen“ Herrschaftssystemen letztlich darauf gestützt werden, dass aus der Kreation verschiedener Hoheitsträger ein Konfliktpotential entsteht, das nicht allein mit Einzelregelungen zu entschärfen ist.[1085] Insofern lässt sich für die Europäische Union aber eine vergleichbare Problemlage nachweisen. Aufgrund der kompetenziellen Verwobenheit von Union und Mitgliedstaaten können – wie in anderen Integrationsverbänden – Konflikte entstehen, die sich durch spezielle Einzelnormen nicht abschließend regeln lassen.[1086]

1080 zur Terminologie von Judikatur und Literatur in Zusammenhang mit Art. 10 EGV s. Kahl, in: Calliess/Ruffert, EUV/EGV, Art. 10 EGV, Rdnr. 1 ff.

1081 EuGH, Rs. C-251/89 (Athanasopoulos u.a./Bundesanstalt für Arbeit), Slg. 1991, I-2797, Rdnr. 57; Zuleeg, NJW 2000, 2847; C. O. Lenz, in: derselbe, EG-Vertrag, Art. 10 EGV, Rdnr. 8; Wilhelm, ecolex 2000, 181.

1082 Unruh, EuR 2002, 46.

1083 EuGH, Rs. 39/72 (Kommission/Italien), Slg. 1973, 101, Rdnr. 25; ebenso schon verb. Rs. 6 und 11/69 (Kommission/Frankreich), Slg. 1969, 523, Rdnr. 14-17.

1084 In diesem Zusammenhang ist daran zu erinnern, dass sich die Diskussion um die Unionstreue vor allem im Anschluss an die Rechtsfigur der Bundestreue entwickelt; vgl. etwa Zuleeg, NJW 2000, 2846; derselbe, in: Groeben/Thiesing/Ehlermann, EU-/EG-Vertrag Bd. 1, Art. 5 EGV, Rdnr. 1; Bauer, Die Bundestreue, S. 210.

1085 eingehend dazu und mit vielen weiteren Nachweisen Unruh, EuR 2002, 51 ff.

1086 ebenso Unruh, EuR 2002, 58; Bogdandy, GS für Grabitz, S. 22, 24 + 28; Bogdandy, in: Grabitz/Hilf, Recht der EU I, Art. 10 EGV, Rdnr. 8; Hatje, in: Schwarze, EU-Kommentar, Art. 10 EGV, Rdnr. 3.

Daraus folgt, dass auch die Funktionsfähigkeit der Europäischen Union eines der Bundestreue vergleichbaren, umfassenden Prinzips bedarf.[1087] Ähnlich wie im Bundesstaat und in anderen föderal gegliederten Herrschaftssystemen müssen auch in der EU umfassende Treueverpflichtungen dafür sorgen, dass die Mitgliedstaaten und die Unionsorgane bei ihren Handlungen dem gemeinschaftlichen Interesse verbunden bleiben.[1088] In diesem Sinne hat etwa Due ausgeführt: „[Art. 10 EGV] bildet [...] die Rechtsgrundlage für bestimmte Verpflichtungen der Mitgliedstaaten, Verpflichtungen, die sich nicht notwendig aus den anderen Vertragsbestimmungen herleiten lassen, die aber notwendig sind, um die Ziele der Gemeinschaft zu erreichen [...]“.[1089] Es ist also nicht die Deduktion aus Einzelnormen des gemeinschaftlichen Primärrechts und auch nicht der Grundsatz von Treu und Glauben, sondern das institutionell-teleologische Argument, das die Unionstreue normativ begründet.[1090]

Doch angesichts der nach wie vor bestehenden strukturellen Unterschiede zwischen der Europäischen Union und einem Bundesstaat sind Bundes- und Unionstreue trotz identischer normativer Grundlage bezüglich ihrer weiteren dogmatischen Entfaltung nicht in jeder Hinsicht deckungsgleich.[1091] Vielmehr formuliert die Unionstreue einen originär europarechtlichen Rechtsgrundsatz, der sich zwar auf alle Bereiche der Rechtsordnung der Europäischen Union erstreckt, dessen Anwendung sich aber an der speziellen Ausgestaltung des Zu-

---

1087 Dies entspricht der Auffassung der ganz überwiegenden europarechtlichen Literatur; vgl. R. Geiger, EUV/EGV, Art. 10 EGV, Rdnr. 5; C. O. Lenz, in: derselbe, EG-Vertrag, Art. 10 EGV, Rdnr. 7 f.; Zuleeg, in: Groeben/Thiesing/Ehlermann, EU-/EG-Vertrag Bd. 1, Art. 5 EGV, Rdnr. 1; Bogdandy, in: Grabitz/Hilf, Recht der EU I, Art. 10 EGV, Rdnr. 7 + 67; Hatje, in: Schwarze, EU-Kommentar, Art. 10 EGV, Rdnr. 2 + 51; Kahl, in: Calliess/Ruffert, EUV/EGV, Art. 10 EGV, Rdnr. 11; Unruh, EuR 2002, 58 f.; Zuleeg, NJW 2000, 2847; Lück, Gemeinschaftstreue, S. 154; Hilf, ZaöRV 35 (1975), 58 f.; Everling, DVBl 1983, 651 ff.; Due, Grundsatz der Gemeinschaftstreue, S. 1 ff.; Epiney, EuR 1994, 311 ff.; Wuermeling, EuR 1987, 242; derselbe, Kooperatives Gemeinschaftsrecht, S. 190 ff. A.A. noch Söllner, Art. 5 EWG-Vertrag in der Rechtsprechung des Europäischen Gerichtshofes, S. 28 und die Nachweise bei Bleckmann, in: derselbe, Europarecht, Rdnr. 697 ff.; skeptisch auch Streinz, Europarecht, Rdnr. 143.

1088 V. Constantinesco, L'Article 5 CEE, de la bonne foi à la loyauté comunautaire, S. 97 ff. + 105.

1089 Due, Grundsatz der Gemeinschaftstreue, S. 3 mit zahlreichen Nachweisen aus der Rechtsprechung.

1090 Unruh, EuR 2002, 59. Die Deduktion der Unionstreue „aus einer wertenden Gesamtschau diverser Einzelnormen des primären Gemeinschaftsrechts“ befürworten Kahl, in: Calliess/Ruffert, EUV/EGV, Art. 10 EGV, Rdnr. 10 (dort auch das Zitat) und Lecheler, Allgemeine Rechtsgrundsätze, S. 145 ff.; wohl auch Busse, Österreich contra Europäische Union, S. 31, Fn. 21.

1091 ausführlich Unruh, EuR 2002, 59 f.; a.A. Bleckmann, in: derselbe, Europarecht, Rdnr. 697 ff.

sammenwirkens verschiedener föderaler Hoheitsträger in der EU zu orientieren hat.[1092]

(2) Wirkungsweise

Als allgemeiner Rechtsgrundsatz teilt die Unions- mit der Bundestreue das Schicksal eines konturierungsbedürftigen und dehnbaren Tatbestandes.[1093] Hier wie dort ist die Konkretisierung vom jeweiligen Einzelfall und damit von der sich entwickelnden Kasuistik abhängig.[1094] Auf diesem Weg müssen hinreichend bestimmte Anwendungsmodalitäten der Unionstreue herausgearbeitet werden[1095], wobei als Subjekt der Konkretisierung die Rechtsprechung, auf europäischer Ebene also der EuGH, fungiert.[1096] Dennoch lassen sich einige für die rechtliche Beurteilung des Falles Österreich bedeutsame allgemeine Anwendungsbedingungen und Grundstrukturen der relevanten Treueverpflichtungen abstrakt vorwegschicken.

(a) Allgemeine Anwendungsbedingungen

Zunächst ist der Grundsatz der Unionstreue subsidiär gegenüber den normierten Treueverpflichtungen im positiven Unionsrecht. Solche finden sich – wie ein-

---

1092 in diesem Sinne auch Unruh, EuR 2002, 60 f.; Commichau, Nationales Verfassungsrecht und europäische Gemeinschaftsverfassung, S. 69 f.; Lück, Gemeinschaftstreue, S. 92; Wuermeling, Kooperatives Gemeinschaftsrecht, S. 191 f.; Kahl, in: Calliess/Ruffert, EUV/EGV, Art. 10 EGV, Rdnr. 6; Epiney, EuR 1994, 312, die zwar „Parallelen zu bundesstaatlichen Prinzipien“ feststellt, die Unionstreue aber einer „Ableitung aus gemeinschaftsrechtlichen Grundsätzen“ entnimmt.

1093 vgl. Busse, Österreich contra Europäische Union, S. 31; Unruh, EuR 2002, 61.

1094 zur Einzelfallabhängigkeit der Konkretisierung s. Bogdandy, in: Grabitz/Hilf, Recht der EU I, Art. 10 EGV, Rdnr. 8; Lück, Gemeinschaftstreue, S. 125.

1095 Um eine justitiable Konturierung des Art. 10 EGV ist insbesondere Bogdandy, in: Grabitz/Hilf, Recht der EU I, Art. 10 EGV, Rdnr. 12 ff., bemüht, der folgende drei Kriterien nennt: Die Verpflichtung müsse erstens im Anwendungsbereich des EGV auf akzessorische Weise der Funktionsfähigkeit der Union gegenüber den Mitgliedstaaten dienen, zweitens sich im Einzelfall mit hinreichender Bestimmtheit ermitteln lassen und dürfe drittens die Grenzen der innergemeinschaftlichen Funktionsverteilung und der Subsidiaritätsklausel des Art. 5 EGV nicht überschreiten. Eingehend auch Hatje, Loyalität, S. 44 ff.

1096 vgl. Bogdandy, in: Grabitz/Hilf, Recht der EU I, Art. 10 EGV, Rdnr. 8; Lück, Gemeinschaftstreue, S. 157; Epiney, EuR 1994, 311; Hatje, Loyalität, S. 41 f.; Unruh, EuR 2002, 62.

gangs erwähnt – beispielsweise in Art. 6 Abs. 3, 11 Abs. 2 EUV und Art. 10 EGV.[1097]

Des Weiteren soll die Unionstreue nach einer verbreiteten Auffassung wie auch die Bundestreue nur im Rahmen eines konkreten Rechtsverhältnisses zwischen den Adressaten gelten.[1098] Danach entfalte der Grundsatz für sich allein grundsätzlich keine Rechtswirkungen, sondern bedürfe der Konkretisierung durch Bestimmungen des Primär- oder Sekundärrechts. Diesbezüglich ist auf die Einwendungen gegenüber der Akzessorietät der Bundestreue[1099] zu verweisen. Deren restriktive Wirkung erscheint fraglich, weil Bund und Länder stets in einem verfassungsrechtlichen Verhältnis zueinander stehen, das die jeweiligen Kompetenzbereiche abgrenzt.[1100] Genauso befinden sich aber auch in der EU die Union und die Mitgliedstaaten stets in einem unionsrechtlichen Verhältnis zueinander, so dass auch der Hinweis auf die akzessorische Wirkungsweise der Unionstreue schließlich ins Leere geht.[1101] Diese Ansicht wird zugleich durch die Praxis bestätigt: So hatte der EuGH in den Rechtssachen „Athanasopoulos“ und „Kommission/Frankreich“ keine Bedenken, Informationspflichten zwischen den Mitgliedstaaten direkt aus Art. 10 EGV zu schöpfen.[1102] In der Rechtssache

1097 wie hier Bogdandy, in: Grabitz/Hilf, Recht der EU I, Art. 10 EGV, Rdnr. 22; Kahl, in: Calliess/Ruffert, EUV/EGV, Art. 10 EGV, Rdnr. 18; R. Geiger, EUV/EGV, Art. 10 EGV, Rdnr. 6; Unruh, EuR 2002, 62.

1098 so etwa Bogdandy, in: Grabitz/Hilf, Recht der EU I, Art. 10 EGV, Rdnr. 14; derselbe, GS für Grabitz, S. 21; C. O. Lenz, in: derselbe, EG-Vertrag, Art. 10 EGV, Rdnr. 6; Grabitz, Stillhalte-Verpflichtungen vor dem Binnenmarkt, S. 43; Hummer/Obwexer, europa-blätter 2000, 99.

1099 BVerfGE 13, 54, 75; ähnlich BVerfGE 21, 312, 326; 42, 102, 117 und Faller, FS für Maunz, S. 62; Isensee, in: Isensee/Kirchhof, Handbuch des Staatsrechts IV, § 98, Rdnr. 157; Rudolf, Die Bundesstaatlichkeit in der Rechtsprechung des Bundesverfassungsgerichts, S. 248.

1100 so mit überzeugenden Gründen Bauer, Die Bundestreue, S. 182; ähnlich Doerfert, Bundesstaat und Bundestreue, JuS 1996, L 91.

1101 Unruh, EuR 2002, 62; aus europarechtlicher Perspektive ebenso Kahl, in: Calliess/Ruffert, EUV/EGV, Art. 10 EGV, Rdnr. 13. Wenig überzeugend erscheint in diesem Zusammenhang auch die Argumentation von Rotter, Europäische Rundschau 2000/3, 24 f., der zunächst anführt, allein schon aus der Formulierung von Art. 10 Abs. 1 EGV ergebe sich, dass diese Bestimmung als Verpflichtung zur Erfüllung bestehender Rechtspflichten nach Treu und Galuben und nicht als Grundlage neuer Rechtspflichten über den aktuellen Rechtsbestand hinaus verstanden werden dürfe. Dann meint er, auch die in Abs. 2 vorgenommene Präzisierung in Form der Verpflichtung zur Unterlassung helfe insofern nicht weiter, da die „Vierzehn“ ja davon ausgingen, dass sie durch die Beschränkung ihrer Reaktionen auf den bilateralen Verkehr das Funktionieren der EU eben nicht gefährden. Gerade dies gilt es jedoch einer objektiven Prüfung anhand der allgemeinen Treueverpflichtung zu unterziehen.

1102 EuGH, Rs. 251/89 (Athanasopoulos u.a./Bundesanstalt für Arbeit), Slg. 1991, I-2797, Rdnr. 57 f.; Rs. 42/82 (Kommission/Frankreich), Slg. 1983, 1013, Rdnr. 36; s. auch

„Kommission/Vereinigtes Königreich" sprach er aus, dass sich im Bereich ausschließlicher Gemeinschaftskompetenz Art. 10 EGV selbsttätig zu Handlungs- oder Unterlassungspflichten verdichten könne.[1103] Und nach der Entscheidung in der Rechtssache „Lord Bruce of Donington" konnten auch Maßnahmen, die den internen Funktionsablauf der Gemeinschaftsorgane gefährden, unvermittelt illoyal sein.[1104] Obwohl sämtliche Urteile keine untereinander vergleichbaren Konstellationen betrafen, lässt sich gleichwohl festhalten, dass auch der EuGH sich zugesteht, den allgemeinen Treuegrundsatz selbst zu bestimmten Verhaltenspflichten zu konkretisieren.[1105]

Im Übrigen ist nochmals daran zu erinnern, dass sich der Gedanke der gegenseitigen Loyalität gleichermaßen auf Akte der Mitgliedstaaten bezieht, die nicht europarechtlicher, sondern völkerrechtlicher Natur sind, aber dem „Dunstkreis" des EU-Rechts insofern zuzurechnen sind, als sie – wenn auch nur mittelbar – das Funktionieren der EU betreffen.[1106]

(b) Grundstrukturen der Treueverpflichtungen

Die dualistische Unterscheidung zwischen Handlungs- und Unterlassungspflichten ist Ausdruck der Grundstruktur aller Treueverpflichtungen in gegliederten und föderalen Herrschaftssystemen. Wegen der rechtsgrundsätzlichen Natur der Unionstreue kann eine Aufzählung dieser Pflichten jedoch nicht über eine allgemeine Richtungsweisung hinausgehen.[1107] Mit Blick auf das Vorgehen der „EU-Vierzehn" gegen Österreich sollen betreffende Ausführungen darüber hinaus auf die entsprechenden Verhaltenspflichten der Mitgliedstaaten beschränkt bleiben.

(aa) Handlungspflichten

Die Handlungspflichten der Mitgliedstaaten gegenüber der Union haben in Art. 10 Abs. 1 EGV eine ebenso weitreichende wie elastische, positiv-rechtliche

---

EuGH, Rs. 141/78 (Frankreich/Vereinigtes Königreich), Slg. 1979, 2923, Rdnr. 8 ff.; Rs. 32/79 (Kommission/Vereinigtes Königreich), Slg. 1980, 2403, Rdnr. 10 + 25.

1103 EuGH, Rs. 804/79 (Kommission/Vereinigtes Königreich), Slg. 1981, 1045, Rdnr. 28 ff.

1104 EuGH, Rs. 208/80 (Lord Bruce of Donington/Aspden), Slg. 1981, 2205, Rdnr. 14 ff.; dazu auch sogleich unten S. 276 f.

1105 Wilhelm, ecolex 2000, 181.

1106 EuGH, Rs. 44/84 (Hurd/Jones), Slg. 1986, 29, Rdnr. 39; ausführlich dazu schon oben S. 189 f.; ferner Bogdandy, in: Grabitz/Hilf, Recht der EU I, Art. 10 EGV, Rdnr. 19; Bleckmann, in: derselbe, Europarecht, Rdnr. 690; Hatje, Loyalität, S. 81.

1107 Unruh, EuR 2002, 62 f.

Grundlage gefunden. Danach sind die Mitgliedstaaten gehalten, den Zielen des Vertrages gemäß zu handeln. Insofern hat der EuGH bereits eine reichhaltige Kasuistik entwickelt.[1108] Angesichts der umfassenden vertraglichen Verpflichtungen und der verbindlichen Vertragsziele, die etwa Art. 2 EUV formuliert, können allenfalls ergänzende Pflichten zu Konsultation und Information sowie zu Beistand und Solidarität aus dem Grundsatz der Unionstreue hinzugefügt werden.[1109]

Für das Verhältnis der Mitgliedstaaten untereinander lassen sich im Primärrecht nur punktuelle Kooperations- und Rücksichtnahmepflichten nachweisen, so z.B. die in Art. 11 Abs. 2 EUV niedergelegte Pflicht zu Loyalität und gegenseitiger Solidarität im Rahmen der GASP.[1110] Mit dem Grundsatz der Unionstreue können diese Pflichten auf das gesamte Verhältnis der Mitgliedstaaten untereinander ausgedehnt werden, so dass hier ebenfalls die Entwicklung konkreter Kooperations-, Informations-, Beistands- und Solidaritätspflichten denkbar ist. Dazu gehört auch die Pflicht, einzelne Mitglieder nicht willkürlich von einer über die EU hinausgehenden Zusammenarbeit auszuschließen.[1111]

(bb) Unterlassungspflichten

Im Bereich der Unterlassungspflichten wirkt der Grundsatz der Unionstreue primär als Kompetenzausübungsschranke.[1112] Für das Verhältnis der Mitgliedstaaten zur Union dürfte diesbezüglich Art. 10 Abs. 2 EGV eine abschließende Regelung im Sinne eines allgemeinen Beeinträchtigungsverbotes enthalten.[1113]

1108 s. hierzu statt vieler Kahl, in: Calliess/Ruffert, EUV/EGV, Art. 10 EGV, Rdnr. 19 ff. m.w.N.

1109 vgl. Bogdandy, in: Grabitz/Hilf, Recht der EU I, Art. 10 EGV, Rdnr. 73; Lück, Gemeinschaftstreue, S. 114 ff. + 129 und Unruh, EuR 2002, 63. Eine vergleichbare positivierte Ausprägung der Unionstreue existiert für das Verhältnis der Union zu den Mitgliedstaaten nicht. Konkrete Pflichten zur Rücksichtnahme folgen etwa aus Art. 6 Abs. 3 EUV. Daneben ergeben sich Handlungspflichten der Union aus der Unionstreue. Denkbar ist z.B. eine Pflicht zur aktiven Unterstützung der Mitgliedstaaten bei der Durchführung des Gemeinschaftsrechts auf nationaler Ebene; so auch Unruh, a.a.O.; Bogdandy, a.a.O., Rdnr. 80.

1110 Ähnliche Pflichten, vor allem konkrete Koordinationspflichten im Rahmen der GASP und der PJZS, finden sich in Art. 12, 19, 20, 23 Abs. 1 UAbs. 2 S. 2 und 3, 34 Abs. 1 EUV; weitere Nachweise bei Kahl, in: Calliess/Ruffert, EUV/EGV, Art. 10 EGV, Rdnr. 53.

1111 Unruh, EuR 2002, 63; Schmitz, Supranationale Union, S. 236.

1112 vgl. Lück, Gemeinschaftstreue, S. 106 + 118.

1113 so auch Kahl, in: Calliess/Ruffert, EUV/EGV, Art. 10 EGV, Rdnr. 45 sowie Unruh, EuR 2002, 64.

Diese Vorschrift untersagt den Mitgliedstaaten, die Verwirklichung der Ziele des Vertrages zu behindern.[1114]

Als Kompetenzausübungsschranke im Verhältnis der Mitgliedstaaten untereinander wird die Unionstreue schließlich dann wirksam, wenn die einschlägige Aktivität einen Bezug zum Unionsrecht aufweist. Das bedeutet, dass die Mitgliedstaaten verpflichtet sind, die Rechte und Interessen anderer Mitgliedstaaten, die sich aus dem EU-Recht ergeben, zu wahren. Insbesondere die neben dem europäischen Vertragsrecht verbliebenen völkerrechtlichen Kompetenzen dürfen insofern nicht zum Nachteil der anderen Mitgliedstaaten ausgeübt werden.[1115]

bb) Anwendung auf den Fall Österreich

An dieser Stelle kommt die Unionstreue als selbständige Verpflichtung der Mitgliedstaaten in ihrer horizontalen Ausprägung gegenüber Österreich wie auch in vertikaler Hinsicht gegenüber der Europäischen Union zum Tragen, und zwar gleichzeitig als Handlungs- und als Unterlassungspflicht.[1116] Als Anknüpfungspunkt dient insofern sowohl die Stellungnahme vom 31. Januar 2000 insgesamt als auch eine isolierte Betrachtung der drei in ihr vorgesehenen Maßnahmen.

(1) Die drei Maßnahmen der „Gemeinsamen Reaktion“

(a) Die Maßnahmen nach Spiegelstrich 1 und 3

Zu der Verpflichtung der Mitgliedstaaten aus Art. 10 EGV gehört nach der Rechtsprechung des EuGH „auch die Aufgabe, keine Maßnahmen zu erlassen, die den internen Funktionsablauf der Gemeinschaftsorgane behindern könnten“.[1117] In der zitierten Rechtssache hatte das Vereinigte Königreich in einem Bereich, der in die Kompetenz der Mitgliedstaaten fiel (Einkommensteuer), eine

---

1114 Eine ähnliche umfassende Formulierung der Unterlassungspflichten der Union fehlt. Grundlegende Einzelregelungen finden sich z.B. in Art. 2 Abs. 2 EUV mit dem Verweis auf das Subsidiaritätsprinzip und wiederum in Art. 6 Abs. 3 EUV, der ein Antasten der nationalen Identität der Mitgliedstaaten verbietet. Direkt aus der Unionstreue abgeleitete Kompetenzausübungsschranken sind etwa das Rechtsmissbrauchs- oder das Verbot der Regelung aus sachfremden Motiven; vgl. Unruh, EuR 2002, 64.

1115 vgl. Unruh, EuR 2002, 64; Zuleeg, in: Groeben/Thiesing/Ehlermann, EU-/EG-Vertrag Bd. 1, Art. 5 EGV, Rdnr. 12.

1116 zur Rolle des Grundsatzes der Unionstreue als allgemeines Beeinträchtigungsverbot im Rahmen konkreter Rechtsverhältnisse s. bereits oben S. 186 ff.

1117 EuGH, Rs. 208/80 (Lord Bruce of Donington/Aspden), Slg. 1981, 2205, Rdnr. 14; vgl. auch EuGH, Rs. 230/81 (Luxemburg/Parlament), Slg. 1983, 255, Rdnr. 37.

Regelung erlassen, welche insbesondere die „Effektivität der Tätigkeit des Parlaments beeinträchtigen" hätte können.[1118]

Insofern erscheint vorstellbar, dass auch die Maßnahmen nach den Spiegelstrichen 1 und 3, die den Abbruch der bilateralen Kontakte auf politischer Ebene mit der österreichischen Bundesregierung bzw. die Herabstufung der diplomatischen Beziehungen auf die rein technische Ebene umfassen, geeignet sind, die Arbeit in den Institutionen der EU – entgegen der Feststellung der Kommission in ihrer Mitteilung vom 1. Februar 2000[1119] – zu beeinträchtigen. Ausgangspunkt ist diesbezüglich der Umstand, dass die österreichische Bundesregierung nach Scelles Modell des „dédoublement fonctionnel"[1120] ihren Staat auch im Rat der Europäischen Union vertritt.

Da der Abbruch der politischen Kontakte zur österreichischen Regierung allerdings auf die bilaterale Ebene begrenzt wurde, durften ihre Mitglieder nach dem Wortlaut der „Gemeinsamen Reaktion" jedoch weiterhin gleichberechtigt in dem gemeinschaftlichen Rechtsnormerzeugungsorgan mitwirken. In Abgrenzung zu den bilateralen Kontakten sind nämlich die Kontakte auf politischer Ebene im Rahmen der formellen Rechtsetzungsverfahren in der „zweiten" und „dritten Säule" der EU als multilateral und in der „ersten Säule" gar als supranational einzustufen und in der Folge von den Maßnahmen nach Spiegelstrich 1 und 3 ausgenommen.[1121]

Bei einer anderen Auslegung des Begriffs „bilaterale Kontakte" würde die Verweigerung jeglicher offizieller politischer Kontakte zur Regierung Österreichs in der Tat die Funktionsfähigkeit des Rates der EU – und darüber hinaus auch die des Europäischen Rates – ohne weiteres ernsthaft beeinträchtigen, mithin also einen offenkundigen Verstoß der 14 EU-Mitgliedstaaten gegen die Unionstreue darstellen. Eine Verletzung derselben wäre auch angesichts der Tatsache gegeben, dass jeder EU-Mitgliedstaat das Recht hat, an den formellen Beratungen, Verhandlungen und Abstimmungen im Rat der EU einschließlich seiner unterstützenden Instanzen sowie im Europäischen Rat als gleichberechtigter

---

1118 EuGH, Rs. 208/80 (Lord Bruce of Donington/Aspden), Slg. 1981, 2205, Rdnr. 19. Gemeint sind damit freilich nur Hinderungen grundsätzlicher Art – in dem entschiedenen Fall die Steuerbelastung von Mitgliedern des Europäischen Parlaments – die befürchten lassen, dass das Funktionieren eines EU-Organs gravierend beeinträchtigt wird; vgl. Busse, Österreich contra Europäische Union, S. 32.

1119 für den Wortlaut s. oben Erster Teil, S. 44.

1120 Scelle, FS für Wehberg, S. 324.

1121 Dies gilt auch für die gem. Art. 48 EUV als multilaterale intergouvernementale Konferenzen zu qualifizierenden Regierungskonferenzen – wie etwa zuletzt die Regierungskonferenz 2000 oder die Beitritts-Regierungskonferenzen anlässlich der EU-Osterweiterung; vgl. ausführlich Hummer/Obwexer, europa-blätter 2000, 93 + 95; ebenso Leidenmühler, ZÖR 2000, 313 + Fn. 60 f.; allgemein zur Rechtsnormerzeugung auf europäische Ebene Schäffer, ZÖR 1996, 49.

Partner und in vollem Umfang zu partizipieren. Die Aussetzung entsprechender Teilnahme- oder Stimmrechte, die sich aus der EU-Mitgliedschaft ergeben, bleibt dem Verfahren nach Art. 7 EUV vorbehalten, während die Suspendierung solcher Rechte durch mitgliedstaatliche Maßnahmen auf völkerrechtlicher Ebene – wie oben erläutert[1122] – unzulässig ist.[1123]

Die Mitwirkungsmöglichkeit der österreichischen Ratsmitglieder ist nach dem hier zugrundegelegten Verständnis aber auf die Ratstätigkeit im engeren Sinne beschränkt. Von informellen Konsultationen im Vorfeld der Ratstagungen sind die Mitglieder der österreichischen Bundesregierung dagegen weitgehend ausgeschlossen, weil sie in diesem Fall mangels Grundlage im Primärrecht bzw. in der Geschäftsordnung des Rates nicht in Ausfüllung ihrer Funktion als Ratsmitglieder, sondern als von der bilateralen Isolierung betroffene Regierungsmitglieder ihres Staates auftreten.[1124]

Jene informelle Zusammenarbeit zwischen den einzelnen Mitgliedstaaten ist jedoch in ihrer Bedeutung für die Arbeit der EU nicht zu unterschätzen. Das bilaterale Netzwerk ist vielmehr wesentlicher Bestandteil des europapolitischen Systems.[1125] Selbst wenn diese Bereiche an sich noch nicht vergemeinschaftet sind, bilden sie notwendige Wirkkanäle zwischen nationalem Recht und Unionsrecht. Die Verweigerung bilateraler politischer Kontakte versperrt einen Kommunikationskanal, der für ein effizientes Arbeiten der Institutionen der Europäischen Union lebensnotwendig ist. Dabei ist anzunehmen, dass von einer Vergemeinschaftung dieses Gebiets bewusst abgesehen wurde, da jede rechtliche Regelung notwendigerweise eine zusätzliche Rigidität schaffen würde.[1126] In diesem Zusammenhang hat Ash zutreffend bemerkt: „Ein weiteres Schlüsselelement dieses [europäischen] Modells besteht darin, dass es Staaten den Abschluss verschiedener Zweckbündnisse zu einzelnen Themen erlaubt und keine dauerhaften Allianzen zementiert."[1127] Kontaktaufnahme, Informationsaustausch und Beratung werden folglich vom EU-Recht stillschweigend vorausgesetzt und sind über das Prinzip der loyalen Zusammenarbeit, das keine politische Schutzklausel kennt, auch rechtlich einzufordern. Eine Aussetzung dieser Formen der Zusammenarbeit liegt nicht im Ermessen der Mitgliedstaaten, da damit nicht allein In-

---

1122 s. nochmals oben S. 221 ff.

1123 vgl. auch Hummer/Obwexer, europa-blätter 2000, 93 f.; Schorkopf, DVBl 2000, 1042.

1124 wie hier Leidenmühler, ZÖR 2000, 313.

1125 Busse, Österreich contra Europäische Union, S. 31 f.

1126 Pernthaler/Hilpold, integration 2000, 111.

1127 Ash, Wohin treibt die europäische Geschichte?, S. 23. Insofern mag sich der Begriff „Regieren im Netzwerk", den Köhler-Koch, Aus Politik und Zeitgeschichte 6/2000, 32, für die Organe der EU benutzt, auch auf die mitgliedstaatlichen Regierungen erweitern lassen; vgl. Busse, Österreich contra Europäische Union, S. 32, Fn. 25.

teressen der unmittelbar betroffenen Staaten geschützt werden, sondern ebenso und vor allem Interessen der Union.

Auf der anderen Seite ist selbstverständlich nicht jeder Aspekt des mitgliedstaatlichen Zusammenwirkens in dem Sinne rechtlich relevant, dass ganz bestimmte Formen der Kooperation erwartet werden können. Beispielsweise wären öffentlicher Tadel oder ein härterer Umgang in den persönlichen Kontakten mit den Regierungsvertretern jener Mitgliedstaaten, deren Innenpolitik auf Ablehnung stößt, nicht zu beanstanden.[1128] Schließlich darf den Mitgliedstaaten durch das Gebot der Unionstreue nicht jegliche Art gegenseitiger Kritik verboten werden.[1129] Ganz im Gegenteil ist gegenseitige Kritik für ein demokratisch funktionierendes Gemeinwesen geradezu unabdingbar.[1130]

Auch dann dürfte jedoch ein bestimmtes Maß an bilateralen Konsultationen unumgänglich bleiben, so dass „Kooperation" – als Grundstruktur der Gemeinschaft[1131] – begrifflich nicht auf den formalen Rechtsetzungsmechanismus begrenzt werden kann, sondern sich auch rechtlich auf eine Reihe von Vorstufen der Informationsbeschaffung, Stellungnahmen, Verhandlungen, Kompromissfin-

---

1128 Pernthaler/Hilpold, integration 2000, 111.

1129 In diesem Kontext weist Busse, Österreich contra Europäische Union, S. 32 f., darauf hin, dass sich auch in der Bundesrepublik Deutschland die Bundesländer gegenseitig kritisieren können. Verlässt beispielsweise ein Vertreter im Bundesrat bei einer Rede den Saal oder wird ein Minister eines Bundeslandes in ein anderes Bundesland nicht eingeladen – Vergleichbares gibt es auch auf der Ebene internationaler Organisationen – so ist darin noch nicht die Verletzung der Bundestreue oder ähnlicher Grundsätze zu sehen, soweit es nicht ein Ausmaß annimmt, welches das Funktionieren der entsprechenden Institutionen in Frage stellt. Grundsätzlich folgen nämlich auch aus der Bundestreue Pflichten zur Abstimmung, zu koordiniertem Vorgehen, Konsultations-, Informations- und Pflichten zur Zusammenarbeit; vgl. BVerfGE 43, 291, 348 f.; 73, 118, 196 f.; 12, 205, 255. In der zuletzt genannten Entscheidung hat das BVerfG etwa die – parteipolitisch motivierte – äußerst kurzfristige Konsultation einiger Länder durch den Bund als mit der Bundestreue unvereinbar angesehen: „Auch das procedere und der Stil der Verhandlungen, die zwischen dem Bund und seinen Gliedern und zwischen den Ländern im Verfassungsleben erforderlich werden, stehen unter dem Gebot bundesfreundlichen Verhaltens."; weitere Nachweise bei Bauer, Die Bundestreue, S. 342 ff.; dazu auch W. Geiger, Die wechselseitige Treuepflicht von Bund und Ländern, S. 117 ff.; Stern, Staatsrecht I, S. 699 ff.; Isensee, in: Isensee/Kirchhof, Handbuch des Staatsrechts IV, § 98, Rdnr. 158 ff.; Rudolf, Die Bundesstaatlichkeit in der Rechtsprechung des Bundesverfassungsgerichts, S. 249 ff.; H. G. Rupp, FS für Schmid, S. 144 f.; Doerfert, JuS 1996, L 92 f.; Unruh, EuR 2002, 56. Eine ausführliche Beschreibung der Situation im Bundesrat bietet Feuchte, AöR 98 (1973), 516 ff.

1130 vgl. auch Köck, Österreich – Partner oder Prügelknabe?, Die Presse vom 08.02.2000, S. 2. Dementsprechend ist auch in der Rechtsordnung der Union ein Grundrecht auf freie Meinungsäußerung – allerdings nur zum Schutz des Individuums – anerkannt; ausführlich dazu Kühling, Die Kommunikationsfreiheit als europäisches Gemeinschaftsgrundrecht, S. 110 ff.; vgl. außerdem schon oben S. 261 ff. + Fn. 1046.

1131 T. Fischer/Schley, Europa föderal organisieren, S. 78.

dung usw. erstreckt.[1132] Die Tatsache, dass die Europäische Union nicht nur ein Kompetenzsystem, sondern auch ein Kooperationssystem darstellt, verlangt eine gebührende Absicherung jener Mechanismen, die im Vorfeld überhaupt erst eine Kooperation möglich machen. Die Verpflichtung zur loyalen Zusammenarbeit überlagert deshalb einen beachtlichen Teil des zwischenstaatlichen Verkehrs der EU-Mitgliedstaaten untereinander, der in einer isolierten Betrachtung außerhalb des Unionsrechts steht.[1133]

Diese Pflicht trifft in besonderem Maße den Mitgliedstaat, der die EU-Präsidentschaft innehat und in dieser Funktion Dreh- und Angelpunkt der Entscheidungsprozesse auf allen formellen Ebenen des Rates der EU und des Europäischen Rates ist. Über die formelle Leitungsfunktion hinaus obliegt dem Vorsitz nämlich auch die wichtige informelle Aufbereitung einer Agenda, bevor über sie formell abgestimmt wird. Aus diesem Grund kommt der bilateralen Kommunikation zwischen dem Vorsitzstaat einerseits und den übrigen Mitgliedstaaten andererseits größte Bedeutung zu. Hierbei hat der vorsitzführende Staat – seiner Rolle als neutraler Akteur entsprechend – nicht nur alles zu unterlassen, was auf eine Einschränkung der mitgliedstaatlichen (Mitwirkungs-)Rechte hinausläuft, er hat darüber hinaus alles zu unternehmen, vermittelnd tätig zu werden und das Funktionieren der Union zu fördern.[1134]

Um aber zwischen den nationalen Interessenlagen der einzelnen Mitgliedstaaten zu vermitteln, muss die Präsidentschaft in allen strittigen Punkten die einzelnen nationalen Ausgangsstandpunkte kennen lernen. Dies wird regelmäßig unter anderem dadurch erreicht, dass sich der Regierungschef bzw. der Außenminister des Vorsitzstaates „vor Ort" persönlich informiert, was zu ausgedehnten Visiten in die Hauptstädte der einzelnen Mitgliedstaaten führt (sog. „Hauptstadtrundreise").[1135] Dabei ist es immer wieder nötig, über divergierende nationale Standpunkte hinweg einen tragfähigen Kompromiss zu finden. Die Präsidentschaft hat für eine solche „friendly persuasion" einzelner Staatenvertreter im

---

1132 vgl. Scharpf, Politische Vierteljahresschrift 4 (1985), 323 ff.; Abromeit, ÖZP 2 (1993), 215.

1133 Pernthaler/Hilpold, integration 2000, 110 f.; Hatje, Loyalität, S. 74 + 81; vgl. ferner Bleckmann, in: derselbe, Europarecht, Rdnr. 722, der aus Art. 10 EGV eine Pflicht des Ministerrates ableitet, das Europäische Parlament „rechtzeitig in den Entscheidungsprozess einzuschalten".

1134 vgl. H. Winkler/Schauer, Die Maßnahmen gegen Österreich, S. 126 f.; Hummer/Obwexer, europa-blätter 2000, 94; dieselben, EuR 1999, 432; oben S. 170 f.

1135 Hummer/Obwexer, EuR 1999, 436. Eine derartige „Hauptstadtrundreise" wurde z.B. unter deutscher Präsidentschaft vom amtierenden Ratsvorsitzenden, Bundeskanzler Gerhard Schröder, durchgeführt, um einen Kompromiss über die „Agenda 2000" und ein Einvernehmen zu den anstehenden Personalentscheidungen („Mister GASP", Kommissionspräsident etc.) zu erreichen, vgl. Bulletin Quotidien Europe Nr. 7422 vom 11.03.1999, S. 8.

Rat eine Reihe informeller Verfahrenstechniken entwickelt, wie z.B. das sog. „Beichtstuhlverfahren", bei dem der Ratspräsident die zögernden Ministerkollegen zu einem „Vier-Augen-Gespräch" in einen kleinen Raum bittet und sie dort intensiv zu überzeugen versucht, ihr Stimmverhalten dem der Mehrheit im Rat anzugleichen.[1136]

Ob neben den „Hauptstadtrundreisen" und „Beichtstuhlverfahren" auch die informellen Ratstagungen und die außerordentlichen Tagungen des Europäischen Rates, zu denen ebenfalls die jeweils amtierende EU-Präsidentschaft als Gastgeberin einlädt[1137], als „bilateral" eingeordnet werden können, erscheint fraglich. Zwar sind diese Veranstaltungen genauso wenig wie „Hauptstadtrundreisen" und „Beichtstuhlverfahren" im primären oder sekundären EU-Recht verankert – lediglich die Verfahren der formellen Entscheidungsfindung sind geregelt. Andererseits haben sie streng genommen aber einen multilateralen Charakter.[1138] Unabhängig davon bleibt jedoch festzuhalten, dass all diese Formen informeller Zusammenarbeit durch in der Praxis gefestigte Abläufe[1139] der politi-

---

1136 Hummer/Obwexer, EuR 1999, 436; vgl. auch Schallenberg/Thun-Hohenstein, Die EU-Präsidentschaft Österreichs, S. 14. Dieses Verfahren kam beispielsweise unter deutscher Präsidentschaft bei der Reform der Gemeinsamen Agrarpolitik im Rahmen der „Agenda 2000" zur Anwendung; vgl. Bulletin Quotidien Europe Nr. 7403 vom 12.02.1999, S. 5 f. Ebenso wurde es etwa im Europäischen Rat vom 24. und 25. März 1999 in Berlin praktiziert, als der Vorsitzende, Bundeskanzler Gerhard Schröder, versuchte, in Einzelgesprächen mit seinen Amtskollegen die letzten noch offenen Fragen zur „Agenda 2000", insbesondere im Bereich der Strukturpolitik, zu lösen; vgl. Bulletin Quotidien Europe Nr. 7434 vom 27.03.1999, S. 6; Europäischer Rat von Berlin vom 24. und 25.03.1999, Schlussfolgerungen des Vorsitzes, Bulletin Quotidien Europe-Dokumente Nr. 2131-32 vom 27.03.1999, S. 1 ff.

1137 Während der sechsmonatigen Präsidentschaft hat der Vorsitz in der Regel die formelle Tagung und gegebenenfalls eine oder mehrere außerordentliche Tagungen des Europäischen Rates vorzubereiten und auszurichten. Weiterhin sind an die 40 formelle Tagungen des Rates der EU und ca. acht informelle Ministertreffen zu organisieren. Darüber hinaus müssen die Tagungen der 260 Ausschüsse und Arbeitsgruppen des Rates – die an die 1400 Sitzungen abhalten – von Vertretern des vorsitzführenden Staates geleitet werden; vgl. 43. Überblick über die Tätigkeit des Rates 1995 (1997), S. 179 ff.

1138 ähnlich Hummer/Obwexer, europa-blätter 2000, 94; a.A. wohl Schorkopf, DVBl 2000, 1042, nach dem solche Treffen von den Mitgliedstaaten aufgrund ihres inoffiziellen Charakters als „bilaterale" Veranstaltungen klassifiziert werden.

1139 Von einem bereits gewohnheitsrechtlich verfestigten Prinzip, wonach der Vorsitzstaat in einen Dialog mit allen Mitgliedstaaten zu treten hat, kann insofern jedoch nicht ausgegangen werden, da dieser Bereich in den Gestaltungsspielraum der jeweiligen Präsidentschaft fällt und bei der Annahme von europäischem Gewohnheitsrecht ohnehin Zurückhaltung geboten erscheint. Zudem ist fraglich, inwieweit sich bei dieser Praxis eine entsprechende Rechtsüberzeugung nachweisen ließe. Beispielsweise hat nicht jede Präsidentschaft im Rahmen ihrer „Tour des capitales" jeden Mitgliedstaat besucht; Frankreich ging während seines Vorsitzes im Jahr 2000 sogar dazu über, die „Tour" durch Videokonferenzen zu ersetzen und nur einige Mitgliedstaaten tatsächlich zu beschen Vorbereitung wichtiger Entscheidungen dienen, die später im Rahmen formeller Tagungen getroffen werden (sog. „decision shaping").[1140]

Sollte Österreich nun an diesen informellen Mechanismen im EU-Entscheidungsprozess nicht mehr (voll) beteiligt werden, so würde dadurch eine effiziente Abstimmung der unterschiedlichen mitgliedstaatlichen Positionen verhindert und die gleichberechtigte Mitwirkung Österreichs an der materiellen Entscheidungsfindung in den Gremien der Union unterlaufen. Österreich hätte nämlich – im Unterschied zu den anderen EU-Mitgliedstaten – keine Möglichkeit, auf höchster politischer Ebene seine Vorstellungen und Vorbehalte informell anzubringen und damit bereits vorab auf die anstehenden Entscheidungen Einfluss zu nehmen.

Durch die Isolation Österreichs im Vorfeld offizieller Entscheidungsprozesse wäre demnach das reibungslose „Funktionieren der EU-Organe" insoweit behindert, als nicht alle Mitgliedstaaten in gewohnter und effektiver Weise auf die Willensbildung der Union einwirken könnten. Umgekehrt bedeutet dies zusammengefasst, dass nicht nur die Verfahren, die zu einem formellen Erlass von Rechtsakten führen, in egalitärer Weise abzulaufen haben, sondern auch Konsultationen und Akkordierungen im Vorfeld der Beschlussfassung die Einbindung aller Akteure bedingt.[1141]

Aus alledem ergibt sich, dass der in der Stellungnahme vom 31. Januar 2000 verwendete Begriff „bilateral" allein als „außerhalb des institutionellen Rahmens der EU" verstanden werden darf – und zwar in dem Sinne, dass sich die

---

suchen; vgl. H. Winkler/Schauer, Die Maßnahmen gegen Österreich, S. 126, Fn. 6; Busse, Österreich contra Europäische Union, S. 30 sowie eingehend oben S. 166 ff.

1140 so auch Hummer/Obwexer, europa-blätter 2000, 94; Hummer, Europäische Rundschau 2000/2, 18; Schorkopf, DVBl 2000, 1042; H. Winkler/Schauer, Die Maßnahmen gegen Österreich, S. 126 f. + 137.

1141 vgl. Hummer/Obwexer, europa-blätter 2000, 94; Leidenmühler, ZÖR 2000, 313 f.; H. Winkler/Schauer, Die Maßnahmen gegen Österreich, S. 137; Wilhelm, ecolex 2000, 181; Schwarzenegger, ZfRV 2000, 126; Unruh, EuR 2002, 65; Schmitz, Supranationale Union, S. 236, Fn. 2; Hatje, Loyalität, S. 81, der allerdings eine Verletzung des Loyalitätsprinzips erst dann annehmen möchte, wenn die Beschränkung im Vergleich zum Anlass als unverhältnismäßig erscheint. A.A. Busse, Österreich contra Europäische Union, S. 31 f. und Klaushofer, JRP 2000, 299, nach dem in der Einschränkung oder sogar in der Einstellung dieser Treffen keine Verletzung der Loyalität oder sonstiger Bestimmungen der Verträge erblickt werden könne, weil sich diese Praktiken außerhalb des förmlichen Rechtserzeugungsverfahrens befinden. Auch er räumt jedoch ein, dass anderes gelte, wenn es dem Mitgliedstaat unmöglich gemacht wird, vollwertig an der inhaltlichen Entscheidungsfindung teilzunehmen. Das sei der Fall, wenn die Informationsversorgung und die Vorbereitung auf Sitzungen in derartige Treffen ausgelagert und der betroffene Mitgliedstaat von der Teilnahme ausgeschlossen wäre, da die Teilnahme an den Sitzungen im Rat diesen Umstand nicht kompensieren könne.

Verweigerung bilateraler politischer Kontakte und der Empfang von Botschaftern nur auf technischer Ebene in ihrer konkreten Ausformung nicht negativ auf die Zusammenarbeit im Rat auswirken können. Bei jeder weitergehenden Auslegung wäre ein Verstoß der 14 Mitgliedstaaten gegen den Grundsatz der Unionstreue gegeben.[1142]

Werden der österreichischen Regierung etwa bestimmte Dokumente vorenthalten oder wichtige Informationen zur Entscheidungsvorbereitung verschwiegen, dürfte bereits ein Grad der Loyalitätsverletzung erreicht sein, dem die Unionstreue entgegensteht. Wird hingegen penibel zwischen der Zusammenarbeit mit Ratsbezug und den übrigen bilateralen Kontakten unterschieden, bleibt der Arbeitsablauf im Rat ungestört. In einer derartigen Situation würde es an jeglichem unionsrechtlichen Anknüpfungspunkt fehlen, der einen gegenteiligen Schluss zuließe. Insbesondere könnten keine Informationslücken auftreten, die es dem betroffenen Mitgliedstaat unmöglich machen, sich in sachlicher Hinsicht auf die Verhandlungen vorzubereiten.[1143]

Demzufolge hängt es letztlich von der Umsetzung im konkreten Einzelfall ab, ob Maßnahmen nach den Spiegelstrichen 1 und 3 insoweit die Unionstreue verletzen. Zur Beurteilung der Zulässigkeit bestimmter Verhaltensweisen in Bezug auf die Ratsarbeit müsste jeweils die schwierige Gratwanderung zwischen politisch motiviertem Handeln bzw. dem Eintreten für unterschiedliche Standpunkte, was im Rahmen eines Rechtsetzungsorgans an der Tagesordnung ist, und eu-rechtswidrigem illoyalem Verhalten versucht werden. Das heißt, es wäre zu differenzieren, ob ein bestimmtes Vorgehen politisches und verhandlungstechnisches Taktieren oder bewusstes Desinformieren und Nicht-Informieren darstellt, um den betroffenen Mitgliedstaat faktisch aus der Arbeit des Rates auszuschließen.[1144]

1142 s. auch die Antwort der Kommission vom 04.07.2000 auf die schriftliche Anfrage E-1482/00 des EP-Abgeordneten Paul Rübig (PPE-DE) vom 11.05.2000, ABl. 2001 Nr. C 53E, S. 152 f.: „Wie die Kommission bereits in Beantwortung der mündlichen Anfrage H-0279/00 von Frau Riis-Jörgensen in der Fragestunde anlässlich der Tagung des Parlaments im April 2000 festgestellt hat, sind die gegenüber der Regierungskoalition in Österreich von den Regierungen von 14 Mitgliedstaaten getroffenen bilateralen Maßnahmen keine Angelegenheiten, die im Zusammenhang mit dem EU-Vertrag oder dem EG-Vertrag stehen und beeinflussen nicht die Rechte und Verpflichtungen von Mitgliedstaaten im Rahmen des Gemeinschaftsrechts. Ein Prinzip der Loyalität und Solidarität zwischen den Mitgliedstaaten entsprechend Artikel 10 (ex Artikel 5) des EG-Vertrags wird hier nicht verletzt."

1143 wie hier Klaushofer, JRP 2000, 299; HummerObwexer, europa-blätter 2000, 94; weiterführend zur Problematik der praktischen Handhabung einer solchen Unterscheidung unten S. 298 ff.

1144 vgl. Klaushofer, JRP 2000, 298 ff. sowie Rotter, Europäische Rundschau 2000/3, 25; in diesem Sinne stellt auch Bogdandy, GS für Grabitz, S. 27, fest: „Es ist aber kein

(b) Die Maßnahme nach Spiegelstrich 2

Die Maßnahme nach Spiegelstrich 2 steht – auch wenn sie so ausgelegt wird, dass sie sich lediglich auf „bilaterale“ Nominierungen für Positionen in internationalen Organisationen, denen ausschließlich die einzelnen Mitgliedstaaten angehören, bezieht[1145] – weiterhin im Spannungsverhältnis zur Gemeinsamen Außen- und Sicherheitspolitik. Diesbezüglich bleibt sie am Maßstab der in Art. 11 Abs. 2 EUV niedergelegten Treuepflicht im Rahmen der GASP zu messen.

Art. 11 Abs. 2 EUV insgesamt erlegt den EU-Mitgliedstaaten eine gesteigerte Pflicht zur Förderung der GASP auf. Denn zu einer „aktiven und vorbehaltlosen Unterstützung“ genügt die bloß buchstabengetreue Einhaltung der in Titel V des EUV enthaltenen Regeln nicht. Angemahnt wird vielmehr „Loyalität“ und „gegenseitige Solidarität“.[1146]

Davon ausgehend lässt sich die erklärte Weigerung der 14 EU-Mitgliedstaaten, österreichische Kandidaten für Posten in internationalen Organisationen zu unterstützen, bereits schwerlich mit Unterabsatz 2 S. 1 vereinbaren[1147], der die Mitgliedstaaten dazu aufruft zusammenzuarbeiten, um ihre gegenseitige politische Solidarität zu stärken und weiterzuentwickeln.[1148] Erst Art. 11 Abs. 2 U-Abs. 2 S. 2 EUV bewirkt jedoch mehr als einen solchen politischen Appell. Danach enthalten sich die Mitgliedstaaten jeder Handlung, die den Interessen der Union zuwiderläuft oder ihrer Wirksamkeit als kohärente Kraft in den internationalen Beziehungen schaden könnte. Damit ist die Grenze zu rechtlicher Verpflichtung überschritten. Als „Interesse der Union“ vermag nämlich auch die Erfüllung der vertraglichen Rechtspflichten, insbesondere des im Wortlaut ange-

---

Zufall, dass sich [in der Judikatur des EuGH] keine Entscheidungen finden, welche die Mitgliedstaaten als Ratsmitglieder verpflichten, im Rat zu kooperieren, Kompromisse zu schließen [...] [Art. 10 EGV] zwingt die Regierungen auch nicht, irgendein ‚Gemeinschaftsinteresse‘ im innergemeinschaftlichen Verhandlungsprozess zu verfolgen; es bleibt ihnen offen, [...] ihre jeweiligen Positionen als ‚nationale Interessen‘ vorzutragen und zu verteidigen.“

1145 vgl. abermals oben S. 102 ff. und 245 ff.

1146 Art. 11 Abs. 2 EUV entspricht wörtlich Art. J.1 Abs. 4 EUV. Neu ist nur, dass dessen erstem und letztem Satz je ein eigener UAbs. zugestanden wurde und sich die neue Klausel der Zusammenarbeit zur Stärkung und Weiterentwicklung der politischen Solidarität zwischen beide geschoben hat; vgl. Cremer, in: Calliess/Ruffert, EUV/EGV, Art. 11 EUV, Rdnr. 4.

1147 so auch Rotter, Europäische Rundschau 2000/3, 25.

1148 zur Funktion dieses Appells, Blockbildungen und Frontstellungen zwischen großen und kleinen Mitgliedstaaten vorzubeugen Regelsberger, Gemeinsame Außen- und Sicherheitspolitik, S. 219.

deuteten Kohärenzgebots (Art. 1 Abs. 3 S. 2, Art. 3 Abs. 2 EUV), verstanden werden.[1149]

A priori Kandidaten eines Mitgliedes der Union bei Stellenbesetzungen in internationalen Organisationen die Unterstützung zu versagen, dürfte aber gleichzeitig die Stellung der gesamten Union als kohärente Kraft im internationalen Geflecht schwächen - vor allem falls wegen des Konflikts ein Kandidat eines ihrer Mitgliedstaaten schließlich nicht zum Zuge kommt – unter keinen Umständen aber stärken und fördern.[1150] Von dieser Warte aus betrachtet ist überdies vorstellbar, dass schon allein die öffentliche Androhung der Maßnahme nach Spiegelstrich 2 dem Interesse der Union an Geschlossenheit und einem einheitlichen Auftreten aller Mitgliedstaaten im internationalen Verkehr widerspricht.

Dabei erscheint allerdings problematisch, ob Art. 11 Abs. 2 EUV aufgrund seines nach wie vor doch recht programmatischen Charakters auch in der konkreten Vollzugssituation einen tauglichen Anknüpfungspunkt für einen Verstoß gegen den Grundsatz der Unionstreue darstellt, zumal der genaue Inhalt der „Interessen der Union" wohl erst von Fall zu Fall konkretisiert werden kann.[1151] Insofern besteht zusätzlich das Dilemma, dass nach Art. 11 Abs. 2 UAbs. 3 EUV der Rat für die Einhaltung dieser Grundsätze Sorge trägt.

Der Rat wäre im vorliegenden Fall also mit einer Stellungnahme von 14 seiner insgesamt 15 Mitglieder konfrontiert. Unter dieser Prämisse hätte er nun zu beurteilen, ob den außenpolitischen Interessen der Union Schaden zugefügt wird. In Anbetracht der zu erwartenden Mehrheitsverhältnisse bei der Abstimmung ist jedoch anzunehmen, dass der Rat die Interessen der Union gewahrt sieht.[1152] Dafür spricht zudem, dass die Vorschrift den Rat nicht zu rechtsverbindlichen Entscheidungen ermächtigt, sondern ihm nur die Kompetenz verleiht, sich mit Fragen der Erfüllung der Unterstützungs- und Loyalitätspflichten zu befassen und gegebenenfalls als politisches Gremium Probleme zu lösen.[1153]

1149 Cremer, in: Calliess/Ruffert, EUV/EGV, Art. 11 EUV, Rdnr. 4.

1150 s. hierzu bereits oben Fn. 988; ferner Unterberger, Europäische Rundschau 2000/2, 21 f.

1151 vgl. Rotter, Europäische Rundschau 2000/3, 25.

1152 ebenso Klaushofer, JRP 2000, 300.

1153 in diesem Sinne auch Klaushofer, JRP 2000, 300; vgl. hierzu auch Cremer, in: Calliess/Ruffert, EUV/EGV, Art. 11 EUV, Rdnr. 5 und Regelsberger, integration 1992, 86, die den Rat als bloß „politisch-moralische Kontrollinstanz" bezeichnet.

(2) Gesamtbetrachtung der Stellungnahme – Verstoß gegen das Diskriminierungsverbot

Im Hinblick auf das Vorgehen der 14 EU-Mitgliedstaaten gegen Österreich in Form der Stellungnahme vom 31. Januar 2000 stellt sich schließlich die Frage, ob nicht aus dem Grundsatz der Unionstreue eine Bindung der Mitgliedstaaten an rechtsstaatliche Prinzipien auch im Verhältnis zu anderen Mitgliedstaaten folgen könnte. Zumindest für die EU-Organe begründet die Unionstreue nämlich die Pflicht, gegenüber den Mitgliedstaaten die meisten, wenn nicht alle Regeln zu beachten, die der Staat aus rechtsstaatlichen Gründen den Individuen gegenüber zu befolgen hat.

Speziell wenn die EU-Organe einen Ermessensspielraum haben, müssen sie im Verhältnis der Mitgliedstaaten zueinander den Gleichheitssatz beachten; sie müssen den betroffenen Staaten rechtliches Gehör gewähren, sie müssen alle betroffenen staatlichen Interessen unter sich und mit den Gesamtinteressen sowie den Individualinteressen abwägen, sie müssen Maßnahmen wählen, die zur Verfolgung der Ziele der Union geeignet und erforderlich sind; bei mehreren möglichen Mitteln müssen sie das Mittel wählen, was die Staaten am wenigsten beeinträchtigt usw.[1154]

Dass die Verträge von der Union die Einhaltung der Rechtsstaatsprinzipien auch gegenüber den Mitgliedstaaten verlangen, ergibt sich aus einer Reihe von Vorschriften, welche die Problematik allerdings nur teilweise regeln. So haben die Mitgliedstaaten vor den europäischen Gerichten alle aus dem Rechtsstaatsbegriff fließenden Verfahrensrechte. Art. 226 und 227 EGV verwirklichen das rechtliche Gehör in der Form eines Vorverfahrens der Kommission; auch Art. 7 EUV sieht eine Anhörung des betroffenen Mitgliedstaates vor. Der Begründungszwang nach Art. 253 EGV gilt auch gegenüber Mitgliedstaaten und beim Ermessensmissbrauch gemäß Art. 230 S. 2 EGV sind auch die Interessen der Staaten gemeint.

Die Verträge gehen also davon aus, dass jene allgemeinen Rechtsgrundsätze von der Union auch im Verhältnis zu den Mitgliedstaaten zu berücksichtigen sind.[1155] Der EuGH hat dies bestätigt, indem er den für Individuen entwickelten Grundsatz rechtlichen Gehörs ausdrücklich auch den Mitgliedstaaten gegenüber der Kommission zuerkannt hat.[1156] Dass die Rechtsstaatsprinzipien nicht unmit-

1154 Bleckmann, in: derselbe, Europarecht, Rdnr. 710.

1155 Bleckmann, in: derselbe, Europarecht, Rdnr. 711 f.

1156 s. etwa EuGH, Rs. C-301/87 (Frankreich/Kommission), Slg. 1990, I-307, Rdnr. 29 ff.; verb. Rs. C-48 und 66/90 (Niederlande u.a./Kommission), Slg. 1992, I-565, Rdnr. 44 ff.

telbar auf die Staaten bezogen werden können, ergibt sich aus ihrer Individualgerichtetheit: Sie sollen nur die Interessen der Individuen schützen.[1157]

Im Verhältnis der Mitgliedstaaten untereinander lässt sich eine solch umfassende Bindung an die Prinzipien des Rechtsstaats allerdings nicht begründen. Insofern vermag im Hinblick auf den Grundsatz der Gleichheit aller Mitgliedstaaten allenfalls von einer mittelbaren Geltung des Diskriminierungsverbotes ausgegangen werden.[1158]

So folgt auf der horizontalen Beziehungsebene zwischen den Mitgliedstaaten aus dem Gebot der loyalen Zusammenarbeit zunächst deren Pflicht, die Rechte und Interessen zu wahren, die für die anderen Mitgliedstaaten und ihre Staatsangehörigen durch das EU-Recht geschützt werden. Das bedeutet, dass der jeweils handelnde Mitgliedstaat vor Erlass einer Maßnahme bei seiner Willensbildung und Interessenabwägung die Interessen der anderen Mitgliedstaaten zu berücksichtigen hat. Er ist dabei dem Willkürverbot unterworfen, d.h. er darf die Interessen anderer Mitgliedstaaten allenfalls aus sachlichen Gründen beeinträchtigen.[1159]

Noch weiter geht die Vorstellung, dass die Solidarität der Mitgliedstaaten untereinander den vorbehaltlosen und diskriminierungsfreien Kontakt zueinander als Selbstzweck, also auch ohne konkreten inhaltlichen Bezugspunkt umfasst, so dass Verabredungen zwischen einigen Mitgliedstaaten, die gegen einen anderen Mitgliedstaat gerichtet sind, auch ohne die Beeinträchtigung materieller Gemeinschaftspositionen den Grundsatz der Unionstreue verletzen. Diese Sicht wird durch den Umstand gestützt, dass Art. 10 Abs. 2 EGV die Mitgliedstaaten verpflichtet, „alle Maßnahmen zu unterlassen, welche die Verwirklichung der Ziele dieses Vertrages gefährden könnten“. Zu diesen Vertragszielen gehört nach Art. 2 EGV a.E. auch die Förderung des sozialen Zusammenhalts und der Solidarität zwischen den Mitgliedstaaten. Solidarität als solche wird damit zum

---

1157 Bleckmann, in: derselbe, Europarecht, Rdnr. 712; vgl. in diesem Zusammenhang schon oben S. 266 f.

1158 a.A. wohl Busse, Österreich contra Europäische Union, S. 36 und Schwarzenegger, ZfRV 2000, 126, die darüber hinaus eine Bindung an das Prinzip rechtlichen Gehörs befürworten. Während dies für Busse „zu der Argumentation im Rahmen des Diskriminierungsverbotes gehört“, meint Schwarzenegger, dass die funktionale Parallele der Sanktionsbeschlüsse der „EU-Vierzehn“ – Disziplinierung eines Mitgliedstaates – zum Verfahren nach Art. 7 EUV eine Übertragung dieses Grundsatzes unerlässlich mache; ähnlich Köck, Österreich – Partner oder Prügelknabe?, Die Presse vom 08.02.2000, S. 2 sowie Hatje, Loyalität, S. 81 f.

1159 Klein, in: Hailbronner/Klein/Magiera/Müller-Graff, EUV/EGV Bd. 1, Art. 5 EGV, Rdnr. 42; Bleckmann, DVBl 1976, 486 f.; Söllner, Art. 5 EWG-Vertrag in der Rechtsprechung des Europäischen Gerichtshofes, S. 18.

Vertragsziel. So verstanden stellt sich der Grundsatz der Unionstreue als umfassendes allgemeines Diskriminierungsverbot unter den Mitgliedstaaten dar.[1160]

Folgt man dieser Auffassung liegt mit dem Erlass der Stellungnahme der portugiesischen Präsidentschaft aber unstreitig eine benachteiligende Ungleichbehandlung des Mitgliedstaates Österreich im Vergleich zu allen anderen Mitgliedstaaten der Europäischen Union vor. Wie im Rahmen des allgemeinen Gleichheitssatzes als Gemeinschaftsgrundrecht, nach dem „vergleichbare Sachverhalte nicht unterschiedlich behandelt werden dürfen", bleibt jedoch zu prüfen, ob nicht „eine Differenzierung objektiv gerechtfertigt wäre".[1161] Es ist also nach objektiven Umständen zur Rechtfertigung der Ungleichbehandlung zu suchen.[1162] Häufig erschließt sich der Differenzierungsgrund aus dem Ziel, das der Gesetzgeber mit seiner Regelung der Verhältnisse der einen Vergleichsgruppe verfolgt, weil es die Verschiedenbehandlung der Vergleichsgruppen impliziert.[1163]

Übertragen auf den Fall Österreich stellt sich demnach die Frage nach den Zielen, welche die 14 Mitgliedstaaten mit der Stellungnahme samt der in ihr enthaltenen „Gemeinsamen Reaktion" verfolgten. Im Allgemeinen lassen sich Sanktionen nach ihrer Zielsetzung in drei Kategorien einordnen, was vorliegend eine gewisse Hilfestellung zu geben vermag. Sie können entweder als Ahndung eines Rechtsverstoßes gedacht (Repression) oder auf die Wiederherstellung des

---

1160 in diesem Sinne Wilhelm, ecolex 2000, 181; Schwarzenegger, ZfRV 2000, 126; ferner Leidenmühler, ZÖR 2000, 313 f. Dahingehend auch Bleckmann, in: derselbe, Europarecht, Rdnr. 691 + 702 f., der eine Gefährdung der Ziele der EG annimmt, wenn ein Staat ausländerfeindliche Ideologien verbreitet oder seine Staatsführer in Reden gegen einen anderen Mitgliedstaat hetzen, da die Präambel und Art. 2 EGV den engen Zusammenschluss der Mitgliedstaaten vorsähen und dieses Handeln außerdem die Weiterentwicklung der Europäischen Gemeinschaften selbst gefährde.

1161 so grundlegend EuGH, verb. Rs. 117/76 und 16/77 (Ruckdeschel u.a./Hauptzollamt Hamburg-St. Annen), Slg. 1977, 1753, Rdnr. 7; s. auch Art. 20 der Charta der Grundrechte der Europäischen Union. Eine Rechtsprechungsübersicht sowie die entsprechenden Gewährleistungen in den Mitgliedstaaten finden sich bei Kingreen, in: Calliess/Ruffert, EUV/EGV, Art. 6 EUV, Rdnr. 170. Instruktive Überlegungen zur Dogmatik des Gleichheitssatzes bietet Kischel, EuGRZ 1997, 1 ff.

1162 Pernice/Mayer, in: Grabitz/Hilf, Recht der EU I, nach Art. 6 EUV, Rdnr. 164; Borchardt, in: C. O. Lenz, EG-Vertrag, Art. 220 EGV, Rdnr. 39. Der EuGH verwendet für den Rechtfertigungsmaßstab im Rahmen der Gleichheitssätze bislang verschiedene Begriffe. In Zusammenhang mit Art. 40 Abs. 3 UAbs. 2 EGV spricht er von fehlender Willkür, sonst von einer objektiven Rechtfertigung oder – bei Art. 119 EGV – von einem wirklichen Bedürfnis des Unternehmens. Die Literatur, ebenso wie der EuGH, sehen die Formulierungen „nicht hinreichend objektiv gerechtfertigt" und „willkürlich" als synonym an; vgl. Kischel, EuGRZ 1997, 5 mit entsprechenden Nachweisen.

1163 eingehend Brüning, JZ 2001, 671.

ursprünglichen Zustands gerichtet sein (Restitution), aber auch die Vorbeugung künftiger Rechtsverletzungen ist als Zielsetzung denkbar (Prävention).[1164]

Der dem Statement der „Vierzehn" zugrundeliegende Vorwurf ist nun – wie gesagt – die (drohende) Regierungsbeteiligung der FPÖ, wobei keine weitergehenden Erläuterungen abgegeben wurden. Dies vorausgeschickt lässt sich allerdings keinerlei repressionswürdige Rechtsverletzung Österreichs durch die FPÖ-Regierungsbeteiligung ausmachen.[1165]

Auch ein restitutionsfähiger Zustand erscheint mit der Wiederherstellung der alten Koalitionsregierung aus SPÖ und ÖVP, zumindest aber dem Ausschluss der FPÖ aus der österreichischen Bundesregierung – mit der Folge einer Minderheitsregierung – allenfalls theoretisch vorstellbar. In der Praxis sähe sich Österreich insofern mit einer politisch, nicht zuletzt aber auch vor dem Hintergrund des österreichischen Verfassungssystems unmöglich zu erfüllenden Forderung konfrontiert. Im Mittelpunkt steht hierbei die Frage, wer eigentlich Adressat der Forderung nach einer Verhinderung der Regierungsbeteiligung der FPÖ sein soll.[1166]

Nach Art. 70 des österreichischen B-VG ernennt der Bundespräsident den Bundeskanzler und auf seinen Vorschlag die übrigen Mitglieder der Bundesregierung. Dem Bundespräsidenten kommt somit die entscheidende Schlüsselkompetenz zu. Allerdings ist er dabei mittelbar auf die Kooperation der Mehrheit der Abgeordneten des Nationalrats angewiesen. Diese haben gemäß Art. 74 B-VG nämlich das Recht, der Bundesregierung als Ganzes (oder einzelnen ihrer Mitglieder) „das Vertrauen zu versagen", worauf sie der Bundespräsident des Amtes entheben muss. Mit anderen Worten ist die Entscheidungsfreiheit des Bundespräsidenten durch die Mehrheitsverhältnisse im Nationalrat begrenzt. Zwar hat er die Möglichkeit, den Nationalrat aufzulösen und Neuwahlen auszuschreiben, aber nur einmal aus demselben Grund (Art. 29 Abs. 1 B-VG).

Bliebe als Adressat der Nationalrat, denn er könnte ja den von der FPÖ gestellten Regierungsmitgliedern das Misstrauen aussprechen oder Neuwahlen beschließen. Dazu ist aber eine, wenn auch bloß einfache, Mehrheit erforderlich. Diese liegt jedoch eindeutig bei den beiden Regierungsparteien, die insgesamt 104 Mandate auf sich vereinigen. Daher müsste neben den Nationalratsabgeordneten der Oppositionsparteien zudem auf jene der ÖVP als Adressaten abgestellt werden. Aufgrund des Prinzips des freien Mandats[1167] sind allerdings sämtliche Abgeordneten verfassungsrechtlich jedem Auftrag entzogen. In ihre so gewähr-

1164 vgl. dazu Böse, Sanktionen im Gemeinschaftsrecht, S. 47 f.

1165 s. insofern schon oben S. 230 ff., aber auch sogleich S. 328 f.

1166 vgl. Rotter, Europäische Rundschau 2000/3, 25 f.; hierzu auch G. Winkler, ZÖR 2000, 253.

1167 s. Art. 56 B-VG: „[...] sind bei der Ausübung dieses Berufes an keinen Auftrag gebunden".

leistete Entscheidungsfreiheit kann verfassungskonform nicht eingegriffen werden.

Schließlich käme noch die ÖVP-FPÖ-Regierung selbst in Betracht. Gemäß Art. 74 Abs. 3 B-VG sind die Bundesregierung oder ihre einzelnen Mitglieder auf ihren Wunsch vom Bundespräsidenten des Amtes zu entheben. Doch vermag einer demokratisch gewählten Regierung, die der Notwendigkeit nachgekommen ist, auf der Grundlage der Entscheidung des Souveräns eine stabile parlamentarische Mehrheit zu organisieren, wohl kaum ernsthaft die eigene Demission abverlangt werden.[1168]

Im Einklang mit der Qualifikation als „bilaterale Vorfeldmaßnahme" bleibt damit auf die präventive Wirkung als Zielsetzung des Vorgehens abzustellen, nämlich einer möglichen Verletzung von in Art. 6 Abs. 1 EUV genannten Grundsätzen in Folge der Beteiligung der FPÖ an der österreichischen Bundesregierung vorzubeugen. Ausgehend von der ernsthaft angenommenen Gefährdung demokratischer Prinzipien in Österreich und der Sorge eines europaweit erstarkenden Extremismus verfolgten die 14 Mitgliedstaaten mit ihren Maßnahmen das Ziel, Fremdenfeindlichkeit und (Rechts-)Extremismus bereits in den Anfängen zu wehren und populistischen Tendenzen in Europa entgegenzuwirken.[1169]

Sofern sich nun – wie hier – ein objektiver Grund für die Ungleichbehandlung nachweisen lässt, ist des Weiteren fraglich, ob die unterschiedliche Behandlung zu den zur Rechtfertigung herangezogenen Umständen in einem angemessenen Verhältnis stehen muss. Denn – vergleichbar mit der Diskussion in Deutschland[1170] – ist auch auf europäischer Ebene die Bedeutung des Grundsatzes der Verhältnismäßigkeit im Rahmen der Gleichheitsprüfung unklar.

Zwar wird im Schrifttum mitunter der Eindruck erweckt, dass der EuGH stets die Verhältnismäßigkeit der Differenzierung prüfe.[1171] In der Rechtsprechung finden sich hingegen in der Regel keine Erwägungen allgemeiner Art, ob und gegebenenfalls in welchen Fällen der EuGH einen Einbau des Verhältnismäßig-

1168 dahingehend auch Hummer/Obwexer, ZÖR 2000, 273 und Schorkopf, DVBl 2000, 1043.

1169 ähnlich Hummer/Obwexer, europa-blätter 2000, 101; Schorkopf, DVBl 2000, 1043. In diesem Sinne merkt auch Pelinka, Europäische Rundschau 2000/1, 5, an, dass „die Regierungschefs der 14 EU-Staaten – wohl wie die meisten der Abgeordneten des Europäischen Parlaments auch – weniger an die Folgen ihrer Verurteilung in Österreich und mehr an die Präventivwirkung in den eigenen Ländern und in Europa überhaupt gedacht [haben]. Die Beeinflussung der österreichischen Regierungsbildung war gar nicht ihr Primär-, es war ihr Sekundärziel."

1170 zur Diskussion um die sog. „Neue Formel" des BVerfG vgl. Brüning, JZ 2001, 669 ff. Für eine Anlehnung an diese Rechtsprechung spricht sich Kischel, EuGRZ 1997, 5 f., aus.

1171 s. etwa Borchardt, in: C. O. Lenz, EG-Vertrag, Art. 220 EGV, Rdnr. 39.

keitsgrundsatzes auch in die Gleichheitsprüfung befürwortet.[1172] Da sich in zahlreichen Urteilen des EuGH aber durchaus Ansätze für eine Verhältnismäßigkeitsprüfung finden[1173], soll im vorliegenden Fall auch die Verhältnismäßigkeit der Diskriminierung Österreichs geprüft werden.[1174]

Deshalb ist zunächst zu fragen, ob die Verschiedenbehandlung zur Abbildung des Differenzierungsgrundes geeignet ist.[1175] Das ist der Fall, wenn das Differenzierungskriterium an diejenigen Unterschiede zwischen den Vergleichsgruppen anknüpft, die den Grund der Ungleichbehandlung bilden. Erforderlich ist also ein innerer Zusammenhang zwischen den vorhandenen Unterschieden und der differenzierenden Regelung.[1176]

Dementsprechend musste Ausgangspunkt der Differenzierung durch die Mitliedstaaten die Tatsache sein, dass mit der FPÖ in Österreich eine Partei an die Macht strebte, deren führende Repräsentanten sich öffentlich in abwertender und unangemessener Weise wiederholt insbesondere über Ausländer und die europäische Integration geäußert sowie die Verbrechen des nationalsozialistischen Regimes relativiert haben.[1177] Daran anknüpfend wurde auch nach der Einschätzung der „Drei Weisen" durch die Maßnahmen der 14 Mitgliedstaaten „nicht nur in Österreich, sondern auch in den anderen Mitgliedstaaten das Bewusstsein für die gemeinsamen europäischen Werte gestärkt". Es könne kein Zweifel bestehen, dass die „getroffenen Maßnahmen die Anstrengungen der österreichischen Regierung verstärkt" sowie die „Zivilgesellschaft motiviert" haben, diese Werte zu verteidigen.[1178]

1172 vgl. Kingreen, in: Calliess/Ruffert, EUV/EGV, Art. 6 EUV, Rdnr. 182.

1173 vgl. EuGH, Rs. 43/72 (Merkur/Kommission), Slg. 1973, 1055, Rdnr. 22 ff.; verb. Rs. 63-69/72 (Wehrhahn u.a./Rat), Slg. 1973, 1229, Rdnr. 14 ff.; Rs. 11/74 (Minotiers de la Champagne/Frankreich), Slg. 1974, 877, Rdnr. 22/23; Rs. 114/76 (Bela-Mühle/Grows-Farm), Slg. 1977, 1211, Rdnr. 5 ff.; Rs. 245/81 (Edeka/Deutschland), Slg. 1982, 2745, Rdnr. 13; ähnlich auch Rs. 138/78 (Stölting/Hauptzollamt Hamburg-Jonas), Slg. 1979, 713, Rdnr. 9 ff.

1174 Dabei ist die Verhältnismäßigkeitsprüfung allerdings der Struktur der Gleichheitssätze anzupassen, indem der Bezugspunkt der Abwägung ausgetauscht wird: Der Differenzierungsgrund ist in Relation zu Art, Ausmaß und Gewicht der Verschiedenbehandlung zu setzen; ausführlich hierzu und mit vielen weiteren Nachweisen Brüning, JZ 2001, 670 ff. Ausdrücklich für eine Verhältnismäßigkeitsprüfung im Rahmen des allgemeinen Gleichheitssatzes jetzt auch Pernice/Mayer, in: Grabitz/Hilf, Das Recht der EU I, nach Art. 6 EUV, Rdnr. 164.

1175 vgl. die Prüfung von BVerfGE 99, 367, 395 ff. und 100, 59, 93 ff.

1176 vgl. BVerfGE 42, 374, 388; 71, 39, 58; Zippelius, VVDStRL 47 (1989), 23 f.; Wendt, NVwZ 1998, 780 f. + 782 f. („Maßstab der Sachgerechtigkeit"); Brüning, JZ 2001, 672.

1177 s. dazu schon oben S. 233 ff. sowie die dort angegebene weiterführende Literatur.

1178 s. den Bericht von Martti Ahtisaari, Jochen Frowein und Marcelino Oreja im Anhang, S. 388, Ziff. 115.

Zweifel an einem Legitimationszusammenhang zwischen Differenzierungskriterium und Differenzierungsgrund mag allenfalls der Umstand hervorrufen, dass es keinerlei internationale Reaktionen gegeben hat, als sich die Sozialdemokratische Partei Österreichs bereits 1983 mit den Freiheitlichen auf eine Regierungskoalition auf Bundesebene einließ, obwohl damalige FPÖ-Minister bzw. Parteichefs zum Teil eindeutig stärker „NS-belastet" waren, als es die heutige Partei ist. Allerdings löste Bundeskanzler Vranitzky 1986 die Koalition von SPÖ und FPÖ auf, als Jörg Haider zum neuen Vorsitzenden der Freiheitlichen gewählt wurde.[1179] Außerdem ist zu beachten, dass sich zum ersten Mal in der Präambel der Einheitlichen Europäischen Akte (EEA) vom Februar 1986[1180], mittels derer die Europäischen Gemeinschaften und die Europäische Politische Zusammenarbeit (EPZ) auf das Ziel einer zukünftigen Europäischen Union hin ausgerichtet wurden (Art. 1 EEA), überhaupt ein Hinweis auf die Entschlossenheit der Mitgliedstaaten findet, „gemeinsam für die Demokratie einzutreten". In Verfolgung der Zielvorgabe des Art. 1 EEA wurde dann erstmals in Art. F Abs. 1 des Maastrichter Unionsvertrages von 1992 gründungsvertraglich festgeschrieben, dass die Regierungssysteme der EU-Mitgliedstaaten „auf demokratischen Grundsätzen beruhen [müssen]", wobei Österreich ganz abgesehen davon erst seit 1995 zu den EU-Mitgliedern zählt.[1181]

Geht man weiterhin davon aus, dass im Sinne der Erforderlichkeit keine weniger belastende Differenzierung zur Verfügung steht[1182], müssen Ungleichbehandlung und rechtfertigender Grund schließlich noch in einem angemessenen Verhältnis zueinander stehen.[1183] Es ist sonach nicht nur zu fragen, ob ein Differenzierungsgrund vorliegt, sondern auch, ob er gewichtig genug ist, die konkrete Differenzierung zu rechtfertigen.[1184] Hierher gehört auch der Aspekt, nach dem eine Verletzung des Gleichheitssatzes vorliegt, wenn eine Gruppe von Normad-

1179 Auf diese Phase der österreichischen Parteiengeschichte weisen neben P. Fischer, Wiener Blätter zur Friedensforschung 103 (2/2000), 36; Adamovich, EuGRZ 2001, 90 und Unterberger, Europäische Rundschau 2000/2, 30 auch die „Drei Weisen" in ihrem Bericht, im Anhang S. 388, Ziff. 78, hin.

1180 BullEG, Beilage 2/1986; ABl. 1987 Nr. L 169, S. 1 ff.

1181 eingehend zur Entwicklung der als „Zweckverbände funktioneller Integration" gegründeten Europäischen Gemeinschaften hin zur Europäischen Union Hummer, Europäische Rundschau 2000/2, 14 f.

1182 vgl. BVerfGE 91, 389, 403 f.; ablehnend zur Erforderlichkeit Gubelt, in: Münch/Kunig, GG I, Art. 3, Rdnr. 29.

1183 vgl. BVerfGE 82, 126, 146.

1184 Maurer, Staatsrecht, § 9, Rdnr. 12; Wendt, NVwZ 1998, 785 f. („Gedanke der Verhältnismäßigkeit im engeren Sinne"); vgl. auch die Formulierung des EuGH in der verb. Rs. 17 und 20/61 (Klöckner-Werke u.a./Hohe Behörde), Slg. 1962, 653, 692 f., wonach der „Unterschied in der Behandlung durch das Vorliegen objektiver Unterschiede von einigem Gewicht gerechtfertigt" sein muss.

ressaten anders behandelt wird, obwohl zwischen beiden Gruppen keine Unterschiede von solcher Art und solchem Gewicht bestehen, dass sie die ungleiche Behandlung rechtfertigen könnten.[1185]

An dieser Stelle ist daran zu erinnern, dass es zur Zeit der Bildung einer Koalitionsregierung aus ÖVP und FPÖ in Österreich bereits in zahlreichen Mitgliedstaaten der Europäischen Union Regierungen unter Beteiligung extremer Parteien gegeben hatte bzw. gab. In Italien etwa waren 1994/95 an der von Silvio Berlusconi geführten konservativen Regierung auch die rechten Kräfte unter Gianfranco Fini beteiligt – seit 1987 Chef des neofaschistischen Movimento Sociale Italiano, noch in den frühen neunziger Jahren ein Verherrlicher Mussolinis, aber später Gründer der Alleanza Nazionale, in die er den MSI eingliederte, und von der sich eine deklariert rechtsextreme Gruppe um Pino Rauti unter Gründung des Movimento Sociale Italiano – Fiamma Tricolore abspaltete. Parallel dazu formte Fini die Alleanza Nazionale zu einer rechten, aber modernen und eher verfassungstreuen Partei um, die sich von Rassismus und Antisemitismus lossagte und eben dadurch unter Berlusconi im Mai 1994 regierungsfähig wurde.

Neben der Alleanza Nazionale umfasste Silvio Berlusconis Regierungskoalition die ebenfalls weit rechts stehende Lega Nord des Umberto Bossi. Bossi ist ein in mancher Hinsicht eher wenig seriöser, manchmal vulgär redender und auf Ressentiments setzender Populist, der auch gegen die EU und Einwanderer polemisiert und gesagt hat: „Haider ist ein Mann, der die Dinge in Österreich verändern will. Genau so wollen wir von der Lega es hier machen."[1186]

Damals gab es keine europäischen Proteste[1187], und nach der Äußerung des deutschen Bundeskanzlers Gerhard Schröder, bei einer etwaigen neuerlichen

---

1185 so die „Neue Formel" des Bundesverfassungsgerichtes, seit BVerfGE 55, 72, 88; vgl. BVerfGE 82, 126, 146; 84, 133, 157 und 348, 359; 85, 238, 244; 87, 234, 255; 88, 5, 12 und zuletzt BVerfG NJW 2000, 2187. Während nach dem herkömmlichen Ansatz irgendein sachlicher Grund für eine unterschiedliche Behandlung ausreichte, muss jetzt eine Beurteilung danach erfolgen, ob die tatsächlichen Unterschiede ihrem Gewicht nach die Ungleichbehandlung trotz der im Übrigen bestehenden Vergleichbarkeit rechtfertigen; vgl. Gubelt, in: Münch/Kunig, GG I, Art. 3, Rdnr. 14; Brüning, JZ 2001, 672. Eine solche Prüfung kann auch im Europarecht im Rahmen des Rechtfertigungsmaßstabs Verwendung finden. Denn es handelt sich nicht um Besonderheiten des deutschen Verfassungsrechts, sondern um Gedanken, die sich auch aus einer generalisierten Betrachtung der Gleichheit ergeben; ausführlich dazu Kischel, EuGRZ 1997, 6.

1186 Schneider, integration 2000, 136; s. auch Die Wandlung der italienischen Neofaschisten, Der Standard vom 02.02.2000, S. 4; Rom: Haider ist ein willkommener Vorwand, um Umberto Bossi zu isolieren, Die Presse vom 04.02.2000, S. 7; Haider gibt es überall in Europa, Der Standard vom 23.02.2000, S. 6; Kampf um jede Stimme in Italien, Der Standard vom 15.04.2000, S. 4.

1187 Lediglich das Europäische Parlament forderte in einer Entschließung vom 04.05.1994 (B3-049, 0500 und 0510/94), ABl. 1994 Nr. C 205, S. 155, zaghaft, „dass die EU-Mit-

Regierungsbeteiligung der italienischen Neofaschisten[1188] werde man mit ähnlichen Sanktionen zu rechnen haben wie Österreich, wurde dieser vom italienischen Außenminister und dem Ministerpräsidenten (und ehemaligen Kommunisten) Massimo d'Alema zurechtgewiesen, der behauptete, die italienischen rechtsgerichteten Oppositionsparteien hätten mit Haiders Ideen nichts gemein.[1189] Schröder, dem sich kein anderer Regierungschef der EU anschloss, machte rasch einen Rückzieher.[1190]

Auch das von der Sozialistischen Partei Spaniens mit den Kommunisten für die Parlamentswahlen 2000 eingegangene Bündnis[1191] hat in keinem anderen EU-Mitgliedstaat offiziellen Protest oder gar die Drohung mit Sanktionen für den Fall hervorgerufen, dass in Spanien tatsächlich eine Regierung unter Betei-

---

glieder gegenüber dem Präsidenten der Italienischen Republik deutlich machen, dass seine Regierung an den Grundwerten festhalten muss, die vorherrschend für die Gründung der Europäischen Gemeinschaft waren"; weiterführend Hummer, Die „Maßnahmen" der 14 Mitgliedstaaten, S. 61 sowie derselbe, The European Legal Forum 2003, 244.

1188 Die auf einem Mitte-Rechts-Bündnis zwischen den Anfang der neunziger Jahre neugegründeten Parteien Forza Italia (unter Silvio Berlusconi) und Lega Nord sowie der aus dem MSI hervorgegangenen Alleanza Nazionale beruhende Regierung Berlusconi war nur kurz im Amt. Als Ministerpräsident am 11.05.1994 vereidigt, trat Silvio Berlusconi infolge eines Misstrauensantrags schon am 22.12.1994 zurück. Ihm folgte Anfang 1995 Lamberto Dini an der Spitze eines aus Experten bestehenden Regierungsteams; vgl. Köck/Hintersteininger, Sanktionen gegen Österreich, S. 486, Fn. 28; Schneider, integration 2000, 136.

1189 Das mag auf Fini zutreffen, dem immerhin die Transformation des MSI zu einer postfaschistischen, konservativen Partei gelang. Selbst wenn jedoch ein begründeter Verdacht bestünde, dass die Alleanza Nazionale 1994 ihre „Nabelschnur" zum italienischen Faschismus nicht vollständig durchschnitten hätte, wäre dieser einer ähnlich diffusen Einstellung der FPÖ zum Nationalsozialismus aber schon deshalb nicht gleich gewichtig, weil der italienische Faschismus und der deutsche und österreichische Nationalsozialismus nicht gleich waren. Den entscheidenden Unterschied zwischen diesen beiden Formen der Diktatur macht der Holocaust; vgl. Pelinka, Europäische Rundschau, 2000/1, 4; Wistrich, Europäische Rundschau 2000/2, 59.

1190 s. dazu schon oben Erster Teil, S. 57 sowie Wistrich, Europäische Rundschau 2000/2, 59; Köck/Hintersteininger, Sanktionen gegen Österreich, S. 488 und Unterberger, Die Masochisten-Nation, Die Presse vom 19.02.2000, S. 2, in dem er der SPÖ vorwirft, sie habe angesichts der Vorwürfe und Sanktionen der EU-Partnerstaaten jene Entschlossenheit vermissen lassen, die der italienische Ministerpräsident zum Zwecke der Verteidigung des gesamten Landes gegen die die Allianza Nazionale betreffenden Aussagen des deutschen Bundeskanzlers aufgeboten habe; vgl. auch Italien über Schröders Warnung vor Neofaschisten empört, Die Presse vom 19. Februar 2000, S. 6.

1191 vgl. Spanische Linksparteien wollen eine Allianz bilden, Der Standard vom 26.01.2000, S. 4; Bündnis der Linksparteien in Spanien, Die Presse vom 01.02.2000, S. 6.

ligung der Kommunisten zustande käme.[1192] Zwischenzeitlich befanden sich schon von Finnland über Italien bis Frankreich orthodox-kommunistische Parteien mit an der Macht, so beispielsweise die Kommunistische Partei Frankreichs in der Regierung Jospin (1997-2002), ganz abgesehen von den diversen Reformkommunisten, die sich ähnlich wie Haider durch mehr oder weniger glaubwürdige Entschuldigungen von einer belasteten Vergangenheit abzuwenden versucht haben.[1193]

Im Rahmen der in ganz Europa geführten Debatte über Gesetze, Überwachungsmaßnahmen, Visabeschränkungen und Maßnahmen gegen die Einreise von Flüchtlingen, Asylanten, Gastarbeitern sowie legalen und illegalen Einwanderern konnten darüber hinaus zahlreiche von Vorurteilen geprägte Aussagen selbst gemäßigter Politiker verzeichnet werden, die den Exzessen der FPÖ in nichts nachstehen. Zum Beispiel bezeichnete der französische Staatspräsident Chirac Einwanderer als „lärmende, stinkende Wohlstandsschnorrer" und der britische Innenminister Jack Straw attestierte Zigeunern „eine angeborene Neigung zur Kriminalität".[1194] Außer im Fall Österreich ist es jedoch niemals zum Ergreifen gemeinsamer Maßnahmen durch die übrigen EU-Mitgliedstaaten gekommen.

Vor diesem Hintergrund drängt sich die Frage auf, ob hier nicht mit zweierlei Maß gemessen wurde und die 14 Mitgliedstaaten einen „double standard" entwickelt haben[1195], der sich wohl vor allem gegen kleine Mitgliedstaaten richtet und die „großen" EU-Länder als potentielle Adressaten von Sanktionen ausnimmt.[1196] Demgegenüber ließe sich einwenden, dass es im Hinblick auf die his-

---

1192 Tatsächlich konnte aber die Spanische Volkspartei unter Ministerpräsident José Maria Aznar einen Sieg verzeichnen. Mit 183 von 350 Sitzen im Parlament gewann sie die absolute Mandatsmehrheit; vgl. Köck/Hintersteiniger, Sanktionen gegen Österreich, S. 488.

1193 dazu Unterberger, Europäische Rundschau 2000/2, 29 sowie Köck/Hintersteininger, Sanktionen gegen Österreich, S. 486 f.

1194 Dies ist sowohl bei Wistrich, Europäische Rundschau, 2000/2, 59 als auch bei Unterberger, Europäische Rundschau 2000/2, 29 dokumentiert.

1195 Eine Doppelmoral beklagen auch Hummer, Die „Maßnahmen" der 14 Mitgliedstaaten, S. 52 f.; Köck, Österreich – Partner oder Prügelknabe?, Die Presse vom 08.02.2000, S. 2; Köck/Hintersteininger, Sanktionen gegen Österreich, S. 487 f.; Wistrich, Europäische Rundschau, 2000/2, 59 ff. Dabei fehlt es allerdings an der Vergleichbarkeit der innergemeinschaftlichen Verhältnisse mit Europas Außenpolitik, sofern letzterer anführt, die Union habe sich gleichzeitig für den Dialog mit Saddam Husseins Diktatur und den iranischen fundamentalistischen Ajatollahs eingesetzt, erst nach Jahren interveniert, um das Morden in Bosnien zu stoppen, die russischen Kriegsverbrechen in Tschetschenien ignoriert und dem vor wenigen Jahren in Ruanda begangenen Völkermord stillschweigend zugesehen.

1196 Das befürchtet etwa Unterberger, Europäische Rundschau 2000/2, 31 ff.; vgl. auch Kluth, in: Calliess/Ruffert, EUV/EGV, Art. 7 EUV, Rdnr. 28.

torischen Zusammenhänge durchaus nachvollziehbar erscheint, dass die Mitgliedstaaten der EU neben Nordamerika und Israel auf bestimmte rechtsextreme Signale aus Deutschland oder Österreich – und damit auch auf eine Regierungsbeteiligung der FPÖ – anders und kritischer reagieren als auf ähnliche Signale aus Belgien oder Italien, Frankreich oder Dänemark.[1197] Zudem wäre abermals zu klären, ob nicht der Integrationsprozess seit der letzten Beteiligung von rechtsstaatlich-demokratisch zweifelhaften Parteien an Regierungen der Mitgliedsaaten derart vorangeschritten ist, dass die Situation nun im Zeichen des Vorrangs der grundlegenden Werte der EU beurteilt werden kann.[1198]

In diesem Zusammenhang muss jedenfalls der weite Beurteilungsspielraum, den der Europäische Gerichtshof den Gemeinschaftsorganen bei der Bestimmung der objektiven Umstände zur Rechtfertigung einer Ungleichbehandlung einräumt[1199], berücksichtigt werden.[1200] Ein solcher gerichtlich nicht vollständig überprüfbarer Einschätzungs- und Ermessensspielraum ist auch den Mitgliedstaaten im Rahmen des allgemeinen Diskriminierungsverbots als Ausprägung des Grundsatzes der Unionstreue zuzugestehen.[1201] Dabei dürfte der Gestal-

---

1197 so auch Pelinka, Europäische Rundschau 2000/1, 5, der in diesem Kontext schreibt, dass es eben immer ein „erstes Mal" gebe. Das habe schon Serbien 1999 erkennen müssen, als die EU im politischen Zusammenspiel mit der NATO eine Politik der ethnischen Säuberung im Fall des Kosovo mit militärischen Sanktionen beantwortete, obwohl in anderen Fällen (von Kurdistan bis zum Kaukasus) eine durchaus analoge Politik EU und NATO nicht zum Eingreifen veranlasst habe; vgl. auch Köck, Österreich – Partner oder Prügelknabe?, Die Presse vom 08.02.2000, S. 2.

1198 vgl. dazu Schneider, integration 2000, 138; Pelinka, Europäische Rundschau 2000/1, 5.

1199 EuGH, verb. Rs. 201 und 202/85 (Klensch/Staatssekretär), Slg. 1986, 3477, Rdnr. 9 ff.; verb. Rs. C-267-285/88 (Wuidart u.a./Laiterie coopérative u.a.), Slg. 1990, I-435, Rdnr. 13 ff.; Rs. C-479/93 (Francovich/Italien), Slg. 1995, I-3843, Rdnr. 25; Rs. C-84/95 (Bosphorus/Minister for Transport, Energy and Communications u.a.), Slg. 1996, I-3953, Rdnr. 26; EuG, Rs. T-8/93 (Huet/Rechnungshof), Slg. 1994, II-103, Rdnr. 43 ff.; verb. Rs. T-481 und 484/93 (Exporteurs in Levende Varkens u.a./Kommission), Slg. 1995, II-2941, Rdnr. 91 ff.; Borchardt, in: C. O. Lenz, EG-Vertrag, Art 220 EGV, Rdnr. 39; Kingreen, in: Calliess/Ruffert, EUV/EGV, Art 6 EUV, Rdnr. 181.

1200 Auch das deutsche Recht belässt dem Gesetzgeber einen weiten Bewertungs- und Ermessensspielraum; er entscheidet grundsätzlich selbst, ob und unter welchen sachlichen Gesichtspunkten zwei Lebensbereiche, Sachverhalte oder Personengruppen einander so gleich sind, dass ihre Gleichbehandlung geboten ist oder umgekehrt. Nur wenn der Gesetzgeber bestimmte äußerste Grenzen seines Ermessens überschreitet, wenn also eine Ungleichbehandlung unter keinem denkbaren Gesichtspunkt mehr sachlich gerechtfertigt ist oder mit einer am Gerechtigkeitsdenken orientierten Betrachtungsweise unvereinbar erscheint und damit willkürlich ist, liegt ein Verstoß gegen den allgemeinen Gleichheitssatz des Art. 3 Abs. 1 GG vor; vgl. Katz, Staatsrecht, Rdnr. 709 f.

1201 vgl. auch Busse, Österreich contra Europäische Union, S. 34 + Fn. 35; in diese Richtung auch Bleckmann, Die Rolle des Art. 5 EWG-Vertrag, S. 223; derselbe, in:

tungsspielraum der Mitgliedstaaten umso größer sein, wenn – wie im vorliegenden Fall – politische Erwägungen eine maßgebliche Rolle spielen.[1202]

Unter diesen Voraussetzungen dürfte sich die benachteiligende Ungleichbehandlung Österreichs noch in dem verbliebenen Spielraum der Mitgliedstaaten halten und sich demzufolge in den hinzunehmenden Bahnen politischer Auseinandersetzung zwischen den Mitgliedstaaten der Europäischen Union bewegen. Im Ergebnis erscheint daher vertretbar, den Erlass der Stellungnahme vom 31. Januar 2000 samt der „Gemeinsamen Reaktion" nicht als verbotene Diskriminierung eines EU-Mitgliedstaates zu werten und mithin auch aus diesem Blickwinkel einen Verstoß der „EU-Vierzehn" gegen die Unionstreue abzulehnen.[1203]

h) Ergebnis zur Rechtmäßigkeit nach EU-Recht

Zusammenfassend lässt sich festhalten, dass bis hierhin ein Verstoß gegen Normen des EU-Rechts nicht ersichtlich ist. Insbesondere stellt das Vorgehen auf völkerrechtlicher Ebene auch keine mittelbare Beeinträchtigung von Rechten Österreichs, die sich aus dessen Mitgliedschaft in der Union ergeben, dar. Die materielle Substanz der Maßnahmen der 14 Mitgliedstaaten, wie sie in der Stellungnahme vom 31. Januar 2000 vorgesehen sind, beeinträchtigt lediglich öster-

---

Bleckmann, Europarecht, Rdnr. 694. Bogdandy, GS für Grabitz, S. 21, hat ausgeführt, die Begründung von Pflichten aus Art. 10 EGV erfolge zwar in einem normativen Rahmen, verlange jedoch darüber hinaus einen Abwägungsvorgang, eine „Herstellung und Bewertung einer Relation zwischen sämtlichen geförderten und beeinträchtigten Rechtsgütern und Interessen unter Zugrundelegung des konkreten Maßes der Förderung und Beeinträchtigung, die anhand der primärrechtlich vorgegebenen Ordnungsstruktur zu bewerten ist".

1202 Ganz zutreffend hat jedoch Bleckmann, Die Rolle des Art. 5 EWG-Vertrag, S. 178, zur „political-question-doctrine" im EU-Recht angemerkt, dass „nicht alle politischen Fragen der Rechtsprechung des EuGH entzogen [sind] [...] Die Kompetenz steht [dem EuGH] dann zu, wenn das Gemeinschaftsrecht hinreichend präzise Rechtssätze enthält. Schließlich sind im Interesse einer richtigen Entscheidung auch im politischen Willensbildungsprozess die politischen Organe an gewisse Kompetenz- und Verfahrensregeln sowie an die Vorschriften [richtiger Ermessensausübung] gebunden [...]". Daher geht Pelinka, Europäische Rundschau 2000/1, 4, zu weit, wenn er schreibt: „Politische Prozesse sind keine Gerichtsverfahren. Dass Gleiches ungleich behandelt wird, widerspricht den rechtsstaatlichen Prinzipien der Justiz. In der Politik ist dies aber Teil einer vielleicht nicht immer erfreulichen Realität."; allgemein zur „polical-question-doctrine" Benda/Klein, Lehrbuch des Verfassungsprozessrechts, Rdnr. 23 und rechtsvergleichend mit zahlreichen Nachweisen Zeitler, JöR n.F. 25 (1976), S. 626 ff.; s. auch unten Dritter Teil, Fn 1418.

1203 im Ergebnis ebenso Busse, Österreich contra Europäische Union, S. 34 ff; a.A. Regan, ZÖR 2000, 334.

reichische Interessen außerhalb des sachlichen Geltungsbereichs der Unionsrechtsordnung.

Allerdings hatten die „Vierzehn“ bei der diplomatischen Isolation der österreichischen Bundesregierung nicht ausreichend die Tatsache bedacht, dass sich die Differenzierung zwischen rein „bilateralen“ Maßnahmen und multilateralen, eu-rechtlich relevanten Maßnahmen im Einzelfall äußerst schwierig gestaltet, da die Zusammenarbeit in der Europäischen Union von den bei den Mitgliedstaaten verbliebenen Souveränitätsbereichen häufig nicht mehr eindeutig zu trennen ist. Die Mitgliedschaft eines Staates in der Union bringt – wie bereits erwähnt[1204] – eine intensive Verflechtung der nationalstaatlichen und der europäischen Ebene mit sich. Angesichts des erreichten Standes der Integration sind die Zuständigkeitsfelder der Union und der Gemeinschaften einerseits sowie der Mitgliedstaaten andererseits bereits so eng miteinander verknüpft, dass sich kaum Regelungsmaterien identifizieren lassen, die nicht wenigstens einen geringen Bezug zur Europäischen Union aufweisen. Zumeist werden zwischenstaatliche Kontakte der EU-Mitgliedstaaten in der Praxis daher gleichzeitig Angelegenheiten der Union betreffen. Deshalb erscheint es für die Mitgliedstaaten nur schwer möglich, die ihnen verbliebenen völkerrechtlichen Handlungsbefugnisse über einen längeren Zeitraum ohne Beeinträchtigung des Unionsrechts auszuüben.[1205]

Dementsprechend zeigte sich denn auch im Fall Österreich, dass bei der Durchführung der Maßnahmen in der Praxis die unionsrechtliche Ebene berührt wird.[1206] Im konkreten Einzelfall führte deshalb die Umsetzung der in der „Gemeinsamen Reaktion“ vorgesehenen Maßnahmen durch die 14 EU-Mitgliedstaaten, die jedoch strikt von dem Erlass der Stellungnahme vom 31. Januar 2000 an sich zu unterscheiden ist[1207], sehr wohl zu Verletzungen europarechtlicher Vorschriften.[1208]

1204 s. oben S. 276 ff.

1205 in diesem Sinne auch Hummer, Europäische Rundschau 2000/2, 17 f.; Hummer/Obwexer, ZÖR 2000, 273; Schmahl, EuR 2000, 834; Schorkopf, DVBl 2000, 1042; Schwarzenegger, ZfRV 2000, 124; Stein, Kreuzzug gegen Österreich, S. 14.

1206 Hierauf wies der österreichische Bundespräsident Klestil bereits in seinem Brief an den portugiesischen Ratsvorsitzenden Guterres vom 21.03.2000 hin; s. den Wortlaut im Anhang S. 377 f.

1207 ähnlich Klaushofer, JRP 2000, 298 ff.; H. Winkler/Schauer, Die Maßnahmen gegen Österreich, S. 123 + 136.

1208 eingehend Hummer/Obwexer, europa-blätter 2000, 94 ff.; dieselben, ZÖR 2000, 277 ff.; Leidenmühler, ZÖR 2000, 309 ff.; Schorkopf, DVBl 2000, 1042; Stein, Kreuzzug gegen Österreich, S. 9 f.; Busse, Österreich contra Europäische Union, S. 29 f.; H. Winkler/Schauer, Die Maßnahmen gegen Österreich, S. 136 ff.; s. auch Schmitt von Sydow, in: Groeben/Schwarze, EU-/EG-Vertrag Bd. 1, Art. 7 EUV, Rdnr. 104 + 107.

Beeinträchtigungen eu-rechtlich garantierter Positionen hätten im Falle ihrer Durchführung außerdem zahlreiche der im Gefolge der Maßnahmen der „Vierzehn“ innerhalb der Union angedrohten weiteren Restriktionen gegen Österreich nach sich gezogen. Soweit einzelne von ihnen neben den drei formal beschlossenen Maßnahmen tatsächlich durchgeführt wurden, sind entsprechende Rechtspositionen der Republik Österreich bzw. einiger ihrer Staatsangehörigen und Unternehmen teilweise auch beeinträchtigt worden. Zu diesen „Begleitsanktionen“[1209] zählen in erster Linie einzelne Handlungen von offizieller Seite, die ebenfalls einigen der 14 Mitgliedstaaten zuzurechnen sind und die diese über die „Gemeinsame Reaktion“ hinaus gegen Österreich praktizierten. Außerdem gehört hierher aber auch das Verhalten dritter Rechtsträger, insbesondere von Privaten, das unter Umständen ebenfalls als Anknüpfungspunkt für Gemeinschaftsrechtsverletzungen zu dienen vermag.[1210]

1209 ausführlich hierzu Hummer/Obwexer, europa-blätter 2000, 97 ff.; dieselben, ZÖR 2000, 281 ff.; Leidenmühler, ZÖR 2000, 315 f.; Schorkopf, Maßnahmen der XIV, S. 81 ff.; Schwarzenegger, ZfRV 2000, 126 f.; Stein, Kreuzzug gegen Österreich, S. 10; H. Winkler/Schauer, Die Maßnahmen gegen Österreich, S. 139 f.; ferner Busse, Österreich contra Europäische Union, S. 29 f.; Klaushofer, JRP 2000, 299 f.; Längle, ecolex 2000, 275.

1210 s. in diesem Zusammenhang auch den Beschluss des EuG vom 10.07.2001 in der Rs. T-191/00 (Edlinger/Kommission), Slg. 2001, II-1961. In dieser Entscheidung ging es um die Klage eines österreichischen Staatsangehörigen gegen die Kommission auf Feststellung, dass dieselbe es in rechtswidriger Weise unterlassen habe, gegen die Maßnahmen vorzugehen, die die Staats- und Regierungschefs der 14 übrigen Mitgliedstaaten der Europäischen Union am 31.01.2000 gegen die Republik Österreich getroffen haben. Das Gericht Erster Instanz führte aus, dass nach ständiger Rechtsprechung eine natürliche oder juristische Person die Gemeinschaftsgerichte nach Art. 232 Abs. 3 EGV nur anrufen könne, um feststellen zu lassen, dass ein Gemeinschaftsorgan es unter Verletzung des Vertrages unterlassen hat, einen anderen Akt als eine Empfehlung oder eine Stellungnahme zu erlassen, dessen Adressat sie sein oder den sie mit Nichtigkeitsklage anfechten könnte. Soweit der Kläger vortrage, er habe von der Kommission den Erlass eines Aktes verlangt, der jedenfalls unter die Begriffe „Empfehlung“ und „Stellungnahme“ falle, genüge deshalb der Hinweis, dass Art. 232 Abs. 3 EGV Empfehlungen und Stellungnahmen ausdrücklich von den Akten ausnehme, gegen deren Unterlassung mit einer Untätigkeitsklage vorgegangen werden könne. Soweit der Kläger erkläre, er habe die Kommission aufgefordert, die von den Regierungen der 14 Mitgliedstaaten gegen die Republik Österreich getroffenen Maßnahmen zu verurteilen und ihre sofortige Beendigung zu fordern, sei festzustellen, dass sich die Akte, deren Unterlassung der Kommission damit vorgeworfen wird, an die Allgemeinheit und/oder die Regierungen der 14 Mitgliedstaaten richten würden. Der Kläger wäre somit nicht ihr potentieller Adressat. Zudem würden diese Akte den Kläger nicht wegen bestimmter persönlicher Eigenschaften oder besonderer, ihn aus dem Kreis aller übrigen Personen heraushebender Umstände individuell berühren und ihn dadurch in ähnlicher Weise individualisieren wie den Adressaten. Bei der Tatsache, dass der Kläger nach den Angaben in seiner Klageschrift insofern von einigen indirekten Aus-

Um jedoch auf die Stellungnahme vom 31. Januar 2000 als solche zurückzukommen bleibt allerdings nochmals hervorzuheben, dass deren Inhalt bei der gebotenen abstrakten Betrachtungsweise insoweit mit dem EU-Recht vereinbar ist. Erst die konkrete Vollzugspraxis im jeweiligen Einzelfall erweist sich diesbezüglich als problematisch.[1211]

---

wirkungen der gegen die Republik Österreich ergriffenen Maßnahmen betroffen war, als sich bei einem Besuch in Brüssel ein Taxifahrer wegen seiner Staatsangehörigkeit weigerte, ihn in die Innenstadt zu bringen, handele es sich offensichtlich nicht um einen derartigen Umstand. Das Gericht wies die Klage folglich als unzulässig ab, ohne darüber zu entscheiden, ob die entsprechenden Schreiben des Klägers als förmliche Befassung der Kommission angesehen werden können; vgl. EuG, a.a.O., Rdnr. 20 ff.

1211 weiterführend zu den europarechtlichen Rechtsschutzmöglichkeiten im Fall Österreich Busse, Österreich contra Europäische Union, S. 19 ff.; Hummer/Obwexer, EuZW 2000, 492 f.; dieselben, europa-blätter 2000, 99 f.; dieselben, ZÖR 2000, 287 ff.; P. Fischer, Wiener Blätter zur Friedensforschung 103 (2/2000), 37; Köck/Hintersteininger, Sanktionen gegen Österreich, S. 507 ff.; Pernthaler/Hilpold, integration 2000, 111; Reagan, ZÖR 2000, 330 ff.; Schorkopf, DVBl 2000, 1043 f.; derselbe, Maßnahmen der XIV, S. 93 ff.; G. Winkler, ZÖR 2000, 254 ff.; H. Winkler/Schauer, Die Maßnahmen gegen Österreich, S. 135 ff.; R. Winkler, JRP 2000, 323 ff.; speziell zur gemeinschaftsrechtlichen Staatshaftung der Mitgliedstaaten Schwarzenegger, ZfRV 2000, 124 ff. sowie Längle, ecolex 2000, 274 f. Nicht zuletzt ist auch der Beschluss der 4. Kammer des Zweiten Senats des Bundesverfassungsgerichts vom 14.08.2001 – 2 BvR 1140/00, NJW 2001, 3534 = NStZ 2001, 658, zu erwähnen, mit dem eine unzulässige Verfassungsbeschwerde gegen das Verhalten der deutschen Bundesregierung gegenüber Österreich nicht zur Entscheidung angenommen wurde, da die Annahmevoraussetzungen des § 93a Abs. 2 BVerfGG nicht vorlagen: Die gegen die Republik Österreich gerichteten Maßnahmen seien zwar jedenfalls auch Handlungen der „XIV", also der Bundesrepublik Deutschland und 13 anderer Staaten als Völkerrechtssubjekte auf der völkerrechtlichen Ebene gewesen. Die Frage, ob die Akte der „XIV" und insbesondere die Stellungnahme der portugiesischen Präsidentschaft dem Vertrag über die Europäische Union unterlagen, könne jedoch offen bleiben. Denn der Beschwerdeführer sei jedenfalls durch die angegriffenen Handlungen nicht unmittelbar in Grundrechten betroffen. Die Verfassungsbeschwerde könne aber – unabhängig von der Art des angegriffenen Hoheitsakts – nur von demjenigen erhoben werden, der in eigenen Grundrechten unmittelbar durch den Akt öffentlicher Gewalt betroffen sei. Diese Anforderungen würden auch für den Bereich der auswärtigen Gewalt gelten; aus den Grundrechten ergebe sich auch insoweit kein allgemeiner Gesetzesvollziehungsanspruch. Adressat der Akte der Bundesregierung und der anderen Staaten, mit denen sie im Verein gehandelt habe, sei die Republik Österreich. Die behauptete Völkerrechtswidrigkeit der Maßnahmen begründe für sich genommen keine besondere Nähe des Beschwerdeführers zum Sachverhalt. Auch auf Art. 25 GG, Art. 2 Abs. 1 GG i.V.m. Art. 10 EMRK könne die Verfassungsbeschwerde nicht gestützt werden. Dabei könne dahinstehen, ob Art. 10 EMRK als regionales Völkergewohnheitsrecht i.S.d. Art. 25 GG anzusehen sei, dessen individualschützende Wirkung der Einzelne gestützt auf Art. 2 Abs. 1 GG geltend machen könne. Denn dies würde allenfalls die Beschwerdebefugnis des in seinen Rechten aus der Konvention Betroffenen begründen. Dies seien

3. Rechtmäßigkeit nach Völkerrecht

Als sog. gentlemen's agreement auf „bilateraler" Ebene muss sich die Stellungnahme der portugiesischen Präsidentschaft der Europäischen Union im Namen von 14 Mitgliedstaaten neben dem EU-Recht jedoch noch – wie eingangs geschildert – an der völkerrechtlichen Rechtsordnung messen lassen. Auch hier erscheint es zweckmäßig, zunächst die drei in der „Gemeinsamen Reaktion" vorgesehenen Maßnahmen isoliert zu betrachten, um im Anschluss in einer Gesamtschau auf die Vereinbarkeit der Stellungnahme vom 31. Januar 2000 mit dem Völkerrecht einzugehen.

a) Die drei Maßnahmen der „Gemeinsamen Reaktion"

aa) Die Maßnahmen nach den Spiegelstrichen 1 und 3

Die Maßnahme nach Spiegelstrich 1, die den Ausschluss bilateraler politischer Beziehungen zur österreichischen Bundesregierung vorsieht, und die Maßnahme nach Spiegelstrich 3, der zufolge Österreichs Botschafter in den Hauptstädten der einzelnen Mitgliedstaaten nur noch auf technischer Ebene empfangen werden, beziehen sich beide auf die zwischenstaatlichen Kontakte.[1212]

Zur Vertretung eines Staates in seinen Beziehungen mit anderen Völkerrechtssubjekten sind in erster Linie die Zentralorgane seiner Exekutive, also das Staatsoberhaupt und die Regierung[1213], berufen.[1214] In der Regel üben solche Zentralstellen ihre Tätigkeit an ihrem Amtssitz im eigenen Staatsgebiet aus und überlassen es besonderen, von ihnen bestellten Vertretern, die Interessen des Staates im Ausland wahrzunehmen.

Als Auslandsvertreter (Diplomaten und Konsuln bzw. ständige Vertreter) bezeichnet man dabei diejenigen Organe eines Staates (des Entsendestaates), die auf Dauer von diesem in einen anderen Staat (den Empfangsstaat) oder zu einer

---

hier aber allenfalls die österreichischen Staatsbürger als diejenigen, deren Meinungsäußerung beschnitten würde.

1212 s. nochmals oben S. 99 f.

1213 zum Begriff der Regierung s. Köck, in: Neuhold/Hummer/Schreuer, Völkerrecht I, Rdnr. 1448.

1214 Unter den Organen eines Staates, deren Gesamtheit jeder andere Staat, der mit diesem in Beziehung tritt, anerkennt, sind einige in besonderem Maße mit dessen Beziehungen zu anderen Völkerrechtssubjekten betraut. So besteht die Vermutung, dass das Staatsoberhaupt, der Regierungschef sowie der Außenminister jedenfalls zur Vertretung ihres Staates berufen sind. Dem Staat zuzurechnen ist aber auch das Handeln jedes anderen Staatsorgans, insbesondere im Fall einer Völkerrechtsverletzung; vgl. Seidl-Hohenveldern/Stein, Völkerrecht, Rdnr. 958 ff.

internationalen Organisation entsandt werden.[1215] Die Aufgabe der Diplomaten ist es in diesem Zusammenhang, die Interessen des Entsendestaates bei den obersten Organen des Empfangsstaates wahrzunehmen, also mit dessen Regierung zu verhandeln, die Interessen des Entsendestaates und seiner Staatsangehörigen zu schützen, freundschaftliche Beziehungen zwischen den beiden Staaten – insbesondere auf wirtschaftlichem, kulturellem und wissenschaftlichem Gebiet – zu fördern und den Entsendestaat über die Lage im Empfangsstaat auf dem Laufenden zu halten.[1216]

Allerdings sind die diplomatischen Beziehungen nicht mehr auf die ständige Diplomatie beschränkt. Mit der Intensivierung der politischen und wirtschaftlichen Zusammenarbeit zwischen den Staaten bürgerte sich in der Zeit nach dem Zweiten Weltkrieg zunehmend ein, dass wichtige Entscheidungen nicht mittels jener ständiger Vertreter, sondern zwischen den Entscheidungsberechtigten selbst bzw. deren Sonderbeauftragten im Rahmen zeitlich begrenzter Konsultationen auf zwischenstaatlicher Ebene getroffen werden („ad hoc diplomacy“). Diese direkte Diplomatie führte zu den immer häufiger werdenden Gipfeltreffen von Staatsoberhäuptern, Außenministerkonferenzen usw.[1217] Daneben ist das bilaterale Verhältnis von Entsende- und Empfangsstaat, das sowohl der ständigen

---

1215 Das Recht der Diplomaten und Konsuln ist in dem Wiener Übereinkommen über diplomatische Beziehungen vom 18.04.1961 (BGBl. 1964 II, S. 959) bzw. in dem Wiener Übereinkommen über konsularische Beziehungen vom 24.04.1963 (BGBl. 1969 II, S. 1585) kodifiziert. Der Status der staatlichen Vertreter bei internationalen Organisationen im Sitzstaat wird primär durch sog. Sitzabkommen bestimmt. Von den Vereinten Nationen ist in den siebziger Jahren der Versuch unternommen worden, die in den einzelnen Sitzabkommen enthaltenen Regeln zusammenzufassen und zu vereinheitlichen. Doch obwohl die zu diesem Zweck ausgearbeitete Vienna Convention on the Representation of States in Their Relations with International Organizations of a Universal Character vom 14.03.1975 (AJIL 69 [1975], 730) die sinngemäße Anwendung des Diplomatenrechts für diesen Personenkreis vorsieht, wird sie von den Sitzstaaten abgelehnt, da sie deren Interessen nicht ausreichend Rechnung trägt; vgl. H. Fischer, in: K. Ipsen, Völkerrecht, § 35, Rdnr. 4; Seidl-Hohenveldern/Stein, Völkerrecht, Rdnr. 980.

1216 vgl. auch Art. 3 des Wiener Übereinkommens über diplomatische Beziehungen (WÜD), der den völkergewohnheitsrechtlich anerkannten Kern der Aufgaben einer diplomatischen Mission zusammengefasst hat. Konsuln nehmen gleichartige Aufgaben im Verkehr mit den untergeordneten Organen des Empfangsstaates wahr. Darüber hinaus üben sie auch gewisse Verwaltungsfunktionen des Entsendestaates aus; ihnen obliegt etwa die Erteilung von Einreisesichtvermerken (Visa); weiterführend Seidl-Hohenveldern/Stein, Völkerrecht, Rdnr. 963 ff.

1217 Mit der Convention on Special Missions vom 08.12.1969 (ILM 1970, 127 ff.) ist ein Vertrag geschlossen worden, der das Recht der Sondergesandten sowie der Organe der Zentralstellen des Staates in den Fällen, in denen sie an Sondermissionen im Rahmen der direkten Diplomatie teilnehmen, demjenigen der Diplomaten angleicht; hierzu H. Fischer, in: K. Ipsen, Völkerrecht, 8. Kap., Rdnr. 2; Seidl-Hohenveldern/Stein, Völkerrecht, Rdnr. 963 ff.

als auch der ad hoc-Diplomatie zugrunde liegt, in den letzten Jahrzehnten durch die gewachsene Bedeutung der internationalen Organisationen in bestimmten Bereichen in ein Dreiecksverhältnis umgewandelt worden.[1218]

Doch ganz gleich welche Form diplomatischer Kontakte letztlich betroffen ist, bleibt es nach Völkerrecht grundsätzlich jedem Staat freigestellt, ob und wie intensive Beziehungen er zu einem anderen Staat pflegen will. Kein Staat hat nach geltendem Völkerrecht einen Rechtsanspruch auf politischen und diplomatischen Verkehr bzw. auf eine bestimmte Ebene der Abwicklung desselben.[1219] Folglich kann ein Staat auch nicht verlangen, dass mit ihm diplomatische Beziehungen auf politischer Ebene unterhalten und insbesondere seine Botschafter auf politischer Ebene empfangen werden.

Für den Bereich der ständigen Diplomatie ist insofern auf Art. 2 WÜD zu verweisen, wonach die Aufnahme diplomatischer Beziehungen „in gegenseitigem Einvernehmen" erfolgt. Ein Staat hat demnach kein Recht auf die Aufnahme diplomatischer Beziehungen und es besteht auch keine Pflicht zur Aufnahme derselben.[1220] Da es also keine völkerrechtliche Verpflichtung zur Aufnahme diplomatischer Beziehungen gibt, ist es den Staaten aber ebenso unbenommen, die diplomatischen Beziehungen zu anderen Staaten abzubrechen.[1221] Gleichermaßen bewegt sich – a maiore ad minus – die bloße Veränderung der diplomatischen Beziehungen im Rahmen des völkerrechtlich Zulässigen. Eine solche kann – abgesehen von der Vorgangsweise der „EU-Vierzehn" – etwa dadurch eintreten, dass ein Staat aus politischen Gründen seinen Missionschef im Empfangsstaat zeitweilig abberuft[1222] oder das diplomatische Personal der Botschaft reduziert. Die Vorstufe zum Abbruch der diplomatischen Beziehungen ist dabei

1218 H. Fischer, in: K. Ipsen, Völkerrecht, 8. Kap., Rdnr. 2. Dies trifft in ganz besonderem Maße auf die Mitgliedstaaten der Europäischen Union zu; eingehend oben S. 278 ff. + 169 f.

1219 vgl. Leidenmühler, ZÖR 2000, 306; Stein, Kreuzzug gegen Österreich, S. 10.

1220 Traditionell wird die Fähigkeit, diplomatische Beziehungen zu unterhalten, mit dem Begriff des Gesandtschaftsrechts gekennzeichnet. Darunter versteht man das Recht, diplomatische Missionen entsenden (aktives Gesandtschaftsrecht) und empfangen (passives Gesandtschaftsrecht) zu können. Im Hinblick auf Art. 2 WÜD, der deutlich macht, dass die Aufnahme diplomatischer Beziehungen nicht aufgrund völkerrechtlichen Rechts und einer damit korrespondierenden Pflicht erfolgt, sollte man heute alleine auf die mit der staatlichen Souveränität verbundene Fähigkeit der Aufnahme abstellen; vgl. H. Fischer, in: K. Ipsen, Völkerrecht, § 35, Rdnr. 7.

1221 Der Abbruch ist ein einseitiger völkerrechtlicher Akt. Die Beweggründe dafür können vielfältig sein. Häufig hat es zwischen den beteiligten Staaten politische Auseinandersetzungen gegeben oder eine der beiden Parteien hat gegen völkervertragliche oder völkergewohnheitsrechtliche Pflichten verstoßen; vgl. H. Fischer, in: K. Ipsen, Völkerrecht, § 35, Rdnr. 11.

1222 so die Reaktion der USA und Israels im Fall Österreich, s. oben Erster Teil, S. 51 + 53.

die Suspension, bei der die diplomatische Mission vorübergehend zurückgezogen wird.[1223]

Auch wenn das Diplomatenrecht eine technische Materie in dem Sinne, dass Rechte und Pflichten in diesem Bereich äußerst detailliert geregelt sind, darstellt[1224], verbleibt hier nach allem dennoch Spielraum für eine mehr oder weniger freundschaftliche Gestaltung der zwischenstaatlichen Beziehungen über die diplomatischen Vertretungen. Jedoch ist andererseits wiederum zu beachten, dass gerade die diplomatischen Beziehungen in ihrer wechselseitigen Gestaltung durchwegs streng am Reziprozitätsgrundsatz orientiert werden, d.h. jede Verschlechterung der Position der diplomatischen Vertretung im Empfangsstaat hat regelmäßig eine spiegelgleiche Einschränkung der Rechte der eigenen Vertretung im Entsendestaat zur Folge.[1225]

Jedenfalls lässt sich bis hierhin festhalten, dass das allgemeine Völkerrecht dem Staat Österreich keinerlei subjektive Rechte auf besondere zwischenstaatliche Kontakte, wie Staats- oder Arbeitsbesuche auf Regierungsebene, gewährt. Ebenso wenig bietet das völkerrechtliche Diplomatenrecht den Leitern österreichischer diplomatischer Missionen verbindliche Ansprüche auf unmittelbaren Zugang zu Regierungsmitgliedern der Empfangsstaaten oder etwa Teilnahme an Staatsbanketten.[1226] Die Art und Weise des Empfangs von Diplomaten ist viel-

---

1223 Die Gründe für eine Suspension liegen zumeist in der wesentlichen Änderung der politischen Verhältnisse im Empfangsstaat begründet, deren Auswirkungen der Entsendestaat erst abwarten will; vgl. H. Fischer, in: K. Ipsen, Völkerrecht, § 35, Rdnr. 10; s. in diesem Zusammenhang auch Art. 45 WÜD.

1224 Das Wiener Übereinkommen über diplomatische Beziehungen regelt dabei nicht nur die Verpflichtungen des Empfangsstaats bezüglich der Vorrechte und Immunitäten diplomatischer Missionen, sondern sieht zugleich Maßnahmen vor, mit denen der Empfangsstaat einem möglichen Missbrauch dieser Privilegien begegnen kann. Der IGH hat deshalb im „Teheraner Geisel"-Fall darauf hingewiesen, dass die Regeln des Diplomatenrechts als eine in sich geschlossene Ordnung, ein „self-contained régime", anzusehen sind, in dem Rechtsbrüche nur mit den im Regime dafür vorgesehenen Handlungen, wie etwa der Erklärung zur „persona non grata" (Art. 9 Abs. 1 WÜD), beantwortet werden dürften. Der IGH deutet aber auch an, dass es Ausnahmefälle geben kann: „Naturally the observance of this principle does not mean [...] that a diplomatic agent caught in the act of committing an assault or other offence may not, on occasion, be briefly arrested by the police of the receiving State in order to prevent the commission of the particular crime"; vgl. ICJ Reports 1980, 3, 40.

1225 wie hier Pernthaler/Hilpold, integration 2000, 110. Nachdem beispielsweise im Juni 1987 ein iranischer Diplomat unter der Beschuldigung eines Ladendiebstahls in Birmingham festgenommen worden war, reduzierten Großbritannien und der Iran wechselweise ihre diplomatischen Missionen in Teheran und London bis auf jeweils einen einzigen Diplomaten; vgl. AdG 1987, 31274.

1226 Dass bei der Umsetzung jener Maßnahme immer wieder die Grenze der Ernsthaftigkeit überschritten wurde, zeigt z.B. die Ausladung des österreichischen Botschafters mehr eine Frage des Stils und der Courtoisie[1227], und es steht jedem Mitgliedstaat prinzipiell frei, sich selbst eine Kontaktsperre zu einer Regierung eines anderen Mitgliedstaates aufzuerlegen.[1228]

Da Österreich in seinen diplomatischen Beziehungen zu den anderen 14 EU-Mitgliedstaaten eine Beibehaltung der politischen Ebene im Sinne von Ministerkontakten nicht beanspruchen kann, steht mithin die Herabstufung der Intensität der offiziellen Kontakte zur österreichischen Regierung und der Empfang der Botschafter als dezentralisierte Staatsorgane nur mehr auf technischer Ebene im Sinne von Beamtenkontakten in Einklang mit den Normen des allgemeinen Völkerrechts.[1229]

Im Übrigen vermag in den Maßnahmen nach Spiegelstrich 1 und 3 auch nicht eine – völkerrechtlich ohnehin zulässige[1230] – Verweigerung der Anerkennung[1231] der neuen österreichischen Bundesregierung gesehen werden. Während schon der Abbruch diplomatischer Kontakte in der Regel nicht die Rücknahme der Anerkennung als Staat oder der betreffenden Regierung bedeutet[1232], ist die ihre Missbilligung ausdrückende bloße Herabstufung der bilateralen Kontakte

---

von einem Abendessen der niederländischen Königin, aber die Zusicherung, dass ihm anlässlich der Beendigung seines Dienstes in den Niederlanden der dabei übliche hohe niederländische Orden verliehen werden wird. Eine niedrigere Stufe hätte er nicht angenommen; vgl. Wiener Zeitung vom 12./13.05.2000; dazu auch die Glosse in den Salzburger Nachrichten vom 15.05.2000 sowie oben Erster Teil, S. 65 f.

1227 dazu unten S. 333 f.

1228 ebenso Hillgruber, JRP 2000, 289; Hummer, Europäische Rundschau 2000/2, 16 f.; Hummer/Obwexer, ZÖR 2000, 280; dieselben, EuZW 2000, 490; Leidenmühler, ZÖR 2000, 306; Rotter, Europäische Rundschau, 2000/3, 24; Stein, Kreuzzug gegen Österreich, S. 10.

1229 Lediglich G. Winkler, ZÖR 2000, 253, ist der Ansicht, dass die EU-Mitgliedstaaten durch ihr Vorgehen gegen Art. 47 WÜD verstoßen haben, wonach der Empfangsstaat jede diskriminierende Behandlung von Staaten unterlässt. Dies gilt nach dem Wortlaut der Vorschrift jedoch nur bei der Anwendung der Bestimmungen dieses Übereinkommens, also einer Einschränkung der in der Diplomatenrechtskonvention vereinbarten Vorrechte, Befreiungen und sonstigen Rechte ausländischer Missionen und deren Mitglieder.

1230 vgl. Verdross/Simma, Universelles Völkerrecht, § 880; Strebel, Stichwort: Regierung, in: Schlochauer, Wörterbuch des Völkerrechts III, S. 85 f. Hingewiesen sei aber auch auf die sog. Estrada-Doktrin, wonach die Anerkennung von Regierungen eine beleidigende und in die inneren Angelegenheiten fremder Staaten eingreifende Praxis darstelle; vgl. Declaration of Senor Don Genaro Estrada, Secretary of Foreign Relations of Mexico, published to the Press on September 27, 1930, relating to the express Recognition of Governments, AJIL 1931, Suppl 203; dazu Schaumann, Stichwort: Estrada-Doktrin, in: Schlochauer, Wörterbuch des Völkerrechts I, S. 442.

1231 instruktiv Lauterpacht, Recognition in International Law, S. 26 ff.; Schaumann, Stichwort: Anerkennung, in: Schlochauer, Wörterbuch des Völkerrechts I, S. 48 ff.

1232 mehr hierzu bei Seidl-Hohenveldern/Stein, Völkerrecht, Rdnr. 1065 ff. + 958 ff.

geradezu als Akt der Anerkennung der Koalitionsregierung aus ÖVP und FPÖ zu werten.[1233]

bb) Die Maßnahme nach Spiegelstrich 2

Genauso wenig wie auf „höfliche" und „freundliche" Behandlung in seinen bilateralen Kontakten und auf hochrangige Gesprächspartner für seine Botschafter hat ein Staat nach allgemeinem Völkerrecht einen Anspruch auf Unterstützung seiner Kandidaten für Positionen in internationalen Organisationen. Vorbehaltlich gemeinschaftsrechtlicher oder sonstiger internationaler Verpflichtungen[1234] steht es im souveränen Belieben eines jeden EU-Mitgliedstaates, Bewerbungen von Staatsangehörigen eines anderen Mitgliedstaates um Ämter bei internationalen Organisationen zu unterstützen oder diese Unterstützung zu verweigern.[1235] Auch in der Versagung jeglicher Unterstützung für österreichische Bewerbungen durch die Maßnahme nach Spiegelstrich 2 liegt somit – isoliert betrachtet – keine wie auch immer geartete Völkerrechtsverletzung.

b) Gesamtbetrachtung der Stellungnahme – Verstoß gegen das Interventionsverbot

Insgesamt gesehen könnte sich der Erlass der Stellungnahme vom 31. Januar 2000 mit der in ihr enthaltenen „Gemeinsamen Reaktion" allerdings als verbotene Intervention in die inneren Angelegenheiten Österreichs erweisen. Unter einer Intervention wird im Völkerrecht die Einmischung eines Staates in die inneren oder äußeren Angelegenheiten eines anderen Staates verstanden.[1236]

Die Rechtsgrundlage des Verbots der Einmischung in die inneren und äußeren Angelegenheiten eines anderen Staates bildet nach klassischem Völkerrechtsverständnis das gewohnheitsrechtlich geltende Prinzip der souveränen Gleichheit aller Staaten, das in Art. 2 Nr. 1 UN-Charta für die Mitglieder der Vereinten Nationen völkervertragsrechtlich festgelegt ist: Jeder Staat im völkerrechtlichen Sinne muss die anderen Mitglieder der Staatengemeinschaft als ebenbürtig anerkennen, d.h. als von gleicher Souveränität respektieren. Damit ist die in der Intervention liegende Ausdehnung des eigenen Herrschaftsanspruchs

---

1233 so auch Leidenmühler, ZÖR 2000, 306 f.

1234 vgl. diesbezüglich oben S. 102 ff., 245 ff. + 284 f.

1235 wie hier Hillgruber, JRP 2000, 289; Hummer, Europäische Rundschau 2000/2, 16 f.; Hummer/Obwexer, EuZW 2000, 490.

1236 H. Fischer, in: K. Ipsen, Völkerrecht, § 59, Rdnr. 50; vgl. auch Seidl-Hohenveldern/Stein, Völkerrecht, Rdnr. 1453.

auf den Herrschaftsbereich eines anderen Staates unvereinbar. Das Interventionsverbot erweist sich damit als notwendige Voraussetzung der friedlichen Koexistenz der Staaten als gleichberechtigter Völkerrechtssubjekte, von denen keines ein Herrschaftsrecht über den andern besitzt: par in parem non habet imperium.[1237]

Aller wirklichen oder vermeintlichen Einschränkungen der staatlichen Souveränität zum Trotz haben die Staaten selbst den Grundsatz souveräner Gleichheit und das daraus abgeleitete Interventionsverbot aufrechterhalten und seine gewohnheitsrechtliche Geltung unter anderem in Resolutionen der Generalversammlung der Vereinten Nationen wiederholt bekräftigt.[1238] Auch aus den realen oder behaupteten Verstößen gegen das Interventionsverbot seit 1945 ergibt sich – wie der IGH in der „Nicaragua"-Entscheidung von 1986 zu Recht angenom-

---

1237 Hillgruber, JRP 2000, 290; H. Fischer, in: K. Ipsen, Völkerrecht, § 59, Rdnr. 51; Seidl-Hohenveldern/Stein, Völkerrecht, Rdnr. 1444. Das Recht auf Souveränität und die entsprechende Verpflichtung zur Nichteinmischung zählen zu den völkerrechtlich garantierten Rechtspositionen der Staaten, die herkömmlicherweise meist als „völkerrechtliche Grundrechte" (bzw. Grundpflichten) bezeichnet werden. Die Wahl dieses Ausdrucks lässt sich insoweit begründen, als er einen Kernbereich von Rechtsregeln umreißt, ohne deren Achtung ein gedeihliches Zusammenleben der einzelnen Völkerrechtssubjekte unmöglich wäre. Seiner materiellen Bedeutung wegen hebt sich dieser Katalog von den üblicherweise eher konkretisierenden, technischen Detailregeln dieser Rechtsordnung ab. Der Begriff darf aber nicht so verstanden werden, wie er im Staatsrecht verwendet wird. Insbesondere haben jene Rechte keine Vorzugsstellung gegenüber den übrigen Völkerrechtsregeln, sind also kein ius cogens. Geeigneter erscheinen daher Begriffe wie „Grundregeln", „Grundsätze" oder „Grundprinzipien" der zwischenstaatlichen Beziehungen; vgl. Seidl-Hohenveldern/Stein, a.a.O., Rdnr. 1438 ff.; Graf Vitzthum, in: derselbe, Völkerrecht, 1. Abschn., Rdnr. 72 ff.; ferner H. Fischer, in: K. Ipsen, Völkerrecht, § 59, Rdnr. 50. Dagegen zählen Köck/Hintersteininger, Sanktionen gegen Österreich, S. 497, Fn. 72 + S. 505, die „Grundrechte der Staaten" zum ius cogens und überlegen, ob auch die sonstigen Rechte derselben, die ihre Grundlage im zwingenden Recht haben, zu den Grundrechten der Staaten (i.w.S.) zu rechnen sind.

1238 So hat die Generalversammlung mit ihrer „Declaration on the Inadmissibility of Intervention in the Domestic Affairs of States and the Protection of Their Independence and Sovereignity" vom 21.12.1965 (GA Res. 2131 [XX]) jede direkte oder indirekte Intervention in die inneren oder äußeren Angelegenheiten irgendeines anderen Staates als unzulässig angesehen. Die „Declaration on Principles of International Law Concerning Friendly Relations and Co-operation among States in Accordance with the Charter of United Nations" vom 24.10.1970 (GA Res. 2625 [XXV]) bestätigt ebenfalls das Interventionsverbot. Die Problematik dieser und der Deklaration über die Unzulässigkeit der Intervention und Einmischung in die inneren Angelegenheiten von Staaten vom 09.12.1981 (GA Res. 36/103) liegt nicht in der grundsätzlichen Anerkennung des Interventionsverbots, sondern in seiner Konkretisierung, die in den Resolutionen unterschiedlich erfolgte.

men hat[1239] – keine Modifikation dieses völkerrechtlichen Rechtssatzes als Gewohnheitsrecht.[1240]

Nach wie vor können demnach sowohl einzelne Staaten, als auch mehrere Staaten kollektiv und nicht zuletzt internationale Organisationen gegen das Interventionsverbot verstoßen.[1241] Eine verbotene Intervention liegt aber nur dann

1239 Military and Paramilitary Activities in and against Nicaragua (Nicaragua v. United States of America), ICJ Rep. 1986, 14, 99.

1240 H. Fischer, in: K. Ipsen, Völkerrecht, § 59, Rdnr. 51; Hillgruber, JRP 2000, 290 f., nach dem das Selbstbestimmungsrecht der Völker die Souveränität der Staaten flankiere und als dessen legitimer Rechtsgrund erscheine. Es wirke als Recht des in einem Staat zusammengeschlossenen Volkes auf Abwehr von Interventionen dritter Staaten. Dadurch habe das Interventionsverbot eine zweite völkerrechtliche Rechtsgrundlage und einen zweiten Rechtsträger erhalten. Es schütze nicht mehr „bloß" die souveräne Gleichheit der Staaten, sondern eben auch die Volkssouveränität. Zu Recht habe denn auch der bayerische Ministerpräsident Stoiber in der aktuellen Stunde des Deutschen Bundestages vom 16.02.2000, (Anm. 6) 7943 D – 7947 D, 7944 D, 7945 B, im Hinblick auf Österreich eine Verletzung des Demokratieprinzips und des „Selbstbestimmungsrecht[s] eines souveränen Mitgliedstaates der Europäischen Union" gerügt. Zur Entwicklung des Selbstbestimmungsrechts der Völker s. Fink, JZ 1998, 335 f.

1241 H. Fischer, in: K. Ipsen, Völkerrecht, § 59, Rdnr. 52. Das Interventionsverbot gilt auch für die bedeutendste internationale Organisation, die Vereinten Nationen, der nahezu sämtliche Staaten der Welt angehören. Nach Art. 2 Nr. 7 UN-Charta kann aus der Satzung eine Befugnis der Vereinten Nationen zum Eingreifen in Angelegenheiten, die ihrem Wesen nach zur inneren Zuständigkeit eines Staates gehören, oder eine Verpflichtung der Mitglieder, solche Angelegenheiten einer Regelung auf Grund dieser Charta zu unterwerfen, nicht abgeleitet werden. Das damit ausgesprochene Verbot der Intervention der Vereinten Nationen in die wesensmäßig inneren Angelegenheiten ihrer Mitgliedstaaten begrenzt auch die Kompetenzen des Sicherheitsrates. Das gilt entgegen einer verbreiteten Auffassung selbst für Zwangsmaßnahmen nach Kapitel VII UN-Charta. Die Freistellung vom Interventionsverbot gem. dem Nachsatz von Art. 2 Nr. 7 UN-Charta betrifft nicht den festzustellenden Tatbestand des Art. 39 UN-Charta, sondern lediglich die daran geknüpften Rechtsfolgen, d.h. die wegen einer festgestellten Bedrohung oder eines Bruchs des internationalen Friedens zu verhängenden Zwangsmaßnahmen. Der Sicherheitsrat prüft deshalb auch in der Praxis zunächst stets, ob er sich mit der ihm unterbreiteten Angelegenheit als einer „internationalen" befassen darf oder aber diese ihrem Wesen nach zur inneren Zuständigkeit eines Staates gehört. Erst die Lösung dieser Vorfrage kann überhaupt eine Entscheidung möglich machen. Die Formulierung in Art. 2 Nr. 7 „die ihrem Wesen nach zur inneren Zuständigkeit eines Staates gehören" zeigt dabei an, dass es bei der Bestimmung des „domaine réservé" der Mitgliedstaaten im Verhältnis zu den Vereinten Nationen nicht mehr auf die ausschließliche Zugehörigkeit zur innerstaatlichen Zuständigkeit ankommt. Es reicht aus, wenn eine grundsätzliche Zugehörigkeit vorliegt. Damit wird im Verhältnis der Mitgliedstaaten zu den Vereinten Nationen ihr interventionsfreier Raum über den durch das Völkerrecht üblicherweise festgelegten Bereich hinaus ausgedehnt; vgl. Hillgruber, JRP 2000, 291 und H. Fischer, in: K. Ipsen, Völkerrecht, § 59, Rdnr. 65;

vor, wenn – erstens – die Einmischung staatliche Angelegenheiten erfasst, die der ausschließlichen staatlichen Zuständigkeit obliegen, und sie – zweitens – unter Androhung oder Anwendung von Zwang erfolgt.[1242]

Zu den traditionell der alleinigen Zuständigkeit eines anderen Staates unterfallenden und damit vom Interventionsverbot erfassten Angelegenheiten eines souveränen Staates gehören „the choice of a political, economic, social and cultural system, and the formulation of foreign policy".[1243] Diese in ähnlicher Weise auch in der „Friendly Relations"-Deklaration enthaltene Formulierung[1244] zeigt, dass die der ausschließlich staatlichen Zuständigkeit unterliegenden Angelegenheiten insbesondere die Verfassungs- und Wirtschaftsordnung eines Staates sowie die sozialen und kulturellen Angelegenheiten umfassen.[1245] Eine Regierungsbildung im Gefolge einer demokratischen Wahl ist daher grundsätzlich als innere Angelegenheit eines Staates einzustufen.

Der durch das Interventionsverbot abgeschirmte „domaine réservé" stellt allerdings seit jeher keine feste, sondern eine variable Größe dar. Bedingt durch die beständige Ausdehnung und Verdichtung der völkerrechtlichen Pflichtenstellung der Staaten gibt es immer weniger ausschließlich staatliche Angelegenheiten. Der den Staaten vorbehaltene Bereich ihrer ausschließlichen Angelegenheiten lässt sich nur negativ definieren als der zu einem bestimmten Zeitpunkt (noch) keiner völkerrechtlichen Regelung unterliegende Teilbereich ihrer staatlichen Allzuständigkeit. Soweit sich Staaten völkervertragsrechtlich oder auch gewohnheitsrechtlich binden, können sie Aufforderungen zur Einhaltung der

---

ausführlich hierzu Fink, Kollektive Friedenssicherung Teil 2, S. 873 ff.; s. auch Nolte, in: Simma, The Charter of the United Nations Vol. I, Art. 2 (7), Rdnr. 67 ff.

1242 H. Fischer, in: K. Ipsen, Völkerrecht, § 59, Rdnr. 50.

1243 vgl. ICJ Rep. 1986, 14, 108; s. auch ICJ Rep. 1986, 14, 133: „[...] adherence by a State to any particular doctrine does not constitute a violation of customary international law; to hold otherwise would make nonsense of the fundamental principle of State sovereignity, on which the whole international law rests, and the freedom of choice of the political, social, economic and cultural system of a State"; ebenso H. Fischer, in: K. Ipsen, Völkerrecht, § 59, Rdnr. 53; Hillgruber, JRP 2000, 291.

1244 In der UN-Prinzipiendeklaration heißt es: „[...] armed intervention and all other forms of interference or attempted threats against the personality of the State or against its political, economic and cultural elements, are in violation of international law. No State may use or encourage the use of economic, political or any other type of measures to coerce another State in order to obtain from it the subordination of the exercise of its sovereign rights and to secure from it advatages of any kind."; s. auch Erwägungsgrund 9: "Recalling the duty of States to refrain in their international relations from military, political, economic or any other form of coercion aimed against the political independence [...] of any State [...]". Zur „Friendly Relations"-Deklaration vgl. z.B. Arangio-Ruiz, Friendly Relations Resolution, in: Bernhardt, EPIL II, S. 485 ff.

1245 H. Fischer, in: K. Ipsen, Völkerrecht, § 59, Rdnr. 53.

eingegangenen völkerrechtlichen Verpflichtungen nicht mehr unter Hinweis auf das Interventionsverbot abwehren.[1246]

Auch in vorliegendem Zusammenhang wurde oft davon gesprochen, es handele sich nicht um die Einmischung in innere Angelegenheiten Österreichs. Zugleich wurde der Vorgang als ein solcher „europäischer Innenpolitik" bezeichnet und dies als Zeichen für das Fortschreiten der europäischen Integration gewertet. In der Tat ist insofern die berechtigte Frage aufzuwerfen, wie weit es sich bei der Einflussnahme auf die Regierungsbildung eines Mitgliedstaates der EU überhaupt noch um eine Einmischung in „ausschließlich innere Angelegenheiten" handelt.

1246 In dieser Bedingtheit, der Abhängigkeit vom Umfang anderer völkerrechtlicher Pflichten, unterscheidet sich das Interventionsverbot grundlegend vom allgemeinen und zwingenden Gewaltverbot. So hat insbesondere der Aufbau und Ausbau eines internationalen Menschenrechtsschutzes dazu geführt, dass die Behandlung der eigenen Staatsangehörigen, ein bis dahin grundsätzlich zum Vorbehaltsbereich der Staaten gehörendes Thema, von der Völkerrechtsgemeinschaft aufgegriffen und zum Gegenstand umfassender völkervertragsrechtlicher Regelung gemacht worden ist. Der Umgang der Staatsgewalt mit den Staatsbürgern ist seitdem nicht mehr ausschließlich innere Angelegenheit des jeweiligen Staates, sondern betrifft die ganze Staatengemeinschaft. Die von einem Staat oder einer Staatengruppe gegen einen anderen Staat erhobene Forderung nach Einhaltung der international geltenden Menschenrechte stellt daher keine unzulässige Einmischung in dessen innere Angelegenheiten dar. Die Beachtung der Menschenrechte ist zur Bedingung völkerrechtlicher Legalität geworden; die innere Souveränität der Staaten hat insofern eine erhebliche Einschränkung erfahren; so – mit kritischen Anmerkungen – Hillgruber, JRP 2000, 294; vgl. auch Verdross/Simma, Universelles Völkerrecht, § 494; H. Fischer, in: K. Ipsen Völkerrecht, § 59, Rdnr. 53; s. dazu schon das Gutachten des IGH im Fall Interpretation of Peace Treaties with Bulgaria, Hungary and Romania (1st Phase), ICJ Rep. 1950, 65, 70 f. sowie das obiter dictum des IGH im „Barcelona-Traction"-Fall, ICJ Rep. 1970, 3, 32, wonach Menschenrechte Wirkung erga-omnes entfalten. Elemente einer dynamischen Fortentwicklung sind auch dahingehend zu beobachten, dass die Eingriffsschwelle von Art. 39 und Art. 2 Nr. 7 UN-Charta in dem Sinne gesenkt worden ist, dass ein Einschreiten des Sicherheitsrats in die innerstaatlichen Verhältnisse nunmehr nach dem Konsens der Völkerrechtsgemeinschaft dann gerechtfertigt zu sein scheint, wenn gravierende systematische Verletzungen der Menschenrechte oder eine schwerwiegende Missachtung des Gebots der demokratischen Regierungsform vorliegen. Äußerst kontrovers wird in diesem Zusammenhang diskutiert, ob die Anwendung von Waffengewalt zum Schutz der Bevölkerung eines fremden Staates vor massiven Menschenrechtsverletzungen, die sog. humanitäre Intervention, völkerrechtskonform ist; vgl. dazu Hailbronner, in: Graf Vitzthum, Völkerrecht, 3. Abschn., Rdnr. 90 + 223 ff. mit zahlreichen weiteren Nachweisen. Jedenfalls wird in der Völkerrechtswissenschaft die Gesamtentwicklung, die das Völkerrecht gegenwärtig zu nehmen scheint, als eine – bisher allerdings nur in Ansätzen verwirklichte – „Konstitutionalisierung der Völkerrechtsordnung" im Sinne einer Anerkennung von Interessen der Staatengemeinschaft und der Einführung von interventionistischen Mechanismen zu ihrer Durchsetzung gedeutet; s. etwa Frowein, Konstitutionalisierung des Völkerrechts, S. 427 ff.

Insbesondere durch seine Mitgliedschaft in einer internationalen Organisation kann nämlich der einem Staat vorbehaltene Bereich weitaus kleiner sein, als der eines anderen Staates. Internationale Organisationen verdanken ihr Bestehen gerade dem Bestreben nach einheitlicher bzw. gemeinsamer Regelung von Sachverhalten, die bis dahin von jedem Staat als in seine ausschließliche Zuständigkeit fallend angesehen wurden. Deshalb bedeutet die Mitgliedschaft in jeder internationalen Organisation ein Opfer an Souveränität in Form der Einräumung eines Rechts der Organisation und der Mitgliedstaaten auf Mitsprache in Bereichen, die bisher in die ausschließliche Zuständigkeit der einzelnen Staaten fielen.[1247]

Gerade die Europäische Union vermag in diesem Zusammenhang – weltweit betrachtet – als Sonderfall gelten, in dem angesichts der besonders starken Integration ihrer Mitglieder das der völkerrechtlichen Koordinationsordnung entstammende Interventionsverbot seine uneingeschränkte Gültigkeit mittlerweile eingebüßt hat. Zwar dürfen sich die Europäische Union und die in ihr eingeschlossenen Europäischen Gemeinschaften nicht in solche Angelegenheiten ihrer Mitgliedstaaten einmischen, die (noch) nicht vergemeinschaftet, sondern in der Zuständigkeit der Mitgliedstaaten verblieben sind. Das ergibt sich implizit aus dem Prinzip der begrenzten Einzelermächtigung in Art. 5 Abs. 1 EGV i.V.m. Art. 2 EUV a.E. und explizit aus Art. 6 Abs. 3 EUV, der das Interventionsverbot ausspricht, indem er – ins Positive gewendet – der Europäischen Union die Achtung der nationalen Identität, d.h. der Rechtspersönlichkeit und der fortbestehenden Souveränitätsrechte ihrer Mitgliedstaaten, zur Pflicht macht.[1248] Doch genießt die nationale Identität der Mitgliedstaaten lediglich insoweit Schutz vor Eingriffen der Europäischen Union, als sie auf den in Art. 6 Abs. 1 EUV festgeschriebenen Grundsätzen der Freiheit, der Demokratie, der Achtung der Menschenrechte und Grundfreiheiten sowie der Rechtsstaatlichkeit basiert. In diesem Umfang wird das völkerrechtliche Interventionsverbot durch das Regelungssystem der Art. 6 Abs. 1 und 3 in Verbindung mit dem in Art. 7 EUV vorgesehenen Sanktionsverfahren zur Gewährleistung dieser Homogenität ersetzt.[1249]

Allerdings gilt diese Ersetzung – wie bereits erörtert – nur für ein Vorgehen der Union bzw. der Gemeinschaften, nicht aber für ein Handeln der Mitglied-

---

1247 Seidl-Hohenveldern/Stein, Völkerrecht, Rdnr. 1446 f.; Graf Vitzthum, in: derselbe, Völkerrecht, 1. Abschn., Rdnr. 73, führt in diesem Zusammenhang aus: „Die (partielle) Selbstunterwerfung unter die dirigierende Gewalt einer Internationalen Organisation gehört heute zu den Selbstverständlichkeiten des staatlichen Lebens. Für die Souveränität des Staates bedeutet sie so lange keine ernsthafte Herausforderung, als die Unterwerfung freiwillig ist und sich die Internationale Organisation nicht zu einem autonomen, die inneren Belange der Staaten aus eigener Machtvollkommenheit antastenden Machtfaktor entwickelt."

1248 vgl. Hillgruber, JRP 2000, 290 f.

1249 ausführlich dazu oben S. 251 f.

staaten außerhalb des unionsrechtlichen Rahmens.[1250] In den „bilateralen“ Beziehungen zwischen den Mitgliedstaaten der EU kommt das Nichteinmischungsgebot als allgemeine völkerrechtliche Regel weiterhin grundsätzlich zur Anwendung.

Zu erwägen bleibt dabei freilich, ob der den Mitgliedstaaten vorbehaltene Bereich auch auf „bilateraler“ Ebene durch die Verpflichtung auf die in Art. 6 Abs. 1 EUV genannten Grundprinzipien eine Einschränkung erfahren hat. Vertretbar erscheint dies, sofern die Mitgliedstaaten durch außerhalb des institutionellen Rahmens der EU angesiedelte Maßnahmen – also außerhalb des Verfahrens nach Art. 7 EUV – auf Verletzungen der gemeinsamen Strukturprinzipien des Art. 6 Abs. 1 EUV reagieren.

Fraglich ist jedoch, ob auch bei einer bloßen Gefährdung der „Verfassungsgrundsätze“ der Union nicht mehr von „ausschließlich inneren Angelegenheiten“ des betreffenden Mitgliedstaates gesprochen werden kann. In diesem Fall würde jegliches völkerrechtliche Vorgehen der Mitgliedstaaten zur Wahrung und Sicherung der in Art. 6 Abs. 1 EUV genannten Grundsätze von vornherein keinen Verstoß gegen das Interventionsverbot bedeuten. Möglicherweise zeichnen sich hier die Umrisse eines in der Entstehung begriffenen Systems ab, in dem sich unzulässige Einmischung in ausschließlich fremde Angelegenheiten zwischen den Mitgliedstaaten der Europäischen Union in berechtigte Anteilnahme und Sorge in (auch) eigener Sache verwandelt. Zumindest gilt in Europa die Berufung auf die eigene staatliche Souveränität zur Abwehr legitimer Forderungen nach Demokratie und Menschenrechten spätestens seit 1989/90, als sich diese auf die Ideen von 1789 zurückzuführenden Leitvorstellungen europaweit durchsetzten, als anstößig.[1251]

Selbst wenn man ein derartiges mitgliedstaatliches Interventionsrecht zu präventiven Maßnahmen gegenüber einer Regierungsbildung, durch die möglicherweise demokratische Prinzipien verletzt werden, ablehnt[1252], ist weitere Voraus-

---

1250 s. oben S. 253 f.

1251 vgl. Hillgruber, JRP 2000, 291. In Berlin herrschte jedenfalls „regierungsamtliche Begeisterung“ ob des Vorgehens der „Vierzehn“ gegen Österreich. Von einem „neuen Kapitel der europäischen Geschichte“ war gar die Rede. Im Auswärtigen Amt ging man so weit, im Vorgehen gegen Österreich „einen besonders deutlichen Beleg“ dafür zu sehen, „dass das Prinzip der Nichteinmischung keinen Bestand mehr habe“; vgl. Regierungsamtliche Begeisterung in Berlin, Vorgehen gegen Wien als „neues Kapitel europäischer Geschichte“, Frankfurter Allgemeine Zeitung vom 02.02.2000, S. 2.

1252 so Bantekas, ASIL Insights, February 2000, 2; Schorkopf, DVBl 2000, 1043. Auch Hillgruber, JRP 2000, 293, erhebt gegen „eine solche, scheinbar im Trend der Zeit liegende, ‚demokratisch' legitimierte Intervention" schwerwiegende Bedenken. Dritte Staaten würden dann nach eigenem Gutdünken darüber entscheiden, wer in einem bestimmten anderen Staat zur Herrschaftsausübung demokratisch legitimiert ist und wem diese Legitimation abzusprechen ist. Damit werde nicht nur Missbrauch Tür und setzung für die Erfassung der Intervention durch das Interventionsverbot aber, dass dieselbe unter Anwendung oder zumindest Androhung von Zwang erfolgt. Die Bestimmung des Begriffs „Zwang“ war und ist immer noch eine der Kernfragen der sinnvollen Unterscheidung zwischen verbotener Intervention und erlaubter politischer Einflussnahme (Interzession). So soll das Prinzip der Nichtintervention ja nicht die auch in den internationalen Beziehungen unentbehrliche Anwendung von Druck und Gegendruck zur Erreichung politischer Ziele schlechthin als völkerrechtswidrig ausschließen.[1253]

Der sog. „klassische Interventionsbegriff“ stellte bei der Begriffsbestimmung auf den Einsatz bzw. die Androhung militärischer Gewalt ab. Ein so verstandenes Interventionsverbot hätte im modernen Völkerrecht jedoch keinen eigenen rechtlichen Gehalt, da eine völlige Identität von Gewalt- und Interventionsverbot gegeben wäre. In den letzten Jahren hat sich deshalb der „erweiterte Interventionsbegriff“, der auch wirtschaftliche, politische und sonstige Zwangsmaßnahmen einbezieht, als wesentliches Element des Interventionsverbots durchgesetzt. Erfasst werden also auch alle Versuche, einen anderen Staat unterhalb der Gewaltschwelle Zwang auszusetzen, um zu erreichen, dass er seine Rechtsausübung fremdem Willen unterordnet.[1254]

Tor geöffnet, sondern vor allem aus der garantierten Selbstbestimmung unversehens Fremdbestimmung. Insbesondere im Fall Österreich hätten die Regierungen von 14 EU-Mitgliedstaaten mit Anspruch auf Verbindlichkeit entschieden, dass eine österreichische Regierung unter Beteiligung der rechtsgerichteten FPÖ demokratisch illegitim ist, obwohl in diesen Staaten zum Teil gleichfalls Parteien mitregierten, deren demokratische Zuverlässigkeit mehr oder weniger zweifelhaft erscheine. Wer sei hier befugt, wem nach welchen Maßstäben das demokratische Gütesiegel zu erteilen oder vorzuenthalten?; s. dazu jedoch nochmals oben S. 293 ff.

1253 H. Fischer, in: K. Ipsen, Völkerrecht, § 59, Rdnr. 54; Graf Vitzthum, in: derselbe, Völkerrecht, 1. Abschn., Rdnr. 76; Neuhold, in: Neuhold/Hummer/Schreuer, Völkerrecht I, Rdnr. 1781 ff.; zum Beitrag der Politikwissenschaft bei der Abgrenzung zwischen bloßen Interzessionen und autoritativen Einmischungen vgl. Neuhold, Internationale Konflikte – verbotene und erlaubte Mittel ihrer Austragung, S. 269 ff. + 342 ff.

1254 Seinen Ausdruck findet der erweiterte Interventionsbegriff in zahlreichen Resolutionen der Vereinten Nationen, die insbesondere von den ehemaligen sozialistischen und Dritte-Welt-Staaten durchgesetzt und unterstützt wurden. Wie in der GA Res. 2131 (XX) vom 21.12.1965 und der Charta der wirtschaftlichen Rechte und Pflichten der Staaten vom 12.12.1974 (GA Res. 3281 [XXIX]) stellen Resolutionen auf den erweiterten Interventionsbegriff ab, indem sie neben der bewaffneten Intervention auch andere Formen der Einmischung für völkerrechtswidrig erklären. In Art. 32 der Charta der wirtschaftlichen Rechte und Pflichten der Staaten wird dies folgendermaßen ausgedrückt: „Ein Staat darf keine wirtschaftlichen, politischen oder sonstigen Zwangsmaßnahmen gegen einen anderen Staat anwenden oder ihre Anwendung begünstigen, um von ihm die Unterordnung bei der Ausübung seiner souveränen Rechte zu erlangen.“ Während in diesen Resolutionen der Zwang als wesentliches Element des Interventionsverbots gewahrt bleibt, hat die Deklaration über die Unzulässigkeit der Intervention und Einmischung in die inneren Angelegenheiten von Staaten vom 09.12.1981

Mit der Entwicklung und Anerkennung des „erweiterten Interventionsbegriffs“ ist allerdings noch keine Lösung des Problems verbunden, welche allgemeinen Kriterien für seine Abgrenzung entwickelt werden können, d.h. wann der in den internationalen Beziehungen erlaubte Druck in verbotenen Zwang umschlägt. Die Abgrenzung ist deshalb besonders schwierig, weil unterhalb der Schwelle der Intervention mit militärischen Mitteln eine Vielzahl von Einwirkungsformen auf andere Staaten denkbar ist, die offensichtlich geeignet sind, Druck oder auch Zwang auszuüben. Die allgemeinen Formulierungen in den von Konsensus getragenen Dokumenten und die widersprüchliche Staatenpraxis lassen die wesentlichen Einzelheiten ungeklärt. Selbst die westliche Lehre allein ist kontrovers geblieben, weil sie unterschiedliche und überdies keine ausreichend konkretisierten Abgrenzungskriterien liefert.[1255] Manche Autoren betonen die Intensität der Maßnahme, also die Spürbarkeit der Beeinträchtigung der souveränen Entscheidungsfreiheit des Völkerrechtssubjekts, andere den tatsächlich erreichten Erfolg und wieder andere stellen auf die fehlende Sozialadäquanz ab, d.h. ein verwerfliches Missverhältnis zwischen verwendetem Mittel und damit verfolgtem Zweck. Bislang hat sich keines der vorgeschlagenen Kriterien durchsetzen können.[1256]

Im Hinblick auf die Zweck-Mittel-Relation wurde auch im Fall Österreich gefragt, ob ein Staat die Reduzierung bislang gepflegter Beziehungen dazu einsetzen darf, die Bildung einer bestimmten Regierung zu verhindern oder darauf hinzuwirken, dass diese Regierung wieder abtritt. Es handele sich um den ganz ungeniert inszenierten und offen betriebenen Versuch, durch eine politisch-diplomatische Isolation auf die Zusammensetzung der Regierung in einem europä-

---

(GA Res. 36/103) völlig neue, vom Gewaltverbot losgelöste Interventionstatbestände, wie z.B. die Stärkung bestehender Militärblöcke und die Schaffung neuer Militärbündnisse postuliert. Die Res. 36/103 geht damit über den gewohnheitsrechtlich geltenden erweiterten Interventionsbegriff hinaus und ist bis heute ohne wesentlichen Einfluss auf die Rechtsentwicklung geblieben. Auch die in der „Friendly Relations“-Deklaration verwandte Formulierung, die jegliche zwischenstaatliche Einmischung unter das Interventionsverbot fallen lässt (s. oben Fn. 1244), widerspricht dem geltenden Völkerrecht und nicht zuletzt den Realitäten des politischen Tagesgeschehens; vgl. H. Fischer, in: K. Ipsen, Völkerrecht, § 59, Rdnr. 55 ff.; Graf Vitzthum, in: derselbe, Völkerrecht, 1. Abschn., Rdnr. 76; Graf zu Dohna, Grundprinzipien des Völkerrechts, S. 134; ferner Seidl-Hohenveldern/Stein, Völkerrecht, Rdnr. 1444 + 1455.

1255 vgl. H. Fischer, in: K. Ipsen, Völkerrecht, § 59, Rdnr. 57 ff.; Graf Vitzthum, in: derselbe, Völkerrecht, 1. Abschn., Rdnr. 76 und Schröder, in: Graf Vitzthum, Völkerrecht, 7. Abschn., Rdnr. 113; Neuhold, in: Neuhold/Hummer/Schreuer, Völkerrecht I, Rdnr. 1378 ff.

1256 ausführlich hierzu Bockslaff, Das völkerrechtliche Interventionsverbot als Schranke außenpolitisch motivierter Handelsbeschränkungen, 1987, S. 82 ff.; Kewenig, Die Anwendung wirtschaftlicher Zwangsmaßnahmen im Völkerrecht, S. 14 ff.; Dicke, Die Intervention mit wirtschaftlichen Mitteln; Gerlach, Die Intervention.

ischen Staat bestimmenden Einfluss zu nehmen. Das erklärte Ziel der 14 EU-Mitgliedstaaten sei gewesen, mit der Androhung einer Isolation Österreichs die Bildung einer österreichischen Regierung unter Beteiligung der als fremden- und europafeindlich eingestuften FPÖ zu verhindern. Nachdem dieses Ziel verfehlt worden wäre, habe die neue österreichische Regierung isoliert und so zur Aufgabe gezwungen werden sollen. Mögen daher auch die konzertiert eingesetzten politisch-diplomatischen Druckmittel als solche völkerrechtlich nicht zu beanstanden sein, so sei doch der damit verfolgte Zweck – die bestimmende Einflussnahme auf die Regierungsbildung in Österreich – schlechthin völkerrechtswidrig und der Interventionstatbestand erfüllt.[1257]

Zwar bleibt zugunsten dieser Ansicht einzuräumen, dass auch Rundfunk- und Fernsehsendungen, die darauf abzielen, einen Umsturz in einem anderen Staat herbeizuführen, als sog. „subversive Intervention" gegen das Einmischungsverbot verstoßen können[1258], doch werden in der Stellungnahme vom 31. Januar 2000 die im Falle der Regierungsbeteiligung der FPÖ in Aussicht gestellten Reaktionen nicht begründet. Deshalb kann eine mit den Maßnahmen verfolgte Zielsetzung der Einflussnahme auf die Zusammensetzung der Regierung eines fremden Staates nicht zweifelsfrei nachgewiesen werden. Gewiss haben sich

---

1257 Stein, Kreuzzug gegen Österreich, S. 10 f.; Hillgruber, JRP 2000, 289; im Ergebnis auch Leidenmühler, ZÖR 2000, 307 f. In diesem Sinne sind wohl auch die Ausführungen bei Köck/Hintersteininger, Sanktionen gegen Österreich, S. 496 f. + 504 f., zu verstehen, die das Vorgehen darüber hinaus mit dem völkerrechtlichen Grundsatz der Zusammenarbeit der Staaten für unvereinbar halten. Aus diesem zu den Grundrechten der Staaten zu zählenden Prinzip ergebe sich, dass jeder von ihnen nicht nur einen Anspruch darauf habe, dass die anderen Mitglieder der internationalen Gemeinschaft ihm gegenüber das Friedensgebot wahren, sondern auch, dass sie mit ihm in jene Zusammenarbeit eintreten, die erforderlich ist, damit dem betreffenden Staat ein ausreichender Zugang zu den Gütern dieser Welt ermöglicht und er damit in den Stand versetzt wird, seinen Angehörigen einen angemessenen Anteil am internationalen Gemeinwohl zu sichern; vgl. dazu auch Verdross, ÖZöRV (28) 1977, 143 ff. Hier wird allerdings schon deutlich, dass die Kooperationsregel, geprägt vom Grundgedanken internationaler Solidarität, vor allem im Wirtschaftvölkerrecht eine Rolle spielt, etwa bei der Hilfe für unterindustrialisierte Staaten. Selbst in diesem Bereich folgen aus dem Kooperationsprinzip jedoch keine konkreten Hilfspflichten. Sie entstehen allein kraft völkerrechtlicher Vereinbarungen oder durch andere Formen freiwilliger Selbstverpflichtungen der Industrie- oder Nachbarstaaten; weiterführend Graf Vitzthum, in: derselbe, Völkerrecht, 1. Abschn., Rdnr. 79. Von einer verbotenen Intervention in die inneren Angelegenheiten geht schließlich auch P. Fischer, Wiener Blätter zur Friedensforschung 103 (2/2000), 36, aus und verweist in diesem Zusammenhang auf eine Verletzung des Rechts eines jeden Staates auf Achtung seiner Würde; ausführlich hierzu Partsch, Von der Würde des Staates, S. 15 ff.; s. auch Verdross/Simma, Universelles Völkerrecht, § 455.

1258 Diese Maßnahmen erfordern aber eine vorsichtige Beurteilung. So stellt bloße Kritik an der internen Politik eines anderen Staates noch keine verbotene Intervention dar; vgl. H. Fischer, in: K. Ipsen, Völkerrecht, § 59, Rdnr. 60.

Regierungsmitglieder der handelnden 14 Mitgliedstaaten gelegentlich zu Äußerungen etwa der Art, „dass die Maßnahmen bis zum Sturz der Regierung aufrechterhalten bleiben“, hinreißen lassen.[1259] Demgegenüber erklärte aber beispielsweise die deutsche Bundesregierung, mit der Stellungnahme der europäischen Regierungen werde nicht „in Frage gestellt, dass die Entscheidung über die Regierungsbildung allein von den zuständigen Verfassungsorganen Österreichs zu treffen ist“.[1260] Dass jede andere Vorstellung auch die politisch-(verfassungs-)rechtlichen Realitäten weitgehend verkennt, wurde bereits ausführlich dargelegt.[1261] Die Verhinderung der Regierungsbeteiligung bzw. der Ausschluss der FPÖ aus der österreichischen Bundesregierung vermag allenfalls als (unrealistisches) Sekundärziel der „EU-Vierzehn“ gelten, primär verfolgten sie aber das Ziel, einer möglichen Verletzung von in Art. 6 Abs. 1 EUV genannten Grundsätzen in Folge der Beteiligung der FPÖ an der österreichischen Bundesregierung vorzubeugen.[1262] Entsprechend werden in einer Reihe von Medienmitteilungen hochrangiger Regierungsvertreter die Maßnahmen auch durchwegs unter Hinweis auf den „Wertekatalog“ der EU begründet. Vor diesem Hintergrund erscheint die Verknüpfung zwischen angewandtem Mittel und dem angestrebten Zweck jedoch in einem anderen Licht und kann nicht mehr ohne weiteres als sozialethisch verwerflich charakterisiert werden.

Gegen eine verbotene Einmischung in die inneren Angelegenheiten Österreichs spricht des Weiteren eine Betrachtung der Intensität der von den 14 übrigen EU-Mitgliedstaaten gewählten Maßnahmen. In diesem Zusammenhang wird diskutiert, ob Maßnahmen der Einmischung, die an sich nicht gegen Völkerrecht verstoßen, allein aufgrund der Tatsache der „Einmischung“ als völkerrechtswidrig angesehen werden können.

So sei das Verbot der Einmischung in innere und äußere Angelegenheiten nicht schon immer dann verletzt, wenn ein Staat sein eigenes Verhalten gegenüber einem anderen Staat davon abhängig macht, dass dieser eine bestimmte, ihm genehme außen- oder innenpolitische Linie verfolgt. Solange es sich um ein Verhalten handelt, das auf einer freiwilligen Entscheidung des ersten Staates be-

1259 so wiederholt der belgische Außenminister Louis Michel; vgl. etwa Koalition schnell zerschlagen, Der Standard vom 04.02.2000, S. 7; aber auch der Premierminister Frankreichs, Lionel Jospin; vgl. Paris: Beziehungen zu Wien auf niedrigstem Niveau, Die Presse vom 03.02.2000, S. 7; s. auch nochmals oben Erster Teil, S. 51.

1260 Erklärung vom 02.02.2000 zur Haltung der EU gegenüber dem Regierungswechsel in Österreich, abrufbar unter http://www.bundesregierung.de/dokumente/Themen_A-Z/Europaeische_Union/Aktuelle_Themen/Regierungswechsel_in_Oesterreich/isel1790_9398.htm.
Für Hillgruber, JRP 2000, 289, stellt dies allerdings eine „klassische protestatio contra factum proprium“ dar.

1261 s. nochmals oben S. 289 f.

1262 s. oben S. 290 und auch Fn. 1169.

ruht, könne dieser Staat sein Verhalten aus jedem ihm angemessen erscheinenden Grund, also auch wegen eines Wandels der außen- oder innenpolitischen Haltung des anderen Staates, ändern.[1263] Bei der Verweigerung oder der Unterbrechung von Wirtschafts- und Entwicklungshilfe liegt beispielsweise nach fast einhelliger Auffassung kein Verstoß gegen das Interventionsverbot vor. Da ein Anspruch auf Wirtschafts- und Entwicklungshilfe nicht bestehe, sei der zur Verfügung stellende Staat bei der Auswahl der begünstigten Staaten frei.[1264]

Nichts anderes gilt aber für den Abbruch bzw. die Herabstufung diplomatischer Beziehungen, denn weder der Entsendestaat noch der Empfangsstaat sind zur Aufrechterhaltung der diplomatischen Kontakte verpflichtet.[1265] Im Hinblick darauf, dass die einzelnen Maßnahmen der „Vierzehn" – wie bereits eingehend geprüft – auch im Übrigen nicht in völkerrechtliche Rechtspositionen Österreichs eingreifen, scheidet nach dieser Auffassung eine Verletzung des völkerrechtlichen Interventionsverbots im Ergebnis aus.[1266]

Hieran ändert sich auch nichts, falls eine verbotene Einmischung in innere Angelegenheiten eines Staates nicht nur bejaht wird, sofern die eingesetzten Maßnahmen (völker-)rechtswidrig sind, sondern bereits dann, wenn sie politisch-diplomatische Druckmittel beinhalten, die in ihren Wirkungen eindeutig über das in den internationalen Beziehungen übliche Maß hinausgehen. Dies trifft bei den Maßnahmen der „Vierzehn" nämlich ebenso wenig zu.[1267] Vielmehr handelt es sich bezüglich des Nichtempfangs von Botschaftern bzw. der Herabstufung bilateraler Beziehungen zum Teil um geradezu klassische Instrumente nationaler Außenpolitik, um auf politische Veränderungen in einem anderen Staat zu reagieren.[1268]

Dass die Wirkungen der Maßnahmen nicht deutlich über denen angesiedelt sind, die als politisch-diplomatische Druckmittel in den internationalen Bezie-

---

1263 Seidl-Hohenveldern/Stein, Völkerrecht, Rdnr. 1454.

1264 Diese Debatte ist im Rahmen der wirtschaftlichen Abhängigkeit der Entwicklungsländer als Folge der Dekolonialisierung entstanden. Insbesondere die Entwicklungsländer legten Wert darauf, diejenigen Wirtschaftsmaßnahmen als vom Interventionsverbot erfasst anzusehen, die sie nach ihrer Auffassung in der Wirtschaftsentwicklung am meisten beeinträchtigten. So haben sie die Verweigerung oder die Unterbrechung von Wirtschafts- und Entwicklungshilfe ebenso als Verstoß gegen das Interventionsverbot bezeichnet wie die Verhängung von Boykotten und Embargos; vgl. ebenda sowie H. Fischer, in: K. Ipsen, Völkerrecht, § 59, Rdnr. 62.

1265 so in Bezug auf das Nichteinmischungsgebot ausdrücklich Seidl-Hohenveldern/Stein, Völkerrecht, Rdnr. 1454; s. auch nochmals oben S. 303 ff.

1266 wie hier Hummer, Europäische Rundschau 2000/2, 16 f.; Hummer/Obwexer, ecolex 2000, 251.

1267 vgl. zu diesem Ansatz auch Hummer/Obwexer, europa-blätter 2000, 55; dieselben, EuZW 2000, 490.

1268 vgl. auch Busse, Österreich contra Europäische Union, S. 39; Malanczuk, Akehurst's Modern Introduction to International Law, S. 5 f.

hungen eingesetzt werden, zeigt sich außerdem schon im Fall Österreich selbst – und zwar mit Blick auf die Reaktionen anderer Staaten auf die Regierungsbeteiligung der FPÖ: Abgesehen davon, dass sich zahlreiche weitere Staaten dem Vorgehen der „EU-Vierzehn" angeschlossen haben, wählten die USA und Israel darüber hinaus gar das noch schärfere Mittel der Abberufung ihrer Botschafter.[1269]

Nun mag man behaupten, es gehe hierbei bloß um Drittstaaten; von den 14 Mitgliedstaaten der Europäischen Union dagegen könne sich Österreich als fünfzehnter Mitgliedstaat nicht ohne weiteres abwenden und stattdessen intensive – gerade auch wirtschaftliche – Beziehungen zu anderen Staaten aufnehmen, weil schließlich die Außenhandelspolitik Kompetenz der EG und auch die allgemeine Außenpolitik in die intergouvernementale Zusammenarbeit der Union eingebunden sei. Österreich sei daher unweigerlich mit den „Vierzehn" verbunden, weshalb die „Gemeinsame Reaktion" die unzulässige Einmischung durch Androhung und Anwendung von Zwang darstelle.[1270]

Diese Überlegung übersieht jedoch, dass sich die drei Maßnahmen gerade nicht auf die multilateralen Beziehungen im Rahmen der Gemeinschaften und der Europäischen Union auswirken sollten. Zugegebenermaßen dürften sich in der Regel auch die rein bilateralen Beziehungen zwischen den EU-Partnerstaaten durch eine höhere Intensität auszeichnen als die zwischenstaatlichen Kontakte der Mitgliedstaaten zu beliebigen Drittstaaten. Auf der anderen Seite sieht die „Gemeinsame Reaktion" aber auch nicht den vollumfänglichen Abbruch „bilateraler" Beziehungen vor, sondern beschränkt dieselben nur auf die technische Ebene. Neben diplomatischen Unannehmlichkeiten und den damit verbundenen protokollarischen Herabsetzungen der österreichischen Bundesregierung sind ernst zu nehmende Schäden für die Republik Österreich – von Marginalien abgesehen – nicht zu erkennen.[1271] Die Maßnahmen entfalten mithin auch angesichts der von den 14 Mitgliedstaaten gewählten Intensität des Druckes keine Wirkungen, die eine Qualifikation als unzulässige Einmischung in innere Angelegenheiten eines souveränen Staates erlauben.[1272]

Diese Schlussfolgerung wird noch bestärkt, führt man sich den durch das Vorgehen letztendlich erzielten Erfolg vor Augen. Selbst wenn die „Vierzehn" tatsächlich gemeint hatten, mit ihrer Stellungnahme vom 31. Januar 2000 eine

---

1269 s. oben Erster Teil, S. 51 + 53; vgl. auch Tomuschat, Stichwort: Völkerrecht, in: Herzog/Kunst/Schlaich, Evangelisches Staatslexikon Bd. II, Sp. 3885: „Selbst der Lieferstopp (Ölembargo von 1974) wird [...] ohne weiteres als außenpolitische Waffe gehandhabt", ebenso („Hallstein-Doktrin") der Abbruch der diplomatischen Beziehungen oder Rundfunkpropaganda.

1270 so Stein, Kreuzzug gegen Österreich, S. 11.

1271 vgl. Rotter, Europäische Rundschau 2000/3, 28.

1272 ebenso H. Winkler/Schauer, Die Maßnahmen gegen Österreich, S. 132.

Regierungsbeteiligung der FPÖ verhindern zu können, so wurden sie schon kurze Zeit später – wie auch nicht anders zu erwarten – eines Besseren belehrt. Bereits am 4. Februar 2000 erfolgte die Ernennung der ÖVP-FPÖ-Bundesregierung.[1273] Aber auch mit ihrem Festhalten an einer implizit aufgestellten Forderung nach Beendigung der FPÖ-Regierungsbeteiligung wären sie gescheitert. Tatsache ist, dass die neue österreichische Bundesregierung bei der Aufhebung der Maßnahmen noch immer im Amt war.[1274]

Abschließend bleibt festzuhalten, dass nach allem ein Verstoß gegen das völkerrechtliche Interventionsverbot – bei aller Unsicherheit über dessen genauen Inhalt – abzulehnen ist.[1275] Die 14 EU-Mitgliedstaaten haben sich lediglich erlaubt, keine politischen bilateralen Beziehungen zu einer Regierung zu pflegen, die sie nicht schätzen.[1276]

1273 Immerhin haben sie erreicht, dass die beiden Regierungsparteien mit ihrer „Deklaration" vom 03.02.2000 dem Regierungsübereinkommen eine Präambel vorangestellt haben, in der sie sich zu allen Leitprinzipien der Europäischen Union ausdrücklich bekennen; s. nochmals oben Erster Teil, S. 48 und den vollen Wortlaut der Erklärung im Anhang S. 374 ff.

1274 vgl. hierzu auch Rotter, Europäische Rundschau 2000/3, 26 + 28.

1275 Auf den Gedanken einer Rechtfertigung der Intervention durch eine etwaige Zustimmung der damaligen österreichischen Staatsspitze zum Erlass der „Gemeinsamen Reaktion" kommt es mithin gar nicht mehr an. Doch abgesehen davon, dass sich hier eine solche „Intervention auf Einladung" nicht zweifellos nachweisen lässt, wäre ohnehin die Zustimmung zwischenzeitlich durch die neue Bundesregierung widerrufen worden und auch der österreichische Bundespräsident drängte alsbald auf die Aufhebung der Maßnahmen; vgl. Stein, Kreuzzug gegen Österreich, S. 11 f.; ausführlich zur Intervention auf Einladung der Regierung Nolte, Eingreifen auf Einladung.

1276 Unruh, EuR 2002, 44; Hummer/Obwexer, europa-blätter 2000, 55; dieselben, EuZW 2000, 490. Letztere halten die Vorgangsweise der „Vierzehn" jedoch im Lichte von regionalem völkerrechtlichem „soft law" für bedenklich, nämlich vor dem Hintergrund der KSZE-Schlussakte vom 01.08.1975 (abgedruckt in EA 17/1975, D 437 ff.) und der Charta von Paris für ein neues Europa vom 21.11.1990 (Erklärung des KSZE-Treffens der Staats- und Regierungschefs, abgedruckt in BullBReg. vom 24.11.1990, Nr. 137, S. 1409 ff. sowie in EA 24/1990, D 656 ff.) Darin haben sich die KSZE-(nunmehr OSZE-) Staaten verpflichtet, „[...] jeder direkten oder indirekten, individuellen oder kollektiven Einmischung in die inneren [...] Angelegenheiten" zu enthalten und weder militärische noch politische, wirtschaftliche oder sonstige Zwangsmaßnahmen zu setzen, „die darauf gerichtet sind, ihrem eigenen Interesse die Ausübung der Rechte eines anderen Teilnehmerstaates, die dessen Souveränität innewohnen, unterzuordnen und sich damit Vorteile irgendwelcher Art zu verschaffen". Dies erscheint allerdings insofern inkonsequent, als der Text des Interventionsverbotes in der Erklärung über zehn völkerrechtliche Prinzipien im ersten Abschnitt der KSZE-Schlussakte von Helsinki seinerseits im Wesentlichen der „Friendly Relations"-Deklaration folgt. Eine (negative) Abweichung des „Dekalogs" der KSZE von der „Friendly Relations"-Deklaration ist allein die Zulässigkeit der Hilfe (nur) an die ältere Regierung in Bür-

c) Exkurs: Völkerrechtliche Einordnung der Stellungnahme

Nachdem die Stellungnahme vom 31. Januar 2000 auch weder gegen Normen des allgemeinen Völkerrechts verstößt noch – soweit ersichtlich – irgendwelche besonderen völkerrechtlichen Verpflichtungen verletzt[1277], stellt sich jedoch die Frage, ob die Maßnahmen der 14 EU-Mitgliedstaaten gegen Österreich überhaupt als „Sanktionen" klassifiziert werden können.[1278] Gibt es eigentlich rechtlich indifferente Sanktionen? Hier geht es abermals um die Abgrenzung des Rechtlichen vom (bloß) Politischen. Im Folgenden soll nun eine Einordnung des Vorgehens in das völkerrechtliche Sanktionsregime versucht werden. Bei dieser Gelegenheit lassen sich zugleich dessen Vorgaben für „bilaterale" Maßnahmen der Mitgliedstaaten im Allgemeinen aufzeigen.

aa) Sanktionen des Völkerrechts

Der Begriff der „Sanktion" hat im Völkerrecht keinen festgefügten oder unstreitigen Inhalt.[1279] Im Anschluss an den allgemeinen Sanktionsbegriff[1280] geht es ausschließlich um Maßnahmen, die auf eine Völkerrechtsverletzung reagieren und darauf gerichtet sind, den verantwortlichen Staat mittels Zufügung von (Rechts-)Nachteilen zur Einstellung seines völkerrechtswidrigen Verhaltens anzuhalten.

Sanktionen sind demnach besondere Mittel zur Durchsetzung des Völkerrechts, aber mit diesen nicht identisch. Denn weder sind die Mechanismen der Durchsetzung immer auf „Repression" des Verletzers gerichtet – man denke an völkerrechtliche Inspektions- und Überwachungsverfahren – noch kennzeichnet sie durchwegs das sanktionstypische Element einseitiger Zufügung von (Rechts-)Nachteilen: so nicht bei der (schieds-)gerichtlichen Streitbeilegung und bei der Geltendmachung der internationalen Verantwortlichkeit.[1281] Nach dem hier zugrundegelegten Verständnis kann von einer Sanktion zudem nicht mehr

---

gerkriegen; vgl. dazu Neuhold, in: Neuhold/Hummer/Schreuer, Völkerrecht I, Rdnr. 1304 + 1375; derselbe, Die Prinzipien des „KSZE-Dekalogs" und der „Friendly-Relations-Deklaration" der UNO-Generalversammlung, S. 441.

1277 vgl. in diesem Zusammenhang den Vorbehalt der deutschen Bundesregierung in ihrer Antwort vom 09.03.2000 auf eine kleine Anfrage der PDS, BT-Drucksache 14/2881: „Die künftige Zusammenarbeit mit der österreichischen Regierung wird sich unter Achtung der Verpflichtungen aus bi- oder multilateralen Vereinbarungen an der in der Vorbemerkung zitierten Vereinbarung der 14 EU-Mitgliedstaaten ausrichten."

1278 zum fehlerhaften Terminus der „EU-Sanktionen" s. nochmals oben S. 155.

1279 Combacau, Sanctions, in: Bernhardt, EPIL IV, S. 311.

1280 vgl. Kindhäuser, Stichwort: Sanktion, in: Görres-Gesellschaft, Staatslexikon Bd. 4, Sp. 998 f.

1281 Schröder, in: Graf Vitzthum, Völkerrecht, 7. Abschn., Rdnr. 99.

die Rede sein, wenn das betroffene Völkerrechtssubjekt die Völkerrechtsverletzung selbst beseitigt. Deshalb besteht auch keine völlige Deckungsgleichheit mit einzelstaatlichen Maßnahmen der Selbsthilfe im Sinne des einseitigen Schutzes oder der einseitigen Durchsetzung von Rechtspositionen.[1282]

In der Praxis ist das konkrete Erscheinungsbild der Sanktionen variantenreich. Völkergewohnheitsrechtlich ist von wesentlicher Bedeutung für ihre Einordnung und Beurteilung, ob eine Sanktion ihrerseits eine Völkerrechtsverletzung verwirklicht oder ob die betreffende Maßnahme in einem völkerrechtlich zulässigen Akt besteht.[1283]

(1) Die Repressalie

Reagiert der von einem Völkerrechtsverstoß betroffene Staat mittels eines Eingriffs in die Rechte des Verletzers, handelt es sich typischerweise um die Sanktion in Gestalt einer Repressalie.[1284] Die Repressalie ist damit – isoliert betrachtet – die Vornahme eines vom Völkerrecht verbotenen Aktes, der aber als Antwort auf eine ebensolche Rechtsverletzung gerechtfertigt ist; sie löst daher selbst keine Staatenverantwortlichkeit aus.[1285] Repressalien haben den Zweck, den ur-

1282 so überzeugend Combacau, Sanctions, in: Bernhardt, EPIL IV, 313. Ein Überblick über die staatlichen Selbsthilfemaßnahmen findet sich bei Bryde, Self-Help, in: Bernhardt, EPIL IV, S. 377 ff. In jüngerer Zeit gibt es prinzipielle Vorbehalte gegen den Sanktionsbegriff. In Übereinstimmung mit neueren Entscheidungen internationaler Gerichte und den Beratungen der ILC zur Staatenverantwortlichkeit sei es angemessener, anstelle des Begriffs „Sanktion" den der „Gegenmaßnahme" (countermeasure) zu verwenden; eingehend dazu Schröder, in: Graf Vitzthum, Völkerrecht, 7. Abschn., Rdnr. 101 f.

1283 vgl. Schröder, in: Graf Vitzthum, Völkerrecht, 7. Abschn., Rdnr. 103 f.

1284 allgemein dazu Partsch, Reprisals, in: Bernhardt, EPIL IV, S. 200 ff.

1285 Ob diese Rechtsverletzung spezifisch gegen jenen Staat gerichtet gewesen sein muss, der auf sie reagiert, hängt davon ab, ob man die völkerrechtlichen Beziehungen als grundsätzlich bilateral ansieht, oder ob man vertritt, dass das internationale Gemeinwohl ein Verständnis der internationalen Gemeinschaft als Rechtsgemeinschaft mit allen daraus resultierenden notwendigen Rechten und Pflichten ihrer Glieder unabweislich macht. Der ersteren Auffassung neigt jene Richtung zu, die dem Reziprozitätselement im Völkerrecht besondere Bedeutung beimisst. Heute setzt sich aber mehr und mehr jene Auffassung durch, die Pflichten der Staaten erga omnes annimmt; solchen Pflichten korrespondiert aber das Recht jeden Staates, zur Durchsetzung dieser Pflichten die notwendigen Maßnahmen zu ergreifen; s. Frowein, FS für Mosler, 1983, S. 258 f. Eine zumindest indirekte Bestätigung dieses Ansatzes findet sich in Art. 51 UN-Charta, weil dort nicht nur das individuelle, sondern auch das kollektive Recht auf Selbstverteidigung und damit im Grundsatz anerkannt ist, dass Rechtsverletzungen gegen einen Staat allen anderen das Recht gibt, dagegen aufzutreten und für die Achtung der Rechtsordnung zu sorgen. In jedem Fall hängt die Gestattung von Repressasprünglichen Rechtsverletzer entweder zur Beendigung seines völkerrechtswidrigen Verhaltens und zur Leistung von Wiedergutmachung oder zur Abstandnahme von künftigen Rechtsverletzungen zu bewegen.[1286]

Das Ergreifen einer Repressalie setzt eine mindestens begonnene Verletzung des Völkerrechts voraus und kann deshalb nach überwiegender Ansicht nicht „vorbeugend" gegen Verletzungen eingesetzt werden.[1287] Darüber hinaus hat ihrer Durchführung eine Ankündigung vorauszugehen, die dem Rechtsbrecher die Chance gibt, sein rechtswidriges Verhalten einzustellen.[1288] Als Mittel steht neben Rechtseingriffen auch die Unterlassung rechtlich gebotener Handlungen zur Verfügung.[1289]

Wegen der in jeder Repressalie enthaltenen Gefahr des Exzesses gibt es eine Reihe von Einschränkungen. Zunächst sind Repressalien nur solange zulässig, bis ihr Zweck erreicht wurde.[1290]

Im Grundsatz unstreitig ist ebenso, dass die Repressalie verhältnismäßig sein muss.[1291] Sie darf keinen Schaden anrichten, der zu dem von der ursprünglichen Rechtsverletzung verursachten außer Verhältnis steht. Das Verhältnismäßigkeitsprinzip schließt jedoch nicht aus, dass ein Staat eine Maßnahme auswählt, die die bilateralen Beziehungen auf einem völlig anderen Feld gestaltet als der vorausgegangene Rechtsverstoß.[1292]

---

lien durch dritte Staaten im Falle einer Verletzung von erga omnes-Pflichten aber von einer sorgfältigen Einzelfallprüfung ab; vgl. hierzu H. Fischer, in: K. Ipsen, Völkerrecht, § 59, Rdnr. 46; Köck/Hintersteininger, Sanktionen gegen Österreich, S. 497, Fn. 73.

1286 vgl. Verdross, Völkerrecht, S. 425; H. Fischer, in: K. Ipsen, Völkerrecht, § 59, Rdnr. 45; eingehend Zemanek, in: Neuhold/Hummer/Schreuer, Völkerrecht I, Rdnr. 2533 f. Nach Zemanek, ZaöRV 47 (1987), 35, sind Repressalien gar erst zulässig, wenn sekundäre Pflichten verletzt wurden: „[...] the law permits infringements of otherwise internationally protected rights of another State as a consequence of the latter having violated a secondary international right of the State undertaking the reprisal."

1287 vgl. Partsch, Reprisals, in: Bernhardt, EPIL IV, S. 201; Schröder, in: Graf Vitzthum, Völkerrecht, 7. Abschn., Rdnr. 111; so jetzt auch der IGH im „Gabcíkovo-Nagymaros"-Fall, ICJ Rep. 1997, 7, 83; weiterführend, Klein, Gegenmaßnahmen, S. 47.

1288 H. Fischer, in: K. Ipsen, Völkerrecht, § 59, Rdnr. 45; eingehend und m.w.N. Marschik, Subsysteme im Völkerrecht, S. 294.

1289 Schröder, in: Graf Vitzthum, Völkerrecht, 7. Abschn., Rdnr. 111.

1290 H. Fischer, in: K. Ipsen, Völkerrecht, § 59, Rdnr. 45; Zemanek, in: Neuhold/Hummer/Schreuer, Völkerrecht I, Rdnr. 2541.

1291 Dies hat das Schiedsgericht im „Naulilaa"-Fall, RIAA II, 1028, befunden; dazu P. Fischer/Köck, Allgemeines Völkerrecht, S. 273 f.

1292 H. Fischer, in: K. Ipsen, Völkerrecht, § 59, Rdnr. 45; zu Problemen bei der Bestimmung der Proportionalität s. Zemanek, ZaöRV 47 (1987), 42; Schröder, in: Graf Vitzthum, Völkerrecht, 7. Abschn., Rdnr. 111 mit vielen weiteren Nachweisen.

Weiterhin darf nicht jede Norm in Ausübung des Repressalienrechts verletzt werden. Sogenannte Repressalienverbote gelten für die Normen des ius cogens, weil diese der Disposition der einzelnen Staaten entzogen sind. Insofern ist vor allem durch das in Art. 2 Nr. 4 UN-Charta verankerte umfassende Gewaltverbot der Anwendungsspielraum für Repressalien stark eingeschränkt worden. Sie müssen sich folglich auf Eingriffe in wirtschaftliche und politische Rechte beschränken.[1293] Demgemäß ist auch zwischen den EU-Mitgliedstaaten die Anwendung von Gewalt als Repressalie immer unzulässig.[1294]

Gleichermaßen dürfen Repressalien nicht in Normen eingreifen, die Personen schützen. Daraus könnte man ableiten, dass eine Repressalie, die die Gemeinschaftsverträge verletzt, ebenfalls stets unzulässig ist, da das Gemeinschaftsrecht durch seine direkte Wirkung immer auch Privaten zugute kommt. Es ist allerdings fraglich, ob der Schutz wirtschaftlicher Rechte – und in solche würde eine „EG-Repressalie" in erster Linie eingreifen – vorliegend erfasst wird. So ist der Zweck des erhöhten Schutzes dieser Normen vor Repressalien doch die Sorge um Leben und Gesundheit der Person, aber nicht jene um ihre wirtschaftlichen Rechte.[1295] Sofern die Rechte von Staatsangehörigen des verletzenden Staates Objekt der Gegenmaßnahme sind, darf sie demnach lediglich nicht in völkerrechtlich geschützte Menschenrechte oder in humanitätsrechtliche Abkommen eingreifen.[1296]

Einer – allerdings eher theoretischen – Beschränkung unterliegt die Ausübung von Repressalien schließlich auch als Reaktion auf Völkerrechtsverstöße gegen Normen, die Bestandteil eines geschlossenen Systems („self-contained régime") sind, da dieses eigene – und zwar ausschließliche – Sanktionsvorschriften enthält. Der IGH hat im „Teheraner Geisel"-Fall die völkerrechtlichen Normen, die die rechtliche Sonderstellung diplomatischer und konsularischer Vertreter schützen, als geschlossenes System bezeichnet.[1297] Diese Entscheidung wurde so interpretiert, dass ein generelles Repressalienrecht nicht mehr zur Anwendung gelangen kann, wenn für einen bestimmten Regelungsbereich des Völkerrechts die Reaktionsmuster auf Rechtsverstöße abschließend festgelegt sind.[1298]

1293 Zemanek, in: Neuhold/Hummer/Schreuer, Völkerrecht I, Rdnr. 2541; P. Fischer/Köck, Allgemeines Völkerrecht, S. 274.

1294 ebenso Marschik, Subsysteme im Völkerrecht, S. 295.

1295 ebenda.

1296 vgl. Zemanek, in: Neuhold/Hummer/Schreuer, Völkerrecht I, Rdnr. 2541; P. Fischer/Köck, Allgemeines Völkerrecht, S. 274.

1297 United States Diplomatic and Consular Staff in Tehran (United States of America v. Iran), ICJ Rep. 1980, 3, 41.

1298 vgl. H. Fischer, in: K. Ipsen, Völkerrecht, § 59, Rdnr. 47; Zemanek, in: Neuhold/Hummer/Schreuer, Völkerrecht I, Rdnr. 2541.

Bedenken gegen den Ausschluss von Repressalien bei den sog. „self-contained régimes“ lassen sich vornehmlich aus zwei Gründen geltend machen. Zum einen ist aus rechtspolitischer Sicht gefragt worden, ob auch bei den mit Sanktionsmechanismen und Streitbeilegungsmöglichkeiten ausgestatteten „self-contained régimes“ systematische und andauernde Rechtsverstöße im Widerspruch zu Gerichts- und Streitbeilegungsentscheidungen die von dem Rechtsbruch betroffenen Staaten von dem Einsatz von Repressalien abhalten würde. Zum anderen ist auf die erheblichen Schwierigkeiten der Bestimmung eines „self-contained régimes“ und der Feststellung der Ausschließlichkeit der dort ausdrücklich festgelegten oder implizit geregelten Reaktionsmöglichkeiten hingewiesen worden.[1299] Dementsprechend sind außer dem Diplomatenrecht auch keine weiteren geschlossenen Systeme belegt bzw. anerkannt.[1300] Dass das Konzept des „self-contained régime“ insbesondere für die Rechtsordnung der Europäischen Union keine eindeutigen Schranken für Repressalien liefert, wurde bereits eingehend untersucht.[1301]

Nicht zuletzt muss sich die Repressalie gegen Rechtsgüter des verletzenden Staates richten und darf Rechte dritter Staaten nicht beeinträchtigen.[1302] Dies kommt vor allem bei multilateralen Verträgen zum Tragen.

An dieser Stelle bilden die Gründungsverträge eine einschneidende Grenze beim Ergreifen von Repressalien: Speziell in den Europäischen Gemeinschaften sind die wirtschaftlichen Beziehungen der Mitgliedstaaten stark miteinander verflochten. Eine Repressalie, die in Form einer Vertragsverletzung gegen einen Mitgliedstaat erhoben wird, greift nahezu zwangsläufig auch in Rechte dritter Mitgliedstaaten ein. Ohne eine erschöpfende Prüfung vorzunehmen, liegt der Schluss nahe, dass Repressalien, die eine Verletzung der Gemeinschaftsverträge darstellen, faktisch ausgeschlossen sind. Eine Ausnahme dürfte allenfalls dann vorliegen, wenn die anderen Mitgliedstaaten dem Eingriff in ihre Rechte zustimmen.[1303] Eine weitere Ausnahme wird man zudem – analog Art. 60 Abs. 2 WVK – bei besonders gravierenden Rechtsverletzungen annehmen müssen.[1304]

1299 so H. Fischer, in: K. Ipsen, Völkerrecht, § 59, Rdnr. 47; dazu Zemanek, ZaöRV 1987, 41. Malanczuk, ZaöRV 45 (1985), 321, übernimmt zwar die Bedingung betreffend „self-contained régimes“ wie sie die ILC in ihrem Entwurf zur Staatenverantwortlichkeit formuliert hat, ist jedoch – was das Konzept von „self-contained régimes“ angeht – in seiner Evaluierung ebenfalls sehr zurückhaltend; vgl. aber auch Pernthaler/Hilpold, integration 2000, 106.

1300 vgl. Zemanek, in: Neuhold/Hummer/Schreuer, Völkerrecht I, Rdnr. 2541.

1301 s. oben S. 212 ff.; sehr ausführlich zum Ganzen Marschik, Subsysteme im Völkerrecht, S. 296.

1302 vgl. Schröder, in: Graf Vitzthum, Völkerrecht, 7. Abschn, Rdnr. 111; Zemanek, in: Neuhold/Hummer/Schreuer, Völkerrecht I, Rdnr. 2541.

1303 wie hier Marschik, Subsysteme im Völkerrecht, S. 296 f.

1304 so auch Simma, NYIL 16 (1985), 128.

In diesem Fall erscheint der Verletzte schutzwürdiger als die übrigen Vertragsparteien.[1305]

Ein generelles Verbot von Repressalien, die in Rechte des Verletzers aus den Gründungsverträgen eingreifen, lässt sich abgesehen davon auch aus folgender Überlegung herleiten: Um eine Umgehung der mit der Aufnahme des Art. 7 EUV in das geschriebene Primärrecht verfolgten Ziele zu vermeiden, ergibt sich aus dem Grundsatz der Unionstreue, dass die Mitgliedstaaten sämtliche Maßnahmen gleicher Wirkung wie die im Rahmen des Art. 7 EUV vorgesehenen Sanktionen zu unterlassen haben. Deshalb ist es den Mitgliedstaaten nicht nur untersagt, ausdrücklich irgendwelche aus der Mitgliedschaft in der Europäischen Union fließenden Rechte des betroffenen Staates zu suspendieren; ebenso wenig darf ein „bilaterales" Vorgehen eine bloß mittelbare Beeinträchtigung von Vertragsrechten zur Folge haben.[1306] Eine Repressalie gegen einen Mitgliedstaat in Gestalt einer Vertragsverletzung würde letztlich jedoch nichts anderes bedeuten als die von Art. 7 Abs. 2 EUV vorgesehene Aussetzung von Mitgliedschaftsrechten. Im Ergebnis können die Mitgliedstaaten daher völkerrechtliche Maßnahmen, die in der Verletzung von EU-Recht bestehen, grundsätzlich nicht als Repressalien rechtfertigen. Da die EU-Mitgliedstaaten aber den ganz überwiegenden Teil ihrer untereinander bestehenden zwischenstaatlichen Beziehungen innerhalb der Europäischen Union wahrnehmen, bleiben demzufolge kaum Rechtsnormen, deren Verletzung im Rahmen einer Repressalie möglich erscheint.

(2) Die Retorsion

Im Gegensatz zur Repressalie ist die Retorsion eine Maßnahme, die an und für sich völkerrechtlich erlaubt ist, die aber von dem anderen Staat als unfreundlicher Akt empfunden wird, ja, empfunden werden soll.[1307] Unfreundlich ist ein völkerrechtlich nicht verbotener Akt dann, wenn er dem Zustand guter Beziehungen zwischen den Staaten nicht entspricht.[1308] Beispiele sind die Einstellung nur einseitig gewährter, d.h. nicht vertraglich versprochener Entwicklungshilfe,

1305 Marschik, Subsysteme im Völkerrecht, S. 297.

1306 ausführlich dazu oben S. 221 ff.

1307 vgl. Seidl-Hohenveldern/Stein, Völkerrecht, Rdnr. 1775; Partsch, Retorsion, in: Bernhardt, EPIL IV, S. 232 f.

1308 Zemanek, in: Neuhold/Hummer/Schreuer, Völkerrecht I, Rdnr. 2536; vgl. auch Weber, Unfriendly Act, in: Bernhardt, EPIL IV, S. 1011 ff.

die Verhängung einer Einreisesperre und insbesondere die Reduzierung diplomatischer Beziehungen in ihrem Niveau bzw. deren Abbruch.[1309]

Jene Maßnahmen können somit von ihrem Inhalt her auch außerhalb des Kontextes der Sanktionierung beliebig ergriffen werden. Der Unterschied liegt darin, dass sie dort nicht als „Retorsion“ zur Vergeltung eines vorangegangenen unfreundlichen Verhaltens gesetzt werden, sondern allein als „unfreundlicher Akt“. Von Bedeutung ist demnach der Zweck der Maßnahme: Eine Retorsion soll in der Regel einen anderen Staat zur Beendigung seines unfreundlichen Verhaltens bewegen, ein unfreundlicher Akt dient dagegen als politisches statement.[1310]

Für die Retorsion ist charakteristisch, dass sich die beteiligten Streitparteien noch im Bereich des völkerrechtlich Erlaubten befinden. Insofern sind Retorsionen streng genommen keine rechtlichen Sanktionen. Sie können diese Funktion aber übernehmen und eine völkerrechtliche Unrechtsfolge darstellen, wenn ein Staat eine Völkerrechtsverletzung bloß mit einem unfreundlichen Akt beantwortet.[1311]

Dennoch werden Retorsionen in der Wissenschaft gelegentlich aus dem völkerrechtlichen Sanktionsregime ausgegliedert.[1312] Diese Ansicht ist insoweit begründet, als Retorsionen keine Gegenmaßnahmen im traditionellen Sinn darstellen, da sie nicht in ein Recht des Verletzers eingreifen. Die Maßnahme kann inhaltlich – als unfreundlicher Akt – unabhängig von einer Rechtsverletzung gesetzt werden. Eine besondere Rechtfertigung einer Retorsionsmaßnahme ist folglich nicht notwendig.

Dabei wird jedoch übersehen, dass die Staatenverantwortlichkeit verschiedene Mittel zur Durchsetzung von Ansprüchen aus Rechtsverletzungen kennt. Rechtsdurchsetzung verlangt an sich keinen Eingriff in ein Recht des Verletzers, auch mit „weichen Mitteln“ kann auf eine Rechtsverletzung reagiert werden. Im

---

1309 s. etwa Zemanek, in: Neuhold/Hummer/Schreuer, Völkerrecht I, Rdnr. 2536; H. Fischer, in: K. Ipsen, Völkerrecht, § 59, Rdnr. 44; Verdross, Völkerrecht, S. 425; Verdross/Simma, Universelles Völkerrecht, § 1335.

1310 vgl. Verdross, Völkerrecht, S. 425; Verdross/Simma, Universelles Völkerrecht, § 1335; P. Fischer/Köck, Allgemeines Völkerrecht, S. 272; Zemanek, in: Neuhold/Hummer/Schreuer, Völkerrecht I, Rdnr. 2536; ähnlich Marschik, Subsysteme im Völkerrecht, S. 297.

1311 vgl. hierzu Verdross, Völkerrecht, S. 425; Verdross/Simma, Universelles Völkerrecht, § 1335; P. Fischer/Köck, Allgemeines Völkerrecht, S. 272 f.; Zemanek, in: Neuhold/Hummer/Schreuer, Völkerrecht I, Rdnr. 2536.

1312 s. Dahm, Völkerrecht II, S. 436; Zemanek, ZaöRV 47 (1987), 35. In einer späteren Publikation bezeichnet Zemanek Retorsionen als Gegenmaßnahmen, wenngleich eingeschränkt: „Da Retorsionen aber im rechtsfreien Raum Platz greifen, sind sie keine rechtlichen Sanktionen.“; vgl. Zemanek, in: Neuhold/Hummer/Schreuer, Völkerrecht I, Rdnr. 2389.

Hinblick auf die friedlichen Beziehungen der Staaten sollten Retorsionen daher nicht vollends aus dem Kompendium an Maßnahmen zur Rechtsdurchsetzung ausgeschlossen werden.[1313]

Gerade weil mit ihnen kein legitimationsbedürftiger Rechtseingriff verbunden ist, sind Retorsionen in der Staatenpraxis ein beliebtes, aber auch effektives Mittel zur Rechtsdurchsetzung.[1314] Sie müssen weder verhältnismäßig sein noch bedürfen sie einer vorherigen Ankündigung an den betroffenen Staat.[1315] Vor allem die Nachteilszufügung im Bereich internationaler Wirtschaftsbeziehungen kann ausgesprochen empfindliche Auswirkungen haben – etwa das vollständige oder teilweise Verbot bestimmter Außenwirtschaftsgeschäfte mit fremden Wirtschaftsgebieten (Embargomaßnahmen)[1316], Importbeschränkungen, Aussetzung oder Beendigung freiwilliger Entwicklungshilfe oder der Nichtabschluss bzw. die Nichtverlängerung wirtschaftlich bedeutsamer Verträge.[1317] So gesehen ist

---

1313 ausführlich Marschik, Subsysteme im Völkerrecht, S. 298 f. Vor diesem Hintergrund mag die Retorsion als Sanktion im weiteren Sinne, also der Beantwortung eines nicht notwendigerweise rechtsverletzenden, wenngleich doch unfreundlichen Aktes durch einen ebenso unfreundlichen angesehen werden, während unter einer Sanktion im engeren Sinne oder eigentlichen Sanktion die Beantwortung einer Rechtsverletzung durch eine ebensolche zu verstehen ist; so auch Köck/Hintersteininger, Sanktionen gegen Österreich, S. 498. In der Lehre werden manchmal auch Suspendierungen im Rahmen der Staatenverantwortlichkeit zu den Sanktionsmaßnahmen gezählt. Dies ist aber nur zum Teil zutreffend: Eine sanktionsmäßige, rechtswidrige Suspension stellt eine Repressalie dar; rechtmäßige Suspendierungen nach Art. 57 ff. WVK können zwar materiell der Rechtsdurchsetzung dienen, sie sind jedoch vertragsrechtliche Verletzungsfolgen, die nicht zur Staatenverantwortlichkeit zählen. Zu den vertragsrechtlichen Suspendierungen in Bezug auf EU-Recht s. oben S. 104 ff. Gelegentlich wird auch die Reziprozitätsmaßnahme als eigene Sekundärmaßnahme bezeichnet: Einer Rechtsverletzung wird durch eine spiegelgleiche Rechtsverletzung begegnet; vgl. Zoller, Peacetime Unilateral Remedies, S. 15; Zemanek, in: Neuhold/Hummer/Schreuer, Völkerrecht I, Rdnr. 2537 ff. Die reziproke Maßnahme ist aber keine eigene Gattung von Gegenmaßnahmen, sondern kann entweder eine Repressalie oder eine Retorsion sein. Es mag zunächst verwundern, dass auch eine Retorsion reziprok sein kann, ist hier der auslösende Akt doch eine Völkerrechtsverletzung. Es kann jedoch das gleiche Verhalten einer Partei verboten, der anderen aber gestattet sein. Letztere kann die Maßnahme daher als spiegelgleiche, aber rechtmäßige Maßnahme auf die Rechtsverletzung setzen. Reziproke Maßnahmen haben generell nur dann Sinn, wenn beide Parteien ein gleiches Interesse an der Einhaltung der Verpflichtung haben; vgl. Marschik, Subsysteme im Völkerrecht, S. 293, Fn. 102; Malanczuk, ZaöRV 45 (1985), 315 f.

1314 vgl. Malanczuk, ZaöRV 45 (1985), 300 f.; Partsch, Retorsion, in: Bernhardt, EPIL IV, S. 232 f.; Schröder, in: Graf Vitzthum, Völkerrecht, 7. Abschn., Rdnr. 104.

1315 H. Fischer, in: K. Ipsen, Völkerrecht, § 59, Rdnr. 44.

1316 dazu Kausch, Boycott, in: Bernhardt, EPIL I, S. 485 ff.

1317 s. Schröder, in: Graf Vitzthum, Völkerrecht, 7. Abschn., Rdnr. 104; Tomuschat, ZaöRV 33 (1973), 184 f.; Malanczuk, ZaöRV 45 (1985), 300.

auch die Einschätzung der Retorsion als mildestes Mittel der Selbsthilfe problematisch.[1318]

In diesem Zusammenhang sollte die Möglichkeit von Retorsionsmaßnahmen zwischen den Mitgliedstaaten der EU nicht unterschätzt werden. Zwar ist deren Ergreifen lediglich in den durch die Unionstreue gezogenen Grenzen zulässig, was besonders auf wirtschaftlichem Gebiet zu erheblichen Einschränkungen führt.[1319] Doch spielen auch darüber hinaus in der Europäischen Union gute und freundschaftliche Beziehungen eine große Rolle. Jeder Mitgliedstaat braucht, möchte er seine nationalen Interessen wahren, Partner und Verbündete in den Verhandlungen im Rat.

Als politisches statement ist ein unfreundlicher Akt daher ein schwerwiegendes politisches Angriffsmittel. Durch Ergreifen einer Retorsionsmaßnahme macht der Mitgliedstaat zudem deutlich, dass er die Maßnahme nur setzt, um eine bereits erfolgte Rechtsverletzung zu ahnden, und dass er dies solange tun wird, bis die Rechtsverletzung wieder ausgeglichen wurde. Retorsionen können deshalb durchaus taugliche Mittel zur Durchsetzung von EU-Recht sein, insbesondere wenn man bedenkt, dass die Mitgliedstaaten der Union nur sehr eingeschränkte Möglichkeiten haben, Repressalien zu setzen.[1320]

bb) Die Stellungnahme als Repressalie?

Aus dem Text der Stellungnahme der portugiesischen Präsidentschaft vom 31. Januar 2000 gehen keine Anhaltspunkte hervor, die auf das Ergreifen von Repressalien gegen Österreich schließen lassen. Ganz im Gegenteil: Die 14 EU-Mitgliedstaaten mussten alles daran setzen, dass die „Gemeinsame Reaktion" gerade nicht als Repressalie in Erscheinung tritt. Für die Zulässigkeit einer Repressalie fehlte nämlich schon der vorangegangene Eingriff Österreichs in ein

---

1318 so aber Verdross, Völkerrecht, S. 425; P. Fischer/Köck, Allgemeines Völkerrecht, S. 272 f.; zutreffend dagegen Malanczuk, ZaöRV 45 (1985), 301; Klein, Gegenmaßnahmen, S. 44; Schröder, in: Graf Vitzthum, Völkerrecht, 7. Abschn., Rdnr. 104.

1319 Zu weit geht allerdings Schmahl, EuR 2000, 833, Fn. 102, wenn sie für den Fall der Retorsion sogar die Bindung an den Grundsatz der Verhältnismäßigkeit bejaht, da die enge Verflechtung der Mitgliedstaaten im Rahmen der Union und der Gemeinschaften es notwendig erscheinen lasse, dass auch „unfreundliche Akte" gegenüber einem anderen Mitgliedstaat dann nicht mehr als rechtmäßig angesehen werden können, wenn sie das Verhältnismäßigkeitsprinzip verletzen. Nach hier vertretener Ansicht gilt der unionsrechtliche Grundsatz der Verhältnismäßigkeit aber gerade nicht im Verhältnis der Mitgliedstaaten untereinander; s. oben S. 264 ff. + 286 ff. Allgemein zur Zulässigkeit von Retorsionen innerhalb und außerhalb der EG auch Bleckmann, DÖV 1978, 393 f.

1320 Marschik, Subsysteme im Völkerrecht, S. 299 f.; s. auch nochmals oben S. 324 f.

geschütztes Rechtsgut der übrigen 14 Mitgliedstaaten. Selbst die schärfsten Kritiker der ÖVP-FPÖ-Regierungskoalition haben nie den Versuch unternommen, die Verletzung irgendeiner Rechtsnorm durch die neue österreichische Bundesregierung nachzuweisen.

Zwar ist es durchaus vertretbar, dass die überwiegende Mehrheit der EU-Mitgliedstaaten in der politischen Entwicklung Österreichs eine Gefährdung grundlegender demokratischer Prinzipien im Rechtsraum der Europäischen Union sah. Da die Repressalie jedoch eine vollendete Rechtsverletzung der anderen Seite zur Voraussetzung hat, darf in die Rechte eines Staates wegen dessen Politik, solange dieselbe keinen Niederschlag in einem rechtsverletzenden Verhalten gefunden hat, nicht eingegriffen werden. Eine antizipative Repressalie ist unzulässig. Zur Durchsetzung einer bestimmten Politik gegen einen Staat, der zwar eine andere Politik verfolgt, damit aber noch keine Rechtsverletzung verwirklicht, eignet sich die Repressalie mithin nicht. Eine Sanktion in Form der Repressalie wäre daher in einem solchen Fall nicht gerechtfertigt und somit rechtlich untersagt.[1321]

Abgesehen davon sind im Raum der Europäischen Union schwerlich wechselseitige Verletzungen von völkerrechtlich geschützten Rechten zwischen den Mitgliedstaaten denkbar, die nicht gleichzeitig direkt oder indirekt gemeinschaftsrechtliche Verpflichtungen verletzen würden und die damit – wie oben gezeigt – für unilaterale Maßnahmen in Gestalt der Repressalie überhaupt noch offen stehen. Das Ansinnen der „EU-Vierzehn" musste deshalb darauf ausgerichtet sein, in einem Raum zu operieren, der sowohl aus völkerrechtlicher als auch aus europarechtlicher Perspektive als regelungsfrei zu erachten ist.[1322] Dementsprechend ergab auch die bisherige Prüfung, dass das Vorgehen gegen Österreich – bei abstrakter Betrachtung – weder gegen eu-rechtliche noch gegen völkerrechtliche Normen verstößt.[1323]

cc) Die Stellungnahme als Retorsion?

Selbst wenn man vertritt, dass sich das Vorgehen der „EU-Vierzehn" gegen Österreich im Rahmen des rechtlich Zulässigen bewegt, können sich die Maßnah-

1321 vgl. auch Pernthaler/Hilpold, integration 2000, 106 sowie Köck/Hintersteininger, Sanktionen gegen Österreich, S. 498 ff.

1322 im Ergebnis ebenso Pernthaler/Hilpold, integration 2000, 106 f.

1323 Sofern aber bei der Umsetzung der Maßnahmen der „Vierzehn" im konkreten Einzelfall in Rechte Österreichs aus dem EU- oder EG-Vertrag eingegriffen wurde, lag mithin eine Verletzung dieser Verträge vor. Insoweit sind die „Sanktionen" nicht als rechtlich neutral, sondern vielmehr als ungerechtfertigte Rechtsverletzungen zu qualifizieren.

men aber zumindest einer Qualifikation als unfreundliche Akte nicht entziehen. Das wurde von den 14 Mitgliedstaaten auch gar nicht bestritten, sondern war erklärtermaßen sogar intendiert: Durch zwischenstaatliche Unfreundlichkeiten sollte auf das EU-Mitglied Österreich Druck ausgeübt werden.[1324] Der Charakter von Retorsionen kommt diesen unfreundlichen Akten jedoch allein dann zu, wenn sie sich als Antwort auf ein zuvor gesetztes zumindest unfreundliches Verhalten von Seiten Österreichs darstellen.

Davon ausgehend stellt sich daher die Frage, ob die Regierungsbeteiligung der FPÖ als unfreundlicher Akt Österreichs gegenüber den übrigen EU-Mitgliedstaaten gewertet werden kann, der es rechtfertigt, gegenüber Österreich Retorsionen zu ergreifen. Ein solcher unfreundlicher Akt läge nur in dem Fall vor, dass durch die Regierungsbeteiligung der FPÖ die Beziehungen zwischen Österreich und den anderen EU-Mitgliedstaaten in irgendeiner relevanten Weise negativ betroffen wären.

Grundsätzlich können innenpolitische Vorgänge in einem EU-Mitgliedstaat, die nicht den Rahmen des freiheitlich-demokratischen Rechtsstaats sprengen, sondern den anderen EU-Mitgliedstaaten lediglich politisch bedenklich erscheinen, nicht als unfreundlicher Akt gegen dieselben angesehen werden.[1325] Insbesondere ein von den anderen Mitgliedstaaten missbilligter politischer Stil oder Inhalt politischer Aussagen ist – wenn diese Aussagen nicht schon per se geeignet sind, „Grundwerte" oder sonstige Normen des EU-Rechts zu verletzen oder die anderen EU-Mitglieder zu affrondieren[1326] – weder eine Rechtsverletzung

1324 vgl. Köck/Hintersteininger, Sanktionen gegen Österreich, S. 499.

1325 so auch Köck/Hintersteininger, Sanktionen gegen Österreich, S. 500.

1326 In diesem Zusammenhang ist darauf hinzuweisen, dass einem Staat, sofern es um deliktisches oder zumindest unfreundliches Verhalten geht, grundsätzlich nur das Handeln seiner Organe zurechenbar ist. Doch müssen diese auch dafür sorgen, Handlungen oder Äußerungen, die zwar kein Organhandeln darstellen, aber dennoch geeignet sind, andere Staaten zu verletzen oder zu beleidigen, abzustellen und gegebenenfalls zu ahnden. Im Falle des Unterlassens muss sich der Staat so behandeln lassen, als ob er jenes Verhalten selbst verursacht hätte. Allerdings ist kein Staat verpflichtet, Maßnahmen zu ergreifen, die ihrerseits in Grund- und Freiheitsrechte, vor allem das Recht auf freie Meinungsäußerung, eingreifen. Insbesondere für die Kritik an Politikern hat der EGMR ein großes Maß an Freiheit für unabdingbar angesehen, weil eine solche Kritik dem öffentlichen Interesse der Kontrolle der Mächtigen dient. Im Fall „Lingens" (1986), A. 103, 42, kam dies wie folgt zum Ausdruck: „[...] freedom of political debate is at the very core of the concept of a democratic society which prevails throughout the Convention. The limits of acceptable criticism are accordingly wider as regards a politician as such than as regards a private individual. Unlike the latter, the former inevitably and knowingly lays himself open to close scrutiny of his every word and deed by both journalists and the public at large, and he must consequently display a greater degree of tolerance. No doubt Article 10 para. 2 enables the reputation of others – that is to say, of all individuals – to be protected, and this protection extends noch ein unfreundlicher Akt. Jede andere Auffassung wäre mit dem weltanschaulichen Pluralismus, der vom freiheitlichen Rechtsstaat gerade garantiert werden soll, nicht zu vereinbaren. Dagegen kann auch nicht eingewendet werden, dass es sich um einen politischen Stil bzw. politischen Inhalt handele, den doch jeder anständige Mensch ablehnen müsse und der auch tatsächlich von der großen Mehrheit nicht goutiert würde. Denn es gehört gerade zum Wesen des freiheitlichen Rechtsstaates, dass er auch und vor allem die Meinung der Minderheit schützt, selbst wenn sie von der Mehrheit nicht geteilt wird.[1327]

Vor diesem Hintergrund ergibt sich gleichsam aus der Überlegung, die darauf abstellt, dass die Zusammensetzung der österreichischen Regierung schließlich von unmittelbarem Einfluss auf die Zusammensetzung des europäischen Rechtsnormerzeugungsorgans – des aus Vertretern der Regierungen der Mitgliedstaaten gebildeten Rates der EU – ist, nichts anderes.[1328] Zwar mag der österreichische Regierungsvertreter im Organ Rat – das nur indirekt über dessen Verantwortlichkeit seinem nationalen Parlament gegenüber demokratisch legitimiert ist – in diesem Sinne keine „erwünschte“ (nationale) Legitimität mit in die EU einbringen, wenn er sich dabei auf eine ihn legitimierende bzw. entlastende Parlamentsmehrheit stützt, in der rechtspopulistische Strömungen vertreten sind.[1329] Allerdings ist insoweit die Haltung Österreichs gegenüber den restlichen EU-Mitgliedstaaten nicht negativ betroffen.

---

to politicians too, even when they are not acting in their private capacity; but in such cases the requirements of such protection have to be weighed in relation to the interests of open discussion of political issues.” Da alle EU-Mitgliedstaaten Parteien der EMRK sind und deren Grundfreiheiten und Menschenrechte überdies gem. Art. 6 Abs. 2 EUV auch für die EU als solche gelten, kann kein Mitgliedstaat verlangen, dass ein anderer Mitgliedstaat im internen Bereich das Recht auf freie Meinungsäußerung über das von der EMRK selbst vorgesehene Maß hinaus einschränkt. Insofern dürfte jedenfalls eine Distanzierung seitens der Regierung des betreffenden Staates von derartigen unfreundlichen bzw. beleidigenden Aussagen, die aber noch von dem Recht auf freie Meinungsäußerung geschützt sind, eine ausreichende Genugtuung für den beleidigten Staat darstellen – falls Äußerungen, die den Schutz der Meinungsfreiheit genießen, überhaupt geeignet sind, den Tatbestand einer solchen Beleidigung zu erfüllen; vgl. Köck/Hintersteininger, Sanktionen gegen Österreich, S. 502, Fn. 88. In diesem Sinne hat sich denn auch der österreichische Bundespräsident Klestil von einigen „verbalen Entgleisungen“ Haiders gegenüber Frankreich und Belgien im Januar 2000 offiziell distanziert; s. oben Erster Teil, S. 40.

1327 eingehend dazu Köck/Hintersteininger, Sanktionen gegen Österreich, S. 501 ff.

1328 Dieser Gedanke findet sich bei Hummer, Wiener Journal, März 2000, 16 sowie Leidenmühler, ZÖR 2000, 307, Fn. 34.

1329 so Hummer, Wiener Journal, März 2000, 16, der darauf hinweist, dass gegenwärtig dieser „mitgliedstaatlichen Legitimationsschiene“ für die EU selbst eine wichtige Funktion zukommt, ist sie doch im Hinblick darauf, dass bis auf das durch demokratische Direktwahl gewählte (und damit direkt legitimierte) Europäische Parlament alle

Daneben wurden gelegentlich noch sonstige partikuläre Interessenlagen in den jeweiligen 14 EU-Mitgliedstaaten ins Treffen geführt. So wären eine ganze Reihe anderer Mitgliedstaaten – und zwar vor allem jene, die sich in Zusammenhang mit den gegen Österreich ergriffenen Maßnahmen besonders hervorgetan hätten – ihrerseits mit dem Problem rechtsextremer Gruppierungen konfrontiert[1330] und erachteten sich daher durch die Regierungsbeteiligung der FPÖ negativ betroffen.[1331]

Dieses Argument geht jedoch insofern ins Leere, als die Betroffenheit dieser EU-Mitgliedstaaten derart sein müsste, dass dieselben einen zulässigen Konnex zwischen der österreichischen und ihrer eigenen politischen Situation herstellen können. Ein solcher Konnex besteht aber schon deshalb nicht, weil es Sache der übrigen EU-Mitgliedstaaten selbst ist, in ihrem internen Bereich Verhältnisse zu schaffen und zu erhalten, die mit dem freiheitlich-demokratischen Rechtsstaat vereinbar sind.[1332]

Aus dem bisher Gesagten ergibt sich, dass die Regierungsbeteiligung der FPÖ nicht einmal als unfreundliches Verhalten Österreichs gegenüber seinen 14

---

sonstigen Organe der EU (wenn überhaupt) nur indirekt – d.h. über die nationalen Parlamente der Mitgliedstaaten – legitimiert sind, die „Klammer" zwischen der demokratischen Legitimation der Staatsgewalten der Mitgliedstaaten und der der Verbandsgewalt in der EU.

1330 so etwa Frankreich mit der Front National von Le Pen und dem MNR, Belgien mit dem Vlaams Blok, Deutschland mit NPD, DVU und den Republikanern, Italien mit der Alleanza Nazionale und der Lega Nord sowie Dänemark mit der Dänischen Volkspartei. Es muss hier allerdings dahingestellt bleiben, ob diese Bewegungen gleichermaßen als rechtsextrem oder bloß als nationalistisch bzw. rechtspopulistisch eingestuft werden können.

1331 vgl. in diesem Zusammenhang aber auch den Stadlmayer, Wovor sich Chirac und Co wirklich fürchten, Die Presse vom 25.04.2000, S. 2, wonach nicht die Gefahr eines erstarkenden Rechtsextremismus, insbesondere in Deutschland, aber auch in Frankreich und Belgien die Ursache für die gegen Österreich ergriffenen Sanktionen bilde, sondern dieselben gleichsam ein Warnsignal für die sich dem Projekt „Europa" nicht mehr im selben Ausmaß verpflichtet fühlende Regierung Schröder darstellen sollten.

1332 Dadurch wird die mit den Maßnahmen verfolgte Intention, nämlich in Österreich „den Anfängen zu wehren" und ein Anwachsen des Rechtsextremismus in ganz Europa zu verhindern, nicht gleichermaßen unzulässig. Die betroffenen Mitgliedstaaten sehen sich insofern lediglich keinem unfreundlichen Akt des Staates Österreich ausgesetzt. Zu weit dürfte allerdings gehen, wenn EU-Mitgliedstaaten versuchen, ihre eigene Innenpolitik über die Einmischung in die Innenpolitik eines anderen Mitgliedstaates zu gestalten und auf diese Weise diesen Staat für ihre Zwecke instrumentalisieren; ähnlich, aber noch enger Köck/Hintersteininger, Sanktionen gegen Österreich, S. 500 f.

EU-Partnern eingestuft werden kann. Damit existiert von deren Seite auch keinerlei Grundlage für das Ergreifen von Retorsionen.[1333]

dd) Ergebnis: Die Stellungnahme als völkerrechtlich unfreundlicher Akt

Damit vermag im Fall Österreich im Ergebnis auch nicht von völkerrechtlichen Sanktionen gesprochen werden. Wenn die EU-Mitgliedstaaten – wie hier – innenpolitische Vorgänge in einem anderen Mitgliedstaat, die die Grenzen des freiheitlich-demokratischen Rechtsstaates nicht überschreiten, zum Anlass für „Sanktionen" nehmen, so lässt sich ein solches Vorgehen bloß als unfreundlicher Akt jener Mitgliedstaaten gegenüber ihrem EU-Partner einordnen.[1334]

Als unfreundlicher Akt verletzt die Stellungnahme vom 31. Januar 2000 zwar nicht das Völkerrecht, sie verstößt aber gegen die im Rahmen internationaler Beziehungen übliche Höflichkeit, die sog. „Courtoisie".[1335] Auch wenn im Völkerrecht bei weitem nicht jede Form zwischenstaatlicher Interaktion rechtlich geregelt ist, sondern sich auf einer rein politischen bzw. diplomatischen Ebene abspielt, besteht nämlich trotzdem eine gewisse Erwartungshaltung, dass bestimmte Formen des wechselseitigen Umgangs berücksichtigt werden. Insofern sind die Beziehungen der Staaten untereinander nach allgemein geteilter Auffassung neben dem Recht auch von der Moral („Völkermoral")[1336] und der Sitte („Völkersitte"/„Courtoisie") bestimmt.[1337]

1333 zutreffend Köck/Hintersteininger, Sanktionen gegen Österreich, S. 501. Dies erkennt auch Busse, Österreich contra Europäische Union, S. 29 + Fn. 18, der die Maßnahmen der 14 Mitgliedstaaten dennoch als Retorsionen qualifiziert. Von „Retorsionsmaßnahmen" spricht auch Streinz, Europarecht, S. 40, Fn. 23.

1334 vgl. auch Köck/Hintersteininger, Sanktionen gegen Österreich, S. 503; Köck, Österreich – Partner oder Prügelknabe, Die Presse vom 08.02.2000, S. 2; Hummer/Obwexer, ecolex 2000, 251, die von einem „extrem unfreundlichen" Akt sprechen; Schorkopf, DVBl 2000, 1043; Adamovich, EuGRZ 2001, 89 sowie – wenn auch etwas unklar – Pernthaler/Hilpold, integration 2000, 107.

1335 so auch H. Winkler/Schauer, Die Maßnahmen gegen Österreich, S. 132; Hummer/Obwexer, ZÖR 2000, 272 f. und das Völkerrechtsbüro des österreichischen Bundesministeriums für auswärtige Angelegenheiten in Punkt 6. eines Thesenpapiers zu den Maßnahmen der 14 EU-Mitgliedstaaten gegenüber Österreich sowie in Punkt 5. einer Sprachregelung samt rechtlicher Beurteilung zu der Erklärung der 14 EU-Mitgliedstaaten (GZ 2355.98/0142e-I.4/2000).

1336 Die sog. Völkermoral beruht auf bestimmten gemeinsamen Wertvorstellungen der Staaten und anderer Völkerrechtssubjekte. Als Beispiel sei die moralische Pflicht genannt, einem Staat in Not internationale Hilfe zu leisten, etwa bei Naturkatastrophen; vgl. Köck/Hintersteininger, Sanktionen gegen Österreich, S. 493.

1337 vgl. Pernthaler/Hilpold, integration 2000, 107; P. Fischer/Köck, Allgemeines Völkerrecht, S. 4

Die Grenze zwischen internationaler Moral und den traditionell unter den Begriffen „convenance et courtoisie internationale", „comitas gentium" oder „Staatengunst" zusammengefassten Regeln einerseits und Völkerrecht andererseits ist daher nicht immer leicht zu ziehen. Viele Ordnungsprinzipien der Völkermoral und der Courtoisie haben mittlerweile durch die Überzeugung der Völkerrechtsgemeinschaft, dass das Verhalten rechtlich geboten ist, die Schwelle zur Normativität überschritten; die ständig wachsende zwischenstaatliche Interaktion hat wiederum eine Vielzahl neuer Berührungspunkte geschaffen, an den die Staaten auf berechenbaren, genormten Umgang Wert legen.[1338]

Die Anwendung besagter Regeln wird maßgeblich durch das Reziprozitätsprinzip gesichert; nichtkooperatives, „unfreundliches" Verhalten wird mit ebensolchem beantwortet. Da dieser Bereich rechtlich nicht geregelt ist, gilt kein Verhältnismäßigkeitsgrundsatz, kein Erfordernis der Spiegelgleichheit und keine Vorschrift über ein zu beachtendes Procedere. Dominanten Raum nimmt hier stattdessen der Grundsatz der Effektivität ein, d.h. die Wirksamkeit der Maßnahme – auch unter Berücksichtigung möglicher Folgereaktionen – schafft ihren – politischen – Rechtfertigungsgrund.[1339]

4. Ergebnis zur Rechtmäßigkeit der Stellungnahme

So ist abschließend festzustellen, dass das Vorgehen der 14 EU-Mitgliedstaaten gegen Österreich – aus einer Vielzahl von Motiven – weder als „unionsrechtliche Vorfeldmaßnahme" des in Art. 7 EUV verankerten Sanktionsverfahrens noch als Sanktionsmaßnahme des Völkerrechts konzipiert, sondern lediglich im Bereich der internationalen Courtoisie angesiedelt wurde. Da die Maßnahmen der „Vierzehn" bloß „bilaterale" Verletzungen der Völkersitte darstellen, die Österreich ebenso wenig in seinen unionsrechtlichen wie in seinen völkerrechtlichen Rechtspositionen beeinträchtigen, bleiben sie insbesondere was ihre Intensität anbelangt hinter den möglichen Reaktionen im Falle eines sanktionswürdigen Verstoßes gegen die Unionsgrundsätze zurück. Als „bilaterale" Maßnahmen im Vorfeld einer Homogenitätsverletzung sind sie daher zu guter Letzt auch nicht wirkungsgleich mit „echten" Sanktionen bei einer schwerwiegenden und anhaltenden Verletzung der in Art. 6 Abs. 1 EUV genannten Prinzipien.[1340] Erst an dieser Stelle wird mithin deutlich, dass die Mitgliedstaaten bei der Ausübung der ihnen verbliebenen Handlungsbefugnisse auch im Hinblick auf Art und Um-

---

1338 dazu ebenda; Graf Vitzthum, in: derselbe, Völkerrecht, 1. Abschn., Rdnr. 69; Macalister-Smith, Comity, in: Bernhardt, EPIL I, S. 671 ff.

1339 Pernthaler/Hilpold, integration 2000, 107.

1340 s. dazu nochmals oben S. 222 f.

fang des Vorgehens nicht die durch den Sanktionsrahmen des Art. 7 EUV gezogenen Grenzen überschritten haben.[1341]

Damit lässt sich als Ergebnis der vorliegenden Untersuchung festhalten, dass die Stellungnahme der portugiesischen Präsidentschaft der Europäischen Union in Namen von 14 Mitgliedstaaten vom 31. Januar 2000 unter den gegebenen Prämissen und mit den dargelegten Einschränkungen sowohl völkerrechtlich als auch europarechtlich grundsätzlich zulässig ist.[1342] Auf einem anderen Blatt steht freilich, ob der Umgang der 14 Mitgliedstaaten mit der neuen Regierungskoalition in Österreich zugleich in politischer Hinsicht das Maximum an Professionalität und Weitsicht gewesen ist, das von den Beteiligten erwartet werden konnte.[1343] So standen nicht nur zahlreiche kleine Mitgliedstaaten dem Vorgehen von Anfang an äußerst skeptisch gegenüber, vielmehr wurde kurz vor der anstehenden Osterweiterung der Europäischen Union auch in den Beitrittsländern ein gehöriges Maß an Misstrauen geweckt. Darüber hinaus könnte der Fall Österreich als Katalysator einer Entwicklung fungieren, die auf der Unionsebene gegenwärtig kaum lösbare Probleme auf die völkerrechtliche – „bilaterale“ – Ebene zurückverlagert.[1344] Deshalb wird man sich – mit Blick auf kommende Fälle – die Frage stellen müssen, inwiefern die europäische Integration durch die Maßnahmen der „Vierzehn“ eher Nutzen oder Schaden davongetragen hat.[1345]

1341 in diese Richtung gehend auch Busse, Österreich contra Europäische Union, S. 34 f.; a.A. Schmahl, EuR 2000, 834 und vor allem angesichts der Dauer der Maßnahmen Klein, Ein Europa das Angst macht, Frankfurter Allgemeine Zeitung vom 14.03.2000, S. 16: „Es ist offensichtlich, dass die Voraussetzungen für die Anwendung der [in Art. 7 EUV] vorgesehenen Sanktionsmaßnahmen nicht vorliegen. Auch das ‚Vorzeigen der Folterwerkzeuge’ ist unter diesen Umständen nicht unbedenklich, mag allerdings zunächst hingehen; es ist aber schleunigst wegzupacken, wenn außer konkreten Verdachtsmomenten keine konkreten Hinweise auf Verstöße gegen die Grundsätze der EU [...] gefunden werden können [...] Das Verhalten der vierzehn Staaten ist deshalb so bedenklich, weil es letztlich eine totalitäre Note aufweist [...]“.

1342 Weitere rechtswissenschaftliche Analysen finden sich bei Ballarino, Le sanzioni dell'Unione europea contro l'Austria, S. 197 ff.; Cramèr/Wrange, Europarättslig Tidskrift 2000, 28 ff.; Happold, Fourteen against One: The EU Member States' Response to the Freedom Party Participation in the Austrian Government, S. 273 ff.; Rossi, La “reazione comune” degli Stati membri dell'Unione europea nel caso Haider, S. 379 ff.

1343 vgl. insofern auch Doerfert, Europarecht, S. 8: „Diese europäische Dialektik war juristisch sauber, aber politisch wenig überzeugend [...]“.

1344 hierzu auch Ginther, Der engere und der erweiterte Kontext der Causa prima: Anmerkungen zur Konkurrenz zwischen einem state- und community-oriented approach im Umgang mit Grundfragen der Europäischen Union, S. 267 ff.

1345 zur politikwissenschaftlichen Bewertung s. etwa Bertram/Dauvergne/Duff, Die Maßnahmen der EU-14 gegen die österreichische Bundesregierung: eine Diskussion; Brandstaller, Europäische Rundschau 2000/2, 49-52; Gehler, Präventivschlag als Fehlschlag: Motive, Intentionen und Konsequenzen der EU 14-Sanktionsmaßnahmen ge-

B. Die Reaktionen von Kommission, Europäischem Parlament und Ausschuss der Regionen

Als Organe bzw. Institutionen der Europäischen Union äußerten sich im Gefolge der Stellungnahme der portugiesischen Präsidentschaft der EU im Namen von 14 Mitgliedstaaten sowohl die Kommission als auch das Europäische Parlament und nicht zuletzt der Ausschuss der Regionen zur Regierungsbeteiligung der FPÖ in Österreich.

I. Die Mitteilung der Kommission

1. Inhalt

Der „joint reaction“ der „Vierzehn“ folgte bereits einen Tag später, nämlich am 1. Februar 2000, eine Mitteilung der Kommission der Europäischen Gemeinschaften, in der sie das Dokument der 14 EU-Mitgliedstaaten – von ihr als „gemeinsame Stellungnahme“ bezeichnet – zur Kenntnis nahm und bekundete, dass sie die dieser Entscheidung zugrundeliegende Besorgnis teile. Darüber hinaus erklärte die Kommission – unter Hinweis auf ihre Rolle als „Hüterin der Verträge“ –, weiterhin ihrer Pflicht nachzukommen, die Regeln und Werte des EU-Vertrages, insbesondere Art. 6 und 7 EUV, zu wahren und die Situation künftig aufmerksam zu verfolgen. Außerdem stellte sie – allerdings ganz allgemein und ohne nähere Prüfung – fest, dass zu diesem Zeitpunkt die Arbeit in den europäi-

gen Österreich im Jahr 2000, S. 19 ff.; Karlhofer/Melchior/Sickinger, Anlassfall Österreich, Die Europäische Union auf dem Weg zu einer Wertegemeinschaft; Leser, Europäische Rundschau 2000/2, 35-42; Merlingen/Mudde/Sedelmeier, Constitutionalism Web-Papers 4/2000, 1 ff.; dieselben, JCMSt 39 (2001), 59 ff.; Münz, Europäische Rundschau 2000/2, 43-47; Nenning, Europäische Rundschau 2000/2, 53-56; Österreichische Gesellschaft für Politikwissenschaft, Konferenz Österreich in Europa, Isoliert in der Gemeinschaft?; Pelinka, Europäische Rundschau 2000/1, 3 ff.; derselbe, Österreich und Europa, S. 23 ff.; Pepe, Il "caso Austria", cronaca politico-costituzionale, S. 137 ff.; Pietrzykowski/Migalski, A Matter of Interest: The Polish attitude towards the EU-Austria dispute, S. 109 ff.; Puntscher-Riekmann, Es ist vorbei. Ist es vorbei?, S. 119 ff.; Schneider, integration 2000, 120 ff.; derselbe, FS für Hrbek, S. 123 ff.; Schulmeister, Europäische Rundschau 2000/2, 3 ff.; Suppan, The current political crisis in Austria and the international response, S. 169 ff.; Unterberger, Europäische Rundschau 2000/2, 21 ff.; Vitali, La communità internazionale 55 (2000), 631 ff.; Weinberger, ZÖR 2000, 337 ff.; Wieland, Österreich in Europa: Analysen, Hintergründe und Erkenntnisse; Winter, Blätter für deutsche und internationale Politik 2000, 322 ff.; Wistrich, Europäische Rundschau 2000/2, 57 ff.; Zellentin, Doppelstrategien zwischen Lissabon und Brüssel, S. 183 ff.; s. auch die einschlägigen Beiträge in: Khol/Ofner/Burkert-Dottolo/Karner, Österreichisches Jahrbuch für Politik 2000.

schen Institutionen nicht betroffen sei. Auf sich selbst bezogen fügte die Kommission abschließend hinzu, ihre regulären Arbeitsbeziehungen mit den österreichischen Behörden aufrechtzuerhalten.[1346]

2. Rechtliche Würdigung

Die thematisch ebenfalls einschlägige Mitteilung der Kommission ist weitaus vorsichtiger gehalten als die Erklärung der Mitgliedstaaten. Zwar nimmt die Kommission die Stellungnahme der portugiesischen Präsidentschaft billigend zur Kenntnis und teilt die Besorgnis der „EU-Vierzehn", also offensichtlich jene im Zusammenhang mit der Regierungsbeteiligung der FPÖ, wobei auch sie jede nähere Erläuterung ihrer Position vermeidet. Sodann lässt sie es jedoch mit dem Hinweis bewenden, dass sie als „Hüterin der Verträge" über die Einhaltung der Regeln und Werte des EU-Vertrages wachen werde. Zugleich beeilt sie sich im letzten Absatz ihrer Mitteilung festzuhalten, dass derzeit die Funktionsfähigkeit der europäischen Institutionen gewahrt sei.

Demzufolge sieht die Kommission die gleichberechtigte Teilnahme Österreichs am europäischen Integrationsprozess – insbesondere durch die in der „Gemeinsamen Reaktion" der „Vierzehn" vorgesehenen Maßnahmen – offenbar nicht beeinträchtigt und überdies wohl auch keinen Grund dafür, Österreichs Stellung innerhalb der EU wie auch immer herabzustufen.[1347]

Gleichwohl kommt allein der ausdrücklichen Erwähnung des mit dem Amsterdamer Vertrag eingeführten Sanktionsmechanismus gemäß Art. 7 EUV ein gehöriges Maß an Brisanz zu, gelangt das Verfahren nach dessen Wortlaut doch nur im Falle schwerwiegender und anhaltender Verletzungen der Grundsätze der Union zur Anwendung. Freilich ist die Mitteilung vom 1. Februar 2000 nicht als Vorschlag zur Einleitung des Sanktionsverfahrens zu werten[1348], obschon neben den Mitgliedstaaten lediglich die Kommission ein solches Initiativrecht zur Einleitung des Verfahrens nach Art. 7 Abs. 1 EUV innehat.[1349] Wenn sie sich aber in ihrer Mitteilung explizit auf ihre Rolle als „Hüterin der Verträge" in Zusammenhang mit dem Sanktionsmechanismus des Art. 7 EUV beruft, dann gibt sie damit zu erkennen, dass sie eine Regierungsbeteiligung der FPÖ als denkbare Vorstufe eines gegebenenfalls später einmal gegen Österreich durchzuführenden derartigen Verfahrens ansieht.[1350] Kündigt die Kommission dabei zudem an, die Situation aufmerksam zu verfolgen, wird Österreich dadurch im Hinblick auf

1346 für den vollen Wortlaut s. oben Erster Teil, S. 44.
1347 vgl. Rotter, Europäische Rundschau 2000/3, 26 f.
1348 ebenso Leidenmühler, ZÖR 2000, 317.
1349 s. hierzu oben S. 108.
1350 wie hier Rotter, Europäische Rundschau 2000/3, 26.

Verletzungen von in Art. 6 Abs. 1 EUV genannten Grundsätzen faktisch unter Beobachtung gestellt. Wohl hat die Kommission, will sie den ihr in den Verträgen zugewiesenen Kontrollaufgaben ordnungsgemäß nachkommen, ohnehin permanent die Verhältnisse in sämtlichen Mitgliedstaaten zu beaufsichtigen. Doch ist anzunehmen, dass die Observierung Österreichs über jenes Maß der Beobachtung anderer Mitgliedstaaten hinausgeht.[1351] Im Gegensatz zu den 14 EU-Mitgliedstaaten siedelte die Kommission ihre Mitteilung somit im „unionsrechtlichen Vorfeld" des Sanktionsverfahrens nach Art. 7 EUV an.

Wie bereits erörtert[1352] setzt nämlich eine wirksame Anwendung des Sanktionsmechanismus nicht nur im Interesse der Union und der Unionsbürger, sondern auch im Interesse der Drittstaaten voraus, dass die mitgliedstaatlichen Rechtsordnungen und Rechtswirklichkeiten einer fortlaufenden Beobachtung unterstellt werden. Der Nachweis einer schwerwiegenden und anhaltenden Verletzung der Unionsgrundsätze erfordert geradezu sachlogisch eine vorgeschaltete Phase der Beobachtung. Es muss daher rechtlich erlaubt sein, schon vor einer sich möglicherweise künftig abzeichnenden Verletzung der in Art. 6 Abs. 1 EUV normierten Prinzipien die Zustände in einem Mitgliedstaat aufzugreifen und besonders zu beobachten. Folglich ist das Verhalten der Kommission insoweit nicht zu beanstanden. Ganz im Gegenteil – die entsprechende Benachrichtigung des betroffenen Mitgliedstaates ist durch den Grundsatz der Loyalität geradezu geboten. So erfüllt der Hinweis der Kommission in ihrer öffentlichen Stellungnahme die Aufgabe, den Adressaten frühzeitig auf eine mögliche Sanktionierung gemäß Art. 7 EUV aufmerksam zu machen und ihm bereits in diesem Stadium Gelegenheit zu geben, sich zu den Vorwürfen zu äußern.[1353] Die Mitteilung der Kommission vom 1. Februar 2000 kann daher als Ausdruck einerseits der bestehenden Unionsaufsicht und andererseits als zulässige „Vorfeldmaß-

1351 vgl. auch Leidenmühler, ZÖR 2000, 317 f. sowie Rotter, Europäische Rundschau 2000/3, 27. In diesem Zusammenhang bemerken Hummer/Obwexer, EuZW 2000, 491, ganz zutreffend, dass die Ankündigung der Kommission, „die Regeln und Werte des EU-Vertrages" aufrechtzuerhalten, einerseits etwas zu weit gehe, da die Funktion als „Hüterin der Verträge" nicht die Gesamtheit der die EU begründenden Verträge, sondern nur die drei EG-Gründungsverträge, Titel VI EUV (Polizeiliche und justitielle Zusammenarbeit in Strafsachen), Titel VII EUV (Verstärkte Zusammenarbeit) sowie Art. 6 i.V.m. Art. 7 EUV, nicht aber Titel V EUV (Gemeinsame Außen- und Sicherheitspolitik) umfasse. Andererseits sei anzunehmen, dass die Kommission gegenüber Österreich nicht bloß die „Regeln und Werte des EU-Vertrages", sondern auch das gesamte primäre und sekundäre Gemeinschaftsrecht auf seine ordnungsgemäße Einhaltung überprüfen werde.

1352 s. nochmals oben S. 122 f.

1353 so auch Schmahl, EuR 2000, 831 f. und Leidenmühler, ZÖR 2000, 317 f.; s. auch Schmitt von Sydow, in: Groeben/Schwarze, EU-/EG-Vertrag Bd. 1, Art. 7 EUV, Rdnr. 39 + 50 sowie Hatje, Loyalität, S. 81 + Fn. 345.

nahme" im Rahmen von Art. 7 EUV im Sinne einer „Aufsichtsmaßnahme" qualifiziert werden.[1354]

Was des Weiteren ihre Rechtsnatur angeht, vermag die Mitteilung als politische Absichtserklärung der Kommission, die von dieser innerhalb der Grenzen des ihr als Aufsichtsorgan zustehenden Ermessens abgegeben wurde[1355], gewertet werden. Als solche entfaltet sie keine Rechtswirkungen, die über jene hinausgehen, die sich bereits aus den primärrechtlichen Bestimmungen – insbesondere Art. 6 Abs. 1 i.V.m. Art. 7 EUV – für die Mitgliedstaaten ergeben.[1356] Unter diesem Aspekt schadet deshalb nicht, dass der Rechtsakt sowohl die Angabe der einschlägigen Ermächtigungsgrundlage als auch eine Begründung vermissen lässt.[1357] Nach allem bewegt sich die Kommission mit ihrer Mitteilung vom 1. Februar 2000 durchaus im Bereich des rechtlich Zulässigen.[1358]

II. Die Entschließung des Europäischen Parlaments

1. Inhalt

Auch das Europäische Parlament äußerte in seiner „Entschließung zu dem Ergebnis der Parlamentswahlen in Österreich und dem Vorschlag zur Bildung einer Koalitionsregierung zwischen der Österreichischen Volkspartei (ÖVP) und der Freiheitlichen Partei Österreichs (FPÖ)"[1359] vom 3. Februar 2000 Bedenken gegen eine Regierungsbeteiligung der FPÖ. Es vertrat die Auffassung, dass die Aufnahme der FPÖ in die Regierung die extreme Rechte in Europa legitimiere. Gleichzeitig begrüßte es die in der Erklärung des portugiesischen Ratsvorsitzes

1354 vgl. Schorkopf, DVBl 2000, 1041 + 1043; Hummer/Obwexer, EuZW 2000, 491; ferner Pernthaler/Hilpold, integration 2000, 109.

1355 vgl. EuGH, Rs. 247/87 (Star Fruit/Kommission), Slg. 1989, 291, Rdnr. 11; Rs. C-107/95 P (Bundesverband der Bilanzbuchhalter/Kommission), Slg. 1997, I-947, Rdnr. 10 ff.

1356 Dass sich mit einer Beobachtung dahingehend, ob Verletzungen der Grundsätze des Art. 6 Abs. 1 EUV vorliegen, ein bestimmtes politisches Signal verbindet, kann daran nichts ändern. Etwas anderes würde allenfalls dann gelten, wenn mit der Beobachtung bestimmte Rechtspflichten, etwa Auskunfts- oder Berichtspflichten, einhergehen sollen; vgl. hierzu R. Winkler, JRP 2000, 326; Hummer/Obwexer, EuZW 2000, 491.

1357 vgl. in diesem Zusammenhang EuGH, Rs. C-57/95 (Frankreich/Kommission), Slg. 1997, I-1627, Rdnr. 9 + 13 ff.; Adam, Die Mitteilungen der Kommission: Verwaltungsvorschriften des Europäischen Gemeinschaftsrechts?, S. 118.

1358 Im Übrigen ließe sich die Mitteilung als unverbindliche Handlungsform ohnehin nicht im Wege einer Nichtigkeitsklage gem. Art. 230 EGV anfechten; s. auch Leidenmühler, ZÖR 2000, 318; Rotter, Europäische Rundschau 2000/3, 27.

1359 s. den gesamten Text oben Erster Teil, S. 49 ff.

und in der Mitteilung der Kommission zum Ausdruck gebrachte politische Absicht, gemeinsame europäische Werte zu schützen. An den Rat und die Kommission richtete das Parlament die Forderung, Entwicklungen betreffend Rassismus und Fremdenfeindlichkeit in Österreich und ganz Europa zu überwachen und im Falle einer schwerwiegenden und anhaltenden Verletzung der in Art. 6 Abs. 1 EUV genannten Grundsätze „durch welchen Mitgliedstaat auch immer“ darauf vorbereitet zu sein, Maßnahmen nach Art. 7 EUV zu ergreifen.[1360]

2. Rechtliche Würdigung

Aufgrund seiner Stellung als politisches Organ der Union ist das Europäische Parlament befugt, über alle Fragen zu beraten, die sich auf eine aktuelle oder potentielle Tätigkeit der Union beziehen. Die Beratungsbefugnis umfasst das Recht, eine Frage zu erörtern, einen einheitlichen Willen zu bilden und diesen, etwa durch Annahme einer Entschließung, kundzutun.[1361] Entschließungen des Europäischen Parlaments haben grundsätzlich nur politische Bedeutung, entfalten aber keinerlei rechtliche Wirkungen.[1362] Bei der vorliegenden Entschließung vom 3. Februar 2000 handelt es sich um eine solche politische Erklärung, die das EP auf der Grundlage seines allgemeinen Beratungsrechts abgegeben hat. Die darin enthaltenen Forderungen sind als Empfehlungen zu verstehen, die den Willen des Parlaments zum Ausdruck bringen.[1363]

1360 An dieser Stelle soll auch auf den bei Anwesenheit von weniger als zwei Dritteln der 626 Abgeordneten mit 109 Ja-Stimmen, 72 Nein-Stimmen und elf Enthaltungen gefassten Beschluss des Europäischen Parlaments über den Rassismus-Bericht der Europaabgeordneten Sarah Ludford vom 16.03.2000 hingewiesen werden, in dem es heißt: „Das Europäische Parlament begrüßt den Beschluss der 14 Mitgliedstaaten, die Beziehungen zu Österreich einzufrieren“ und „die Kommission wird aufgefordert, dafür zu sorgen, dass Österreich trotz der Beteiligung einer rassistischen und fremdenfeindlichen Partei an der Regierung die Verträge der Union respektiert“. Darüber hinaus wurde noch ein Passus angenommen, in dem von der „Bestürzung über die Aufnahme der Freiheitlichen Partei Jörg Haiders in die Regierung Österreichs“ die Rede ist. Einige Abgeordnete sahen darin einen Missbrauch des Antirassismus-Berichts für dieses sachfremde Thema, zumal die Österreich-Sanktionen überhaupt nicht diskutiert worden seien; vgl. Die Presse vom 17.03.2000, S. 6.

1361 vgl. EuGH, Rs. 230/81 (Luxemburg/Parlament), Slg. 1983, 255, Rdnr. 39; Haag/Bieber, in: Groeben/Thiesing/Ehlermann, EU-/EG-Vertrag Bd. 4, Art. 137 EGV, Rdnr. 11.

1362 vgl. D. O. Reich, Rechte des Europäischen Parlaments in Gegenwart und Zukunft, S. 118; Haag/Bieber, in: Groeben/Thiesing/Ehlermann, EU-/EG-Vertrag Bd. 4, Art. 137 EGV, Rdnr. 11.

1363 so auch Hummer/Obwexer, EuZW 2000, 491; Leidenmühler, ZÖR 2000, 318.

Ungeachtet des rechtlich unverbindlichen Charakters der Entschließung bleiben indes zwei Elemente des Dokuments erwähnenswert. Zum einen begrüßt auch das Parlament ausdrücklich die Erklärung der portugiesischen Präsidentschaft.[1364] Zum anderen wird abermals der Gedanke des Sanktionsverfahrens nach Art. 7 EUV aufgegriffen.[1365] Zwar beschränkt sich das EP insofern auf die bloße Aufzählung der Tatbestandsmerkmale des Verfahrens gemäß Art. 7 EUV – ohne konkrete Bezugnahme auf Österreich. Zudem werden Sanktionen nicht unmittelbar angedroht, sondern allenfalls als Ergebnis des nach Maßgabe des Art. 7 EUV durchzuführenden Verfahrens in Aussicht gestellt. Der Kontext aber ist eindeutig.[1366] Implizit übernimmt die Entschließung des Europäischen Parlaments damit die Funktion einer Warnung an den Mitgliedstaat Österreich. Zusätzlich dürfte sie mithin ebenfalls als eine – wenn auch nicht explizit auf Art. 7 EUV gestützte – politische „Vorfeldmaßnahme" im Sinne einer „Aufsichtsmaßnahme" einzustufen sein.[1367]

III. Die Entschließung des Ausschusses der Regionen

1. Inhalt

Obwohl die Regierungen der 14 Mitgliedstaaten in ihrer Eigenschaft als Mitglieder des Rates der Europäischen Union noch Ende Mai 1999 zusammen mit Österreich Jörg Haider als Vorsitzenden der FPÖ zum Mitglied im Ausschuss der Regionen bestellt hatten[1368], verurteilte dieser am 16. Februar 2000 in seiner „Entschließung zur Regierungskoalition in Österreich" nachdrücklich jede Form von Extremismus und bedauerte, dass an der österreichischen Regierung eine Partei beteiligt sei, die sich für Intoleranz, Fremdenfeindlichkeit, Nationalismus und Ungleichheit ausspreche. Zugleich verurteilte der Ausschuss der Regionen alle beleidigenden und antieuropäischen Äußerungen, die Mitglieder der FPÖ und ihr Vorsitzender gemacht hätten und betonte, dass er der Beachtung der Prinzipien, die in der Erklärung „Verantwortung für Österreich – Zukunft im Herzen Europas" festgehalten seien, große Aufmerksamkeit schenken werde.[1369]

1364 vgl. Punkt 4 der Entschließung.

1365 vgl. Punkt 8 der Entschließung.

1366 vgl. Leidenmühler, ZÖR 2000, 319; Pernthaler/Hilpold, integration 2000, 105.

1367 ebenso Hummer/Obwexer, EuZW 2000, 419; Schorkopf, DVBl 2000, 1041, Fn. 38 und 1043; s. auch Pernthaler/Hilpold, integration 2000, 109; Schmahl, EuR 2000, 831 f. sowie Hatje, Loyalität, S. 81 + Fn. 345.

1368 s. ABl. 1999 Nr. L 144, S. 20; zur Ernennung der Mitglieder des Ausschusses vgl. auch Art. 263 Abs. 1 und 3 EGV.

1369 Der genaue Wortlaut findet sich im Ersten Teil, S. 55 f.

2. Rechtliche Würdigung

Nach Art. 265 Abs. 5 EGV kann der Ausschuss der Regionen von sich aus zusammentreten und eine Stellungnahme abgeben, wenn er es für zweckdienlich erachtet. Dieses Selbstbefassungsrecht ist weder auf bestimmte Gemeinschaftspolitiken beschränkt noch davon abhängig, dass spezifische regionale oder lokale Interessen berührt sind. Es erlaubt dem Ausschuss der Regionen, sich zur gesamten Breite rechtlicher und politischer Aktivitäten im Bereich des EG-Vertrages zu äußern.[1370]

Grundsätzlich ist dabei von einer Begrenzung auf die Materien des EGV auszugehen. Als Nebenorgan der EG stehen dem AdR keine Rechte in Bereichen des EGKS-Vertrages oder des EAG-Vertrages zu. Der EU-Vertrag hat ihm auch keine Rolle in der polizeilichen und justitiellen Zusammenarbeit oder der GASP zugewiesen.[1371]

Im Hinblick auf das nach Art. 2 EUV a.E. allgemein geltende Subsidiaritätsprinzip wird es dem Ausschuss allerdings kaum verwehrt werden können, sich auch mit darüber hinausgehenden Themen zu befassen, sofern diese in den Regelungsbereich der Union fallen.[1372] Zumindest ist ihm die Chance eröffnet, sich zu einem Wegweiser für die weitere Verfassungsentwicklung der EG zu entwickeln, die durch die Unionsverträge auch nominell zur europäischen Organisation schlechthin erhoben wurde.[1373]

Jedenfalls umfasst die beratende Aufgabe des AdR insoweit nicht nur die Ausarbeitung von Stellungnahmen zu konkreten Gemeinschaftsvorhaben (Art. 41 Abs. 1 und 2 GO[1374]). Innerhalb seines Zuständigkeitsbereiches kann er zudem in Form von Entschließungen zu aktuellen Themen Position beziehen (Art. 42 GO).[1375]

1370 vgl. Blanke, in: Grabitz/Hilf, Recht der EU II, Art. 265 EGV, Rdnr. 13; Kaiser, in: Groeben/Thiesing/Ehlermann, EU-/EG-Vertrag Bd. 4, Art. 198 c EGV, Rdnr. 11.

1371 s. ebenda; Kaufmann-Bühler, in: C. O. Lenz, EG-Vertrag, Art. 265 EGV, Rdnr. 4.

1372 vgl. Theissen, Der Ausschuß der Regionen, S. 118 f.

1373 So dürfte z.B. ein Beitrag des AdR für die Arbeiten der Reflexionsgruppe zur Vorbereitung der Regierungskonferenz 1996 durch das Selbstbefassungsrecht gedeckt sein, wenigstens soweit er Themen abhandelt, die Zuständigkeiten und Belange des AdR berühren. In diesem Sinne äußerte sich der AdR am 20.09.2000 auch zur Charta der Grundrechte der Europäischen Union; vgl. Blanke, in: Grabitz/Hilf, Recht der EU II, Art. 265 EGV, Rdnr. 13 und 15 sowie Kaiser, in: Groeben/Thiesing/Ehlermann, EU-/EG-Vertrag Bd. 4, Art. 198 c EGV, Rdnr. 11.

1374 Geschäftsordnung vom 18.11.1999, ABl. 2000 Nr. L 18, S. 22.

1375 Blanke, in: Grabitz/Hilf, Recht der EU II, Art. 265 EGV, Rdnr. 13; Kaiser, in: Groeben/Thiesing/Ehlermann, EU-/EG-Vertrag Bd. 4, Art. 198 c EGV, Rdnr. 18. Die Begrenzung auf die Gemeinschaftsmaterien gilt auch für die Entschließungen der Plenarversammlung zu aktuellen Ereignissen. So hat der Generalsekretär des AdR zu Recht

Als eine solche lässt sich denn auch die Entschließung vom 16. Februar 2000 qualifizieren.[1376] Genauso wie Stellungnahmen des Ausschusses der Regionen wirken jedoch derartige politische Meinungsäußerungen rechtlich ebenfalls nicht bindend.[1377] Im Übrigen ist in der Entschließung des Ausschusses darüber hinaus auch keine Ausübung der Unionsaufsicht bzw. eine „Vorfeldmaßnahme" im Rahmen des Art. 7 EUV zu sehen, da dem AdR – im Gegensatz zur Kommission und zum EP – in dem Sanktionsverfahren keine Kompetenzen zukommen.[1378]

anlässlich der achten Plenartagung am 19. und 20.07.1995 u.a. die Zuständigkeit des Ausschusses für eine Entschließung zum „Massaker an der moslemischen Bevölkerung von Bosnien" bezweifelt (CdR 236/95, S. 9); vgl. Kaiser, a.a.O., Fn. 12.

1376 wie hier Hummer/Obwexer, EuZW 2000, 491.

1377 vgl. Kaiser, in: Groeben/Thiesing/Ehlermann, EU-/EG-Vertrag Bd. 4, Art. 198 c EGV, Rdnr. 18; Blanke, in: Grabitz/Hilf, Recht der EU II, Art. 265 EGV, Rdnr. 7. Lediglich soweit der Inhalt der Entschließung den Ausschuss selbst betrifft – nämlich mit höchster Aufmerksamkeit darüber zu wachen, „dass in seiner Institution weder durch Worte noch durch Taten gegen die grundlegenden Werte der Europäischen Union verstoßen wird" (Punkt 8) – nehmen Hummer/Obwexer, EuZW 2000, 491, eine „gewisse Selbstbindung" des Ausschusses an.

1378 ebenso Hummer/Obwexer, EuZW 2000, 491; vgl. hierzu auch oben S. 107 ff.

Dritter Teil

Die Ergänzung des Sanktionsmechanismus nach Art. 7 EUV durch den Vertrag von Nizza

A. Der Weg zu einer Reform des Art. 7 EUV

Die Sanktionsregelung des Art. 7 EUV hat durch den Konflikt zwischen den „EU-Vierzehn“ und Österreich schneller als erwartet praktische Bedeutung erlangt. Zwar entwickelte sich die „Causa Austria“ zu einem wenig tauglichen Präzedenzfall für die künftige Anwendung von Art. 7 EUV. So agierten nicht nur die „Vierzehn“ (bewusst) außerhalb des Rahmens der Union; selbst die Kommission und das Parlament stützten sich in ihren Warnungen nicht explizit auf diese Vertragsnorm, sondern nahmen lediglich in ihren inhaltlichen Ausführungen darauf Bezug. Gerade deshalb traten im Fall Österreich aber deutlich die Schwächen in der Ausgestaltung des durch den Amsterdamer Vertrag eingeführten Sanktionsverfahrens zu Tage.

Zum einen wurde eine zu hohe Eingangsschwelle normiert und damit zusammenhängend waren präventive Maßnahmen zur Bekämpfung einer sich erst abzeichnenden oder einer schon konkret drohenden Gefahr einer Verletzung der in Art. 6 Abs. 1 EUV genannten Grundsätze nicht ausdrücklich vorgesehen. Da es sich seitens Österreichs keineswegs um eine von Art. 7 EUV verlangte „schwerwiegende und anhaltende“ Verletzung der Unionsgrundsätze handelte, glaubten deshalb die 14 Mitgliedstaaten – wohl in Unkenntnis der Möglichkeit sog. „unionsrechtliche Vorfeldmaßnahmen“ zu ergreifen – Österreich nur im Bereich des Völkerrechts bzw. der internationalen Courtoisie zur Ordnung rufen zu können. Die Ereignisse haben jedoch gezeigt, dass die Bewältigung der Krise außerhalb des EU-Rahmens auf größte Probleme stieß. Zum anderen offenbarte das Vorgehen gegen Österreich die fehlende Einbeziehung des Sanktionsmechanismus in die nachprüfende Kontrolle des EuGH.[1379] Schon bald nach dem Inkrafttreten der Maßnahmen der „EU-Vierzehn“ wurden daher Stimmen laut, die eine Reform des Art. 7 EUV forderten.

1379 vgl. Pernthaler/Hilpold, integration 2000, 115, die in diesem Zusammenhang von einer „sehr primitive[n] Rechtstechnik der Bundesintervention“ sprechen, „die weder den rechtsstaatlichen Grundstrukturen der Europäischen Union, noch ihrem heutigen föderativen Integrationsstadium als ‚politische Union’ entspricht und daher außerrechtliche Seitenwege der Homogenitätssicherung geradezu provoziert“.

I. Erste Initiativen

Bereits beim informellen Sozialministerrat am 11. Februar 2000 in Lissabon schlug die belgische Delegation vor, die Art. 6 und 7 EUV zu stärken, klären und leichter anwendbar zu machen. Aber auch von Vertretern anderer Mitgliedstaaten, vor allem Frankreichs, wurde in den folgenden Tagen eine Neudefinition des Art. 7 EUV im Rahmen der Regierungskonferenz 2000 angedacht, um in Zukunft besser auf Ereignisse wie in Österreich reagieren zu können. Dabei stimmten sie mit der Präsidentin des Europäischen Parlaments, Nicole Fontaine, überein, die Österreich gedroht hatte, das Verfahren nach Art. 7 EUV zum Gegenstand der laufenden Regierungskonferenz zu machen, damit diese Vorschrift verschärft werden könne und auch den Ausschluss eines unbotmäßigen Mitgliedstaates aus der Union ermögliche. Der für die Regierungskonferenz zuständige EU-Kommissar Michel Barnier erklärte daraufhin, dass seine Dienste schon an einer Idee arbeiten würden, die eine ständige Überwachung der Demokratie in den Mitgliedstaaten ermögliche.[1380]

Am 14. März 2000 verabschiedeten alsdann die beiden Regierungsparteien ÖVP und FPÖ im österreichischen Nationalrat einen Entschließungsantrag, nach dem die Bundesregierung beauftragt wurde, „im Rahmen der Regierungskonferenz ein allgemein anwendbares, rechtsstaatlich geordnetes Verfahren vorzuschlagen, das ausschließt, dass ohne nachweisbare und objektiv überprüfbare Verstöße gegen Art. 6 und 7 EUV Sanktionen gegen einen Mitgliedstaat verhängt werden".[1381] Schließlich sprach sich auch der österreichische Bundespräsident Klestil in einem Brief an den Ratsvorsitzenden Guterres vom 21. März 2000 für die Schaffung eines Mechanismus auf gemeinschaftlicher Ebene aus, der ein vorbeugendes Einschreiten schon bei Verdacht einer Abkehr von europäischen Werten erlaube.[1382]

II. Der Vorschlag Belgiens

Als erstes legte Belgien am 2. Mai 2000 der Regierungskonferenz 2000 zur institutionellen Reform der Europäischen Union[1383] einen Entwurf zur Änderung von Art. 7 EUV vor. In diesem wurde angeregt, dem bisherigen ex post-Sank-

1380 Neue rechtliche Basis und Eine Regierungskonferenz „Made for Austria", Die Presse vom 18.02.2000; Schorkopf, DVBl 2000, 1036.

1381 vgl. BlgNR 105/AE XXI. GP.

1382 s. den Brief des Bundespräsidenten Dr. Thomas Klestil an den portugiesischen Ratsvorsitzenden Antonio Guterres vom 21.03.2000 in vollem Wortlaut im Anhang S. 377 f. sowie Bulletin Quotidien Europe Nr. 7683 vom 24.03.2000, S. 6.

1383 allgemein zur Regierungskonferenz 2000 Obwexer, europa-blätter 2000, 11 ff.; Hummer, ÖJIP 1999, 75 ff.

tionsmechanismus einen ex ante-Frühwarnmechanismus vorzuschalten, der (präventiv) in eine Empfehlung und sogar in den Erlass „angemessener Maßnahmen“ einmünden könnte.[1384]

So sollte der Rat, um einer schwerwiegenden und anhaltenden Verletzung der in Art. 6 Abs. 1 EUV genannten Grundsätze durch einen Mitgliedstaat zuvorzukommen, auf Vorschlag eines Drittels der Mitgliedstaaten oder der Kommission mit qualifizierter Mehrheit feststellen können, dass die Gefahr einer Verletzung der genannten Grundsätze in einem Mitgliedstaat gegeben ist. Im Anschluss daran sollte der Rat an den betroffenen Mitgliedstaat eine entsprechende Empfehlung richten können, die – falls erforderlich – mit angemessenen Maßnahmen einhergeht, nachdem er die Regierung dieses Mitgliedstaates zu einer Stellungnahme aufgefordert hat. Der Ratpräsident hätte die Empfehlung und die eventuell getroffenen Maßnahmen dem Parlament mitzuteilen. Darüber hinaus wurde vorgeschlagen, das derzeit geltende Sanktionsverfahren dahingehend zu novellieren, dass die für den Feststellungsbeschluss des Rates geltende Einstimmigkeit durch die qualifizierte Mehrheit ersetzt wird.

III. Der Vorschlag Österreichs

Diesen als zu weitgehend empfundenen Entwurf konterkarierte Österreich am 7. Juni 2000 mit einem eigenen Vorschlag[1385], womit dem von der österreichischen Regierungskoalition am 14. März 2000 eingebrachten Entschließungsantrag entsprochen wurde.[1386] Vorgesehen war nicht bloß eine Ergänzung, sondern eine völlige Neuformulierung von Art. 7 EUV.

Zunächst sollte die Vorschrift ebenfalls um einen Frühwarnmechanismus erweitert werden. Daneben wurde aber vor allem darauf hingewiesen, dass im geltenden Sanktionsmechanismus wichtige rechtsstaatliche Verfahrensgrundsätze stärker verankert werden sollten. Dies galt für den Grundsatz rechtlichen Gehörs in allen Verfahrensstadien und nicht allein beim Erlass des Feststellungsbeschlusses, eine strikte Begründungspflicht wie auch das Verhältnismäßigkeitsprinzip. Nicht zuletzt war angedacht, Art. 7 EUV gänzlich der Rechtsprechungsgewalt des EuGH zu unterwerfen.[1387]

1384 CONFER 4739/00 vom 02.05.2000; vgl. auch Ist das der Schlüssel für Schüssel?, Die Presse vom 05.05.2000, S. 10.

1385 CONFER 4748/00 vom 07.06.2000; für den Text s. auch Hummer/Pelinka, Österreich unter „EU-Quarantäne“, S. 423 ff.

1386 s. aber auch Punkt 12 des Aktionsprogramms der Bundesregierung zur Aufhebung der Sanktionen im Anhang S. 380 ff.

1387 vgl. Bulletin Quotidien Europe Nr. 7731 vom 05./06.06.2000, S. 5; K. H. Fischer, Der Vertrag von Nizza, S. 34; Hummer/Obwexer, EuZW 2000, 494; in diesem Sinne auch die Pläne für eine Ergänzung des Verfahrens nach Art. 7 EUV in einem Thesenpapier

1. Frühwarnmechanismus

Der dem Sanktionsverfahren vorgeschaltete Frühwarnmechanismus sollte dazu dienen, eine schwerwiegende und anhaltende Verletzung von in Art. 6 Abs. 1 EUV genannten Grundsätzen durch einen Mitgliedstaat zu vermeiden. Zu diesem Zweck sollte eine nach Meinung der Kommission oder eines Drittels der Mitgliedstaaten objektiv begründete Gefahr einer Verletzung der in Art. 6 Abs. 1 EUV genannten Grundsätze durch einen Mitgliedstaat zu einer Beratung des Rates führen. Die Beratung hätte auf der Grundlage eines Berichts der Kommission und unter Einbeziehung des betroffenen Mitgliedstaates zu erfolgen.

Nach der Beratung könnte der Rat in der Zusammensetzung der Staats- und Regierungschefs auf begründeten Vorschlag der Kommission oder eines Drittels der Mitgliedstaaten – nach Anhörung des betroffenen Mitgliedstaates und nach Zustimmung des Europäischen Parlaments – gegebenenfalls einstimmig feststellen, dass die Gefahr einer solchen Verletzung besteht. Die Begründetheit dieser Feststellung hätte der Rat regelmäßig zu überprüfen. In der Folge könnte der Rat auf Antrag der Kommission oder eines Drittels der Mitgliedstaaten und nach Anhörung des betroffenen Mitgliedstaates mit qualifizierter Mehrheit angemessene Empfehlungen an diesen richten.

2. Sanktionsmechanismus

Das Sanktionsverfahren sollte gleichfalls an einer objektiv begründeten Verletzung von in Art. 6 Abs. 1 EUV genannten Grundsätzen durch einen Mitgliedstaat anknüpfen und mit einer Beratung des Rates beginnen. Demnach hätte der Rat dann, wenn nach Meinung der Kommission oder eines Drittels der Mitgliedstaaten eine objektiv begründete Verletzung besagter Grundsätze vorliegt, auf deren Antrag darüber auf der Grundlage eines Berichts der Kommission und unter Einbeziehung des betroffenen Mitgliedstaates zu beraten.

Nach dieser Beratung könnte er bei Bedarf in der Zusammensetzung der Staats- und Regierungschefs auf begründeten Vorschlag der Kommission oder eines Drittels der Mitgliedstaaten – nach Anhörung des betroffenen Mitgliedstaates und auf der Grundlage eines Berichts der Kommission sowie nach Zustimmung des Europäischen Parlaments – einstimmig feststellen, dass eine schwerwiegende und anhaltende Verletzung von in Art. 6 Abs. 1 EUV genannten Grundsätzen durch einen Mitgliedstaat vorliegt. Die Begründetheit dieser Feststellung hätte der Rat regelmäßig zu überprüfen.

---

des österreichischen Bundesministeriums für auswärtige Angelegenheiten unter Punkt C).

Der Sanktionsbeschluss sollte nicht mehr vom Rat allein erlassen werden, sondern nur noch auf Antrag der Kommission oder eines Drittels der Mitgliedstaaten und nach Anhörung des betroffenen Mitgliedstaates ergehen können. Weiter müsste jeder Sanktionsbeschluss in einem angemessenen Verhältnis zu den im Feststellungsbeschluss erhobenen Vorwürfen stehen.

Feststellungen, Empfehlungen sowie Maßnahmen auf der Grundlage von Art. 7 EUV wären mit Gründen zu versehen. Außerdem dürften die Mitgliedstaaten Feststellungen, Empfehlungen sowie Beschlüsse im Zusammenhang mit schwerwiegenden und anhaltenden Verletzungen von in Art. 6 Abs. 1 EUV genannten Grundsätzen nur nach dem in Art. 7 EUV vorgesehenen Verfahren treffen.

Auf Antrag des betroffenen Mitgliedstaates, der Kommission oder eines Drittels der Mitgliedstaaten hätte der Rat mit der Mehrheit seiner Mitglieder festzustellen, dass die Gefährdung bzw. die Verletzung von in Art. 6 Abs. 1 EUV genannten Grundsätzen nicht mehr besteht. Nach demselben Verfahren wären ergangene Empfehlungen bzw. getroffene Maßnahmen abzuändern oder aufzuheben. Zuvor ist dem betroffenen Mitgliedstaat und der Kommission Gelegenheit zur Stellungnahme zu geben.

3. Rechtsschutz

Art. 46 EUV sollte dahingehend ergänzt werden, dass sich die nach den Bestimmungen der drei Gemeinschaftsverträge bestehende Jurisdiktion des EuGH auch auf Art. 7 EUV erstreckt. Demnach könnten die auf diese Vertragsbestimmung gestützten (verbindlichen) Rechtsakte des Rates vom Gerichtshof auf ihre Vereinbarkeit mit den primärrechtlichen Vorgaben überprüft und für alle Mitgliedstaaten bindend ausgelegt werden.

IV. Der Kompromissvorschlag des portugiesischen Ratsvorsitzes

Die Regierungskonferenz 2000 prüfte die eingebrachten Vorschläge zu Art. 7 EUV unter der Rubrik „Sonstige Fragen“ und diskutierte diese eingehend. In den Beratungen wurden sowohl in der Grundsatzfrage des „ob“ als auch in den Detailfragen des „wie“ einer Änderung dieser Vertragsbestimmung nuanciert unterschiedliche Standpunkte der einzelnen Delegationen sichtbar. Dennoch zeichnete sich eindeutig eine Tendenz zugunsten einer Vertiefung der Thematik ab.[1388]

1388 vgl. Hummer/Obwexer, EuZW 2000, 494; K. H. Fischer, Der Vertrag von Nizza, S. 53 + 55; Nie wieder Österreich: Neue Spielregeln bei Grundwerte-Verletzung, Die Presse vom 24.06.2000, S. 7.

Davon ausgehend fasste die portugiesische Präsidentschaft die Ergebnisse der Beratungen über eine Novellierung des Art. 7 EUV am 14. Juni 2000 in einem eigenen Kompromissvorschlag zusammen, den sie dem Europäischen Rat auf seiner Tagung in Santa Maria do Feira am 19. und 20. Juni 2000 vorlegte. Dementsprechend sollte am Anfang von Art. 7 EUV ein neuer erster Absatz eingefügt werden, der sich stark am belgischen Vorschlag orientierte und wie folgt lautete:

> „Der Rat kann, um einer Verletzung der in Art. 6 Abs. 1 EUV genannten Grundsätze durch einen Mitgliedstaat zuvorzukommen, auf Vorschlag eines Drittels der Mitgliedstaaten oder der Kommission mit einer Mehrheit von neun Zehnteln seiner Mitglieder[1389] nach Zustimmung des Europäischen Parlaments feststellen, dass das Risiko einer solchen Verletzung in einem Mitgliedstaat gegeben ist, und an diesen Mitgliedstaat eine entsprechende Empfehlung richten, nachdem er dessen Regierung zu einer Stellungnahme aufgefordert hat."

Im Übrigen war auch eine Zuständigkeit des EuGH für alle Rechtsakte im Rahmen des Art. 7 EUV nicht vorgesehen.

Zu diesem Zeitpunkt schien allerdings fraglich, ob Art. 7 EUV überhaupt noch Gegenstand weiterer Beratungen der Regierungskonferenz sein würde. Die vorgeschlagene Novellierung dieser Bestimmung fiel nämlich nicht in das enge – lediglich auf die „left-overs" von Amsterdam beschränkte – Mandat der Regierungskonferenz 2000, wie es der Europäische Rat auf seiner Tagung am 3. und 4. Juni 1999 in Köln formuliert und auf seiner Tagung am 10. und 11. Dezember 1999 in Helsinki bestätigt hatte.[1390] Der Kompromissvorschlag der portugiesischen Präsidentschaft wurde zwar als Teil des Berichts des Vorsitzes über die Regierungskonferenz 2000[1391] vom Europäischen Rat von Feira zur Kenntnis genommen und begrüßt, doch bei der darauf gestützten offiziellen Erweiterung des Mandats für die Regierungskonferenz nicht berücksichtigt.[1392] Gemäß diesen neuen Vorgaben des Europäischen Rates sollten nämlich bloß die in den Vertrag von Amsterdam aufgenommenen Bestimmungen über die verstärkte Zusammenarbeit Teil der künftigen Arbeiten der Konferenz sein, nicht aber die anderen „Sonstigen Fragen".

1389 Dieses Beschlussquorum entspricht in einer Union mit bis zu 20 Mitgliedstaaten der Einstimmigkeit minus zwei und in einer Union mit 21 oder mehr Mitgliedstaaten der Einstimmigkeit minus drei (darunter jeweils der betroffene Mitgliedstaat); vgl. Hummer/Obwexer, EuZW 2000, 494, Fn. 90.

1390 vgl. dazu Obwexer, europa-blätter 2000, 12 f.; Hummer, ÖJIP 1999, 88 + 94.

1391 CONFER 4750/00 vom 14.06.2000, Anl. 7.1, S. 116.

1392 s. Europäischer Rat von Feira vom 19. und 20.06.2000, Schlussfolgerungen des Vorsitzes, SN 200/1/00 vom 19.06.2000, Ziff. 3; vgl. auch K. H. Fischer, Der Vertrag von Nizza, S. 55.

V. Die Empfehlung der „Drei Weisen"

Die französische EU-Präsidentschaft hielt sich aber nicht daran und verlautbarte in einer Aufzeichnung des Vorsitzes am 5. Juli 2000, dass sie gedenke, die Frage der Novellierung des Art. 7 EUV auf die Agenda der Regierungskonferenz 2000 zu setzen. Sie hielt fest, dass es zu Art. 7 EUV bereits sehr nützliche Überlegungen gebe und die Beratungen über die grundsätzliche Frage, ob ein verbesserter Mechanismus zu erarbeiten ist, sowie – im Falle einer positiven Reaktion – über die Modalitäten der zu wählenden Regelung fortgesetzt werden sollen.[1393] Nachdem der französische Vorsitz das Mandat derart (eigenständig) erweitert hatte, inkludierte er diese Frage gleichsam in den Fragebogen, den er nach Kenntnisnahme des sog. „Berichts der Drei Weisen" zur Konsultation der anderen 13 Mitgliedstaaten zirkulierte.[1394]

Denn auch die „Drei Weisen" empfahlen in ihrem Bericht vom 8. September 2000 „nachdrücklich", ein Verfahren zu entwickeln, um das Eintreten und die Leistung der einzelnen Mitgliedstaaten für die Beachtung der gemeinsamen europäischen Werte zu überwachen und zu bewerten. Zu diesem Zweck wurde zur Einführung von Präventiv- und Überwachungsverfahren in Art. 7 EUV geraten, wodurch das grundlegende Bekenntnis der EU zu den gemeinsamen europäischen Werten unterstrichen und von Anfang an ein offener und nicht konfrontativer Dialog mit dem betreffenden Mitgliedstaat ermöglicht würde. Durch ein solches Überwachungsverfahren solle der Rat in der Lage sein, die Entwicklung einer bestimmten Situation in einem EU-Staat zu verfolgen, sie zu bewerten und Maßnahmen zu ergreifen. Neben diesem Überwachungsverfahren solle ein besonderes Präventivverfahren eingerichtet werden, das durch Information und Schulungsmaßnahmen auf jede Form der direkten und indirekten Diskriminierung und Fremdenfeindlichkeit reagieren würde. Zur Förderung dieser Ziele sei wichtig, innerhalb der Gemeinschaftsorgane institutionelle Vorkehrungen zu treffen, die Folgendes vorsehen könnten: die Schaffung eines Menschenrechtsbüros innerhalb des Rates, das dem Europäischen Rat berichtet; die Ernennung eines Kommissionsmitglieds, das für Menschenrechtsfragen zuständig ist; und, vor allem, die Ausweitung der Aktivitäten, des Haushalts und der Stellung der bestehenden EU-Beobachtungsstelle gegen Rassismus und Fremdenfeindlich-

---

1393 CONFER 4755/00 vom 05.07.2000, S. 5.

1394 Österreich bekam übrigens keinen solchen Fragebogen; vgl. hierzu Hummer, The European Legal Forum 2000, 81 f. + Fn. 38; Keine Einigung über Artikel 7 in Sicht, Die Presse vom 13.09.2000, S. 6.

keit, die ihren Sitz in Wien hat[1395], um die Errichtung einer vollständigen EU-Menschenrechtsbehörde zu ermöglichen.[1396]

VI. Der Vorschlag der Kommission

Im Hinblick darauf, dass es richtig sei, den Mitgliedstaaten der Union kollektiv die Möglichkeit eines präventiven politischen Dialogs an die Hand zu geben, schlug zuletzt aber auch Michel Barnier, Kommissar für Regionalpolitik und vom Kommissionspräsidenten für die Institutionenreform innerhalb der EU ernannt, am 4. Oktober 2000 der Regierungskonferenz vor, folgenden Absatz an Art. 7 EUV anzufügen:[1397]

> „1. Der Rat kann mit der Mehrheit von zwei Dritteln seiner Mitglieder auf Vorschlag von entweder einem Drittel der Mitgliedstaaten oder dem Europäischen Parlament oder der Kommission feststellen, dass die Gefahr einer Verletzung der in Art. 6 Abs. 1 genannten Grundsätze durch einen Mitgliedstaat besteht. Der Rat kann eine angemessene Empfehlung an den betroffenen Mitgliedstaat richten, nachdem der Regierung dieses Mitgliedstaates die Möglichkeit zur Stellungnahme gegeben wurde."

Damit lag neben den drei vorstehend erwähnten mitgliedstaatlichen Vorschlägen zudem ein Entwurf der Kommission vor, mit dem diese „die Lehren aus dem Fall Österreich zog" und sich für die Institutionalisierung eines präventiven politischen Dialogs aussprach.[1398]

VII. Das Synthesedokument des französischen Ratsvorsitzes

Nachdem der französische Ratsvorsitz die vorgeschlagenen Modelle in einem Vermerk noch einmal zusammengestellt hatte[1399], zeichnete sich nach der Klausurtagung des Rates vom 8. und 9. Oktober 2000 mehrheitlich die Tendenz ab,

---

1395 zur Bedeutung der EU-Beobachtungsstelle gegen Rassismus und Fremdenfeindlichkeit beim Zustandekommen der Maßnahmen gegen Österreich vgl. Hummer/Obwexer, ZÖR 2000, 270 f.

1396 s. den Bericht von Martti Ahtisaari, Jochen Frowein und Marcelino Oreja vom 08.09.2000 im Anhang S. 388, Ziff. 117-119.

1397 Presseerklärung der Kommission IP/00/1116 vom 04.10.2000 und CONFER 4782/00 vom 05.10.2000, S. 6.

1398 vgl. Michel Barnier will Artikel 7 wachküssen, Die Presse vom 02.10.2000, S. 5; Flexiblerer Schutz der EU-Grundwerte, Die Kommission zieht Lehren aus dem Fall Österreich, Neue Züricher Zeitung vom 05.10.2000, S. 4; EU-Kommission fordert ein Frühwarnsystem, Kurier vom 06.10.2000, S. 4.

1399 CONFER 4782/00 vom 05.10.2000.

Art. 7 EUV durch einen Mechanismus zu ergänzen, der im Fall der Gefahr einer Verletzung der in Art. 6 Abs. 1 EUV aufgeführten Grundsätze angewendet wird.[1400] Im Synthesedokument der Präsidentschaft vom 3. November 2000 wurden sodann alle Novellierungsvorschläge in einem neu einzufügenden Art. 7 Abs. 1 EUV zusammengefasst, der darüber hinaus erstmals die Möglichkeit vorsah, neuerlich einen „Weisenrat" zur Berichterstattung über den betreffenden Mitgliedstaat einzusetzen:[1401]

> „Auf begründeten Vorschlag eines Drittels der Mitgliedstaaten, des Europäischen Parlaments oder der Kommission und nach Zustimmung des Europäischen Parlaments kann der Rat mit qualifizierter Mehrheit, die mit den Stimmen von zwei Dritteln seiner Mitglieder zustande kommt, feststellen, dass die Gefahr einer schwerwiegenden Verletzung der in Art. 6 Abs. 1 genannten Grundsätze durch einen Mitgliedstaat besteht, und an diesen Mitgliedstaat geeignete Empfehlungen richten. Der Rat hört, bevor er eine solche Feststellung trifft, den betroffenen Mitgliedstaat und kann unabhängige Persönlichkeiten ersuchen, innerhalb einer angemessenen Frist einen Bericht über die Lage in dem betreffenden Mitgliedstaat vorzulegen. Der Rat überprüft regelmäßig, ob die von ihm getroffene Feststellung noch begründet ist."

VIII. Der Vertrag von Nizza

Die am Europäischen Rat von Nizza am 7. und 8. Dezember 2000 zu Ende gehende Regierungskonferenz 2000 entschied sich nach den Erfahrungen mit den Maßnahmen der „EU-Vierzehn" gegen Österreich schließlich dafür, den in Amsterdam beschlossenen Sanktionsmechanismus des Art. 7 EUV schon drei Jahre später zu revidieren. Während man das bisherige reaktive Sanktionsverfahren unverändert beibehalten hat, wurde in Anlehnung an den Synthesevorschlag der französischen Präsidentschaft an den Anfang dieser Bestimmung nunmehr ein präventiver „Frühwarnmechanismus" gestellt, so dass der Vertrag von Nizza[1402] – nach seiner Ratifikation und seinem Inkrafttreten[1403] – Art. 7 EUV um einen neuen ersten Absatz ergänzt. Art. 7 Abs. 1 EUV in der Fassung des Vertrages von Nizza lautet wie folgt:

1400 CONFER 4785/00 vom 18.10.2000. Nur mehr ganz vereinzelte Mitgliedstaaten – wie etwa Dänemark – hielten noch beim Europäischen Rat von Biarritz am 13. und 14.10.2000 eine Revision des Art. 7 EUV für nicht notwendig; vgl. K. H. Fischer, Der Vertrag von Nizza, S. 59 + Fn. 126.

1401 CONFER 4790/00 vom 03.11.2000, S. 83.

1402 SN 1247/1/01 REV 1 vom 14.02.2001, S. 8 ff.; ABl. 2001 Nr. C 80, S. 1.

1403 Am 01.02.2003 ist der Vertrag von Nizza in Kraft getreten, ABl. 2003 Nr. C 24, S. 11.

„(1) Auf begründeten Vorschlag eines Drittels der Mitgliedstaaten, des Europäischen Parlaments oder der Kommission kann der Rat mit der Mehrheit von vier Fünfteln seiner Mitglieder nach Zustimmung des Europäischen Parlaments feststellen, dass die eindeutige Gefahr einer schwerwiegenden Verletzung von in Artikel 6 Absatz 1 genannten Grundsätzen durch einen Mitgliedstaat besteht, und an diesen Mitgliedstaat geeignete Empfehlungen richten. Der Rat hört, bevor er eine solche Feststellung trifft, den betroffenen Mitgliedstaat und kann nach demselben Verfahren unabhängige Persönlichkeiten ersuchen, innerhalb einer angemessenen Frist einen Bericht über die Lage in dem betreffenden Mitgliedstaat vorzulegen.
Der Rat überprüft regelmäßig, ob die Gründe, die zu dieser Feststellung geführt haben, noch zutreffen."

Hinsichtlich des maßgeblichen Beschlussquorums waren noch beim Europäischen Rat von Nizza verschiedene Positionen vertreten worden, und zwar sowohl Einstimmigkeit des Rates – den betroffenen Mitgliedstaat ausgenommen – als auch Einstimmigkeit des Rates einschließlich des betoffenen Mitgliedstaates sowie Mehrstimmigkeit des Rates. Die Konferenz einigte sich letztlich auf die dritte Option in Gestalt einer 4/5-Mehrheit.[1404] Außerdem wurde Art. 46 EUV noch dahingehend geändert, dass in Zukunft die „reinen Verfahrensbestimmungen" des Art. 7 EUV der Jurisdiktion des EuGH unterliegen (Art. 46 lit. e EUV n.F.).[1405]

B. Art. 7 EUV in der Fassung des Vertrages von Nizza

Durch den neu aufgenommenen Absatz 1 wird der Wortlaut von Art. 7 EUV auf den Fall der lediglich drohenden Verletzung der in Art. 6 Abs. 1 EUV genannten Grundsätze ausgedehnt. Die Vorschrift sieht von nun an einen dreistufigen Mechanismus vor.

Die erste Stufe setzt ein, wenn nach dem in Absatz 1 geregelten Verfahren festgestellt worden ist, dass die eindeutige Gefahr einer schwerwiegenden Verletzung von in Art. 6 Abs. 1 EUV genannten Grundsätzen besteht und berechtigt zur Verabschiedung von Empfehlungen an den Mitgliedstaat sowie zur Einholung eines „Weisenberichts". Auf der zweiten Stufe kann – wie bisher – eine Grundsätzeverletzung durch einen Mitgliedstaat nach Maßgabe des Absatz 2 festgestellt werden. Auf der Grundlage dieses Feststellungsbeschlusses gewährt Absatz 3 weiterhin ein Entschließungsermessen, gegenüber dem Mitgliedstaat Sanktionen zu ergreifen.

Demnach eröffnet die Neuregelung in Absatz 1 den Mitgliedstaaten und den Organen der EU fortan ausdrücklich die Möglichkeit, bereits im Vorfeld einer

1404 CONFER 48 100/00, S. 6.
1405 vgl. K. H. Fischer, Der Vertrag von Nizza, S. 70 f. + 89, Rdnr. 9.

Verletzung von Unionsgrundsätzen Maßnahmen unterhalb der Sanktionsschwelle zu deren Verhinderung zu treffen.[1406]

I. Norminhalt des „Frühwarnmechanismus"

1. Materielle Voraussetzungen

Art. 7 Abs. 1 EUV n.F. setzt materiell-rechtlich voraus, dass die eindeutige Gefahr einer schwerwiegenden Verletzung von in Art. 6 Abs. 1 EUV genannten Grundsätzen durch einen Mitgliedstaat besteht. Unter Gefahr ist hier eine Lage zu verstehen, bei der im Falle eines ungehinderten Fortgangs der Ereignisse mit an Sicherheit grenzender Wahrscheinlichkeit eine schwerwiegende Grundsätzeverletzung eintreten wird. Durch das Attribut „eindeutig" werden an die Feststellung der Gefahrenlage hohe Anforderungen gestellt, zum einen, was die Würdigung der vorliegenden Erkenntnisse angeht, und zum anderen auch bezüglich der Prognose über den weiteren Geschehensablauf.[1407]

Grundsätzlich bleibt aber vorstellbar, dass die Beteiligung einer extremen Partei an der Regierung eines Mitgliedstaates eine solche eindeutige Gefahr darstellt.[1408] Nach den Erfahrungen im Fall Österreich erweist sich in diesem Zusammenhang allerdings neben der Zurechnung von Äußerungen von Politikern vor Übernahme eines Regierungsamtes – insbesondere im Wahlkampf – zum jeweiligen Mitgliedstaat vor allem die unterschiedliche Gewichtung von Worten und Taten als äußerst problematisch.[1409] So konnte zwar anlässlich der Regierungsbeteiligung der FPÖ innerhalb der bestehenden Beurteilungs- und Ermessensspielräume noch von einer allgemeinen Gefahrensituation für die in Art. 6 Abs. 1 EUV genannten Grundsätze gesprochen werden, doch dürften auch seinerzeit die demgegenüber gesteigerten Voraussetzungen des Bestehens einer „eindeutigen" Gefahr einer schwerwiegenden Grundsätzeverletzung im Sinne des Art. 7 Abs. 1 EUV n.F. nicht vorgelegen haben.

1406 vgl. Kluth, in: Calliess/Ruffert, EUV/EGV, Art. 7 EUV, Rdnr. 1 ff.; Schorkopf, in: Grabitz/Hilf, Recht der EU I, Art. 7 EUV, Rdnr. 37; K. H. Fischer, Der Vertrag von Nizza, S. 89, Rdnr. 6 f.

1407 Kluth, in: Calliess/Ruffert, EUV/EGV, Art. 7 EUV, Rdnr. 6; für den Ausschluss der abstrakten Gefahr auch Kassner, Unionsaufsicht, S. 130 f.

1408 s. in diesem Zusammenhang auch Stumpf, in: Schwarze, EU-Kommentar, Art. 7 EUV, Rdnr. 4.

1409 Kluth, in: Calliess/Ruffert, EUV/EGV, Art. 7 EUV, Rdnr. 6; vgl. dazu oben Zweiter Teil, S. 235 ff. + Fn. 1326 sowie den „Weisenbericht" im Fall Österreich hinsichtlich der Beurteilung der FPÖ, im Anhang S. 388, Ziff. 88 ff.

2. Verfahrensrechtliche Vorgaben

a) Einleitung des Verfahrens und Anhörung des betroffenen Mitgliedstaates

Das „Frühwarnverfahren" nach Absatz 1 wird nur durch einen begründeten Vorschlag eines Drittels der Mitgliedstaaten, des Europäischen Parlaments oder der Kommission in Gang gesetzt. Anders als bisher kommt nun auch dem Europäischen Parlament ein Vorschlagsrecht zu.

Dieses erweiterte Initiativrecht steht im Gegensatz zur Regelung in Art. 192 EGV, wonach „das Europäische Parlament mit der Mehrheit seiner Mitglieder die Kommission [lediglich] auffordern [kann], geeignete Vorschläge zu Fragen zu unterbreiten, die nach seiner Auffassung die Ausarbeitung eines Gemeinschaftsakts zur Durchführung dieses Vertrages erfordern". Es erscheint aber angesichts der Tatsache, dass die Personenidentität zwischen den Vertretern der vorschlagsberechtigten Mitgliedstaaten und den Mitgliedern der nationalen Delegationen im Rat eine Verfahrenseröffnung unter Umständen verhindern mag, gerechtfertigt.[1410] Für eine Initiative des Europäischen Parlaments sind weder die Stimmen von einem Drittel seiner Mitglieder ausreichend – wie der Wortlaut von Art. 7 Abs. 1 EUV n.F. suggeriert – noch jene von zwei Dritteln erforderlich – wie man aus Art. 7 Abs. 6 EUV n.F. ableiten könnte –, vielmehr ist – in Übereinstimmung mit Art. 192 EGV – auf die einfache Mehrheit der Stimmen abzustellen.[1411]

Des Weiteren ist von Bedeutung, dass der jeweilige Vorschlag mit einer Begründung versehen sein muss. Das bisherige Verfahren setzte eine derartige Begründung nicht voraus. Entsprechend sind nach Art. 253 EGV auch grundsätzlich nur die verbindlichen Rechtsakte, die den Standpunkt zum Abschluss eines Verfahrens endgültig festlegen, mit Gründen zu versehen, nicht aber Zwischenmaßnahmen, die die abschließende Entscheidung lediglich vorbereiten sollen.

Vorliegend scheint nun jene formelle Begründungspflicht ausnahmsweise bereits für den bloßen Vorschlag zur Verfahrenseinleitung zu gelten.[1412] Dadurch soll wohl der betroffene Mitgliedstaat schon frühzeitig in die Lage versetzt werden, die entscheidenden Gesichtspunkte für die Aktivierung des „Früh-

1410 ebenso Dashwood, ELRev 26 (2001), 233.
1411 vgl. Nowak, Die Union 1/2001, 15.
1412 s. hierzu auch Dashwood, ELRev 26 (2001), 233; K. H. Fischer, Der Vertrag von Nizza, S. 89, Rdnr. 8.

warnmechanismus" vornehmlich im Hinblick auf seine Rechtsverteidigung kennen zu lernen.[1413]

In diesem Sinne ist denn auch der Rat nach dem Vorschlag zur Verfahrenseinleitung verpflichtet, vor der Feststellung einer eindeutigen Gefahrenlage den betroffenen Mitgliedstaat anzuhören. Eine Anhörung verlangt aber verfahrensmäßig, dass dem betroffenen Mitgliedstaat die Tatsachen, auf die sich die Einschätzung der eindeutigen Gefahrenlage durch die EU-Organe stützt, sowie die darauf basierende Prognose jedenfalls in ihren wesentlichen Elementen mitgeteilt wird. Nur so ist es dem Mitgliedstaat möglich, darauf angemessen zu reagieren und sie gegebenenfalls zu entkräften.[1414] Mit den beschriebenen Verfahrensvoraussetzungen wird somit dem Grundsatz der Rechtsstaatlichkeit Genüge getan.

1413 dazu sogleich unten S. 363 ff.; vgl. im Zusammenhang mit Nichtigkeitsklagen aber auch EuGH, Rs. 114/86 (Vereinigtes Königreich/Kommission), Slg. 1988, 5289, Rdnr. 12 ff. und EuG, Rs. T-75/96 R (Söktas/Kommission), Slg. 1996, II-859, Rdnr. 19: „Im Fall von Handlungen oder Entscheidungen, die in einem mehrphasigen Verfahren ergehen, sind anfechtbare Handlungen grundsätzlich nur solche Maßnahmen, die den Standpunkt des Organs zum Abschluss dieses Verfahrens endgültig festlegen, nicht aber Zwischenmaßnahmen, die die abschließende Entscheidung vorbereiten sollen."

1414 s. Kluth, in: Calliess/Ruffert, EUV/EGV, Art. 7 EUV, Rdnr. 7. Zumindest eine förmliche Anhörung in diesem Sinne hat es im Fall der Maßnahmen der 14 Mitgliedstaaten gegen Österreich nicht gegeben. Vielmehr erscheint weiterhin unklar, ob die Republik Österreich vor dem Erlass der Stellungnahme überhaupt angemessen gehört wurde. Nach dem bisher bekannt Gewordenen war es vermutlich so, dass von Seiten einiger der 14 Regierungen und auch von Seiten des portugiesischen Ratsvorsitzes eindeutige Warnungen ausgesprochen wurden und überdies eine Konsultation insbesondere mit dem österreichischen Bundespräsidenten stattgefunden hat. Ratspräsident Guterres hat die Ereignisse folgendermaßen beschrieben: „Wir haben Präsident Klestil über jeden unserer Schritte informiert. [...] Nach einer zweiten Konsultationsrunde kamen wir überein, dass wir mit unserer Warnung an die Öffentlichkeit gehen mussten, weil unser Vorgehen unmöglich geheim bleiben konnte."; vgl. Der Spiegel 7/2000, S. 153. Weiterhin haben der portugiesische Außenminister Gama und sein belgischer Kollege Michel erklärt, sie hätten beide mit Schüssel telefonisch vor dem 31.01.2000 gesprochen und ihm die Situation erläutert, zudem hätte Gama auch mit Klima gesprochen; vgl. Standard weekly vom 25.02.2000, S. 2; s. auch abermals oben Erster Teil, S. 33 ff. Von einer Maßnahme gänzlich ohne vorherige Möglichkeit für Österreich, Stellung zu beziehen, kann deshalb wohl nicht gesprochen werden; so auch Busse, Österreich contra Europäische Union, S. 36.

b) Beschlussfassung

Nach Anhörung des betroffenen Mitgliedstaats kann der Rat in seiner üblichen Zusammensetzung[1415] mit der Mehrheit von vier Fünfteln seiner Mitglieder und nach Zustimmung des Europäischen Parlaments einen Feststellungsbeschluss treffen. Für das Abstimmungsverfahren gelten gleichermaßen die jetzigen Absätze 5 und 6.[1416]

Gemäß Art. 7 Abs. 5 EUV n.F. handelt der Rat also auch hier ohne Berücksichtigung der Stimme des Vertreters der Regierung des betroffenen Mitgliedstaats.[1417] Allerdings könnte dieser die Abstimmung ohnehin nicht durch sein Veto blockieren, da Einstimmigkeit keine Voraussetzung ist. Vielmehr erfordert die qualifizierte Mehrheit des Art. 7 Abs. 1 EUV n.F. derzeit die Zustimmung von zwölf EU-Mitgliedstaaten.[1418] In einer Union mit 25 Mitgliedern sind es 20 Staaten, weshalb der „Frühwarnmechanismus" des Art. 7 Abs. 1 EUV n.F. zukünftig sogar gegen den Widerstand der fünf größten Mitgliedstaaten zur Anwendung gelangen könnte.

Nach Art. 7 Abs. 6 EUV n.F. muss aber stets das Europäische Parlament mit einer Mehrheit von zwei Dritteln der abgegebenen Stimmen und mit der Mehrheit seiner Mitglieder zustimmen. Eine Begründung des Feststellungsbeschlusses wird nicht ausdrücklich verlangt, sollte jedoch im Hinblick auf den Grundsatz der Rechtsstaatlichkeit beigefügt werden.[1419]

Falls der Rat einen Feststellungsbeschluss trifft, ist er befugt, nach und in dem gleichen Verfahren – oder auch später – zusätzlich geeignete Empfehlungen an den Mitgliedstaat zu richten.[1420] Kommt der Rat dagegen nach Abschluss seiner Beratung zu dem Ergebnis, dass die Voraussetzungen für eine Feststellung nicht vorliegen, so steht es ihm frei, untätig zu bleiben oder einen

---

1415 so auch Dashwood, ELRev 26 (2001), 232; vgl. ebenfalls Schmitt von Sydow, RDUE 2/2001, 302.

1416 wie hier Kluth, in: Calliess/Ruffert, EUV/EGV, Art. 7 EUV, Rdnr. 9; Nowak, Die Union 1/2001, 15.

1417 a.A. nur K. H. Fischer, Der Vertrag von Nizza, S. 89, Rdnr. 9. Wegen des insoweit eindeutigen Wortlauts von Art. 7 Abs. 1 EUV n.F. bleibt die Stimme des Vertreters der Regierung des betroffenen Mitgliedstaates – anders als im Fall des Sanktionsbeschlusses gem. Art. 7 Abs. 3 EUV n.F. – für die Berechnung der 4/5-Mehrheit indes erhalten; s. dazu oben Zweiter Teil, S. 109 f.

1418 vgl. Nowak, Die Union 1/2001, 15; Blockmans, AA 50 (2001), 336; Schorkopf, Maßnahmen der XIV, S. 104 f.; Schmitt von Sydow, in: Groeben/Schwarze, EU-/EG-Vertrag Bd. 1, Art. 7 EUV, Rdnr. 45; a.A. Nuffel, RDUE 2/2001, 329 ff., Fn. 108.

1419 zutreffend Kluth, in: Calliess/Ruffert, EUV/EGV, Art. 7 EUV, Rdnr. 9.

1420 vgl. Nowak, Die Union 1/2001, 16; Kluth, in: Calliess/Ruffert, EUV/EGV, Art. 7 EUV, Rdnr. 10; Obwexer, ecolex 2001, 330.

negativen Feststellungsbeschluss zu fassen und das Verfahren auf diesem Wege abzuschließen.[1421] Letztere Vorgehensweise erscheint aus Gründen der Rechtsklarheit und Rechtssicherheit in einem derart sensiblen Bereich allerdings vorzugswürdig.

c) „Weisenbericht“

Gemäß Art. 7 Abs. 1 EUV n.F. kann der Rat zudem unabhängige Persönlichkeiten ersuchen, innerhalb einer angemessenen Frist einen Bericht über die Lage in dem betreffenden Mitgliedstaat vorzulegen. Insofern war also die Vorgangsweise der „EU-Vierzehn“, einen „Weisenrat“ zur Berichterstattung über Österreich einzusetzen, in der Tat präjudiziell und wird so nunmehr auf ein sicheres rechtliches Fundament gestellt.[1422]

Zur Entsendung einer Untersuchungskommission in einen anderen Staat, um dort Wertehaltungen, die Einstellung zu Einwanderern und Asylanten und die Achtung der Menschenrechte zu prüfen, bedarf es nämlich grundsätzlich einer (völkerrechtlichen) Rechtsgrundlage.[1423] Eine solche ist dabei in der Regel in völkerrechtlichen Verträgen, wie etwa der Europäischen Konvention zum Schutze der Menschenrechte und Grundfreiheiten, die aber für solche Fälle ein eigenständiges, geordnetes Verfahren vorsieht[1424], oder eben in Satzungen internationaler Organisationen, wie dem EU-Vertrag und den Gemeinschaftsverträgen, zu suchen.

Für die von den 14 EU-Mitgliedstaaten veranlasste offizielle Observierung Österreichs durch eine „fact-finding-mission“ existierte eine derartige Rechtsgrundlage jedoch (noch) nicht, insbesondere nicht mit Art. 7 EUV a.F. Ganz abgesehen davon, dass auch die Bestellung der Dreierkommission schon nicht auf diese Vertragsbestimmung gestützt wurde[1425], stellte der alte Gewährleistungsmechanismus keine Ermächtigungsgrundlage für das eigenständige Einleiten eines Ermittlungsverfahrens durch einzelne Mitgliedstaaten dar, welches in

1421 s. Kluth, in: Calliess/Ruffert, EUV/EGV, Art. 7 EUV, Rdnr. 9.

1422 Dies betonen auch Hummer, The European Legal Forum 2000, 82 und Kluth, in: Calliess/Ruffert, EUV/EGV, Art. 7 EUV, Rdnr. 1; kritisch dazu Rotter, Europäische Rundschau 2000/3, 30.

1423 vgl. Rotter, Europäische Rundschau 2000/3, 29; Hummer, The European Legal Forum 2000, 78.

1424 s. Art. 33 EMRK in der Fassung des 11. Zusatzprotokolls; eingehend dazu und mit vielen weiteren Nachweisen Frowein/Peukert, EMRK-Kommentar, S. 515 ff. Auch das Abkommen über die Rechtsstellung der Flüchtlinge (Genfer Flüchtlingskonvention) vom 28.07.1951 (BGBl. 1953 II, S. 560) sieht in Art. 38 die Zuständigkeit des Internationalen Gerichtshofes vor.

1425 dazu schon oben Zweiter Teil, S. 154.

die Rechte des betroffenen Mitgliedstaates eingreift. Gewiss musste das vorschlagsberechtigte Drittel zu jenen Informationen gelangen können, die den Verdacht eines Verstoßes gegen die Verpflichtung aus Art. 6 Abs. 1 EUV erhärten.[1426] Das hatte aber zunächst unter vollumfänglicher Achtung der territorialen Souveränität des möglicherweise delinquenten Staates zu geschehen.

Das Fehlen einer völkerrechtlichen Ermächtigung für die „Drei Weisen", die ja nicht als Privatleute, sondern namens und im Auftrag der Regierungen von 14 Mitgliedstaaten handelten, vermochte auch nicht der Umstand zu beheben, dass ihre Nominierung dem derzeitigen Präsidenten des Europäischen Gerichtshofes für Menschenrechte übertragen wurde.[1427] Denn jener wurde mangels entsprechender Kompetenz in der EMRK oder der Satzung des Europäischen Gerichtshofes für Menschenrechte wohl lediglich als Honoratior und nicht als Gerichtspräsident im engeren Sinne tätig.[1428]

Die von Bundeskanzler Schüssel abgegebene Zustimmung zur Entsendung einer Untersuchungskommission[1429] war deshalb eine unabdingbare Voraussetzung für deren völkerrechtliche Zulässigkeit. Nur durch diese Zustimmung der Republik Österreich war die an sich rechtswidrige Beobachtung Österreichs durch die „Drei Weisen" gemäß dem allgemeinen Rechtsgrundsatz „volenti non fit iniuria" gerechtfertigt.[1430]

Sofern der neu aufgenommene erste Absatz von Art. 7 EUV dem Rat nun ausdrücklich die Kompetenz einräumt, „unabhängige Persönlichkeiten" mit der Aufgabe zu betrauen, „einen Bericht über die Lage in dem betreffenden Mitgliedstaat" vorzulegen, hat dies „nach demselben Verfahren" zu geschehen. Folglich ist davon auszugehen, dass auch für die Einsetzung eines „Weisenrates" die qualifizierte Mehrheit von vier Fünfteln der Ratsmitglieder sowie die Zustimmung des Europäischen Parlaments erforderlich ist und dass dies – falls der Rat von dieser Möglichkeit Gebrauch machen will – vor dem Feststellungs-

1426 s. in diesem Zusammenhang nochmals oben Zweiter Teil, S. 108.

1427 ausführlich zur Ernennung der „Drei Weisen" im Fall Österreich oben Erster Teil, S. 68 ff.

1428 vgl. zum Ganzen Rotter, Europäische Rundschau 2000/3, 29 f.

1429 s. oben Erster Teil, S. 71.

1430 ebenso Hummer, The European Legal Forum 2000, 78 sowie Rotter, Europäische Rundschau 2000/3, 30; a.A. offenbar R. Winkler, JRP 2000, 326: „Die 14 anderen Mitgliedstaaten [...] können Österreich jederzeit beobachten oder überwachen; es ist auch unproblematisch dies durch eine Art Beschluss oder ein Übereinkommen (‚agree', analog zum ‚statement') zu formalisieren, da darin keine Berührung irgendwelcher Rechtspositionen liegt. Dafür ist weder eine Zustimmung Österreichs nötig, noch eine Ausdehnung der Beobachtung auf alle Mitgliedstaaten."

beschluss erfolgen sollte.[1431] Der Bericht bezieht sich demnach primär auf die Einschätzung der Gefahrensituation, d.h. es handelt sich um einen „early-warning"-Bericht.

Man kann den Passus „die Lage in dem betreffenden Mitgliedstaat" aber auch in einem weiteren Sinne der Untersuchung der aktuellen Haltung gegenüber den Grundsätzen der Europäischen Union verstehen, so dass die „Weisen" – wie in der „Causa Austria" – gleichermaßen um Vorlage eines „fact-finding"-Berichts ersucht werden können.[1432] Der Rat vermag mithin einen „Weisenbericht" ebenfalls zur Überprüfung der Lage nach dem ersten Feststellungsbeschluss oder nach einer Maßnahme nach Absatz 2 oder 3 zur Vorbereitung eines Ausstiegs aus dem Verfahren anfertigen lassen. Der Wortlaut der Regelung steht einer derartigen Vorgehensweise jedenfalls nicht entgegen. Die Bestellung eines „Weisenrates" ist damit in jedem Stadium des Verfahrens möglich und könnte insofern als Verbindungsglied zwischen Präventions- und Sanktionsverfahren fungieren.[1433]

In diesem Zusammenhang ist der Rat gehalten, einen möglichst konkreten Arbeitsauftrag zu erteilen, der insbesondere den Untersuchungsgegenstand und -umfang bestimmt. Vor allem muss daraus hervorgehen, die Gefährdung oder Verletzung welcher Grundsätze geprüft werden soll.[1434]

An dieser Stelle wird deutlich, dass es sich bei den „unabhängigen Persönlichkeiten" nicht um ein unabhängiges Expertengremium handelt. Entsprechend werden die „Weisen" auch vom Rat nach seinem Belieben ad hoc ernannt und können jederzeit von diesem wieder abberufen bzw. ausgetauscht werden. Art. 7 Abs. 1 EUV n.F. enthält deshalb keine wie immer geartete Unabhängigkeitsgarantie. Das Wort „unabhängig" besagt lediglich, dass es sich um Experten handeln muss, die von ihrem Status und ihrer Persönlichkeit als unabhängig bezeichnet werden können.[1435] Das ist der Fall, wenn sie weder mit dem betroffenen Mitgliedstaat noch mit den Organen der EU oder eines anderen Mitgliedstaats in aktueller beruflicher oder politischer enger Verbundenheit stehen. E-

---

1431 vgl. hierzu Schorkopf, in: Grabitz/Hilf, Recht der EU I, Art. 7 EUV, Rdnr. 37; Kluth, in: Calliess/Ruffert, EUV/EGV, Art. 7 EUV, Rdnr. 8 und Nowak, Die Union 1/2001, 16.

1432 Diese Terminologie verwendet auch Nowak, Die Union 1/2001, 16.

1433 wie hier Kluth, in: Calliess/Ruffert, EUV/EGV, Art. 7 EUV, Rdnr. 8; Nowak, Die Union 1/2001, 16; Schmitt von Sydow, in: Groeben/Schwarze, EU-/EG-Vertrag Bd. 1, Art. 7 EUV, Rdnr. 82.

1434 Dies unterstreicht auch Kluth, in: Calliess/Ruffert, EUV/EGV, Art. 7 EUV, Rdnr. 8. Dabei ist denkbar, dass die Einholung eines „Weisenberichts" als nützliches Instrument zur Überwindung von Meinungsverschiedenheiten innerhalb des Rates zu dienen vermag, insbesondere wenn die Initiative zur Verfahrenseinleitung vom Parlament ausgegangen ist; vgl. Dashwood, ELRev 26 (2001), 233.

1435 Nowak, Die Union 1/2001, 16 f.

benso dürfen sie nicht durch vorherige Äußerungen befangen sein bzw. den Eindruck von Befangenheit erweckt haben.[1436]

3. Rechtsfolgen – Feststellung und Empfehlungen

Als Rechtsfolge ist in dem neuen „Frühwarnmechanismus" zunächst vorgesehen, dass der Rat das Bestehen einer eindeutigen Gefahrenlage lediglich feststellt. Gegenstand dieses Ratsbeschlusses ist also allein die Feststellung, dass in dem betroffenen Mitgliedstaat die eindeutige Gefahr einer schwerwiegenden – im Unterschied zum Sanktionsverfahren aber nicht notwendig andauernden – Verletzung der Grundsätze der Freiheit, der Demokratie, der Achtung der Menschenrechte und Grundfreiheiten sowie der Rechtsstaatlichkeit gegeben ist. Der Feststellungsbeschluss nach Art. 7 Abs. 1 EUV n.F. hat als solcher allenfalls politisch anprangernde, jedoch noch keine rechtlichen Wirkungen.

Auch darüber hinaus kann das Präventionsverfahren allerdings zu keinen Sanktionen – gleich welcher Art – führen, sondern ausschließlich zu geeigneten Empfehlungen an den betroffenen Mitgliedstaat.[1437] Als geeignet erscheinen dabei solche Empfehlungen, die dem Ziel des „Frühwarnsystems", eine mögliche Eskalation zu vermeiden, zuträglich sind.[1438] Ihr Inhalt sollte sich daher auf Hinweise erstrecken, wie die Gefahrenlage durch den jeweiligen Mitgliedstaat zu beseitigen ist.[1439]

Als unverbindliche Handlungsform entfalten derartige Empfehlungen gleichermaßen keine strikte rechtliche Bindungswirkung für den Adressaten.[1440] Selbst wenn der betroffene Mitgliedstaat die Empfehlungen ignoriert oder offen dagegen handelt, dürfen Sanktionen nach dem Verfahren der Absätze 2 und 3 erst ergriffen werden, wenn sich schwerwiegende und anhaltende Verletzungen der Unionsgrundsätze tatsächlich ereignet haben. In einem mit der „Causa Austria" vergleichbaren Fall könnten demzufolge auch nach Inkrafttreten von Art. 7 Abs. 1 EUV n.F. außer Empfehlungen keine weitergehenden Maßnahmen auf unionsrechtlicher Ebene gesetzt werden.[1441]

Doch ist anzunehmen, dass die Empfehlungen als Beurteilungsmaßstab bei der zukünftigen Würdigung der Lage sowie der Entscheidung über die Aufhebung der Feststellung einerseits oder den Erlass einer Feststellung nach Absatz

1436 Kluth, in: Calliess/Ruffert, EUV/EGV, Art. 7 EUV, Rdnr. 8.

1437 s. auch Nowak, Die Union 1/2001, 16 sowie Wiedmann, JuS 2001, 847.

1438 vgl. dazu K. H. Fischer, Der Vertrag von Nizza, S. 89, Rdnr. 10.

1439 vgl. Kluth, in: Calliess/Ruffert, EUV/EGV, Art. 7 EUV, Rdnr. 10.

1440 so auch Kluth, in: Calliess/Ruffert, EUV/EGV, Art. 7 EUV, Rdnr. 10; Nowak, Die Union 1/2001, 16.

1441 Nowak, Die Union 1/2001, 16.

2 andererseits dienen werden.[1442] Diesbezüglich bleibt aber hervorzuheben, dass die Feststellung und damit verbundene Empfehlungen gemäß Art. 7 Abs. 1 EUV n.F. ihrerseits keine zwingenden Voraussetzungen für die Durchführung des Verfahrens der Aussetzung von Vertragsrechten sind, sondern eine zusätzliche Handlungsmöglichkeit darstellen.[1443]

Ist der Rat auf dieser Grundlage tätig geworden, so ist er schließlich verpflichtet, regelmäßig zu überprüfen, ob die Gründe für das Vorgehen gegen einen Mitgliedstaat noch vorliegen, d.h. ob die eindeutige Gefahrenlage fortbesteht. Dazu muss er die Entwicklung in dem betroffenen Mitgliedstaat beobachten und bewerten.[1444]

Hiermit wurde ein kontinuierliches Beobachtungsverfahren im Vorfeld einer Grundsätzeverletzung festgeschrieben. Sofern die Regierungsbeteiligung einer rechtspopulistischen Partei wie der FPÖ als „eindeutige Gefahr" einer schwerwiegenden Verletzung der in Art. 6 Abs. 1 EUV genannten Grundsätze qualifiziert wird, bleibt diese Gefahr allerdings so lange bestehen, wie diese Regierung im Amt ist, weshalb jene präventive Beobachtung durch den Rat gegebenenfalls die gesamte Legislaturperiode aufrechterhalten werden müsste.[1445]

Aus der Beobachtungs- und Prüfungspflicht des Rates folgt konsequenterweise die weitere Verpflichtung, die Rückkehr zum Normalzustand in gleicher Weise festzustellen und den betreffenden Mitgliedstaat zu „rehabilitieren".[1446] Hat sich die Situation, die das Verfahren ursprünglich ausgelöst hatte, nicht nur unwesentlich verändert, so ist ein einmal gefasster Feststellungsbeschluss demnach entweder aufzuheben oder aber über eine Feststellung nach Absatz 2 nachzudenken. Zu diesem Zweck wird der Rat auch einen weiteren „Weisenbericht" einholen können, sofern er dies als sachdienlich erachtet.[1447]

II. Gerichtliche Kontrolle – Art. 46 lit. e EUV n.F.

In engem Zusammenhang mit der Ergänzung des Verfahrens nach Art. 7 EUV steht die ebenfalls durch den Vertrag von Nizza erfolgte Änderung von Art. 46 EUV. In dieser Vorschrift wurde eine neue litera e eingefügt, wonach die Be-

1442 Kluth, in: Calliess/Ruffert, EUV/EGV, Art. 7 EUV, Rdnr. 10.

1443 vgl. H. G. Fischer, Europarecht, S. 25; Schorkopf, Maßnahmen der XIV, S. 113 ff. sowie Schmitt von Sydow, in: Groeben/Schwarze, EU-/EG-Vertrag Bd. 1, Art. 7 EUV, Rdnr. 53.

1444 ganz zutreffend Kluth, in: Calliess/Ruffert, EUV/EGV, Art. 7 EUV, Rdnr. 11.

1445 vgl. Nowak, Die Union 1/2001, 16.

1446 so Pache/Schorkopf, NJW 2001, 1384; Schorkopf, in: Grabitz/Hilf, Recht der EU I, Art. 7 EUV, Rdnr. 37; Schmitt von Sydow, RDUE 2/2001, 310 f.

1447 vgl. Kluth, in: Calliess/Ruffert, EUV/EGV, Art. 7 EUV, Rdnr. 11.

stimmungen betreffend die Zuständigkeit des EuGH und die Ausübung dieser Zuständigkeit nunmehr auch für „die reinen Verfahrensbestimmungen des Artikels 7“ gelten, „wobei der Gerichtshof auf Antrag des betroffenen Mitgliedstaats binnen einen Monats nach der Feststellung des Rates gemäß dem genannten Artikel entscheidet“.

Damit sollte der Kritik Rechnung getragen werden, der Sanktionsmechanismus entspreche nicht den Anforderungen einer nachprüfenden Kontrolle durch ein Gericht.[1448] Ob dies in vollem Umfang gelungen ist, vermag erst eine Auslegung des Begriffs „reine Verfahrensbestimmungen“ zeigen.

Vorab ist festzuhalten, dass die rechtliche Verfahrenskontrolle durch den Gerichtshof nicht nur auf den neu eingeführten „Frühwarnmechanismus“, sondern auf den gesamten Art. 7 EUV Anwendung findet.[1449] Davon ausgehend und angesichts der Tatsache, dass es sich bei Art. 7 EUV generell um eine „Verfahrensbestimmung“ handelt, bieten sich im „Frühwarnverfahren“ als mögliche Entscheidungen, die vor dem EuGH angefochten werden können, vor allem der Feststellungsbeschluss des Rates hinsichtlich einer schwerwiegenden Gefahr, seine Empfehlungen an den Mitgliedstaat, die Anhörung des Staates, die Einsetzung unabhängiger Persönlichkeiten sowie die regelmäßige Überprüfung der Gründe für den Feststellungsbeschluss an. Im „Sanktionsverfahren“ könnte zusätzlich zum Feststellungsbeschluss insbesondere die Verhängung konkreter Sanktionen und deren Abänderung Gegenstand eines von dem betroffenen Mitgliedstaat angestrengten Verfahrens sein.

Bei dieser weiten Auslegung wäre der EuGH, wie vielfach gefordert, letztlich zur nachprüfenden Kontrolle über die Rechtmäßigkeit der politischen Beurteilungen des Rates und der Verhängung konkreter Sanktionen befugt. Nicht in die Zuständigkeit des Gerichtshofes fiele lediglich die Überprüfung des Berichts der unabhängigen Persönlichkeiten.[1450]

Im Falle einer solchen Auslegung von Art. 46 lit. e EUV n.F. erscheint der Ausdruck „die reinen Verfahrensbestimmungen“[1451] allerdings weitgehend überflüssig. Daher spricht vieles für eine restriktivere Deutung der Vorschrift, und zwar derart, dass gerade der Inhalt der Entscheidungen des Rates, d.h. die Feststellung, dass eine eindeutige Gefahr einer schwerwiegenden Grundsätzeverletzung vorliegt oder dass bereits schwerwiegende und anhaltende Verlet-

---

1448 Nowak, Die Union 1/2001, 17.

1449 ebenso K. H. Fischer, Der Vertrag von Nizza, S. 90, Rdnr. 13; Nowak, Die Union 1/2001, 17.

1450 Nowak, Die Union 1/2001, 17.

1451 Die englische Fassung spricht von „the purely procedural stipulations“, während es in der französischen Fassung „les seules prosciptions de procédure“ heißt.

zungen erfolgt sind, sowie die Verhängung von Sanktionen nicht vom EuGH geprüft werden kann.

Seine Kompetenz würde sich danach ausschließlich auf die Kontrolle von Verfahrensfehlern erstrecken. Auf jeden Fall gerichtlich überprüfbar wäre folglich die Beachtung jener Vorgaben, die bestimmen, wer die Initiative zu bestimmten Verfahrensschritten ergreifen darf, in welcher Form dies zu geschehen hat, wann der Mitgliedstaat angehört werden muss, welche Mehrheiten Art. 7 EUV jeweils erfordert, in welcher Besetzung der Rat beschließt und unter welchen Voraussetzungen ein Beschluss zustande kommt.[1452]

Zahlreiche weitere Anforderungen des Art. 7 EUV bewegen sich insofern aber in einer Grauzone. So ist fraglich, ob sich die Rechtsprechungsgewalt des EuGH auch darauf bezieht, welchen Inhalt die Empfehlungen des Rates nach Art. 7 Abs. 1 UAbs. 1 S. 1 EUV n.F. haben dürfen, welche Voraussetzungen eine „Persönlichkeit" erfüllen muss, damit sie als „unabhängig" im Sinne des Art. 7 Abs. 1 UAbs. 1 S. 2 EUV n.F. erachtet werden kann, was die regelmäßige Überprüfung nach Art. 7 Abs. 1 UAbs. 2 EUV n.F. erfordert, wann gemäß Art. 7 Abs. 4 EUV n.F. eine Veränderung der Lage eingetreten ist, die zur Aussetzung bestimmter Rechte des Verletzerstaates geführt hat, oder ob das Ermessen des Rates, eine solche Maßnahme abzuändern oder aufzuheben, auf Null schrumpfen kann.

Da jedoch all diese Probleme mehr inhaltlicher, materieller Natur sind, Art. 46 lit. e EUV n.F. der Jurisdiktion des EuGH aber ausdrücklich allein die „reinen" Verfahrensbestimmungen des Art. 7 EUV unterstellt, liegt nahe, dass der Gerichtshof im Ergebnis darauf beschränkt ist, bloß die Formalia des äußeren Verfahrensablaufs zu überwachen, während die letztgenannten Fragen seiner Zuständigkeit entzogen bleiben.[1453] Eine solchermaßen eingeschränkte Befugnis

1452 vgl. Cremer, in: Calliess/Ruffert, EUV/EGV, Art. 46 EUV, Rdnr. 10; Krück, in: Groeben/Schwarze, EU-/EG-Vertrag Bd. 1, Art. 46 EUV, Rdnr. 16; Nowak, Die Union 1/2001, 17 f.; s. auch Hatje, EuR 2001, 175; ferner Obwexer, ecolex 2001, 330.

1453 wie hier Cremer, in: Calliess/Ruffert, EUV/EGV, Art. 46 EUV, Rdnr. 10, der in Rdnr. 11 darüber hinaus anmerkt, dass dem EuGH infolgedessen auch die Befugnis verschlossen sein dürfte, das Vorgehen des Rates inhaltlich auf seine Vereinbarkeit mit den Grundrechten zu prüfen. Zwar verlange Art. 7 Abs. 3 EUV n.F., dass der Rat im Falle einer Aussetzung von Mitgliedschaftsrechten die Auswirkungen einer solchen Maßnahme auf die Rechte und Pflichten natürlicher und juristischer Personen berücksichtigt. Doch dürfe die scharfe Restriktion der Kompetenz des Gerichtshofes auf die Prüfung reiner Verfahrensfehler – trotz Art. 46 lit. d EUV – ihm ebenfalls den Kontrollmaßstab des Art. 6 Abs. 2 EUV aus der Hand schlagen. Zum Schutz der Menschenrechte und Grundfreiheiten stehe dann noch das Rechtsschutzsystem der EMRK bereit. Hatje, EuR 2001, 175, sieht dagegen in der Pflicht zur Begründung des Vorschlags nach Art. 7 Abs. 1 EUV einen Ansatzpunkt für eine begrenzte materielle Rechtskontrolle. Der EuGH könne seine Prüfung darauf erstrecken, ob die Gründe genügt zwar kaum der geforderten umfassenden rechtsstaatlichen Kontrolle. Dennoch ist aufgrund der Widerstände vieler Regierungen der EU-Mitgliedstaaten gegen jede Form einer gerichtlichen Überprüfungsmöglichkeit dieses politischen Verfahrens anzunehmen, dass jene enge Auslegung des Art. 46 lit. e EUV n.F. dem Willen der Vertragsparteien eher entspricht als die eingangs angedeutete extensive Interpretation.[1454]

Für die Wahl der richtigen Verfahrensart vor dem Europäischen Gerichtshof ist des Weiteren entscheidend, wem die Ratsbeschlüsse nach Art. 7 EUV letztlich zugerechnet werden. Sieht man in ihnen nach wie vor nicht mehr als ein gemeinsames Tätigwerden der einzelnen Mitgliedstaaten innerhalb des institutionellen Rahmens der Europäischen Union, kommt an sich nur ein Vertragsverletzungsverfahren gemäß Art. 227 EGV in Betracht. Werden Ratsbeschlüsse dagegen als „Organakte der EU" qualifiziert, so ist die Nichtigkeitsklage nach Art. 230 EGV statthaft.[1455]

Schließlich bleibt zu beachten, dass der EuGH nach Art. 46 lit. e EUV n.F. binnen eines Monats nach der Feststellung des Rates gemäß Art. 7 EUV auf Antrag des betreffenden Mitgliedstaats entscheidet. Dies erscheint unverständlich, da im Präventions- wie im Sanktionsverfahren Empfehlungen und Sankti-

---

vollständig oder lückenhaft und substanzarm sind; zustimmend Krück, in: Groeben/Schwarze, EU-/EG-Vertrag Bd. 1, Art. 46 EUV, Rdnr. 16.

1454 vgl. auch Nowak, Die Union 1/2001, 18 sowie Cremer, in: Calliess/Ruffert, EUV/EGV, Art. 46 EUV, Rdnr. 9, der von einer unionsrechtlichen „political question doctrine" spricht; allgemein zur Zurückhaltung der Mitgliedstaaten gegenüber jeder Erweiterung der Gerichtsbarkeit des EuGH Pechstein, EuR 1999, 7. Soll die Entscheidung, die materiellen Voraussetzungen des Art. 7 EUV der Kontrolle durch den EuGH vorzuenthalten, nicht unterlaufen werden, so muss die Beschränkung des Art. 46 lit. e EUV n.F. auch gelten, soweit die Aussetzung der Stimmrechte und die Feststellung einer schwerwiegenden und anhaltenden Verletzung von in Art. 6 Abs. 1 EUV genannten Grundsätzen im Bereich der Gemeinschaftsverträge Wirksamkeit entfaltet und der EuGH im Rahmen des Gemeinschaftsrechts angerufen wird; ebenso Cremer, a.a.O.; vgl. auch Schorkopf, in: Grabitz/Hilf, Recht der EU II, Art. 309 EGV, Rdnr. 10; Koenig/Haratsch, Europarecht, Rdnr. 150; a.A. Hummer/Obwexer, EuZW 2000, 488; Kluth, in: Calliess/Ruffert, EUV/EGV, Art. 7 EUV, Rdnr. 27 sowie Hau, Sanktionen und Vorfeldmaßnahmen, S. 188.

1455 vgl. dazu EuGH, Rs. C-170/96 (Kommission/Rat), Slg. 1998, I-2763, Rdnr. 12 ff.; Dörr/Mager, AöR 125 (2000), 418 f. und speziell zu Art. 46 lit. e EUV n.F. Cremer, in: Calliess/Ruffert, EUV/EGV, Art. 46 EUV, Rdnr. 13 + Fn. 21, der vertritt, dass ein Verstoß gegen Art. 7 Abs. 1 UAbs. 2 EUV n.F. – wenn er „der EU" zugerechnet wird – mit der Untätigkeitsklage gerügt werden könne, sowie Hatje, EuR 2001, 174, nach dem gegen Maßnahmen, die auf Rechtserzeugung zielen, die Nichtigkeitsklage statthaft ist; ebenso Krück, in: Groeben/Schwarze, EU-/EG-Vertrag Bd. 1, Art. 46 EUV, Rdnr. 16.

onen vorgesehen sind, die auch später als einen Monat nach dem jeweiligen Feststellungsbeschluss getroffen bzw. nach einer entsprechenden Evaluierung – z.B. auf der Grundlage eines Berichts unabhängiger Persönlichkeiten – geändert werden können. Im Präventionsverfahren ist sogar eine regelmäßige Überprüfung vorgesehen. Der Feststellungsbeschluss steht somit nur am Anfang eines in der Regel länger andauernden Verfahrens, in dem zahlreiche weitere Entscheidungen sowohl materieller als auch rein formeller Natur folgen. Bei einer streng am Wortlaut orientierten Auslegung wäre es dem betroffenen Mitgliedstaat aber wegen Ablaufs der einmonatigen Entscheidungsfrist gar nicht mehr möglich, die meisten dieser Entscheidungen vor dem EuGH anzufechten.[1456]

III. Würdigung – Verbot „bilateraler" Maßnahmen?

Mit dem Vertrag von Nizza wollte man die Strukturmängel des Sanktionsverfahrens nach Art. 7 EUV, das wegen der mangelnden Einbindung einer unabhängigen menschenrechtlichen Beurteilungsinstanz und des Fehlens einer nachprüfenden Kontrolle durch den EuGH nicht der rechtsstaatlichen Grundstruktur der Union entsprach, beheben. Außerdem haben die Erfahrungen mit den „bilateralen" Maßnahmen der 14 EU-Staaten gegen Österreich anlässlich der Regierungsbeteiligung der FPÖ die fehlende Verankerung eines Präventionsverfahrens als Instrument der Homogenitätssicherung der europäischen „Wertegemeinschaft" durch Organe der Union offensichtlich gemacht.

Mit Art. 46 lit. e EUV n.F. wurde die Lücke im Rechtsschutz gegen Handlungen auf der Grundlage von Art. 7 EUV lediglich teilweise ausgefüllt. Zwar unterliegt Art. 7 EUV künftig der nachprüfenden Kontrolle durch den Gerichtshof, doch nur hinsichtlich der „reinen Verfahrensbestimmungen". Der fortbestehende Ausschluss einer Zuständigkeit des EuGH für die Beurteilung der materiellen Tatbestandsvoraussetzungen betont den politischen Stellenwert, den

---

1456 so zu Recht Nowak, Die Union 1/2001, 18; Schmitt von Sydow, in: Groeben/Schwarze, EU-/EG-Vertrag Bd. 1, Art. 7 EUV, Rdnr. 90; wohl auch Cremer, in: Calliess/Ruffert, EUV/EGV, Art. 46 EUV, Rdnr. 13; a.A. Pache/Schorkopf, NJW 2001, 1384, die „diese zweideutige Formulierung" dahingehend verstehen, dass der EuGH in jedem Fall vier Wochen Zeit für die Entscheidung hat, unabhängig vom Zeitpunkt der Antragstellung durch den betroffenen Mitgliedstaat. Ein Blick auf die französische Fassung der Vorschrift macht aber deutlich, dass eine derartige Interpretation nicht mehr vertretbar ist: „les seules prescriptions de procédure contenues dans l'article 7, la Cour statuant à la demande de l'Etat membre concerné et dans un délai d'un moins à compter de la date de la constatation du Conseil prévue par ledit article".

die Mitgliedstaaten dem Gewährleistungsmechanismus zumessen, und bleibt ein zentrales Defizit des Instruments in der Zukunft.[1457]

Auch die Einführung des „Frühwarnmechanismus“ kann nicht ohne weiteres überzeugen. Bereits vor der Änderung von Art. 7 EUV ergab sich aus dem Sanktionsverfahren in der Fassung des Amsterdamer Vertrages implizit die Zulässigkeit „unionsrechtlicher Vorfeldmaßnahmen“. Abgesehen von der formellrechtlichen Neuerung eines rechtsstaatlich geordneten Verfahrens auch im präventiven Bereich, geht von der Kodifizierung dieses Mechanismus daher kein materiell-rechtlicher Mehrwert aus.[1458] Ganz im Gegenteil – liegt doch die eigentliche Bedeutung der neuen Vorschrift weniger in dem, was sie ausdrücklich regelt, als darin, was sie gerade nicht vorsieht.

Diesbezüglich fällt auf, dass der Rat, selbst wenn er die eindeutige Gefahr einer schwerwiegenden Verletzung der in Art. 6 Abs. 1 EUV genannten Grundsätze feststellt, keine präventiven Maßnahmen – wie es die 14 Mitgliedstaaten im Fall Österreich auf „bilateraler“ Ebene getan haben – verhängen kann, sondern nur unverbindliche Empfehlungen an den betroffenen Mitgliedstaat richten darf. Die neue Vorschrift geht nun – wie eingangs dargestellt – unter anderem auf einen belgischen Vorschlag zurück, der über die Abgabe von Empfehlungen hinaus auch das Ergreifen „angemessener Maßnahmen“ vorgesehen hatte. Letzteres ist von dem in Nizza vereinbarten Text aber gerade nicht umfasst. Die Regierungskonferenz hat sich dagegen entschieden und damit abschließend festgelegt, welche unionsrechtlichen Konsequenzen drohende Verletzungen der gemeinsamen „Verfassungsgrundsätze“ nach sich ziehen können. Weil danach nur geeignete Empfehlungen in Betracht kommen, scheinen bislang erlaubte weitergehende „unionsrechtliche Vorfeldmaßnahmen“ im Sinne von „Abschreckungsmaßnahmen“ künftig von Vertrags wegen ausgeschlossen.[1459]

Soweit dem reaktiven Sanktionsverfahren ein präventiver „Frühwarnmechanismus“ vorangestellt wurde, muss deshalb an dessen praktischer Wirksamkeit gezweifelt werden. Es ist fraglich, ob ein bloßes „early-warning“-Instrument ohne entsprechende „early-action“-Möglichkeiten den betroffenen Mitgliedstaat wirksam davon abzuhalten vermag, die befürchteten Verletzungen der Unionsprinzipien zu begehen.[1460]

1457 s. Pache/Schorkopf, NJW 2001, 1384; Schorkopf, in: Grabitz/Hilf, Recht der EU II, Art. 309 EGV, Rdnr. 11; Nowak, Die Union 1/2001, 19.

1458 wie hier Hummer/Obwexer, EuZW 2000, 495; Pache/Schorkopf, NJW 2001, 1384; Schmahl, EuR 2000, 835; Schmitt von Sydow, in: Groeben/Schwarze, EU-/EG-Vertrag Bd. 1, Art. 7 EUV, Rdnr. 47.

1459 ähnlich Wiedmann, JuS 2001, 847.

1460 vgl. Nowak, Die Union 1/2001, 19 f. Im umgekehrten Sinne zweifelt Klaushofer, JRP 2000, 307, an der rechtspolitischen Sinnhaftigkeit, da ein solches Instrumentarium noch weiter in die Souveränität der Mitgliedstaaten eingreife und die missbräuchliche

Als echter Gewinn ist demgegenüber die Kompetenz, jederzeit unabhängige Persönlichkeiten mit der Vorlage eines Berichts über die Lage in dem betreffenden Mitgliedstaat zu betrauen, zu werten. Die Einholung eines „Weisenberichts" könnte sich zu einem nützlichen Instrument zur Überwindung von Meinungsverschiedenheiten innerhalb des Rates entwickeln, insbesondere wenn die Initiative zur Verfahrenseinleitung vom Parlament ausgegangen ist.[1461] Freilich ist einzuräumen, dass auch hier der weitergehenden Forderung nach Einrichtung einer permanenten und wirklich unabhängigen „human rights monitoring agency" der Europäischen Union nicht entsprochen wurde.[1462]

Vor diesem Hintergrund offenbart sich die Reform des Verfahrens nach Art. 7 EUV durch den Vertrag von Nizza[1463] als rein anlassbezogene, politisch opportune Reaktion auf den Fall Österreich, die wesentliche Probleme im Zusammenhang mit dem Sanktionsmechanismus ungelöst lässt und deshalb eine Änderung des EU-Vertrages kaum rechtfertigt.[1464]

Als offen erweist sich speziell die Frage, ob die Mitgliedstaaten – wie im Fall Österreich geschehen – auch in Zukunft neben oder an Stelle der Europäischen Union Maßnahmen zur Wahrung der in Art. 6 Abs. 1 EUV genannten Grundsätze treffen dürfen oder ob Art. 7 EUV dem nunmehr als abschließende Regelung entgegensteht. Die Novellierung des Sanktionsmechanismus hat nämlich keineswegs zwingend zur Folge, dass die Mitgliedstaaten sowohl bei der Gefährdung als auch bei der tatsächlich eingetretenen Verletzung der Homogenitätsgrundsätze nur noch auf der Grundlage von Art. 7 EUV, aber nicht mehr auf völkerrechtlicher Ebene agieren können.[1465]

Ohne weiteres materiell und verfahrensrechtlich abschließend ist die Regelung weiterhin lediglich in Bezug auf den Anwendungsbereich der Norm selbst.

Verwendung eines Mittels umso leichter sei, je niedriger die Voraussetzungen ihres Einsatzes wären. Potenziert mit der inhaltlichen Unbestimmtheit der Grundsätze des Art. 6 Abs. 1 EUV ließe sich für keinen Mitgliedstaat das Handeln der Gemeinschaft kalkulieren.

1461 vgl. Dashwood, ELRev 26 (2001), 233.

1462 s. oben S. 351 f.; dazu auch Nowak, Die Union 1/2001, 14 + 19 f.

1463 zum Urteil über die Nizza-Konferenz s. etwa Pleuger, integration 2001, 1 ff.; Pache/Schorkopf, NJW 2001, 1377 ff.; Wiedmann, JuS 2001, 846 ff.

1464 ähnlich Nowak, Die Union 1/2001, 19 f.; in diese Richtung auch Schorkopf, DVBl 2000, 1044.

1465 so aber Hummer/Obwexer, EuZW 2000, 495; Kluth, in: Calliess/Ruffert, EUV/EGV, Art. 7 EUV, Rdnr. 5; Leidenmühler, ZÖR 2000, 320; Schmahl, EuR 2000, 835; Schmitt von Sydow, in: Groeben/Schwarze, EU-/EG-Vertrag Bd. 1, Art. 7 EUV, Rdnr. 46; wohl auch Hatje, Loyalität, S. 82, sowie Epiney/Abt/Mosters, DVBl 2001, 951, wobei Letztgenannte allerdings im Falle eines völligen Versagens des in Art. 7 EUV vorgesehenen Mechanismus Ausnahmen in Betracht ziehen.

Das bedeutet zwar, dass künftig auf Art. 7 EUV gestützte – vormals erlaubte – „unionsrechtliche Vorfeldmaßnahmen“ der Mitgliedstaaten als solche ausgeschlossen sind, da Art. 7 Abs. 1 EUV n.F. allein dem Organ Rat die erforderliche Beschlusskompetenz einräumt. Für eine abschließende Regelung auf multilateraler Ebene, die bewirkt, dass die bislang gegebene und durch die „EU-Vierzehn“ wahrgenommene mitgliedstaatliche Kompetenz auf die Union bzw. die Gemeinschaften als deren ausschließliche Kompetenz übergeht, ist aber nichts ersichtlich. Mag sein, dass nach den Erfahrungen im Fall Österreich „bilaterale“ Maßnahmen im Verhältnis zwischen den Mitgliedstaaten ohne Inanspruchnahme von Art. 7 EUV alles andere als wünschenswert sind. Doch behalten die obigen Ausführungen zu dieser Problematik trotz der Reform des Art. 7 EUV, dessen neu eingefügter „Frühwarnmechanismus“ ja lediglich schon vorher zulässige „unionsrechtliche Vorfeldmaßnahmen“ explizit verankert, die Vorschrift aber im Übrigen völlig unverändert lässt, weiter ihre Gültigkeit. Vielmehr bleibt umgekehrt zu fragen, weshalb die Vertragsparteien von Nizza nicht – wie von Österreich vorgeschlagen – in Art. 7 EUV eine Klausel aufgenommen haben, die unmissverständlich klarstellt, dass für eigenmächtige Handlungen der Mitgliedstaaten außerhalb des institutionellen Rahmens der Europäischen Union kein Raum mehr besteht.

Unabhängig davon, ob „bilaterale“ Maßnahmen im Einzelfall völkerrechtlich zulässig und politisch zweckmäßig sind, liegt deshalb nahe, dass der in Art. 7 EUV vorgesehene Schutzmechanismus der Union nach wie vor keine ausschließliche Zuständigkeit verschafft, auf Verstöße gegen die Grundsätze des Art. 6 Abs. 1 EUV durch einen ihrer Mitgliedstaaten zu reagieren. Insoweit dürfte auch nach Inkrafttreten des Vertrages von Nizza von einer konkurrierenden Zuständigkeit der Union und der Mitgliedstaaten auszugehen sein.

Da die Mitgliedstaaten bei der Ausübung der ihnen verbliebenen Handlungsbefugnisse allerdings sämtliche Maßnahmen zu unterlassen haben, die dem unionseinheitlichen Verfahren des Art. 7 EUV zuwiderlaufen, ist jedoch anzunehmen, dass „bilaterale Vorfeldmaßnahmen“ in ihrer Wirkung nicht mehr über die in Art. 7 Abs. 1 EUV n.F. vorgesehenen Empfehlungen hinausgehen dürfen. Aus diesem Grund spricht vieles dafür, dass gerade solche Maßnahmen, wie sie von den 14 EU-Mitgliedstaaten gegenüber Österreich ergriffen wurden, von nun an rechtlich unzulässig sind.

Zu mehr Klarheit hat insofern auch leider nicht die Mitteilung der Kommission an den Rat und das Europäische Parlament zu Art. 7 EUV[1466] geführt, die Überlegungen zu einer Strategie und konkreten Maßnahmen zum „Schutz der gemeinsamen Werte“ enthält. Neben einer Konkretisierung einzelner Tatbe-

1466 Mitteilung der Kommission an den Rat und das Europäische Parlament zu Artikel 7 des Vertrages über die Europäische Union, Wahrung und Förderung der Grundwerte der Europäischen Union, KOM (2003) 606 endg. vom 15.10.2003.

standsmerkmale des Art. 7 Abs. 1 und 2 EUV n.F. schlägt die Kommission operative Maßnahmen vor, die eine „strenge und wirkungsvolle Überwachung der Wahrung und Förderung der gemeinsamen Werte ermöglichen" soll. Ausdrücklich genannt werden der Aufbau eines Netzwerks zur Ausarbeitung eines jährlichen Berichts über die Lage der Grundrechte in der Union, eine bessere Abstimmung zwischen den Organen der Union, die Zusammenarbeit mit dem Kommissar für Menschenrechte des Europarates sowie der verstärkte Dialog mit der sog. Zivilgesellschaft. Auf die Frage der Zulässigkeit „bilateraler" Maßnahmen der Mitgliedstaaten wird jedoch nicht eingegangen.

Die verbleibende, nicht unerhebliche Rechtsunsicherheit lässt daher abermals das Fehlen eines Katalogs über eine konkrete Zuweisung der jeweiligen Zuständigkeitsbereiche an Union und Mitgliedstaaten deutlich zu Tage treten. Schon mit der Nizzaer „Erklärung zur Zukunft der Europäischen Union"[1467] sowie der Erklärung des Europäischen Rates von Laeken vom 15. Dezember 2001[1468] wurde denn auch dem Europäischen Verfassungskonvent[1469] unter anderem das Mandat erteilt, über die Frage einer genaueren, dem Subsidiaritätsprinzip entsprechenden Abgrenzung der Zuständigkeiten zwischen der Europäischen Union und den Mitgliedstaaten nachzudenken.[1470]

So bleibt zu hoffen, dass es dem Konvent und der anschließenden Regierungskonferenz gelingt, die schwierige Aufgabe einer Reform der Aufteilung der Zuständigkeiten zwischen der EU und ihren Mitgliedstaaten zu bewältigen.[1471] Diese besteht darin, die bisherige Kompetenzverteilung der Verträge zu überprüfen, die Zuständigkeiten der Union möglichst im Sinne einer besseren Übersichtlichkeit zu ordnen und notwendige Änderungen vorzunehmen[1472], so

1467 23. Erklärung in der Schlussakte des Vertrages von Nizza: „Erklärung zur Zukunft der Europäischen Union", ABl. 2001 Nr. C 80, S. 85 f.; hierzu Ronge, In welcher Verfassung ist Europa – Welche Verfassung für Europa?, 2001.

1468 Erklärung von Laeken zur Zukunft der Europäischen Union, SN 283/01, abrufbar unter: http://www.europa.eu.int/futurum/documents/offtext/doc151201_de.htm; dazu Wägenbaur, EuZW 2002, 65.

1469 zum Konvent vgl. Oppermann, DVBl 2003, 1 ff.; Riedel, ZRP 2002, 241; Hummer, Paradigmenwechsel im Internationalen Organisationenrecht, S. 185 ff.

1470 Im Übrigen war die Einführung eines expliziten Kompetenzkatalogs bereits für die Amsterdamer Regierungskonferenz geplant; vgl. Schmahl, Die Kulturkompetenz der Europäischen Gemeinschaft, S. 291.

1471 s. auch die Entschließung des Europäischen Parlaments zu der Abgrenzung der Zuständigkeiten zwischen der Europäischen Union und den Mitgliedstaaten vom 16.05.2002 („Lamassoure-Bericht"), PE 318.651.

1472 Pernice, JZ 2000, 866 ff.; Bogdandy/Bast, EuGRZ 2001, 441 ff.; Götz/Martínez Soria, Kompetenzverteilung zwischen der EU und den Mitgliedstaaten.

dass schließlich eine klare und zukunftsoffene Kompetenzabgrenzung in eine „europäische Verfassung“[1473] Eingang finden kann.[1474]

Der Verfassungsentwurf vom Sommer 2003[1475] hat jedenfalls vollständig und weitgehend unverändert[1476] die Regelung des Art. 7 EUV – angepasst an die neue Terminologie der Verfassung – in seinem Art. 58 übernommen. Dabei sind den Art. 309 EGV und Art. 204 EAGV vergleichbare Vorschriften nunmehr überflüssig, weil der Entwurf alle bisherigen Gemeinschaften in einer einzigen Union verschmilzt. Im Übrigen würde die mit der Verfassung verbundene Strukturänderung der Union dazu führen, dass das gesamte Sanktionsverfahren in die Jurisdiktion des EuGH fiele.

1473 aus den zahlreichen Stellungnahmen in der europäischen Verfassungsdebatte vgl. etwa Schwarze, DVBl 1999, 1677 ff.; Müller-Graff, integration 2001, 208 ff.; Peters, Elemente einer Theorie der Verfassung Europas.

1474 Erste Analysen des Entwurfs des Europäischen Konvents für einen Vertrag über eine Verfassung für Europa vom 18.07.2003 (CONV 850/03) finden sich unter anderem bei Epping, JZ 2003, 821 ff.; Kokott/Rüth, CMLR 40 (2003), 1315 ff.; Meyer/Hölscheidt, EuZW 2003, 613 ff. und Oppermann, DVBl 2003, 1165 ff. + 1234 ff.; Schröder, JZ 2004, 8 ff.; Schwarze, EuR 2003, 535 ff.; s. ferner auch Bogdandy, JZ 2004, 53 ff. sowie Danwitz, JZ 2003, 1125 ff.

1475 Entwurf eines Vertrages über eine Verfassung für Europa vom 18.07.2003, CONV 850/03.

1476 Bedauerlicherweise ist jedoch die erst mit dem Vertrag von Nizza eingefügte Möglichkeit zur Einholung eines „Weisenberichts“, der dem Rat und dem Parlament als Entscheidungsgrundlage im Sinne eines „Sachverständigengutachtens“ dienen kann, nicht mehr vorgesehen.

Anhang

A. Die Stellungnahme der portugiesischen Präsidentschaft der Europäischen Union im Namen von 14 Mitgliedstaaten vom 31. Januar 2000 als diplomatische Note

(Das Staatswappen von Portugal)

PRESIDENCIA DO CONSELHO DE MINISTROS

Cabineto do Primeiro-Ministro

STATEMENT FROM THE PORTUGUESE PRESIDENCY OF THE EUROPEAN UNION ON BEHALF OF XIV MEMBER STATES

Today, Monday 31 January, the Portuguese Prime Minister informed both the President and the Chancellor of Austria and the Portuguese Minister of Foreign Affairs notified his Austrian counterpart of the following joint reaction agreed by the Heads of State and Government of XIV Member States of the European Union in case it is formed in Austria a Government integrating the FPÖ.

Governments of XIV Member States will not promote or accept any bilateral official contacts at political level with an Austrian Government integrating the FPÖ;
There will be no support in favor of Austrian candidates seeking positions in international organizations;
Austrian Ambassadors in EU capitals will only be received at a technical level.

The Portuguese Prime Minister and the Minister of Foreign Affairs had already informed the Austrian authorities that there would be no business as usual in the bilateral relations with a Government integrating the FPÖ.

Lisbon, 31 January 2000[1477]

1477 zit. nach G. Winkler, ecolex 2000, Script 18, 3.

B. Die Stellungnahme der portugiesischen Präsidentschaft der Europäischen Union im Namen von 14 Mitgliedstaaten vom 31. Januar 2000 im Internet

„Statement from the Portuguese Presidency of the EU" 1/31/00
(http://www.portugal.ue-2000.pt/uk/news/execute/news.asp?id=425)

Content:

STATEMENT FROM THE PORTUGUESE PRESIDENCY OF THE EUROPEAN UNION ON BEHALF OF XIV MEMBER STATES

Today, Monday 31 January, the Portuguese Prime Minister informed both the President and the Chancellor of Austria and the Portuguese Minister of Foreign Affairs notified his Austrian counterpart of the following joint reaction agreed by the Heads of State and Government of XIV Member States of the European Union in case it is formed in Austria a Government integrating the FPÖ.

- Governments of XIV Member States will not promote or accept any bilateral official contacts at political level with an Austrian Government integrating the FPÖ;
- There will be no support in favor of Austrian candidates seeking positions in international organizations;
- Austrian Ambassadors in EU capitals will only be received at a technical level.

The Portuguese Prime Minister and the Minister of Foreign Affairs had already informed the Austrian authorities that there would be no business as usual in the bilateral relations with a Government integrating the FPÖ.

Lisbon, 31 January 2000

C. Die Deklaration „Verantwortung für Österreich – Zukunft im Herzen Europas" vom 3. Februar 2000

Deklaration

„Verantwortung für Österreich – Zukunft im Herzen Europas" [1478]

Die Bundesregierung bekräftigt ihre unerschütterliche Verbundenheit mit den geistigen und sittlichen Werten, die das gemeinsame Erbe der Völker Europas sind und der persönlichen

1478 zit. nach Frankfurter Allgemeine Zeitung vom 04.02.2000, S. 4; Die Presse vom 04.02.2000, S. 4; Neue Züricher Zeitung vom 05./06.02.2000, S. 4.

Freiheit und Herrschaft des Rechts zugrunde liegen, auf denen jede wahre Demokratie beruht.

Die Bundesregierung tritt für Respekt, Toleranz und Verständnis für alle Menschen ein, ungeachtet ihrer Herkunft, Religion und Weltanschauung. Sie verurteilt und bekämpft mit Nachdruck jegliche Form von Diskriminierung, Intoleranz und Verhetzung in allen Bereichen. Sie erstrebt eine Gesellschaft, die vom Geist des Humanismus und der Toleranz gegenüber den Angehörigen aller gesellschaftlichen Gruppen geprägt ist.

Die Bundesregierung arbeitet für ein Österreich, in dem Fremdenfeindlichkeit, Antisemitismus und Rassismus keinen Platz finden. Sie wird jeder Form von menschenverachtendem Gedankengut und seiner Verbreitung konsequent entgegentreten und sich für die volle Beachtung der Rechte und Grundfreiheiten von Menschen jeglicher Nationalität einsetzen – gleichgültig aus welchem Grund sich diese in Österreich aufhalten. Sie bekennt sich zu ihrer besonderen Verantwortung für einen respektvollen Umgang mit ethnischen und religiösen Minderheiten.

Die Bundesregierung unterstützt die Charta der europäischen politischen Parteien für eine nichtrassistische Gesellschaft und verpflichtet sich, auf die vorbildliche Verwirklichung der in dieser enthaltenen Grundsätze in Österreich hinzuwirken.

Die Bundesregierung bekennt sich zum Schutz und zur Förderung der Menschenrechte und setzt sich für ihre bedingungslose Realisierung auf nationaler wie auf internationaler Ebene ein. Die ist auch ein wichtiger Beitrag, um vorbeugend Kriege und interne Konflikte zu verhindern, die Menschen in ihren Rechten verletzen, vertreiben oder zum Verlassen ihrer Heimat zwingen.

Die Bundesregierung bekennt sich zu den allen Mitgliedstaaten der EU gemeinsamen Prinzipien der pluralistischen Demokratie und der Rechtsstaatlichkeit, wie sie auch in der österreichischen Verfassung verankert sind und die Voraussetzung für die Mitgliedschaft im Europarat bilden. Die in Österreich verfassungsmäßig garantierten, in der EMRK niedergelegten Rechte und Freiheiten sind klarer Ausdruck dieses Bekenntnisses.

Die Bundesregierung bekennt sich zum Friedensprojekt Europa. Die Zusammenarbeit der Koalitionsparteien beruht auf einem Bekenntnis zur Mitgliedschaft Österreichs in der Europäischen Union. Die Bundesregierung ist den allen Mitgliedstaaten der EU gemeinsamen Grundsätzen der Freiheit, der Demokratie, der Achtung der Menschenrechte und Grundfreiheiten verpflichtet, wie sie in Artikel 6 des Vertrages über die Europäische Union festgeschrieben sind. In der Vertiefung der Integration und der Erweiterung der Union liegt auch Österreichs Zukunft. Österreichs Geschichte und geopolitische Lage sind ein besonderer Auftrag, den Integrationsprozeß voranzutreiben und den europäischen Gedanken noch stärker im Alltag der Menschen zu verankern. Besonderes Gewicht zur Sicherung des Friedens und der Stabilität im 21. Jahrhundert wird der transatlantischen Partnerschaft zukommen.

Der Europäischen Union als Wertegemeinschaft entspricht auch ein bestimmtes Konzept der künftigen Entwicklung der europäischen Integration. Dazu gehören insbesondere die Arbeiten an der Charta der politischen und sozialen Grundrechte. Österreich unterstützt die weiteren Arbeiten zur Bekämpfung jeglicher Form von Diskriminierung im Sinne von Artikel 13 des EU-Vertrages.

Eine lebendige Kultur der Demokratie und der Rechtsstaatlichkeit erfordert ein Verhältnis zwischen Staat und Bürgern, das dem Einzelnen neue Freiheits- und Verantwortungsräume schafft. Im modernen Leistungsstaat gibt es Aufgaben, die besser vom Einzelnen oder von nichtstaatlichen Akteuren wahrgenommen werden können.

Die Bundesregierung bekennt sich aber mit allem Nachdruck zur solidarischen Sicherstellung sozialstaatlicher Leistungen für jeden Bürger, der die Hilfe und Unterstützung des Staates

braucht. Dies gilt insbesondere für Menschen, die an den Chancen der Modernisierung, die das Leben zunehmend prägt, nicht teilhaben können.
Das Solidaritätsprinzip bedeutet auch, dass auf die Bedürfnisse und Lebensperspektiven künftiger Generationen Rücksicht zu nehmen ist, um faire Chancen für alle Mitglieder der Gesellschaft und ihre Lebensentwürfe zu sichern.
Die Bundesregierung will Österreich als leistungs- und wettbewerbsorientierten Wirtschaftsstandort stärken. Das ist die Basis für die Sicherung bestehender, sowie die Schaffung neuer Arbeitsplätze und des Wohlstandes in unserem Land. Gerade Österreichs Beitritt zur Europäischen Union und eine gesicherte Teilnahme an der Währungsunion waren und sind wichtige Voraussetzungen für die Zukunft von Wirtschaft und Arbeit in Österreich.
Die Sozialpartnerschaft hat sich in Österreich als wichtiges Standortinstrument für Wirtschaft und Arbeit bewährt und dadurch zum sozialen Frieden in Österreich beigetragen. Die Bundesregierung bekennt sich zur umfassenden Kooperation mit den Sozialpartnern, empfiehlt aber gleichzeitig die notwendige Reformbereitschaft der Sozialpartnerschaft etwa bei der Reform der Sozialversicherungsträger, einschließlich der Wahl der Versichertenvertreter, und der Stärkung des Servicecharakters der sozialpartnerschaftlichen Einrichtungen.
Die Bundesregierung ist sich bewußt, daß die österreichische Bevölkerung auf ihren großen Leistungen weiter zielstrebig aufbauen und die Stärken Österreichs konsequent weiter entwickeln muß.
Österreich stellt sich seiner Verantwortung aus der verhängnisvollen Geschichte des 20. Jahrhunderts und den ungeheuerlichen Verbrechen des nationalsozialistischen Regimes: Unser Land nimmt die hellen und die dunklen Seiten seiner Vergangenheit und die Taten aller Österreicher, gute wie böse, als seine Verantwortung an. Nationalismus, Diktatur und Intoleranz brachten Krieg, Fremdenhaß, Unfreiheit, Rassismus und Massenmord. Die Einmaligkeit und Unvergleichbarkeit des Verbrechens des Holocausts sind Mahnung zu ständiger Wachsamkeit gegen alle Formen von Diktatur und Totalitarismus.
Das Vorhaben der Europäischen Union eines breiten, demokratischen und wohlhabenden Europas, zu dem sich die Bundesregierung vorbehaltlos bekennt, ist die beste Garantie gegen eine Wiederkehr dieses dunkelsten Kapitels der österreichischen Geschichte.
Die Bundesregierung bekennt sich zur kritischen Auseinandersetzung mit der NS-Vergangenheit. Sie wird für vorbehaltlose Aufklärung, Freilegung der Strukturen des Unrechts und Weitergabe dieses Wissens an nachkommende Generationen als Mahnung für die Zukunft sorgen. Hinsichtlich der NS-Zwangsarbeit wird die Bundesregierung im Lichte des Zwischenberichts der österreichischen Historikerkommission unter Berücksichtigung der primären Verantwortung der betroffenen Unternehmen um sachgerechte Lösungen bemüht sein.
Die Regierungsparteien bekennen sich zu einer neuen Form des Regierens und der Zusammenarbeit. Sie wollen Probleme lösen, Herausforderungen bewältigen und konsequent Chancen nützen, weil sie der Zukunft Österreichs in Europa verpflichtet sind. Österreich wird als stabiles, verläßliches und partnerschaftliches Land seinen Beitrag für ein friedliches und sicheres Miteinander in Europa und der Welt leisten.

Wien, am 3. Februar 2000

(Dr. Wolfgang Schüssel) (Dr. Jörg Haider)

D. Der Brief des österreichischen Bundespräsidenten Dr. Thomas Klestil an den portugiesischen Ratsvorsitzenden Antonio Guterres vom 21. März 2000

Sehr geehrter Herr Präsident!

Bei meinem Arbeitsbesuch bei der Europäischen Kommission am 8. März in Brüssel habe ich im Zusammenhang mit der gemeinsamen Reaktion von 14 Mitgliedstaaten der Europäischen Union vom 31. Jänner die Frage nach der rechtlichen Relevanz dieses Beschlusses und nach der Zukunft solcher Beschlüsse gestellt. Wenn ein Mechanismus geschaffen werden sollte, der ein vorbeugendes Einschreiten schon bei Verdacht einer Abkehr von europäischen Werten erlaubt, so müssten meiner Meinung nach Beratungen darüber mit allen 15 Mitgliedstaaten geführt werden.

Die Schaffung eines derartigen Mechanismus ist in der Europäischen Kommission auf Interesse gestoßen, wobei Kommissar Barnier anregte, in der derzeit laufenden Regierungskonferenz darüber zu beraten. Die Kommission werde entsprechende Vorschläge unterbreiten. Darüber hinaus wurde mir zugesichert, dass die Kommission als Hüterin der Verträge dafür Sorge tragen wird, dass die Mitarbeit Österreichs in der Europäischen Union klaglos funktioniert und keine diskriminierenden Handlungen gegenüber Österreich gesetzt werden, welche auch gegen EU-Recht verstoßen. Den Wortlaut meiner Erklärung vor der Europäischen Kommission lege ich zu Ihrer Information bei.

Meiner Meinung nach wäre ein Verfahren auf gemeinschaftlicher Ebene auch deshalb vorzuziehen, da damit dem beschuldigten Mitglied Gelegenheit gegeben wird, zu Befürchtungen Stellung zu nehmen, bevor allfällige Maßnahmen gegen dieses Mitglied ergriffen werden.

Dies erscheint mir auch insofern sehr wichtig, da die gegen Österreich ergriffenen Maßnahmen wiederholt gezeigt haben, dass eine klare Trennung der bilateralen Sanktionen und der Zusammenarbeit im Rahmen der Europäischen Union in der Praxis nicht möglich ist.

Ferner – und das scheint mir besonders bedenklich – kam es in einzelnen EU-Ländern auch zu Boykottmaßnahmen, die weit über das von den 14 anderen Mitgliedern vereinbarte Maß hinausgingen und die – begleitet von einer oft weit überzogenen Medienberichterstattung – auch zu Vorfällen führen, wie etwa der Beschimpfung österreichischer Teilnehmer beim Schülerparlament in Straßburg oder der Bombendrohung beim Konzert der Wiener Philharmoniker in Paris.

Es erscheint mir daher dringend geboten, dass auch seitens des Europäischen Rates im Geiste europäischer Solidarität und der gemeinsamen Grundwerte der EU sowie des Gebotes der Objektivität und der Fairness gegenüber Österreich zur Versachlichung der Diskussion beigetragen wird.

Ich wäre Ihnen, sehr geehrter Herr Präsident, dankbar, wenn Sie mein Schreiben den anderen Staats- und Regierungschefs anläßlich des bevorstehenden außerordentlichen Rates zur

Kenntnis bringen und über den Vorschlag, ein gemeinschaftliches Verfahren zu schaffen, beraten würden.

Es dürfte auch im Interesse der Europäischen Union liegen, möglichst bald den erwähnten Mechanismus zu entwickeln, um einen Ausweg aus der gegenwärtigen Situation zu finden und zum Wohle meines Landes und seiner Bevölkerung die von den 14 gegenüber Österreich beschlossenen Maßnahmen so rasch wie möglich auszusetzen.

Ich danke Ihnen und Ihren Kollegen für Ihre Arbeit im Dienste der Europäischen Union und zeichne mit vorzüglicher Hochachtung

Thomas Klestil [1479]

E. Die Liste des österreichischen Bundeskanzleramtes über Auswirkungen der Maßnahmen gegen Österreich

Maßnahmen der 14 – Konkrete Auswirkungen[1480]

1. Kultur- und Veranstaltungsbereich:
- Buchpräsentationen von Jacques Le Rider („Intime Tagebücher aus Wien") und Miguel Couffon („Peter Altenberg"): Absage durch die Mitveranstalter „Presses Universitaires de France".
- Symposium „Regards sur Karajan": Absage der Mitarbeit durch das von Subventionen der Stadt Paris abhängige „Forum des Images".
- Androhung von Demonstrationen zur Verhinderung eines Konzertes der Wiener Philharmoniker in Paris, wenn sich diese nicht schriftlich gegen die Bundesregierung erklären.
- Lesung Franzobel: Absage durch die Universität Paris.
- Österreichische Theaterwoche in Frankreich: Absage durch den Veranstalter.
- Symposium über Wittgenstein: Es wurde vereinbart, das Kolloquium mangels geeigneter weiterer Partner und der zu erwartenden Absage einer finanziellen Unterstützung durch den französischen Forschungsbeirat um ein Jahr zu verschieben.
- Aussetzung des kulturellen Arbeitsprogrammes mit Wallonien 1997 – 2000. (Soll aufgehoben werden.)
- Keine neuen Aktivitäten bei der Durchführung das kulturellen Arbeitsprogramms mit Flandern (Belgien) 1997 – 2000.
- Absage eines Robert-Stolz-Konzertes in Luxemburg.
- Absage beziehungsweise Verschiebung eines Wiener Heurigenabends in Luxemburg.
- Absage von Tirol-Abenden mit dem Steinacher Männerquartett in Luxemburg.

1479 Beilage des Entschließungsantrags der Nationalratsabgeordneten Dr. Peter Kostelka und Genossen 122/A (E) XXI.GP; im Internet abrufbar unter http://www.parlinkom.gv.at/pd/pm/XXI/A/his/001/A00122_.html.

1480 zit. nach Die schwarze Liste der Ungerechtigkeiten, Die Presse vom 04.04.2000.

- Aufnahme einer CD eines Delfter (Niederlande) Knabenchores mit dem Titel „Kauft nicht bei Österreichern".

2. Unterrichts- und Wissenschaftsbereich:
- Probleme bei der Anbahnung und Durchführung von „Sokrates"-Projekten: Bei zehn Projekten gab es sechs Absagen von Partnereinrichtungen in den Mitgliedstaaten; davon konnten drei Projekte mit neuen Partnern realisiert werden, drei Projekte sind gescheitert (Frankreich, Belgien, Portugal).

3. Wissenschaftliche Kooperation:
- Die Absage der Beteiligung des Österreichischen Archäologischen Instituts am Projekt „Area" (Archeology in European Archives) wurde von Frankreich angedroht.

4. Wirtschaft und Tourismus:
- Im Wildgroßhandel nimmt ein französischer Abnehmer keine österreichischen Waren mehr entgegen.
- Verweigerung von Casino-Werbung in Brüssel.
- Weinindustrie: Stornos aus Belgien, Spanien, Kanada, USA und Israel.
- Bierindustrie: Italienische Supermarktkette führt keine österreichischen Produkte mehr.
- Absage der britischen Woche in Österreich.
- Die Untersagung der Teilnahme der Österreich Werbung an der Publikumsmesse „Salon des Vacances" vom 16. bis 19. März in Brüssel aus Sicherheitsgründen wurde letztlich vom Bürgermeister François-Xavier de Donnea revidiert und damit eine Teilnahme ermöglicht.

5. Militärische Zusammenarbeit: Frankreich hat alle öffentlichkeitswirksamen Vorhaben des Zusammenarbeits-Programmes für 2000 abgesagt:
- Teilnahme österreichischer Saab 35 (Draken) an der Übung „Odax 2000".
- Teilnahme der „Patrouille de France" am Flugtag in Zeltweg.
- Teilnahme von französischen Militärmusikkapellen an Veranstaltungen in Österreich.

6. Städte- und Gemeindepartnerschaften:
- Einfrieren der Städtepartnerschaft Innsbruck – Grenoble.

7. Sonstige Veranstaltungen:
- „Fète du pain" in Paris: Die österreichischen Bäcker waren eingeladen, in einem Stand österreichische Brot-Produkte anzubieten; der Veranstalter lud die österreichischen Bäcker wieder aus und erklärte, daß das Büro des Pariser Bürgermeisters auf der Ausladung bestanden habe.
- Der Österreich-Ball in Straßburg mußte abgesagt werden, weil die Stadt Straßburg ihre Unterstützung zurückgezogen hat.
- „Rencontres et Echanges Vienne-Autriche et Région Centre-France" wurde zunächst abgesagt; Veranstalter war die „Confrérie Gourmande du Nougat de Tours"; an der Veranstaltung hätten der österreichische Botschafter in Frankreich und der französische Botschafter in Wien teilnehmen sollen.
- Taxi-Boykott seitens der „Union der Taxigewerkschaft Brüssel".

F. Das Aktionsprogramm der österreichischen Bundesregierung vom 5. Mai 2000

Kommuniqué zur 14a. Sitzung des Ministerrates vom 05. Mai 2000[1481]

Aktionsprogramm der Bundesregierung zur Aufhebung der Sanktionen

Am 12. Juni 1994 hat die österreichische Bevölkerung in einer Volksabstimmung mit 66,58% dem Beitritt zur Europäischen Union zugestimmt. Österreich hat damit sein Selbstverständnis als europäisches Kernland zum Ausdruck gebracht und seitdem nicht nur sämtliche Verpflichtungen des EU-Rechts vollumfänglich erfüllt, sondern auch in Sachfragen seinen Beitrag als konstruktives Mitglied der EU erbracht.

Am 31. Januar 2000 hat die portugiesische Präsidentschaft mit einem „Statement on behalf of XIV Member States" für den Fall einer Regierungsbeteiligung der FPÖ die Verhängung bilateraler Sanktionen angekündigt. Diese von den Staats- und Regierungschefs der 14 EU-Partner im kurzen Wege und ohne vorherige Befassung Österreichs vereinbarten Sanktionen sind mit der Angelobung der neuen Bundesregierung durch den Herrn Bundespräsidenten am 4. Februar 2000 wirksam geworden. In der Praxis haben Sanktionen bisher zu einer Beeinträchtigung österreichischer Interessen und zu einer Fülle diskriminierender Auswirkungen für österreichische Staatsbürger, Unternehmen und Einrichtungen geführt.

Das „Statement" der portugiesischen Präsidentschaft verstößt gegen fundamentale Rechtsgrundsätze und den Geist der Europäischen Verträge. So umfaßt Art. 6 EU-Vertrag insbesondere auch das Demokratiegebot und damit die Anerkennung einer aus demokratischen Wahlen hervorgegangenen Regierung eines Rechtsstaates. Maßnahmen von Mitgliedstaaten, welche im Zusammenhang mit außerhalb des Gemeinschaftsrechts liegenden Sachverhalten oder Vereinbarungen die Funktionsfähigkeit der Gemeinschaft beeinträchtigen, stellen die im Solidaritätsgebot des Art. 10 EUV enthaltene Loyalitäts-, Mitwirkungs- sowie Unterstützungspflicht der Mitgliedstaaten untereinander in Frage. Die Vorgangsweise der „14" ist somit nicht nur ein österreichisches, sondern auch gleichermaßen ein gesamteuropäisches Problem.

Die neue österreichische Regierung hat in den nunmehr 3 Monaten ihrer Amtstätigkeit mit großer Tatkraft ein umfangreiches Reform- und Sanierungsprogramm in Angriff genommen. Das Regierungsprogramm und die konkrete Umsetzung sind der Nachweis, daß die bewährte österreichische Politik auf der Grundlage der europäischer Werte unverändert fortgesetzt wird. Die im gemeinsamen Regierungsprogramm zwischen den Koalitionsparteien ÖVP und FPÖ getroffenen Festlegungen werden vollinhaltlich respektiert und erfüllt.

Es ist daher aus Sicht der österreichischen Bundesregierung, aber auch einer Mehrheit der österreichischen Bevölkerung an der Zeit, seitens der 14 Partnerstaaten die ungerechtfertigten Sanktionen im Lichte der tatsächlichen Situation in Österreich zu überdenken und zurückzunehmen. Die Europäische Einigung darf keinen weiteren Schaden nehmen. Die bewußte Ausgrenzung eines demokratisch bewährten Landes wie Österreich aus der europäischen Werte-

1481 http://austria.gv.at/aktuell/database/komm/german/20000505-14a.html.

gemeinschaft, ohne daß es gegen europäisches Recht oder auch nur gegen seinen Geist verstoßen hätte, verletzt gerade jene Grundwerte der Demokratie und Rechtsstaatlichkeit, die angeblich geschützt werden sollen.

Da ein Dialog auf politischer Ebene im Rahmen der 15 EU-Mitgliedstaaten trotz massiver Bemühungen bisher als Konsequenz der Sanktionen nicht aufgenommen wurde, hat die Bundesregierung zur Klarstellung der Situation in Österreich und zur Verteidigung österreichischer Interessen den folgenden Aktionsplan ausgearbeitet:

- „Was sagen die Bürger Europas?“: Erstellung nationaler und internationaler Meinungsumfragen zu Österreich bis zum nächsten Europäischen Rat.

- „Diplomatische Offensive“: Verstärkte Information der Meinungsbildner und der europäischen Bürgergesellschaft über die Situation in Österreich.

- „Bundesländer für Österreich – die Kraft der europäischen Regionen nutzen“: Nachbarschaftsinitiativen durch Landeshauptleute.

- „Österreich – Aktionstage“ in den EU-Mitgliedstaaten vorbereiten; Mitwirkung österreichischer Persönlichkeiten aus Politik, Wirtschaft, Tourismus, Kultur und Medien.

- „Auslandsösterreicher für Österreich“: Information und Ersuchen um Unterstützung.

- Internationaler Medientag im Herbst 2000 zum Thema „Zur Rolle der Medien im Kontext der internationalen Beziehungen der Staaten“.

- Einrichtung einer „Austria web site“ zu den Sanktionen.

- EU-Rat und die Europäische Kommission: mündliche und schriftliche Anfragen von Mitgliedern des Europäischen Parlaments an Rat und Kommission zum Thema Österreich.

- „Friends of Austria“: Aktivierung parlamentarischer und anderer bilateraler Freundschaftsgesellschaften.

- Österreich in den EU-Ministerräten thematisieren. Ausarbeitung eines Memorandums durch das BMaA.

- Besuch des Bundeskanzlers bei der Europäischen Kommission in Brüssel.

- Regierungskonferenz: Erarbeitung eines neuen österreichischen Vorschlages zur Reform des Art. 7 EUV. Verfahren objektivieren und der EuGH-Kontrolle unterstellen.

- „EU-Rechtstag“: Organisation durch BMaA im Mai 2000.

- „Aktionsgruppe Rechtsschutz“: genaue Prüfung der juristischen Optionen Österreichs; bei Verletzung Klage; regelmäßige Befassung der Europäischen Kommission bei Diskriminierungen österreichischer Staatsbürger, Betriebe oder Einrichtungen durch Sanktionen.

- Internationaler Juristenkongreß im Herbst auf Einladung des Präsidenten des österreichischen Verfassungsgerichtshofes über die Weiterentwicklung des EU-Rechts.

- Erstellung eines Berichtes über Maßnahmen Österreichs gegen Rassismus, Antisemitismus, Diskriminierung und Fremdenfeindlichkeit.

- Die Bundesregierung wird für den Herbst 2000 eine Volksbefragung (Bekenntnis zur Europäischen Union, Aufhebung der Sanktionen) vorbereiten, sofern bis zum Ende der portugiesischen Präsidentschaft kein konkreter Plan für die Aufhebung der Sanktionen vorliegt.

G. Der Bericht des Beobachtungskomitees der Europäischen Volkspartei über die politische Situation in Österreich vom 6. Juni 2000

Europäische Volkspartei

Politisches Büro
Beobachtungskomitee

(Hinweis: Die englische Fassung dieses Berichts gilt als Originalfassung.)[1482]

Einleitung

Nach der Regierungsbildung der neuen österreichischen Regierung am 4. Februar 2000 und der Diskussion im EVP-Vorstand am 10. Februar und am 6. April, in denen einige EVP-Mitgliedsparteien gefordert hatten, die ÖVP aus der EVP auszuschließen, beschloss der EVP-Vorstand am 6. April auf Vorschlag der Österreichischen Volkspartei einstimmig:

- eine Beobachtungskommission aus drei Personen einzusetzen, zusammengesetzt aus den MdEPs Galeote, Nassauer und van Velzen (als Vorsitzender), die über die politische Situation in Österreich berichten sollen, sowie über das Regierungsprogramm und die ersten Maßnahmen, die von der österreichischen Bundesregierung ergriffen werden.
- dieser Bericht soll dem Vorstand so schnell wie möglich vorgelegt werden; abhängig von den Beschlüssen des Komitees wird es keine weitere Diskussion über Österreich in der EVP

1482 Die englische Originalfassung findet sich unter http://www.europarl.eu.int/ppe/tree/press/pcom00/com268_en.htm; http://www.eppe.org/archive/austria_report_eng_006.asp oder http://www.konservative.dk/qp/Diverse_Nyheder/EPPrapport.shtlm; die deutsche Fassung unter http://www.europarl.eu.int/ppe/tree/press/pcom00/com268_de.htm und eine französische Fassung schließlich unter http://www.europarl.eu.int/ppe/tree/press/pcom00/com268_fr.htm.

geben; die ÖVP wird sich freiwillig der Teilnahme an den EVP Gremien bis zur Präsentierung des Berichts enthalten; die Forderung, die ÖVP aus der Partei auszuschließen, wird nicht länger gestellt.

Die Beobachtungskommission hat das österreichische Regierungsprogramm detailliert untersucht, die Stellungnahme der Regierung im Parlament und ihre politischen Beschlüsse und Ankündigungen, wie auch die öffentlichen Äußerungen und Verpflichtungen vom Bundeskanzler und insbesondere die Erklärung vom 15. Mai, dort wo sie sich auf ihr Mandat bezieht. Das Komitee ist mit vielen Organisationen und einzelnen Personen in Kontakt gewesen, ein weites Spektrum der Meinungen über die aktuelle Regierungskoalition abdeckend. Das Komitee besuchte Wien am 4. und 5. Mai, um eine Reihe von betroffenen Leuten zu befragen.

Empfehlungen und Schlussfolgerungen

1. Wir nehmen zur Kenntnis, dass in den ersten 120 Tagen des Mandats der neuen österreichischen Regierung (was sicherlich eine relativ kurze Zeitspanne ist) es keine Beeinträchtigungen des österreichischen demokratischen Systems gegeben hat, ungeachtet der Tatsache, dass FPÖ-Minister sich „abweichend" zu der Regierungspolitik geäußert haben. Gleichzeitig stellen wir fest, dass die Regierungspolitik selbst mit dem Regierungsprogramm, seiner Präambel und der Regierungserklärungen sowie auch mit der Erklärung vom 21. März, die sich mit dem Kampf gegen Diskriminierung beschäftigt, übereinstimmt. Diese Texte sind sicherlich kohärent mit den grundlegenden politischen Richtlinien der EVP wie sie im Athener Programm formuliert wurden.

   Wir erwarten und vertrauen darauf, dass Bundeskanzler Schüssel, wenn sich die Notwendigkeit ergeben wird, alle öffentlichen Äußerungen von Ministern, die nicht in Übereinstimmung mit der Regierungspolitik sind und die die Bereiche betreffen, die Objekt des Mandats dieser Beobachtungskommission sind, rügen oder korrigieren wird.

2. Während dieser ersten 120 Tage hat die Regierung einige wichtige Gesetzgebungsmaßnahmen und Verwaltungsvorschriften verabschiedet, die klare Anzeichen für eine positive Entwicklung ihrer Politik in den Schlüsselbereichen mit Bezug auf das Mandat der Beobachtungskommission geben:

   Das Regierungsprogramm sagt aus, dass die Regierung bis zum Ende dieses Jahres dem Parlament die einzige Menschenrechtskonvention der UNO und die Konvention des Europarates zu Menschenrechten und Minderheiten, die noch nicht von Österreich ratifiziert wurde, vorlegen wird (die Konvention über die regionalen Sprachen);

   Ein Maßnahmenpaket ist von den Regierung verabschiedet worden, um Situation der zahlreichen Immigranten, die in Österreich leben, zu erleichtern und ihre Integration zu unterstützen (die höchste Immigrantenrate aller EU Mitgliedstaaten nach Luxemburg);

   Ein Maßnahmenpaket zur Verbesserung der Position der anerkannten Minderheiten in Österreich ist von der Regierung beschlossen worden;

Um die nächste Erweiterung der EU voranzutreiben und besser vorzubereiten und als eine Möglichkeit, ihre klar umrissene Verpflichtung in dieser Frage zu zeigen, hat die neue Regierung Herrn Busek, den ehemaligen ÖVP-Vorsitzenden zu einem „Regierungsbeauftragten für EU-Erweiterungsfragen“ ernannt. Unter seinen wichtigsten Aufgaben sind die internen österreichischen Vorbereitungen für die Erweiterung;

Am 16. Mai begann in Wien die Konferenz zu der Frage der Entschädigungen der Zwangsarbeiter des II. Weltkrieges aus Mittel- und Osteuropa unter Beteiligung der Österreichischen Verwaltung, in der der Sondergesandte der USA, der stellvertretende Finanzminister Stuart Eizenstat, für die Verhandlungen verantwortlich ist, und mit Vertretern der betroffenen Länder auf der Basis einer Vereinbarung zwischen der österreichischen Obrigkeit und dem Regierungsbeauftragten der Vereinigten Staaten, der den „wichtigen, erreichten Fortschritt“ begrüßte.

Dieser Maßnahme werden weitere Schritte zur Entschädigung für das von jüdischen Besitzern gestohlene Eigentum folgen, zusätzlich zu den Entscheidungen, die von früheren Regierungen getroffen wurden. Die aktuelle Regierung tut alles, um diesen Prozess zu beschleunigen.

3. Wir begrüßen die offiziellen Erklärungen, die der Vorsitzende der ÖVP, Bundeskanzler Schüssel, in seiner Rede vom 15. Mai zur Lage der Nation gemacht hat, die sich auf die Verpflichtungen der ÖVP im Bezug auf die Verteidigung der Werte beziehen (Toleranz, Respekt vor der menschlichen Würde und die Verpflichtung zur Demokratie), die die Grundlage der EU darstellen, die klarstellen, dass seine Partei keinerlei Verletzungen dieser Werte tolerieren werde und dass „... solange wie die Christdemokraten an der Regierung sind, diese Werte weit oben auf der Tagesordnung zu finden sind. Und sollten diese Werte jemals in Frage gestellt werden, werden wir nicht daran beteiligt sein“ und außerdem darauf bestehen, dass „die Erweiterung ... der wichtigste Beitrag zu der Vollendung des größten Friedensprojektes ist, das jemals in der jüngeren Geschichte Europas unternommen wurde. Die Österreichische Volkspartei war schon immer ein Garant für das weitere Streben nach diesem politischen Ziel und wird das auch in den kommenden Jahren sein“.

   Deswegen ziehen wir auf der Grundlage der Punkte 2 und 3 dieses Berichtes den Schluss, dass die ÖVP die nicht weniger tolerieren wird als die vollständige Erfüllung des Regierungsprogramms, seiner Präambel und der anderen Regierungserklärungen, einschließlich der Erklärung vom 21. März über den Kampf gegen Diskriminierung und in diesem Zusammenhang begrüßen wir die Bereitschaft des ÖVP-Vorsitzenden Schüssel, den EVP-Vorstand regelmäßig über alle Entwicklungen in Österreich zu informieren.

4. Wir verurteilen die Haltung der SPÖ, die einerseits im österreichischen Parlament eine sehr viel härtere Haltung der Regierung gegenüber der von den anderen 14 Mitgliedstaaten verhängten Sanktionen fordert und gleichzeitig Druck auf die anderen sozialdemokratischen Parteien, Mitglieder der Sozialistischen Internationale in Europa, ausübt, an diesen Sanktionen festzuhalten.

5. Wir empfehlen eine weitergehende Klarstellung von den Ausführungsmethoden des Artikels 7 des EU-Vertrages im Rahmen der laufenden Regierungskonferenz, wie detaillierte

Mechanismen auf EU-Ebene einzufügen und vorzusehen, um jeden Bruch der fundamentalen Prinzipien, aufgeführt im Artikel 6 der EUV, durch einen Mitgliedstaat zu verhindern und unter Strafe zu stellen. Wir schlagen weiterhin vor, dass die Europäische Kommission als eigene Initiative oder auf Verlangen des Europarates die Einhaltung der Menschenrechte in der ganzen EU bewertet. In Erwartung einer Verdeutlichung der Anwendungsmethoden des Artikels 7 der EUV sollte die Kommission hier Vorschläge unterbreiten.

6. Wir nehmen zur Kenntnis, dass die politischen Reaktionen auf die derzeitige österreichische Regierungskoalition in den 14 anderen Mitgliedstaaten der Union unterschiedlich gewesen sind auf Grund der Tatsache, dass die Sensibilität (und die Wahrnehmung) gegenüber der FPÖ und als Konsequenz auch gegenüber der Regierungskoalition, von einem Mitgliedstaat zum anderen unterschiedlich ist. In diesem Sinne erkennen wir an, wie sinnvoll das Informationspaket ist, das kürzlich von der österreichischen Regierung beschlossen wurde.

   Wir bekräftigen unsere Bedenken, dass ein wirkliches Risiko in Form eines institutionellen Stillstands innerhalb der EU besteht, und das in einer Zeit eines entscheidenden historischen Moments im europäischen Integrationsprozesses in Bezug auf die Regierungskonferenzdebatte über die Reform der Verträge, die ihrerseits eine Vorbedingung für die Erweiterung der EU darstellt. Wir erkennen und betonen die spezielle Verantwortung der EVP, nach Kompromisslösungen zu suchen um diesen potentiellen Stillstand zu überwinden.

   In diesem Zusammenhang nehmen wir zur Kenntnis, dass die Österreichische Regierung am 5. Mai 2000 einen Aktionsplan beschlossen hat, der eine Reihe von Maßnahmen vorsieht, um die Bürger Europas besser über die politische Situation in Österreich zu informieren und um die Sanktionen, die über Österreich verhängt wurden, zu beenden. Wir hoffen, dass alle in der EU beteiligten Seiten ein Verfahren beschließen, das auf einen Ausweg zielt und einen möglichen institutionellen Stillstand verhindert.

   Wir können nur unsere Besorgnis ausdrücken, dass eine öffentliche Befragung in Österreich zu den Sanktionen sich möglicherweise zu einem Faktor entwickeln kann, der es schwieriger machen wird, eine akzeptable Lösung zu finden: deswegen hoffen wir, dass diese nicht stattfinden wird.

7. **Wir schlagen vor, innerhalb der EVP ein ständiges Komitee zu bilden, das sich mit der Einhaltung der Menschenrechte und dem Kampf gegen Rassismus und Fremdenfeindlichkeit in der ganzen Europäischen Union und den Beitrittkandidaten beschäftigt.** Dieses Komitee würde seine Aufgaben auf der Basis des Artikels 130 des Athener Grundsatzprogramms[1] von 1992 und auf der Ablehnung von Extremismus, Rassismus und Fremdenfeindlichkeit erfüllen.

8. **Wir empfehlen außerdem, dass der EVP-Vorstand die Wissenschaftlichen Institute/Parteistiftungen der EVP-Mitgliedsparteien auffordert, auf der einen Seite das Phänomen der „rechtspopulistischen Bewegungen" und ihrem Bezug zu Parteien des extrem-rechten Flügels zu untersuchen, und auch das „Protestwahlverhalten" einschließlich der Motive der möglichen Reaktion der EVP und ihrer Mitgliedsparteien und andererseits, die Verbindung zwischen „mainstream" Parteien des linken Flügels und links-extremen Parteien, unter Berücksichtigung der Tatsache, dass in meh-**

reren Mitgliedstaaten linksextreme Parteien an den nationalen oder regionalen Regierungen beteiligt sind.

Das Ergebnis der Arbeit des permanenten Menschenrechtskomitees der EVP und der EVP-Institute/Stiftungen könnte als Basis für Beschlussvorlagen für den nächsten EVP-Kongress im Januar 2001 dienen.

9. **Die oben genannten Umstände und die geschaffenen Bedingungen berücksichtigend:**

empfiehlt das Beobachtungskomitee dem EVP-Vorstand und der ÖVP, dass die ÖVP ab jetzt wieder vollständig an allen EVP-Gremien teilnimmt;

betrachtet das Beobachtungskomitee damit seinen Auftrag als erfüllt und seine Arbeit als beendet.

6. Juni 2000

Wim van Velzen – Vorsitzender
Gerardo Galeote Quecedo – MdEP
Hartmut Nassauer – MdEP

1

„Überzeugt von der unveräußerlichen Würde eines Jeden und von der Freiheit und Gleichheit Aller verwerfen wir Christdemokraten extreme Positionen. Wir bemühen uns um den Dialog. Wir lehnen jede Art von Ausgrenzung ab und wollen die Toleranz und das Teilen fördern."

Anlage zu dem Bericht des EVP Beobachtungskomitees

Die Mitglieder des Komitees haben gesprochen mit:

- Bundespräsident Klestil, Bundeskanzler und ÖVP-Vorsitzenden Schüssel, Außenministerin Ferrero-Waldner, ÖVP-Fraktionsvorsitzender Kohl, ÖVP-Generalsekretärin Rauch-Kallat und dem Internationalen Sekretär der ÖVP Wintoniak

- dem ehemaligen ÖVP-Vorsitzenden Busek in seiner Eigenschaft als Regierungsbeauftragter für EU-Erweiterungsfragen

- der ehemaligen Zentralbankpräsidentin Schaumayer in ihrer Eigenschaft als Regierungsbeauftragte für humanitäre Bemühungen im Bezug auf ehemalige Zwangsarbeiter unter dem NS-Regime

- Mitgliedern des Europäischen Zentrums zur Beobachtung von Rassismus und Fremdenfeindlichkeit und mit „NGOs" wie SOS Mitmensch

- Vertretern von mehreren EU-Mitgliedstaaten und Israel und von anderen EU Institutionen

Das Komitee hat unter anderem die folgenden Dokumente erhalten:

- das ÖVP-Grundsatzprogramm; das ÖVP-Europawahlprogramm 1999 („Besser für Österreich"); das ÖVP-Programm am Beginn des 21. Jahrhunderts („Der bessere Weg")

- Das Programm der neuen Bundesregierung, Februar 2000, einschließlich der Erklärung von den Herren Schüssel und Haider vom 3. Februar 2000; die Regierungserklärung von Bundeskanzler Schüssel vom 9. Februar; das stenographische Protokoll der 9. Sitzung des Nationalrates vom 9.-10. Februar 2000; Erklärung von Bundeskanzler Schlüssel zum 55. Jahrestag der Wiedererrichtung der Republik vom 28. April 2000; das Dokument „Zukunft im Herzen Europas, Österreich neu regieren, die ersten 100 Tage"; das Manifest vom 15. Mai 2000, die Rede von Bundeskanzler Schüssel zur Lage der Nation am 15. Mai 2000

- ÖVP-Stellungnahme zur Bildung einer neuen Bundesregierung, EVP Vorstand 10. Februar 2000

- Erklärung der portugiesischen EU-Ratspräsidentschaft für XIV Mitgliedstaaten vom 13. Februar 2000; Aktionsprogramm der Bundesregierung zur Aufhebung der Sanktionen

- Notizen im Bezug auf Integration zwischen Inländern und Zuwanderern, Maßnahmen im Bereich der Volksgruppen, Fortsetzung der Politik in Bereichen Asyl und Einwanderung und der österreichischen Reparationen und Wiedergutmachung für die Opfer des Naziregimes

- eine Reihe Dokumente des Europäischen Zentrums zur Beobachtung von Rassismus und Fremdenfeindlichkeit einschließlich einer Medienveröffentlichung über die vorgeschlagene, neue Koalition, einen Studienentwurf vom 1. März 2000 über „Rassismus und Fremdenfeindlichkeit, der Diskurs der Freiheitsunion von 1999" und ein Dokument „Beispiele von pro-Nazi, fremdenfeindlichen und rassistischen Kommentaren geäußert von FPÖ-Spitzenpolitikern" vom 23. Februar 2000

- Institut für angewandte Sprachwissenschaft der Universität Wien, Studie von Dr. ter Wal vom 1. März 2000: Racism and xenophobia, the discourse of the Freedom Party in the year 1999.

- Bericht des Europarates vom 3. Januar von dessen Komitee für Politische Angelegenheiten über die „Bedrohung für die Demokratie ausgeübt durch extremistische Parteien und Bewegungen in Europa" Dok. 8607 vom 3. Januar 2000, Text beschlossen am 25. Januar 2000

- Vorstand des Europarates, Notiz vom 28. März 2000, vorgelegt vom Generalsekretär auf Grund einer „schriftlich veranlassten Anfrage" für den Beginn der Beobachtung von Österreich im Anschluss an die Beteiligung einer rechtsextremistischen Partei an der österreichischen Regierung.

Die Komiteemitglieder hatten außerdem Zugriff auf mehrere Webseiten und Zeitungen, die Informationen über die Entwicklungen in Österreich lieferten; jedes Komiteemitglied erhielt zahlreiche e-mails von einzelnen Bürgern und Organisationen aus der ganzen EU.

H. Der Entwurf einer Vereinbarung über ein Ausstiegsszenario vom 27. Juni 2000

Austria – Bilateral Measures adopted by the XIV[1483]

The XIV decided:

1) To continue the measures related to their bilateral relations with Austrian Government agreed on 31 January.
2) That the Prime Minister of Portugal will request the President of the European Court on Human Rights to appoint three personalities who should deliver, on the basis of a thorough examination, a report covering:
   - the Austrian Government's commitment to the common European values, in particular concerning the rights of minorities, refugees and immigrants;
   - the evolution of the political nature of the FPÖ.

On the basis of this report, which should be submitted (to the XIV,) they will consider adequate proposals regarding their bilateral relations with the Austrian Government.

I. Der Bericht der „Drei Weisen" vom 8. September 2000

Bericht

von

Martti Ahtisaari
Jochen Frowein
Marcelino Oreja

angenommen am 8. September 2000 in Paris
(Deutsche Übersetzung/Original: Englisch)[1484]

1483 zit. nach G. Winkler, ZÖR 2000, 264 f.

1484 Die deutsche Übersetzung des „Weisenberichts" ist abgedruckt in EuGRZ 2000, 404 ff.; Deutscher Bundestag: Ausschuss für die Angelegenheiten der Europäischen Union, Der Europaausschuss und die Sanktionen gegen Österreich, S. 16 ff.; Kopeinig/ Kotanko, Eine europäische Affäre, S. 35 ff. und findet sich auch unter http://www.virtuelles-institut.de/de/Bericht-EU/bericht.pdf.

Index

c) Der fortwährende Gebrauch zweideutiger Formulierungen durch führende Mitglieder der FPÖ
d) Angriffe auf die Freiheit der Kritik
e) Der Gebrauch von Beleidigungsverfahren durch die FPÖ
f) Das Verhalten der FPÖ in der Regierung

3. Schlußfolgerungen in Bezug auf die Entwicklung der politischen Natur der FPÖ

III. Allgemeine Schlußfolgerungen

1. In Bezug auf das Eintreten der österreichischen Regierung für die gemeinsamen europäischen Werte, insbesondere für die Rechte der Minderheiten, Flüchtlinge und Einwanderer

2. In Bezug auf die Entwicklung der politischen Natur der FPÖ

3. In Bezug auf die von den Vierzehn getroffenen Maßnahmen

4. Empfehlungen als Folge des Berichts

Annex I: Programm der Gespräche in Wien

Annex II: Programm der Gespräche in Heidelberg

Wir,

Martti Ahtisaari, ehemaliger finnischer Staatspräsident,

Jochen Frowein, Direktor am Max-Planck-Institut für ausländisches öffentliches Recht und Völkerrecht, ehemaliger Vizepräsident der Europäischer Kommission für Menschenrechte,

Marcelino Oreja, Präsident des Instituts für Europastudien der San Pablo CEU Universität, ehemaliger spanischer Außenminister, ehemaliger Generalsekretär des Europarats, ehemaliges Mitglied der Kommission der Europäischen Gemeinschaften,

haben durch den Präsidenten des Europäischen Gerichtshofs für Menschenrechte ein Mandat der XIV erhalten,

„auf der Grundlage einer eingehenden Untersuchung einen Bericht vorzulegen über

- das Eintreten der österreichischen Regierung für die gemeinsamen europäischen Werte, insbesondere hinsichtlich der Rechte von Minderheiten, Flüchtlingen und Einwanderern;

- die Entwicklung der politischen Natur der FPÖ.“

Der Präsident des Europäischen Gerichtshofs für Menschenrechte hat uns den an ihn gerichteten Brief des portugiesischen Premierministers übermittelt, nach dessen letztem Satz:

> „die XIV auf der Grundlage der Schlußfolgerungen dieses Berichts ihre bilateralen Beziehungen mit der österreichischen Regierung überprüfen werden."

Der Präsident des Europäischen Gerichtshofs für Menschenrechte hat uns auch seine Antwort an den portugiesischen Premierminister übermittelt, in der festgehalten wird, daß kein zeitlicher Rahmen für den Bericht vorgegeben wurde, und daß „ich folglich den ernannten Personen empfehlen werde, den Bericht so schnell wie irgendmöglich vorzulegen."

Erhalten haben wir das Mandat unmittelbar vor seiner Veröffentlichung in Form einer Presseerklärung durch den Kanzler des Europäischen Gerichtshof für Menschenrechte am 12. Juli 2000.

Nachdem wir uns entschieden haben, das Mandat anzunehmen, waren wir übereinstimmend der Ansicht, daß wir die Arbeit sofort aufnehmen sollten. Schon wenige Tage nach dem 12. Juli erhielten wir von der österreichischen Regierung zusammengestellte Unterlagen.

Wir trafen uns am 20. Juli in Helsinki und erörterten im einzelnen unsere künftige Vorgangsweise. Von Helsinki aus nahmen wir Verbindung mit der österreichischen Regierung auf, um zu klären, ob bereits am Ende der folgenden Woche ein Besuch in Wien möglich sei.

Nachdem die österreichische Regierung sich mit dem Zeitplan einverstanden erklärt und uns ihre volle Unterstützung zugesagt hatte, hatten wir vom Abend des 27. Juli bis zum Abend des Sonntags, des 30. Juli, verschiedene Treffen in Wien.

Auf der Grundlage unserer Vorschläge organisierte die österreichisch Regierung eine Reihe von Gesprächen mit dem Bundespräsidenten, dem Bundeskanzler, mehreren Bundesministern, dem Präsidenten des Verfassungsgerichtshofes, den Volksanwälten, allen im österreichischen Parlament vertretenen Parteien, den Gewerkschaften und den Arbeitgebervertretern, der katholischen und der evangelischen Kirche und der jüdischen und der islamischen Glaubensgemeinschaft, sowie der Vorsitzenden der Richtervereinigung.

Auf Wunsch der Platform of European Social Non Governmental Organizations (NGOs) trafen wir am 29. August 2000 im Max-Planck-Institut für ausländisches öffentliches Recht und Völkerrecht in Heidelberg Vertreter verschiedener österreichischer NGOs, die uns Informationen zu den im Mandat genannten Bereichen übermittelten. Am Nachmittag trafen wir auf ihren Wunsch die Vorsitzende der FPÖ und Vizekanzlerin Susanne Riess-Passer.

Nach den Gesprächen in Wien und Heidelberg und außerdem unter Berücksichtigung uns übermittelter schriftlicher Unterlagen erstellten wir den vorliegenden Bericht und nahmen ihn am 8. September 2000 in Paris einstimmig an.

Wir möchten der österreichischen Bundesregierung und allen unseren Gesprächspartnern für die ausgezeichnete Vorbereitung der Treffen in Wien und Heidelberg, das substantielle Material und sämtliche uns gewährte Unterstützung danken.

I. Das Eintreten der österreichischen Regierung für die gemeinsamen europäischen Werte, insbesondere für die Rechte von Minderheiten, Flüchtlingen und Einwanderern

1. Der internationale Rahmen zur Bestimmung gemeinsamer europäischer Werte

1 Unser Mandat besteht im ersten Teil darin, das Eintreten der österreichischen Regierung für die gemeinsamen europäischen Werte in bestimmten Bereichen zu bewerten. Es ist deshalb wichtig, allgemein akzeptierte Standards für die gemeinsamen europäischen Werte zu ermitteln. In den im Mandat genannten Bereichen, den Rechten von Minderheiten, Flüchtlingen und Einwanderern, gibt es verschiedene rechtlich verbindliche, aber auch unverbindliche Dokumente, welche die positive Verpflichtung der Europäischen Staaten enthalten, die Menschenrechte und Grundfreiheiten, die pluralistische Demokratie und den Rechtsstaat zu schützen und zu fördern.

2 Zu den rechtsverbindlichen Verträgen gehören insbesondere der Europäische Unionsvertrag und die Europäische Konvention für Menschenrechte, die ausdrücklich in Art. 6 Abs. 2 des EU-Vertrags erwähnt wird. Die Rahmenkonvention zum Schutz nationaler Minderheiten und das Abkommen über die Rechtsstellung von Flüchtlingen müssen in diesem Zusammenhang ebenfalls berücksichtigt werden.

3 Der EU-Vertrag erklärt in Art. 6 Abs. 1 ausdrücklich: „Die Union beruht auf den Grundsätzen der Freiheit, der Demokratie, der Achtung der Menschenrechte und Grundfreiheiten sowie der Rechtsstaatlichkeit; diese Grundsätze sind allen Mitgliedstaaten gemeinsam." Die Mitgliedstaaten der EU sind deshalb rechtlich dazu verpflichtet, für den Schutz und die Förderung der Menschenrechte einzutreten.

4 Unter den rechtlich nicht verbindlichen, aber im EU-Rahmen allgemein anerkannten Dokumenten ist die Erklärung gegen Rassismus und Fremdenfeindlichkeit besonders zu berücksichtigen, die am 11. Juni 1986 vom Europäischen Parlament, dem Rat, den im Rat vereinigten Vertretern der Mitgliedstaaten und der Kommission gemeinsam verabschiedet wurde.

5 Schließlich ist die Spruchpraxis der von der Europäischen Konvention für Menschenrechte errichteten Organe in diesem Zusammenhang von besonderer Bedeutung.

a) Maßstab für Menschenrechte und Grundfreiheiten

6 Die Europäische Konvention zum Schutz der Menschenrechte und Grundfreiheiten, die 1950 unterzeichnet wurde, bringt in ihrer Präambel zum Ausdruck, daß die Regierungen europäischer Staaten, die vom gleichen Geist beseelt sind und ein gemeinsames Erbe an politischen Überlieferungen, Idealen, Achtung der Freiheit und Rechtsstaatlichkeit besitzen, die ersten Schritte auf dem Weg zu einer kollektiven Garantie der in der allgemeinen Erklärung der Vereinten Nationen von 1948 aufgeführten Rechte unternehmen. Alle Mitgliedstaaten der Union haben die Konvention ratifiziert.

7 Von besonderer Bedeutung ist im vorliegenden Zusammenhang die in Art. 14 enthaltene klare Garantie der Nichtdiskriminierung beim Genuß der Rechte und Freiheiten, die in der Konvention anerkannt sind. Nach diesem Artikel sind die Rechte und Freiheiten der Konvention ohne Diskriminierung insbesondere wegen des Geschlechts, der Rasse, der Hautfarbe, der Sprache, der Religion, der politischen oder sonstigen Anschauung, der nationalen oder sozialen Herkunft, der Zugehörigkeit zu einer nationalen Minderheit, des Vermögens, der Geburt oder eines sonstiges Status zu gewährleisten. Die Konventionsorgane haben klargestellt, daß Rassendiskriminierung zu einer unmenschlichen oder erniedrigenden Behandlung führen kann, die Art. 3 der Konvention verletzt.

8 Nichtdiskriminierung ist ein grundlegendes Prinzip im Recht der Europäischen Union. Art. 13 EG-Vertrag gibt in seiner durch den Amsterdamer Vertrag geänderten Fassung dem Rat die Möglichkeit, Maßnahmen gegen Diskriminierung aus Gründen des Geschlechts, der Rasse, der ethnischen Herkunft, der Religion oder der Weltanschauung, einer Behinderung, des Alters oder der sexuellen Ausrichtung zu ergreifen. Am 29. Juli 2000 wurde eine Richtlinie angenommen, die bis Juli 2003 in allen Mitgliedstaaten umgesetzt worden sein muß. Diese Richtlinie setzt inhaltliche Maßstäbe, die in Übereinstimmung mit ihren Zielen von allen nationalen Behörden beachtet werden müssen. In dem neuen Entwurf für eine Charta der Grundrechte vom 28. Juli 2000 verbietet Art. 21 jegliche Diskriminierung wegen des Geschlechts, der Rasse, der Hautfarbe, der ethnischen oder sozialen Herkunft, der Erbanlagen, der Sprache, der Religion oder Weltanschauung, der politischen oder sonstigen Anschauung, der Zugehörigkeit zu einer nationalen Minderheit, des Vermögens, der Geburt, der Behinderung, des Alters oder der sexuellen Ausrichtung.

9 Desgleichen ist die Meinungsäußerungsfreiheit als eines der wichtigsten Grundrechte im europäischen System anerkannt. Der neue Entwurf für eine Grundrechtscharta übernimmt in Art. 11 für den Schutz der Meinungsäußerungsfreiheit die Formulierung aus Art. 10 Abs. 1 der Europäischen Menschenrechtskonvention.

10 Der Europäische Gerichtshof für Menschenrechte hat in einer Reihe wichtiger Fälle klargestellt, daß Meinungsäußerungsfreiheit und Pressefreiheit von herausragender Bedeutung für einen demokratischen Staat sind. Insbesondere ist nach der verbindlichen Rechtsprechung des Europäischen Gerichtshofs für Menschenrechte von der Meinungsäußerungsfreiheit und der Pressefreiheit die Möglichkeit umfassend geschützt, die Regierung zu kritisieren und die von der Regierung eingeschlagene politische Richtung heftig anzugreifen.

11 Österreich hat die Europäische Menschenrechtskonvention 1958 ratifiziert, und es ist das einzige Land, in dem die Konvention Verfassungsrang genießt. Auf der Grundlage einer 1964 eigens zu diesem Zweck vorgenommenen Verfassungsgesetzgebung wurde die Europäische Menschenrechtskonvention Teil des österreichischen Verfassungsrechts.

b) Maßstäbe für die Rechte nationaler Minderheiten

12 Der Europarat nahm 1995 die Rahmenkonvention zum Schutz nationaler Minderheiten an, die wichtige Maßstäbe für den Minderheitenschutz in den Mitgliedstaaten der Europäischen Union setzt. Die Konvention trat für Österreich am 1. Juli 1998 in Kraft. Nach Art. 6 fördern die Vertragsparteien den Geist der Toleranz und des interkulturellen Dialogs und treffen wirksame Maßnahmen zur Förderung der gegenseitigen Achtung und des gegenseitigen Verständnisses sowie der Zusammenarbeit zwischen allen in ihrem Hoheitsgebiet lebenden Menschen, unabhängig von deren ethnischer, kultureller, sprachlicher und religiöser Identität, insbesondere in den Bereichen Bildung, Kultur und Medien. Die Vertragsparteien verpflichten sich ausdrücklich, angemessene Maßnahmen zu treffen, um Menschen zu schützen, die wegen ihrer ethnischen, kulturellen, sprachlichen oder religiösen Identität diskriminierenden, feindseligen oder gewalttätigen Handlungen oder der Androhung solcher Handlungen ausgesetzt sein können.

13 Insgesamt haben 32 Staaten die Konvention ratifiziert, darunter 9 Mitgliedstaaten der Europäischen Union. Die Minderheitenvorschriften in dem Dokument des Kopenhagen-Treffens der Konferenz über die menschliche Dimension der KSZE im Juni 1990 wurden von allen EU-Mitgliedstaaten anerkannt.

c) Maßstäbe für die Rechte von Flüchtlingen

14 Alle Mitgliedstaaten der Europäischen Union sind durch die Genfer Flüchtlingskonvention von 1951 und das Änderungsprotokoll von 1967 gebunden. Nach Art. 33 der Genfer Konvention darf keiner der vertragschließenden Staaten einen Flüchtling auf irgendeine Weise über die Grenzen von Gebieten ausweisen oder zurückweisen („refouler"), in denen sein Leben oder seine Freiheit wegen seiner Rasse, Religion, Staatsangehörigkeit, seiner Zugehörigkeit zu einer bestimmten sozialen Gruppe oder wegen seiner politischen Überzeugungen bedroht sein würde. Das Dubliner Übereinkommen von 1990 hat diese Prinzipien innerhalb des Gemeinschaftssystems bestätigt, indem es Kriterien zur Ermittlung des für die Behandlung von in einem Mitgliedstaat gestellten Asylanträgen zuständigen Staats aufstellt. In dem neuen Entwurf für eine Grundrechtscharta der Europäischen Union garantiert Art. 18 das Recht auf Asyl auf der Grundlage der Genfer Flüchtlingskonvention von 1951 und des Änderungsprotokolls von 1967.

15 Mehrere vom Rat angenommene Akte haben seit dem Inkrafttreten des Vertrags von Maastricht die in den Bereichen Justiz und Inneres zwischen den Mitgliedstaaten bestehende enge Zusammenarbeit fortentwickelt, insbesondere in Bezug auf die in Asylverfahren zu beachtenden formalen Anforderungen, eine gemeinsame Definition des Flüchtlingsstatus' und das Problem der Lastenverteilung.

16 Der Europäische Gerichtshof für Menschenrechte hat klargestellt, daß Art. 3 der Europäischen Menschenrechtskonvention es den Mitgliedstaaten der Konvention verbietet, Personen in Länder auszuliefern oder abzuschieben, wo sie einer unmenschlichen Behandlung ausgesetzt wären. Der gleiche Grundsatz ist in Art. 19 Abs. 2 des Entwurfs für eine Grundrechtscharta für die Europäische Union niedergelegt.

d) Maßstäbe für die Rechte von Einwanderern

17 Mit dem Inkrafttreten des Vertrags von Amsterdam hat die Europäische Gemeinschaft in Art. 13 ausdrücklich anerkannt, daß Diskriminierung unter anderem aus Gründen der Rasse, der ethnischen Herkunft oder der Religion gegen Grundwerte des Gemeinschaftssystems verstößt. Der Rat kann Maßnahmen treffen, um jegliche Art von Diskriminierung zu bekämpfen. Die erste in Anwendung dieser Vorschrift beschlossene Maßnahme ist die Richtlinie gegen Diskriminierung vom 29. Juni 2000, die am 19. Juli 2000 in Kraft getreten ist.

18 Mit der Annahme der Erklärung gegen Rassismus und Fremdenfeindlichkeit von 1986 haben die Mitgliedstaaten die Bedeutung anerkannt, die darin liegt, daß die nationalen Regierungen für alle erforderliche Information und Unterrichtung sorgen, um ihre Bürger für die Gefahren von Rassismus und Fremdenfeindlichkeit zu sensibilisieren, sowie die Notwendigkeit, jedwede Handlung rassistischer oder fremdenfeindlicher Art zu vermeiden und zu unterbinden.

19 Die Rechtsprechung des Europäischen Gerichtshofs für Menschenrechte hat anerkannt, daß Einwanderer der zweiten Generation, die keine Verbindungen zu dem Staat ihrer formalen Staatsangehörigkeit haben, nur unter besonderen Umständen in diesen Staat abgeschoben werden dürfen, wenn spezifische Gründe für solche staatlichen Maßnahmen bestehen.

2. Das Eintreten der österreichischen Regierung für die Minderheitenrechte

a) Das österreichische Rechtssystem und die tatsächliche Situation

20 In der Republik Österreich bestand seit ihrem Entstehen nach dem ersten Weltkrieg ein umfassendes System zum Schutz der auf dem österreichischen Staatsgebiet lebenden einzelnen nationalen Minderheiten. Nach dem Österreichischen Staatsvertrag von 1955 sind die slowenischen und kroatischen Minderheiten in Kärnten, dem Burgenland und der Steiermark ausdrücklich anerkannt. In diesem Vertrag sind besondere kulturelle Rechte, vor allem hinsichtlich des Schulwesens garantiert. Außerdem gibt es in diesen Landesteilen Regelungen hinsichtlich der Amtssprachen.

21 Seit 1976 hat die österreichische Gesetzgebung mehrere Volksgruppen mit besonderen Identitätsrechten anerkannt. Der Schutz durch diese Gesetzgebung reicht über die im Staatsvertrag anerkannten Minderheiten hinaus. Die in der Gesetzgebung von 1976 anerkannten Volksgruppen sind die Kroaten, die Slowenen, die Ungarn, die Tschechen, die Slowaken und die Roma.

22 Nach der Volkszählung des Jahres 1991 war die Stärke der Volksgruppen wie folgt: Kroaten 29.596, Slowenen 20.191, Ungarn 19.638, Tschechen 9822, Slowaken 1.015 und Roma 122. Man muß hervorheben, daß diese Volkszählung auf dem Gebrauch der Sprachen beruhte. Anderen Schätzungen über die Stärke der Volksgruppen zufolge gibt es etwa 30.000 Kroaten im Burgenland und etwa 12.000 in Wien, die Slowenen werden auf etwa 50.000 im gesamten Österreich geschätzt, die Ungarn zwischen 20.000 und 30.000, die Tschechen zwischen 15.000 und 20.000, die Slowaken zwischen 5.000 und 10.000, die Roma auf ungefähr 25.000. Diese Zahlen werden im ersten Bericht der österreichischen Republik auf der Grundlage der Rahmenkonvention zum Schutz nationaler Minderheiten vom 30. Juni 2000 genannt.

23 In diesem Bericht erklärt die österreichische Regierung im einzelnen, welche Rechte die verschiedenen Volksgruppen im österreichischen Rechtssystem genießen. Vor allem im Burgenland und in Kärnten gibt es öffentliche Grundschulen, in denen diejenigen in den Minderheitensprachen unterrichtet werden, die sie als Unterrichtsfach wählen. In anderen Landesteilen gibt es Privatschulen, die ebenfalls in Minderheitensprachen unterrichten. Im Burgenland gibt es insgesamt 29 Volksschulen, in denen neben Deutsch auch Kroatisch unterrichtet wird. In Kärnten gab es 1998/99 1.620 Kinder, die in Deutsch und Slowenisch unterrichtet wurden.

24 Der österreichische Verfassungsgerichtshof hat in verschiedenen Urteilen die Rechte der Minderheiten nach dem österreichischen Staatsvertrag klargestellt. Am 19. März 2000 entschied der Verfassungsgerichtshof, daß eine Begrenzung des Unterrichts in slowenischer Sprache in Kärnten mit bestimmten Bestimmungen des Staatsvertrags unvereinbar war. Nach dem Gerichtshof muß in den Minderheitenschulen eine Gleichheit zwischen den beiden Sprachen, Deutsch und Slowenisch, im Grundschulunterricht bestehen. Nach unseren Informationen wurde das Urteil bisher noch nicht vollständig umgesetzt.

b) Die neue Minderheitenbestimmung in der österreichischen Verfassung

25 Seit 1997 war ein Vorschlag der verschiedenen Volksgruppenbeiräte diskutiert worden, der die Aufnahme einer Vorschrift zum Minderheitenschutz in die österreichische Verfassung zum Gegenstand hatte. Am 31. Mai 2000 hat die österreichische Bundesregierung im Parlament einen konkreten Entwurf für eine solche Bestimmung vorgelegt. Auf der Grundlage von Beratungen im Nationalrat wurde Art. 8 der österreichischen Verfassung um einen neuen Absatz 2 ergänzt. Diese Verfassungsänderung trat am 1. August 2000 in Kraft. Der neue Artikel hat folgenden Wortlaut:

> „Art. 8 (1) Die deutsche Sprache ist, unbeschadet der den sprachlichen Minderheiten bundesgesetzlich eingeräumten Rechte, die Staatssprache der Republik.
> (2) Die Republik (Bund, Länder und Gemeinden) bekennt sich zu ihrer gewachsenen sprachlichen und kulturellen Vielfalt, die in den autochthonen Volksgruppen zum Ausdruck kommt. Sprache und Kultur, Bestand und Erhaltung dieser Volksgruppen sind zu achten, zu sichern und zu fördern."

26 Aus der Entstehungsgeschichte dieser Vorschrift wird deutlich, daß die gegenwärtige österreichische Bundesregierung die Verfassungsänderung unterstützt hat. Mit dieser Verfassungsänderung wurde eine besondere verfassungsrechtliche Verpflichtung Teil des österreichischen Verfassungsrechts, die Existenz und die Aktivitäten der Volksgruppen zu fördern.

c) Sonstige Maßnahmen

27 Am 21. Juli 2000 ist eine Verordnung über die offiziellen Namen von Gemeinden der Region angenommen worden, in der die ungarische und die kroatische Minderheit leben. In 51 Gemeinden des Burgenlandes wurden 260 zweisprachige Ortsschilder aufgestellt. Im gleichen Zusammenhang ist zu beachten, daß die österreichische Bundesregierung mit einer Verordnung, die am 14. Juni 2000 angenommen wurde und die am 1. Oktober 2000 in Kraft treten wird, Regelungen über den Gebrauch von Ungarisch durch Angehörige der ungarischen Minderheit im Behördenkontakt geschaffen hat.

d) Die „neuen Minderheiten"

28 Der vom Internationalen Übereinkommen zur Beseitigung jeder Form von Rassendiskriminierung geschaffene Ausschuß hat festgestellt, daß die sog. „neuen Minderheiten" im österreichischen Minderheitenrecht nicht besonders geschützt sind. „Neue Minderheiten" in diesem Sinne sind Gruppen, die in jüngerer Zeit eingewandert sind. Die Probleme dieser „neuen Minderheiten" werden in dem Abschnitt über Einwanderer behandelt. In diesem Zusammenhang muß allerdings festgehalten werden, daß bis heute kein europäischer Staat einen Minderheitenschutz im formellen Sinn auf die sog. „neuen Minderheiten" ausgedehnt hat.

e) Schlußfolgerungen in Bezug auf die Minderheitenrechte

29 Das österreichische Rechtssystem hat einen besonderen Schutz für die in Österreich lebenden Minderheiten geschaffen. Dieser Schutz besteht auf Verfassungsebene. Der den in Österreich lebenden Minderheiten durch das österreichische Rechtssystem gewährte Minderheitenschutz reicht weiter als der, der in vielen anderen europäischen Staaten gewährt wird.

3. Das Eintreten der österreichischen Regierung für die Rechte von Flüchtlingen

30 Österreich hat eine lange Tradition, Flüchtlingen Asyl zu gewähren. Nach dem Zweiten Weltkrieg hat es über eine Million Kriegsflüchtlinge aufgenommen. In der Folge der Krisen in Ungarn (1956), in der Tschechoslowakei (1968) und Polen (1980/81) wurde etwa 375.000 Flüchtlingen in Österreich Asyl gewährt. Nach den Bürgerkriegen auf dem Gebiet des früheren Jugoslawien fanden 115.000 Flüchtlinge im Land Aufnahme. Die österreichische Regierung schätzt, daß seit 1945 mehr als 2 Millionen Flüchtlinge ins Land gekommen sind, von denen 650.000 sich dauerhaft niedergelassen haben, was etwa 9 Prozent der gesamten Bevölkerung ausmacht.

a) Die gegenwärtige tatsächliche Situation in Bezug auf Asylanträge in Österreich

31 Aufgrund seiner geographischen Lage an den Außengrenzen der Europäischen Union gehört Österreich zu den Staaten in Europa, die die höchste Zahl von Asylanträgen im Verhältnis zu ihrer Gesamtbevölkerung haben. Nach der Statistik des UN-Hochkommissars für Flüchtlinge wurden in Österreich 1999 mehr als 20.000 Anträge gestellt. Im EU-Vergleich bedeutet dies den 6. Platz in absoluten Zahlen (nach Deutschland, dem Vereinigten Königreich, den Niederlanden, Belgien und Frankreich), im Verhältnis zur Bevölkerung des jeweiligen Landes macht es zusammen mit den Niederlanden die dritthöchste Rate aus (nach Luxemburg und Belgien). Der EU-weite Durchschnitt betrug 1999 0,98 Asylanträge auf 1.000 Einwohner; die österreichische Rate beträgt 2,49 (Luxemburg 6,78; Belgien 3,50; die Niederlande 2,49; Irland 2,09; Vereinigtes Königreich 1,55; Schweden 1,27; Dänemark 1,22, Deutschland 1,16; Finnland 0,60; Frankreich 0,52; Italien 0,21; Spanien 0,21; Griechenland 0,15; Portugal 0,03).

b) Für Österreich verbindliche vertragliche Verpflichtungen

32 Österreich ist durch die Verpflichtungen gebunden, die sich aus dem Abkommen über die Rechtsstellung der Flüchtlinge vom 28. Juli 1951 (Genfer Konvention) ergeben, die für Österreich am 30. Januar 1955 in Kraft trat. Das Protokoll über die Rechtsstellung der Flüchtlinge vom 31. Januar 1967, welches die Konvention ergänzt, wurde für Österreich am 5. September 1973 verbindlich. Im Rahmen des Europarats ist Österreich durch die Verpflichtungen gebunden, die sich aus der Europäischen Menschenrechtskonvention und der einschlägigen Rechtsprechung des Europäischen Gerichtshofs für Menschenrechte für die Behandlung von Flüchtlingen ergeben.

33 Im Rahmen der Europäischen Union ist das Dubliner Übereinkommen über die Bestimmung des zuständigen Staates für die Prüfung eines in einem Mitgliedstaat der Europäischen Gemeinschaften gestellten Asylantrags vom 15. Juni 1990 für Österreich am 1. Oktober 1997 in Kraft getreten. Das Ziel der Konvention ist es, den für die Prüfung eines durch Staatsangehörige eines Drittstaats in einem EU-Mitgliedstaat gestellten Asylantrags zuständigen Staat zu bestimmen. Hierzu verpflichtet die Konvention die Mitgliedstaaten, Asylanträge eines Ausländers zu behandeln, die an der Grenze oder auf ihrem Staatsgebiet gestellt werden, wenn der betreffende Mitgliedstaat nach der Konvention für die Behandlung zuständig ist. Die Konvention führt außerdem Beratungen mit Blick auf die Übernahme von Antragstellern durch den zuständigen Staat ein.

c) Österreichische Gesetzgebung

34 Das Bundesgesetz über die Gewährung von Asyl aus dem Jahr 1997 (Asylgesetz) bezieht Österreichs internationale Verpflichtungen in ein nationales Asylkonzept ein. Im Hinblick auf die Gefahr einer Verfolgung verweist das Gesetz auf die in der Genfer Konvention genannten Kriterien und Ausnahmen. Zur Beschleunigung der Asylverfahren enthält das Gesetz eine Vorschrift über offensichtlich unbegründete Asylanträge. Das Asylgesetz verweist auch allgemein auf das vom Dubliner Übereinkommen errichtete System, indem es in Österreich gestellte Asylanträge für unzulässig erklärt, wenn ein anderer Staat vertraglich zur Prüfung des Asylantrags zuständig ist.

35 Österreichs Eintreten für die Europäische Menschenrechtskonvention wird durch die Verpflichtung bestätigt, das Asylrecht auf enge Familienangehörige eines Antragstellers zu erstrecken, um ein bestehendes Familienleben im Sinne von Art. 8 der Europäischen Menschenrechtskonvention zu schützen (Art. 11 Asylgesetz). Es ist auch wichtig festzuhalten, daß das Asylgesetz ausdrücklich die non-refoulement-Verpflichtung aus Art. 33 der Genfer Flüchtlingskonvention anspricht. Es verpflichtet die Behörden, von Amts wegen bescheidmäßig festzustellen, daß die Zurückweisung oder Abschiebung aus Österreich für den Antragsteller keine Gefahr begründet, einer unmenschlichen Behandlung oder Strafe oder der Todesstrafe unterworfen zu werden und daß dort sein oder ihr Leben oder seine oder ihre Freiheit nicht aus Gründen der Rasse, Religion, Nationalität, der Zugehörigkeit zu einer bestimmten sozialen Gruppe oder der politischen Ansichten bedroht wird. Auf diese Weise müssen sich die Behörden vergewissern, daß keine Gründe für ein Abschiebungsverbot (non-refoulement) bestehen. Besondere Bestimmungen erlauben die Aufnahme von Flüchtlingen in Notsituationen wie im Falle des früheren Jugoslawien.

d) Die Rolle des UN-Hochkommissars für Flüchtlinge

36 Das Asylgesetz enthält eine besondere Vorschrift über die Rolle des UN Hochkommissars für Flüchtlinge. Nach dieser Vorschrift kann jeder Antragsteller jederzeit den Hochkommissar kontaktieren. Außerdem ist der UNHCR von jedem Verfahren über Asylanträge und von jeglichen Maßnahmen zu informieren, die zur Ausweisung oder Zurückweisung eines Antragstellers führen können. Anträge von Personen, die über einen Flughafen in Österreich eingereist sind, können nur dann als offensichtlich unbegründet oder auf der Grundlage des sicheren Drittstaatskonzepts (eine Ausnahme gilt hier für vertragliche Drittstaatenregelungen wie die des Dubliner Übereinkommens) zurückgewiesen werden, wenn der Hochkommissar sich damit einverstanden erklärt. Der Hochkommissar ist berechtigt, Akteneinsicht zu nehmen, und hat das Recht, bei Vernehmungen und mündlichen Verhandlungen vertreten zu sein. Nach Mitteilung des österreichischen Innenministeriums haben sich die Kontakte mit dem UNHCR im Verlauf der Jahre 1999/2000 intensiviert. Diese Einschätzung wurde durch UNHCR bestätigt, wo insbesondere die Kontakte mit der neuen Beschwerdeinstanz (dem Unabhängigen Bundesasylsenat) als „enge und konstruktive Arbeitsbeziehung" qualifiziert wurden.

e) Bereiche mit gewissen Problemen

37 Ein besonderes Problem in Bezug auf das Beschwerdeverfahren wurde 1998 durch eine Entscheidung des österreichischen Verfassungsgerichtshofs behoben. Das Asylgesetz des Jahres 1997 verlangte, daß Beschwerden gegen Asylentscheidungen innerhalb einer Zweitagesfrist nach Erhalt der Entscheidung einzulegen waren, wenn der Antrag auf der Grundlage des sicheren Drittstaatskonzepts als unzulässig oder als offensichtlich unbegründet angesehen wurde. Diese besonders kurze Beschwerdefrist wurde durch eine Entscheidung des Verfassungsgerichtshofs vom Juni 1998 für verfassungswidrig erklärt. In der Folge dieser Entscheidung wurde das Asylgesetz geändert; es statuiert nun eine zehntägige Beschwerdefrist.

38 Wir wurden auf bestimmte Probleme im Bereich der sozialen Betreuung von Asylbewerbern hingewiesen. Asylbewerbern ist grundsätzlich Bundesbetreuung (Sozialhilfe) zu gewähren, die Wohnung, Essen und medizinische Versorgung beinhaltet. Allerdings bestimmt das Bundesbetreuungsgesetz ausdrücklich, daß den Antragstellern kein entsprechender Anspruch zusteht, was bedeutet, daß sie keinen effektiven Rechtsschutz haben, wenn ihnen der Zugang zur Bundesbetreuung verwehrt wird. Nach Mitteilung des UNHCR werden etwa 2/3 der Antragsteller nicht zur Bundesbetreuung zugelassen. Sie sind auf Hilfe durch Nicht-Regierungsorganisationen, die Kirchen und andere Wohlfahrtsorganisationen oder Privatpersonen angewiesen. Dem UNHCR zufolge hat dies dazu geführt, daß eine beträchtliche Zahl von Antragstellern obdachlos ist.

39 Hinsichtlich der Schubhaft für Asylbewerber hat der UNHCR mit Besorgnis zur Kenntnis genommen, daß in Österreich Asylbewerber auch dann in Schubhaft genommen werden, wenn keine realistische Aussicht besteht, sie in einen Drittstaat oder ihren Heimatstaat zurückzubringen. UNHCR hat auch die relativ hohe Zahl von Minderjährigen in Schubhaft kritisiert.

f) Schlußfolgerungen in Bezug auf die Rechte von Flüchtlingen

40 Die rechtliche Situation von Asylbewerbern ist derjenigen in anderen europäischen Staaten vergleichbar. Unserer Ansicht nach setzt die gegenwärtige Regierung Österreichs traditionell offene Flüchtlingspolitik fort. Österreich ist ein zentraleuropäischer Staat mit Außengrenzen des Schengensystems. Dies erklärt die vergleichsweise hohe Zahl an Flüchtlingen im Verhältnis zu österreichischen Einwohnern. Wie in anderen europäischen Staaten auch, schafft eine solche Flüchtlingsrate Probleme der sozialen Integration. Wir haben jedoch keinerlei Anhaltspunkte dafür festgestellt, daß die neue österreichische Regierung von den Grundsätzen ihrer Vorgängerregierungen abgewichen wäre. Wie oben dargestellt, gibt es allerdings in einzelnen Bereichen gewisse Umsetzungsprobleme.

4. Das Eintreten der österreichischen Regierung für die Rechte von Einwanderern

a) Die tatsächliche Situation in Bezug auf Einwanderer in Österreich

41 Die Zahl der in Österreich lebenden Ausländer hat sich im Verlaufe der letzten Jahrzehnte erheblich erhöht. 1998 betrug sie 749.126, das entspricht 9,26 Prozent der österreichischen Bevölkerung. Dies ist eine der höchsten Raten in der Europäischen Union. Die Zahl der Einwanderer aus Drittstaaten, die nicht Mitgliedstaaten der Europäischen Union sind, betrug zu dieser Zeit 88 Prozent aller Ausländer und war damit eine der höchsten innerhalb der Union.

42 In den letzten Jahren hat die Einwanderung nach Österreich leicht abgenommen. Die meisten der neuen Einwanderer waren Familienangehörige, die auf der Basis von Familienzusammenführungen eingewandert sind. Die Einwanderungsquote auf der Basis von Familienzusammenführung betrug 1998 59,7 Prozent, 1999 66,4 Prozent und im Verlaufe des Jahres 2000 wird die Rate wahrscheinlich bei 68,2 Prozent liegen. In diesen Zahlen sind Asylverfahren und besondere Verfahren für Flüchtlinge aus Bosnien und dem Kosovo nicht enthalten.

b) Österreichische Gesetzgebung

43 Im Hinblick auf das uns übertragene Mandat beschränkt sich der folgende Abschnitt auf die sogenannten „Drittstaatsangehörigen", d.h. Personen, die nicht die Staatsangehörigkeit eines EU-Mitgliedstaats besitzen.

44 Um die Zahl der jährlichen Zuwanderer zu begrenzen, sieht das österreichische Recht eine Niederlassungsverordnung vor, in der jährliche Quoten für die Zuwanderung von Drittstaatsangehörigen aufgestellt werden. Die Niederlassungsverordnung für das Jahr 2000 beschränkt die maximale Zahl von Niederlassungsbewilligungen auf 7.860, die auf die österreichischen Bundesländer verteilt werden.

45 Das Ausländergesetz berücksichtigt die Probleme von Einwandererfamilien, indem es Ausländern einen Anspruch auf Familiennachzug gibt. Allerdings müssen die Familienangehörigen innerhalb der von der Niederlassungsverordnung festgesetzten Quoten Zugang finden. Wenn ein Antragsteller seine Absicht nicht mitteilt, Familienangehörige nachzuholen, so müssen diese Familienangehörigen in einer dafür besonders vorgesehenen Familienzusammenführungsquote Platz finden.

46 Um die Integration von Ausländern in die österreichische Gesellschaft zu erleichtern, sieht das Ausländergesetz einen Integrationsbeirat vor, der aus 14 Mitgliedern besteht. Der Integrationsbeirat hat das Recht, Empfehlungen sowohl zu allgemeinen Integrationsfragen als auch zur Aufenthaltserlaubnis aus humanitären Gründen abzugeben.

47 Nach unseren Informationen sind in Bezug auf Familienzusammenführungen Probleme aufgetreten, weil die Wartezeit in einigen Fällen sehr lang zu sein scheint. Die Bundesregierung hat erklärt, daß im April 2000 mehr als 10.000 Anträge vorlagen, denen nicht stattgegeben werden konnte, weil die vorhandenen Quoten bereits ausgeschöpft waren. Die Regierung untersucht gegenwärtig die Möglichkeit, die Einwanderung für Familienangehörige zu erleichtern. Die Zahl der jährlichen Einbürgerungen hat von 1988 bis 1999 von 8.200 auf 25.032 zugenommen.

48 Die österreichische Fremdengesetzgebung stellt durch einen besonderen Verweis auf die Europäische Menschenrechtskonvention sicher, daß die in der Spruchpraxis der Konventionsorgane entwickelten Standards für Ausweisungen angewandt werden. Par. 37 Abs. 1 des österreichischen Fremdengesetzes lautet wie folgt:

> „Würde durch eine Ausweisung ... in das Privat- oder Familienleben des Fremden eingegriffen, so ist ein solcher Entzug der Aufenthaltsberechtigung nur zulässig, wenn dies zur Erreichung der im Art. 8 Abs. 2 EMRK genannten Ziele dringend erforderlich ist."

c) Das Programm der Bundesregierung

49 Die Bundesregierung hat in ihrem Programm vom Februar 2000 unterstrichen, daß die Integration rechtmäßig in Österreich lebender fremder Staatsangehöriger den Vorrang vor neuer Zuwanderung genießen müsse. Dem Programm zufolge sollten im Bereich des Arbeitsmarktes Österreicher und angemessen qualifizierte Ausländer, die rechtmäßig in Österreich leben, bevorzugte Behandlung genießen. Das Programm betont, daß die zentrale Frage beim Erwerb guter deutscher Sprachkenntnisse liege. Aus diesem Grund wurden intensive sprachliche Schulungen einschließlich verpflichtender Deutschkurse angekündigt.

50 Die Ministerin für Bildung, Wissenschaft und Kultur hat in einem Bericht vom 23. Mai 2000 mitgeteilt, daß einige Initiativen zur sprachlichen Schulung ergriffen worden seien. Das Innenministerium hat am 20. Juli 2000 erklärt, daß der Zugang zum Arbeitsmarkt für diejenigen Ausländer erleichtert worden sei, die seit vielen Jahren in Österreich rechtmäßig leben, sowie für junge Ausländer, die ihre Schulausbildung in Österreich abgeschlossen haben. Außerdem soll eine besondere Studie die Folgewirkungen untersuchen, die ein erleichterter Zugang der voll integrierten Ausländer zum Arbeitsmarkt hätte. Nach diesem Regierungsbericht soll eine Harmonisierung des Aufenthaltsrechts in Österreich mit dem Recht auf Zugang zum Arbeitsmarkt erreicht werden.

d) Schlußfolgerungen in Bezug auf die Rechte von Einwanderern

51 Die gegenwärtige österreichische Regierung hat die Politik früherer Regierungen fortgesetzt, neue Einwanderung zu beschränken und der Integration von rechtmäßig im Land lebenden Ausländern den Vorrang zu geben. Sie hat auch den Grundsatz anerkannt, daß Familienzusammenführung möglich sein muß. Es kann festgestellt werden, daß die Einwanderungspolitik der österreichischen Regierung zeigt, daß sie für die gemeinsamen europäischen Werte eintritt.

5. Das Eintreten der österreichischen Regierung für die Bekämpfung von Rassismus, Antisemitismus, Diskriminierung und Fremdenfeindlichkeit

a) Das Programm der Bundesregierung

52 In der Deklaration, die dem Regierungsprogramm voransteht und die im Namen der beiden Koalitionsparteien unterzeichnet wurde, ist folgendes festgehalten:

„Österreich stellt sich seiner Verantwortung aus der verhängnisvollen Geschichte des 20. Jahrhunderts und den ungeheuerlichen Verbrechen des nationalsozialistischen Regimes: Unser Land nimmt die hellen und die dunklen Seiten seiner Vergangenheit und die Taten aller Österreicher, gute wie böse, als seine Verantwortung an. Nationalismus, Diktatur und Intoleranz brachten Krieg, Fremdenhaß, Unfreiheit, Rassismus und Massenmord. Die Einmaligkeit und Unvergleichbarkeit des Verbrechens des Holocaust sind Mahnung zu ständiger Wachsamkeit gegen alle Formen von Diktatur und Totalitarismus.

Das Vorhaben der Europäischen Union eines breiten, demokratischen und wohlhabenden Europa, zu dem sich die Bundesregierung vorbehaltlos bekennt, ist die beste Garantie gegen eine Wiederkehr dieses dunkelsten Kapitels der österreichischen Geschichte.

Die Bundesregierung bekennt sich zur kritischen Auseinandersetzung mit der NS-Vergangenheit. Sie wird für vorbehaltlose Aufklärung, Freilegung der Strukturen des Unrechts und Weitergabe dieses Wissens an Nachkommen der Generationen als Mahnung für die Zukunft sorgen. Hinsichtlich der NS-Zwangsarbeit wird die Bundesregierung im Lichte des Zwischenberichts der österreichischen Historikerkommission unter Berücksichtigung der primären Verantwortung der betroffenen Unternehmen um sachgerechte Lösungen bemüht sein."

53 Im Programm erklärt die Bundesregierung, daß sie weiterhin von ihren Möglichkeiten Gebrauch machen wird, um sowohl auf europäischer als auch auf globaler Ebene die Anerkennung von Menschen- und Minderheitenrechten zu fördern sowie Fremdenfeindlichkeit und Diskriminierung von Ausländern zu bekämpfen. Sie wird die einschlägige Arbeit des in Wien angesiedelten EU-Beobachtungszentrums für Rassismus und Fremdenfeindlichkeit unterstützen.

b) Maßnahmen der Regierung in diesem Bereich

54 In ihren Berichten über Maßnahmen gegen Rassismus, Antisemitismus, Diskriminierung und Fremdenfeindlichkeit in Österreich betont die Regierung, daß sie an verschiedenen internationalen Maßnahmen im Rahmen der Vereinten Nationen, dem Europarat und der EU mitwirkt.

55 Schon im Jahr 1999 hatte die frühere Regierung entschieden, einen Menschenrechtsbeirat einzurichten, der das Recht hat, alle in Österreich inhaftierten Personen zu besuchen. Dieser Ausschuß nahm zum 1. Juli 2000 seine Arbeit unter der gegenwärtigen Regierung auf, die damit die Kontinuität ihrer Politik zu der der Vorgängerregierung zum Ausdruck brachte. Die gegenwärtige österreichische Regierung hat auch Schulungsmaßnahmen für Polizeibeamte fortgeführt, die insbesondere die Behandlung von Ausländern zum Gegenstand hatten.

56 Im Bereich des Unterrichtswesens betont einer der Berichte, daß die österreichische Republik Maßnahmen gegen Vorurteile und Rassismus ergreift. In diesem Zusammenhang solle ein besonderer Schwerpunkt bei der kritischen Erörterung der nationalsozialistischen Vergangenheit liegen. Es sollen Informationen über Hintergründe und Quellen von Rassismus und Fremdenfeindlichkeit verbreitet werden. Nach dem Bericht werden den Schulen besondere

Publikationen zur Verfügung gestellt, um rassistischen Entwicklungen mit Schulungen und Informationen über die Ursachen von Vorurteilen, sowie über Globalisierung und andere Kulturen entgegenzutreten.

57 Im Bereich einer ständigen Schulung von Lehrern werden besondere Maßnahmen entwickelt, um rassistische Einstellungen zu vermeiden. Seit Anfang der 90er Jahre kommen in diesem Bereich besondere Programme zur Anwendung. Es ist festzustellen, daß am 7. Mai 2000 im früheren Konzentrationslager Mauthausen eine von der österreichischen Republik unterstützte besondere Gedenkveranstaltung stattgefunden hat.

58 In dieser Hinsicht ist die mit der Anti-Defamation League („ADL“) in New York aufgenommene Zusammenarbeit von besonderer Bedeutung. Seit Beginn dieser gemeinsamen Aktivitäten wurden ständige Kontakte zwischen der ADL und dem Innen- und dem Erziehungsministerium, sowie mit österreichischen Menschenrechtsorganisationen wie dem Ludwig-Boltzmann-Institut für Menschenrechte eingerichtet. Die bisher angelaufenen Programme betreffen Schulungen für Polizeibeamte, Lehrer und junge Menschen, die diese Zielgruppen für den diskriminierenden Charakter und die historischen Zusammenhänge bestimmter Wortwendungen sensibilisieren sollen.

59 Die Regierung plant in diesem Bereich auch einige neue Initiativen, wie ein neues Museum für österreichische Zeitgeschichte („Haus der Geschichte der Republik Österreich“), eine Verbreitung von Unterlagen über nationalsozialistische Begriffe, Programme zu Schärfung des Bewußtseins der Öffentlichkeit für die Integration von Minderheiten („Hinschauen statt Wegschauen“) und die Mitarbeit an internationalen Vorschlägen zur Durchsetzung der strafrechtlichen Verfolgung von nationalsozialistischer Propaganda, die über das Internet verbreitet wird.

60 Wir wurden darüber informiert, daß Gewalt gegen Fremde in Österreich weniger häufig vorgekommen ist als in anderen europäischen Staaten. Es gab zwar einige dramatische Zwischenfälle, aber keine Wellen von Gewalt, wie dies in anderen europäischen Ländern der Fall war.

61 Die österreichische Regierung hat das Problem der Zwangsarbeiter während der nationalsozialistischen Zeit in Österreich in Angriff genommen. Am 7. und 19. Juli 2000 haben die beiden Kammern des österreichischen Parlaments einstimmig das „Versöhnungsfonds-Gesetz“ verabschiedet, das einen Fonds für Zahlungen an ehemalige Sklaven- und Zwangsarbeiter des nationalsozialistischen Regimes errichtet. Am 28. Juli 2000 wurde eine Einigung mit den Vereinigten Staaten über den Text eines Regierungsabkommens erzielt, das demnächst unterzeichnet werden wird.

62 Das „Versöhnungsfonds-Gesetz“ wird in Kraft treten, sobald die Summe von 6 Milliarden österreichischen Schillingen dem Fonds durch Beiträge von der österreichischen Industrie, Handel und aus öffentlichen Quellen zur Verfügung steht und mit den betroffenen Staaten bilaterale Übereinkommen unterzeichnet sind. Die Regierung hat auch ein Programm initiiert, das die Rückgabe von Kunstwerken an ihre rechtmäßigen Eigentümer zum Ziel hat.

c) Schlußfolgerungen in Bezug auf die Bekämpfung von Rassismus, Antisemitismus, Diskriminierung und Fremdenfeindlichkeit

63 Aus den in diesem Abschnitt des Berichts zitierten Unterlagen kann geschlossen werden, daß die gegenwärtige österreichische Regierung für die Bekämpfung von Rassismus, Antisemitismus, Diskriminierung und Fremdenfeindlichkeit in Österreich eintritt.

64 Die Entschlossenheit der gegenwärtigen Bundesregierung muß allerdings im Zusammenhang mit dem gesehen werden, was als mehrdeutiger Sprachgebrauch durch einige hohe Parteifunktionäre der FPÖ beschrieben werden wird.

II. Die Entwicklung der politischen Natur der FPÖ

1. Der Rahmen für die Interpretation des Mandats

65 Wir haben auch ein allgemeines Mandat erhalten, einen Bericht über die Entwicklung der politischen Natur der FPÖ zu erstellen. Nach unserem Verständnis ist dieser Teil unseres Mandats eindeutig mit dem ersten Teil verbunden. Dies bedeutet, daß die Entwicklung der politischen Natur der FPÖ im Zusammenhang mit den gemeinsamen europäischen Werten gesehen werden muß, auf die im ersten Teil des Mandats ausdrücklich Bezug genommen wird. Unser Bericht sollte nur insoweit die Entwicklung der politischen Natur der FPÖ darstellen, als diese im Zusammenhang mit den gemeinsamen europäischen Werten Fragen aufwirft.

a) Der Grundsatz der Parteifreiheit und seine Grenzen

66 Die Gründung politischer Parteien sowie ihre Aktivitäten sind im vollen Umfang durch Art. 11 und Art. 10 der Europäischen Menschenrechtskonvention gedeckt, die die Vereinigungsfreiheit und die Meinungsäußerungsfreiheit schützen.

67 Der Europäische Gerichtshof für Menschenrechte hat festgestellt, daß der Schutz von Meinungen und die Freiheit, diese zu äußern, eines der Ziele der Versammlungs- und der Vereinigungsfreiheit darstellt, wie diese in Art. 11 der Konvention niedergelegt ist. In Bezug auf Parteien gilt dies nach dem Gerichtshof um so mehr, als diese eine zentrale Rolle für die Sicherung des Pluralismus und für die Funktionsfähigkeit der Demokratie spielen. Der Gerichtshof hat vielfach hervorgehoben, daß ohne Pluralismus keine Demokratie möglich ist.

68 Der Gerichtshof hat ergänzt, daß freie Wahlen, wie sie in Art. 3 des 1. Zusatzprotokolls zur Konvention vorgesehen sind, und die Ausdruck einer freien Entscheidung des Volkes über die Wahl der gesetzgebenden Körperschaft sind, ohne die Teilnahme mehrerer politischer Parteien, die das Spektrum der verschiedenen innerhalb der Bevölkerung eines Landes vorhandenen Meinungen repräsentieren, unvorstellbar sind.

69 Allerdings ist die Freiheit politischer Parteien im europäischen System nicht grenzenlos gewährleistet. Nach Art. 11 Abs. 2 der Konvention kann die Vereinigungsfreiheit begrenzt werden, wo dies zum Schutz der Rechte und Freiheiten anderer in einer demokratischen Gesellschaft notwendig ist. Es ist ein Teil der europäischen öffentlichen Ordnung, daß Propaganda für Rassendiskriminierung nicht in den Schutzbereich der Meinungsäußerungsfreiheit oder der Vereinigungsfreiheit fällt.

70 Die europäische Geschichte des 20. Jahrhunderts verstärkt die positive Verpflichtung der europäischen Regierungen, jegliche Form von direkter oder indirekter Propaganda für fremdenfeindliche und rassische Diskriminierung zu bekämpfen und gegen jedweden mehrdeutigen Sprachgebrauch vorzugehen, mit dem eine Verharmlosung oder negative „Normalisierung" der nationalsozialistischen Vergangenheit betrieben wird.

71 Alle europäischen Staaten haben das internationale Übereinkommen zur Beseitigung jeder Form von Rassendiskriminierung ratifiziert. Nach Art. 4 dieses Vertrages verurteilen die Vertragsstaaten jede Propaganda und alle Organisationen, die irgendeine Form von Rassenhaß und Rassendiskriminierung zu rechtfertigen oder zu fördern suchen. Die Vertragsstaaten verpflichten sich, positive Maßnahmen zu treffen, um jedes Aufreizen zur Rassendiskriminierung und alle rassisch diskriminierenden Handlungen auszumerzen.

72 Der Europäische Gerichtshof für Menschenrechte und die Europäische Kommission für Menschenrechte haben festgestellt, daß rassistische Äußerungen nicht von der Meinungsäußerungsfreiheit nach Art. 10 der Konvention geschützt sind. Art. 17 der Europäischen Menschenrechtskonvention bestimmt ausdrücklich, daß keine Bestimmung der Konvention dahin ausgelegt werden darf, daß sie für eine Gruppe oder eine Person das Recht begründet, eine Tätigkeit auszuüben, die auf die Abschaffung der in der Konvention festgelegten Rechte und Freiheiten hinzielt.

b) Das österreichische Parteienrecht

73 Der Grundsatz der Parteifreiheit ist in der österreichischen Verfassung und in einer besonderen Gesetzgebung für politische Parteien anerkannt. Allerdings besteht seit 1945 ein strenges Verbot für nationalsozialistische Organisationen. Nach dem Verbotsgesetz sind alle nationalsozialistischen Organisationen verboten, und ihre Wiedereinführung stellt einen Straftatbestand dar.

74 Dieses Recht ist in der Praxis fortwährend angewandt worden. 1988 entschied der österreichische Verfassungsgerichtshof, daß eine konkrete Organisation tatsächlich eine Organisation war, die nationalsozialistisches Ideengut wieder aktivierte und deshalb verboten gewesen sei. Nach der Rechtsprechung des österreichischen Verfassungsgerichtshofs ist das Verbot automatisch anwendbar und muß von jeder staatlichen Behörde umgesetzt werden, die mit einer solchen Organisation in Kontakt tritt. Dies zeigt, daß unter dem österreichischen Verfassungssystem keine nationalsozialistische Partei rechtmäßig bestehen kann.

75 In der Rechtsprechung des österreichischen Verfassungsgerichtshofs ist anerkannt, daß der Verfassungsgerichtshof von Amts wegen in jedem Fall, in dem eine politische Partei vor dem Gerichtshof auftritt, über die Anwendung des Verbotsgesetzes auf diese Partei entscheiden kann, wenn der Gerichtshof Anlaß sieht, diese Frage zu thematisieren. Die FPÖ war in einer Vielzahl von Wahlanfechtungsverfahren Antragstellerin vor dem Verfassungsgerichtshof. Der Gerichtshof hat niemals irgendeinen Grund gesehen, die Rechtmäßigkeit der FPÖ im Zusammenhang mit dem Verbotsgesetz in Zweifel zu ziehen.

2. Die politische Natur der FPÖ

a) Die Geschichte und die politischen Positionen der FPÖ

76 1945 wurden von den Besatzungsmächten in Österreich nur drei politische Parteien zugelassen: die Sozialdemokratische Partei, die Österreichische Volkspartei und die Kommunistische Partei.

77 Mit dem Ziel, auch früheren Mitgliedern der nationalsozialistischen Partei eine politische Heimat zu schaffen wurde 1949 eine neue Partei, der Verband der Unabhängigen (VdU) gegründet. Die Kerngruppe des VdU gründete 1956 die FPÖ. Eine erhebliche Zahl früherer Mitglieder der nationalsozialistischen Partei, einschließlich solcher, die Führungspositionen innegehabt hatten, wurden Mitglieder der FPÖ. Während der siebziger Jahre bemühte sich die FPÖ darum, wirtschaftsliberale Ideen in ihr Programm aufzunehmen. Über längere Zeit kämpften zwei Gruppierungen innerhalb der FPÖ um die politische Vorherrschaft, ein radikalnationalistischer Flügel und ein hauptsächlich nach Wirtschaftsliberalismus strebender Flügel.

78 Von 1983 bis 1986 war die FPÖ in einer Koalition mit der Sozialdemokratischen Partei Teil der Bundesregierung. Als Herr Haider zum Vorsitzenden der FPÖ gewählt wurde, löste der damalige Bundeskanzler die Koalition mit der FPÖ auf Bundesebene auf. Die Partei verblieb bis zum Jahr 2000 in der Opposition, obwohl sie in vielen Landesregierungen über lange Zeiten vertreten war.

79 Das 1997 verabschiedete Parteiprogramm unterstreicht die Bedeutung der Gemeinschaft, in der der einzelne seinen Platz findet. Nach dem Programm hat die Gemeinschaft, von der Familie bis zum Volk, eigene Freiheitsrechte. Das Parteiprogramm betont die historischen und kulturellen Traditionen Österreichs. Es hebt auch die Bedeutung der Volksgruppen in Österreich hervor. Österreich wird als Nicht-Einwanderungsland beschrieben. Das Programm betont, daß den Personen politisches Asyl gewährt werden muß, die einen berechtigten Anspruch erheben.

80 Die FPÖ war 1993 für ein Volksbegehren zur Ausländersituation in Österreich („Österreich zuerst") verantwortlich. Ziel war es, die Bevölkerung gegen die für zu hoch erachtete Zahl von Einwanderern zu mobilisieren. Die stark ablehnende Haltung der Bevölkerung gegenüber den Vorhaben der FPÖ führte dazu, daß nur 7,3 Prozent der Bevölkerung an dem Volksbegehren teilnahmen.

81 Der Wahlkampf der FPÖ für die Nationalratswahlen im Oktober 1999 wurde von vielen örtlichen Beobachtern als fremdenfeindlich angesehen. Plakate mit der Aufschrift „Stop der Überfremdung" wurden von der FPÖ in Wien in großem Umfang verwendet. In diesem Zusammenhang ist eine lebhafte Diskussion über die Wahlkampfpraxis der FPÖ entstanden. Wir wurden darauf hingewiesen, daß der Wahlkampf der FPÖ im Oktober 1999 unmittelbar zur Folge hatte, daß offen ausgesprochene fremdenfeindliche Bemerkungen „salonfähig" wurden und bei den in Österreich lebenden Ausländern „Angst" auslösten.

82 In einer einen Monat nach den letzten allgemeinen Wahlen abgegebenen öffentlichen Erklärung brachte die Österreichische Bischofskonferenz die Gefühle und Ängste vieler ihrer österreichischen Mitbürger über die Radikalisierung des politischen Klimas wie folgt zum Ausdruck:

> „Die österreichischen katholischen Bischöfe sehen mit Sorge eine bedrohliche Verschlechterung des gesellschaftlichen Gesamtklimas. Obwohl Österreich zu den reichsten und stabilsten Ländern der Welt zählt, sind Ängste und Befürchtungen in letzter Zeit in den Vordergrund getreten.
>
> Dabei gilt es sorgfältig zu unterscheiden:
>
> - Es gibt Ängste, die auf Vorurteilen und mangelnder Information beruhen. Diese Ängste wurden und werden in der politischen Auseinandersetzung in Dienst genommen. Auf diesem Boden wachsen Haß und Intoleranz, Erscheinungen, die wir für immer aus dem Zusammenleben der Menschen in Österreich verbannt glaubten. Der christliche Glaube ist mit der Form von Antisemitismus, Rassendenken oder Fremdenhaß unvereinbar.
>
> - Es gibt aber auch ernstzunehmende Sorgen über ein mögliches Zuviel an Einwanderung und über Probleme mit der Integration. Über diese Sorgen und Probleme soll sachlich und gerechtigkeitsorientiert, nicht aber emotionsgeladen gesprochen werden. Die katholische Kirche ermutigt die Bildung von Gesprächsplattformen, um neue Wege der Integration im Geist des gegenseitigen Respekts und der Toleranz zu suchen. Im Sinne des „Dialog für Österreich" fühlt sich die Kirche verpflichtet, den Weg des Dialogs auch zur Lösung der gesellschaftlichen Orientierungskrise in unserem Land vorzuschlagen.
>
> Entschieden muß jeder Versuch zurückgewiesen werden, bestimmte Menschengruppen wegen ihrer nationalen oder religiösen Herkunft auszugrenzen. Alle Menschen haben die gleiche Würde. Wer in diesem Bereich Wind sät, erntet allzu leicht Sturm. Die Geschichte Österreichs in diesem Jahrhundert ist der Beleg dafür.
>
> Ebenso muß aber auch all jenen Menschen Gerechtigkeit widerfahren, die ernstzunehmende Sorgen äußern. Sie dürfen nicht abgestempelt und an den Rand gedrängt werden. Es ist das Anliegen der Kirche, den Menschen die Angst zu nehmen. Die Angst ist kein guter Ratgeber. Sie verdunkelt die Perspektiven."

83 Zu den gleichen Problemen gab es auch Stellungnahmen der evangelischen Kirche, der jüdischen und der muslimischen Glaubensgemeinschaft.

b) Die Bildung der Koalitionsregierung

84 Nach langwierigen, aber erfolglosen Verhandlungen zwischen den Sozialdemokraten, der stärksten im Parlament vertretenen Partei, und der Volkspartei wurde als Ergebnis relativ kurzer Verhandlungen Anfang Februar 2000 eine Koalition zwischen der Volkspartei und der FPÖ gebildet. Dem Regierungsprogramm der neuen Koalition steht eine Deklaration voran, die den Titel „Verantwortung für Österreich - Zukunft im Herzen Europas" trägt. Es wurde von Anfang an bekannt gemacht, daß diese Erklärung dem Regierungsprogramm auf Verlangen des Bundespräsidenten hinzugefügt wurde.

85 Die Erklärung hat auszugsweise folgenden Wortlaut:

> „Die Bundesregierung bekräftigt ihre unerschütterliche Verbundenheit mit den geistigen und sittlichen Werten, die das gemeinsame Erbe der Völker Europas sind und der persönlichen Freiheit, der politischen Freiheit und der Herrschaft des Rechts zugrunde liegen, auf denen jede wahre Demokratie beruht.
>
> Die Bundesregierung tritt für Respekt, Toleranz und Verständnis für alle Menschen ein, ungeachtet ihrer Herkunft, Religion oder Weltanschauung. Sie verurteilt und bekämpft mit Nachdruck jegliche Form von Diskriminierung, Intoleranz und Verhetzung in allen Bereichen. Sie erstrebt eine Gesellschaft, die vom Geist des Humanismus und der Toleranz gegenüber den Angehörigen aller gesellschaftlichen Gruppen geprägt ist.
>
> Die Bundesregierung arbeitet für ein Österreich, in dem Fremdenfeindlichkeit, Antisemitismus und Rassismus keinen Platz finden. Sie wird jeder Form von menschenverachtendem Gedankengut und seiner Verbreitung konsequent entgegentreten und sich für die volle Beachtung der Rechte und Grundfreiheiten von Menschen jeglicher Nationalität einsetzen - gleichgültig, aus welchem Grund sich diese in Österreich aufhalten. Sie bekennt sich zu ihrer besonderen Verantwortung für einen respektvollen Umgang mit ethnischen und religiösen Minderheiten.
>
> Die Bundesregierung unterstützt die Charta der europäischen politischen Parteien für eine nichtrassistische Gesellschaft und verpflichtet sich, auf die vorbildliche Verwirklichung der in dieser enthaltenen Grundsätze in Österreich hinzuwirken.
>
> Die Bundesregierung bekennt sich zum Schutz und zur Förderung der Menschenrechte und setzt sich für ihre bedingungslose Realisierung auf nationaler sowie auf internationaler Ebene ein. ...“.

86 Diese Erklärung, die in der österreichischen Verfassungsgeschichte einzigartig ist, war eine Folge der politischen Positionen der FPÖ und ihrer Wahlkampfwerbung zu den Nationalratswahlen.

87 Der Bundespräsident ist kontinuierlich als Garant der Werte aufgetreten, die in dieser Erklärung besonders hervorgehoben werden. Er hat zwei von der FPÖ vorgeschlagene Ministerkandidaten abgelehnt, weil diese in der Vergangenheit öffentlich fremdenfeindliche Äußerungen abgegeben hatten. In einer öffentlichen Rede vom 13. März 2000 aus Anlaß des internationalen Theodor Herzl-Symposiums hat der Bundespräsident für eine „sprachliche Abrüstung“ geworben. Er hat betont, daß Worte nicht nur „verletzen“, sondern schließlich auch „töten“ können.

c) Der fortwährende Gebrauch zweideutiger Formulierungen durch führende Mitglieder der FPÖ

88 Es scheint tatsächlich zu einem typischen Kennzeichen in der österreichischen Politik geworden zu sein, daß Vertreter der FPÖ äußerst mißverständliche Formulierungen verwenden. Hohe Parteifunktionäre der FPÖ haben über eine lange Zeit hinweg Stellungnahmen abgegeben, die als fremdenfeindlich oder sogar als rassistisch verstanden werden können. Viele Beobachter erkennen in den verwendeten Formulierungen nationalistische Untertöne, manchmal sogar Untertöne, die typisch nationalsozialistischen Ausdrücken nahe kommen, oder sie sehen in ihnen eine Verharmlosung der Geschichte dieser Zeit.

89 Offenbar hat die FPÖ keine Maßnahmen gegen Mitglieder ergriffen, die öffentlich fremdenfeindliche Stellungnahmen abgegeben haben; sie hat diese Stellungnahmen weder verurteilt noch unterbunden und sich auch nicht eindeutig für sie entschuldigt. Wenn diese Äußerungen ihren Urhebern vorgehalten werden, bestreiten sie jegliche national-sozialistische Absicht oder einen entsprechenden Charakter der Äußerung.

90 Unglücklicherweise gibt es in Europa verschiedene politische Gruppierungen, die eine vergleichbare Sprache verwenden. Allerdings ist die FPÖ die zweitstärkste Partei in Österreich geworden und seit Februar 2000 als Koalitionspartner an der österreichischen Bundesregierung beteiligt. Wir sind der Meinung, daß eine Regierungspartei im Hinblick auf ihren Sprachgebrauch und ihre Stellungnahmen erheblich strengeren Kriterien genügen muß als Oppositionsparteien.

91 Soweit wir feststellen konnten, haben die von der FPÖ gestellten österreichischen Bundesminister seit der Regierungsbildung eine solche Ausdrucksweise nicht verwendet. Allerdings haben eine Reihe anderer Parteifunktionäre diesen Sprachgebrauch fortgesetzt.

92 Die FPÖ wurde als „rechtspopulistische Partei mit extremistischer Ausdrucksweise" qualifiziert. Diese Beschreibung ist nach unserer Einschätzung auch nach dem Eintritt der Partei in die Bundesregierung weiter zutreffend. Dies muß Anlaß zu Besorgnis geben, da die Regierungen diejenigen Staatsorgane in Europa sind, die eine unmittelbare Verantwortung haben, ihre positiven Verpflichtungen in Bezug auf den Schutz und die Förderung von Menschenrechten, Demokratie und die Verhinderung jeder Art von ethnischer oder rassischer Diskriminierung durchzusetzen.

d) Angriffe auf die Freiheit der Kritik

93 Eines der problematischsten Kennzeichen führender Mitglieder der FPÖ sind Versuche, politische Gegner zum Schweigen zu bringen oder sie sogar zu kriminalisieren, wenn sie die österreichische Regierung kritisieren. Das häufige Anstrengen von Beleidigungsprozessen gegen Personen, die die FPÖ oder Äußerungen ihrer politischen Führung kritisiert haben, muß auch in diesem Zusammenhang gesehen werden.

94 In einer Pressekonferenz, die der Landeshauptmann des Landes Kärnten in Anwesenheit des Bundesministers der Justiz gab, wurde die Möglichkeit erwähnt, eine Vorschrift des Strafgesetzbuches auf Abgeordnete anzuwenden, die die Regierung kritisieren. Als die Oppositionsparteien eine förmliche parlamentarische Befragung einleiteten, betonte der Justizminister die Meinungsäußerungsfreiheit jener, die einen solchen Vorschlag unterbreiteten. Er unterstrich, daß jeder die Möglichkeit haben müsse, seine Meinung zu äußern.

95 Wir sind der Auffassung, daß eine solche Position eines Ministers in der Bundesregierung nicht mit den Verpflichtungen eines Staatsorgans vereinbar ist, wie sie sich aus der Verfassungsstruktur der Europäischen Union ergeben, die in Artikel 6 des Unionsvertrags bestätigt wird. Alle Regierungen in der Europäischen Union sind durch die Prinzipien der freiheitlichen Demokratie und der Redefreiheit gebunden. Dies bedeutet, daß bereits jeder Ansatz einer Regierung oder eines Regierungsmitglieds in Richtung auf die Unterdrückung von Kritik als eine schwere Bedrohung der in Artikel 6 des EU-Vertrages niedergelegten grundlegenden Prinzipien und der gemeinsamen europäischen Werte verstanden werden muß. Um es nochmals zu betonen: In einer derartigen Situation haben alle Regierungsmitglieder der Europäischen Union eine positive Verpflichtung, die gemeinsamen europäischen Werte zu verteidigen.

96 Es muß auch hervorgehoben werden, daß derartige Vorschläge leicht einen Abschreckungseffekt („chilling effect") bei denjenigen hervorrufen können, die die Regierung kritisieren wollen. Obwohl wir den Eindruck gewonnen haben, daß die sich in Österreich in der Opposition befindlichen politischen Kräfte sich nicht in ihren Möglichkeiten beschränkt fühlen, die Regierung zu kritisieren, wurden wir darauf hingewiesen, daß Menschen, die nicht in wichtigen Vereinigungen zusammengeschlossen sind, unsicher über die Folgen einer deutlichen Kritik an der Regierung geworden sein können.

e) Der Gebrauch von Beleidigungsverfahren durch die FPÖ

97 Der soeben erwähnte Abschreckungseffekt wird offenbar noch durch das verstärkt, was uns gegenüber als eine Strategie beschrieben wurde, mit der die Gerichte benutzt werden, Kritik zu unterdrücken, wo immer diese Kritik in provozierenden Formulierungen ausgedrückt wird. FPÖ-Politiker haben die Gerichte in den vergangenen Jahren regelmäßig in Anspruch genommen. Nach den uns zugänglich gemachten Informationen hat die Zahl der von FPÖ-Politikern anhängig gemachten Verfahren gegenwärtig einen Höhepunkt erreicht.

98 Die Erfahrung vieler Staaten zeigt, daß der Gebrauch von Beleidigungsverfahren in politischen Zusammenhängen sehr leicht dazu führen kann, daß die Meinungsäußerungsfreiheit und die Freiheit, die Regierung offen zu kritisieren, in nicht zu rechtfertigender Weise beschränkt werden. Dies ist der Grund, warum der Supreme Court der Vereinigten Staaten von Amerika, das Bundesverfassungsgericht in Deutschland und der Europäische Gerichtshof für Menschenrechte in wichtigen Urteilen entschieden haben, daß die Nutzung von Beleidigungsverfahren zum Schutz von Politikern die Meinungsäußerungsfreiheit und die Pressefreiheit verletzen kann. Der Europäische Gerichtshof für Menschenrechte hat dies in den letzten 20 Jahren in mehreren Verfahren entschieden.

99 In diesem Zusammenhang verdient ein besonderes Problem im österreichischen Rechtssystem Erwähnung. Der Österreichische Verfassungsgerichtshof kann nicht angerufen werden, wenn ein Strafgericht jemanden wegen der Beleidigung eines Politikers verurteilt hat. In den meisten Fällen entscheidet nicht einmal der Oberste Gerichtshof, sondern letztinstanzlich ein Oberlandesgericht. Wir wurden darauf aufmerksam gemacht, daß die Rechtsprechung dieser

Gerichte in diesem Bereich nicht einheitlich ist. Nicht alle scheinen die Rechtsprechung des Europäischen Gerichtshofs für Menschenrechte in ausreichender Weise zu berücksichtigen.

100 Ein charakteristisches Beispiel für die in diesem Zusammenhang entstehenden Probleme ist ein Beleidigungsverfahren, welches Herr Haider gegen Herrn Pelinka angestrengt hat, und das zu einer Verurteilung durch ein Urteil vom 11. Mai 2000 geführt hat, welches nicht rechtskräftig ist. Herr Pelinka hatte behauptet, Herr Haider habe in einer Rede die Bedeutung der nationalsozialistischen Konzentrationslager verharmlost, indem er sie als „Straflager" bezeichnete. Obwohl bewiesen wurde, daß Herr Haider diesen Begriff verwendet hatte, wurde Herr Pelinka verurteilt, weil er es versäumt hatte, hinzuzufügen, daß Herr Haider von einer ethnischen Minderheit gesprochen hatte, die in diesen „Straflagern" vor fünfzig Jahren beinahe vernichtet worden sei. Nach dem Gericht hätte Herr Pelinka dies ergänzen müssen.

101 Das Urteil zeigt, wie schwierig die Situation für jemanden ist, der zweideutigen Sprachgebrauch in diesem Zusammenhang kritisieren möchte. Es ist im normalen deutschen Sprachgebrauch völlig unverständlich, den Begriff „Straflager" für Lager zu verwenden, in denen ethnische Minderheiten vernichtet werden.

102 In diesem Zusammenhang sollte hervorgehoben werden, was der Europäische Gerichtshof für Menschenrechte in seiner Rechtsprechung zum Schutz von Kritik an Politikern immer wieder betont hat. In seinem ersten Urteil zu diesen Fragen, dem Lingens-Urteil aus dem Jahre 1986, entschied der Gerichtshof (para. 42):

> „Die Pressefreiheit stellt im übrigen für die Öffentlichkeit eines der besten Mittel dar, um die Ideen und Einstellungen politischer Führer zu erfahren und sich darüber eine Meinung zu bilden. Noch allgemeiner gehört die Freiheit der politischen Diskussion geradezu zum Kernbereich des Begriffs einer demokratischen Gesellschaft, wie er in der Konvention durchgehend vorherrscht.
>
> Die Grenzen der zulässigen Kritik sind bei Politikern daher weiter gezogen als bei Privatpersonen. Anders als diese setzen sich die Politiker unvermeidlich und wissentlich der eingehenden Kontrolle aller ihrer Worte und Taten durch die Presse und die allgemeine Öffentlichkeit aus und müssen daher ein größeres Maß von Toleranz zeigen. Zweifelsohne erlaubt Art. 10 Abs. 2 den Schutz des guten Rufes anderer - d.h. aller Personen -, und dieser Schutz erstreckt sich auch auf Politiker, sogar wenn sie nicht in privater Eigenschaft auftreten; jedoch muß in solchen Fällen der Schutzzweck gegen das Interesse an einer freien politischen Diskussion abgewogen werden."

103 Man kann hieraus nur schließen, daß das systematische Betreiben von Beleidigungsverfahren, um Kritik an zweideutigen Aussagen zu unterdrücken, Anlaß zu ernsthafter Sorge hinsichtlich der von der FPÖ in Österreich geführten politischen Auseinandersetzung gibt; dies gilt in besonderer Weise, seit die FPÖ Teil der österreichischen Bundesregierung ist.

f) Das Verhalten der FPÖ in der Regierung

104 Wir haben den Eindruck gewonnen, daß das Verhalten der Minister der FPÖ in der Regierung seit Februar 2000 im allgemeinen nicht kritisiert werden kann. In einigen Fällen hat das Verhalten des Justizministers jedoch Besorgnis ausgelöst.

105 Es ist wichtig festzuhalten, daß die FPÖ in der Regierung und im Parlament die Verfassungsänderung im Hinblick auf ethnische Minderheiten in Österreich ebenso unterstützt hat wie die Lösung des Zwangsarbeiterproblems.

3. Schlußfolgerungen in Bezug auf die Entwicklung der politischen Natur der FPÖ

106 Die Entwicklung der politischen Natur der FPÖ von einer rechtspopulistischen Partei mit extremistischer Ausdrucksweise zu einer verantwortungsvollen Regierungspartei ist nicht ausgeschlossen. Allerdings ist eine solche Entwicklung aufgrund der relativ kurzen bisherigen Erfahrungen nicht klar erkennbar.

107 Es sollte erneut betont werden, daß die österreichische Regierung als ein Verfassungsorgan des Staates dazu verpflichtet ist, Demokratie, Meinungsäußerungsfreiheit, Toleranz und das Rassendiskriminierungsverbot zu verteidigen. Die aktive Verteidigung der in Art. 6 des Unionsvertrages enthaltenen Werte, insbesondere der Menschenrechte, der Demokratie und der Rechtsstaatlichkeit muß als eindeutige positive Verpflichtung der österreichischen Regierung verstanden werden, die auch die innerstaatliche Debatte betrifft.

III. Allgemeine Schlußfolgerungen

1. In Bezug auf das Eintreten der österreichischen Regierung für die gemeinsamen europäischen Werte, insbesondere für die Rechte der Minderheiten, Flüchtlinge und Einwanderer

108 In Übereinstimmung mit unserem Mandat und auf der Grundlage einer gründlichen Untersuchung ist es unsere wohlerwogene Auffassung, daß die österreichische Regierung für die gemeinsamen europäischen Werte eintritt. Die Beachtung insbesondere der Rechte von Minderheiten, Flüchtlingen und Einwanderern bleibt nicht hinter der anderer Mitgliedstaaten der Europäischen Union zurück. Die Rechtslage in den drei genannten Bereichen entspricht durchaus dem in anderen EU-Mitgliedstaaten angewendeten Maßstab. In manchen Bereichen, vor allem bei den Rechten nationaler Minderheiten, können die österreichischen Standards als den in anderen EU-Staaten überlegen angesehen werden.

109 Die Regierung hat auch praktische Maßnahmen ergriffen, um die Einhaltung dieser Werte und Maßstäbe zu verbessern, einschließlich der Umsetzung der Erklärung, die die Parteivorsitzenden der beiden Regierungsparteien am 3. Februar 2000 unterzeichnet haben. Die konkreten Maßnahmen, die die neue österreichischen Regierung zur Bekämpfung von Rassismus, Fremdenfeindlichkeit und Antisemitismus fortgeführt oder ergriffen hat, zeigen, daß die österreichische Regierung sich in diesem Bereich der im Land bestehenden besonderen Probleme bewußt ist. Auch hier spiegelt der Umfang der Regierungstätigkeit, mit dem eine selbstkritische Überprüfung der Vergangenheit durchgeführt und die Verdunkelung der Verbrechen der nationalsozialistischen Herrschaft sowie jede Form von direkter oder indirekter Diskriminierung und von fremdenfeindlichen Vorurteilen bekämpft werden, die gemeinsamen europäischen Werte wider.

2. In Bezug auf die Entwicklung der politischen Natur der FPÖ

110 Es gibt Gründe, die Beschreibung der FPÖ als eine rechtspopulistische Partei mit radikalen Elementen auch heute noch als zutreffend anzusehen. Die FPÖ hat fremdenfeindliche Stimmungen in ihren Wahlkämpfen ausgenutzt und gefördert. Dies hat eine Atmosphäre geschaffen, in der offen ausgesprochene Bemerkungen gegen Ausländer salonfähig wurden, wodurch Ängste hervorgerufen wurden.

111 Wir sind der Auffassung, daß die Bundesregierung ebenso bereit sein sollte wie der Bundespräsident, fremdenfeindliche und diffamierende Bemerkungen zu verurteilen.

112 Die FPÖ hat außerdem versucht, durch das fortdauernde Betreiben von Beleidigungsverfahren Kritik zu unterdrücken.

113 Im Gegensatz zu früherem FPÖ-Verhalten und zu Stellungnahmen anderer FPÖ-Funktionäre haben die von der FPÖ gestellten Minister im großen und ganzen bei der Ausübung ihrer Regierungstätigkeit die Verpflichtungen der Regierung beachtet. Es erscheint nicht ausgeschlossen, daß sich mit der Zeit neue Richtungen innerhalb der Partei herausbilden. Ob dies tatsächlich geschieht, bleibt abzuwarten.

3. In Bezug auf die von den Vierzehn getroffenen Maßnahmen

114 Es ist nicht Teil unseres Mandats, uns zur Rechtmäßigkeit der von den XIV Mitgliedstaaten getroffenen Maßnahmen zu äußern.

115 Die Maßnahmen der XIV Mitgliedstaaten der EU haben nicht nur in Österreich, sondern auch in den anderen Mitgliedstaaten das Bewußtsein für die gemeinsamen europäischen Werte gestärkt. Es kann kein Zweifel bestehen, daß im Falle Österreichs die von den XIV Mitgliedstaaten getroffenen Maßnahmen die Anstrengungen der österreichischen Regierung verstärkt haben. Sie haben auch die Zivilgesellschaft motiviert, diese Werte zu verteidigen.

116 Wir sind aber der Auffassung, daß die von den XIV Mitgliedstaaten getroffenen Maßnahmen kontraproduktiv wirken würden, wenn sie fortbestünden, und daß sie daher beendet werden sollten. Die Maßnahmen haben schon jetzt nationalistische Gefühle im Land geweckt, da sie in manchen Fällen fälschlicherweise als Sanktionen verstanden wurden, die sich gegen die österreichischen Bürger richten.

4. Empfehlungen als Folge des Berichts

117 Wir empfehlen nachdrücklich die Entwicklung eines Verfahrens innerhalb der EU, um das Eintreten und die Leistungen der einzelnen Mitgliedstaaten für die Beachtung der gemeinsamen europäischen Werte zu überwachen und zu bewerten. Wir sprechen uns deshalb für die Einführung von Präventiv- und Überwachungsverfahren in Art. 7 EU-Vertrag aus, damit in Zukunft eine der gegenwärtigen Situation in Österreich vergleichbare Lage von Anfang an innerhalb der EU behandelt werden kann. Dies würde das grundlegende Bekenntnis der EU zu den gemeinsamen europäischen Werten unterstreichen. Ein solches Verfahren würde zudem von Anfang an einen offenen und nicht-konfrontativen Dialog mit dem betreffenden Mitgliedstaat ermöglichen.

118 Durch ein solches Überwachungsverfahren sollte der Rat in der Lage sein, die Entwicklung einer bestimmten Situation in einem EU-Staat zu verfolgen, sie zu bewerten und Maßnahmen zu ergreifen. Neben diesem Überwachungsverfahren sollte ein besonderes Präventivverfahren eingerichtet werden, das durch Information und Schulungsmaßnahmen auf jede Form der direkten oder indirekten Diskriminierung oder Fremdenfeindlichkeit reagieren würde.

119 Es ist wichtig, daß innerhalb der Gemeinschaftsorgane institutionelle Vorkehrungen zur Förderung dieser Ziele getroffen werden. Diese könnten vorsehen: die Schaffung eines Menschenrechtsbüros innerhalb des Rats, das dem Europäischen Rat berichtet; die Ernennung eines Kommissionsmitglieds, das für Menschenrechtsfragen zuständig ist; und, vor allem, die Ausweitung der Aktivitäten, des Haushalts und der Stellung der bestehenden EU-Beobachtungsstelle gegen Rassismus und Fremdenfeindlichkeit, die ihren Sitz in Wien hat, um die Errichtung einer vollständigen EU-Menschenrechtsbehörde zu ermöglichen.

Paris, den 8. September 2000

Martti Ahtisaari   Jochen Frowein   Marcelino Oreja

Annex I: Programm der Gespräche in Wien

Freitag, den 28. Juli 2000

10:00 – 11:00
Herr Wolfgang Schüssel, Bundeskanzler

11:00 – 12:00
Herr Herbert Scheibner, Bundesminister für Landesverteidigung, als Vertreter der Vizekanzlerin Susanne Riess-Passer

12:00 – 13:00
Herr Ludwig Adamovich, Präsident des österreichischen Verfassungsgerichtshofes

15:00 – 17:00
Frau Elisabeth Gehrer, Bundesministerin für Bildung, Wissenschaft und Kultur
Herr Ernst Strasser, Bundesminister für Inneres
Herr Dieter Böhmdorfer, Bundesminister für Justiz
Frau Benita Ferrero-Waldner, Bundesministerin für auswärtige Angelegenheiten

17:00 – 17:45
Volksanwaltschaft
Frau Christa Krammer, Volksanwältin
Frau Ingrid Korosec, Volksanwältin
Herr Horst Schender, Volksanwalt

18:00 – 19:00
Herr Thomas Klestil, Bundespräsident

19:15 – 20:30
Herr Ariel Muzikant, Präsident der israelitischen Kultusgemeinde, Wien

Samstag, den 29. Juli 2000

10:00 – 11:00
Herr Heinz Fischer, Präsident des Nationalrats

11:00 – 12:00
Herr Alexander van der Bellen, Klubobmann der Grünen im Nationalrat und Bundessprecher der österreichischen Grünen
Frau Ulrike Lunacek, Mitglied des Parlaments, außenpolitische Sprecherin des Parlamentsklubs der Grünen im Nationalrat
Herr Karl Öllinger, Mitglied des Nationalrats

12:00 – 13:00
Herr Peter Westenthaler, stellvertretender Parteivorsitzender der FPÖ und Klubobmann der FPÖ im Nationalrat

15:00 – 16:00
Herr Fritz Verzenitsch, Vorsitzender des österreichischen Gewerkschaftsbundes (ÖGB), Mitglied des Nationalrats
Herr Günter Weninger, Vizepräsident des österreichischen Gewerkschaftsbundes, Mitglied des Nationalrats

16:00 – 17:00
Herr Christoph Leitl, Präsident des Österreichischen Wirtschaftsbundes (ÖWB)
Herr Mitterbauer, Präsident der Vereinigung der österreichischen Industrie

17:00 – 17:45
Herr Klaus Küng, Bischof, Österreichische Bischofskonferenz
Herr Gregor Henckel-Donnersmarck, Abt von Heiligenkreuz
Herr Franz Küberl, Vorsitzender der Caritas

17:45 – 18:30
Herr Herwig Sturm, Bischof der evangelischen Kirche
Herr Peter Krömer, Präsident der Generalsynode der evangelischen Kirche
Herr Michael Chalupka, Direktor der Diakonie

Sonntag, den 30. Juli 2000

09:00 – 10:00
Herr Alfred Gusenbauer, Vorsitzender der SPÖ und Klubobmann der SPÖ im Nationalrat
Frau Cornelia Zoppoth, Pressesprecherin von Herrn Gusenbauer

10:00 – 10:45
Herr Anas Sakfeh, Vorsitzender der Islamischen Glaubensgemeinschaft in Österreich
Herr Omar Al Rawi, Persönlicher Referent von Herrn Sakfeh
Frau Carla Amina Baghajati, Pressesprecherin der Islamischen Glaubensgemeinschaft in Österreich

10:45 – 11:50
Frau Barbara Helige, Vorsitzende der Richtervereinigung

12:30
Arbeitsessen mit dem Bundeskanzler, Herrn Wolfgang Schüssel

Annex II: Programm der Gespräche in Heidelberg

Dienstag, den 29. August 2000

08:00 – 10:30
Herr Eugene Sensenig-Dabbous, GenderLink, Salzburg
Frau Jasmina Jankovic, ANAR (Austrian Network against Racism), Salzburg
Herr Di-Tutu Bukasa, MigrantInnenforum, Wien
Herr Kurt Krickler, Wien, Hosi (Homosexuelleninitiative)
Frau Dorothea Brozek, Selbstbestimmt-Leben-Österreich
Frau Rubia Salgado, Armutskonferenz, MAIZ (Autonomes Migrantinnen Integrationszentrum), Linz
Herr Hubert Mittermaier, Wohnplattform Linz/Bundesarbeitsgemeinschaft Wohnungslosenhilfe
Herr Wilhelm Mohaupt, Österreichischer Seniorenbund
Frau Veada Stoff, Ausländerbeirat Graz/ISOP (Innovative Soziale Projekte)
Herr Oscar Azocar, Wiener Integrationskonferenz
Herr Mümtaz Karakurt, BAMM (Bundesarbeitsgemeinschaft Multikulturelle Mitbestimmung), Linz
Frau Manuela Vollmann, ABZ (Arbeit-Bildung-Zukunft), Wien
Herr Andreas Oechsner, Österreichische Arbeitsgemeinschaft für Rehabilitation

10:45 – 13:00
Herr Max Koch, SOS Mitmensch

Herr Doron Rabinovici, Demokratische Offensive
Frau Sivel Sahan, Jugendprojekt „Echo“
Herr Yavuz Kuscu, Präsident des Dachverbandes der türkischen Vereine Österreich
Herr Birol Kilic, Generalsekretär des Dachverbandes der türkischen Vereine in Österreich
Herr Tsehay Sintaheyu, EU-Migrantenforum und AHDA (afrikanische Gemeinde)
Herr Dieter Schindlauer, Ludwig-Boltzmann-Institut für Menschenrechte
Herr Valentin Sima, Slowenische Minderheit in Kärnten
Frau Angelika Hödl, Interessengemeinschaft der Kulturinitiativen in Kärnten
Frau Anny Knapp, AsylKoordination Österreich

13:00 – 15:30
Frau Susanne Riess-Passer, Vizekanzlerin und Vorsitzende der FPÖ

J. Die Erklärung der französischen Präsidentschaft der Europäischen Union vom 12. September 2000

COMMUNIQUE DES XIV SUITE AU RAPPORT REMIS PAR LES TROIS SAGES AU SUJET DE LA SITUATION AUTRICHIENNE[1485]

1. Les XIV ont pris connaissance du rapport remis par les trois Sages au sujet de la situation autrichienne.
2. Ce rapport aboutit pour l'essentiel à quatre conclusions :
- Les mesures mises en œuvre par les XIV se sont avérées utiles.
- Le gouvernement autrichien n'a pas méconnu son engagement envers les valeurs communes européennes.
- Les mesures adoptées par les XIV iraient, si elles ne cessaient pas, à l'encontre de leur objectif.
- Le FPÖ peut être qualifié de parti populiste de droite aux caractéristiques extrémistes et son évolution est incertaine.
3. En se fondant sur les conclusions de ce rapport, les XIV ont procédé à nouveau à l'examen de leurs relations bilatérales avec le gouvernement autrichien, conformément à la fin du mois de juin.
4. Ils ont approuvé les conclusions suivantes :
- Les mesures mises en œuvre par les XIV ont été utiles. Elles peuvent maintenant être levées.
- La nature du FPÖ et son évolution incertaine restent un motif de sérieuse préoccupation. Les XIV considèrent qu'une vigilance particulière droit être exercée à l'égard de ce parti et de son influence sur le gouvernement auquel il participe. Ils sont convenus d'exercer cette vigilance en se concernant.

1485 s. unter http://www.elysee.fr/actus/arch0009/000908-12/communique.htm bzw. Bulletin Quotidien Europe Nr. 7798 vom 14.09.2000, S. 3.

- Il convient de poursuivre la réflexion au sein de l'Union européenne sur la manière de prévenir, suivre, apprécier et agir dans des situations analogues. Les recommandations contenues dans le rapport des trios Sages sont une contribution utile à cette réflexion.

COMMUNIQUE OF THE XIV AFTER THE REPORT OF THE THREE "WISE MEN" ON THE SITUATION IN AUSTRIA[1486]

1. The XIV have considered the report submitted by the three "wise man" on the situation in Austria.
2. This report reaches notably four conclusions:
- The measures implemented by the XIV have proved to be effective.
- The Austrian Government has not failed in its commitment to uphold European common values.
- The measures adopted by the XIV, if they are not lifted, would run counter to their objective.
- The FPÖ can be qualified as a right-wing populist party with extremist characteristics and its evolution is uncertain.
3. Based on the conclusions of this report, the XIV have re-examined their bilateral relations with the Austrian Government, in accordance with the procedure agreed at the end of June.
4. They have approved the following conclusions:
- The measures implemented by the XIV have been effective. They can now be lifted.
- The nature of the FPÖ and its uncertain evolution are still grounds for grave concern. The XIV consider that the party and its influence on the government in which it participates require particular vigilance. They have agreed to exert this vigilance by concerting together.
- Debate within the EU should be furthered on the way to forecast, monitor, assess and react in similar situations. The recommendations included in the report by the three "wise men" will be useful for this debate.

1486 offizielle englische Übersetzung.

Literaturverzeichnis

Abromeit, Heidrun, Föderalismus, Modelle für Europa, ÖZP 2 (1993), 207-220.

Adam, Heike, Die Mitteilungen der Kommission: Verwaltungsvorschriften des Europäischen Gemeinschaftsrechts?, Eine Untersuchung zur rechtsdogmatischen Einordnung eines Instruments der Kommission zur Sicherung der Durchführung des Gemeinschaftsrechts, Baden-Baden 1999.

Adamovich, Ludwig, Bericht zur Lage in Österreich vor der EU-Delegation des französischen Senats, EuGRZ 2000, 399-404.

- Juristische Aspekte der „Sanktionen" der EU-14 und des „Weisenberichtes", EuGRZ 2001, 89-92.

Adamovich, Ludwig K./Funk, Bernd-Christian, (Österreichisches Verfassungsrecht) Österreichisches Verfassungsrecht: Verfassungsrechtslehre unter Berücksichtigung von Staatslehre und Politikwissenschaft, 3. Auflage, Wien/New York 1985.

Alber, Siegbert/Widmaier, Ulrich, Die EU-Charta der Grundrechte und ihre Auswirkungen auf die Rechtsprechung – Zu den Beziehungen zwischen EuGH und EGMR, EuGRZ 2000, 497-510.

Annacker, Claudia, Die Inexistenz als Angriffs- und Verteidigungsmittel vor dem EuGH und dem EuG, EuZW 1995, 755-761.

Arnold, Rainer, Die Übernahme des allgemeinen Völkerrechts in den internen Rechtsbereich der Europäischen Gemeinschaften, in: Just, Manfred/ Wollenschläger, Michael/Eggers, Philipp/Hablitzel, Hans (Hrsg.), Recht und Rechtsbesinnung, Gedächtnisschrift für Günther Küchenhoff (1907-1983), Berlin 1987, S. 165-184.

Ash, Timothy Garton, Wohin treibt die europäische Geschichte?, Theodor-Heuss-Gedächtnis-Vorlesung 1997, Stuttgart 1998.

Audretsch, Huub A. H., (Supervision in European Community Law) Supervision in European Community Law, Observance by the Member States of their Treaty Obligations, A Treatise on International and Supra-National Supervision, 2nd edition, Amsterdam/New York/Oxford/Tokyo 1986.

Ballarino, Tito, Le sanzioni dell'Unione europea contro l'Austria, in: Hummer, Waldemar (Hrsg.), Europarecht im Wandel, Festschrift zum zehnjährigen Bestehen des „Zentrums für Europäisches Recht" (ZER) an der Rechtswissenschaftlichen Fakultät der Universität Innsbruck, Wien 2003, S. 197-208.

Bandell, Dieter, (Aufsicht über die Mitgliedstaaten) Die Aufsicht der Europäischen Gemeinschaften über die Mitgliedstaaten verglichen mit der Bundesaufsicht und unter der Berücksichtigung der internationalen Kontrolle, Köln 1965.

Bantekas, Ilias, Austria, the European Union and Article 2(7) of the UN Charter, ASIL Insights, February 2000, abrufbar unter: http://www.asil.org/insights/insigh40.htm.

Barents, René, Some Observations on the Treaty of Amsterdam, MJECL 4 (1997), 332-345.

Bauer, Hartmut, Die Bundestreue, Zugleich ein Beitrag zur Dogmatik des Bundesstaatsrechts und zur Rechtsverhältnislehre, Tübingen 1992.

Benda, Ernst/Klein, Eckhart, Lehrbuch des Verfassungsprozeßrechts, Heidelberg 1991.

Benedek, Wolfgang, Die Bedeutung der Menschenrechte in der Entwicklungszusammenarbeit der Europäischen Union, Journal für Entwicklungspolitik 1994, 13-31.

Berber, Friedrich, (Völkerrecht I) Lehrbuch das Völkerrechts, I. Band: Allgemeines Friedensrecht, 2. Auflage, München 1975.

Bergmann, Jan/Lenz, Christopher (Hrsg.), (Der Amsterdamer Vertrag) Der Amsterdamer Vertrag – Eine Kommentierung der Neuerungen des EU- und EG-Vertrages, (Mit einer Einführung von Siegbert Alber), Köln 1998.

Bermann, George A., Taking Subsidiary Seriously: Federalism in the European Community and the United States, Columbia Law Review 94 (1994), 331-465.

Bernhardt, Rudolf, Verfassungsrecht und internationale Lagen, DÖV 1977, 457-462.

- Die „Verfassung" der Gemeinschaft, in: Kommission der Europäischen Gemeinschaften (Hrsg.), Dreißig Jahre Gemeinschaftsrecht, Luxemburg 1981, S. 77-90.

- Die Europäische Gemeinschaft als neuer Rechtsträger im Geflecht der traditionellen zwischenstaatlichen Rechtsbeziehungen, EuR 1983, 199-215.

Bernhardt, Rudolf (Ed.), (EPIL I) Encyclopedia of Public International Law, Volume I, A – D, Amsterdam/London/New York/Tokyo 1992.

- (EPIL II) Encyclopedia of Public International Law, Volume II, E – I, Amsterdam/Lausanne/New York/Oxford/Shannon/Tokyo 1995.

- (EPIL III) Encyclopedia of Public International Law, Volume III, J – P, Amsterdam/Lausanne/New York/Oxford/Singapore/Tokyo 1997.

- (EPIL IV) Encyclopedia of Public International Law, Volume IV, Q – Z, Amsterdam/London/New York/Oxford/Paris/Shannon/Tokyo 2000.

Bertram, Christoph/Dauvergne, Alain/Duff, Andrew (Hrsg.), Die Maßnahmen der EU-14 gegen die österreichische Bundesregierung: eine Diskussion, Österreichisches Jahrbuch für Internationale Politik, Wien 2001.

Besselink, Leonard F.M., Entrapped by the Maximum Standard: On Fundamental Rights, Pluralism and Subsidiarity in the European Union, CMLR 35 (1998), 629-680.

Beutler, Bengt, Offene Staatlichkeit und europäische Integration, in: Grawert, Rolf/Schlink, Bernhard/Wahl, Rainer/Wieland, Joachim (Hrsg.), Offene Staatlichkeit, Festschrift für Ernst-Wolfgang Böckenförde zum 65. Geburtstag, Berlin 1995, S. 109-124.

Beutler, Bengt/Bieber, Roland/Pipkorn, Jörn/Streil, Jochen, Die Europäische Union, Rechtsordnung und Politik, 4. Auflage, Baden-Baden 1993.

- Die Europäische Union, Rechtsordnung und Politik, 5. Auflage, Baden-Baden 2001.

Bieber, Roland, Les limites matérielles et formelles à la révision des traités établissant la communauté européenne, RMC 1993, 343-350.

- Ingérence ou manifestation d'une responsabilité commune? – La protection des valeurs de l'Union européenne à l'égard des Etats-membres –, ECLN Paper, Février 2002, abrufbar unter: http://www.ecln.net/documents/pdf/bieber2.pdf.

Bleckmann, Albert, Art. 5 EWG-Vertrag und die Gemeinschaftstreue, Zugleich ein Beitrag zur Entwicklung des allgemeinen europäischen Verwaltungsrechts, DVBl 1976, 483-487.

- Die Rechtsnatur des Europäischen Gemeinschaftsrechts – Zur Anwendbarkeit des Völkerrechts im Europäischen Rechtsraum –, DÖV 1978, 391-398.

- Zwangsmittel im Gemeinsamen Markt? Die Repressalie im Europäischen Gemeinschaftsrecht, RIW/AWD 24 (1978), 91-95.

- (Die Rolle des Art. 5 EWG-Vertrag) Die Bindungswirkung der Praxis der Organe und der Mitgliedstaaten der EG bei der Auslegung und Lückenfüllung des Europäischen Gemeinschaftsrechts: Die Rolle des Art. 5 EWG-Vertrag, in: Bieber, Roland/Ress, Georg (Hrsg.), Die Dynamik des Europäischen Gemeinschaftsrechts/The dynamics of EC-law, Die Auslegung des Europäischen Gemeinschaftsrechts im Lichte nachfolgender Praxis der Mitgliedstaaten und der EG-Organe, Baden-Baden 1987, S. 161-227.

- Die Wahrung der „nationalen Identität" im Unions-Vertrag, JZ 1997, 265-269.

- Europarecht, 6. Auflage, Köln/Berlin/Bonn/München 1997.

Blockmans, S. F., Van Wenen naar Nice: Nieuwe voorwaarden voor het instellen van sancties door de EU tegen een lidstaat die de grondrechten schendt, AA 50 (2001), 331-338.

Bockslaff, Klaus, Das völkerrechtliche Interventionsverbot als Schranke außenpolitisch motivierter Handelsbeschränkungen, Berlin 1987.

Bogdandy, Armin von, Rechtsfortbildung mit Art. 5 EG-Vertrag, Zur Zulässigkeit gemeinschaftlicher Innovationen nach EG-Vertrag und Grundgesetz, in: Randelzhofer, Albrecht/Scholz, Rupert/Wilke, Dieter (Hrsg.), Gedächtnisschrift für Eberhard Grabitz, München 1995, S. 17-28.

- Europäische Verfassung und europäische Identität, JZ 2004, 53-61.

Bogdandy, Armin von/Bast, Jürgen, Die vertikale Kompetenzordnung der Europäischen Union, Rechtsdogmatischer Bestand und verfassungspolitische Reformperspektiven, EuGRZ 2001, 441-458.

Bogdandy, Armin von/Nettesheim, Martin, Die Europäische Union: Ein einheitlicher Verbund mit eigener Rechtsordnung, EuR 1996, 3-26.

Böhm, Wolfgang/Lahodynsky, Otmar, (Der Österreich-Komplex) Der Österreich-Komplex, Ein Land im Selbstzweifel, Wien/Köln/Weimar 2001.

Bohr, Sebastian, Schutznormen im Recht der Europäischen Gemeinschaften, Zuständigkeit der Mitgliedstaaten zu autonomen Handeln gem. Art. 224 EWG-Vertrag, München 1994.

Borchardt, Klaus-Dieter, Die rechtlichen Grundlagen der Europäischen Union, Heidelberg 1996.

Borries, Reimer von, Das Subsidiaritätsprinzip im Recht der Europäischen Union, Deutscher Landesbericht für den XVI. FIDE-Kongreß 1994 in Rom, EuR 1994, 263-300.

- Verwaltungskompetenzen der Europäischen Gemeinschaft, in: Due, Ole/ Lutter, Marcus/Schwarze, Jürgen (Hrsg.), Festschrift für Ulrich Everling, Band I, Baden-Baden 1995, S. 127-147.

Böse, Martin, (Sanktionen im Gemeinschaftsrecht) Strafen und Sanktionen im Europäischen Gemeinschaftsrecht, Köln/Berlin/Bonn/München 1996.

Bothe, Michael, „Soft Law“ in den Europäischen Gemeinschaften?, in: Münch, Ingo von (Hrsg.), Staatsrecht – Völkerrecht – Europarecht, Festschrift für Hans-Jürgen Schlochauer zum 75. Geburtstag am 28. März 1981, Berlin/New York 1981, S. 761-775.

Brandstaller, Trautl, Viele Ursachen einer Entfremdung, Europäische Rundschau 2000/2, 49-52.

Brüning, Christoph, Gleichheitsrechtliche Verhältnismäßigkeit, JZ 2001, 669-673.

Buchwald, Detlef, Zur Rechtsstaatlichkeit der Europäischen Union, Der Staat 37 (1998), 189-219.

Burkert-Dottolo, Günther, (Regierungsbildung 1999/2000) Die Regierungsbildung in Österreich 1999/2000, Wien 2000.

Busse, Christian, (Völkerrechtliche Einordnung der EU) Die völkerrechtliche Einordnung der Europäischen Union, Köln/Berlin/Bonn/München 1999.

- (Österreich contra Europäische Union) Österreich contra Europäische Union, Eine rechtliche Beurteilung der Reaktionen der EU und ihrer Mitgliedstaaten auf die Regierungsbeteiligung der FPÖ in Österreich, Basel 2000.

Calliess, Christian/Ruffert, Matthias (Hrsg.), (EUV/EGV 1. Aufl.) Kommentar des Vertrages über die Europäische Union und des Vertrages zur Gründung der Europäischen Gemeinschaft -EUV/EGV-, 1. Auflage, Neuwied/Kriftel 1999.

Calliess, Christian/Ruffert, Matthias (Hrsg.), (EUV/EGV) Kommentar des Vertrages über die Europäische Union und des Vertrages zur Gründung der Europäischen Gemeinschaft -EUV/EGV-, 2. Auflage, Neuwied/Kriftel 2002.

Capotorti, Francesco/Hilf, Meinhard/Jacobs, Francis G./Jacqué, Jean-Paul, Der Vertrag zur Gründung der Europäischen Union – Kommentar zu dem vom Europäischen Parlament am 14. Februar 1984 verabschiedeten Entwurf, Baden-Baden 1986.

Classen, Claus Dieter, Europäische Integration und demokratische Legitimation, AöR 119 (1994), 238-260.

Commichau, Michael Friedrich, Nationales Verfassungsrecht und europäische Gemeinschaftsverfassung, 2. Auflage, Baden-Baden 1998.

Conforti, Benedetto, Cours général de droit international public, RdC 212 (1988), 9-210.

Constantinesco, Léontin-Jean, (Das Recht der Europäischen Gemeinschaften I) Das Recht der Europäischen Gemeinschaften, Band I, Das institutionelle Recht, Baden-Baden 1977.

Constantinesco, Vlad, L'Article 5 CEE, de la bonne foi à la loyauté communautaire, in: Capotorti, Francesco/Ehlermann, Claus-Dieter/Frowein, Jochen Abraham/Jacobs, Francis G. et al. (Hrsg.), Du droit international au droit de l'intégration, Liber Amicorum Pierre Pescatore, Baden-Baden 1987, S. 97 ff.

- Les clauses de „coopération renforcée" – Le protocole sur l'application des principes de subsidiarité et de proportionnalité, RTDE 33 (1997), 751-767.

Cramèr, Per/Wrange, Pål, The Haider Affair, Law and European Integration, Europarättslig Tidskrift 2000, 28-60.

Creifelds, Carl, Rechtswörterbuch, herausgegeben von Klaus Weber, 15. Auflage, München 1999.

Curtin, Deidre/Ooik, Roland van, The Sting is Always in the Tail. The Personal Scope of Application of the EU Charter of Fundamental Rights, MJECL 8 (2001), 102-114.

Czernin, Hubertus (Hrsg.), Wofür ich mich meinetwegen entschuldige. Haider, beim Wort genommen, 3. Auflage, Wien 2000.

Dagtoglou, Prodromos, Recht auf Rücktritt von den Römischen Verträgen?, in: Schnur, Roman (Hrsg.), Festschrift für Ernst Forsthoff zum 70. Geburtstag, München 1972, S. 77-102.

Dahm, Georg, (Völkerrecht II) Völkerrecht, Band II, Stuttgart 1961.

Danwitz, Thomas von, Grundfragen einer Verfassungsbindung der Europäischen Union, JZ 2003, 1125-1132.

Dashwood, Alan, The constitution of the European Union after Nice: law-making procedures, ELRev 26 (2001), 215-238.

Deutscher Bundestag: Ausschuss für die Angelegenheiten der Europäischen Union (Hrsg.), Der Europaausschuss und die Sanktionen gegen Österreich, Texte und Materialien, Band 14, Berlin 2000.

Dicke, Detlev Christian, Die Intervention mit wirtschaftlichen Mitteln im Völkerrecht, Zugleich ein Beitrag zu den Fragen der wirtschaftlichen Souveränität, Baden-Baden 1978.

Dijk, Pieter van/Hoof, Godefridus J. H. van, (European Convention on Human Rights) Theory and practice of the European Convention on Human Rights, 3rd edition, The Hague/London/Boston 1998.

Doehring, Karl, Die nationale „Identität" der Mitgliedstaaten der Europäischen Union, in: Due, Ole/Lutter, Marcus/Schwarze, Jürgen (Hrsg.), Festschrift für Ulrich Everling, Band I, Baden-Baden 1995, S. 263-271.

- Völkerrecht, Ein Lehrbuch, Heidelberg 1999.

Doerfert, Carsten, Bundesstaat und Bundestreue, JuS 1996, L 89-93.

- Europarecht, Die Grundlagen der Europäischen Union mit ihren politischen und wirtschaftlichen Bezügen, Neuwied/Kriftel 2001.

Dohna, Bernt Graf zu, (Grundprinzipien des Völkerrechts) Die Grundprinzipien des Völkerrechts über die freundschaftlichen Beziehungen und die Zusammenarbeit zwischen den Staaten, Die Arbeit des UN-Sonderausschusses über die völkerrechtlichen Grundsätze betreffend die freundschaftlichen Beziehungen und die Zusammenarbeit zwischen den Staaten und das gesamte Völkerrecht, Berlin 1973.

Dörr, Oliver/Mager, Ute, Rechtswahrung und Rechtsschutz nach Amsterdam, Zu den neuen Zuständigkeiten des EuGH, AöR 125 (2000), 386-427.

Dreier, Horst (Hrsg.), (GG I) Grundgesetz, Kommentar, Band I, Art. 1-19, Tübingen 1996.

Duden, (Wörterbuch) Das große Wörterbuch der deutschen Sprache, herausgegeben und bearbeitet vom Wissenschaftlichen Rat und den Mitarbeitern der Dudenredaktion unter der Leitung von Günther Drosdowski, Band 1: A-Bim, 2. Auflage, Mannheim/Leipzig/Wien/Zürich 1993.

Due, Ole, (Grundsatz der Gemeinschaftstreue) Der Grundsatz der Gemeinschaftstreue in der Europäischen Gemeinschaft nach der neuen Rechtsprechung des Gerichtshofes, Referat im Rahmen der Vortragsreihe „Recht und Wirtschaft im Binnenmarkt der EG", Bonn, 21. Oktober 1991, Bonn 1992.

Duschanek, Alfred/Griller, Stefan (Hrsg.), (Grundrechte für Europa) Grundrechte für Europa – Die Europäische Union nach Nizza, Wien 2001.

Ebke, Werner F., Enforcement Techniques within the European Communities: Flying Close to the Sun with Waxen Wings, in: Norton, Joseph Jude (Ed.), Public International Law and the Future World Order, Liber Amicorum in Honor of Aaron J. Thomas, Jr., Littleton 1987, S. 6-48.

Edwards, Geoffrey/Wallace, Helen, Die Präsidentschaft im Ministerrat, Eine zentrale Rolle im Entscheidungsprozeß von EG und EPZ, Bonn 1978.

Ehlermann, Claus-Dieter, Mitgliedschaft in der Europäischen Gemeinschaft – Rechtsprobleme der Erweiterung, der Mitgliedschaft und der Verkleinerung, EuR 1984, 113-125.

\- Engere Zusammenarbeit nach dem Amsterdamer Vertrag – Ein neues Verfassungsprinzip?, EuR 1997, 362-397.

Epiney, Astrid, Gemeinschaftsrecht und Föderalismus: „Landes Blindheit" und Pflicht zur Berücksichtigung innerstaatlicher Verfassungsstrukturen, EuR 1994, 301-324.

Epiney, Astrid/Abt, Marianne Freiermuth/Mosters, Robert, Der Vertrag von Nizza, DVBl 2001, 941-952.

Epping, Volker, Die Verfassung Europas?, JZ 2003, 821-831.

Europäische Kommission – Vertretung in Österreich (Hrsg.), Die Europäische Union als Wertegemeinschaft?, Die Union 1/2000, Wien 2000.

Everling, Ulrich, Elemente eines europäischen Verwaltungsrechts, DVBl 1983, 649-658.

\- Sind die Mitgliedstaaten der Europäischen Gemeinschaft noch Herren der Verträge?, in: Bernhardt, Rudolf/Geck, Karl Wilhelm/Jaenicke, Günther/Steinberger, Helmut (Hrsg.), Völkerrecht als Rechtsordnung – Internationale Gerichtsbarkeit – Menschenrechte, Festschrift für Hermann Mosler, Berlin/Heidelberg/New York 1983, S. 173-191.

\- Zur rechtlichen Wirkung von Beschlüssen, Entschließungen, Erklärungen und Vereinbarungen des Rates oder der Mitgliedstaaten der Europäischen Gemeinschaften, in: Lüke, Gerhard/Ress, Georg/Will, Michael R. (Hrsg.), Rechtsvergleichung, Europarecht und Staatenintegration, Gedächtnisschrift für Léontin-Jean Constantinesco, Köln/Berlin/Bonn/München 1983, S. 133-156.

- (Probleme atypischer Rechts- und Handlungsformen) Probleme atypischer Rechts- und Handlungsformen bei der Auslegung des europäischen Gemeinschaftsrechts, in: Bieber, Roland/Ress, Georg (Hrsg.), Die Dynamik des Europäischen Gemeinschaftsrechts/The dynamics of EC-law, Die Auslegung des Europäischen Gemeinschaftsrechts im Lichte nachfolgender Praxis der Mitgliedstaaten und der EG-Organe, Baden-Baden 1987, S. 417-433.

- Überlegungen zur Struktur der Europäischen Union und zum neuen Europa-Artikel des Grundgesetzes, DVBl 1993, 936-947.

Fabio, Udo di, Eine europäische Charta – Auf dem Weg zur Unionsverfassung, JZ 2000, 737-743.

Faller, Hans Joachim, Das Prinzip der Bundestreue in der Rechtsprechung des Bundesverfassungsgerichts, in: Lerche, Peter/Zacher, Hans/Badura, Peter (Hrsg.), Festschrift für Theodor Maunz zum 80. Geburtstag am 1. September 1981, München 1981, S. 53-69.

Fastenrath, Ulrich/Müller-Gerbes, Maike, Europarecht, Grundlagen und Schwerpunkte, Baden-Baden 2000.

Feinberg, N., Unilateral Withdrawal from an International Organisation, BYIL XXXIX (39) (1963), 189-219.

Feuchte, Paul, Die bundesstaatliche Zusammenarbeit in der Verfassungswirklichkeit der Bundesrepublik Deutschland, AöR 98 (1973), 473-528.

Fiedler, Wilfried, Auswärtige Gewalt und Verfassungsgewichtung, Zum Problem des internationalen Verfassungsrechts, in: Münch, Ingo von (Hrsg.), Staatsrecht – Völkerrecht – Europarecht, Festschrift für Hans-Jürgen Schlochauer zum 75. Geburtstag am 28. März 1981, Berlin/New York 1981, S. 57-77.

Fink, Udo, Legalität und Legitimität von Staatsgewalt im Lichte neuerer Entwicklungen im Völkerrecht, JZ 1998, 330-338.

- Kollektive Friedenssicherung, Kapitel VII UN-Charta in der Praxis des Sicherheitsrats der Vereinten Nationen, Teil 2, Frankfurt am Main/Berlin/Bern/New York/Paris/Wien 1999.

Fischer, Hans Georg, Europarecht, Grundlagen des Europäischen Gemeinschaftsrechts in Verbindung mit deutschem Staats- und Verwaltungsrecht, 3. Auflage, München 2001.

Fischer, Klemens H., Der Vertrag von Nizza, Text und Kommentar, einschließlich der konsolidierten Fassung des EUV und EGV sowie des Textes der EU-Charta der Grundrechte, mit einem Geleitwort von Dr. Benita Ferrero-Waldner, Baden-Baden und Zürich 2001.

Fischer, Peter, EU-Sanctions on Austria, Wiener Blätter zur Friedensforschung 103 (2/2000), 32-38.

Fischer, Peter/Köck, Heribert Franz, Allgemeines Völkerrecht, 4. Auflage, Wien 1994.

Fischer, Thomas/Schley, Nicole, Europa föderal organisieren, Ein neues Kompetenz- und Vertragsgefüge für die Europäische Union, Bonn 1999.

Fleiner-Gerster, Thomas, Allgemeine Staatslehre, 2. Auflage, Berlin/Heidelberg/New York/Tokyo 1995.

Frowein, Jochen Abraham, Die rechtliche Bedeutung des Verfassungsprinzips der parlamentarischen Demokratie für den europäischen Integrationsprozeß, EuR 1983, 301-317.

- Die Verpflichtungen erga omnes im Völkerrecht und ihre Durchsetzung, in: Bernhardt, Rudolf/Geck, Wilhelm Karl/Jaenicke, Günter/Steinberger, Helmut (Hrsg.), Völkerrecht als Rechtsordnung, Internationale Gerichtsbarkeit, Menschenrechte, Festschrift für Hermann Mosler, Berlin/Heidelberg/New York 1983, S. 241-262.

- The European Community and the Requirement of a Republican Form of Government, Michigan Law Review 1984, 1311-1322.

- Verfassungsperspektiven der Europäischen Gemeinschaft, in: Schwarze, Jürgen (Hrsg.), Europa 1992, Markt, Staat, Gemeinschaft, Europarecht Beiheft 1/1992, Baden-Baden 1992, S. 63-77.

- Konstitutionalisierung des Völkerrechts, in: Dicke, Klaus (Hrsg.), Völkerrecht und Internationales Privatrecht in einem sich globalisierenden internationalen System, Auswirkungen der Entstaatlichung transnationaler Rechtsbeziehungen, Heidelberg 2000, S. 427-447.

Frowein, Jochen/Peukert, Wolfgang, Europäische Menschenrechtskonvention, EMRK-Kommentar, 2. Auflage, Kehl am Rhein/Straßburg/Arlington 1996.

Fuß, Ernst-Werner, Zur Rechtsstaatlichkeit der Europäischen Gemeinschaften, DÖV 1964, 577-587.

- Die Europäischen Gemeinschaften und der Rechtsstaatsgedanke, Heule 1967.

Gaja, Giorgio, The Protection of Human Rights under the Maastricht Treaty, in: Curtin, Deirdre/Heukeles, Ton (Ed.), Institutional Dynamics of European Integration, Essays in Honour of Henry G. Schermers, Volume II, Dordrecht/Boston/London 1994, S. 549-560.

- How Flexible is Flexibility Under the Amsterdam Treaty, CMLR 35 (1998), 855-870.

Gasteyger, Curt, (Politische Homogenität) Die Politische Homogenität als Faktor der Föderation (unter besonderer Berücksichtigung der europäischen Einigungsbestrebungen), Berlin 1956.

Gauland, Alexander, Noch einmal: Die Beendigung der Mitgliedschaft in der Europäischen Gemeinschaft, NJW 1974, 1034-1036.

Gehler, Michael, Präventivschlag als Fehlschlag: Motive, Intentionen und Konsequenzen der EU 14-Sanktionsmaßnahmen gegen Österreich im Jahre 2000, in: Busek, Erhard/Schauer, Martin (Hrsg.), Eine Europäische Erregung, Die „Sanktionen" der Vierzehn gegen Österreich im Jahr 2000, Analysen und Kommentare, Wien 2003, S. 19-74.

Geiger, Rudolf, EUV/EGV, Vertrag über die Europäische Union und Vertrag zur Gründung der Europäischen Gemeinschaft, Kommentar, 3. Auflage, München 2000.

Geiger, Willi, Die wechselseitige Treuepflicht von Bund und Ländern, in: Süsterhenn, Adolf (Hrsg.), Föderalistische Ordnung, Koblenz 1961, S. 113-128.

Gerlach, Axel, Die Intervention, – Versuch einer Definition –, Frankfurt am Main/Berlin 1967.

Gil Ibáñez, Alberto J., Commission Tools for the Supervision and Enforcement of EC Law other than Article 169 EC Treaty: An Attempt at Systematization, The Jean Monnet Working Paper 12/98.

Ginther, Konrad, Der engere und der erweiterte Kontext der Causa prima: Anmerkungen der Konkurrenz zwischen einem state- und community-oriented approach im Umgang mit Grundfragen der Europäischen Union, in: Busek, Erhard/Schauer, Martin (Hrsg.), Eine Europäische Erregung, Die „Sanktionen“ der Vierzehn gegen Österreich im Jahr 2000, Analysen und Kommentare, Wien 2003, S. 267-272.

Glaesner, Hans-Joachim, Die Entwicklung des Europäischen Rates bis zum Vertrag von Maastricht, EuR 1994, 22-34.

- Der Weg nach Maastricht, in: Ress, Georg/Schwarze, Jürgen/Stein, Torsten (Hrsg.), Die Organe der Europäischen Union im Spannungsfeld zwischen Gemeinschaft und Zusammenarbeit, Europarecht Beiheft 2/1995, Baden-Baden 1995, S. 15-22.

Görres-Gesellschaft (Hrsg.), Staatslexikon, Recht – Wirtschaft – Gesellschaft, in 5 Bänden, Zweiter Band, Deutscher Caritasverband – Hochschulen, 7. Auflage, Freiburg/Basel/Wien 1986.

- Staatslexikon, Recht – Wirtschaft – Gesellschaft, in 5 Bänden, Vierter Band, Naturschutz und Landschaftspflege – Sozialhilfe, 7. Auflage, Freiburg/Basel/Wien 1988.

Götz, Volkmar, Das Maastricht-Urteil des Bundesverfassungsgerichts, JZ 1993, 1081-1086.

Götz, Volkmar/Martínez Soria, José (Hrsg.), Kompetenzverteilung zwischen der Europäischen Union und den Mitgliedstaaten, Baden-Baden 2002.

Grabenwarter, Christoph, Die Charta der Grundrechte für die Europäische Union, DVBl 2001, 1-13.

Grabitz, Eberhard, Stillhalte-Verpflichtungen vor dem Binnenmarkt, Unvereinbarkeit der Erdgassteuer mit dem Gemeinschaftsrecht, Kehl am Rhein/Straßburg/Arlington 1988.

Grabitz, Eberhard/Hilf, Meinhard (Hrsg.), (Recht der EU A I) Das Recht der Europäischen Union, Altband I, EUV, Art. 1-136 a EGV (Maastrichter Fassung), München, Loseblatt, 14. Ergänzungslieferung – Stand Oktober 1999.

- (Recht der EU A II) Das Recht der Europäischen Union, Altband II, Art. 137-248 EGV (Maastrichter Fassung), EWGV (Römische Fassung), München, Loseblatt, 14. Ergänzungslieferung – Stand Oktober 1999.

- (Recht der EU I) Das Recht der Europäischen Union, Band I, EUV/ EGV, München, Loseblatt, 20. Ergänzungslieferung – Stand August 2002.

- (Recht der EU II) Das Recht der Europäischen Union, Band II, EUV/ EGV, München, Loseblatt, 20. Ergänzungslieferung – Stand August 2002.

Groeben, Hans von der, (Legitimationsprobleme) Legitimationsprobleme der Europäischen Gemeinschaft, Baden-Baden 1987.

Groeben, Hans von der/Schwarze, Jürgen (Hrsg.), (EU-/EG-Vertrag Bd. 1) Kommentar zum EU-/EG-Vertrag, Band 1, Artikel 1-53 EUV, Artikel 1-80 EGV, 6. Auflage, Baden-Baden 2003.

Groeben, Hans von der/Thiesing, Jochen/Ehlermann, Claus-Dieter (Hrsg.), (EWG-Vertrag Bd. 4) Kommentar zum EWG-Vertrag, Band 4, Art. 189-248, 4. Auflage, Baden-Baden 1991.

- (EU-/EG-Vertrag Bd. 1) Kommentar zum EU-/EG-Vertrag, Band 1, Artikel A-F EUV, Artikel 1-84 EGV, 5. Auflage, Baden-Baden 1997.

- (EU-/EG-Vertrag Bd. 2/I) Kommentar zum EU-/EG-Vertrag, Band 2/1, Artikel 85-87 EGV, 5. Auflage, Baden-Baden 1999.

- (EU-/EG-Vertrag Bd. 4) Kommentar zum EU-/EG-Vertrag, Band 4, Artikel 137-209 a EGV, 5. Auflage, Baden-Baden 1997.

- (EU-/EG-Vertrag Bd. 5) Kommentar zum EU-/EG-Vertrag, Band 5, Artikel 210-248 EGV, Artikel H-S EUV, 5. Auflage, Baden-Baden 1997.

Häberle, Peter, Europäische Rechtskultur, Versuch einer Annäherung in zwölf Schritten, Frankfurt am Main 1997.

Häde, Ulrich, Ein Stabilitätspakt für Europa?, Zur Zulässigkeit völkerrechtlicher Verträge zwischen den Mitgliedstaaten der EU, EuZW 1996, 138-143.

Hailbronner, Kay, Rechtswirkungen des EG-Südafrikakodex, RIW 1982, 111-117.

- Das Subsidiaritätsprinzip als Rechtsprinzip nach dem Maastrichter Vertrag, in: Hailbronner, Kay (Hrsg.), Europa der Zukunft – Zentrale und dezentrale Lösungsansätze, Vorträge und Diskussionen der Fachtagung „Europa der Zukunft – Zentrale und dezentrale Lösungsansätze", die am 7. und 8. Oktober 1993 von der Europäischen Rechtsakademie Trier veranstaltet wurde, Bundesanzeiger, Köln 1994, S. 49 ff.

Hailbronner, Kay/Klein, Eckart/Magiera, Siegfried/Müller-Graff, Peter-Christian, (EUV/EGV Bd. 1) Handkommentar zum Vertrag über die Europäische Union (EUV/EGV), Ordner 1, Art. 1 – 100 EGV, Köln/Berlin/Bonn/München, Loseblatt, 7. Ergänzungslieferung – Stand November 1998.

- (EUV/EGV Bd. 2) Handkommentar zum Vertrag über die Europäische Union (EUV/EGV), Ordner 2, Art. 100 a – 248 EGV und Bestimmungen des EUV, Köln/Berlin/Bonn/München, Loseblatt, 7. Ergänzungslieferung – Stand November 1998.

Hallstein, Walter, Die Europäische Gemeinschaft, Düsseldorf/Wien 1973.

Hancher, Leigh, Rules of change in International Law: how special is the European Community?, NYIL 25 (1994), 266 ff.

Happold, Matthew, Fourteen against One: The EU Member States' Response to the Freedom Party Participation in the Austrian Government, in: Busek, Erhard/Schauer, Martin (Hrsg.), Eine Europäische Erregung, Die „Sanktionen" der Vierzehn gegen Österreich im Jahr 2000, Analysen und Kommentare, Wien 2003, S. 273-284.

Hartley, Trevor Clayton, (European Community Law) The Foundations of European Community Law, An Introduction to the Constitutional and Administrative Law of the European Community, 4th edition, Oxford 1998.

Hatje, Armin, Die institutionelle Reform der Europäischen Union – der Vertrag von Nizza auf dem Prüfstand –, EuR 2001, 143-184.

- (Loyalität) Loyalität als Rechtsprinzip in der Europäischen Union, Baden-Baden 2001.

Hau, André, (Sanktionen und Vorfeldmaßnahmen) Sanktionen und Vorfeldmaßnahmen zur Absicherung der europäischen Grundwerte, Rechtsfragen zu Art. 7 EU, Baden-Baden 2002.

Hayes-Renshaw, Fiona/Wallace, Helen, The Council of Ministers, New York 1997.

Heintzen, Markus, Gemeineuropäisches Verfassungsrecht in der Europäischen Union, EuR 1997, 1-16.

Herdegen, Matthias, Völkerrecht, München 2000.

- Europarecht, 4. Auflage, München 2002.

Herzog, Roman/Kunst, Hermann/Schlaich, Klaus/Schneemelcher, Wilhelm (Hrsg.), Evangelisches Staatslexikon, Band II, N – Z, 3. Auflage, Stuttgart 1987.

Hilf, Meinhard, Sekundäres Gemeinschaftsrecht und deutsche Grundrechte, Zum Beschluß des Bundesverfassungsgerichts vom 29. Mai 1974, ZaöRV 35 (1975), 51-66.

- Europäische Union und nationale Identität der Mitgliedstaaten, in: Randelzhofer, Albrecht/Scholz, Rupert/Wilke, Dieter (Hrsg.), Gedächtnisschrift für Eberhard Grabitz, München 1995, S. 157-170.

- Amsterdam – Ein Vertrag für die Bürger?, EuR 1997, 347-361.

- Die Union und die Bürger: Nicht viel Neues, aber immerhin, integration 1997, 247-254.

Hilf, Meinhard/Pache, Eckhard, Der Vertrag von Amsterdam, NJW 1998, 705-713.

Hillgruber, Christian, Die Zukunft des völkerrechtlichen Interventionsverbots, JRP 2000, 288-297.

Hintersteininger, Margit, Fehlerhafte Anwendung des EG-Vergaberechts am Beispiel St. Pölten, Zum Urteil des EuGH vom 28.10.1999, ÖJZ 2000, 621-635.

Hirsch, Günter, Das Subsidiaritätsprinzip, Architekturprinzip oder Sprengsatz für die Europäische Union?, in: Böttcher, Reinhard/Hueck, Götz/Jähnke, Burkhard (Hrsg.), Festschrift für Walter Odersky zum 65. Geburtstag am 17. Juli 1996, Berlin/New York 1996, S. 197-213.

- Europäischer Gerichtshof und Bundesverfassungsgericht – Kooperation oder Konfrontation?, NJW 1996, 2457-2466.

Höbelt, Lothar (Hrsg.), Republik im Wandel, Die große Koalition und der Aufstieg der Haider-FPÖ, München 2001.

Hoffmeister, Frank, (Menschenrechts- und Demokratieklauseln) Menschenrechts- und Demokratieklauseln in den vertraglichen Außenbeziehungen der Europäischen Gemeinschaft, Berlin/Heidelberg/New York et al. 1998.

Holik, Wiltrud, Vertiefung und Erweiterung – Doppelte Bewährungsprobe für Europa, Wiener Blätter zur Friedensforschung 103 (2/2000), 24-31.

Hölscheidt, Sven/Schotten, Thomas, Die Präsidentschaft im Europäischen Rat und im Rat der Europäischen Union, ThürVBl 1997, 6-10.

Huber, Peter M., Recht der Europäischen Integration, 2. Auflage, München 2002.

Hummer, Waldemar, Der Schutz der Grund- und Menschenrechte in der Europäischen Union, in: Hummer, Waldemar (Hrsg.), Die Europäische Union nach dem Vertrag von Amsterdam, Wien 1998, S. 68-98.

- Institutionenreform zur Jahrtausendwende, Bisheriger und künftiger Reformbedarf in der Europäischen Union, ÖJIP 1999, 75-111.

- Österreich zwischen Neutralität und Integration, Völkerrechtliche, europarechtliche und verfassungsrechtliche Implikationen einer Mitwirkung Österreichs in Systemen sicherheitspolitischer und wirtschaftlicher Integration, in: Pape, Mathias (Hrsg.), Österreich – von der Monarchie zum EU-Partner, Baden-Baden 1999, S. 221-273.

- Art. 6 Abs. 1 EUV, Am Beispiel Österreich: Vom völkerrechtlichen „Interventionsverbot" zum unionsrechtlichen „Interventionsgebot"?, Wiener Journal, März 2000, 16-17.

- Das Ende der EU-Sanktionen gegen Österreich – Präjudiz für ein neues Sanktionsverfahren?, The European Legal Forum 2000, 77-83.

- Eine „Grundrechtscharta" für die Europäische Union, juridicum 3/2000, 163-169.

- Vom „Musterschüler" zum Buhmann, Die EU als „self contained regime", Europäische Rundschau 2000/2, 13-20.

- (Die „Maßnahmen" der 14 Mitgliedstaaten) Die „Maßnahmen" der 14 Mitgliedstaaten der Europäischen Union gegen die österreichische Bundesregierung – Die „EU-Sanktionen" aus juristischer Sicht, in: Hummer, Waldemar/Pelinka, Anton, Österreich unter „EU-Quarantäne", Die „Maßnahmen der 14" gegen die österreichische Bundesregierung aus politikwissenschaftlicher und juristischer Sicht, Chronologie, Kommentar, Dokumentation, Wien 2002, S. 50-112.

- Paradigmenwechsel im Internationalen Organisationsrecht, Von der „Supranationalität" zur „strukturellen Kongruenz und Homogenität" der Verbandsgewalt, in: Hummer, Waldemar (Hrsg.), Paradigmenwechsel im Völkerrecht zur Jahrtausendwende, Ansichten österreichischer Völkerrechtler zu aktuellen Problemlagen, Wien 2002, S. 145-208.

- „Ist der Ruf erst ruiniert, lebt es sich ganz ungeniert", Silvio Berlusconi und die EU als „Wertegemeinschaft", The European Legal Forum 2003, 241-316.

Hummer, Waldemar/Obwexer, Walter, Die „EU-Präsidentschaft", Entwicklung, Rechtsgrundlagen, Funktionen und Aufgaben sowie künftige Ausgestaltung der „Präsidentschaft" des Rates der Europäischen Union, EuR 1999, 409-451.

- Die Verhängung der „EU-Sanktionen" und der mögliche Ausstieg aus ihnen, ZÖR 2000, 269-298.

- Die Wahrung der „Verfassungsgrundsätze" der EU, Rechtsfragen der „EU-Sanktionen" gegen Österreich, EuZW 2000, 485-486.

- Österreich unter „EU-Kuratel“ (Teil I), Die EU als Wertegemeinschaft: vom völkerrechtlichen Interventionsverbot zum gemeinschaftsrechtlichen Interventionsgebot, europa-blätter 2/2000, 52-58.

- Österreich unter „EU-Kuratel“ (Teil II), Die EU als Wertegemeinschaft: vom völkerrechtlichen Interventionsverbot zum gemeinschaftsrechtlichen Interventionsgebot, europa-blätter 3/2000, 93-101.

- Österreich unter „EU-Quarantäne“ – Rechtsfragen der Einflussnahme auf die Regierungsbildung eines Mitgliedstaates –, ecolex 2000, 250-255.

Hummer, Waldemar/Pelinka, Anton, Österreich unter „EU-Quarantäne“, Die „Maßnahmen der 14“ gegen die österreichische Bundesregierung aus politikwissenschaftlicher und juristischer Sicht, Chronologie, Kommentar, Dokumentation, Wien 2002.

Ipsen, Hans Peter, Europäisches Gemeinschaftsrecht, Tübingen 1972.

- Über Verfassungs-Homogenität in der Europäischen Gemeinschaft, in: Maurer, Hartmut (Hrsg.), Das akzeptierte Grundgesetz, Festschrift für Günter Dürig zum 70. Geburtstag, München 1990, S. 159-182.

Ipsen, Knut, Völkerrecht, Ein Studienbuch (in Zusammenarbeit mit Volker Epping, Horst Fischer, Christian Gloria, Wolf Heinegg von Heintschel), 3. Auflage, München 1990.

- Völkerrecht, Ein Studienbuch (in Zusammenarbeit mit Volker Epping, Horst Fischer, Christian Gloria, Wolf Heinegg von Heintschel, Hans-Joachim Heintze), 4. Auflage, München 1999.

Isaac, Guy/Blanquet, Marc, Droit communautaire général, 8ème édition, Paris 2001.

Isensee, Josef, Vorrang des Europarechts und deutsche Verfassungsvorbehalte – offener Dissens, in: Burmeister, Joachim (Hrsg.), Verfassungsstaatlichkeit, Festschrift für Klaus Stern zum 65. Geburtstag, München 1997, S. 1239-1268.

Isensee, Josef/Kirchhof, Paul (Hrsg.), (Handbuch des Staatsrechts I) Handbuch des Staatsrechts der Bundesrepublik Deutschland, Band I, Grundlagen von Staat und Verfassung, 2. Auflage, Heidelberg 1995.

- (Handbuch des Staatsrechts II) Handbuch des Staatsrechts der Bundesrepublik Deutschland, Band II, Demokratische Willensbildung – Die Staatsorgane des Bundes, 2. Auflage, Heidelberg 1998.

- (Handbuch des Staatsrechts IV) Handbuch des Staatsrechts der Bundesrepublik Deutschland, Band IV, Finanzverfassung – Bundesstaatliche Ordnung, 2. Auflage, Heidelberg 1999.

Jakob, Carin Thinam, (Sanktionen gegen vertragsbrüchige Mitgliedstaaten der EWG) Sanktionen gegen vertragsbrüchige Mitgliedstaaten der Europäischen Gemeinschaft (EWG), Reaktionsmöglichkeiten der Gemeinschaft oder der anderen Mitgliedstaaten im Falle der Nichtbefolgung von Urteilen des Europäischen Gerichtshofes durch eine Vertragspartei, Berlin 1988.

Jacobs, Francis G., European Community Law and Public International Law: two different legal orders?, Kiel 1983.

Jarass, Hans D., Die Kompetenzverteilung zwischen der Europäischen Gemeinschaft und den Mitgliedstaaten, AöR 121 (1996), 173-199.

Jopp, Mathias/Schmuck, Otto, (Reform der EU) Die Reform der Europäischen Union, Analysen – Positionen – Dokumente zur Regierungskonferenz 1996/1997, Bonn 1996.

Kaiser, Joseph H., Die im Rat vereinigten Vertreter der Regierungen der Mitgliedstaaten, in: Hallstein, Walter/Schlochauer, Hans-Jürgen (Hrsg.), Zur Integration Europas, Festschrift für Carl Friedrich Ophüls, Karlsruhe 1965, S. 107-124.

Katz, Alfred, Staatsrecht, Grundkurs im öffentlichen Recht, 15. Auflage, Heidelberg 2002.

Karlhofer, Ferdinand/Melchior, Josef/Sickinger, Hubert (Hrsg.), Anlassfall Österreich, Die Europäische Union auf dem Weg zu einer Wertegemeinschaft, Österreichische Zeitschrift für Politikwissenschaft, Sonderband, Baden-Baden 2001.

Kassner, Ulrike, (Unionsaufsicht) Die Unionsaufsicht: Ausmaß und Bedeutung des Überwachungsmechanismus nach Art. 7 des Vertrages über die Europäische Union, Frankfurt am Main/Berlin/Bern/Wien et al. 2003.

Kaufmann, Marcel, Europäische Integration und Demokratieprinzip, Baden-Baden 1997.

Kelsen, Hans, Staatsform und Weltanschauung, Tübingen 1933.

- Reine Rechtslehre, 2. Auflage, Wien 1960.

- Über Staatsunrecht, Grünhutsche Zeitschrift 40 (1914), 1-114, zit. nach Klecatsky, Hans/Marcic, René/Schambeck, Herbert (Hrsg.), Die Wiener rechtstheoretische Schule, Band 1, Wien et al. 1968, S. 1031 ff.

- Was ist ein Rechtsakt, in: Klecatsky, Hans/Marcic, René/Schambeck, Herbert (Hrsg.), Die Wiener rechtstheoretische Schule, Band 2, Wien et al. 1968, S. 1381 ff.

Kewenig, Wilhelm A., Die Anwendung wirtschaftlicher Zwangsmaßnahmen im Völkerrecht, in: Kewenig, Wilhelm A./Heini, Anton (Hrsg.), Die Anwendung wirtschaftlicher Zwangsmaßnahmen im Völkerrecht und im Internationalen Privatrecht, Heidelberg 1982, S. 7-29.

Khol, Andreas/Ofner, Günther/Burkert-Dottolo, Günther/Karner, Stefan (Hrsg.), Österreichisches Jahrbuch für Politik 2000, Wien/München 2001.

Kirchner, Emil Joseph, Decision making in the European Community, The Council Presidency and European Integration, Manchester et al. 1992.

Kischel, Uwe, Zur Dogmatik des Gleichheitssatzes in der Europäischen Union, EuGRZ 1997, 1-11.

Klaushofer, Reinhard, Die Maßnahmen der „EU 14“ und Aspekte der Anwendung von Art. 7 EU und 309 EG, JRP 2000, 297-308.

Klein, Eckart, Zulässigkeit von Wirtschaftssanktionen der EWG gegen ihre Mitgliedstaaten, RIW/AWD 31 (1985), 291-297.

- Der Verfassungsstaat als Glied einer europäischen Gemeinschaft, VVDStRL 50 (1991), 56-96.

- Gegenmaßnahmen, in: Fiedler, Wilfried/Klein, Eckart/Schnyder, Anton K., Gegenmaßnahmen, Referate und Thesen mit Diskussion der 25. Tagung der Deutschen Gesellschaft für Völkerrecht in Zürich vom 19. bis 22. März 1997, Heidelberg 1998, S. 39-71.

Kluth, Winfried, (Demokratische Legitimation der EU) Die demokratische Legitimation der Europäischen Union, eine Analyse der These vom Demokratiedefizit der Europäischen Union aus gemeineuropäischer Verfassungsperspektive, Berlin 1995.

Köck, Heribert Franz/Hintersteininger, Margit (Hrsg.), Europa als Sicherheits- und Wertegemeinschaft, Überlegungen aus universeller, regionaler und nationaler Perspektive, Wien 2000.

- (Sanktionen gegen Österreich) Zu den Sanktionen der vierzehn EU-Partnerstaaten gegen Österreich, in: Köck, Heribert Franz/Hintersteininger, Margit (Hrsg.), Europa als Sicherheits- und Wertegemeinschaft, Überlegungen aus universeller, regionaler und nationaler Perspektive, Wien 2000, S. 477-510.

Koenig, Christian, Der Begründungszwang in mehrpolitischen Verwaltungsrechtsverhältnissen am Beispiel umweltrelevanter Entscheidungen, AöR 117 (1992), 513-542.

- Die Europäische Sozialunion als Bewährungsprobe der supranationalen Gerichtsbarkeit, EuR 1994, 175-195.

Koenig, Christian/Haratsch, Andreas, Europarecht, 4. Auflage, Tübingen 2003.

Köhler-Koch, Beate, Regieren in der EU – Auf der Suche nach demokratischer Legitimität, Aus Politik und Zeitgeschichte 6/2000, (Beilage zur Wochenzeitschrift Das Parlament vom 04.02.2000), 30-38.

Kokott, Juliane, Der Grundrechtsschutz im Gemeinschaftsrecht, AöR 121 (1996), 599-638.

Kokott, Juliane/Rüth, Alexandra, The European Convention and its Draft Treaty establishing a Constitution for Europe: Appropriate Answers to the Laeken Questions?, CMLR 40 (2003), 1315-1345.

Kopeinig, Margaretha/Kotanko, Christoph, (Eine europäische Affäre) Eine europäische Affäre, Der Weisen-Bericht und die Sanktionen gegen Österreich, Wien 2000.

Kort, Michael, Zur europarechtlichen Zulässigkeit von Abkommen der Mitgliedstaaten untereinander, JZ 1997, 640-647.

Krenzler, Horst Günter, Die Beziehungen der EWG zu den Mittelmeerländern, EA 1971, 139-148.

Kühling, Jürgen, Die Kommunikationsfreiheit als europäisches Gemeinschaftsgrundrecht, Berlin 1999.

Kutscher, Hans, Über den Gerichtshof der Europäischen Gemeinschaft, EuR 1981, 392-413.

- (Schutz von Grundrechten) Der Schutz von Grundrechten im Recht der Europäischen Gemeinschaften, in: Deutsche Sektion der Internationalen Juristenkommission (Hrsg.), Der Grundrechtsschutz im Europäischen Gemeinschaftsrecht, Heidelberg 1982, S. 35-55.

Lambers, Hans-Jürgen, Subsidiarität in Europa – Allheilmittel oder juristische Leerformel?, EuR 1993, 229-242.

Längle, Sabine, Sanktionen der „14“ und Staatshaftung, ecolex 2000, 274-275.

Langrish, Sally, The Treaty of Amsterdam: Select Highlights, ELRev 23 (1998), 3-19.

Läufer, Thomas, (Organe der EG-Rechtsetzung) Die Organe der EG-Rechtsetzung und Haushaltsverhalten zwischen Kooperation und Konflikt, ein Beitrag zur institutionellen Praxis der EG, Bonn 1990.

Lauterpacht, Hersch, Recognition in International Law, Cambridge 1948.

Lecheler, Helmut, (Allgemeine Rechtsgrundsätze) Der Europäische Gerichtshof und die allgemeinen Rechtsgrundsätze, Berlin 1971.

Leidenmühler, Franz, Die Aussetzung der Stimmrechte der Mitgliedstaaten der Europäischen Union nach Art F.1 des Vertrages von Amsterdam, Die Union 1/1998, 97-110.

- Zur Legalität der Maßnahmen gegen die österreichische Bundesregierung, Rechtsfragen aus Anlass der internationalen Reaktionen auf die Regierungsbildung eines Mitgliedstaates der EU, ZÖR 2000, 299-322.

Lenz, Carl Otto, Gemeinsame Grundlagen und Grundwerte des Rechts der Europäischen Gemeinschaften, ZRP 1988, 449-453.

Lenz, Carl Otto (Hrsg.), EG-Vertrag, Kommentar zu dem Vertrag zur Gründung der Europäischen Gemeinschaften, in der durch den Amsterdamer Vertrag geänderten Fassung, 2. Auflage, Köln/Basel/Wien 1999.

Leser, Norbert, Österreich bleibt ein Teil Europas, Zur Lage Österreichs im beginnenden Jahrtausend, Europäische Rundschau 2000/2, 35-42.

Lück, Michael, (Gemeinschaftstreue) Die Gemeinschaftstreue als allgemeines Rechtsprinzip im Recht der Europäischen Gemeinschaft, Ein Vergleich zur Bundestreue im Verfassungsrecht der Bundesrepublik Deutschaland, Baden-Baden 1992.

Lücke, Jörg, (Begründungszwang und Verfassung) Begründungszwang und Verfassung, zur Begründungspflicht der Gerichte, Behörden und Parlamente, Tübingen 1987.

Ludlow, Peter (Ed.), Preparing for 1996 and a Larger European Union: Principles and Priorities, CEPS Special Report No. 6/1995.

Luther, Kurt Richard, Austria: A Democracy under Threat from the Freedom Party, Parliamentary Affairs (53) 2000, 426-442.

Mahlmann, Matthias, Die Grundrechtscharta der Europäischen Union, ZEuS 2000, 419-444.

Malanczuk, Peter, Zur Repressalie im Entwurf der International Law Commission zur Staatenverantwortlichkeit, ZaöRV 45 (1985), 293-323.

- Akehurst's Modern Introduction to International Law, 7th edition, London/New York 1997.

Malawer, Stuart S., International Law, European Community Law and the Rule of Reason, JWTL 8 (1974), 476-489.

Manin, Philippe, The Treaty of Amsterdam, CJEL 4 (1998), 1-26.

Marschik, Axel, Subsysteme im Völkerrecht, Ist die Europäische Union ein „Self-Contained Regime"?, Berlin 1997.

Martenczuk, Bernd, Die differenzierte Integration nach dem Vertrag von Amsterdam, ZEuS 1998, 447-474.

Maunz, Theodor/Dürig, Günter, (GG I) Grundgesetz, Kommentar, Band I, Art. 1-11, Loseblatt, München, 41. Ergänzungslieferung – Stand Oktober 2002.

Maurer, Hartmut, Staatsrecht, Grundlagen, Verfassungsorgane, Staatsfunktionen, München 2001.

Mayer, Heinz, (B-VG) Das österreichische Bundes-Verfassungsrecht, B-VG, F-VG, Grundrechte, Verfassungsgerichtsbarkeit, Verwaltungsgerichtsbarkeit, Kurzkommentar, 3. Auflage, Wien 2002.

Mayer-Tasch, Peter Cornelius (Hrsg.), Die Verfassungen der nicht-kommunistischen Staaten Europas, mit einem Essay, verfassungsgeschichtlichen Abrissen und einem vergleichenden Sachregister, 2. Auflage, München 1975.

Meier, Gert, Die Beendigung der Mitgliedschaft in der Europäischen Union, NJW 1974, 391-394.

Meng, Werner, (Das Recht der Internationalen Organisationen) Das Recht der Internationalen Organisationen – eine Entwicklungsstufe des Völkerrechts, zugleich eine Untersuchung zur Rechtsnatur des Rechtes der Europäischen Gemeinschaften, Baden-Baden 1979.

Merlingen, Michael/Mudde, Cas/Sedelmeier, Ulrich, Constitutional Politics and the "Embedded Acquis Communautaire": The Case of the EU Fourteen Against the Austrian Government, Constitutionalism Web-Papers 4/2000, abrufbar unter: http://www.qub.ac.uk/schools/SchoolofPoliticsInternationalStudies/FileStore/ConWEBFiles/Filestoupload,5330,en.pdf.

\- The Right and Righteous?, European Norms, Domestic Politics and the Sanctions Against Austria, JCMSt 39 (2001), 59-77.

Meron, Theodor, On the Relationship between Settlement of Disputes Procedures and Remedies in Human Rights Treaties and other Procedures and Remedies, in: Haller, Walter/Kölz, Alfred/Müller, Georg/Thürer, Daniel (Hrsg.), Im Dienst an der Gemeinschaft, Festschrift für Dietrich Schindler zum 65. Geburtstag, Basel/Frankfurt am Main 1989, S. 109-114.

Merten, Detlef, Subsidiarität als Verfassungsprinzip, in: Merten, Detlef (Hrsg.), Die Subsidiarität Europas, 2. Auflage, Berlin 1994, S. 77-96.

Meyer, Jürgen/Hölscheidt, Sven, Die Europäische Verfassung des Europäischen Konvents, EuZW 2003, 613-621.

Mock, Alois, Kritik an der Europäischen Union: Niedergang des Europäischen Wertekatalogs?, Global View 4/2000, 18-19.

Mögele, Rudolf, Neuere Entwicklungen im Recht der Europäischen Gemeinschaften, BayVBl N.F. 1993, 129-140.

Mosler, Hermann, National- und Gemeinschaftsinteressen im Verfahren des EWG-Ministerrats, Die Beschlüsse der außerordentlichen Tagung des EWG-Rates in Luxemburg vom 29. Januar 1966, ZaöRV 26 (1966), 1-32.

Müller-Graff, Peter-Christian, Der Post-Nizza-Prozess, Auf dem Weg zu einer neuen europäischen Verfassung?, integration 2001, 208-221.

Müller-Graff, Peter-Christian/Riedel, Eibe (Hrsg.), Gemeinsames Verfassungsrecht in der Europäischen Union, Baden-Baden 1998.

Müller-Heidelberg, Till, Schutzklauseln im Europäischen Gemeinschaftsrecht (mit Ausnahme des Agrarrechts), Hamburg 1970.

Müller-Ibold, Till, (Begründungspflicht) Die Begründungspflicht im europäischen Gemeinschaftsrecht und im deutschen Recht, Eine rechtsvergleichende Untersuchung, Frankfurt am Main/Bern/New York/Paris 1990.

Münch, Ingo von/Kunig, Philipp (Hrsg.), (GG I) Grundgesetz-Kommentar, Band 1, Präambel bis Art. 19, 5. Auflage, München 2000.

Münz, Rainer, Innenpolitisch viel, außenpolitisch wenig Spielraum, Europäische Rundschau 2000/2, 43-47.

Nenning, Günther, „Und bis dahin seyd heiter und muthig...“, Europäische Rundschau 2000/2, 53-56.

Neuhold, Hanspeter, Internationale Konflikte – verbotene und erlaubte Mittel ihrer Austragung, Versuche einer transdisziplinären Betrachtung der Grundsätze des Gewalt- und Interventionsverbots sowie der friedlichen Streitbeilegung im Lichte der UN-Prinzipiendeklaration 1970 und der modernen Sozialwissenschaften, Wien/New York 1977.

- Die Prinzipien des „KSZE-Dekalogs“ und der „Friendly-Relations-Deklaration“ der UNO-Generalversammlung, Ein Vergleich aus transdisziplinärer Sicht, in: Simma, Bruno/Blenk-Knocke, Edda (Hrsg.), Zwischen Intervention und Zusammenarbeit, Interdisziplinäre Arbeitsergebnisse zu Grundfragen der KSZE, Berlin 1979, S. 441-502.

Neuhold, Hanspeter/Hummer, Waldemar/Schreuer, Christoph (Hrsg.), (Völkerrecht I) Österreichisches Handbuch des Völkerrechts, Band 1: Textteil, 2. Auflage, Wien 1991.

Nicolaysen, Gert, Zur Theorie von den implied powers in den Europäischen Gemeinschaften, EuR 1966, 129-142.

- Europarecht I, Band 1, Die europäische Integrationsverfassung, 2. Auflage, Baden-Baden 2002.

Nolte, Georg, Eingreifen auf Einladung, Zur völkerrechtlichen Zulässigkeit des Einsatzes fremder Truppen im internen Konflikt auf Einladung der Regierung, Berlin/Heidelberg/New York 1999.

Nowak, Manfred, (Human Rights “Conditionality”) Human Rights “Conditionality” in Relation to Entry to, and Full Participation in, the EU, in: Alston, Philip (Ed.), The EU and Human Rights, Oxford 1999, S. 687-698.

- Menschenrechte als Grundlage der EU-Wertegemeinschaft, Artikel 6 und 7 EUV in der Fassung von Nizza, Die Union 1/2001, 7-20.

Nuffel, Pieter van, Le traité de Nice – Un commentaire, RDUE 2/2001, 329-387.

Obwexer, Walter, Status quo des Grundrechtsschutzes in der Europäischen Union, in: Hummer, Waldemar/Schweitzer, Michael (Hrsg.), Österreich und das Recht der Europäischen Union, Wien 1996, S. 53-79.

- Die Regierungskonferenz 2000, europa-blätter 2000, 11-18.

- Der Vertrag von Nizza, ecolex 2001, 324-330.

Öhlinger, Theo, Verfassungsrecht, 4. Auflage, Wien 1999.

Oppermann, Thomas, Europarecht, ein Studienbuch, 2. Auflage, München 1999.

- Vom Nizza-Vertrag 2001 zum Europäischen Verfassungskonvent 2002/2003, DVBl 2003, 1-10.

- Eine Verfassung für die Europäische Union, – Der Entwurf des Europäischen Konvents –, 1. Teil, DVBl 2003, 1165-1176.

- Eine Verfassung für die Europäische Union, – Der Entwurf des Europäischen Konvents –, 2. Teil, DVBl 2003, 1234-1246.

Ortlepp, Beate Christina, (Vertragsverletzungsverfahren) Das Vertragsverletzungsverfahren als Instrument zur Sicherung der Legalität im Europäischen Gemeinschaftsrecht, Baden-Baden 1987.

Ost, Nina, Flexibilität des Gemeinschaftsrechts – Vom Notantrieb zum Vertragsprinzip?, DÖV 1997, 495-503.

Österreichische Gesellschaft für Politikwissenschaft, Konferenz Österreich in Europa, Isoliert in der Gemeinschaft?, Wien, 13. Oktober 2000, Abstracts.

Pache, Eckhard/Schorkopf, Frank, Der Vertrag von Nizza, Institutionelle Reform zur Vorbereitung der Erweiterung, NJW 2001, 1377-1386.

Palme, Christoph, Das Berlusconi-Regime im Lichte des EU-Rechts, Blätter für deutsche und internationale Politik 2003, 456-464.

Partsch, Karl-Josef, Von der Würde des Staates, Bonner Antrittsvorlesung vom 18. Februar 1967, Tübingen 1967.

Pauly, Walter, Strukturfragen des unionsrechtlichen Grundrechtsschutzes – zur konstitutionellen Bedeutung von Art. F Abs. 2 EUV, EuR 1998, 242-262.

Pechstein, Matthias, Die Mitgliedstaaten der EG als „Sachwalter des gemeinsamen Interesses“, Gesetzgebungsnotstand im Gemeinschaftsrecht, Baden-Baden 1987.

- Die Justitiabilität des Unionsrechts, EuR 1999, 1-26.

Pechstein, Matthias/Koenig, Christian, Die Europäische Union, 3. Auflage, Tübingen 2000.

Pelinka, Anton, Österreich und Europa, Zur Isolierung eines Landes, Europäische Rundschau 2000/1, 3-8.

- Österreich und Europa, Wie „westlich“ ist die österreichische Demokratie? – Die „EU-Sanktionen“ aus politikwissenschaftlicher Sicht, in: Hummer, Waldemar/Pelinka, Anton, Österreich unter „EU-Quarantäne“, Die „Maßnahmen der 14“ gegen die österreichische Bundesregierung aus politikwissenschaftlicher und juristischer Sicht, Chronologie, Kommentar, Dokumentation, Wien 2002, S. 23-48.

Pelinka, Anton/Plasser, Fritz/Meixner, Wolfgang (Hrsg.), Die Zukunft der österreichischen Demokratie: Trends, Prognosen und Szenarien, Wien 2000.

Pepe, Renata, Il "caso Austria", cronaca politico-costituzionale, in: Atripaldi, Vincenzo/Miccù, Roberto (Hrsg.), L'omogeneità costituzionale nell' Unione europea dopo il "caso Austria" e la Carta dei diritti fondamentali, Padova 2003, S. 137-155.

Pernice, Ingolf, Europäische Union: Gefahr oder Chance für den Föderalismus in Deutschland, Österreich und der Schweiz?, DVBl 1993, 909-924.

- Eine Grundrechte-Charta für die Europäische Union, DVBl 2000, 847-859.

- Kompetenzabgrenzung im europäischen Verfassungsverbund, JZ 2000, 866-876.

Pernthaler, Peter/Hilpold, Peter, Sanktionen als Instrument der Politikkontrolle – der Fall Österreich, integration 2000, 105-119.

Pescatore, Pierre, Das Zusammenwirken der Gemeinschaftsrechtsordnung mit den nationalen Rechtsordnungen, EuR 1970, 307-323.

- L'ordre juridique des Communautés européennes, Etude des sources du droit communautaire, 2ème édition, Liège 1973.

- Aspects judiciaires de l'„acquis communautaire“, Rev. Europ. 1981, 617 ff.

- Die neue europäische Architektur – Maastricht und danach?, Cahiers de l' IDHEAP No. 90, 1992, S. 19 ff.

Peters, Anne, Elemente einer Theorie der Verfassung Europas, Berlin 2001.

Pietrzykowski, Tomasz/Migalski, Marek, A Matter of Interest: The Polish attitude towards the EU-Austria dispute, in: Busek, Erhard/Schauer, Martin (Hrsg.), Eine Europäische Erregung, Die „Sanktionen" der Vierzehn gegen Österreich im Jahr 2000, Analysen und Kommentare, Wien 2003, S. 109-117.

Piringer, Kurt, (FPÖ-Entwicklung) Chronologie der FPÖ-Entwicklung 1986 bis Jahresmitte 2000, in: Höbelt, Lothar (Hrsg.), Republik im Wandel, Die große Koalition und der Aufstieg der Haider-FPÖ, München 2001, S. 356-459.

Plasser, Fritz/Ulram, Peter A./Sommer, Franz, (Nationalratswahl 1999) Analyse der Nationalratswahl 1999, Muster, Trends und Entscheidungsmotive, Wien 1999.

Pleuger, Gunter, Der Vertrag von Nizza: Gesamtbewertung und Ergebnisse, integration 2001, 1-7.

PONS, Fachwörterbuch Recht, Englisch-Deutsch/Deutsch-Englisch, von: Collin, P.H./Janssen, Sigrid/Kornmüller, Anke/Livesey, Rupert, 2. Auflage, Stuttgart/Düsseldorf/Leipzig 1998.

Pott, Hermann, Clausula rebus sic stantibus, ein Versuch ihres Wesens, ihrer Voraussetzungen und ihrer Rechtsfolgen (Art. 62 WVK), Frankfurt am Main et al. 1992.

Puntscher-Riekmann, Sonja, Es ist vorbei. Ist es vorbei?, in: Busek, Erhard/ Schauer, Martin (Hrsg.), Eine Europäische Erregung, Die „Sanktionen" der Vierzehn gegen Österreich im Jahr 2000, Analysen und Kommentare, Wien 2003, S. 119-122.

Rat der Europäischen Union (Hrsg.), Handbuch für den Rat – I. Leitfaden für den Vorsitz, 2. Auflage, Luxemburg: Amt für amtliche Veröffentlichungen der Europäischen Gemeinschaften 2002.

Regan, Eugene, Are EU sanctions against Austria legal?, ZÖR 2000, 323-336.

Regelsberger, Elfriede, Gemeinsame Außen- und Sicherheitspolitik nach Maastricht, Minimalreformen in neuer Entwicklungsperspektive, integration 1992, 83-93.

- Gemeinsame Außen- und Sicherheitspolitik, in: Weidenfeld, Werner/ Wessels, Wolfgang (Hrsg.), Jahrbuch der Europäischen Integration 1996/97, S. 215-224.

Reich, Dietmar O., Rechte des Europäischen Parlaments in Gegenwart und Zukunft, Berlin 1999.

Reich, Norbert, (Bürgerrechte in der EU) Bürgerrechte in der Europäischen Union, subjektive Rechte von Unionsbürgern und Drittstaatsangehörigen unter besonderer Berücksichtigung der Rechtslage nach der Rechtsprechung des EuGH und dem Vertrag von Amsterdam, Baden-Baden 1999.

Rengeling, Hans-Werner, (Grundrechtsschutz in der EG) Grundrechtsschutz in der Europäischen Gemeinschaft, Bestandsaufnahme und Analyse der Rechtsprechung des Europäischen Gerichtshofes zum Schutz der Grundrechte als allgemeine Rechtsgrundsätze, München 1993.

Ress, Georg, Die Europäische Union und die neue juristische Qualität der Beziehungen zu den Europäischen Gemeinschaften, JuS 1992, 985-991.

- Ist die Europäische Union eine juristische Person?, in: Ress, Georg/ Schwarze, Jürgen/Stein, Torsten (Hrsg.), Die Organe der Europäischen Union im Spannungsfeld zwischen Gemeinschaft und Zusammenarbeit, Europarecht Beiheft 2/1995, Baden-Baden 1995, S. 27-40.

Riedel, Norbert K., Der Konvent zur Zukunft Europas, Die Erklärung von Laeken zur Zukunft der Europäischen Union, ZRP 2002, 241-247.

Rodríguez Iglesias, Gil Carlos, Zur „Verfassung" der Europäischen Gemeinschaft, EuGRZ 1996, 125-131.

- Gedanken zum Entstehen einer europäischen Rechtsordnung, NJW 1999, 1-9.

Romain, Alfred/Bader, Hans Anton/Byrd, B. Sharon, (Dictionary) Wörterbuch der Rechts- und Wirtschaftssprache, Teil I, Englisch-Deutsch, 5. Auflage, München/Basel/Wien 2000.

Ronge, Frank, (Hrsg.), In welcher Verfassung ist Europa – Welche Verfassung für Europa?, Baden-Baden 2001.

Rossi, Lucia Serena, La "reazione comune" degli Stati membri dell'Unione europea nel caso Haider, in: Busek, Erhard/Schauer, Martin (Hrsg.), Eine Europäische Erregung, Die „Sanktionen" der Vierzehn gegen Österreich im Jahr 2000, Analysen und Kommentare, Wien 2003, S. 379-382.

Rotter, Manfred, Die Abgrenzung zwischen völkerrechtlichem Vertrag und außerrechtlicher zwischenstaatlicher Abmachung, Zu Art. 2 (1) a der Vienna Convention on the Law of Treaties 1969, in: Marcic, René/Mosler, Hermann/Suy, Erik/Zemanek, Karl (Hrsg.), Internationale Festschrift für Alfred Verdross zum 80. Geburtstag, München/Salzburg 1971, S. 413-434.

- Analyse der Sanktionen der 14, Die völkerrechtliche und gemeinschaftsrechtliche Dimension, Europäische Rundschau 2000/3, 21-37.

Rudolf, Walter, Die Bundesstaatlichkeit in der Rechtsprechung des Bundesverfassungsgerichts, in: Strack, Christian (Hrsg.), Bundesverfassungsgericht und Grundgesetz, Festgabe aus Anlaß des 25jährigen Bestehens des Bundesverfassungsgerichts, Zweiter Band, Tübingen 1976, S. 233-251.

Rupp, Hans G., Zum Problem der Bundestreue im Bundesstaat, in: Eschenberg, Theodor/Heuss, Theodor/Zinn Georg-August (Hrsg.), Festgabe für Carlo Schmid zum 65. Geburtstag, Tübingen 1962, S. 141-152.

Rupp, Hans Heinrich, Bemerkungen zum europarechtlichen Schutz der „nationalen Identität" der EU-Mitgliedstaaten, in: Arndt, Hans-Wolfgang/Knemeyer, Franz-Ludwig/Kugelmann, Dieter/Meng, Werner/Schweitzer, Michael (Hrsg.), Völkerrecht und deutsches Recht, Festschrift für Walter Rudolf zum 70. Geburtstag, München 2001, S. 173-187.

Scelle, Georges, Le phénomène juridique du dédoublement fonctionnel, in: Schätzel, Walter/Schlochauer, Hans-Jürgen (Hrsg.), Rechtsfragen der Internationalen Organisation, Festschrift für Hans Wehberg zu seinem 70. Geburtstag, Frankfurt am Main 1956, S. 324-342.

Schäffer, Heinz, Österreichs Beteiligung an der Willensbildung in der Europäischen Union, insbesondere an der europäischen Rechtssetzung, ZÖR 1996, 3-73.

Schallenberg, Alexander/Thun-Hohenstein, Christoph, (Die EU-Präsidentschaft Österreichs) Die EU-Präsidentschaft Österreichs, Eine umfassende Analyse und Dokumentation des zweiten Halbjahres 1998, Wien 1999.

Scharpf, Fritz W., Die Politikverflechtungsfalle: Europäische Integration und deutscher Föderalismus im Vergleich, Politische Vierteljahresschrift XXVI (1985), 323-356.

Scheffler, Hans-Hermann, (Pflicht zur Begründung) Die Pflicht zur Begründung von Maßnahmen nach den europäischen Gemeinschaftsverträgen, Berlin 1974.

Schermers, Henry G./Blokker, Niels M., International Institutional Law, Unity within diversity, 3rd edition, The Hague/London/Boston 1995.

Schilling, Theodor, Bestand und allgemeine Lehren der bürgerschützenden allgemeinen Rechtsgrundsätze des Gemeinschaftsrechts, EuGRZ 2000, 3-43.

Schima, Bernhard, (Subsidiaritätsprinzip) Das Subsidiaritätsprinzip im Europäischen Gemeinschaftsrecht, Wien 1994.

- Der Schutz der Menschenrechte durch den Europäischen Gerichtshof, Die Union 1/2001, 33-43.

Schlochauer, Hans-Jürgen (Hrsg.), Wörterbuch des Völkerrechts, Erster Band, Aachener Kongress bis Hussar-Fall, 2. Auflage, Berlin 1960.

- Wörterbuch des Völkerrechts, Dritter Band, Rapallo-Vertrag bis Zypern, 2. Auflage, Berlin 1962.

Schmahl, Stefanie, Die Kulturkompetenz der Europäischen Gemeinschaft, Baden-Baden 1996.

- Die Reaktionen auf den Einzug der Freiheitlichen Partei Österreichs in das österreichische Regierungskabinett – Eine europa- und völkerrechtliche Analyse –, EuR 2000, 819-835.

Schmitt Glaeser, Alexander, (Grundgesetz und Europarecht) Grundgesetz und Europarecht als Elemente des europäischen Verfassungsrechts, Berlin 1996.

Schmitt Glaeser, Walter, (Freiheitlicher Verfassungsstaat) Ethik und Wirklichkeitsbezug des freiheitlichen Verfassungsstaates, Berlin 1999.

Schmitt von Sydow, Helmut, Liberté, démocratie, droits fondamentaux et Etat de droit: analyse de l'article 7 du traité UE, RDUE 2/2001, 285-328.

Schmitz, Thomas, (Supranationale Union) Integration in der Supranationalen Union, Das europäische Organisationsmodell einer prozeßhaften geo-regionalen Integration und seine rechtlichen und staatstheoretischen Implikationen, Baden-Baden 2001.

Schneider, Heinrich, Österreich in Acht und Bann – ein Schritt zur politisch integrierten „Wertegemeinschaft?", integration 2000, 120-148.

- Der Faktor „Partei" bei den Sanktionen der 14 gegen Österreich, in: Chardon, Matthias et al. (Hrsg.), Regieren unter neuen Herausforderungen, Deutschland und Europa im 21. Jahrhundert, Festschrift für Rudolf Hrbek zum 65. Geburtstag, Baden-Baden 2003, S. 123-134.

Schockweiler, Fernand, L'exécution des arrêts de la Cour, in: Capotorti, Francesco/Ehlermann, Claus-Dieter/Frowein, Jochen Abraham/Jacobs, Francis G. et al. (Hrsg.), Du droit international au droit de l'intégration, Liber Amicorum Pierre Pescatore, Baden-Baden 1987, S. 614 ff.

Scholz, Rupert, Der europäische Rechtsstaat, in: Baur, Jürgen F./Hopt, Klaus J./ Mailänder, K. Peter (Hrsg.), Festschrift für Ernst Steindorff zum 70. Geburtstag am 13. März 1990, Berlin/New York 1990, S. 1413-1435.

Schön, Wolfgang, Mindestharmonisierung im europäischen Gesellschaftsrecht, ZHR 160 (1996), 221-249.

Schorkopf, Frank, (Homogenität in der EU) Homogenität in der Europäischen Union – Ausgestaltung und Gewährleistung durch Art. 6 Abs. 1 und Art. 7 EUV, Berlin 2000.

- Verletzt Österreich die Homogenität in der Europäischen Union?, Zur Zulässigkeit der „bilateralen" Sanktionen gegen Österreich, DVBl 2000, 1036-1044.

- (Maßnahmen der XIV) Die Maßnahmen der XIV EU-Mitgliedstaaten gegen Österreich, Möglichkeiten und Grenzen einer „streitbaren Demokratie" auf europäischer Ebene, Berlin/Heidelberg 2002.

Schröder, Meinhard, Vertikale Kompetenzverteilung und Subsidiarität im Konventsentwurf für eine europäische Verfassung, JZ 2004, 8-13.

Schulmeister, Paul, Berliner Sackgasse, Zwischen Österreich-Sanktionen und EU-Reformen, Europäische Rundschau 2000/2, 3-12.

Schütz, Raimund, Europaweite Freizügigkeit ohne demokratische Kontrolle? Überwachung der Anwendung der Schengen II-Konvention durch die nationalen Parlamente, AöR 120 (1995), 509-548.

Schwartz, Ivo, Übereinkommen zwischen den EG-Staaten: Völkerrecht oder Gemeinschaftsrecht?, in: Kroneck, Friedrich J./Oppermann, Thomas (Hrsg.), Im Dienste Deutschlands und des Rechtes: Festschrift für Wilhelm G. Grewe zum 70. Geburtstag am 16. Oktober 1981, Baden-Baden 1981, S. 551-607.

- Subsidiarität und EG-Kompetenzen, Der neue Titel „Kultur“, Medienvielfalt und Binnenmarkt, AfP 1992/93, 409-421.

- EG-Kompetenzen für den Binnenmarkt: Exklusiv oder konkurrierend/ subsidiär?, in: Due, Ole/Lutter, Marcus/Schwarze, Jürgen (Hrsg.), Festschrift für Ulrich Everling, Band II, Baden-Baden 1995, S. 1331-1354.

Schwarze, Jürgen, Das allgemeine Völkerrecht in den innergemeinschaftlichen Rechtsbeziehungen, EuR 1983, 1-39.

- Das Recht als Integrationsinstrument, in: Capotorti, Francesco/Ehlermann, Claus-Dieter/Frowein Jochen Abraham/Jacobs, Francis G. et al. (Hrsg.), Du droit international au droit de l'intégration, Liber Amicorum Pierre Pescatore, Baden-Baden 1987, S. 637 ff.

- Die Europäische Dimension des Verfassungsrechts, in: Schwarze, Jürgen (Hrsg.), Verfassungsrecht und Verfassungsgerichtsbarkeit im Zeichen Europas, Baden-Baden 1998, S. 137-167.

- Auf dem Wege zu einer europäischen Verfassung – Wechselwirkungen zwischen europäischem und nationalem Verfassungsrecht, DVBl 1999, 1677-1689.

- Ein pragmatischer Verfassungsentwurf – Analyse und Bewertung des vom Europäischen Verfassungskonvent vorgelegten Entwurfs eines Vertrages über eine Verfassung für Europa –, EuR 2003, 535-573.

Schwarze, Jürgen (Hrsg.), EU-Kommentar, Baden-Baden 2000.

Schwarzenegger, Peter, Bilateraler Boykott – Gemeinschaftsrechtliche Staatshaftung, ZfRV 2000, 124-130.

Schweisfurth, Theodor, Zur Frage der Rechtsnatur, Verbindlichkeit und völkerrechtlichen Relevanz der KSZE-Schlußakte, Ein Diskussionsbeitrag zum Phänomen der außerrechtlichen (non-legal) zwischenstaatlichen Abmachung, ZaöRV 36 (1976), 681-726.

Schweitzer, Michael, Sanktionen gegen Österreich: Rechtliche Analyse des Vorgehens auf dem europäischen Parkett, Background Europe 71 (2000), 1 ff.

Schweitzer, Michael/Hummer, Waldemar, Europarecht, das Recht der Europäischen Union; das Recht der Europäischen Gemeinschaften (EGKS, EG, EAG) – mit Schwerpunkt EG, 5. Auflage, Neuwied/Kriftel/Berlin 1996.

Seidl-Hohenveldern, Ignaz (Hrsg.), Lexikon des Rechts/Völkerrecht, 3. Auflage, Neuwied/Kriftel/Berlin 2001.

Seidl-Hohenveldern, Ignaz/Loibl, Gerhard, (Recht der Internationalen Organisationen) Das Recht der Internationalen Organisationen einschließlich der Supranationalen Gemeinschaften, 7. Auflage, Köln/Berlin/Bonn/München 2000.

Seidl-Hohenveldern, Ignaz/Stein, Thorsten, Völkerrecht, 10. Auflage, Köln/Berlin/Bonn/München 2000.

Siegler, Heinrich von, (Dokumentation der Europäischen Integration) Dokumentation der Europäischen Integration mit besonderer Berücksichtigung des Verhältnisses EWG – EFTA, Band I, Von der Züricher Rede Winston Churchills 1946 bis zur Bewerbung Großbritanniens um Mitgliedschaft bei der EWG 1961, Bonn/Wien/Zürich 1961.

Simma, Bruno, Zum Rücktrittsrecht wegen Vertragsverletzung nach der Wiener Konvention von 1969, in: Kipp, Heinrich/Mayer, Franz/Steinkamm, Armin (Hrsg.), Um Recht und Freiheit, Festschrift für Friedrich August Freiherr von der Heydte zur Vollendung des 70. Lebensjahres, Berlin 1977, S. 615-630.

- Self-contained régimes, NYIL 16 (1985), 111 ff.

Simma, Bruno (Ed.), (The Charter of the United Nations I) The Charter of the United Nations, A Commentary, Volume I, 2nd edition, München 2002.

Simma, Bruno/Fastenrath, Ulrich, (Menschenrechte) Menschenrechte – ihr internationaler Schutz, 3. Auflage, München 1992.

Smit, Hans/Herzog, Peter E., The Law of the European Community, A Commentary on the EEC Treaty, Volume 1, New York/San Francisco, Filed Through: Release No. 40, July 2001.

- The Law of the European Community, A Commentary on the EEC Treaty, Volume 6, New York/San Francisco, Filed Through: Release No. 37, October 1999.

Smith, Anthony D., National Identity and the Idea of European Unity, International Affairs 1992, 55-76.

Soldatos, Panayotis, Durée et Dénonciation des Traités de Rome, Revue de droit international de science diplomatique et politique 47 (1969), 257-270.

Söllner, Renate, Art. 5 EWG-Vertrag in der Rechtsprechung des Europäischen Gerichtshofes, München 1985.

Speer, Benedikt, Die Europäische Union als Wertegemeinschaft, Wert- und rechtskonformes Verhalten als konditionierendes Element der Mitgliedschaft, DÖV 2001, 980-988.

Spinelli, Altiero, Die parlamentarische Initiative zur Europäischen Union, EA 1983, 739-746.

Stein, Torsten, Die regionale Durchsetzung völkerrechtlicher Verpflichtungen, ZaöRV 47 (1987), 95-112.

- Die rechtlichen Reaktionsmöglichkeiten der Europäischen Union bei schwerwiegender und anhaltender Verletzung der demokratischen und rechtsstaatlichen Grundsätze in einem Mitgliedstaat, in: Götz, Volkmar/Selmer, Peter/Wolfrum, Rüdiger (Hrsg.), Liber amicorum Günther Jaenicke – Zum 85. Geburtstag, Berlin/Heidelberg/New York 1998, S. 871-898.

- (Kreuzzug gegen Österreich) Der Kreuzzug der Vierzehn gegen Österreich, in: Arbeitspapier der Konrad-Adenauer-Stiftung, Die Europäische

Union und Österreich, Vom Umgang mit einem europäischen Staat, Rechtliche Grundlagen und politische Praxis, Juli 2000, S. 7-14.

Steindorff, Ernst, Quo vadis Europa?, Freiheiten, Regulierung und soziale Grundrechte nach den erweiterten Zielen der EG-Verfassung, in: Forschungsinstitut für Wirtschaftsverfassung und Wettbewerb e.V. (Hrsg.), Weiterentwicklung der Europäischen Gemeinschaften und der Marktwirtschaft – Referate des XXV. FIW-Symposions, Köln/Berlin/Bonn/ München 1992, S. 11-86.

- EG-Vertrag und Privatrecht, Baden-Baden 1996.

Stern, Klaus, Grundideen europäisch-amerikanischer Verfassungsstaatlichkeit, Festvortrag, gehalten aus Anlaß der Feier des 125jährigen Bestehens der Juristischen Gesellschaft zu Berlin am 21. Mai 1984, Berlin et al. 1984.

- (Staatsrecht I) Das Staatsrecht der Bundesrepublik Deutschland, Band I, Grundbegriffe und Grundlagen des Staatsrechts, Strukturprinzipien der Verfassung, 2. Auflage, München 1984.

Streinz, Rudolf, Europarecht, 5. Auflage, Heidelberg 2001.

Streinz, Rudolf (Hrsg.), EUV/EGV, Vertrag über die Europäische Union und Vertrag zur Gründung der Europäischen Gemeinschaft, München 2003.

Suppan, Arnold, The current political crisis in Austria and the international response, in: Busek, Erhard/Schauer, Martin (Hrsg.), Eine Europäische Erregung, Die „Sanktionen" der Vierzehn gegen Österreich im Jahr 2000, Analysen und Kommentare, Wien 2003, S. 169-176.

Teske, Horst, Die Sanktion von Vertragsverstößen im Gemeinschaftsrecht, EuR 1992, 265-286.

Theissen, Robert, Der Ausschuß der Regionen (Art. 198 a – c EG-Vertrag), Einstieg der Europäischen Union in einen kooperativen Regionalismus?, Berlin 1996.

Thienel, Rudolf, Verfassungsfragen der Volksbefragung nach Art. 49 b B-VG, Dargestellt am Beispiel der geplanten EU-Volksbefragung, JRP 2000, 327-347.

Thun-Hohenstein, Christoph, Der Vertrag von Amsterdam, Die neue Verfassung der EU, Der neue EG-Vertrag, Der neue EU-Vertrag, Erläuterungen der neuen Bestimmungen, Wien/München/Bern 1997.

Thun-Hohenstein, Christoph/Cede, Franz, Europarecht, das Recht der Europäischen Union unter der Berücksichtigung der EU-Mitgliedschaft Österreichs, 3. Auflage, Wien 1999.

Tilch, Horst/Arloth, Frank (Hrsg.), Deutsches Rechts-Lexikon, Band 1: A-F, 3. Auflage, München 2001.

Toggenburg, Gabriel, La crisi austriaca: delicati equilibrismi sospesi tra molte dimensioni, Diritto pubblico comparato ed europeo 2001 (2), 734-756.

Tomasovsky, Daniela, Die sozialen Rechte im Primärrecht der EG, Die Union 1/2001, 21-32.

Tomuschat, Christian, Repressalie und Retorsion, Zu einigen Aspekten ihrer innerstaatlichen Durchführung, ZaöRV 33 (1973), 179-222.

- Der Verfassungsstaat im Geflecht der internationalen Beziehungen, VVDStRL 36 (1978), 7-63.

- Völkerrechtliche Schadensersatzansprüche vor dem EuGH, in: Baur, Jürgen F./Müller-Graff, Peter-Christian/Zuleeg, Manfred (Hrsg.), Europarecht – Energierecht – Wirtschaftsrecht, Festschrift für Bodo Börner zum 70. Geburtstag, München 1992, S. 441-458.

- Die Europäische Union unter der Aufsicht des Bundesverfassungsgerichts, EuGRZ 1993, 489-496.

Tretter, Hannes, Die Charta der Grundrechte der Europäischen Union – eine vergebene Chance oder Hoffnung?, Die Union 1/2001, 44-59.

Trüe, Christiane, (Verleihung von Rechtspersönlichkeit an die Europäische Union) Verleihung von Rechtspersönlichkeit an die Europäische Union und Verschmelzung zu einer einzigen Organisation – deklaratorisch oder konstitutiv?, Saarbrücken 1997.

Ukrow, Jörg, Die Fortentwicklung des Rechts der Europäischen Union durch den Vertrag von Amsterdam, ZEuS 1998, 141-181.

Ule, Carl Hermann/Laubinger, Hans-Werner, Verwaltungsverfahrensrecht, ein Lehrbuch für Studium und Praxis, 4. Auflage, Köln/Berlin/Bonn/München 1995.

Unruh, Peter, Die Unionstreue – Anmerkungen zu einem Rechtsgrundsatz der Europäischen Union –, EuR 2002, 41-66.

Unterberger, Andreas, Intoleranz und Heuchelei, Eine Antwort an Anton Pelinka und 14 europäische Regierungen, Europäische Rundschau 2000/2, 21-33.

Vedder, Christoph, (Einwirkungen des Europarechts) Einwirkungen des Europarechts auf das innerstaatliche Recht und auf internationale Verträge der Mitgliedstaaten: die Regelung der Doppelbesteuerung, in: Vogel, Klaus (Hrsg.), Europarecht und Internationales Steuerrecht, München 1994, S. 1-17.

Verdross, Alfred, Völkerrecht, 5. Auflage, Wien 1964.

- Der klassische Begriff des „bonum commune" und seine Entfaltung zum „bonum commune humanitatis", ÖZöRV 28 (1977), 143-162.

Verdross, Alfred/Simma, Bruno, Universelles Völkerrecht, Theorie und Praxis, 3. Auflage, Berlin 1984.

Verhoeven, Amaryllis, How Democratic need European Union members be? Some thoughts after Amsterdam, ELRev (23) 1998, 217-234.

Vitali, Francesco, Interazioni tra diritto, geopolitica e piani di comunicazione sul caso Haider e sulla riforma delle istituzioni europee, La comunità internazionale 55 (2000), 631-659.

Vitzthum, Wolfgang Graf von (Hrsg.), Völkerrecht, 2. Auflage, Berlin/New York 2001.

Wachsmann, Patrick, Les Droits de l'Homme, RTDE 33 (1997), 883-902.

Wägenbaur, Rolf, Die Erklärung von Laeken zur Zukunft der EU, EuZW 2002, 65.

Wal, Jessika ter, Racism and xenophobia, the discourse of the Freedom Party in the year 1999, Wien 2000.

Wallace, Helen, The presidency of the Council of Ministers of the European Community: Task and Evolution, in: O'Nuallain, Colm (Ed.), The presidency of the European Council of Ministers, impacts and implications for national governments, London et al. 1985, S. 1 ff.

Weber, Albrecht, (Schutznormen und Wirtschaftsintegration) Schutznormen und Wirtschaftsintegration, zur völkerrechtlichen, europarechtlichen und innerstaatlichen Problematik von Schutzklauseln und ordre-public-Vorbehalten, Baden-Baden 1982.

- Die Europäische Grundrechtscharta – auf dem Weg zu einer europäischen Verfassung, NJW 2000, 537-544.

Weiler, Joseph H. H., The Transformation of Europe, The Yale Law Journal 100 (1991), 2403-2483.

Weiler, Joseph H. H./Lockhart, Nicolas J. S., "Taking rights seriously" Seriously: The European Court and its fundamental rights jurisprudence, CMLR 32 (1995), 51-94 und 579-627.

Weinberger, Ota, Demokratietheoretische Betrachtungen über die EU-Sanktionen, ZÖR 2000, 337-346.

Wendt, Rudolf, Der Gleichheitssatz, NVwZ 1988, 778-786.

Wetzel, Ralf Günter/Rauschning, Dietrich, The Vienna Convention on the Law of Treaties – Travaux Préparatoires, Frankfurt am Main 1978.

White, Legal Consequences of Wrongful Acts in International Economic Law, NYIL 16 (1985), 162 ff.

White, State Responsibility in the Context of European Community Law, in: Cheng Bin/Brown E. D. (Ed.), Contemporary Problems of International Law, Essays in Honour of Georg Schwarzenberger on his Eightieth Birthday, London 1988, S. 306 ff.

Wiedmann, Thomas, Anmerkungen zum Vertrag von Nizza, JuS 2001, 846-851.

Wieland, Carl Paul (Hrsg.), Österreich in Europa: Analysen, Hintergründe und Erkenntnisse, Vorträge anläßlich des Symposiums in der Aula der Ludwig-Maximilians-Universität München, veranstaltet von der Österreichisch-Bayerischen Gesellschaft e.V. am 28 Oktober 2000, Mit einem Geleitwort von Benita Ferrero-Waldner, Wien/München 2001.

Wilhelm, Georg, EU-Rechtsschutz gegen die „EU-Sanktionen", ecolex 2000, 181.

Winkler, Günther, Europa quo vadis, Die Anatomie eines europäischen Willküraktes, Fassung vom 07. April 2000, ecolex 5/2000, Script 18.

- Europa quo vadis, Die Anatomie eines europäischen Willküraktes, erweiterte Fassung vom 15. Juli 2000, ZÖR 2000, 231-268.

Winkler, Roland, Der Rechtsschutz gegen Maßnahmen zur Sanktionierung eines EU-Mitgliedstaats wegen Verletzung europäischer Grundwerte und gegen die Maßnahmen der „EU-14", JRP 2000, 308-327.

Winkler, Hans/Schauer, Martin, (Die Maßnahmen gegen Österreich) Die Maßnahmen von 14 EU-Mitgliedstaaten gegen Österreich, in: Ginther, Konrad/Benedek, Wolfgang/Isak, Hubert/Kicker, Renate (Hrsg.), Völker- und Europarecht, 25. Österreichischer Völkerrechtstag, Schloss Seggauberg bei Leibnitz, 25. bis 27. Mai 2000, Wien 2001, S. 123-143.

Winter, Balduin, Der Fall Österreich, Wende in Schwarz-Blau, Blätter für deutsche und internationale Politik 2000, 322-326.

Wistrich, Robert S., Brief aus Wien, Europäische Rundschau 2000/2, 57-62.

Woelk, Jens, Die Verpflichtung zu Treue bzw. Loyalität als inhärentes Prinzip dezentralisierter Systeme?, ZÖR 1997, 527-549.

Wuermeling, Joachim, Die Gemeinschaftstreue und die Rechtsakte der Gesamtheit der Mitgliedstaaten der EG, zum EuGH-Urteil – Rs. 44/84, Hurd ./. Jones, EuR 1987, 237-243.

- Kooperatives Gemeinschaftsrecht, Die Rechtsakte der EG-Mitgliedstaaten, insbesondere die Gemeinschaftskonventionen nach Artikel 220 EWGV, Kehl/Straßburg/Arlington 1988.

Zeitler, Franz Christoph, Judicial Review und Judicial Restraint gegenüber der auswärtigen Gewalt, Eine verfassungsrechtliche Studie, JöR n.F. 25 (1976), 621-647.

Zellentin, Gerda, Doppelstrategien zwischen Lissabon und Brüssel, in: Busek, Erhard/Schauer, Martin (Hrsg.), Eine Europäische Erregung, Die „Sanktionen“ der Vierzehn gegen Österreich im Jahr 2000, Analysen und Kommentare, Wien 2003, S. 183-187.

Zemanek, Karl, The Unilateral Enforcement of International Obligations, ZaöRV 47 (1987), 32-43.

Zippelius, Reinhold, Der Gleichheitssatz, VVDStRL 47 (1989), 7-32.

Zoller, Elisabeth, Peacetime Unilateral Remedies, An Analysis of Countermeasures, New York 1984.

Zuleeg, Manfred, Die Kompetenzen der Europäischen Gemeinschaften gegenüber den Mitgliedstaaten, JöR n.F. 20 (1971), 1-64.

- Der Verfassungsgrundsatz der Demokratie und die Europäischen Gemeinschaften, Der Staat 17 (1978), 27-47.

- Der Bestand der Europäischen Gemeinschaft, in: Bieber, Roland/Bleckmann, Albert/Capotorti, Francesco et al. (Hrsg.), Das Europa der zweiten Generation, Gedächtnisschrift für Christoph Sasse, Band I, Baden-Baden 1981, S. 55-72.

- Demokratie und Wirtschaftsverfassung in der Rechtsprechung des Europäischen Gerichtshofes, EuR 1982, 21-29.

- Die Stellung der Länder und Regionen im europäischen Integrationsprozeß, DVBl 1992, 1329-1337.

- Die Europäische Gemeinschaft als Rechtsgemeinschaft, NJW 1994, 545-549.

- Der rechtliche Zusammenhalt der Europäischen Gemeinschaft, in: Blomeyer, Wolfgang/Schachtschneider, Karl Albrecht (Hrsg.), Die Europäische Union als Rechtsgemeinschaft, Berlin 1995, S. 9-36.

- Die föderativen Grundsätze der Europäischen Union, NJW 2000, 2846-2851.

- Zum Verhältnis nationaler und europäischer Grundrechte, Funktionen einer EU-Charta der Grundrechte, EuGRZ 2000, 511-517.

Öffentliches und Internationales Recht

Herausgegeben von Udo Fink, Dieter Dörr und Rolf Schwartmann

Band 1 Tim Schönborn: Die Causa Austria. Zur Zulässigkeit bilateraler Sanktionen zwischen den Mitgliedstaaten der Europäischen Union. 2005.

www.peterlang.de

FSC
www.fsc.org
MIX
Papier | Fördert
gute Waldnutzung
FSC® C083411

Kolibri 360 GmbH
Ferdinand-Jühlke-Straße 7
99095 Erfurt, Deutschland
produktsicherheit@kolibri360.de

Druck:
CPI Druckdienstleistungen GmbH
im Auftrag der
Kolibri 360 GmbH
Ferdinand-Jühlke-Str. 7
99095 Erfurt